U0941083

北京顺义年鉴

BEIJING SHUNYI NIANJIAN

2018

北京市顺义区党史区志办公室 编

光明日报出版社

图书在版编目（CIP）数据

北京顺义年鉴. 2018 / 北京市顺义区党史区志办公室编. -- 北京 : 光明日报出版社, 2018.11
ISBN 978-7-5194-4749-6

Ⅰ. ①北… Ⅱ. ①北… Ⅲ. ①顺义区－2018－年鉴
Ⅳ. ①Z521.3

中国版本图书馆CIP数据核字(2018)第254290号

北京顺义年鉴2018

著者：北京市顺义区党史区志办公室编

责任编辑：李晓燕　　策　　划：北京海风神舟文化发展有限公司
封面设计：兰　岚　　责任校对：曹　杨
排版设计：梁　玉　　责任印制：曹　诤

出版发行：光明日报出版社
地　　址：北京市西城区永安路106号，100050
传　　真：010-67078277,67078255　　网　　址：http://book.gmw.cn
法律顾问：北京德恒律师事务所龚柳方律师

印　刷：廊坊金虹宇印刷有限公司
装　订：廊坊金虹宇印刷有限公司
本书如有破损、缺页、装订错误，请与本社联系调换，电话：010-67019571

开　本：210×285　　印　张：29
字　数：680千字　　插　图：137
版　次：2018年第一版
印　次：第1次
书　号：ISBN 978-7-5194-4749-6

定　价：200.00元

北京市顺义区地方志编纂委员会

顾　问

王　刚

主　任

高　朋

副主任

于庆丰　肖承继　霍光峰　禹学垠

贺亚兰　吴建国　李向英　闫志广

委　员

（按姓氏笔划排列）

丁文强　于长雷　马朝龙　王　颀　王　颖
王　奎　田庆江　李金贵　刘克祥　刘振河
闫连恒　张小军　张　峰　宋　鹏　张尚强
宋　森　岳彩华　姜　蒙　贾文禹　赵振英
胡小兵　赵洪涛　赵金荣　袁日晨　耿　超
秦拥军　聂燕山　梁　军　董建华　董杰昌
解长春

《北京顺义年鉴》编纂委员会

主 任

高 朋

副主任

李向英

委 员

梁 军 刘阿娜 费连荣

《北京顺义年鉴（2018）》编辑部

主 编 梁 军

副主编 刘阿娜 费连荣

编 辑 刘秀娟 兰 岚 郝会元 王 润

特约编辑

（以音序排列）

柏瑞雪　鲍　静　鲍晓芹

蔡　杰　蔡　越　曹绍红　柴　虎　常小青　车利剑　陈　惠　陈　静　陈立东
陈胜云　陈艳清　陈　阳　陈　勇　崔秋红　崔　月

董大伟　董晋孜　董　昆　杜　娟　杜　鑫　段晓宇　段云雁

樊廷卉　冯　宠　付晓飞

盖　伟　高　鹤　高艳玲　高　毅　高　莹　耿梦婷　龚　茜　龚　雪　巩月兰
古艳玲　顾珊珊　郭德明　郭小燕　郭子龙

胡金侠　黄秋凤　黄颖华　黄媛媛

纪　洁　季　震　贾红颖　贾　竞　贾　楠　贾　雁　焦彦江　金　英　鞠佳佳

康俊龙　亢青松　孔　超

雷　洁　李爱民　李　丹　李德胜　李海波　李海超　李洪峰　李　缓　李　晶
李君美　李连国　李连华　李龙旺　李美麒　李倩倩　李向利　李新竹　李星光
李秀琴　李学园　李雪明　李颜宁　李燕伶　李　勇　李　曌　梁　民　梁新岳
刘宾宾　刘成志　刘　东　刘海辉　刘　京　刘晶晶　刘可心　刘　禄　刘晓英
刘秀娟　刘　峣　刘　溢　刘　颖　刘媛媛　刘　泽　刘之海　刘志峰　刘忠诚
刘子龙　柳茂林　鲁晓彬　吕爱超　吕龙梅　吕　茉　吕　婷

马　迪　马会松　马彦华　马　英　穆鑫然　潘海龙　彭海红

仇　娟　齐艳平　乔柏双

任　静　任立春　任艳萍　荣　毅

单德芳　单凤莲　邵丽丽　沈浩发　生春丽　史　凡　史浩宇　苏红利　孙保国
孙敬思　孙立东　孙晓峰　孙晓红

汤明浩　唐　勇　田立娟　田　迎

王　娣　王凤忠　王海旺　王继国　王　健　王　俊　王　丽　王凌燕　王　倩
王三军　王晓亮　王晓雪　王新凯　王新生　王秀海　王秀丽　王彦周　王　焱
王艺文　王永明　王跃文　魏济江　吴彩云　吴　生　吴永德　武红静　武卫金

西　健　奚冬梅　肖东妍　肖　钢　肖怡乐　辛郝新　辛加伟　邢雪华　徐国强
徐　虹　徐晓娜　许　坤　许立新　许英伟　薛　沣　薛　峰　薛　萌

闫文龙　闫　旭　杨　帆　杨海红　杨　贺　杨　华　杨　京　杨乃辰　杨世云
杨　微　杨　曦　杨晓东　杨研佳　杨玉杰　殷洪波　于静淑　于　田　于晓峰
虞海燕　虞天骄　袁永章

曾旭红　翟瑞冬　张阿妮　张爱曦　张　博　张凤荣　张华春　张　欢　张静仁
张　娟　张丽珍　张　娈　张　萌　张　蒙　张孟培　张乃迪　张乾坤　张青菊
张　庆　张伟光　张文哲　张小坤　张旭瑞　张艳来　张　引　张迎春　张　颖
张　宇　张跃超　张　征　赵春龙　赵　芳　赵国栋　赵宏伟　赵建礼　赵　楠
赵　鹏　赵瑞冬　赵亚楠　赵跃昕　周二兰　周佳奇　周　洁　周君姝　周立鹍
周瑞波　周晓娟　周雪斌　周艳霞　周　莹　朱广娜　邹依旸

编 辑 说 明

一、《北京顺义年鉴》是由中共北京市顺义区委员会和顺义区人民政府主办，北京市顺义区党史区志办公室主持编纂的地方综合年鉴。自2007年开始逐年编纂并公开出版，一年一卷，本卷为第12卷。

二、《北京顺义年鉴》坚持以马克思列宁主义、毛泽东思想、邓小平理论、“三个代表”重要思想、科学发展观、习近平新时代中国特色社会主义思想为指导，坚持辩证唯物主义和历史唯物主义的立场、观点、方法，存真求实，全面、客观、系统地记述区域发展情况。

三、《北京顺义年鉴》以出版年号为卷次名称。本卷全面记述顺义区2017年政治、经济、文化和社会发展等各方面的基本情况和重大事件，记述时限为2017年1月1日至2017年12月31日。凡在本书中直书月、日的，均指2017年内的日期，文中“年内”指2017年。书中涉及其他年份的时间均标明年份。

四、《北京顺义年鉴》采用分类编纂体例，由类目、分目、条目组成。全书条目标题统一用黑体外加【 】表示。本卷设有特载、大事记、中共顺义区委员会、顺义区人民代表大会、顺义区人民政府、政协顺义区委员会、天竺综合保税区、纪检 监察、民主党派、群众团体、政法 军事、综合经济管理 财政税务、经济功能区 区内企业、商贸服务 旅游、农业、金融 保险 证券、城乡建设及管理、科 教 文 卫 体、社会生活、街道 镇、人物、统计表、附录共23个类目。

五、文中除“民主党派”部分外，未标明党派的“市委”均指“中国共产党北京市委员会”，“区委”均指“中国共产党顺义区委员会”，“党员”均指“中国共产党党员”，“党建”工作均指“中国共产党建设”工作。

六、入鉴的资料，均由各撰稿单位确定专人撰写，并经主要负责人审核。部分资料由编辑部收集。主要数据和统计资料由顺义区统计局提供，部分资料由各相关部门提供。由于统计口径等原因，相关部门的个别数据与统计资料不一致，以统计资料为准。照片由各相关单位提供。

七、本年鉴的编辑工作得到各撰稿单位及各方面的大力支持，在此深表感谢。由于水平有限，对本书的疏漏之处及不足，恳请各界批评指正。

目　录

政法 军事

政法

军事

综合经济管理 财政税务

综合经济管理

财政税务

农 业

经济功能区 区内企业

经济功能区

区内企业

商业服务 旅游

商业服务

旅游

金融 保险 证券

金融

保险

证券

城乡建设及管理

科 教 文 卫 体

科 技

教 育

文 化

卫生

体 育

人民生活

街道 镇

街道

镇

人 物

统计表

附 录

勘 误

Contents

Politics and Law and Military Affairs

Politics and Law

Military Affairs

Comprehensive Economic Management, Finance and Taxation

Comprehensive Economic Regulation and Control

Finance and Taxation

Agriculture

Economic Functional Areas and Enterprises in the Region

Economic Functional Areas

Enterprises in the Region

Business & Tourism

Businesses Service

Tourism

Finance Insurance Securities

Finance

Insurance

Securities

Urban and Rural Construction and Management

Science, Education, Culture, Public Health, Physical Education

Technology

Education

Culture

Health

Physical Culture

People's Life

Subdistrict Office and Town

Subdistrict Office

Town

Figures

Statistical Table

Appendix

To Correct Errors

顺义概况

顺义区是北京市16区之一，位于北京市东北郊，北邻北京市怀柔区、密云区，东界北京市平谷区，南与河北省三河市、北京市通州区接壤，西南、西与北京市朝阳区、昌平区隔温榆河为界。地理位置北纬40° 00′ ~40° 18′，东经116° 28′ ~116° 58′，区域东西长45千米，南北宽30千米，总面积1021平方千米。地势北高南低，北部山地最高点海拔为637米，境内最低点海拔为24米，平均海拔35米。潮白河等河流分流其间，均呈南北走向，地下水源丰富，年均可开采量4亿立方米，部分地区蕴藏有地热资源。全境属温带大陆性半湿润季风气候，四季分明。年平均气温11.5℃，年日照时数2746小时，年相对湿度58%，无霜期195天左右，年均降雨量610毫米。

顺义区历史悠久，夏商周三代随北京地区属冀、幽、燕。西汉时，汉高祖五年（公元前202年）至十二年（公元前195年）置狐奴、安乐两县属渔阳。唐贞观二十二年，以内附契丹别帅析纥便部置归顺州，本为契丹松漠府弹汗州（松漠府在今辽宁省阜新、彰武一带），天宝元年（742年）改称归化郡，乾元元年（758年）复称归顺州，领怀柔县（与今怀柔区无关），州、郡、县治所同一。明朝于洪武元年（1368年）12月，降顺州为顺义县，属北平府，后为顺天府所辖。民国三年（1914年）十月，改顺天府为京兆特别区，民国十七年（1928年）六月，北京改称北平，顺义隶属河北省。1948年12月8日顺义县城解放。1949年8月，顺义属河北省通州专署领导。1958年4月，划归北京市。1998年12月，经国务院批准撤销县制，设立顺义区。

2017年，顺义区设12个镇、7个地区办事处（加挂镇牌）和6个街道办事处，辖426个村民委员会，127个居民委员会。截至年底，全区户籍人口635415人（其中，农业人口250505人、非农业人口384910人），常住人口425007人。全年户籍人口出生9423人，政策符合率98.98%。出生人口性别比105。出生率15%。

顺义区作为北京东北部发展带的重要节点、位于平原地区的5个新城之一，是首都国际航空中心核心区，是服务全国、面向世界的临空产业中心和现代制造业基地，是北京东北部面向区域、具有核心辐射带动作用的现代化综合新城。先后获得“首都文明区”“全国创建文明村镇工作先进区”“全国文化先进区”“全国体育先进区”“国家卫生区”“全国绿化模范城市”“全国双拥模范城市”“全国食品安全示范区”等荣誉称号。根据《北京城市总体规划（2016年-2035年）》，顺义区是创新引领的区域经济提升发展先行区，城乡协调的首都和谐宜居示范区，承接中心城区适宜功能和人口疏解的重点地区，推进京津冀协同发展的重要区域。

特 载

王刚同志 在区委五届五次全会上的报告和讲话

（2017年12月25日）

（摘录）

王刚同志的工作报告

受区委常委会委托，我向全会作工作报告，请予以审议。

这次全会的主要任务是，深入学习宣传贯彻党的十九大精神，以习近平新时代中国特色社会主义思想为指引，落实市委十二届三次、四次全会部署，总结今年工作，部署明年任务，审议我区落实北京城市总体规划实施方案，以锐意进取的奋斗姿态和永不懈怠的精神状态，在更高起点奋力创造新时代的新业绩。

一、全力服务保障党的十九大，全区工作在攻坚克难中保持良好态势

今年以来，面对严峻的经济下行压力和艰巨繁重的改革发展稳定任务，我们在市委市政府的坚强领导下，始终把服务保障党的十九大胜利召开作为工作主线，把深入学习宣传贯彻党的十九大精神作为当前和今后一个时期的首要政治任务，牢固树立“四个意识”，持续强化“四个自信”，深入推进“四个全面”，突出服务“四个中心”定位，不断提高“四个服务”能力，坚持稳中求进工作总基调，把握发展的阶段性特征，推动经济社会转型升级，在学思践悟中站稳立场、增强定力，在应对挑战中凝心聚力、攻坚克难，在创新发展中开拓奋进、增创优势，在管党治党中锤炼党性、强化作风，全区各项工作保持了平稳健康发展的良好势头。

一是始终强化“看北京首先从政治上看”，政治站位进一步提高。坚持以理论上的清醒保证政治上的坚定，强化理论中心组学习，抓牢意识形态工作，扎实推进“两学一做”学习教育常态化制度化，深入开展“两贯彻一落实”，自觉用习近平总书记两次视察北京重要讲话精神武装头脑，积极引导社会各界为建设国际一流和谐宜居之都贡献顺义力量。把服务保障党的十九大胜利召开和学习宣传贯彻党的十九大精神，作为检验政治责任感和使命担当的试金石。大会召开前，我们提前着手、提前谋划，研究制定系列工作方案，以最高标准、最强组织、最实措施，圆满完成十九大维稳安保重大政治任务。精心开展“砥砺奋进的五年”成就宣传报道，以五年来的历史性变革，激发了广大党员干部群众的凝聚力、向心力；大会召开期间，全区2300多个基层党支部、48000多名党员，在1169个观看点集中收看大会盛况，进行深入研讨；大会召开后，我们第一时间落实中央市委要求，部署开展大学习、大宣讲、大调研、大交流活动，推动党的十九大精神在顺义落地生根、取得实效。

二是建设港城融合的国际航空中心核心区，临空优势持续扩大。立足提升核心功能，推动我区与中航集团、首都机场集团三方合作由具体项目协作上升到战略层面的合作共赢，健全完善定期会谈、综合协调工作机制，深入开展规划对接融合和动态衔接，共同推动国家临空经济示范区建设、首都机场周边重大基础设施建设、第四跑道建设及港城一体化建设等重大事项落实，协同打造国际化、多元化、包容化的世界级航空枢纽。立足扩大核心产业，全力推进中科院联动创新产业园、哈工大顺义军民融合创新产业园、新国展二三期等重点项目建设，天竺综保区成功获批北京融资租赁聚集区，申报创建五类指定查验场点，成立了京津冀地区经营面积最大、商品种类最全的进口商品直营中心，临空指向性产业集群、集约、集聚发展态势凸显。立足增强核心影响力和辐射力，深度融入京津冀协同发展，服务支撑北京城市副中心建设，稳步推进友好城市对口帮扶、合作共建，产业、生态等领域合作成效显著，区域发展共同体加快形成。

三是建设创新引领的区域经济提升发展先行区，转型升级成效渐显。面对前所未有的经济下行压力，坚决稳增长、调结构，着力完善营商环境，深入开展点对点服务，全年经济运行平稳可控，质量和效益进一步提升。全年预计地区生产总值同比增长6.5%左右；完成一般公共预算收入148.88亿元，同比增长8%；三次产业结构优化为1:35:64，服务业贡献进一步强化。投资消费比达到1:1，协调拉动的良好局面不断巩固。深刻把握“一区”与“三城”的关系，积极承接科技创新资源，全面提速创新型产业集群和“2025”示范区建设，桑德新能源、中航发高温合金涡轮叶片等一批高精尖项目签约落户，中航复材、第三代半导体材料等重大项目加速推进，成功获批全国“双创”示范基地。全面完成首轮38项服务业扩大开放试点任务，催生了外资控股飞机维修、跨境电子商务等8大新业态，创新了外籍人才出入境一站式服务、“航材共享”平台监管模式等6大体制机制，推动落实新一轮36项任务清单，重点服务业营业收入同比增长15%，服务业高端化、国际化特征愈发显著。深化国家产融合作试点城市建设，引入国创基金等新一批千亿级产业基金，金融支柱产业地位更加巩固。深化国资国企改革，推动区内重点产业和功能区融合发展，创新红利不断释放。

四是建设城乡协调的首都和谐宜居示范区，群众获得感和幸福感不断提升。全区广大党员干部勇挑重担、动真碰硬，坚定不移推进“疏整促”专项行动，提前3个月率先完成市级任务，薛大人庄整村式专项整治经验在全市推广。严格对标对表新版北京城市总体规划，认真开展空间战略等规划编制。开工建设T2线有轨电车，复兴大桥等一批重大工程即将建成使用，城市承载的能力进一步提升。新行政中心办公楼正式入驻，加速了整合办公资源、提高行政效率的进程。确立智慧顺义总体设计，无线网络全覆盖、便民服务一张卡、数据生态中心等工作加快推进。全区美丽乡村达到143个，总数居全市第三，龙湾屯入选全国特色小镇，张镇被列为全国首批运动休闲特色小镇。阜外医院顺义分院、北师大附属实验中学等优质医疗教育项目加速推进。回应群众关切，前进村、太平村回迁安置和樱花园小区产权置换等历史遗留问题取得突破性进展。急群众之所急，高效推进棚改项目，全年实现2531户危旧房屋家庭签约，达到市级棚改任务指标的4.5倍。集众志、合众力，全面打响蓝天、碧水攻坚战，网格化和小微站相结合的环境监管措施在全市推广。倒排工期、昼夜奋战，全面完成近10万户煤改电、煤改气工程，整治近500家散乱污企业，清理6千余台小煤炉，全区基本实现无煤化；市级黑臭水体治理任务全部完成，全区污水处理率达到88%，生态环境持续优化。深入开展安全隐患和矛盾纠纷排查化解，提升首都外围治安查控能力，顺利完成全国“两会”“一带一路”高峰论坛等重大安保工作。

五是始终坚持“抓好党建是最大的政绩”，坚定不移管党治党，党风政风持续向好。充分发挥区委总揽全局、协调各方的领导核心作用，支持人大、政府、政协依法、依章程履行职能，切实推进统战、民宗侨务、群团、双拥、老干部等工作，广泛汇聚了各方面力量。坚持“整体、整齐、联系、联动”，以党建绩效考核为抓手，构建了“大党建”工作闭环机制。切实推进党的组织前置、党的资源下沉、党的队伍先行、党的制度保障，创造了“临河速度”“幸福模式”等一批可复制可推广的党建引领发展成功经验。着眼“二十字”好干部标准，健全完善干部引进、培养、选用政策，形成了能者上、庸者下、劣者汰的良好用人导向和制度环境。强化党支部规范化建设，持续整顿软弱涣散村，推动“两新”组织党建工作从“有形覆盖”到“有效覆盖”，夯实了党的执政根基。坚持党管人才，持续完善人才政策体系，临空经济高端人才加快集聚。稳步推进监察体制改革，抓好机构成立、转隶组建、融合磨合工作，初步实现对行使公权力的公职人员监察全覆盖；深化派驻纪检监察机构全覆盖，坚持靠前监督和贴身监督相结合、深度监督和精准监督相结合，进一步发挥“派”的权威和“驻”的优势；在全市率先成立区委巡察工作领导小组，构筑全链条、全流程巡察工作模式，完成两轮巡察，共发现问题146个，提出整改建议124条，立案25件，形成了有力震慑。坚决拥护党中央对孙政才严重违纪违法案件的查处，坚决划清界限、彻底肃清影响、深刻汲取教训，做政治上的“明白人”。召开全区领导干部警示教育大会，以身边案教育身边人，举一反三，警示全区领导干部不触雷、不踩线，牢牢守住纪律底线。深入落实党风廉政建设主体责任和监督责任，深入推进“两个专项”治理，严防“四风”问题反弹，持续保持反腐高压态势，全年共立案148件，党纪政纪处分76人，移送司法机关3人，持续巩固了风清气正的政治生态。

同志们，过去的一年，我们既有应对挑战、砥砺奋进的艰辛付出，更有创新发展、转型跨越的成功收获。我们在严峻的经济下行压力下保持了平稳增长，在抢抓历史机遇中明确了战略方向，在落实新的功能定位中积蓄了发展后劲，在全面深化改革中增强了动力活力，在服务保障民生中凝聚了人心力量，在全面从严治党中淬炼了党性作风；我们既顺应发展大势，谋划推动了一些打基础、利当前、惠长远的大事要事，也秉承以人民为中心的理念，办成了一批事关群众切身利益的难事实事。挑战中的成长弥足珍贵，压力下的收获来之不易。我们深切地体会到，每一点成绩的取得，都倾注了全区广大党员干部群众的心血和汗水，凝聚着社会各界的智慧和力量。特别是，广大基层党员干部冲锋在一线岗位，舍小家、顾大家，迸发了昂扬的进取精神和无私的为民情怀；广大人民群众关注家乡、热爱顺义，始终同我们奋战在一起，激发了我们一往无前、攻关夺隘的强大动力。在此，我代表区委向大家表示崇高的敬意和衷心的感谢！今后几年，我们将相继迎来改革开放40周年、建国70周年、决胜全面建成小康社会、建党100周年等重大历史节点，全区广大党员干部要始终保持永不懈怠的精神状态，赤诚满怀，奋斗不止，一年更上一台阶！

二、深入学习宣传贯彻党的十九大精神，牢牢把握形势任务

党的十九大立足时代和全局高度，着眼中国特色社会主义事业长远发展，顺应全党和全国人民的共同心愿，郑重提出了习近平新时代中国特色社会主义思想，并确立为我们党必须坚持的指导思想，进一步确立了习近平同志在党中央和全党的核心地位，进一步阐明了决胜全面小康社会、发展新时代中国特色社会主义的大政方针和战略部署，是我们党在新时代开启新征程、续写新篇章、夺取新胜利的政治宣言和行动纲领。我们要把学懂弄通做实党的十九大精神，作为当前和今后一个时期首要政治任务，不忘初心，牢记使命，坚决扛起建设国际一流和谐宜居之都、建设更加幸福美好生活的时代重任，奋力创造服务首都、发展顺义的新业绩！

学习宣传贯彻党的十九大精神，最核心的就是要学习领会习近平新时代中国特色社会主义思想，强化理论武装，坚定理想信念。习近平新时代中国特色社会主义思想是贯穿党的十九大报告的灵魂和主线，系统回答了在新时代坚持和发展什么样的中国特色社会主义、怎样坚持和发展中国特色社会主义这一重大时代课题，开辟了马克思主义新境界、开辟了中国特色社会主义新境界、开辟了我们党治国理政新境界、开辟了管党治党新境界，是全党全国各族人民为实现中华民族伟大复兴而奋斗的领航灯塔，必须矢志不渝地坚持。

我们要学习领会好习近平新时代中国特色社会主义思想，必须紧密结合党的十九大报告提出的“八个明确”和“十四条基本方略”，系统全面地学习马克思主义中国化这一最新理论成果的重要组成部分，使之成为在更高起点上服务首都、发展顺义的强大思想武器；必须紧密结合习近平总书记掌舵领导党和国家事业发生的历史性变革，充分汲取习近平新时代中国特色社会主义思想所蕴含的巨大真理力量，始终坚定中国特色社会主义道路的“四个自信”；必须紧密结合我们党新时代团结带领人民进行伟大斗争、建设伟大工程、推进伟大事业、实现伟大梦想的历史使命，遵循行动指南，不断闯关拔寨，持续创造辉煌；必须紧密结合习近平总书记两次视察北京重要讲话精神，站在“两个一百年”奋斗目标的历史交汇点，围绕建设国际一流的和谐宜居之都目标，自觉谋划好建设一个什么样的首都新城，怎样建设首都新城，推动习近平新时代中国特色社会主义思想在潮白河两岸落地生根、开花结果，形成生动实践。

学习宣传贯彻党的十九大精神，最根本的就是要深刻理解新时代的社会主要矛盾，把握发展脉搏，激发奋进力量。党的十九大把握中国特色社会主义进入新时代的历史方位，做出了社会主要矛盾转变为“人民日益增长的美好生活需要和不平衡不充分的发展之间的矛盾”的重大判断，深刻揭示了我国经济社会发展的阶段性特征，对我们适应、把握新时代要求提供了重要依据和实践遵循。蔡奇书记在市委十二届三次全会、全市领导干部学习贯彻党的十九大精神专题研讨班等重要会议上指出，首都市民日益增长的美好生活需要呈现出“四性”特点：一是便利性，在北京这座超大城市里工作生活，群众希望能够享受到更加便利的交通、教育、医疗、购物等公共服务；二是宜居性，群众向往更清新的空气，更干净的水、更整洁的环境、更有序的交通；三是多样性，市民需求日趋个性化、差异化、多样化，而且在领域上不断扩展，层次上不断升级；四是公正性，群众对参与权、知情权、表达权、监督权越来越看重，维权意识、机会均等意识越来越强。

比较之下，我们顺义的有效供给还跟不上，发展不平衡不充分问题也仍然凸显。从发展不平衡来看，突出表现在三个方面：一是供需不匹配，例如存量规模以上企业中属于禁限目录范围的企业总量比重仍然较高，符合首都城市战略定位的“高精尖”企业还需做大做强，适应群众消费升级的高端产品、龙头产品品牌还需持续培育；二是城乡不协调，例如我区名校名师、名院名医存量还相对不足，而且主要分布在城区。农村还有近4千低收入户，相当一部分农村人居环境与美丽宜居标准还有较大差距；三是东西不均衡，经济发展基础、就业层次和质量、水电气热铺设里程，商场服务设施等方面，河东河西还存在较大差距。从发展不充分来看，也表现在三个方面：一是基础设施有欠账，例如轨道交通密度、道路网密度等方面与打造北京东北部综合交通体系的目标还有不小差距，促进城市精细化、智慧化治理的设施建设还需加快；二是公共服务有弱项，例如优质的养老设施处于紧缺状态，幼儿园到高中学位缺口持续显现，综合性图书馆、妇女儿童活动中心等公共文化设施需要强化；三是生态环境有短板，例如地表水治理和地下水涵养还需持续发力，全区污水处理率还低于全市平均水平。PM2.5年均浓度虽连年大幅下降，但治理任务仍十分艰巨。把浅山生态优势转化为富民优势还需拓展思路和办法。问题是时代的声音，问题是前进的方向。我们要坚持问题导向，攻坚只争朝夕，奋进一往无前，不断满足人民日益增长的美好生活需要，持续引领京郊发展、率先全面建成小康社会。

学习宣传贯彻党的十九大精神，最关键的就是要坚决服务首都城市战略定位，坚持首善标准，强化实干担当。进入新时代，首都的发展、顺义的发展与党和国家的使命更加紧密地联系在一起。党的十九大召开前夕，习近平总书记主持召开中央政治局常委会议，研究审议北京城市总体规划，推动新版城市总规不再囿于北京市范围，而是上升到与“两个一百年”奋斗目标相衔接、与中华民族伟大复兴进程相匹配的战略高度，激发了我们奋力开创首都更加美好明天的巨大动力。

我们要以首善标准服务好首都“四个中心”建设，以强烈的实干担当落实好北京城市总体规划赋予我区的功能定位，这是服务首都、发展顺义的全部要义所在。要服务好全国政治中心建设，树立强烈的荣誉感、责任感，抓好首都机场周边地区规划管控和综合整治，努力为国家政务活动创造安全优良的政务环境。要服务好全国文化中心建设，以潮白河文化带纳入首都大运河文化带为契机，进一步传承文化脉络、整合文化资源、挖掘文化特色、做强文化产业，努力使顺义成为文化繁荣发展、社会风气和道德风尚最好的城市。要服务好国际交往中心建设，立足国际航空枢纽和临空发展优势，完善国际交往门户和国际经贸口岸功能，切实发挥国际航空中心核心区服务首都扩大对外开放和开展国际经济、政治、文化、科技交往的积极作用。要服务好全国科技创新中心建设，市委把我区纳入“三城一区”主平台的第一梯队，我们要切实增强主力出征、前锋先行的行动自觉，在全市科技创新一盘棋中，大力开展协同创新，集聚创新型产业集群，积极为首都创新发展添增量、筑高地。

三、深入学习宣传贯彻党的十九大精神，科学谋划明年工作

刚刚闭幕的中央经济工作会议，秉持党的十九大精神，系统阐述了以新发展理念为主要内容的习近平新时代中国特色社会主义经济思想，明确提出要坚持稳中求进工作总基调，围绕推动高质量发展，做好深化供给侧结构性改革、激发各类市场主体活力、实施乡村振兴战略等8项重点工作，为我们推动顺义经济社会持续健康发展注入了强大的思想引领力和实践推动力。市委十二届三次、四次全会，深入贯彻落实党的十九大和中央经济工作会议部署，提出要紧扣我国社会主要矛盾变化，统筹推进“五位一体”总体布局和协调推进“四个全面”战略布局，重点抓好三件大事、打好三大攻坚战，更加奋发有为地推动首都新发展。

2018年是贯彻党的十九大精神的开局之年，是改革开放40周年，是决胜全面建成小康社会、实施“十三五”规划承上启下的关键一年。我们要着眼中央、市委的决策部署，更加自觉地融入党和国家发展大局，牢固树立“四个意识”，始终坚持首善标准，切实担负起服务首都、发展顺义的职责使命。2018年工作的总要求是：深入学习宣传贯彻党的十九大精神，以习近平新时代中国特色社会主义思想为指引，坚持稳中求进工作总基调，践行以人民为中心的发展思想，统筹推进稳增长、促改革、调结构、惠民生、防风险各项工作，突出抓重点、补短板、强弱项，聚焦城乡规划编制、非首都功能疏解、现代化经济体系建设、精准帮扶和优质民生工程、生态环境治理、重大风险防范化解等大事要事，全力建设港城融合的国际航空中心核心区、创新引领的区域经济提升发展先行区、城乡协调的首都和谐宜居示范区，奋力创造新时代的新业绩，为建设国际一流的和谐宜居之都贡献顺义力量！

一是以城乡规划编制实施为引领，促进城乡发展深刻转型。新版北京城市总体规划的规划期到2035年，远景展望到2050年，与实现“两个一百年”奋斗目标历史进程完全契合。落实好新版北京城市总体规划，是贯彻落实党的十九大精神的重要抓手，是践行习近平总书记视察北京重要讲话精神的重大举措，更是顺义面向未来的使命所在。要加强规划统筹管理。严格落实“减重、减负、减量”要求，健全多规合一的规划实施管控体系，确保“双控”“三线”落到实处，把规划实施的“四梁八柱”立起来，系好城乡发展的第一粒扣子。要加快城市控制性详规编制。立足打造北京东北部区域中心城市，坚持多组团集约紧凑式发展，优化“一核、三带、三区、五镇”空间布局，突出核心功能、核心产业、核心影响力辐射力，不断强化对首都功能的承载力、对中心城区的反磁力、对城市副中心的支撑力、对京津冀区域的辐射力。要抓好乡村规划编制。把编制村庄规划作为落实乡村振兴战略的先导和突破口，遵循乡村发展规律，着眼实现“生产、生活、生态”相协调、“法治、共治、精治”相统一，推动定居向安居再向宜居转变，用美丽乡村留住美丽乡愁。要强化规划的严肃性权威性，坚持开门搞规划，既广泛征求专家学者意见，深入基层开展调查研究，广开言路、广开思路，又及时公布规划，接受社会监督，提高规划的科学性、可操作性。以城市体检等检查评估制度倒逼规划落实，确保一张蓝图绘到底。

二是以疏解非首都功能为“牛鼻子”，推动京津冀协同发展。这是习近平总书记亲自决策推动的重大国家战略，也是党的十九大报告明确的重大任务。必须坚决克服舍不得的思想，以更加坚定的决心、更加有力的措施，加快疏解非首都功能，确保人居环境、城市品质、发展水平与区域功能定位相匹配、与人民的美好生活需要相适应。要大力推进“疏整促”专项行动向纵深发展。注重回应社会关切，围绕群众需求，聚焦拆违控违、开墙打洞等难点，细化完善“疏整促”专项行动方案，保持力度不减、劲头不松，确保专项行动不断取得扎实成效。同时，要把工作触角向城乡结合部、农村等短板再延伸，加大环境治理力度，狠抓“清脏、治乱、增绿”工作，不断提升城乡人居环境质量。要统筹考虑腾退空间利用。坚持疏解与提升同步，聚焦优化城市核心功能，有针对性的规划实施一批通信、能源、公共服务等重大基础设施，特别是要加快轨道交通、快速路网等综合交通体系建设，切实提升服务京津冀、服务“四个中心”的能力；聚焦群众家门口的事，持续推进生活性服务业品质提升，完善基本便民商业网点，增加菜场等设施，推动“一刻钟社区服务圈”全覆盖；聚焦发展高精尖产业，积极承接高端产业资源，重点引进符合区域发展战略定位、高科技含量、高附加值、低能耗、低污染的产业项目。要深入推动区域协同发展。精准承接中心城区优质功能项目疏解，持续做好与沽源、西峡等地的对口帮扶协作工作，强化与北京冬奥会、冬残奥会举办地的紧密联系，加快冰雪运动普及推广，积极构建区域合作共同体。深刻把握顺义与“一核”“两翼”的关系，持续强化与中心城区、城市副中心的互联互通互融，全力服务北京城市副中心和雄安新区建设。深入落实促进河东河西协调发展实施意见，促进优质资源要素、基础设施建设和公共服务设施建设向河东倾斜，推动河东河西均衡发展。

三是着力塑造共生共赢的产业生态，加快构建现代化经济体系。党的十九大准确研判我国经济已由高速增长阶段转向高质量发展阶段，将建设现代化经济体系作为战略目标，这是抓好新时代经济建设的总纲领。我们要遵循习近平新时代中国特色社会主义经济思想，适应把握引领经济发展新常态，紧紧抓住新一轮科技革命方兴未艾、新产业新业态层出不穷、信息化与工业化深度融合的大机遇，进一步解放思想、适应形势、把握方向，既要打造好风清气正的政治生态、绿水青山的自然生态，也要打造好共生共赢的产业生态，助力构建与高质量发展相匹配、与首都城市战略定位相适应的高精尖产业结构和现代化经济体系。要深化供给侧结构性改革，提高发展质量。毫不动摇壮大实体经济，聚焦创新型产业集群和“2025”示范区建设，扎实开展重点产业和功能区发展三年行动计划，做强做优智能新能源汽车、第三代半导体、航空航天三大千亿级创新型产业集群，持续推动传统制造向智能制造转型升级，坚决做好“高精尖”的菜心。坚定不移抓好“三去一降一补”，优化存量资源配置，加大一般性制造业退出力度，扩大优质增量供给，在服务消费、信息消费、绿色消费、时尚消费、品质消费、农村消费等领域培育增长点、形成新动能。要深化科技创新体制机制改革，提高发展活力。全面加强“一区”规划，进一步优化产业空间布局，积极承接全国科技创新中心建设重点任务和项目。密切与“三城”的科技创新协作，既要增强原始创新能力，又要做好“池子”，促进更多应用型科技成果在顺义中试、交易与产业化。搭建更多科创服务平台，大力推进“双创”示范基地建设和创业摇篮计划，深化国资国企改革，支持创新型龙头企业做大做强，激励传统大型企业向体制机制创新要活力，扶持科技型中小企业裂变式增长，打造更多顺义自己的“独角兽企业”“瞪羚企业”。敢于先行先试，助力打通行业、地区、所有制、国内外、产业上下游、产学研用、商科产融等各种界限，积极探索全方位、多要素推进产业协同发展，推动产业生态系统建设。要深化营商环境改革，提高发展效率。落实好市委营商环境改革各项措施和具体政策清单，完善重大项目前期立项、落地推进、持续发展全流程动态服务机制，强化对企业的点对点、门对门、面对面精准服务，不断激发市场主体活力。推动产业园区从单一的生产型园区，向生产、生活、生态等多功能复合的产业社区转型。抓住新一轮扩大开放重大机遇，持续强化商事登记、贸易监管、金融开放创新、事中事后监管等领域机制创新，提高投资贸易便利化水平，更加有效扩大利用外资，为全国服务业开放发展创造更多可复制、可推广经验。

四是抓好精准帮扶和优质民生工程，增强群众获得感。党的十九大报告提出，带领人民创造美好生活，是我们党始终不渝的奋斗目标。必须始终把人民利益摆在至高无上的地位，抓住人民最关心最直接最现实的利益问题，一件紧接一件办，一年加快一年干。要深入推进精准帮扶工作。坚持精准施策，注重帮扶主体差异，在提供资金保障的基础上，高度重视帮扶主体的意愿和感受，既对症下药，又量体裁衣，做到扶志与扶智相结合，达到标本兼治的帮扶效果，切实让群众真切感受到党和政府的温暖，确保如期完成帮扶任务。要坚持提升教育医疗质量。积极应对学龄人口变化，发展普惠性幼儿园，加大学区治理、集团化办学的支持力度。扎实推进“三名”工程，增加高端资源供给，促进城乡教育优质均衡发展。持续开展医疗卫生服务水平提升行动计划，统筹优质医疗资源，建设整合型医疗卫生服务体系，提高基层医疗便民服务质量，提供全方位全周期健康服务。要切实加强就业服务和社会保障。实施更积极的就业促进政策，完善城乡一体的社会保障体系，统筹社会保险和社会救助，织牢织密民生保障底网。坚持房子是用来住的、不是用来炒的，严抓需求端管控，深化租购并举的住房保障体系建设，促进职住平衡，实现住有所居。要大力推动城乡基本公共文化服务均等化。加快推进全国文明城区和首都公共文化服务体系示范区建设，推动公共文化设施布局合理、服务配套、城乡均衡。积极承接中心城区优质文化资源，充分挖掘区域文化资源，创造更多精品力作，丰富群众性文化活动，让顺义人民在家门口就能享受文化大餐。要深入促进社会治理共建共治共享。增强镇街在城乡治理中的基础地位和统筹职能，建立完善的镇街综合执法平台，下移管理重心、下沉执法力量，通过上下联动、条块结合，凝聚起城乡治理的强大合力。加快智慧城市建设，整合终端需求与社会服务，推动城市管理和服务智能化、精细化、标准化，让群众少跑腿，信息多跑路。夯实社区基础性地位，深入开展“八型社区”建设，推广“参与型”社区协商模式，打通为民服务的神经末梢。充分发挥群众的主体作用，以村（居）规民约为引领，促进“要我做”向“我要做”转变，形成协同治理的强大合力。

五是强化生态环境治理，增强群众幸福感。生态文明建设功在当代、利在千秋。我们既要创造更多的物质财富和精神财富，也要创造更多的优质生态产品，满足人民日益增长的美好生活需要。要深入推进绿色发展。坚持总量控制、结构优化、效率提高、存量挖潜，严格落实用地、用水、能耗总量和强度“双控”，严把项目准入门槛，大力发展绿色产业、循环产业、低碳产业，决不以牺牲环境为代价换取一时的经济增长。以煤改电、煤改气为契机，广泛开展节约型机关、绿色家庭、绿色学校、绿色社区等行动，倡导绿色办公方式，培养绿色生活习惯。要着力解决突出环境问题。坚决打好蓝天保卫战、碧水攻坚战、突出问题歼灭战，实施新一轮清洁空气行动计划，综合施策、联防联控，确保PM2.5年均浓度达到市级要求；全面落实三级河长制，构建政府主导、属地负责、行业监管、专业管护、社会参与的河湖生态环境管理体系，实施最严格的水资源管理制度，持续推进黑臭水体治理，基本完成区内村庄污水收集建设工程，促进河长治、水长清，坚决实现四季清风拂顺义，一汪净水向南流。要切实加大生态系统保护力度。不断扩大绿色空间，持续实施“造林见绿”“留白增绿”“见缝插绿”，推进城市森林、健康绿道、公共绿地和湿地建设管理，给城市带上绿色项链。推进浅山植被修复，加强河道综合整治，保护林地资源，促进村庄周围森林化、河区道路风景化、基本农田林网化。

六是防范化解重大风险，增强群众安全感。风险扛不住，给经济社会发展造成危险，就会扰乱我们决胜全面建成小康社会的进程，要把防范化解风险、捍卫安全作为政治任务，以首善标准坚决为党中央站好岗、放好哨，为人民群众看好家、护好院。要切实强化预测预警预防。牢固树立总体国家安全观，以政治安全为根本，健全重点领域监测预警和工作协调机制，有效化解影响首都安全的各种风险，妥善处置各类突发事件。切实加强对各类风险源的分析研判，既防“黑天鹅”、也防“灰犀牛”，坚决不让小风险演化为大风险，不让个别风险演化为综合风险，不让局部风险演化为区域性或系统性风险。要深入开展安全隐患大排查大清理大整治。时刻牢记生命至上、安全第一，深刻汲取今年发生的几起事故教训，深刻反思我区在安全管理、制度执行上存在的漏洞隐患，紧盯机场周边等重点区域、违法建设等重点领域、有限空间等重点部位、出租大院等重点场所，深入开展安全隐患大排查大清理大整治专项行动，切实维护人民群众生命财产安全。按照“党政同责、一岗双责、齐抓共管、失职追责”的要求，进一步压紧压实属地监管责任、行业主管部门直接监管责任和安全生产部门综合监管责任。要体现温度，注意工作方式方法，把握节奏，注重人文关怀，始终与人民群众站在一起、想在一起、干在一起，把工作做细做实做到位。要不断提高社会安全保障能力。深化平安顺义建设，完善社会治安综合治理体制机制，健全立体化、信息化治安防控体系，依法惩处各类违法犯罪活动。强化重大决策社会稳定风险评估，完善常态化矛盾纠纷排查化解制度，紧盯拆迁、棚改等影响社会和谐稳定的各类风险点和不稳定因素，有针对性地加强舆论引导、政策宣传、舆情监测、问题排查、矛盾化解，抓早抓小抓了。持续抓好食品药品安全、公共交通安全以及水电气热等基础设施的运行安全，加强综合防灾减灾救灾能力和应急体系建设，努力实现群众安全、城乡安定、社会稳定。

四、深入学习宣传贯彻党的十九大精神，以钉钉子精神推进党的建设新的伟大工程

党的十九大报告提出，进行伟大斗争、建设伟大工程、推进伟大事业、实现伟大梦想，其中起决定性作用的是党的建设新的伟大工程，并提出了新时代党的建设总要求，从八个方面对全面从严治党作出了部署。蔡奇书记在市委十二届三次、四次全会，全市领导干部专题研讨班，全市领导干部警示教育大会等重要会议上，反复重申全面从严治党的重要性紧迫性，坚持问题导向、保持战略定力，以钉钉子精神推动全面从严治党向纵深发展。我们必须深刻认识全面从严治党永远在路上，绝不能有差不多了，该松口气、歇歇脚的想法，绝不能有打好一仗就一劳永逸的想法，绝不能有初见成效就见好就收的想法，不断赢得党的建设新的伟大工程的新胜利。

一是始终坚持党对一切工作的领导。党政军民学，东西南北中，党是领导一切的。要切实提高把方向、谋大局、定政策、促改革的能力和定力，坚持和完善人民代表大会制度，加强协商民主制度建设，巩固和发展最广泛的爱国统一战线，确保党始终总揽全局、协调各方。坚决维护以习近平同志为核心的党中央权威和集中统一领导，切实增强“四个意识”，坚定“四个自信”，时刻对标对表，始终在政治立场、政治方向、政治原则、政治道路上同党中央保持高度一致，坚决做到“四个绝不允许”。

二是始终把政治建设摆在首位。持续强化思想政治建设，坚持用习近平新时代中国特色社会主义思想武装头脑，进一步加强党的长期执政能力建设、先进性和纯洁性建设，抓好“不忘初心、牢记使命”主题教育。全区广大党员干部要牢记自己的第一身份是共产党员，第一职责是为党工作，旗帜鲜明讲政治，严守党的政治纪律和政治规矩，严格遵从党章，切实维护党章的严肃性和权威性，自觉用党章规范自己的言行，在任何情况下都要做到政治方向不偏、政治信仰不变、政治立场不移。认真落实新形势下党内政治生活的若干准则和党内监督条例，发挥关键少数作用，着力增强党内政治生活的政治性、时代性、原则性、战斗性。充分发挥巡察作用，突出政治巡察，推进巡察全覆盖。深入落实意识形态工作责任制，坚持正确舆论导向，牢牢把握意识形态主导权，扎实做好舆情应对各项工作，切实做到守土有责、守土负责、守土尽责。

三是继续深化“大党建”工作格局。始终把抓好党建作为最大的政绩，坚持“大抓党建，抓大党建”，推动各领域各部门整体整齐、联系联动，持续强化全区党建工作一盘棋格局。坚持问题导向，以党建绩效考核为抓手，细化“抓系统、系统抓”方式方法，持续完善党建工作闭环机制、层层落细落实党建责任，实现党的建设始终引领经济社会转型升级、始终促进地区治理体系和治理能力现代化。

四是着力建设高素质专业化干部队伍。坚持党管干部原则和好干部标准，着力打造铁一般信仰、铁一般信念、铁一般纪律、铁一般担当的干部队伍，锻造一支与实现“两个一百年”奋斗目标相适应，与首都地位、顺义发展相匹配的高素质专业干部队伍。坚持正确选人用人导向，严格遵守组织人事纪律和干部选拔程序，做到“四个不让”。坚持从严管理监督和关心爱护相结合，为敢担当者担当。深入实施“梧桐工程”，加强高层次人才引进、服务工作，加快推动临空经济高端人才聚集区建设。

五是持续夯实基层基础。党的十九大通过的党章修正案，将基层党组织每届任期从二至三年调整为三至五年，给热爱基层、奉献基层的骨干吃了定心丸。要以提升组织力为重点，突出政治功能，抓好党支部规范化建设，着力解决一些基层党组织弱化、虚化、边缘化问题，强化支部战斗堡垒作用和党员先锋模范作用。推进党的基层组织设置和活动方式创新，不断扩大党的组织和党的工作覆盖面，统筹推进各领域党建工作全面提升、全面过硬。

六是驰而不息抓好党风廉政建设和反腐败工作。不断增强自我净化、自我完善、自我革新、自我提高能力，始终保持和人民群众的血肉联系。坚决贯彻落实中央八项规定实施细则和习近平总书记关于进一步纠正“四风”、加强作风建设的重要批示精神，继续把作风建设往深里抓、往实里做，坚持以上率下、层层带动，守住重要节点，紧盯隐形变异问题，强化监督检查和执纪问责，寸步不让、露头就打，决不让“四风”问题反弹回潮。深入推进“两个专项”治理，加大整治“庸懒散”力度，重点整治“小官贪腐”和“微腐败”问题，有力震慑基层党组织中存在的纪律松弛问题，重点强化政治纪律和组织纪律，带动廉洁纪律、群众纪律、工作纪律、生活纪律严起来。深入推进监察体制改革，深化流程再造，加强纪法衔接，构建形成集中统一、权威高效的监察体系。认真落实党风廉政建设党委主体责任和纪委监督责任，综合运用监督执纪“四种形态”，严格实行“一案双查”，以责任追究的刚性权威，倒逼“两个责任”有效落实。巩固反腐败斗争压倒性态势，坚持思想建党、制度治党同向发力，重遏制、强高压、长震慑，构筑源头预防腐败体制机制，强化不敢腐的震慑，扎牢不能腐的笼子，增强不想腐的自觉，强化良好政治生态，筑牢区域发展坚强保障。

同志们，党的十九大描绘了新时代宏伟蓝图，站在新的历史起点上，我们倍感自信自豪，更觉使命责任重大，要更加紧密地团结在以习近平同志为核心的党中央周围，以习近平新时代中国特色社会主义思想为指引，在市委市政府的坚强领导下，不忘初心、牢记使命，锐意进取、永不懈怠，为建设国际一流的和谐宜居之都贡献顺义力量！

王刚同志的总结讲话（摘录）

今天，我们利用一天的时间，召开区委五届五次全会，认真围绕学习宣传贯彻党的十九大精神，系统总结了今年以来全区经济社会各领域所取得的成绩，科学谋划了2018年各项重点工作任务，审议了《顺义区落实〈北京城市总体规划（2016年-2035年）〉实施工作方案》，进一步统一了思想、提振了士气、激发了干劲。围绕会议主题，大家进行了深入讨论，提出了很多很好的意见和建议。特别是有的同志提出，我们工作在乡镇、街道、农村、居委会的广大基层干部，在今年的工作中，充分发扬勇于担当、乐于奉献、攻坚克难、任劳任怨的精神，有力保障了全区各项工作的顺利开展，值得充分肯定。区委常委会专题听取了关于讨论情况的汇报，将对大家的意见、建议进行及时梳理、认真研究、积极采纳。应该说，这次会议开得很成功，充分发扬了民主，广泛凝聚了共识，进一步坚定了全区广大党员干部以党的十九大精神为指引，在新时代的征程中取得新成绩、铸就新辉煌的信心。下面，就进一步深入学习宣传贯彻党的十九大精神，结合学习领会、贯彻落实市十二次党代会和市委十二届二次、三次、四次全会精神，强调几点意见。

一、坚持以党的十九大精神为指引，切实把思想和行动统一到“学懂、弄通、做实”上来

二、坚持以党的十九大精神为指引，切实把思想和行动统一到稳中求进的工作总基调上来

三、坚持以党的十九大精神为指引，切实把思想和行动统一到推动区域平衡充分发展上来

四、坚持以党的十九大精神为指引，切实把思想和行动统一到维护区域安全稳定的政治责任上来

五、坚持以党的十九大精神为指引，切实把思想和行动统一到“撸起袖子加油干”上来

同志们，做好2018年的工作，意义重大、责任重大。让我们更加紧密地团结在以习近平同志为核心的党中央周围，在市委、市政府的坚强领导下，按照2018年工作的总要求、总基调和总目标，着力维护区域良好的政治生态、自然生态和产业生态，努力为建设伟大社会主义祖国的首都、迈向中华民族伟大复兴的大国之都、国际一流的和谐宜居之都贡献顺义力量，推动党的十九大精神在顺义落地生根、形成生动实践。

顺义区人大常委会工作报告

——2017年12月28日在顺义区第五届人民代表大会第四次会议上

顺义区人大常委会主任 车克欣

（摘录）

各位代表：

我受顺义区第五届人民代表大会常务委员会委托，向大会报告工作，请予审议。

2017年的主要工作

换届以来，区人大常委会在区委的坚强领导和市人大常委会的有力指导下，全面贯彻党的十八大和十八届三中、四中、五中、六中全会及习近平总书记系列重要讲话，特别是两次视察北京重要讲话精神，认真学习贯彻党的十九大精神，全面落实区委重大决策部署和区五届人大一次会议各项决议，坚持党的领导、人民当家作主、依法治国有机统一，认真履行宪法法律赋予的各项职权，锐意进取、主动作为，为坚持和完善人民代表大会制度，推动全区经济社会发展和民主法治建设，做出了人大应有的贡献。

一年来，共召开常委会会议8次，主任会议20次；听取和审议“一府两院”专项工作报告11项，提出审议意见30余条；开展工作视察、执法检查、专题调研48次，备案审查规范性文件6件，任免国家机关工作人员213人次，顺利完成区五届人大一次会议确定的各项任务。在区委领导下，依法召开区五届人大二次会议，全票选举产生区监察委员会主任，及时召开常委会会议任命区监察委员会副主任和委员，为国家监察体制改革在顺义试点提供坚强组织保障；组织召开区五届人大三次会议，坚持党的领导、充分发扬民主、严格依法办事，全票选举产生32名顺义区出席北京市第十五届人民代表大会代表。

一、坚持党的领导，确保人大工作的正确方向

区人大常委会始终坚持和依靠党的领导，坚决贯彻落实中央、市委精神和区委决策部署，认真执行向区委请示报告制度，确保人大工作的正确政治方向。

认真学习贯彻党的十九大精神。全面把握、准确领会十九大精神的深刻内涵、思想精髓、核心要义，用以武装头脑、引领方向、指导实践，始终在思想上政治上行动上同以习近平同志为核心的党中央保持高度一致。

发挥常委会党组的领导核心作用。研究制定常委会党组议事规则，加强常委会及机关党建工作，保证区委对人大工作的领导，保证区委的主张通过法定程序成为全区人民的意志，保证区委推荐的人选通过法定程序成为地方国家政权机关的领导人员。

发挥党建对人大工作的引领作用。按照区委“大抓党建，抓大党建”的工作要求，将人大党建纳入区委党建工作绩效考核体系，以委室为单位建立党支部，推进“两学一做”学习教育常态化制度化，以党建工作新成效促人大工作新发展。

二、坚持开展工作监督，助推经济社会转型升级

区人大常委会紧紧围绕区委中心工作，切实履行工作监督职责，为加快推进经济社会转型升级、深度融入京津冀协同发展、对接服务北京城市副中心建设等发挥了应有作用。

推动计划和财政预算的执行。专题审议了区政府上半年财政预算执行、国民经济和社会发展计划执行、上年度财政预算执行和其他财政收支审计、国有资产经营管理等专项报告；审查批准了区级财政年度决算和财政预算调整报告，推动计划和财政预算任务顺利完成。根据监督法和预算法有关规定，研究制定《顺义区预算审查监督办法》，为规范预算审查及监督工作提供了依据。参与预算事前评估项目15个，实现了事前评估、事中监督、事后评价的预算监督全覆盖；对政府一般预算项目绩效评价情况开展专题询问，推动政府提高预算绩效管理水平和财政资金使用效益。

推动重大项目、重点工程建设。我区重大项目、重点工程比较集中。这些项目和工程，对促进全区经济社会转型、产业结构调整意义重大。常委会年初听取了重大项目、重点工程安排情况报告，年中组织代表视察全区重大产业项目暨转型升级、创新创业工作推进情况。代表们就加快重大产业项目落地、推进工业区转型升级、加强产城融合等提出建议，为重大项目、重点工程顺利推进发挥了积极作用。

推动全区协调发展。河东河西发展不均衡、不同步，是困扰全区协调发展的老问题，河东地区代表和群众十分关注。区五届人大一次会议，将杨镇代表团提出的《关于加快全区协调发展 重点推进河东地区建设的议案》作为大会议案。区五届人大二次会议就落实议案作出决议。区委区政府对此高度重视，区政府根据区委《关于推动河东河西协调发展的意见》，研究制定《促进河东地区重大项目建设发展行动计划(2018年-2020年)》并着手落实。常委会通过专题调研和代表视察等方式，深入了解河东地区短板需求、群众呼声，积极推动议案办理。

推动生态环境建设。常委会通过专题调研、执法检查、工作视察等多种方式，对疏解整治促提升、农村地区清洁能源替代、生活垃圾处理、河道及水环境治理、河长制落实情况、建筑工地扬尘治理等进行监督，并针对工作中存在的问题提出建议。如，加快推进生活垃圾处理厂二期工程和有关配套项目建设进度的建议，加强对污水处理设施的规划、标准统筹，划分区域责任等建议，均被政府有关部门采纳，促进了相关问题的解决。

推动社会事业与民生改善。常委会坚持以民为本理念，把人民对美好生活的向往作为工作着力点，充分发挥人大密切联系群众的独特优势，深入基层调研、倾听群众呼声、回应群众期待，形成推动社会发展、民生改善的“人大力量”。一年来，先后对老旧小区改造、居家养老、新农村建设、整建制拆迁村集体资产处置、健康顺义建设等进行调研、视察，促进了社会事业发展，维护了群众切身利益。

三、坚持开展法律监督，推动“一府两院”依法行政、公正司法

区人大常委会按照宪法法律赋予的职权，对“一府两院”开展法律监督，推动其依法行政、公正司法，有力维护了社会公平正义和人民群众根本利益。

推动法律法规贯彻实施。先后对北京市全民健身条例、生活垃圾管理条例、建设工程质量条例等法律法规的实施情况进行检查。执法检查组通过听取汇报、召开座谈会、走访群众、实地查看等形式，全面了解法律法规实施情况，提出改进意见，充分发挥人大的监督职能和政府主管部门的监管职能，形成落实法律法规的强大合力。

加强对“两院”工作的监督。专题听取“两院”推进司法体制改革工作情况汇报，听取和审议区法院关于执行工作的情况报告、区检察院关于加强侦查监督 维护司法公正的情况报告，召开法官职业保障及“两法”衔接情况调研座谈会，积极推动司法体制改革，规范司法行为，完善监督机制，提高司法公信力。

加强规范性文件备案审查。常委会设立法制办公室，加挂备案审查办公室牌子，备案审查机构和人员得到落实；及时修订规范性文件备案审查办法，进一步明确审查范围、审查责任、审查流程等；积极发挥法律顾问的参谋助手作用，推动备案审查工作规范化、制度化，维护了全区法制统一。

依法行使人事任免权。常委会坚持党管干部原则和依法任免相统一，及时修订人事任免制度，规范人事任免程序，认真做好人事任免工作。健全完善任前法律知识考试制度，坚持举行颁发任命书、奏唱国歌、宪法宣誓等仪式，切实增强被任命人员的宪法意识、国家意识、公仆意识和接受人大监督意识。

认真做好信访工作。常委会把群众来信来访作为了解社情民意、促进社会和谐、增强监督实效的抓手，积极探索改进信访工作方式，加大信访案件的转办督办力度；通过与“一府两院”信访机构建立沟通协调机制，促使一批信访问题得到妥善解决，为维护群众合法权益、化解社会矛盾、促进社会和谐稳定发挥了积极作用。一年来，共受理群众来信来访109件（次）。

四、坚持完善代表履职制度，充分发挥代表主体作用

常委会从增强代表履职意识、提高代表履职能力着手，积极探索加强和改进代表工作的新路子，充分发挥代表主体作用，保障人民当家作主的权利。

抓培训，提高代表综合素质。常委会加强代表思想作风和能力建设，精心制定代表学习培训计划并认真组织实施，把学习贯彻党的十九大精神、加强代表作风建设、提高履职意识纳入培训内容。一年来，共集中培训人大代表1000余人次，切实提高了代表的综合素质与履职水平。

搭平台，保障代表依法履职。在相关镇街新建“人大代表之家”15个，制定关于进一步加强“人大代表之家”建设的工作意见，确立标准，落实场地、完善设施、规范管理；坚持基层代表列席常委会会议、参加执法检查与专题调研等制度；建立人大代表、人大主席、人大秘书微信群，促进信息交流、学习沟通。

建制度，加强同代表日常联系。健全完善常委会、专门委员会组成人员联系代表和代表联系群众制度，以区委深改组文件形式印发了《顺义区人大常委会关于进一步加强人大代表密切联系人民群众工作的指导性意见（试行）》；制定下发代表履职手册，加强对代表的管理，推动代表履职制度化、规范化；落实常委会领导直接联系代表制度，通过多种方式听取和反映代表的意见建议。

创机制，提高建议办理实效。常委会认真总结以往经验，完善了领导牵头督办、各专门委员会分类督办、代表联络室综合协调的督办工作机制；制定代表建议提交及办理工作流程，推进代表建议交办工作规范化；专题听取审议区政府关于代表建议办理情况报告，加大对代表建议办理的督查力度。在区政府及相关部门的努力下，105件代表建议全部办复完毕。部分建议已经转化为政策措施，有力推动和改进了政府相关工作。

五、坚持加强自身建设，不断提高人大工作水平

常委会通过抓制度建设、抓学习培训、抓调查研究、抓队伍建设，切实加强自身建设，努力提高依法履职水平。

建章立制，着力夯实履职之基。建章立制是保障常委会工作顺利开展的基础。届首之年，常委会结合新形势、新任务、新要求，制定各项规章制度，梳理各项工作流程。先后健全完善了常委会听取和审议专项工作报告、执法检查、专题调研、专项视察等履职制度；修订常委会议事规则和组成人员守则，制定专门委员会工作规则，确保各项工作有章可循；改进机关办文、办事、办会流程，提高了人大工作的制度化、规范化水平。

加强调研，着力改进工作作风。一年来，人大各专门委员会和常委会各工作机构围绕审议、视察、检查等各项议题，深入开展调研，充分了解情况，为区人大及其常委会依法履职、推进工作提供依据；常委会组成人员在深入调研的基础上，结合自身实际，每人完成一篇年度调研报告。目前，调研成为开展工作的基础环节和必经程序，主任会议、常委会组成人员、各工作机构不同层面的调研格局已经形成。

加强宣传，着力增强人大影响力。常委会高度重视宣传工作，着力讲好人大故事、传递人大信息，提升人大影响力。研究制定了信息宣传工作办法，组建了全区人大通讯员队伍，并组织开展业务培训；利用区内新闻媒体，对人大制度、人大工作、代表履职情况进行充分报道，人大工作的社会宣传效果不断增强。

此外，进一步优化干部队伍结构，激发人大工作活力；聘请法律和财经顾问，为常委会提供智力支持；贯彻落实党风廉政建设责任制，不断提升机关党风廉政建设水平；坚持镇街人大负责人列席区人大常委会会议制度，改进人大主席联席会机制，人大工作整体水平稳步提高。

各位代表：

常委会取得的这些成绩，是区委坚强领导的结果，是“一府两院”密切配合、全区人民和社会各界大力支持的结果，也是常委会组成人员及全体人大代表共同努力的结果。在此，我代表区人大常委会，向所有关心、支持人大工作的同志们、朋友们，表示崇高的敬意和衷心的感谢！

在肯定成绩的同时，我们也清醒地认识到，与宪法法律赋予的职能相比，与区委的要求和人民群众的期望相比，常委会的工作还存在一定的差距：一是常委会作为“工作机关”和“代表机关”的作用还需更好地发挥；二是常委会自身建设特别是推进全面从严治党还需进一步加强；三是重大事项决定权的实践探索有待深化；四是监督工作的深度和实效有待拓展和提高等。这些问题，我们将在今后工作中努力加以改进，也诚恳希望各位代表提出宝贵意见。

2018年主要工作任务

各位代表：

2018年，是贯彻党的十九大精神的开局之年，是决胜全面建成小康社会、实施“十三五”规划承前启后的关键一年。做好明年的人大工作，要以习近平新时代中国特色社会主义思想为指导，全面深入贯彻党的十九大精神，坚持党的领导、人民当家作主、依法治国有机统一，紧紧围绕区委中心工作，按照“议大事、抓重点、求实效”的工作原则，认真履行宪法法律赋予的各项职权，不忘初心、牢记使命，不断推动顺义人大工作与时俱进、创新发展。

一、着眼于推动人大工作与时俱进，坚持和依靠党的领导

二、着眼于提高监督实效，加强和改进监督工作

三、着眼于发挥代表主体作用，加强和改进代表工作

四、着眼于提升人大工作水平，进一步加强自身建设

各位代表：

党的十九大对人大工作提出了新的要求，人大工作大有可为，人大代表责任重大，从事人大工作的同志使命光荣。让我们在区委的坚强领导下，全面深入贯彻党的十九大精神，紧紧依靠全区人民，在新时代彰显新气象、展现新作为，为建设“港城融合的国际航空中心核心区、创新引领的区域经济提升发展先行区、城乡协调的首都和谐宜居示范区”做出人大新的更大贡献！

政府工作报告

——2017年12月28日在顺义区第五届人民代表大会第四次会议上
顺义区人民政府区长 高朋

（摘录）

各位代表：

现在，我代表顺义区人民政府，向大会报告政府工作，请予审议，并请各位政协委员提出意见。

一、2017年工作回顾

2017年，是顺义发展史上极不平凡的一年。在党的十九大精神和习近平新时代中国特色社会主义思想的指引下，在市委、市政府和区委的坚强领导下，在区人大、区政协的监督支持下，区政府团结带领全区人民，全力以赴稳增长、调结构、促改革、惠民生，攻坚克难，锐意进取，顶住了前所未有的经济下行压力，全区经济社会实现持续平稳健康发展。据初步预计，完成地区生产总值1695亿元，增长6.5%左右；完成一般公共预算收入148.88亿元，增长8%；完成全社会固定资产投资510亿元，增长5.2%；实现社会消费品零售额474亿元，增长7%；城镇居民和农村居民人均可支配收入分别达到39546元和26818元，分别增长8.5%和8.8%；PM2.5年均浓度预计下降到57微克/立方米，较好地完成了区五届人大一次会议确定的各项任务。

（一）全力实施疏整促专项行动，协同发展取得新进展

疏解整治促提升成效显著。坚持在“疏”字上持续用力，在“舍”字上保持定力，在“优”字上集中发力，区政府自我加压、主动加码，全区广大干部勇挑重担、敢于碰硬，提前三个月在全市率先完成市级8大项12小项工作任务。共拆除违法建设400万平方米，相当于之前两年总和；疏解一般制造业企业81家、商市场6家，整治开墙打洞370家、“散乱污”企业494家、出租大院（公寓）435个，薛大人庄整村式专项整治经验在全市推广。1939宗、11943亩国家土地督察和国土卫片问题整改到位。统筹腾退空间“留白增绿”，全区拆后还绿6万余平方米，新增停车场24处、科教文体服务场所39处，群众获得感、满意度大幅提升。全区常住人口控制在113.4万人以内。

协同发展扎实推进。疏解和承接项目有序推进。友谊医院顺义院区开工建设，城市学院顺义校区二期投入使用，东城区棚改定向安置房基本具备开工条件，临河村地块、北汽越野车厂地块控规获批，中航信产业园一期项目生产区竣工验收，北师大附中顺义分校地上物拆除基本完成。北京东北部交通路网日益完善。连接城市副中心的通怀路一期、天北路北延工程完成施工招标，全区首条有轨电车T2线开工建设，在全市率先完成京沈客专顺义段正线征地拆迁工作。顺鑫控股与威县签约环保科技园及农业嘉年华项目，玉溪·顺义产业园开园运营。

精准帮扶持续发力。深入开展全区低收入村、低收入农户集中帮扶，促进杨镇荆坨村、下营村蔬菜基地和南彩小营村有机蔬菜种植园等项目落地建设，全年实现3188户、7036人脱低。与河北沽源县、西藏尼木县、内蒙古巴林左旗“携手奔小康”行动全面展开，对口协作河南西峡县深入推进，新确定科尔沁左翼中旗对口帮扶关系，全年向帮扶地区捐助资金2000余万元，谋划帮扶合作项目69个，成功打造“扶贫产业搭平台、精准施策助小康”扶贫亮点，得到了市委、市政府的高度评价。

（二）坚定不移调结构转方式，经济发展增添新动能

产业结构更加优化。全力以赴稳定经济增长，加快构建高精尖经济结构，三次产业比重预计调整为1：35：64。服务业持续迈向高端化。服务业扩大开放全面深化，首轮38项试点任务全部完成，催生全国首家外资控股飞机维修企业、首家外商独资演出经纪机构、首单文化无形资产融资租赁、全市首例经营性飞机保税租赁等8大新业态新模式，创新国内最大“航材共享”平台监管等6项体制机制，后沙峪总部经济特色小镇等7家单位获评市级示范点，公安部批准的顺义区外国人出入境服务大厅和10项特有政策运营实施；天竺综保区跨境电商保税备货模式开始运营，国家检验检疫五类指定口岸即将启用。临空经济势头良好，相关产业属地税收增长57%。金融业蓬勃发展，顺义入选国家产融合作试点城市，全区引进包括国创基金等千亿级基金在内的优质项目30个，金融机构达到281

家，产业基金规模超过4000亿元，上市企业达到70家，天竺综保区获批北京市融资（金融）租赁聚集区。高端商务会展业和文化创意产业加快壮大，新国展二、三期项目启动城市设计方案征集，土地上市工作积极推进；全球知名影视动画制作企业新西兰虎虎公司等项目相继落户，北京文投国际控股公司组建成立。现代制造业加快转型升级。承担的全国科技创新中心建设3项重点任务和8个重点项目进展顺利。创新型产业集群和“2025”示范区建设全面展开，启动起步区规划研究，明确重点聚焦发展智能新能源汽车、第三代半导体、航空航天三大创新型产业集群。智能新能源汽车产业初具规模，北汽15万辆新能源汽车产能达成，国家智能网联汽车创新中心、宝马北京研发中心、桑德新能源、滴滴出行、地平线公司等20多个重点项目相继落户，两个半开放无人驾驶测试点年内建设完成，北小营25平方公里无人驾驶测试区加快规划设计；第三代半导体产业持续推进，中国电子科技集团十三所、平湖波科等优质项目顺利入驻，总投资额超100亿元；航空航天产业加速聚集，中航发高温合金涡轮叶片示范线等尖端项目先后落地，罗罗发动机等国际化项目洽谈顺利。哈工大顺义军民融合创新产业园正式启动，首批引进哈工大最具影响力的10个创新平台及10余家企业。都市型现代农业稳步发展。获评首批国家农业可持续发展试验示范区，农业产值和增加值继续居全市第一。

增长动力持续转换。“双创”活力不断增强。成功获批全国“双创”示范基地、国家知识产权试点城市、北京市中小企业公共服务示范平台，一批总面积达50万平方米的创新创业基地有序运营，全区技术合同成交额、专利申请量分别增长23%和11%。创新主体持续壮大。实施首都科技条件平台顺义工作站配套政策，新增1家北京市重点实验室、2家北京市工程技术研究中心、2家北京市众创空间，国家级高新技术企业达到385家。与中关村管委会、中关村发展集团开展全面合作，项目、资金、人才等方面合作更加深化。

发展环境更加宜业。出台优化营商环境服务企业工作方案，搭建重大产业项目调度综合服务平台，建立区领导、部门、属地“点对点”联系企业工作制度，先后走访服务企业370余家，向驻区重点企业提供公租房5420套，为824人办理工作居住证，努力解决企业发展后顾之忧。因地制宜完善产业政策体系，在全市率先施行区级新能源汽车、分布式光伏发电推广政策。全面提升政务服务水平，成立首支营商服务监督顾问员队伍，镇街政务服务大厅全部完成硬件标准化建设。全区服务企业意识持续增强，整体服务水平位居全市前列，全年预计引进亿元以上项目93个，投资额1721亿元。

（三）全面加强生态文明建设，环境保护水平迈上新台阶

空气质量明显改善。重拳治理、矢志攻坚，全年PM2.5平均浓度同比下降20%，优良天气增加21天，连续8个月浓度为近五年最低。环保工作力量进一步加强，专门新增环保行政事业编人员50名、监督员110名，环保网格化管理走在全市前列。科技环保投入加大，建设719个小微子站精准识别高值点位，全年整治污染片区109个。压减燃煤力度空前，倒排工期、昼夜奋战，全面完成248个村、8.8万户居民“煤改电”和19个村、1.1万户居民“煤改气”工程，总投资达76亿元，惠及百姓范围居全市之首，在全市创新性地建设了镇级煤改清洁能源售后服务中心，有力保障日常服务维修；拆除燃煤小锅炉6443台，完成燃煤锅炉清洁能源改造650蒸吨，全区基本实现“无煤化”。加强控车减油、治污减排，发布实施大货车禁限行措施，新建木林、赵全营超限检测站、白马路临时检查站，强化24小时执法，过境大货车明显减少；燃气锅炉低氮改造、高排放老旧机动车淘汰量分别达到市级任务的2.6倍和1.4倍，2739家餐饮企业全部安装使用油烟净化设备。严格实施扬尘管控，全区降尘量控制在5.6吨/月·平方公里，低于市级任务目标8吨/月·平方公里30%。

水土环境治理全面推进。积极落实河长制，确立三级河长481人，全区河道沟渠实现监管全覆盖。在全市率先完成全部10条段31公里黑臭水体治理。牛栏山再生水厂主体工程、区污水处理厂和引温一期升级改造完成，区污泥无害化处理工程和张镇再生水厂开工建设，新增日污水处理能力18万方，城区和全区污水处理率分别达到98.9%和88%。污水直排现象有效减少，综合整治全区205处河道排污口和1254处小散排污口，依法依规关停规模养殖场（小区）65处，清理畜禽64.2万只（头）。断面水质大幅改善，25条有水河道3项监测数据降幅均超过50%。农村治污提质增量，完成10个村庄污水收集处理和27处农村污水设施运行监测工程。积极开展土壤污染防治工作，土地环境管理进一步加强。

市容环境稳步提高。164项市区两级环境建设任务全面完成，在市级“月检查”中成绩始终位列发展新区前两名。启动实施百街百巷三年整治计划，城市环境面貌显

著提升。强化生活垃圾管理，城镇地区生活垃圾无害化处理率达到100%，农村地区生活垃圾分类增加6个镇，增长100%，建筑垃圾得到有效管控。深入推进绿化美化建设，平原造林1428亩，京承高速公路、机场南线两侧（顺义段）景观提升1560亩，完成东郊森林公园、马坡千亩森林公园、天竺镇级公园、花博会公园建设提升项目，舞彩浅山郊野公园一期工程进场施工，治理杨柳飞絮8.6万株。新增2个3A级景区。

（四）统筹推进城乡发展，城乡一体化形成新格局

新型城镇化加快推进。7个棚改项目高效有序实施。临河村、夏县营村和西沮上村项目民宅拆迁拆除工作全面完成，幸福西街项目签约率达到98.5%，维尼纶厂项目征收补偿方案启动公示，西丰乐村、东石槽村项目手续加快办理，先后创造了“临河速度”、“夏县营加速度”，全年实现2531户危旧房屋家庭签约，达到市级棚改任务指标的4.5倍。河东地区发展持续加快。全年在河东地区安排重点工程项目53个、资金17.5亿元，分别占全区的44%和41%；河东地区建安投资全年预计完成72亿元，增长53%。制定实施全区特色小镇培育方案，龙湾屯生态旅游小镇入选全国特色小镇，张镇被列为全国首批运动休闲特色小镇，祥云小镇创建全市首批生活性服务业示范街区顺利开展。村庄规划编制全面启动，美丽乡村达到143个，总数位列全市第三。

城市承载能力不断提升。120项重点工程全部立项，其中100项开工建设。城市功能日臻完善。区体育中心顺利竣工，文化中心影剧院、劳动力实训基地、电子政务中心加快内装，城市生活展示体验馆设计方案初步完成，中医院迁建项目有序推进。城市基础设施日新月异。北京首座双塔双索面斜拉桥复兴大桥即将竣工通车，木孙路中段、顺平南辅线、安宁大街项目开工建设，复兴东街、华中路施工完成，马坡、东府22万站和新城、东营等5座11万站竣工供电，重点镇城乡供水一体化一期工程完工运行，生活垃圾处理厂焚烧二期和餐厨垃圾处理厂工程加速推进，综合管廊建设规划编制完成。城市商业设施日趋高端。天竺综保区首家进口商品直营中心挂牌营业，后沙峪沃尔玛、马坡鲁能购物中心、空港一号、澳金园项目招商进展顺利。新建和规范便民商业网点103个，便民服务功能社区覆盖率达到74.1%。土地供应力度加大，全年累计供应国有建设用地10宗、137公顷，提前超额完成市级年度任务。

城乡社会治理更加精细。智慧城市建设全面启动，八大领域率先推进，卫生云平台投入使用，无线网络全覆盖项目立项，一卡通实施方案编制完成，政务管理流程梳理完毕，区级网上办事大厅及行政审批业务平台进展顺利。网格化体系不断完善，明确区、镇（街道）网格化工作专门机构，气象服务、环境监管、消防安全等工作有序进入网格。社区服务治理水平持续提高，新增60个八型社区。综合交通水平稳步提升，完成顺平路缓堵改造主体工程、六环南环路出入口信号灯改造、城区停车诱导系统升级、马坡地区交通拥堵治理工程，新建城市学院客运站，新增停车位5480个、公共自行车2000辆、公共候车亭50座，市民出行更加智能高效便捷。

（五）始终坚持民生优先，全区人民生活得到新改善

社会保障能力日益增强。全年城镇新增就业2.5万人，城乡劳动力二三产业就业率保持95%以上，连续六年被评为北京市充分就业区。落实全民参保登记计划，全区职工五项社会保险平均参保人数达到52.3万人，增长4.8%。城乡低保标准由800元提高到900元。养老事业深入推进，全市首家养老助餐集配中心建成使用，22家社区养老服务驿站、12个老年食堂正式运营；在区老年公寓设立京顺老年病医院，打造医养结合共同体。

公共服务供给精准发力。教育资源配置更加均衡。全年新增学位2130个，空港二小等4所学校投入使用，高丽营二中等11所学校改扩建工程进展顺利；北京四中顺义分校被认定为优质高中校，第一所普惠性民办幼儿园试点校正式落地，全年取缔170所、规范3所未经审批幼儿园；中高考各项指标继续保持京郊首位、全市前列，本科录取率达88.9%，再创历史新高。医疗卫生事业快速发展。高分通过国家慢性病综合防控示范区和国家卫生区复审验收，首轮医疗卫生服务水平提升行动计划圆满收官；医药分开综合改革平稳实施，药占比、次均药品费用分别同比降低14%和11%，累计减轻患者负担7600万元；医联体建设覆盖全部基层单位，行政村全部纳入基层医疗卫生20分钟服务圈，重点人群家庭医生签约率超过90%；区医院东院区综合病房正式投入使用。群众文体事业取得新成果。成功举办燕京啤酒节、舞彩浅山旅游登山文化节、冰雪温泉狂欢季等文体和旅游活动。总投资2000万元的8个为部队办实事工程顺利推进。民族、宗教、广播电视、新闻、气象、档案、保密、慈善、残疾人、红十字等各项事业发展呈现新局面。

住房保障工作扎实有效。保障性住房和定向安置房开复工面积188万平方米、23376套，竣工3440套；4个自

住房项目、首个共有产权房项目入市交易，累计提供房源3221套。前进、太平村回迁工作取得重大进展，腾退拆迁滞留户11户，统筹现有房源633套先期对517户群众进行安置；樱花园小区产权置换工作加快推进，小左各庄、平各庄等村回迁安置房建设进展顺利。集体土地建设租赁住房试点积极推进，完成40公顷集体建设用地选址。老旧小区治理压茬实施，一期工程进入长效治理阶段，居民满意率达到95%，投资13.6亿元、覆盖19个小区近600栋居民楼的二期工程有序推进，电力改造工程同步启动。

和谐稳定基础不断夯实。深刻汲取6.30、9.29、11.10事故教训，深入推进安全生产双重预防控制体系建设，紧紧围绕首都机场周边等重点区域和人员密集场所、有限空间、违法出租等重点领域，开展"地毯式"安全隐患大排查大清理大整治，全力维护区域安全生产形势平稳可控。统筹做好城市安全运行保障，妥善应对H7N9禽流感事件，平稳度过主汛期，成功创建北京市食品安全示范区。加大信访调解力度，矛盾纠纷化解率稳步提升。强化社会治安防控、城市运行保障、大气污染应急等各项工作，全区各条战线全力以赴、履职尽责、日夜巡查，圆满完成党的十九大、"一带一路"国际合作高峰论坛等重大活动服务保障任务。

（六）坚决落实全面从严治党要求，政府自身建设再上新水平

深入学习宣传贯彻党的十九大精神。党的十九大胜利召开后，按照中央、市委要求，在区委的统一部署下，区政府认真组织，周密安排，有计划、有步骤、分阶段地抓好区政府系统的学习宣传贯彻落实工作。区政府党组坚持以上率下，第一时间召开党组会议，进行集中传达学习和研讨交流；班子成员带头下基层、到一线，结合各自分管领域深入宣讲调研；各部门、各单位积极开展"大学习、大宣讲、大调研、大交流"，在政府系统掀起了学习宣传贯彻十九大精神的热潮，努力促进十九大精神在顺义形成生动实践。

各项改革深入推进。简政放权力度不断加大，取消或调整政府部门权力事项36项。积极开展"多证合一、一照一码"登记制度改革，完成全部应换照登记数量的84%。完善街道经费保障和管理机制，内设机构、所属事业单位和人员编制调整到位。实施城市管理体制改革，组建区城管委、区城市管理指挥中心，有序推进城管执法重心下移。国资国企改革持续深化，区属国有建筑板块、商业板块组建完成，国企投资监管制度逐步完善，负责人薪酬制度改革稳步实施，发展活力得到进一步激发。

法治能力不断提升。认真执行区人大及其常委会的决议和决定，自觉接受人大工作监督、法律监督，加强与区政协的民主协商，按时办理人大代表建议105件、政协提案176件，满意率均达到100%。制定依法行政专项考核办法，强化执法监督，执法效能进一步提升。加大招投标、环境质量、城市安全等信息的公开力度，不断推进政务公开规范化、制度化。严格依法履职，加强重大行政决策事项事前征求意见、专家论证、风险评估和合法性审查。开展法治培训，强化政府工作人员法治思维，提升依法行政能力。

党风廉政建设持续深化。切实强化政府党建工作，扎实推进"两学一做"学习教育常态化制度化，定期召开政府党组民主生活会，及时反思整改问题。加强审计监督，更加注重政府绩效管理，实现督查督办全覆盖。加大对履职不力行为的问责力度，及时向区纪委区监委移交环保等问题线索，追究20名干部责任。严格落实"一岗双责"，认真查找廉政风险点，严肃查处群众身边的不正之风和腐败问题，打造了勤政廉政的政务环境。

各位代表，回顾2017年的工作，我们深感极不平凡、极为不易。面对前所未有的产业调整压力，异常严峻的安全生产形势，面对力度空前的非首都功能疏解，万无一失的国家重大活动服务保障任务，区委统揽全局、凝心聚力，区政府科学决策、狠抓落实，区人大、区政协有效监督、鼎力支持，广大党员干部迎难而上、夙夜在公，舍小家顾大家、讲奉献能战斗，攻克了一道又一道难关险阻，办成了一件又一件大事、难事、实事。顺义区域发展主动纳入到首都"四个中心"城市战略定位的发展大局中、"疏整促"专项行动全市领先、奋力稳增长保持经济运行在合理区间、全市最大规模的"煤改清洁能源"工程圆满完成、大气环境治理卓有成效、十九大服务保障滴水不漏，顺利完成党中央、国务院和市委、市政府环保、安全生产、国土卫片等督察迎检任务。惟其艰难，方显勇毅；惟其笃行，弥足珍贵。回首艰辛历程，我们愈发清晰地感受到这"不平凡一年"中，全区上下呈现出的一条心干事业、一股劲谋发展的进取精神和磅礴力量！在此，我代表区政府，向辛勤奋战在各条战线的广大干部群众，向各位人大代表、政协委员，向各民主党派、工商联、无党派和社会各界人士，向驻区中央、市属单位、部队和企业，向所有关心支持参与顺义改革发展的同志们、朋友们，表示崇高的敬意和衷心的感谢！

在看到成绩的同时，我们也清醒地认识到，工作中还有许多不足之处，我区发展还存在一些不平衡不充分的问题，特别是与市民对生活的便利性、宜居性、多样性、公正性需求相比还存在不少差距。安全生产仍然存在薄弱环节，今年两起较大事故深刻警示我们安全生产意识树立的还不牢固，责任和措施尚未真正落实到位；河东河西发展差距仍然较大，协调发展步伐需要进一步加快；教育、医疗、文体、养老等公共服务还有不少短板，民生保障任务十分繁重；受国内外复杂形势影响，汽车产业调整带来的压力巨大、持续深远，高精尖经济结构亟待加快构建；生态环境仍需巩固加强，大气和水环境治理需求愈加迫切；城市功能和品质仍需提升，城镇化、城乡一体化的空间还很大；群众、企业办事难问题还一定程度存在，政府服务能力和水平需要进一步提高，政府职能转变、干部能力本领与发展的新形势相比需不断加强。对存在的问题和不足，我们一定要始终保持清醒头脑，以对人民高度负责的担当精神，拿出更实更有效的举措，切实加以解决。

二、2018年工作安排

2018年是贯彻党的十九大精神的开局之年，是改革开放40周年，是决胜全面建成小康社会、实施“十三五”规划承上启下的关键一年。伴随着中国特色社会主义进入新时代、北京国际一流的和谐宜居之都建设开启新航程，顺义发展也迎来了一系列新的历史性机遇。北京城市总体规划中顺义位居城市空间布局中的“多点”首位，并被赋予了“港城融合的国际航空中心核心区，创新引领的区域经济提升发展先行区，城乡协调的首都和谐宜居示范区”的功能定位，以及推动首都机场建设世界级航空枢纽的重要使命。作为国家政务活动重要基础设施首都机场所在地，顺义在首都承担全国政治中心功能中肩负着重大职责。顺义是北京城市总体规划明确的创新型产业集群和2025示范区，以及全国双创示范基地，正在成为承接全市科技创新成果转化和产业化、支撑首都建设全国科技创新中心的重要力量。我区还拥有天竺综保区、新国展等全市重大国际交往战略平台，将在服务首都建设国际交往中心中发挥更加重要的作用。顺义被纳入全国文化中心建设中的大运河文化带，在传承和繁荣首都文化中承担着重要任务。未来的顺义，必将在首都“四个中心”建设和国际一流的和谐宜居之都建设中展现更有力的作为、作出更突出的贡献！

2018年政府工作的总体要求是：深入学习贯彻党的十九大、中央经济工作会议和习近平总书记视察北京重要讲话精神，坚持以习近平新时代中国特色社会主义思想为指引，按照市委十二届四次全会和区委五届五次全会的总体部署，坚持稳中求进工作总基调，牢牢把握高质量发展这个根本要求，紧紧围绕区域功能定位，聚焦地区发展的不平衡不充分问题，加快推动经济发展转型、生态环境优化、城市功能提升、社会事业进步，不断满足全区人民日益增长的美好生活需要，加快在全市率先全面建成小康社会步伐，为建设国际一流的和谐宜居之都贡献顺义力量。

2018年全区经济社会发展的主要预期目标是：地区生产总值增长6.6%左右；一般公共预算收入增长7%左右；全社会固定资产投资总量与2017年持平；社会消费品零售额增长7%左右；城镇居民和农村居民人均可支配收入分别增长7.5%和7.6%；PM2.5年均浓度达到市级要求。

为实现上述目标，2018年要重点抓好以下几个方面的工作：

（一）着力疏解非首都功能，深度融入协同发展大局

（二）着力聚焦重点难点问题，坚决打好三大攻坚战

（三）着力强化创新驱动发展，加快构建“高精尖”经济结构

（四）着力加强城乡规划建设管理，提升宜居宜业品质

（五）着力保障和改善民生福祉，推动发展成果普惠共享

（六）着力推进全面深化改革，激发发展活力和动力

（七）着力加强政府自身建设，提高施政能力和服务水平

各位代表，新时代开启新征程，新思想指引新作为。让我们更加紧密团结在以习近平同志为核心的党中央周围，在市委、市政府和区委的坚强领导下，不忘初心、牢记使命，鼓足干劲、开拓创新，以永不懈怠的精神状态和一往无前的奋斗姿态，为在全市率先全面建成小康社会砥砺奋进，为建设国际一流的和谐宜居之都贡献顺义力量！

中国人民政治协商会议
北京市顺义区第五届委员会
常务委员会工作报告

2017年12月26日在政协北京市顺义区第五届委员会第二次会议上

单成刚

（摘录）

各位委员：

我受政协北京市顺义区第五届委员会常务委员会委托，向大会报告工作，请审议。

一、2017年工作回顾

2017年，政协北京市顺义区第五届委员会及常务委员会在中共顺义区委的坚强领导和市政协的亲切关怀下，坚持以马克思列宁主义、毛泽东思想、邓小平理论、“三个代表”重要思想、科学发展观、习近平新时代中国特色社会主义思想为指导，深入学习贯彻中共十九大精神，坚持团结和民主两大主题，把协商民主贯穿政治协商、民主监督、参政议政全过程，充分发挥人民政协作为社会主义协商民主重要渠道和专门协商机构的作用，累计召开全体委员会议、常务委员会会议、主席会议、专门委员会会议、协商议政座谈会26次，向党政部门提出各类意见建议232条，开展调查研究、视察考察、座谈研讨、特约监督等各类履职活动110项次，有效发挥了协调关系、汇聚力量、建言献策、服务大局的重要作用，为推进我区加快建设“港城融合的国际航空中心核心区、创新引领的区域经济提升先行区、城乡协调的首都和谐宜居示范区”做出了积极贡献。

（一）坚持党的领导，把握人民政协事业发展的根本遵循

区政协始终坚持党的领导，坚定正确政治方向，不断加强理论武装，凝聚共同团结奋斗的思想政治基础。

一是坚持把党的领导贯穿于工作始终。一年来，区政协始终坚持在区委领导下开展政协工作，自觉接受、主动争取、积极维护区委的领导。区政协党组定期向区委汇报工作，落实区委指示精神，并就政协工作的重大事项、重大问题、重要情况，及时向区委请示汇报，响应区委号召、执行区委决定，努力把区委的意志、主张转化为参加政协的各党派团体和各族各界人士的思想共识，不断巩固了团结奋斗的思想政治基础。

二是坚持以十九大精神为引领加强理论武装。区政协将加强理论武装作为强化党的领导的重要保障，全年共组织委员开展各类学习活动11次，切实增强委员的“四个意识”，强化“四个自信”。以学习贯彻落实十九大精神为首要政治任务，采取精读原文、研讨交流、专题辅导等方式，组织政协委员原原本本学、带着感情学、结合实际学，强调学出忠诚、学出自信、学出担当、学出定力、学出精神。重点学习了十九大报告和习近平新时代中国特色社会主义思想，学习了习近平总书记关于社会主义协商民主建设的重要论述和两次视察北京讲话精神，学习了市第十二次党代会精神和区委五届四次全会精神，听取了我区半年经济社会发展情况通报，举办国家安全形势讲座，促使委员把握形势、知情明政，把中央精神、市委决策和区委部署内化于心，外化于行。

三是在广泛凝心聚力中坚持和强化党的领导。一方面，围绕中心工作，着眼大局、胸怀大局、服务大局，在各类履职活动中与区委同频共振，践行懂政协、会协商、善议政的履职要求，为区域发展建真言、谋良策、出实招，有效推动中央精神、市委决策和区委部署的贯彻落实。另一方面，坚持平等包容，求大同存小异，既反映大多数人呼声，又容纳少数人的合理主张；同时，在重大问题和原则立场上，旗帜鲜明地坚持正确政治方向，做好思想引领工作，在商以求同、协以成事的环境中，形成了既畅所欲言、各抒己见，又理性有度、合法依章的良好氛围。

（二）围绕中心工作，为区域经济社会发展议政建言

一是全力加强全体会议的全面协商。在区政协五届一次会议上，坚持以政治标准为引领，发挥好政治协商职能，认真组织委员听取和讨论《政府工作报告》及其他有关工作报告，精心安排了有区委区政府和有关部门领导参加的协商议政座谈会。各界委员紧紧围绕促进全区经济社会发展建言献策，形成了“促进顺义临空经济发展”、“加快区域制造业转型升级和提质增效”、“加

快北京新兴金融聚集区建设”等14个方面的48条建议。

二是重点提升常委会的专题协商。区政协五届一次常委会审议通过了《2017年常委会工作要点》和《专门委员会组成人员名单》，为常委会开展工作奠定基础。区政协五届二次、三次常委会分别围绕“推进顺义区建设服务业扩大开放综合试点示范区”、“经济结构调整和转型升级”等议题，视察了中国航材共享平台公司、跨境电商快件中心监管库、正元地理信息有限责任公司，听取了区商务委等单位的情况通报，经过深入讨论、充分协商，提出了6项书面协商意见。

三是广泛拓展专委会的对口协商。切实发挥各专门委员会的基础性作用，全年开展专委会视察活动8次，分别视察了我区经济功能区建设、重点镇经济发展、依法行政、节能减排项目建设、医疗卫生服务水平提升三年行动计划、市政配套工程建设等情况，听取了区食品药品监督管理局等部门的情况通报，提出对口协商意见建议，并得到有关部门借鉴采纳，为区域发展作出了积极贡献。

四是深入推进提案办理协商。五届一次会议以来，共有194位委员提交提案179件，经审查立案177件，立案率为98.9%，办复率为100%，办理情况总体良好。经统计，承办部门努力在当年予以解决的提案（A1类）21件；吸取委员建议，工作有进展或取得一定成效，需要长期坚持工作，逐步完善的提案（A2类）124件；受现行法律法规和政策限制，目前不能解决，需向委员说明解释的提案（A3类）13件；已经列入工作计划或规划，预计两、三年内可以解决的提案（B类）11件；因财力、物力或条件限制，目前无法落实，留待以后逐步解决的提案（C类）8件。坚持把协商贯穿于提案工作的全过程，开展集体提案集体协商、重点提案督办协商、热点提案现场协商、难点提案视察协商，广泛多层制度化的提案办理协商工作格局逐步形成，提案办理协商取得积极成效。

五是服务保障开展界别活动。第五届区政协界别的代表性不断增强，界别建设取得新进展。结合工作实际，将13个界别委员划分为10个界别小组，建立了各专委会分工联系指导界别小组的工作机制，落实了《机关联系走访委员工作规则》和《界别活动实施办法》。各界别小组围绕群众关心关注的热点难点问题，开展了形式多样、内容丰富的履职活动，有效发挥了界别作用。

六是精心组织各项专题调研。调研了我区科技创新中心建设情况，区法院、区检察院工作开展情况，加强对我区相关工作的建言和监督；赴河南省南阳市调研了南水北调搬迁社会矛盾化解办法，为我区借鉴有关经验提供参考；结合环保督察、百项“问题”调研、十九大安全服务保障督查等专项工作，开展调研27次，推动了有关重点工作的改进与完善；围绕年度重点调研课题，联合有关部门开展专题调研，高质量地完成了《关于新时期发挥区政协民主监督职能作用的思考》、《全面完善水系建设，构建海绵型新城市》、《提升我区基本公共文化服务水平的几点思考》、《加快顺义区道路交通基础设施建设，增强居民幸福感》等调研报告，详实反映了相关领域情况，为系统谋划有关方面工作发挥了积极作用。

（三）加强民主监督，不断完善监督工作体系

不断深化对民主监督职能的认识，寓监督于调研、视察、提案、大会发言之中，重点监督各项决策部署贯彻落实情况。开展了财政绩效评估、公租房摇号、依法行政、司法体制改革、党风政风方面的专项监督；26名委员被聘为特约监督员，积极参加相关单位和有关行业的党风、政风、行风特约监督活动，所提意见建议得到有关方面的重视和采纳；组织委员参加区政府的部门绩效考核会议，评议监督取得实效。

（四）坚持团结民主，共建共享美好生活

组织委员参加统战知识大讲堂，加强统一战线理论武装；组织医疗界政协委员和有关民主党派医疗界专家开展义诊活动；进一步完善党派提案办理机制，为各民主党派和无党派人士在政协履行职能搭建平台；关心爱护援疆干部和医务人员，支持做好对口援疆工作；开展民族村视察，从村容村貌、文化传承、少数民族特色、民族宗教政策、制定发展规划等方面提出意见建议；专题调研“民族一家亲”校园文化活动，支持民族教育事业发展；三八妇女节组织女委员参加“走进音乐的世界”知识讲座，倡导巾帼建功；组织政协委员深入基层、深入群众，及时反映社会各界群众的愿望诉求；鼓励和引导委员双职奉献，既在本职岗位上发挥骨干带头作用，又热心参与社会公益活动，认真践行社会主义核心价值观，积极传递正能量。

（五）切实服务委员，各项基础性工作协调推进

一是服务委员履职工作显著加强。严格执行《联系走访委员的工作规则》、《服务委员履职的工作意见》等制度，加强与委员的日常沟通，深入了解委员的工作、生活情况；委员联络服务中心职能作用进一步发挥，及时向委员寄送《政协时讯》、《会议纪要》、《人民政协报》等资料，在履职情况统计等工作上更加精细化，全方位服务委员，帮助委员解决履职过程的实际困难和需求。

二是文史信息宣传工作稳步提升。进一步加强委员文史资料征集工作，参与《顺义年鉴》、《顺义区历史》指导编辑。向北京市政协理论研究会、《北京观察》，报送了题为《精神新指引、履职新思考》、《健全机制、规范流程、细化服务，提升基层政协提案办理协商工作实效》、《加强政协新媒体建设的研究》等理论文章，推动了区政协理论和实践研究工作；与区内媒体合作，编辑报道委员风采6期，展现委员良好形象；牢牢把握意识形态工作主

导权，坚守宣传舆论阵地，加强网站信息工作，积极营造团结向上的舆论环境。

三是地区交流合作取得积极效果。在提案、城建环保、民族宗教等各委室工作方面争取市政协指导，不断强化与各区政协工作的交流，互学互鉴，工作思路得到进一步拓宽；完成北京市政协、河南省南阳市政协、河北省张北县政协到顺义学习考察等工作，加强了地方间的交流与合作。

（六）加强自身建设，履行全面从严治党主体责任

按照区委“大党建”的工作要求，区政协党组切实履行主体责任，发挥关键少数作用，大抓党建、抓大党建，坚持以党建引领各项履职工作更好开展。

一是各项制度建设实现新突破。结合十九大精神，制定并完善了《区政协党组关于贯彻全面从严治党的实施意见》等制度，促进了全面从严治党责任制的有效落实；坚持将制度建设贯穿政协党建等日常工作始终；修订了《政协北京市顺义区委员会党组工作规则》，完善了向区委请示汇报、“三重一大”事项决策等相关规定，领导班子运行制度机制更加科学规范。

二是机关作风建设实现新提升。区政协始终坚持作风建设永远在路上，扎实推进“两学一做”学习教育常态化制度化，全方位加强机关理论学习，制定《区政协持之以恒改进工作作风的实施细则》，进一步严肃党内政治生活，不忘初心，牢记使命，务实担当，砥砺前行，增强了作风建设实效；坚持抓好班子带好队伍，树立正确的用人导向，明确岗位职责，健全管理机制；通过学习培训、交流轮岗、实践锻炼等方式，提升了政协机关干部队伍的整体素质和服务水平。

三是党风廉政建设取得新成效。区政协党组切实履行党风廉政建设主体责任，多次进行专题部署。领导干部强化履行一岗双责，抓好职责范围内的党风廉政建设；强化经常性廉政警示教育，从严从实、抓早抓小、以案为鉴、警钟长鸣；强化廉政风险防控、约谈提醒和监督检查，努力营造了风清气正的工作环境，为履行职能奠定了坚实基础。

各位委员：

区政协一年来取得的工作成绩，与区委的坚强领导，与区人大、区政府及各职能部门的大力支持，与全体委员和各民主党派、工商联、各人民团体、各族各界人士的共同努力密不可分。值此机会，我代表区政协第五届委员会常务委员会，对一直以来关心、支持政协工作的各级领导、各界人士，表示衷心的感谢！

在看到成绩的同时，我们也清醒地认识到政协工作还存在一些差距和不足，主要是：开展政协协商民主的力度还需进一步加大；政协机关联系委员、政协委员联系群众的渠道还需进一步拓宽；政协民主监督体制机制还需进一步提升。这些问题要在今后工作中着力加以解决。

二、2018年工作思路

2018年区政协工作的总体要求是：在中共顺义区委领导下，以马克思列宁主义、毛泽东思想、邓小平理论、“三个代表”重要思想、科学发展观、习近平新时代中国特色社会主义思想为指导，深入学习贯彻中共十九大精神，牢牢把握中国特色社会主义进入新时代这个重大论断，始终坚持“党是领导一切的”这一根本政治原则，坚持人民政协的性质定位，坚持团结和民主两大主题，围绕中心、服务大局，紧紧围绕市委、区委各项决策部署，积极履行政治协商、民主监督、参政议政职能，扎实推进政协协商民主建设进程，为促进顺义区经济社会科学可持续发展做出更大贡献。

（一）强化学习、武装思想，在政治建设上谋求凝聚共识

（二）聚焦问题、服务发展，在议政建言上追求主动作为

（三）大胆创新、开拓进取，在民主监督上探求工作新突破

（四）履职为民、增进团结，在幸福和谐上力求凝心聚力

（五）筑牢堡垒、强基固本，在机关建设上寻求能力新提升

（六）坚定信念、严守纪律，在党建工作上强化责任担当

各位委员，中国特色社会主义进入新时代，我国社会主要矛盾已经转化为人民日益增长的美好生活需要和不平衡不充分的发展之间的矛盾。新时代赋予了人民政协新使命，新时代召唤政协组织要有新作为。让我们在区委的坚强领导下，紧紧围绕“港城融合的国际航空中心核心区、创新引领的区域经济提升先行区、城乡协调的首都和谐宜居示范区”的功能定位，以拼搏为美，向行动致敬，以锐意进取的奋斗姿态和永不懈怠的精神状态，不断开创顺义区人民政协事业的新局面，为奋力创造服务首都、发展顺义的生动实践做出新的更大的贡献！

以习近平新时代中国特色社会主义思想为指引 推动顺义区全面从严治党向纵深发展

——在中国共产党北京市顺义区第五届纪律检查委员会第四次全体会议上

张 良（2018年2月8日）

（摘录）

同志们：

我代表中国共产党北京市顺义区第五届纪律检查委员会常务委员会向第四次全体会议报告工作，请各位委员予以审议。

这次全会的主要任务是：深入学习贯彻落实党的十九大精神，以习近平新时代中国特色社会主义思想为指引，按照十九届中央纪委二次全会、市纪委十二届三次全会、区委五届五次全会工作部署，全面总结2017年纪检监察工作，重点部署2018年工作任务，推动我区全面从严治党工作向纵深发展。一会儿，王刚书记还要作重要讲话，提出新的要求，我们要认真学习领会，抓好贯彻落实。

一、2017年工作回顾

2017年，顺义区纪委区监委在市纪委市监委和区委的坚强领导下，牢固树立“四个意识”，坚决维护习近平总书记在党中央和全党的核心地位，坚决维护党中央权威和集中统一领导，以服务保障党的十九大胜利召开为主线，深入学习宣传贯彻党的十九大精神，深入学习宣传贯彻习近平新时代中国特色社会主义思想，认真落实市第十二次党代会精神、市纪委十二届二次全会和区委五届三次、四次全会工作部署，紧紧围绕党的领导、党的建设、全面从严治党，着力推进监察体制改革、纪律检查体制改革和区委巡察工作，认真履行监督执纪问责和监督调查处置职责，切实凸显党内专责监督作用和反腐败专门机构作用，党对反腐败工作的统一领导力度明显加强，监督全面覆盖的立体网络初步形成，党员干部纪律意识和规矩意识明显提高，全区党风廉政建设和反腐败工作取得明显成效。

（一）深入学习宣传贯彻党的十九大精神

把学习宣传贯彻党的十九大精神作为首要政治任务。严格按照中央、市委和区委部署，深入学习宣传贯彻党的十九大精神，自觉用习近平新时代中国特色社会主义思想武装头脑、指导实践、推动工作。区纪委区监委主动做学习的表率，通过区纪委常委会、理论中心组学习、组织生活会、主要领导讲党课等多种形式进行学习研讨；各级纪检监察干部走进机关、农村和社区、企事业单位开展宣讲活动；在“学懂、弄通、做实”上狠下功夫。切实加强对全区学习贯彻党的十九大精神和党章执行情况的监督检查，推动习近平新时代中国特色社会主义思想在潮白大地落地生根，形成生动实践。

坚持把政治纪律和政治规矩挺在最前面。坚决拥护党中央对孙政才严重违纪违法案件的查处，坚决划清界限、彻底肃清影响、深刻汲取教训，做政治上的“明白人”。切实强化对北京城市总体规划实施、疏解整治促提升、环境保护、对口援建、扶贫救助、棚户区改造、经济责任审计等工作的监督执纪问责，下发监察建议书和纪律检查建议书74份，坚决保证中央、市委和区委的重大决策部署落到实处。坚持把问责作为责任落实的“杀手锏”，对全面从严治党主体责任落实不力、监督责任落实不到位、重点任务履责不到位的38名党员干部进行了问责。

（二）实现改革“三个全覆盖”联动格局

把监察体制改革作为“一号工程”来抓。坚持把党的统一领导贯穿于监察体制改革始终，遵循市委的部署和要求，区委担负主体责任，区纪委牵头组织实施，严格按照时间表和路线图，完成机构设立、转隶组建、融合磨合阶段任务。依法产生区监察委员会，选优配强区监委领导班子；坚持“执纪监督”与“执纪审查”分设，形成案件管理、执纪监督、审查调查、案件审理相互配合、相互制约机制；探索实现纪法有效衔接，建立完善相关制度36个；探索运用12项调查措施，用留置取代“双规”，采取留置措施5人；推动监察监督向基层延伸，区监察委员会向各镇派出监察办公室，向街道派出监察组，分别与镇纪委、街道纪工委合署办公；初步实现对全区4.75万名行使公权力的公职人员监察全覆盖，比改革前增加3.6万人。

深化派驻纪检监察机构改革。严格落实《关于进一步加强顺义区纪委区监委派驻机构统一管理的实施意见》，扎实做好派驻机构设置、编制配备、职责确定、监察职能赋予等工作，优化工作模式，设置18个派驻纪检监察组和区直机关纪工委、区监委派出区直机关工委监察组，初步实现对区直机关监督全覆盖。积极开展廉政谈话、廉政提醒，发送监察建议书，共初核问题线索67件，切实发挥了“前哨”和“探头”作用。

推进区委巡察工作。在全市率先启动，区委书记担任领导小组组长，编制五年工作规划，确保区委本届任期内巡察全覆盖。设立区委巡察办，组建5个巡察组，出台“3+X”制度体系，建立26项巡察制度，为巡察工作开展提供了制度保障。完成两轮11家单位党组织巡察任务，启动第3轮巡察工作，紧盯党的领导弱化、党的建设缺失、全面从严治党不力等突出问题，发现问题、形成震慑。共发现问题线索29个，提出整改建议124条，已立案30件。

（三）协助和督促主体责任落实

坚持抓住“关键少数”。纪律学习走进区委常委会，区委领导班子每月开展纪律教育专题学习，以上率下，带头学纪律、讲规矩；制定《关于顺义区党政机关、人大、政协、天竺综保区管委会向纪检监察机关移送涉嫌违纪违法问题线索的暂行办法》，加强行纪衔接，有关部门共向纪检监察机关移送案件线索20件，切实增强监督工作合力。

以上率下，逐级压紧压实责任。丰富和完善党风廉政建设责任书内容，改进签订方式，按照区、处、科队站所、村（社区）的组织体系，分级别、分类别、分层次建立起个性化的责任清单和责任体系。注重考核结果运用，对2016年度责任制检查考核结果实行“双反馈、双通报、双约谈”，由区委书记、区纪委书记对考核总排名及系统排名靠后的5家单位进行“一对一”约谈，落实责任，推动整改。加强定向监督检查，针对全区教育、卫生计生系统所属的二级单位开展党风廉政建设情况专项监督检查，发现问题74个，下发检查建议书56份，督促问题整改，推动各级党组织履行主体责任。

加强监督体系建设。制定《关于充分发挥区纪委委员作用的意见（试行）》《顺义区党风政务监督员管理办法（试行）》等，形成以各级纪检监察机关专责监督为主体，以区委巡察组、派驻机构，区纪委委员、区党风政务监督员、村（社区）纪检委员等为骨干，人大政协监督、群众广泛参与的立体监督体系，切实强化监督力量。

（四）驰而不息推进作风建设

锲而不舍贯彻落实中央八项规定精神。紧扣关键节点狠刹“四风”，紧盯逢年过节、婚丧嫁娶、乔迁升学等各类“四风”问题易发多发的时间节点，分批次发送廉政提醒短信百万余条。先后开展针对违规操办宴请、违规使用公车、违规公款吃喝、违规公款购买节礼等专项监督检查，坚决做到“查实就办、办完就曝”，重点查处和通报了违规使用公车ETC、违规操办“满月酒”等11起作风类案件，查处11人，释放了狠刹“四风”不手软、不松劲、不停步的强烈信号。

深化“为官不为”“为官乱为”问题专项治理。将疏解非首都功能、违法建设拆除、棚户区改造、拆迁落户、城乡接合部综合整治、煤改电（气）工程、环保和安全生产督查等方面列为整治重点。对在工作中敷衍了事、光说不练、摆花架子、不抓落实、不见成效等不履职不尽责、履职尽责不到位，造成不良影响或严重后果的，从严查处、从快处理，保障各项工作顺利扎实推进。全年共查办相关案件80起，党政纪处分19人。

（五）形成并巩固反腐败斗争压倒性态势

持续保持惩治高压态势。充分运用监督执纪“四种形态”，抓早抓小、防微杜渐，对苗头性、倾向性问题，加大谈话函询工作力度，切实将“第一种形态”落到实处；将上级纪委交办的问题线索、顶风违反中央八项规定精神类问题线索等作为工作重点，切实加大对“三类人”“五类事”的查处力度。2017年，纪内信访举报535件次，立案148件，同比增长11.3%；党政纪处分83人，同比增长29.7%。移送司法机关7人。

严肃查处群众身边的不正之风和腐败问题。把侵害群众利益的不正之风和消极腐败问题作为执纪审查的重点，严肃查处农村集体“三资”管理、土地征收和惠农等领域强占掠夺、贪污挪用、优亲厚友等问题，力度不减、节奏不变。2017年，共查办相关案件75件，党政纪处分24人，问责5人。

（六）切实巩固和增强党员干部的思想防线和制度规范

加大通报曝光力度。通过党内通报，利用电视、广播、报纸、网站、微信公众号等多种渠道曝光，以媒体发布、推送及印制典型案例通报汇编等多种形式，用身边案、身边事教育警示身边人。2017年，共公开曝光违纪违法案件23次、104人，不断释放执纪必严信号。

加大警示教育力度。依托反腐倡廉“大宣教”工作格局，强化警示教育。协助区委召开全区干部警示教育大会，集中通报十八大以来发生在顺义区的典型违纪违法案例，对47名处级干部点名道姓通报曝光，切实发挥重遏制、强高压、长震慑的警示教育功能；并针对警示教育大会指出的问题牵头开展专项整治行动。

加大制度建设力度。坚持把健全完善制度体系作为加强党风廉政建设和反腐败工作的根本，围绕党建责任落实、安全生产责任追究等制定制度性文件46个，强化履职和监督的制度化和规范化、针对性和有效性，推动党员干部规范履职履责。

加强纪检监察队伍建设。不断加强党性修养，坚定理想信念，强化宗旨意识。加强业务培训，提升“六种能力”。加大干部交流使用力度，统筹区内纪检监察力量，统一调配、交叉使用。严格执行监督执纪工作规则，强化内部监督与制约，坚决防止“灯下黑”。

同志们，2017年工作成绩的取得，源于党的十九大精神的鼓舞，源于习近平新时代中国特色社会主义思想的指引，源于市纪委市监委和区委的坚强领导，源于全区各级党组织、纪检监察机关和广大党员干部的共同努力，源于全区人民群众的拥护、支持和参与。成绩来之不易，值得倍加珍惜。

二、肩负的政治责任和历史使命

按照十九届中央纪委二次全会、市纪委十二届三次全会和区委五届五次全会精神，准确把握全面从严治党的目标要求、重点任务和工作措施，更加自觉地把纪检监察工作放在服务区域经济社会发展、构建良好政治生态的大局中谋划，坚持问题导向，保持战略定力，不松劲、不停步、再出发，进一步巩固和发展反腐败斗争压倒性态势，驰而不息地把全面从严治党各项任务落到实处。

（一）坚持正确的政治方向

首都无小事，事事连政治。要提高政治站位，坚持“看北京首先从政治上看”。自觉融入首都发展大局，在实际工作中找准切入点，坚决贯彻《中共中央政治局关于加强和维护党中央集中统一领导的若干规定》精神和市委、区委规定，坚决维护习近平总书记在党中央和全党的核心地位，坚决维护以习近平同志为核心的党中央权威和集中统一领导，自觉在思想上政治上行动上同以习近平同志为核心的党中央保持高度一致，坚定不移把党中央决策部署落到实处；坚决维护党的政治纪律和政治规矩，坚决做到“三个一”和“四个决不允许”，始终在政治立场、政治方向、政治原则、政治道路上同党中央保持高度一致。

（二）坚持和加强党的领导

党政军民学，东西南北中，党是领导一切的。党的领导是中国特色社会主义最本质的特征，是中国特色社会主义制度的最大优势。坚持党的领导是当代中国最高政治原则，是做好纪检监察工作的前提和保障。各级纪委是维护党纪的政治机关，纪检监察工作的定位就是通过监督执纪问责，来推进党委的决策部署得到不折不扣的落实与执行；为党委履行主体责任当好参谋助手，主动向党委请示汇报，争取领导和支持；及时就党风廉政建设和反腐败工作中的重大问题向党委提出意见建议，协助党委推进全面从严治党、加强党风建设和组织协调反腐败工作。

（三）坚守党章赋予的职责定位

新修订的党章对纪委职能职责、工作内容进行了重大拓展和深化，赋予了协助党委推进全面从严治党的重大政治责任。纪委的职责和权力由党章赋予，监督是基本职责、执纪是核心职责、问责是重要职责，根本任务也要落脚在维护党章上。各级纪委要自觉尊崇党章，强化监督执纪问责，做党章的忠实执行者和坚定捍卫者。要以党的政治建设为统领，严肃党内政治生活，持之以恒正风肃纪，巩固拓展落实中央八项规定精神阶段性成果，持续深化监察体制改革试点工作，奋力夺取反腐败斗争压倒性胜利，不断推动全区纪检监察工作创造新业绩，迈上新台阶。

（四）清醒认识当前我区全面从严治党面临的严峻形势

当前，反腐败斗争压倒性态势已经形成并巩固发展，但同时也要认识到反腐败斗争的长期性、复杂性和艰巨性。反腐败斗争形势依然严峻复杂，巩固压倒性态势、夺取压倒性胜利的决心必须坚如磐石。从我区全面从严治党、党风廉政建设和反腐败工作实际情况来看，仍然存在一些突出问题：全面从严治党主体责任落实不到位，压力传导还存在逐级递减的现象；监督责任落实不严，基层执纪审查和问责中仍然存在不会办、不愿办、不敢办的问题；漠视中央八项规定精神，不收敛、不收手，顶风违纪的情况仍然存在；“四风”问题呈隐形变异，形式主义和官僚主义问题仍然突出；重点领域、重要部门、关键岗位存在廉洁风险，内部管理松懈、混乱，懒政、怠政问题突出；“小官贪腐”问题依然突出；“不敢腐”的震慑还要强化、“不能腐”的制度笼子还要织牢织密，“不想腐”的思想基础仍不够牢固。

因此，在全面从严治党这个问题上，“我们不能有差不多了，该松口气、歇歇脚的想法，不能有打好一仗就一劳永逸的想法，不能有初见成效就见好就收的想法”。必须持之以恒、久久为功、善作善成，把管党治党的螺丝拧得更紧，使全面从严治党的思路举措更加科学、更加严密、更加有效，重整行装再出发，以永远在路上的坚韧执着，一刻不停歇地推动全面从严治党向纵深发展。

三、2018年工作任务

2018年是全面贯彻落实党的十九大精神的开局之年，是改革开放40周年，是决胜全面建成小康社会、实施“十三五”规划承上启下的关键一年，做好党风廉政建设和反腐败工作责任重大。2018年工作总体要求是：以习近平新时代中国特色社会主义思想为指引，贯彻落实党的十九大战略部署，不忘初心，牢记使命，增强“四个意识”，坚定“四个自信”，以党的政治建设为统领，坚持党要管党、全面从严治党，忠实履行党章和宪法赋予的职责，认真落实十九届中央纪委二次全会、市纪委十二届三次全会和区委五届五次全会工作部署，严格监督检查党章执行和党的十九大精神贯彻落实情况，严肃查处侵害群众利益问题，继续深化国家监察体制改革试点工作，正风肃纪反腐，为推进全面从严治党、构建良好政治生态提供坚强保证。

（一）坚持把党的政治建设摆在首位，切实强化党内监督

（二）强化党内监督、国家监察，切实将制度优势转化为治理效能

（三）敢较真敢碰硬，以强有力的问责切实推动全面从严治党主体责任和监督责任落实

（四）落实从严要求，全面加强党的纪律建设

（五）坚持不懈改进作风，把落实中央八项规定精神化作自觉行动

（六）加强执纪审查工作力度，进一步巩固发展反腐败斗争压倒性态势

（七）切实维护群众利益，坚决整治群众身边腐败问题

（八）强化自身建设，打造新时代的“纪律部队”

同志们，全面从严治党永远在路上，管党治党的脚步永不停歇，让我们更加紧密团结在以习近平同志为核心的党中央周围，在市纪委市监委和区委的坚强领导下，不忘初心、牢记使命，为建设“港城融合的国际航空中心核心区、创新引领的区域经济提升发展先行区、城乡协调的首都和谐宜居示范区”提供坚强政治保障。

关于顺义区2017年国民经济和社会发展计划执行情况与2018年国民经济和社会发展计划草案的报告

（2017年12月27日在顺义区第五届人民代表大会第四次会议上）

顺义区发展和改革委员会主任 于长雷

（摘录）

各位代表：

我受顺义区人民政府委托，向大会提交顺义区2017年国民经济和社会发展计划执行情况与2018年国民经济和社会发展计划草案的报告，请予审议，并请政协委员提出意见。

一、2017年国民经济和社会发展计划执行情况

2017年，是我区发展进程中极不平凡的一年。面对严峻复杂的外部环境和紧迫艰巨的改革发展任务，我们坚定不移贯彻新发展理念，迎难而上、开拓进取，取得了一系列经济社会建设的重大成就，为建设国际一流的和谐宜居之都贡献了顺义力量。这一年，我们始终把服务保障党的十九大胜利召开和深入学习宣传贯彻党的十九大精神作为当前及今后一个时期的首要政治任务，推动落地生根，形成了生动实践；这一年，我们牢牢把握非首都功能疏解“牛鼻子”，在“疏整促”专项行动中动真碰硬、高压推进，提前超额完成了市级任务，贡献了顺义智慧，体现了政治站位和责任担当；这一年，我们坚持稳中求进工作总基调，面对前所未有的经济下行压力，提前预警、精准施策，实现了增速平稳可控、动力接续转换、质量效益共升的阶段转向；这一年，我们深入贯彻以人民为中心的发展思想，加快新型城镇化进程，将河东河西均衡发展摆上重要议事日程大力推进，加强生态环境建设，赢得了清空净水保卫战的阶段性胜利。这一年，我们坚定执行中央和市委决策部署，坚决融入党和国家、全市发展大局，按照“把握发展的阶段性特征、推动经济社会转型升级”工作总要求，在区委的正确领导下，在区人大、区政协的监督指导下，全区人民齐心协力，抢抓机遇，完成了区五届人大一次会议确定的目标任务，实现了新一届政府的良好开局。

（一）牢牢牵住非首都功能疏解“牛鼻子”，促提升与促协同开启新篇章

支撑保障首都核心功能，功能疏解与优化提升统筹推进。保持高压态势推进“疏整促”专项行动，市级8大专项12小项任务提前三个月完成，其中7项任务超额完成。共拆除违法建设400万平方米，整治开墙打洞370处、出租大院（公寓）435个、群租房135处，疏解一般制造业企业81家，薛大人庄整村式专项整治经验在全市推广。把好市场准入关口，阻止不符合产业发展要求的登记申请779户。制定了“疏整促”专项行动三年实施方案。统筹利用腾退空间“留白增绿”、便民利民，形成了6万余平方米城市绿地、24处停车场、39处文体服务场所等一批高质量惠民工程。专项行动开展有力支撑了人口调控，人口规模有效控制，全区常住人口预计控制在113.4万人。

立足服务“一核两翼”发展，一批代表性项目取得阶段性进展。助力城市副中心建设的北京东北部路网扎实推进，有轨电车T2线开工建设，天北路北延、通怀路一期完成施工招标，友谊新街完成立项，裕泰路、白良路、机场北线南路列入了“一会三函”审批流程。城市学院顺义校区二期竣工并投入使用，北师大附属实验中学顺义分校地上物拆除基本完成。友谊医院顺义院区土方施工顺利，阜外医院顺义院区项目已上报国家卫计委审批，北医三院入区框架协议完成制定。东城区定向安置房已取得规划设计方案审查意见函。中航信产业园一期项目生产区竣工验收，新国展二、三期城市设计方案启动征集。

融入京津冀协同发展大局，协同发展共同体加速形成。京津冀城际铁路发展基金落户顺义，京沈客专顺义段正线征地拆迁工作在全市沿线五区中率先完成。环首都森林公园环的重要一节东郊森林公园顺义段完成建设。与河北威县产业对接加快进行，城市发展基金项目已完成资金募集准备和拟投项目调研，环保科技产业园及农业嘉年华项目签约。玉溪·顺义产业园开园运营，首个项目升华电梯开工建设。分别与河北沽源、西藏尼木、内蒙古巴林左旗签署《携手奔小康行动协议书》，新确定内蒙古通辽市

科尔沁左翼中旗对口帮扶关系。与河南西峡对口协作深入开展，全年捐助资金2000余万元、谋划帮扶合作项目69个。

（二）落细落实清空净水与能源资源“双控”任务，生态环境建设取得新战果

全面打响蓝天保卫战，大气污染治理成效显著。预计PM2.5年均浓度控制在57微克/立方米。创新网格化环境监管方式，建立PM2.5小微站719个，全年整治污染片区109个。大气污染专项治理密集开展，累计清理污染源6335处（家）。全面落实清洁空气行动计划，倒排工期、昼夜奋战，248个村、8.8万户居民“煤改电”和19个村、1.1万户居民“煤改气”任务全面完成；煤改电配建的东营、北河、张镇11万站和东府22万站投产发电；完成燃煤锅炉清洁能源改造650蒸吨、拆除燃煤小锅炉6443台。累计淘汰高排放老旧机动车18543辆。治理“散乱污”企业494家，实施燃气锅炉低氮改造1032蒸吨、完成挥发性有机物减排720吨。加强砂石构件企业和重点区域降尘治理，全区每月降尘量控制在5.6吨/平方公里，低于年度考核目标2.4吨。

严格落实河长制，水环境建设持续发力。《顺义区进一步全面推进河长制工作方案》印发实施，确立各级河长481人，实现了河道全覆盖。“一汪净水向南流”的承诺加紧兑现，10条段31公里黑臭水体在全市率先完成治理。区污水处理厂、牛栏山再生水厂主体工程和引温一期升级改造完成，污泥无害化处理工程和张镇再生水厂开工建设，日新增污水处理能力18万吨。新建污水管网12公里、再生水管线9公里，改造雨污合流管线11公里，城区污水处理率达到98.9%。综合治理全区205处河道排污口和1254处小散排污口，污水直排现象得到遏制。

绿化美化工程加快实施，环境质量不断改善。平原造林1428亩、彩色树种造林500亩、村庄绿化500亩。完成了京承高速、机场南线两侧景观提升。加快实施潮白河沿线升级改造，新城生态休闲公园（牛栏山–北小营段）完成初步方案设计。舞彩浅山郊野公园项目一期工程开工建设。森林覆盖率、城镇人均公共绿地面积分别达到30.31%和31.85平方米。生活垃圾处理厂焚烧二期和餐厨垃圾处理厂均已完成总量的90%。加强生活垃圾规范化管理，城镇地区垃圾分类小区覆盖率达到85%，农村地区生活垃圾分类增加6个镇，全区生活垃圾无害化处理率达99.7%。

用能用水管控持续增强，资源利用节约高效。强化用能“双控”管理，全年能源消费总量预计控制在1261万吨标准煤，万元地区生产总值能耗预计下降0.18%。碳排放权交易和合同能源管理工作有序推进。在全市率先实行了区级新能源汽车推广政策、分布式光伏发电推广政策。北汽越野车生产基地一期、新华联合等一批分布式光伏发电示范项目相继并网，全年分布式光伏发电装机容量同比增长2.4倍。深入建设节水型城市，全年用水总量控制在2.586亿立方米，万元地区生产总值水耗预计下降11.7%。建设农村雨洪利用工程9处。农业节水工作走在全市前列，“两田一园”节水灌溉项目被列为市级示范区。

（三）城市品质提升与民生改善齐头并进，和谐宜居建设迈出新步伐

新型城镇化建设稳步推动，城乡区域发展更趋协同。《顺义区国家新型城镇化综合试点实施方案（2017–2020年）》印发实施，“新城–新市镇–特色小镇–小城镇–美丽乡村”的新型城镇化发展体系加快构建。龙湾屯镇入选第二批全国特色小镇，张镇被列为全国首批运动休闲特色小镇。结合新版北京城市总体规划，深化空间战略规划研究取得显著成果。村庄规划编制全面启动，美丽乡村达到143个，总数位列全市第三。河东地区项目安排数和资金投入量实现了“双提升”，全年安排重点工程53个、资金17.5亿元，分别增长8%和12%，分别占总量的44%和41%。起草了《关于加快全区协调发展重点推动河东地区建设议案推进方案》并通过了区五届人大二次会议审议。着眼河东地区基础设施、公共服务能力、产业发展水平提升，制定了促进河东地区重大项目建设发展行动计划。7个棚改项目全速推进，危旧房屋家庭签约2531户，达到市级棚改任务的4.5倍。临河村、夏县营村和西泗上村项目民宅拆迁拆除工作全面完成，幸福西街项目签约率达到98.5%，维尼纶厂项目征收补偿方案启动公示，西丰乐村、东石槽村项目手续加快办理。

城市运行服务保障能力进一步增强。启动了智慧城市建设，卫生云平台投入使用，无线网全覆盖项目完成立项，一卡通实施方案编制完成，政务管理流程梳理完毕，区级网上办事大厅及行政审批业务平台进展顺利。重大城市功能性项目有序实施，区体育中心顺利竣工，文化中心影剧院、劳动力实训基地、电子政务中心加快内装，城市生活展示体验馆设计方案初步完成。基础设施运行能力增强，复兴东街、华中路完工，复兴大桥即将通车使用，木孙路中段、顺平南辅线、安宁大街加快建设。城市学院客运站、50座候车亭及2000辆新增公共自行车均已投入

使用。马坡22万站，军营、新城11万站及潮白河11万站增容竣工发电。木林工业区-白马路次高压市政燃气管线、河东地区天然气输配管网暨“煤改气”配套燃气工程开工建设。重点镇城乡供水一体化一期工程完工，铺设集中供水管线35公里。综合管廊建设规划编制完成。全面启动城市安全风险评估试点工作。顺利完成全国两会、“一带一路”峰会、党的十九大等重大活动安保工作。成功创建首批北京市食品安全示范区，食品安全监测合格率和药品抽检合格率分别达到99%和100%。

就业和社会保障水平不断提升，公共服务供给能力持续增强。连续六年获评全市充分就业区，新增城镇就业2.5万人，城乡劳动力二三产业就业率保持95%以上。开展疏解产业分流劳动力“一对一”实名制援助，妥善安置劳动力506人。职工五项保险平均参保人数52.3万人，增长4.8%。城乡低保标准由800元调整到900元。保障性住房和定向安置房开复工23376套，竣工3440套。统筹633套现有房源先期对前进和太平村517户群众进行了安置。老旧小区治理二期开始施工，电力改造同步启动。优质均衡的公共服务体系加快构建，空港二小、双丰一幼、前进新城和中粮祥云配套幼儿园投入使用，增加学位2130个；南彩一幼、李桥中学、高丽营二中等学校新建和改扩建工程进展顺利。全面推进健康顺义建设，顺利通过国家卫生区复审及国家慢性病综合防控示范区验收。全区甲乙类传染病报告发病率预计控制在90/10万。家庭医生签约服务全面实施，全区总体签约率达35.9%，重点人群签约率达91.8%。区中医院迁建、区疾控中心及卫生监督所迁建有序推进。改善社会养老服务环境，新城2号地和西马坡政策性住房配套养老院主体完工，新增养老床位223张；石园西区等22家养老服务驿站正式运营。

（四）构建“高精尖”经济结构与新旧动能转换步伐加快，创新创业开创新局面

传统产业加快改造提升，新经济新动能加快形成新增量。三次产业比重预计调整为1：35：64，三产支撑和拉动经济增长作用更加突出。制定了重点产业和功能区发展三年行动计划，努力使区域经济韧性更强、结构更优、潜力更大。获评首批“国家农业可持续发展试验示范区”。“装配式建筑示范区”建设顺利开展，在14个在施保障房项目启用了装配式建筑模式。提升生活性服务业品质，新建规范便民商业网点103个，便民服务功能社区覆盖率达到74.1%。天竺万达城市综合体地块内遗留户拆除加快，后沙峪沃尔玛（山姆店）、空港澳金园、空港一号、马坡鲁能购物中心招商进展顺利。临空经济得到巩固和提升，核心区三年提升计划编制稳步推进，航空关联产业集聚发展。积极促进罗罗飞机维修、中法合资涡轮技术项目落地，推进中航产业园发动机部件、复合材料、青云航电、中航国际等项目建设。金融业保持良好发展态势，新引进国创投资引导基金、中青旅廿一资本等优质项目30个，金融机构达281家。新增上市挂牌企业20家，总数达70家。积极开展国家产融合作示范城市建设，成功举办产融互动峰会。“旅游+”产业融合发展发力，由农业转型为旅游特色业态的旅游企业达到44家。

创新驱动势能加速积累，创新型产业集群与“2025”示范区建设全面提速。扎实推进全国科技创新中心建设，承担的3项重点任务、8个重点项目进展顺利。启动了创新型产业集群与“2025”示范区50平方公里起步区规划研究。确定了重点聚焦“智能新能源汽车、第三代半导体、航空航天”三大创新型产业集群，积极发展“集成电路、生物医药大健康、新一代信息技术、高端装备制造”四大战略性新兴产业的发展方向。富电科技、桑德新能源、孚能电池、星石科技等项目陆续入驻智能新能源汽车产业示范区，北汽15万辆新能源汽车产能达成。滴滴出行、国家智能网联汽车创新中心加快布局。哈工大顺义军民融合创新产业园入驻北京临空创新创业示范基地，首批引进哈工大最具影响力的机器人等10个创新平台及10余家企业，打造军民融合产学研示范平台。第三代半导体材料及应用联合创新基地一期项目开工建设，平湖波科、中科微机电等一批第三代半导体项目落地。中关村医学转化中心6.2万平米科研中心投入使用，区域细胞制备中心、医疗器械工程转化中心等11个项目顺利入驻。

创新创业取得突破性进展，文化创新蓬勃兴起。获批全国“双创”示范基地，成功举办大众创业万众创新活动周系列活动。编制了《顺义区建设大众创业万众创新示范基地工作方案》。建成“全要素、一站式”创新创业综合服务平台，被确定为北京市中小企业创业示范基地。第一批14家创业基地全部投入运营，入驻企业444家。全区国家高新技术企业达到385家，认定登记技术合同300份，预计技术合同成交额、专利申请量分别增长23%和11%。引导个体经济向企业转型，个体户转企业5003户，企个数量比调整为1.25：1。紧抓潮白河纳入北京市大运河文化带重大机遇，繁荣文化事业，做强文化产业，服务好全国文化中心建设。成立了推动全国文化中心建设领导小组及四个工作组。建设潮白河森林公园、推动潮白河部分通航

项目被纳入全市大运河文化带保护建设规划。我区大运河文化带保护建设规划、行动计划及年度折子工程正加紧编制。文化产业项目加快实施，新西兰虎虎公司入驻天竺综合保税区，国家对外文化贸易基地(北京)二期开工建设，北京文投国际控股有限公司正式揭牌，20余家中外企业达成合作并签约。

服务业扩大开放首轮试点任务全部完成，开放型经济体系初步建立。首轮38项任务全部完成，催生了全国首家外资控股飞机维修企业、首家外商独资演出经纪机构、首单文化无形资产融资租赁和全市首例经营性飞机保税租赁等8大新业态新模式，创新了“航材共享”平台、“共线共享”监管等6项体制机制；后沙峪总部经济特色小镇、北京通航法荷航等7家单位被评为全市示范点；新一轮36项任务清单积极推进。外国人出入境服务大厅启动运行，10项出入境特有政策落地实施。加强口岸功能衔接，实现了京津冀区域通关一体化，与天津自贸试验区建立对比试验、互补联动的发展模式。

（五）充分释放发展活力、社会创造力与改革红利，全面深化改革取得新突破

“放管服”改革持续加力，政务服务水平不断提升。对应取消行政审批事项5项；对权力清单进行2次动态调整，共调整事项31项，完成权力清单“瘦身”。梳理区级公共服务事项866项。积极开展“多证合一、一照一码”登记制度改革，完成“五证合一”换照登记28288件，占全部应换照数量84%。制定了《顺义区进一步深化简政放权放管结合优化服务改革重点任务分工方案》，提出了33项具体任务。

投融资体制改革积极推进，更好发挥政府投资引领带动作用。投资在线备案管理平台上线运行，积极探索政府与社会资本合作，吸引社会资本投入基础设施建设。总投资36亿元的有轨电车T2线采用PPP模式建设，总投资估算65亿元的农村污水治理工程拟采用PPP模式实施。深化公共服务类建设项目投资审批改革试点，41个项目纳入“一会三函”流程办理，其中8个项目已开工建设。搭建了统一的融资服务平台，积极与区内金融机构对接，探索多元化融资模式，降低融资成本，引导社会资本参与重点项目建设。

国资国企改革深入实施，国有经济质量效益稳步提升。区属国有建筑板块、商业板块组建完成。通过兼并重组、产权转让、关闭破产等方式清理非正常经营企业15户。稳步推进国资监管改革，合理确定国企负责人薪酬结构和水平、完善薪酬评价机制、规范薪酬和福利待遇、严格薪酬监督和管理。积极推进国有资本投资运营公司试点，探索混合所有制企业员工持股改革试点，通过引入增量资本，建立收益共享、风险共担的长效激励约束机制。国有经济运行平稳，企业资产总额、所有者权益总额分别增长7.7%和8.2%；营业收入、利润总额，上缴属地税金分别增长7%、19.8%和10%。

其他重点领域和关键环节改革积极稳妥推进。完善了街道经费保障和管理机制，扩大了专项经费的保障范围。完成了5个街道办事处机关党政内设机构、科室人员调整工作。深入推进城市管理体制改革，制定了《关于调整顺义区城市管理体制推进执法重心下移的工作实施方案》。医药分开综合改革全面实施，门诊、急诊次均药费呈现平缓减少趋势，二级及以上公立医院次均门急诊药品费用同比下降11%，药品收入占比同比下降14%。通过药品阳光采购平台采购药品，累计减轻患者负担7600万元。

（六）综合运用多种手段确保计划执行有力，经济社会发展再上新台阶

沉着冷静应对经济下行压力，全力以赴稳定经济增长。面对经济运行出现的阶段性下滑，主动作为、精准施策。对主要指标进行任务分解，制定实施了《关于切实做好当前经济工作努力实现全年稳增长目标的方案》，定期调度重点行业或区域经济运行情况。按月对主要指标进行监测，对完成困难、进度滞后指标及时预警调度。着力优化区域营商环境，构建营商环境评价体系，出台了《顺义区优化营商环境服务企业工作方案》，建立区级领导、行业主管部门、属地走访服务企业工作制度。围绕支撑经济增长的主要行业、重点区域，累计走访服务企业370余家。起草了《顺义区支持股权投资机构服务实体经济发展的办法》，鼓励基金投资区内优质产业项目，支持基金所投企业优先落户顺义。

经济运行呈现增长稳、质量优、效益好的良好局面。在工业经济持续大幅下降背景下，经济总量持续稳定扩大，地区生产总值预计增长6.5%左右，增速逐季回升，仍处于运行的合理区间，充分体现了顺义经济的韧劲和转型发展的成效。发展质量效益实现“双提升”，一般公共预算收入预计完成148.88亿元，增长8%；城镇居民人均可支配收入预计增长8.5%，农村居民人均可支配收入预计增长8.8%，均高于经济增速。城镇登记失业率仍保持在2%以内的较好水平。

内外需协调拉动格局不断巩固，投资消费支撑持续

改善。投资补短板、增后劲力度加大，全年36.2亿元的区政府固定资产投资提前全部下达；120项重点工程全部完成立项，实现开工建设100项。预计完成全社会固定资产投资510亿元，增长5.2%。投资结构持续优化，房地产投资实现增速和占比“双降”；产业投资呈现快速恢复性增长，预计完成140亿元，增长17%。消费市场保持稳定，居民多元化消费需求进一步释放，预计实现社会消费品零售额474亿元，增长7%。对外贸易形势良好，重点企业出口逐步回稳，预计完成进出口额65亿美元，增长32%；预计实际利用外资10.2亿美元、增长47%。

过去的一年，我们认真抓好“两贯彻一落实”，始终坚持首善标准，坚持疏解与提升并重、生态与发展共赢、当前与长远兼顾，不断深化对顺义新功能定位的认识，经济社会发展稳的格局更加巩固、进的动力持续增强、好的成效不断显现，但我们也清醒地认识到顺义经济社会发展面临着新矛盾、新问题和新挑战，需要重点关注，持之以恒的加以研究解决。一是从主要矛盾看，发展不平衡不充分的突出问题需着力解决。对标广大市民对便利性、宜居性、多样性、公正性城市生活的美好向往，我们的供给侧结构性改革仍需加大力度。从发展不平衡看，突出表现在供需不匹配、城乡不协调和东西不均衡方面；从发展不充分看，突出表现在基础设施有欠账、公共服务有弱项、生态环境有短板方面。二是从工作总基调看，稳的压力较大进的成效尚未充分释放。从稳的压力看，经济总量不断扩大，企稳向好的基础还不牢固，支撑经济增长的重点行业较少并多集中在传统行业，工业低位运行，短期内实现大幅扭转和提升难度较大，新的增长点尚在培育做大阶段。从进的成效看，创新驱动能力提升、经济发展提质增效、改革措施落实显效还需进一步加强。三是从计划执行看，部分指标完成难度加大部分任务依然繁重艰巨。从计划指标看，工业产值大幅下降，能耗指标尚需努力，投资消费后续支撑不足，城乡居民收入差距有所拉大。从计划任务看，生态环境保护任重道远，疏解整治促提升长效机制需加快完善，实体经济水平有待提高，城市规划和治理能力需要进一步加强，安全方面还存在不少薄弱环节。

二、2018年国民经济和社会发展计划初步安排

2018年是贯彻党的十九大精神的开局之年，是决胜全面建成小康社会、实施“十三五”规划承上启下的关键一年。站在新的历史起点上，顺义迎来了大有可为重要机遇期。党的十九大、中央经济工作会相继召开，习近平总书记两次视察北京并发表重要讲话，为我们指明了前进方向，激发了奋力开创更加美好明天的巨大动力，有利于快速提振和增强市场信心。新版城市总体规划发布实施，描绘了首都发展新蓝图，赋予了顺义“建设港城融合的国际航空中心核心区，创新引领的区域经济提升发展先行区，城乡协调的首都和谐宜居示范区”的新功能定位，新型城镇化进程的加快，释放了发展新空间。创新型产业集群与“2025”示范区、大运河文化带、国际航空枢纽、首都国际机场等优势，是顺义服务首都“四个中心”建设的使命所在，加之建设国家“双创”示范基地、深化服务业扩大开放、营商环境持续优化，为区域发展提供了强劲的内生动力。我们要坚定信心、抢抓机遇、主动作为，下非凡之功、做非凡之事，在巩固“稳”的基础上下功夫，在积蓄“进”的动能上出实招，努力推动顺义经济社会实现更高质量、更有效率、更加公平、更可持续发展。

（一）2018年计划安排总体思路

（二）2018年经济社会发展主要目标初步安排

三、实现2018年经济社会发展计划的主要任务和措施

（一）以党的十九大精神为指引，推动非首都功能疏解与协同发展

（二）从深化“放管服”入手推进改革开放，打造一流营商环境

（三）以创新型产业集群与“2025”示范区建设为契机，构建创新驱动的“高精尖”现代化经济体系

（四）落实新版北京城市总规顺义新定位，解决城市发展与民生保障中的不平衡不充分问题

（五）坚定实施乡村振兴战略和可持续发展战略，建设美丽乡村与美丽顺义

各位代表，2018年国民经济和社会发展任务艰巨而光荣，站在新的起点上，让我们更加紧密地团结在以习近平同志为核心的党中央周围，认真学习贯彻落实党的十九大精神，以习近平新时代中国特色社会主义思想为指引，在市委、市政府和区委的坚强领导下，自觉接受区人大指导监督，积极听取区政协意见建议，不忘初心、牢记使命，锐意进取、永不懈怠，为在全市率先全面建成小康社会砥砺奋进，为建设国际一流的和谐宜居之都贡献顺义力量，努力在更高起点上奋力创造新时代发展的新业绩！

关于顺义区2017年预算执行情况和2018年预算的报告

---2017年12月27日在顺义区第五届人民代表大会第四次会议上

顺义区财政局局长 范学智

（摘录）

各位代表：

我受顺义区人民政府委托，向顺义区第五届人民代表大会第四次会议作顺义区2017年预算执行情况和2018年预算的报告，请予审查和批准，并请各位政协委员提出意见。

一、2017年预算执行情况

2017年，在区委的正确领导下，在区人大及其常委会的监督支持下，我们认真学习十九大报告精神，深入贯彻落实习近平总书记系列重要讲话，牢固树立创新、协调、绿色、开放、共享的发展理念，坚持稳中求进的工作总基调，坚持首都城市战略定位，着力推进供给侧结构性改革，以“疏解非首都功能、构建高精尖经济结构”为主线，加快推动产业升级提高财政收入质量，合理配置资源优化支出保障格局，深化财税改革服务顺义发展大局，全年预算执行情况良好。

（一）一般公共预算执行情况

1-11月，全区一般公共预算收入完成145.15亿元，同比增长5.6%，完成年初预算的97.5%。一般公共预算支出完成223.2亿元，同比增长11.6%，完成年初预算的96.9%。

2017年，全区一般公共预算收入预计完成148.88亿元，同比增长8%，100%完成年初预算；加中央、市级返还及补助56.95亿元，专项转移支付23.75亿元，调入资金48.07亿元，调入预算稳定调节基金23.44亿元，上年结余10.08亿元，收入合计311.17亿元。一般公共预算支出预计完成244.16亿元，同比增长2.1%，完成年初预算的106%；加上解市级2.99亿元，安排预算稳定调节基金59.74亿元，年终结转4.28亿元，支出合计311.17亿元。

区本级一般公共预算收入预计完成110.85亿元，同比增长8.3%，完成年初预算的96.6%；加中央、市级返还及补助56.95亿元，专项转移支付23.75亿元，镇级上解18.06亿元，调入资金48.07亿元，调入预算稳定调节基金15.17亿元，上年结余7.81亿元，收入合计280.66亿元。

区本级一般公共预算支出预计完成193.99亿元，同比增长5.1%，完成调整预算的101.1%；加上解市级支出2.99亿元，安排预算稳定调节基金47.95亿元，区对镇转移支付33.64亿元，年终结转2.09亿元，支出合计280.66亿元。

区本级一般公共预算收支平衡。

（二）政府性基金预算执行情况

1-11月，全区政府性基金预算收入完成144.94亿元，同比增长150.9%，完成年初预算的204.1%。政府性基金预算支出完成89.83亿元，同比增长107%，完成年初预算的116.1%。

2017年，全区政府性基金预算收入预计完成200.11亿元，完成年初预算的281.8%,超预算较多主要由于2017年区国土局积极推动土地一级开发项目建设，促进地块入市，实现国有土地使用权出让收入高于预期较多；加专项转移支付3.88亿元，上年结余21.08亿元，收入合计225.07亿元。政府性基金预算支出预计完成94.65亿元，完成年初预算的122.3%；加上解市级22.29亿元，调出资金47.95亿元，年终结转60.18亿元，支出合计225.07亿元。

区本级政府性基金预算收入预计完成200.11亿元，完成调整预算的139.1%；加专项转移支付3.88亿元，镇级上解3.32亿元，上年结余16.26亿元，收入合计223.57亿元。

区本级政府性基金预算支出预计完成87.81亿元，完成调整预算的83%；加上解市级支出22.29亿元，区对镇转移支付5.34亿元，调出资金47.95亿元，年终结转60.18亿元，支出合计223.57亿元。

区本级政府性基金预算收支平衡。

按照清理政府性基金预算结转资金的要求，应将单项政府性基金结转资金超当年该项基金收入30%部分调入一般公共预算，经测算，共涉及47.95亿元，并按要求将其补充预算稳定调节基金。至此，区本级预算稳定调节基金规模达到47.95亿元。

（三）国有资本经营预算执行情况

1-11月，国有资本经营预算收入完成1.2亿元，同比净增，100%完成调整预算。国有资本经营预算支出完成0.1亿元，同比增长92.1%，完成调整预算的9.3%。

2017年，国有资本经营预算收入预计完成1.2亿元，100%完成调整预算；加上年结余36万元，收入合计1.2亿元。

国有资本经营预算支出预计完成1.08亿元，100%完成调整预算；加调出资金0.12亿元，支出合计1.2亿元。

国有资本经营预算收支平衡。

（四）社会保险基金预算执行情况

1-11月，社会保险基金预算收入完成10.31亿元，同比增长3.1%，完成年初预算的95.6%。社会保险基金预算支出完成9.14亿元，同比增长20.4%，完成年初预算的96.3%。

2017年，社会保险基金预算收入预计完成10.62亿元，完成年初预算的98.5%；加上年结余14.43亿元，收入合计25.05亿元。

社会保险基金预算支出预计完成9.93亿元，完成年初预算的104.6%；加年终结转15.12亿元，支出合计25.05亿元。

社会保险基金预算收支平衡。

需要说明的是，上述数据是根据预算执行情况初步汇总的，在财政决算编成后，还会有所变化。

（五）2017年预算执行效果

今年以来，全区坚持保障民生优先、全面加强生态环境建设、持续推进城市精细化管理、全力实施疏整促行动、不断促进经济发展提质增效，预算执行效果良好。

1.持续保障和改善民生，推动公共事业有序发展

教育方面投入38.68亿元,完成年初预算的121.3%，超预算较多主要由于年度执行过程中，对教师追加发放一次性奖金。支出主要用于积极推进基础教育事业发展和基础教育综合改革，改善基础教育办学条件，提高中小学生综合素质，丰富校园文化，保障杨镇一中教学楼改扩建、尹家府中心小学迁建等工程建设。重点支持学前教育，完善学前教育编外教师同工同酬政策，2017年扩大学前教育学位1830个。贯彻落实北京市义务教育阶段学生“三免两补”政策，完善顺义区义务教育“八免两补”政策，惠及全区60304名中小学生。推动乡村教师岗位补贴工作顺利开展，保障各级各类教育教师队伍建设资金，提升教师队伍综合素质。

社会保障和就业方面投入20.32亿元，完成年初预算的103%。支出主要用于足额保障城乡居民养老保险基础养老金、无保障老年人福利养老金、城乡最低生活保障金、残疾人生活补助和重残人员护理补贴等及时到位，2017年46.23万人次享受到无保障老年福利养老金，59.73万人次享受到城乡居民基础养老金。大力推动居家养老助残、高龄老人家政服务等项目，提高社会保障服务水平，积极鼓励落实各项就业和社会公益性岗位补贴等政策，开展就业技能培训，全年累计培训1.2万人。

医疗卫生方面投入18.19亿元，完成年初预算的106.9%。支出主要用于继续落实新型农村合作医疗扶持政策，切实减轻了农村居民医疗负担。医疗卫生三年提升计划稳步实施，医疗卫生实训基地建设、百人工程等项目进展顺利。支持重点专科建设，开展区级重点专科、区级特色专科和基层重点专科建设项目，提升医疗服务水平。支持区医院急诊综合病房楼医疗设备购置，医疗硬件水平不断提升。加大公共卫生服务经费投入，保障适龄妇女两癌筛查、慢病防治等项目顺利开展。

文化体育方面投入2.77亿元，完成年初预算101.5%。支出主要用于落实文化体育惠民政策，大力支持村级基层文化设施建设，保障基层文化站免费开放，购置更新电台广播系统及直播车，举办全民健身体育节、国际山地长跑赛中国定向公开赛等体育活动。

农业方面投入19.06亿元，完成年初预算的154.7%，超预算较多主要由于一是年度执行过程中，追加了养殖业退出补偿资金支出；二是当年中央及市级追加转移支付较多。支出主要用于落实新农村各项政策，促进现代农业高端高效发展，保障设施农业配套资金、政策性农业保险、农村综合改革等资金及时拨付，支持新型农村社区试点建设，推动高效现代果品产业示范建设项目、设施蔬菜有机肥替代化肥试点建设项目等顺利进行。支持养殖业退出，加快区域内养殖业退出步伐，对被清退养殖场户给予财政补贴。

交通方面投入3.63亿元，与年初预算基本持平。加大交通补助力度，提升交通承载能力，重点保障公交客运企业补贴、公交乘务管理员资金、公共候车亭建设资金等，全年新建50座候车亭，新投入2000辆公共自行车，保障10000辆公共自行车运维，探索绿色公共交通发展新模式，切实缓解了公共交通“缓堵”难题。

2.着力建设和谐宜居顺义，推动生态环境协调发展

大气污染治理投入17.88亿元，完成年初预算的212.8%，超预算较多主要由于年度执行过程中，调入预算稳定调节基金安排了农村煤改电和电量饱和村庄煤改气两项资金。支出主要用于加大空气治理力度，有序推进“清空行动计划”，重点支持煤改气、煤改电、燃煤锅炉清洁能源改造、优质燃煤替代、清洁能源自采暖补贴等项目，全年对248个村实施煤改电工程。

水资源保护投入6.72亿元，完成年初预算的230.1%，超预算较多主要由于一是年度执行过程中，对水体治理、水资源利用工程设施运行等项目追加支出；二是当年中央及市级追加转移支付较多。支出主要用于实施污水治理和再生水利用行动，重点支持黑臭水体治理、龙道河花马沟黑臭水体应急治理后期运行服务等工程。支持新城牛栏山再生水厂配套管网及潮白河、减河水环境保持运行管护等项目，不断改善城市水资源环境。

垃圾处理投入2.55亿元，完成年初预算的160.4%，超预算较多主要由于年度执行过程中，对垃圾处理中心焚烧二期工程、垃圾焚烧二期及餐厨垃圾厂市政配套工程等项目追加支出。支出主要用于提高垃圾处理水平，实行垃圾分类，支持生活垃圾处理厂运行、垃圾分类小区设施及运行，全年处理垃圾约41.45万吨，垃圾处理能力明显提升。保障生活垃圾处理中心焚烧二期及垃圾筛分配套工程顺利进行。

城乡环境绿化美化投入12.63亿元，完成年初预算的124.9%，超预算较多主要由于当年中央及市级追加转移支

付较多。支出主要用于不断扩展城乡绿色空间，保障平原造林、平原地区重点区域绿化建设工程、复兴东街南侧环境整治工程、舞彩浅山郊野公园及区域环境景观提升、京密路生态林管护、京承高速及机场南线景观提升工程等项目资金，城乡绿化美化水平明显提高。

3.统筹保障城市正常运转，推动城市管理精细发展

城市基础设施投入36.19亿元，完成年初预算的106.7%。支出主要用于推动城市基础设施不断完善，保障电力工程专项资金、区政府产权路灯运行维护费用、新城地区地下管线基础信息普查、看守所拘留所新建工程安全管理系统建设等项目资金需求，开展老旧小区治理一期、二期及试点工程，推动社会管理和城市综合治理顺利实施，推进顺平路南辅线、安宁大街、减河北路东延一期等道路工程及市政配套附属工程顺利开展。

城市公共安全保障投入12.08亿元，完成年初预算的117.1%。支出主要用于加强城市公共安全保障，维护社会公共秩序，重点支持公安、司法等部门运行经费，支持区新建看守所拘留所正常运行，继续推动食品药品安全、建筑安全、交通安全等建设，做好防汛防火等突发事件的安全保障。

4.加快非首都功能疏解步伐，推动疏整促行动顺利实施

疏解整治促提升投入3.54亿元，100%完成年初预算。支出主要用于引导和支持拆除违法建设、整治占道经营、无证无照经营及开墙打洞、疏解区域性市场等专项行动，区域内低端市场顺利腾退，全年疏解81家一般性制造业，累计拆除各类违法建设400万平方米，累计清理群租房135处。

5.加快经济发展提质增效，推动经济平稳健康发展

构建“高精尖”经济结构投入20.8亿元，完成年初预算的104.8%。支出主要用于加快推动供给侧结构性改革，加速产业转型升级，促进经济发展提质增效，保障中关村顺义园、天竺综合保税区等园区政策性资金和办公经费，推进区域内经济发展规模化、集群化，重点支持顺义创新产业发展基金、区政府投资引导基金和国家新兴产业创业投资引导基金等基金项目，强化基金引导作用，加大对汽车产业、金融产业等重点产业的扶持力度，激发中小企业发展活力，鼓励创业企业上市，全面实施创新驱动发展战略，构建“高精尖”经济结构。

（六）财政重点工作落实情况

2017年是“十三五”规划纲要全面落实、产业转型升级持续加速、全面深化改革向纵深迈进的关键一年，截至目前，各项财政重点工作进展顺利。

1.聚焦“综合调度”，全力实现年度收支目标

切实扛起肩上重任，积极采取有效措施确保完成全年收支目标。一是加大组收力度。根据年初下达的财政收入绩效目标，密切监测各功能区、镇、街道以及各主管部门的收入完成情况。每月定期召开国税、地税、财政三家联席会议，巩固和挖掘潜在收入来源，及时掌握重点税种入库情况，对全区收入形势进行分析研判。二是全面统筹协调。持续对重点支出项目进行跟踪管理，根据新修订的《顺义区区级行政事业单位结余资金管理办法》，积极协调各单位梳理本单位项目资金，并结合2018年部门预算将预算执行缓慢的项目资金收回，统筹用于发展急需的重点领域。三是定期通报调度。每季度结束后，对财政收支完成情况在区政府常务会上进行通报，对预算执行情况较好的单位予以表扬，对预算执行情况未达预期的进行提醒。在关键时间节点及时组织召开财政收支调度会，确保各个考核节点顺利完成市级考核任务。

2.聚焦“资金监管”，确保财政资金安全高效

切实加大对财政资金使用行为安全性和规范性的监管力度，保证每一分财政资金都能够依法依规用到实处、恰到好处。一是强化财政资金使用制度约束。陆续出台包括《预算指标管理工作规程》、《财政性资金拨付审批规程》、《顺义区区级行政事业单位结余资金管理办法》、《顺义区区级旅游引导资金管理办法》、《顺义区街道机动经费使用管理的暂行办法》等规范性文件，不断强化财政资金使用的制度约束。二是加大预算绩效评价力度。全年选取36个事后绩效评价和79个支出绩效跟踪项目，涉及资金87.39亿元。持续加大事前绩效评估力度，选定“2018年医疗卫生机构基建项目”、“大气第三方综合治理服务费用”、“垃圾资源化处理与再利用一期工程”等16个项目作为评估重点，涉及财政资金3.8亿元。三是扩大财政财务管理考核范围。从2014年起对各镇财政财务管理工作进行考核，并将考核成绩与各镇财力挂钩。通过考核提高了各镇对财政财务管理工作的重视程度，夯实了镇级财政财务管理基础，考核平均分从2013年的61.2分提高到2016年的81.2分。在此基础上印发实施《顺义区关于加强区级预算单位预算管理的暂行规定》及《顺义区区级预算单位预算管理考核办法》，通过指标设定对各区级预算单位的预算编制、预算执行、预决算信息公开等工作进行考核，进一步加大对各区级部门预算的监管力度。四是前置项目预算评审程序。对2018年财政资金拟投入且满足评审范围和条件的项目实施事前评审，并按照评审金额安排预算，切实加强预算编制的针对性和准确性，从根本上解决预算安排无依据的问题。同时严格执行结算评审制度，严把财政资金出口，切实提高财政资金的使用效益。五是细化部门预决算公开内容。要求部门预决算在预决算统一公开平台及本部门门户网站同步公开，并永久保存。要求各部门对政府采购、项目绩效目标和政府购买服务等内容进行公开，实现除法定涉密信息外所有使用财政资金的部门全部依法依规公开本部门预决算，切实提高预算资金安排的透明度。

3.聚焦“财政改革”，加快构建现代财政制度

在继续把握好国库集中支付改革、区镇财政体制改革的基础上，着力发挥财政资金杠杆撬动市场资源的积极

作用，加快建立现代财政管理体系。一是提前完成国库业务电子化改革任务。我区首笔通过国库业务电子化管理系统传送给国库顺义区代理支库和国库集中支付代理银行的财政授权额度下达业务正式上线。财政授权支付额度通知单由以往的纸质单据变为电子凭证，通过金财专网送达银行，进一步提高了财政性资金运行效率和安全管理水平。我区成为北京市第三家国库业务电子化改革正式上线试点区，更是我市首家国库集中支付代理银行电子化业务上线试点区，提前圆满完成了区级国库业务电子化改革上线任务。二是完善事权和支出责任相适应的财政体制。全面梳理区对镇专项转移支付资金，加大提前告知力度。在保持现行体制基本不变的情况下，重新核定镇级基本需求，完成对近三年镇级支出事项梳理，明确核增基本需求的事项和标准，最终确定区镇财政体制调整方案。三是积极组建顺义区政府投资基金。印发实施《顺义区政府投资基金管理办法》，明确政府投资基金的设立、管理职责分工、运作管理、风险防范和内部控制、终止和政府出资人的退出、管理费用和收益分配等方面的规定及要求。引导社会资本向京津冀协同发展、功能疏解等关键领域聚集，最大限度地保障我区重大基础设施建设和重大规划调整落实。四是全面落实入区企业发展扶持办法。印发《顺义区促进入区企业发展扶持办法》，从企业入驻、经营生产和企业服务三个阶段分别制定扶持政策吸引经济效益好、综合实力强的企业入区发展，推动我区加快形成高端引导、多点支撑、融合发展的现代产业发展格局。

4.聚焦“规范管理”，努力提升财政工作水平

以严谨规范的管理促进便捷高效的服务。一是规范非税收入收缴管理。印发《顺义区财政局关于进一步规范和加强政府非税收入收缴管理工作的通知》，将非税收入收缴管理制度改革推进到所有执收单位和所有非税收入科目。制定《顺义区财政局非税收入征收计划管理工作流程》，提升非税收入征收计划的执行力。二是规范政府性债务管理。印发《关于加强顺义区政府性债务管理的实施意见》，对规范举借政府性债务、对全区政府性债务实行规模控制和预算管理、妥善处理存量债务及融资平台公司在建项目后续融资、控制和化解政府性债务风险、完善债务报告和公开制度等方面做出明确规定。三是规范财政评审工作管理。印发《关于进一步加强项目管理深化财政评审工作的意见》、《顺义区财政局关于项目评审流程各阶段时限要求的通知》等文件，对评审流程、项目管理内部职责及评审流程各阶段时限要求加以明确。通过报审项目动态清零、在审项目定期督促、开展专题项目推进会、老项目集中清理、成立监督管理组等措施，切实提高财政评审质量及效率。四是规范国有资产动态管理。以行政事业单位资产管理信息系统升级改造为抓手，实现国有资产动态管理，通过资产管理与预决算相结合、资产管理信息系统审批资产处置、资产信息系统与公物仓管理相结合的逐步实现，达到提高审批效率、增强资产信息数据准确性的目标。五是规范全区财务人员管理。正式启动顺义区财务人员队伍素质提升三年培训工作，计划利用三年时间（2017年－2019年）对我区财务人员分批分次进行轮训，从根本上解决我区财务人员专业素质相对较薄这一现状，为我区经济社会长远发展奠定坚实基础。

各位代表，2017年是实施“十三五”规划的重要一年，是推进供给侧结构性改革的深化之年，我们在收获成绩的同时，也清醒地看到，财政工作仍面临着诸多压力，财政管理水平仍有进一步提高的空间，主要体现在：受“营改增”等一系列减税降费政策的影响，我区传统优势行业受多重因素影响对财政收入的拉动作用有所减弱，新兴产业尚在培育，新增税源比较有限，财政收入实现稳定可持续增长存在较大压力。基本支出、民生保障、疏解非首都功能等刚性资金需求不断增加，与财力增长水平存在不平衡的矛盾。此外，审计、监督检查及绩效评价过程中也发现，部分预算管理主体责任意识不清晰，财政资金使用效益不高、专项资金拨付不规范等问题依然存在。下一步，我们将高度重视，真抓实干，努力加以解决。

二、2018年预算草案

（一）2018年预算编制的指导思想

（二）2018年收支预算的总体安排

1.一般公共预算总体安排情况

2.政府性基金预算总体安排情况

3.国有资本经营预算总体安排情况

4.社会保险基金预算总体安排情况

（三）2018年重点支出政策及主要保障事项

1.提高民生保障力度计划安排资金97.27亿元

2.提高城乡综合治理水平计划安排资金42.53亿元

3.提高生态环境质量计划安排资金46.75亿元

4.助力“高精尖”经济结构发展计划安排资金17.37亿元

5.疏解非首都功能计划安排资金4.2亿元

三、依法理财、深化改革、提高效能，确保完成2018年预算任务

1.加快构建现代预算管理体系

2.加速推进产业转型升级进程

各位代表，2018年各项财政改革发展任务十分艰巨，我们将坚决贯彻落实中央的各项决策部署，在北京市委、区委的领导下，在区人大的监督指导下，虚心听取政协意见建议，不忘初心，牢记使命，主动出击，奋力进取，为使我区发展成为“港城融合的国际航空中心核心区，创新引领的区域经济提升发展先行区，城乡协调的首都和谐宜居示范区”贡献财政力量！

顺义区人民法院工作报告

—— 2017年12月28日在顺义区第五届人民代表大会第四次会议上

顺义区人民法院院长 李旭辉

（摘录）

各位代表:

现在，我代表顺义区人民法院向大会报告工作，请予审议。

2017年的主要工作

2017年，在区委的领导、区人大及其常委会的监督和上级法院的指导下，我院深入学习贯彻党的十九大精神，围绕“努力让人民群众在每一个司法案件中感受到公平正义”这一目标开展工作，执法办案、司法改革、队伍建设一体推进，审判质效、改革成效、社会评价整体提升，各项工作取得可喜进展。

一、依法履行审判职责，努力营造公正规范稳定的法治环境

立足审判执行工作，服务区域发展大局，维护社会公平正义。1至11月，受理各类案件34085件，办结30690件，同比分别增长32.5%和33.2%。

（一）依法惩治刑事犯罪，全力维护社会稳定。审结刑事案件1289件，同比上升31.4%，判处罪犯1581人，同比增加36.2%，其中判处五年有期徒刑以上刑罚34人，同比增加26%。因打击犯罪成绩突出，刑庭被全国总工会授予“全国五一巾帼标兵岗”荣誉称号。审结聚众斗殴、寻衅滋事、非法采矿、强迫交易等严重破坏社会安定的团伙犯罪案件71件，惩处罪犯149人，充分运用追缴、罚没、财产刑等手段摧毁犯罪经济基础，防止死灰复燃。依法惩治醉酒驾车危害公共安全的犯罪，审结危险驾驶犯罪案件423件，严厉打击利用他人酒驾进行敲诈勒索的犯罪，坚决遏制酒驾和“碰瓷”酒驾现象蔓延势头。加大职务犯罪惩处力度，审结自来水公司原经理刘某等三人贪污、挪用公款案，起到惩处一案、教育一片的廉政警示效果。协助开展党代表、人大代表、村镇“两委”成员候选人资格审查四千余人次，维护选举工作的合法性和严肃性。落实宽严相济的刑事政策，依法从宽处理情节较轻、危害较小的犯罪，对461名被告人适用缓刑。建立未成年人社会观护、帮教回访、心理疏导等机制，教育挽救涉罪未成年人17人，帮助150名未成年人解决监护问题。与区教委成立顺义区中小学生法治教育实践基地，开展以“防范不法侵害、杜绝意外伤害”为主题的法治进校园活动，构建集教育、预防、矫治、挽救于一体的法治网络，推动全区未成年人保护工作纵深发展。

（二）妥善化解民商事纠纷，有力保障经济社会健康发展。审结民商事案件20767件，同比增长32.6%，涉案标的额33.5亿元。充分发挥司法审判惩恶扬善的功能，组建“家事调解员”队伍，实行“婚姻考验期”制度，审结婚姻家庭类案件4096件，激励人们向上向善、敬老爱亲，荣获“全国维护妇女儿童权益先进集体”称号。依托全院成熟的多元化解机制，推动供暖纠纷实质性解决，切实让人民群众感受到司法的“温暖”，相关纠纷同比下降30%。平等保护劳动者和用人单位合法权益，维护和谐劳动关系，审结劳动争议案件1309件。审理的名校毕业生李某获得北京户口后毁约一案，引发社会广泛关注，经我院释法说理，李某主动撤诉。依法稳妥审理破产清算案件23件，涉及职工千余人债权3.6亿元，推动“僵尸企业”有序退出市场。针对农村土地承包纠纷同比增长2.7倍的情况，尽最大可能查清土地多次流转产生的复杂事实，结合政策背景准确适用法律，促进农村经济发展，保障社会稳定。建立交通事故案件“直赔”机制，涉案保险公司在判决生效后直接将理赔款汇至受害人，免除当事人后续执行诉累，赔偿金额达1.2亿元。成立司法救助委员会，对无法获得有效赔偿且生活困难的当事人进行救助，发放救助金260万元，同比增长30%，依法减、缓、免交诉讼费65万元，尽可能帮助他们渡过难关。

（三）依法审理行政案件，着力推动法治政府建设。审结行政案件261件，在庭审中设置行政机关负责人发言环节，全区20个部门37名负责人出庭应诉，真正实现“出庭、出声、出效果”。与区政府法制办成立顺义区行政争议化解中心，对行政机关败诉风险较高的纠纷尝试立案前协调解决，成功化解23件，实现行政案件数量、行政机关败诉率、原告信访率“三下降”。针对村民申请责令村委会公开村务的案件逐年增多，但乡镇政府应对不足的情况，主动延伸审判职能，在判决书中指明败诉原因，提出对策建议，提升基层政务公开水平。针对乡镇政府在拆违工作中重实体、轻程序导致的诉讼隐患，及时发出司法建议，得到有关单位的高度重视和积极回应。发布行政非诉执行十大典型案例，强化司法监督效果，推动行政机关规范执法。

（四）充分整合司法资源，大力支持“疏解整治促提升”专项行动依法开展。自觉增强大局意识和担当精神，整合立案、刑事、民事、行政、执行等优势司法资

源，努力为专项行动的顺利开展提供司法支持。坚持精准司法，针对关涉案件范围广、审理难度大、时限要求紧等特点，设立固定合议庭专案专办，实行快立、快调、快审、快执，确保案件得到高质高效地办理。通过一起行政案件的及时解决，直接推动后沙峪地区十万平米钢结构违建的依法拆除。坚持严格司法，与有关部门建立联动机制，开展建筑面积一千平米以上的大型司法腾退12次。在腾退过程中，面对手持燃烧瓶、煤气罐的被执行人，我们妥善应对、处置得当，取得了良好的法律效果和社会效果。坚持柔性司法，依法保护企业疏解涉及的劳动者、拆除违建涉及的在京务工人员等群体的合法权益，公正处理各方利益关系，积极疏导官民对抗情绪，有效提升法治保障效果。

二、坚定不移推进司法体制改革，进一步提升司法公信力

以“钉钉子”精神狠抓司法体制改革的深化落实，确保各项改革措施落地生根，努力提高审判质效，让人民群众对司法改革有更多获得感。全院审判质效位于基层法院第五位，在全市法院案件信息准确性检查和案件质量专项评查活动中荣获“双第一”。

（一）深化落实司法责任制，构建权责统一的司法权运行新机制。一是确立独任法官、合议庭办案主体责任。取消行政化的案件审批制，提交审判委员会讨论的案件数量大幅下降，98%以上案件的裁判文书由法官直接签发，实现谁办案谁负责。今年以来，全院法官年人均结案226件，同比提升33.7%。院、庭长作为入额法官，直接办理案件9741件，占32.5%，同比提高14.3个百分点。二是完善重大敏感案件办理机制。建立依法处理、舆论引导、社会面管控“三同步”工作机制，妥善审理马航MH370航班失踪乘客家属名誉权纠纷等重大敏感案件，实现了法律效果、社会效果和政治效果的有机统一。三是转变审判监督管理方式。建立专业法官会议制度，完善审判委员会制度，探索建立类案检索报告机制，确保审判权得到严格依法行使。推行结案目标化管理，建立统一法律适用机制，院、庭长监管职能实现从微观个案审批、文书签发向宏观审判质效监管转变。一审判决改判发回重审率控制在全市较低水平，审判效率实现大幅提升。1至11月，全院结案率为83.2%，同比增长4个百分点。尽管今年案件大幅攀升，全年收案预计首次达到四万件，但通过科学管理、不懈努力，我们有信心能够圆满完成全年结案任务。

（二）扎实推进以审判为中心的刑事诉讼制度改革，实现惩罚犯罪与保障人权相统一。刑事审判质效位于全市基层法院首位。一是积极推进庭审实质化。牢固树立庭审中心理念，发挥庭审在查明事实、认定证据、保护诉权、公正裁判中的决定性作用。今年以来，证人出庭24人次，鉴定人出庭5人次，侦查人员首次出庭作证。坚持无罪推定和证据裁判原则，改变检察机关指控罪名和事实的案件31件，因证据不足准许检察机关撤回起诉5件5人，对1名被告人依法宣告无罪。二是严格执行排除非法证据规程。启动证据收集合法性调查程序17件，排除非法证据2件，促使侦查、公诉机关规范取证行为，防止冤假错案发生。三是扎实开展刑事案件认罪认罚从宽制度试点改革。对认罪认罚的被告人特别是轻罪、初犯、偶犯被告人，依法从宽从简从快处理。审结认罪认罚案件812件，平均审理时间14天。其中，适用速裁程序审结的占91.1%，适用率位于全市法院前列。设立值班律师工作站，实现被告人法律帮助全覆盖，做到从快不降低标准、从简不减损权利。

（三）创新开展执行体制改革，全力攻克执行难题。作为执行体制改革试点法院，抓住症结，深化改革，执行效率和执行标的到位率位于基层法院首位。一是推进执行工作信息化。借助网络执行查控系统，着力破解查人找物难题，执行人员不用四处奔波即可对存款、房屋等重要财产“一网打尽”。加大网络司法拍卖力度，拍卖溢价率147.4%，成交率70%，位于全市法院前列。二是加强联合信用惩戒。充分运用限制出境、限制高消费等措施，加大制裁力度，形成高压态势，让“老赖”寸步难行。创新形式，通过今日头条，在“老赖”居住活动范围十五公里内精准推送失信信息，提高执行威慑力。三是完善执行工作体制机制。改变过去执行法官单枪匹马、包案到底的执行方式，推行执行团队化模式。成立执行指挥办公室，为执行团队提供集约化服务。四是积极构建综合治理执行难的工作格局。与公安机关建立协作查找被执行人工作机制，在四个月内成功查找并拘留11人次，促使24起长期未结案件顺利执结，执行到位金额500万元。一名逃避执行长达七年的“老赖”最终落网，彰显了执行协作机制的威力。

三、加强基层基础建设，全面推进法院内涵式发展

破解制约法院长远发展的深层次问题，走内涵式发展道路，努力打造过硬队伍、创设一流法庭、提供优质服务。

（一）夯实党建基础，打造过硬审判队伍。有计划、分步骤组织学习党的十九大精神，以习近平新时代中国特色社会主义思想武装头脑、指导实践，确保法院工作的正确政治方向。以大党建为引领，以标准化党建为抓手，推行“1+6党建工作红皮书”，开发“党建云”APP，以规范化信息化手段推进党建工作。探索在审判执行团队中组建党小组，将党建工作的触角延伸至办案一线，充分发挥党小组的战斗堡垒作用。以执行法官侯峰命名的“峰之队”党小组，团队结案715件，连续两年蝉联结案状元，被评为“北京市法院党建创新规范化项目”。深入贯彻全面从严治党要求，完善与司法改革相配套的廉政监督机制，确保监督无死角。

（二）夯实人民法庭基础，促进基层社会治理法治

化。人民法庭案件约占全院民事案件的50%，加强人民法庭工作，对源头化解矛盾纠纷、促进基层依法治理具有重大意义。今年以来，我院出台《关于新时期加强人民法庭工作的实施意见》，设立法庭立案点，在方便群众诉讼的同时，充分整合基层调解资源，全流程开展多元化解工作，推动形成了以院机关诉调对接中心为平台、以五个人民法庭为支点的多元化解工作新格局，实现了工作重心下移、化解端口前移。因地制宜，着力打造特色化人民法庭。天竺法庭找准“国门”定位，积极保障航空中心核心区建设；后沙峪法庭融入“家风”建设，创新方法化解家事纠纷，被全国妇联授予“全国巾帼文明岗”荣誉称号；牛栏山法庭强化“阵地”意识，设立驻镇法官工作站，妥善化解涉及京沈客运专线建设的各类纠纷；杨镇法庭、李遂法庭发挥“护航”作用，为重大疏解项目的顺利实施提供司法保障。通过精准定位、对标建设，扎根基层、多元共治的人民法庭工作新格局正在形成。

（三）夯实硬件基础，加快智慧法院建设。近年来，随着案件量持续增长和人员增加，办公用房紧张、设备设施老化、信息化程度不高等问题日益突出，严重影响了工作效率和人民群众的诉讼体验。今年以来，在区委区政府的大力支持下，我们加快建设步伐，开工扩建近一万平米审判业务用房，租用建设四千平米诉调对接中心，研究确定四个人民法庭新建工作方案，制约法院长远发展的基础设施问题正在逐步解决。加快信息化建设步伐，推广“智慧云”“睿法官”等审判辅助系统，为实现审判动态管理、裁判文书智能生成提供支撑。推进电子卷宗随案同步生成，为当事人网上查阅卷宗、全面及时掌握审判动态信息提供便利。上线庭审语音识别系统，庭审发言自动转化为书面笔录，正确识别率达95%，极大解放了人力，提高了庭审效率。

四、打造阳光司法，以看得见的方式实现公平正义

（一）全面深化司法公开。坚持主动公开、依法公开、全面公开、实质公开的理念，除少数法定不公开的案件外，所有生效裁判文书通过互联网全部对外公开。加大执行信息公开力度，建立执行进展主动反馈机制，努力避免由于沟通不畅导致主观感受上的执行难；拍摄执行公益广告，积极争取全社会对执行工作的理解和支持。创新公开形式，开通官方微信公众号和今日头条号，召开新闻通报会5次，开展庭审视频直播36次。拓宽普法渠道，通过网络直播的形式，对人民群众关心的京牌小客车拍卖、农村房屋买卖、校园暴力等热点话题进行讲解，累计130万人次在线观看。因司法宣传工作成绩突出，受到最高法院通报表扬。

（二）主动自觉接受监督。主动接受人大及其常委会监督，先后就司法改革、法官职业保障、执行工作等议题向区人大常委会作专题汇报。健全代表委员联络机制，积极邀请人大代表、政协委员旁听庭审、参与执行、监督检查，认真听取意见，及时改进工作。主动适应监察体制改革需要，在全市法院率先聘任党风政务监督员，构筑立体监督网络。依法接受检察机关的监督，通过召开联席会议、邀请检察长列席审委会等形式实现监督常态化、平台化。公开招录并经区人大常委会任命60名人民陪审员，发挥陪审监督功能，普通程序案件陪审率达89.4%。

各位代表，一年来，我院能够完成繁重的审判任务，平稳顺利推进司法改革，离不开区委、区人大、区政府、区政协以及有关方面的领导、监督和支持，各位代表为改进法院工作提出了许多建设性的意见和建议。在此，我代表区法院，向长期以来关心、支持法院工作的有关部门和人大代表表示衷心的感谢！

党的十九大指出，中国特色社会主义进入新时代，我国社会主要矛盾已经发生历史性变化。在司法领域，这一矛盾体现为人民群众日益增长的司法需求与法院工作发展不平衡不适应、保障群众权益不充分之间的矛盾。这种不平衡不适应不充分在我院表现为三个方面。一是案件繁简分流机制不健全，没有实现以较少的人力解决大部分简单纠纷，有限的审判资源难以长期应对不断增长的案件。二是司法体制改革“四梁八柱”主体框架已经确立，但仍需“内部装修”，配套机制改革有待跟进，有些案件存在法律适用不统一、裁判说理不充分、实际执行不到位等问题。三是法官的司法能力、工作作风还不能完全适应新时代司法工作提出的新要求。

2018年的工作任务

2018年，区法院总体工作思路是，认真学习贯彻党的十九大精神，以习近平新时代中国特色社会主义思想为指引，切实增强“四个意识”，围绕全区中心工作，依法履行审判职责，建立繁简分流格局，深入落实司法责任制和全面从严治党要求，努力让人民群众在每一个司法案件中感受到公平正义。

一、充分发挥审判职能，为重大战略实施与社会和谐稳定提供精准的司法保障。

二、建立繁简分流审判新格局，提高办案效率和质量。

三、加强正规化专业化职业化建设，全面落实司法责任制。

四、落实全面从严治党要求，打造一支忠诚干净担当的法院队伍。

各位代表，新时代开启新征程，新思想指引新作为。2018年，我院将高举习近平新时代中国特色社会主义思想伟大旗帜，在区委的坚强领导、区人大及其常委会的有效监督下，不忘初心、牢记使命、砥砺前行，为加快建设“港城融合的国际航空中心核心区、创新引领的区域经济提升先行区、城乡协调的首都和谐宜居示范区”提供坚实的司法保障！

顺义区人民检察院工作报告

—2017年12月28日在区第五届人民代表大会第四次会议上

顺义区人民检察院检察长 张 豫

（摘录）

各位代表：

现在，我代表顺义区人民检察院，向大会报告检察工作，请予审议。

2017年主要工作

在区委和市检察院的正确领导下，在区人大及其常委会的有力监督下，我们深入学习贯彻党的十八届三中、四中、五中、六中全会、党的十九大和习近平总书记系列重要讲话精神，牢牢把握“十三五”时期北京检察工作总体思路，认真落实区委决策部署和区五届人大一次会议决议，忠实履行宪法法律赋予的职责，各项检察工作取得新进展。

一、加强审查办案，积极维护社会安全稳定

紧紧围绕“两贯彻一落实”和迎接党的十九大这一主线，努力做好审查办案工作，为创造和谐稳定的社会环境提供司法保障。

充分发挥捕诉职能，严厉打击刑事犯罪。全年共受理各类审查逮捕案件832件1109人，审查起诉案件1582件2069人，其中批准逮捕580件718人，提起公诉1275件1558人。一是坚决打击严重影响群众安全感的犯罪。批准逮捕故意杀人、故意伤害、强奸等暴力犯罪118人，起诉263人；批准逮捕“两抢一盗”等多发性侵财犯罪230人，起诉303人。二是依法惩治破坏市场经济秩序犯罪。进一步加大对金融诈骗、非法吸收公众存款等犯罪的打击力度，批准逮捕19人，起诉41人。依法办理了涉案金额巨大的张某某等3人非法吸收公众存款案。三是严厉打击制售伪劣商品、危害食品药品安全等损害民生的犯罪。依法办理了沈某某制售假冒知名品牌白酒等一批假冒注册商标案。

全面审查证据，切实提升办案质量。一是严密司法审查，强化追捕追诉。全年追捕漏犯15人，其中判处3年以上有期徒刑13人；追诉漏犯46人，其中40人已获法院有罪判决。二是严格把握证据标准，坚决防范冤错案件。对经审查认为不构成犯罪的依法不批准逮捕4人，不起诉59人。对瑕疵证据要求侦查机关补正500余件，对证据不足的依法不批准逮捕216人、不起诉102人。

依托办案积极参与社会治理创新。一是服务保障“疏解整治促提升”专项行动。加大对非法采矿、非法转让土地使用权等破坏环境资源犯罪的打击力度，批准逮捕20人，起诉21人。依法办理了市检察院督办的王某某等11人非法采矿案。依法惩处重大责任事故等安全事故类犯罪，批准逮捕2人，起诉12人。与区国税局等联合开展对虚开增值税专用发票的专项检查，发现6起虚开行为涉嫌犯罪，依法建议区国税局将案件移送公安机关，公安机关立案4件，现已提起公诉2件。二是以办理涉及政治、经济、文化、生态、民生五大领域的疑难敏感案件为抓手，积极参与社会治理，提升办案效果。在办理王某某等3人制售假冒白酒的假冒注册商标案中，与牛栏山酒厂探索建立取证协作机制，保障企业合法权益，维护社会经济秩序。三是做好涉罪未成年人帮教和犯罪预防工作。与顺义区80后义工社等4家爱心企业共同搭建观护基地，提升对涉罪未成年人的教育挽救效果；与区人力资源和社会保障局签订《未成年人合法劳动权益保护合作协议》，就案件办理中发现的雇佣童工等行政违法行为，向该局移送行政处罚线索3件。

二、加强检察监督，积极维护社会公平正义

聚焦检察监督主责主业，以推进制度化、规范化、程序化、体系化、信息化建设为引领，推动检察监督工作再上新台阶。

进一步加强刑事立案监督。全年共受理立案监督案件63件75人，其中监督公安机关立案36件40人，监督立案后已获法院有罪判决9件15人；监督撤案22件28人。一是加强派驻公安机关执法办案管理中心检察室建设。共审查涉嫌刑事犯罪人员289人、涉嫌行政违法人员321人，发现立案监督线索184件，监督立案18件19人，监督撤案16件22人。二是以专项监督活动为契机，在重点领域深化“两法衔接”工作。全年建议行政机关向公安机关移送涉嫌犯罪案件后，公安机关立案10件33人。开展危害食品药品安全犯罪和破坏环境资源犯罪专项立案监督活动，审查涉嫌销售不符合安全标准的食品案、非法采矿案线索5件，建议行政机关移送后公安机关立案4件22人。

进一步加强侦查活动监督。全年共受理侦查活动监督案件39件，发出《纠正违法通知书》4份。一是根据市

检察院部署，开展对2014至2015年度无社会危险性不捕后未移送审查起诉案件的专项监督，筛查出符合条件的犯罪嫌疑人254人，经逐案审查，对6件案件作为侦查活动监督案件予以受理，并对监督中发现的共性问题向公安机关进行通报。二是依法规范行使调查核实权，维护司法公正。对36件侦查活动涉嫌违法案件开展调查核实，对确实存在违法行为的，根据情节轻重分别进行口头纠正或发出《纠正违法通知书》；对不存在违法行为的，及时向办案部门反馈，确保案件得到公正处理。在王某某涉嫌贩卖毒品、非法持有毒品案中，经调取大量证据，查明被告人所称的刑讯逼供并不存在，经法院审理，未支持被告人的非法证据排除申请。

进一步加强刑事审判监督。全年共审查一审裁判文书1580份，按照第二审程序提出抗诉案件7件11人，均获上级院支持，其中5件7人已被改判；按照审判监督程序提请上级院抗诉案件3件3人，系多年来我院首次按照审判监督程序提请抗诉，其中2件2人已被改判。加强对同类问题的分析，针对多份裁判文书中刑期折抵表述不规范的问题，依法提出检察建议。在注重庭审实质化的改革背景下，定期组织庭审旁听，加强对庭审程序的监督，实现书面监督和庭审监督并重。

进一步加强刑事执行检察监督。针对看守所监管活动不到位、存在安全隐患等问题，依法提出检察建议。开展社区矫正监督检察68次，与社区矫正对象谈话教育132人次。办理羁押必要性审查案件158件，对不需要继续羁押的犯罪嫌疑人建议变更强制措施80件。办理的韩某某羁押必要性审查案，被市检察院评为优秀案件。依法办理了王某某等申请解除强制医疗申诉案件；对安康医院临时保护约束中心与强制医疗场所未进行有效隔离而导致的混押混管问题，依法提出纠正意见。

进一步加强民事、行政检察监督。办理民事诉讼监督案件25件，建议提请抗诉2件，发出再审检察建议2件。办理行政诉讼监督案件2件。积极推进公益诉讼工作。重点关注环境资源、食品药品安全等领域严重损害国家和社会公共利益的案件，审查公益诉讼案件线索25件，发出诉前检察建议2件，相关问题得到及时整改。

三、加强内部管理监督，确保检察权依法正确行使

依托检察管理监督平台，加强检察服务，健全内部监管机制，推动建立对全院、全员、全过程的案件质量监管体系，确保检察权依法正确行使。

强化服务意识，自觉接受外部监督。一是主动接受人大、政协和社会各界监督。邀请区人大代表、政协委员就司法体制改革进行专题调研2次。分别就“开展两法衔接工作情况”和“加强侦查监督维护司法公正情况”向区人大常委会作了专题汇报和专项报告，并对人大常委会的审议意见逐条研究，认真落实。二是立足服务做好信访接待。共受理群众信访426件，均进行妥善处置，未发生一起越级访、进京访等极端事件。三是保障律师合法执业权利。畅通网络、电话、现场预约等多种预约渠道，完善硬件设施，即时提供电子卷宗刻录服务，为律师阅卷提供便利。全年共接待律师500余人，将134名律师信息与案件绑定，方便律师及时查询案件诉讼进程。办理律师控告侦查机关阻碍行使诉讼权利案件1件。四是借助“互联网+”，积极推进检务公开。依托“两微一端”新媒体平台，发布检察信息600余条，阅读量近万人次；全面及时公开案件程序性信息2184件，法律文书1385份；提供行贿犯罪档案查询8952次。

立足案件质量，健全内部监管机制。一是加强流程监控。建立“大流程监控”模式，将各类案件从受理到办结的全过程纳入统一的监督管理之下，形成全面、实时、动态监控，并定期进行通报，及时督促整改，保证监控实效。全年共对2890件案件进行流程监控，及时发现办案系统填录、文书不规范等问题，均已督促整改。二是加强案件质量考评。依托市检察院的考评系统，对2431件案件进行考评，同时认真分析考评中发现的问题，研究解决措施，提升办案质量。三是强化涉案款物管理。严格执行涉案款物接收、保管、监督岗位分离制度和月盘查归档制度，保证涉案款物管理规范。全年共接收涉案款1445万余元、物3133件，移送涉案款1335万余元、物2589件，无一错漏。

四、深化司法体制改革，完善检察权运行机制

积极落实司法体制改革等各项改革要求，在稳步推进中突出重点、打造亮点，不断完善检察权运行机制。

深化内设机构改革。按照市检察院统一部署，将民事检察部和行政检察部进行分设；配合做好国家监察体制改革试点工作，完成25名检察人员的转隶，并设立职务犯罪检察部，配合完成了39件职务犯罪案件线索的交接、移送工作。受理职务犯罪审查起诉案件13件16人，其中已提起公诉4件7人。与区监察委员会密切配合，完成区监察委员会成立后首例在逃犯罪嫌疑人归案后的案件处理衔接工作，确保案件顺利办理。按规定向区纪检监察机关通报党员、公职人员涉嫌犯罪案件16件，移送涉嫌违法违纪案件线索8件。

深化检察官办案责任制改革。按照市检察院要求，修改了检察官办案权限清单和职位说明书，将一般案件的不批准逮捕、不起诉权授权给检察官，进一步确立了检察官的办案主体地位。按照市检察院统一部署，组织了两次检察官遴选，进一步配齐配强一线办案队伍。建立检察官

全体会议制度，开展工作研讨、经验交流等，提升检察官业务素质，推动检察官管理规范化。

五、坚持党的领导，努力打造过硬检察队伍

坚持党对检察工作的绝对领导，定期向区委汇报检察工作，认真全面地落实区委对检察工作的指示，确保检察工作正确的政治方向。牢牢把握“政治过硬、业务过硬、责任过硬、纪律过硬、作风过硬”的队伍建设总要求，坚持正规化、专业化、职业化方向，坚持以党建带队建促业务，全面加强队伍思想政治、纪律作风和业务能力建设。

加强思想政治建设。深入学习宣传贯彻党的十九大精神。按照区委和市检察院部署，采取支部学习、集中宣讲、举办专题学习研讨班等多种形式开展学习宣传工作，并抓好全面贯彻，把党的十九大精神落实到具体工作中。开展“党徽闪耀践忠诚，党旗飘扬保平安”主题活动，推动“两学一做”学习教育常态化、制度化。深入贯彻落实《党委（党组）意识形态工作责任制实施办法》，有针对性地强化意识形态领域价值引领、思想引导和阵地管理。严格按照《党章》加强党的基层组织建设，健全党建工作责任制度、党支部工作制度、党员教育管理制度，形成了教育靠制度来保证、监督靠制度来落实、作风靠制度来规范的良好局面。

狠抓纪律作风建设。坚决执行《关于新形势下党内政治生活的若干准则》和《中国共产党党内监督条例》，严格落实中央八项规定精神，狠抓“四风”问题，巩固和深化作风建设。严格落实党风廉政建设党组主体责任和纪检监督责任，抓住“关键少数”，发挥好领导班子在推进改革、司法办案、落实“一岗双责”等方面的表率作用，健全廉政谈话和廉政党课制度，建立纪律作风督查检查机制，不断强化党纪检纪的约束力和制度机制的执行力。

注重素质能力建设。紧贴检察实务开展教育培训70期，组织“法庭论辩”、“案件汇报与答辩”等实战培训，切实提高专业能力。进一步加大人才引进和培养力度，招录10名公务员，6名聘用制司法辅助人员，着力构建门类齐全、结构合理、业务精良的人才队伍。组织主题读书活动，推动书香机关、学习型检察院建设。

2017年，我院连续第九次被评为“全国检察机关文明接待室”，获得“全国检察宣传先进单位”，1名同志获“全国刑事申诉检察业务标兵”，2个部门和3名同志获区“巾帼文明岗”和“巾帼建功标兵”等荣誉。

各位代表，检察工作所取得的成绩，是区委坚强领导、区人大及其常委会有力监督的结果，是区政府、区政协及社会各界和人大代表热情关心、有力支持、真诚帮助的结果。在此，我代表区检察院和全体检察人员向大家表示衷心的感谢！

取得成绩的同时，我们也清醒的认识到工作中还存在一些问题和不足，主要表现在：一是检察职能作用的发挥还不能完全适应经济发展和人民群众的新要求；二是公益诉讼工作还需要进一步推进；三是部分检察官把握法律效果、政治效果、社会效果“三效”有机统一的综合能力还有待提高；四是内部管理监督机制还不能完全适应检察官办案责任制等改革的要求。对于这些问题和不足，我们将高度重视，积极采取措施加以解决。

2018年工作安排

2018年，是贯彻党的十九大精神的开局之年，是实施“十三五”规划承上启下的关键一年，是推动京津冀协同发展、实现顺义经济社会转型升级的重要一年，做好检察工作的意义更加重大。新一年，我们的总体思路是：深入学习贯彻党的十九大和习近平总书记系列重要讲话精神，紧紧围绕区委和市检察院的部署，扎实推进司法办案体系、检察监督体系、检察监督制约体系、检察组织体系、检察队伍建设体系和检务保障体系建设，更加自觉地服务区域经济社会发展，更加充分地履行检察职能，奋力推动检察工作在新的历史起点上实现转型发展，为我区全面改革发展提供有力的司法保障。围绕这一思路，我们将着重做好以下五方面工作：

第一，深入学习贯彻党的十九大精神，强化党对检察工作的领导，自觉接受人大、政协的监督。

第二，坚持以人民为中心，积极服务区域经济社会发展大局。

第三，不断提升监督主业意识，努力开创检察监督工作新局面。

第四，以“双一流”创建为目标，切实加强队伍建设。

第五，创新理念，增强定力，深入落实司法体制改革等各项改革任务。

各位代表，新的一年，我们决心在区委和市检察院的坚强领导下，认真落实本次会议的决议要求，创新进取，真抓实干，忠实履行好维护社会大局稳定、促进社会公平正义、保障人民安居乐业的职责使命，为顺义建设“港城融合的国际航空中心核心区、创新引领的区域经济提升先行区、城乡协调的首都和谐宜居示范区”作出应有的贡献！

2017年大事记

1月

1日，国务院副总理、国务院第三次全国农业普查领导小组组长汪洋在顺义区高丽营镇一村，了解农业普查现场登记过程，看望慰问普查对象和普查人员。

5日，北京市十四届人大五次会议顺义代表团举行会前活动。

同日，顺义区召开镇、街道领导干部廉政谈话会，对全区349名领导干部进行集体廉政谈话。谈话会由区委常委、区纪委书记张良主持，区委副书记于庆丰对全区镇、街道领导干部进行集体廉政谈话。

9日，中共顺义区第五届委员会第二次全体会议召开。经区委全会表决，确定三名同志作为本区出席党的十九大代表候选人正式推荐人选。

11日，本区首个中医流动医院——北京中医医院顺义医院中医流动医院项目启动。

12日，区政府2017年第一次政府常务会议召开。区委副书记、区长高朋主持会议。会议传达北京市卫生与健康大会会议精神，通报2016年区级重点任务完成情况、环境建设情况和拆除违法建设情况，审议《关于建立顺义区中小学校舍安全保障长效机制的意见》。

13日，顺义区法学会成立大会暨法学会第一届理事会第一次会议召开。

17日，北京中医医院顺义医院获批“2016改善医疗服务示范医院”。执行院长王洪被评选为“2016改善医疗服务优秀管理者”。

19日，政协北京市顺义区第五届委员会常务委员会第一次会议召开。会议协商决定人事任免事项，审议通过《政协北京市顺义区第五届委员会各专门委员会组成人员名单》《政协北京市顺义区第五届委员会常务委员会2017年工作要点》。

20日–22日，顺义首届灶王文化节在张镇莲花山滑雪场举办。

23日，区委常委会2017年第二次（扩大）会议召开。会议传达北京市十四届人大五次会议精神、政协北京市第十二届委员会第五次会议精神，通报市纪委十一届六次全会和市监察委员会成立暨区级监察体制改革试点工作动员部署会议精神。

24日，区五届人大常委会第一次会议召开。会议传达市十四届人大五次会议精神，通报区人大常委会主任、副主任、党组成员工作分工，审议通过《北京市顺义区人民代表大会常务委员会议事规则》《北京市顺义区人民代表大会常务委员会组成人员守则》，讨论通过常委会2017年工作安排，做出关于设立三个人大街工委和调整区人大常委会工作机构的决定，并进行人事任免。

同月，南彩镇大兴庄村村民郭长春将家中刻有“同治”字样的青砖捐献给区文物所。

同月，北京儿童医院顺义妇儿医院新建的雾化室正式启用。

2月

8日，第十五届“赵全营杯”民间花会大赛暨京津冀三地民间花会闹元宵展演活动在赵全营镇北汽集团求博馆内举行。

15日，区政府第三次常务会议召开，传达北京市服务保障2017全国“两会”工作动员会精神，通报2017年本区春节期间烟花爆竹及城市运行保障情况、2017年1月各属地PM2.5考核情况，审议《顺义区2017年在直接关系群众生活方面拟办重要实事》。

16日，顺义区3名医务工作者作为北京市卫生系统第九批援疆干部人才启程进疆，开始为期一年的援疆工作。3名医务工作者为：区妇幼保健院妇产科副主任医师王文慧、中医院内分泌科主治医师黄希忠、区医院护理部孙亚兰。

17日，本区与沽源县对口支援座谈会召开。区委常委、区政府常务副区长霍光峰，沽源县委书记郭有和，县长李建鹏参加。

20日，区委常委会第六次（扩大）会议召开，传达习近平总书记在省部级主要领导干部学习贯彻党的十八届六中全会精神专题研讨班上的重要讲话精神。

同日，本区与德国达姆施塔特–迪堡行政区签署友好合作谅解备忘录。

22日，区政府2017年第四次常务会议召开。审议《2017年主要经济社会发展指标任务分解及落实市政府下达任务有关情况》《顺义区创建北京市食品安全示范区工作方案》。

27日，北京通航法荷航飞机航线维修有限责任公司揭牌仪式在北京汽车产业研发基地举行。北京市副市长程红，市商务委主任闫立刚，北汽集团党委书记、董事长徐和谊，顺义区委副书记、区长、北京天竺综合保税区管委会主任高朋，北京天竺综合保税区管委会副主任李燕凌等领导参加。

同月，区国税局微信公众号添加特色新功能——“预约办税”。

同月，首都机场净空保护区公布，基本覆盖顺义全境。

3月

1日，顺义区委常委会扩大会议召开，传达学习贯彻习近平总书记视察北京重要讲话精神。会上还传达市委党的建设工作领导小组会议主要精神。区人大常委会、区政府、区政协等党组向区委汇报2016年工作情况及2017年工作安排。

同日，区政府2017年第五次常务会议召开。审议《2017年区政府重要会议议题计划》《顺义区清洁空气行动计划2017年工作措施》《顺义区2017年政府投资计划（第一批）安排建议》。

同日，顺义区2017年禁毒工作会召开。市禁毒办常务副主任、市公安局禁毒总队总队长柳毅，区政府副区长、区禁毒委副主任、市公安局顺义分局局长赵为民参加。

6日，顺义区2017年幼儿园入园网上信息采集启动。

7日，顺义区委常委会第九次（扩大）会议召开，传达学习《中央第十一巡视组关于对北京市开展巡视“回头看”的反馈意见》。

8日，市人大常委会副主任牛有成到顺义区张镇调研全域旅游示范镇建设情况。市旅游委主任宋宇，区委书记王刚，区委副书记、区长高朋，区人大常委会主任车克欣参加。

11日，由顺义生态旅游集团开发建设的中国古代农耕文明传播基地——汉风耕读苑首次举办成人礼仪式，来自北京市朝阳区华师一朝阳学校的200余名跨入成年的学生参加此次活动。

15日，区政府2017年第六次政府常务会议召开。会议通报近期区情、环境建设和拆除违法建设情况、2017年2月份顺义区各属地PM2.5考核情况，审议《顺义区“十三五”环境保护与生态建设规划》《顺义区土壤污染防治工作方案》《关于提升本区消防综合应急救援能力的工作方案》。

16日，顺义区第五届人大常委会第二次会议召开。区政府常务副区长霍光峰通报区政府2017年重大事项安排情况，汇报《关于加快全面协调发展，重点推进河东地区建设的议案》办理推进情况。审议通过区政府关于2016年依法行政工作情况报告，讨论决定关于召开顺义区第五届人民代表大会第二次会议的有关事项。

20日，区委常委会第十二次（扩大）会议召开，传达学习贯彻市委十一届十三次全会和首都生态文明和城乡环境建设动员大会精神，研究部署全区城乡环境建设工作。

同日，顺义妇儿医院首开小儿外科。

23日，区政府2017年第七次政府常务会议召开。会议通报近期水务工作进展情况、固定资产投资工作进展情况和近期区情。审议2016年度区政府各部门和各镇（街道）绩效管理考核结果、《顺义区安全生产责任追究办法（试行）》《2017年慢性病综合防控示范区建设实施方案》《顺义区财政局关于财政性资金借款清理意见》和《关于调整顺义区城市管理体制推进执法重心下移的工作实施方案》。

24日，政协北京市顺义区第五届委员会常务委员会第二次会议召开。

25日，首届风车艺术节在顺鑫绿色度假村开幕。

27日，区卫计委医药分开综合改革动员培训会组织召开，全区237家参加医药分开综合改革的医疗机构负责人及各相关职能科室人员320余人参加。会议传达市政府对北京市医药分开综合改革动员部署培训会精神，并就药品阳光采购、信息系统改造和改善医疗服务等工作进行详细部署与培训。

29日，区政府2017年第八次政府常务会议召开，通报近期区情，审议《顺义区医药分开综合改革实施方案》《顺义区关于推进低收入农户增收及低收入村发展工作的实施方案》，顺义区现代有轨电车T2线PPP项目《实施方案》《招标文件》和《特许经营协议》。

30日，北京天竺综合保税区首家进口商品直营中心挂牌营业。

同月，顺义区现代有轨电车T2线工程规划方案获得市规划国土委批复。T2线工程北起友谊医院东侧天北路，终点至机场T3航站楼。

同月，顺义区首家社区数字化影院“胜利街道社区数字影院”建成并投入使用。影院位于华玺瀚樽社区非公党建文化活动中心。

4月

1日，北京国际鲜花港第八届郁金香文化节开幕。

5日，北京市顺义区第五届人民代表大会第二次会议开幕。区政府常务副区长霍光峰，向大会作《关于加快全区协调发展，重点推进河东地区建设议案》推进方案的报告。

7日，北京市顺义区第五届人民代表大会第二次会议闭幕。张良同志当选为顺义区监察委员会主任。会议表决通过《关于加快全区协调发展，重点推进河东地区建设议案》推进计划报告的决议。

同日，顺义区第五届人大常委会第3次会议举行。会议表决通过区人大常委会财政经济顾问名单，任命区监察委员会副主任、委员。

同日，顺义区监察委员会正式成立。

同日，区政府2017年第九次常务会议召开。通报部署近期大气污染防治工作，审议《顺义区安全生产工作考核办法（审议稿）》等事项。

12日，区政府2017年第十次常务会议召开。会议审议2016年安全生产工作总结、部署2017年安全生产工作，审议2017年一季度“疏解整治促提升”专项行动进展情况及督查督导工作的报告，通报2017年一季度财政收支情况、2017年一季度固定资产投资完成情况、一季度拆除违法建设情况和近期区情。

19日，区政府2017年第十一次常务会议召开。会议通报2017年一季度水务工作进展情况、2017年一季度顺义区PM2.5考核情况，审议《顺义区“两会”期间代表建议和委员提案分办情况》。

19日-21日，区委常委、区委宣传部部长贺亚兰带队本区宣传文化代表团赴河南省南阳市西峡县进行文化艺术交流。

同日，本区发生1例人感染H7N9禽流感确诊病例，为本区2017年首例病例。

同日，眼科大数据联合实验室顺义示范基地在空港医院揭牌。

21日，顺义区防控H7N9应急工作会召开。

22日，“足迹2017，助力知识产权强国建设”首都知识产权界徒步大会在奥林匹克水上公园举行。

23日，“游花海，品书香”暨2017北京阅读马拉松顺义区户外阅读主会场活动在北京国际鲜花港举办。

24日，《中共北京市顺义区历史（1924—2012）》初审会召开。

25日，顺义区召开“为官不为”“为官乱为”问题专项治理和严肃查处群众身边的不正之风和腐败问题专项工作推进会。

同日，本区“一带一路”国际合作高峰论坛维稳安保动员部署大会召开，贯彻全市高峰论坛维稳安保动员誓师大会精神。区委书记王刚出席会议并讲话，区委副书记、区长高朋主持会议。

同日，顺义区第十届全民健身体育节“北务杯”风筝比赛暨京津冀风筝邀请赛在奥林匹克水上公园举行。来自天津、河北、北京以及顺义区各镇、街道等共计24支代表队200余名运动员参赛。

27日，顺义区政府主办的“2017年北京·顺义产融互动峰会”召开。区委副书记、区长高朋致辞。北京市经信委副主任樊健，市金融局副巡视员沈鸿，市投资促进局副局长于燕，区委常委、区政府副区长初军威，区政协副主席金泰希、杨凤辉，天竺综保区管委会副主任李燕凌参加。

28日，中共北京市顺义区第五届委员会第三次全体会议召开。会议听取顺义区出席北京市第十二次党代会代表推选过程的情况说明，投票确定顺义区出席北京市第十二次代表大会代表候选人预备人选，通报市委对王刚书记抓基层党建工作的综合评价意见，审议通过《中共北京市顺义区委党建工作领导小组2017年工作要点》、党建工作相关办法和中共北京市顺义区第五届委员会第三次全体会议决议。会议决定，于2017年5月上旬召开中国共产党北京市顺义区代表会议，选举顺义区出席中国共产党北京市第十二次代表大会代表。

同月，天竺镇城市运营中心投入使用，系统将网格化管理与“互联网+”结合，推动“疏解整治促提升”行动常态化监督。

同月，高丽营一村获得“2016中国美丽乡村百佳范例”荣誉称号。

5月

2日，北京市服务业扩大开放综合试点示范区外籍人才出入境新政策启动实施。市公安局顺义分局外国人出入境服务大厅同步揭牌运营，市政府副市长程红，市政府副秘书长徐志军，市商务委主任闫立刚，区委副书记、区长高朋，区政府副区长李向英等参加揭牌活动。

同日，“智慧顺义”建设工作部署会召开。区委副书记于庆丰部署《顺义区新型智慧城市建设暨智慧顺义优化顶层设计实施方案》。

3日，区政府2017年第十二次常务会议召开。会议通报2016年度顺义区城市环境建设考评结果和2017年2至3月环境建设情况，2017年4月份顺义区各属地PM2.5考核情况和近期区情；审议《2017年一季度顺义区经济社会发展形势分析》《2017年一季度顺义区公共安全形势分析》。

4日，区委召开书记专题会议，研究部署农村“煤改电”工作。区农委、顺义供电公司分别汇报农村“煤改电”工作进展和电力设施建设情况。

5日，龙湾屯镇政府和北京泛华朝明文化艺术发展有限公司就建设“龙湾国际艺术生态小镇”达成合作意向并签约。

6日，由国务院有关部委组成的联合检查组对顺义区进行2016年度最严格水资源管理制度考核现场检查。水利部副部长陆桂华，水利部水资源司司长陈明忠，市政府副秘书长赵根武，市水务局局长金树东，区委副书记、区长高朋，区政府副区长吴耀新参加。

8日，中国共产党北京市顺义区代表会议召开，选举产生23名出席北京市第十二次党代会代表，审议并通过区委党建工作领导小组2017年工作要点和党建工作相关办法。会议就本区出席北京市第十二次党代会代表推选过程及《中共北京市顺义区委党建工作领导小组2017年工作要点》和党建工作相关办法进行说明。

同日，区委书记王刚主持召开区委党建工作领导小组会，会议研究审议《顺义区统筹协同推进“两新”组织党建工作暂行办法》《顺义区委党建工作考核结果应用暂行办法》等六个文件。

同日，北京儿童医院顺义妇儿医院与仁和镇卫生院医联体合作揭牌。

9日，顺义区首个PICC导管护理专科门诊在区医院开诊。

16日，中央企业国创投资引导基金成立，该基金总规模1500亿元人民币，落户顺义区。国务院国资委主任肖亚庆，副主任徐福顺，北京市委常委、副市长阴和俊，市国资委主任林抚生，顺义区委副书记、区长、天竺综保区管委会主任高朋参加。

同日，北京市人大常委会执法检查组到顺义区检查《全民健身条例》和《北京市全民健身条例》执行情况。北京市人大常委会副主任闫傲霜，市人大常委会教科文卫体办公室主任孙世超，北京歌华传媒集团有限公司党委书记、董事长刘志远，市体育局副局长杨海滨，顺义区人大常委会主任车克欣、副主任赵殿江，副区长李向英参加检查。

同日，区政府2017年第十四次常务会议召开。会议通报顺义区近期违法用地违法建设情况，听取顺义区2016年度土地卫片和永久基本农田整改情况，审议《顺义区2017年政府投资计划（第二批）安排建议》和《首都科技条件平台顺义工作站管理办法》。

18日，区委常委会第二十次（扩大）会议召开，传达学习贯彻市委十一届十四次全会精神。

同日，本区派驻纪检监察机构成立大会召开。新成立的18个派驻纪检监察组对本区82家区级直属机关实现派驻监督全覆盖。

25日，市委常委、副市长阴和俊到顺义区调研科技创新、产业发展、“中国制造2025”示范区建设等情况。市政府副秘书长刘印春，区委书记王刚，区委副书记、区长、北京天竺综保区管委会主任高朋，区委常委、副区长初军威参加。

27日下午，区委常委会第二十二次（扩大）会议召开，传达全市领导干部会议精神。

同日，顺义区委党校正式搬入新校办公。

5月28日–6月1日，2017北京国际服务贸易交易会在国家会议中心举行。顺义区以北京市服务业扩大开放综合试点示范区、北京新兴金融聚集区两大板块参展。其中，“北京顺义——北京市服务业扩大开放综合试点示范区”板块首次独立亮相。

30日，世界贸易网点联盟主席布鲁诺·麦斯尔以及联合国贸易发展会议署创意经济项目负责人卡洛琳娜·昆塔娜等到北京天竺综保区考察国际贸易和服务业产业发展情况。

同日，第九届北京端午文化节暨2017年全国龙舟邀请赛在顺义奥林匹克水上公园开幕。

同月，顺义区作为推动实施“中国制造2025”、促进工业稳增长和转型升级成效明显的直辖市辖区，受到国务院通报表扬。

同月，区人民检察院与区人力资源和社会保障局签订未成年人合法劳动权益保护合作协议，并进行案件线索移交，加大对本区未成年人合法劳动权益的保护力度。协议确定10项合作框架协议。

同月，本区“党风廉政建设五年成就暨廉政文化巡展”拉开帷幕，第一站为区档案馆。

同月，舞彩浅山木林段鞑子沟文化创意主题公园工程完工。

6月

1日，2017北京国际服务贸易交易会举行签约仪式。顺义区签约金额近3000亿元人民币。

2日，区政府2017年第十六次常务会议召开。会议传达市政府第七次全体会议精神，通报近期大气污染防治工作情况，审议通过《顺义区关于促进入区企业发展的奖励办法》。

同日，2017年第二十三次区委常委（扩大）会议召开，传达学习贯彻全市区委书记会议精神。

7日，区政府2017年第十七次常务会议召开。与会人员集体学习《食品安全法》。会议审议《顺义区医疗卫生服务水平提升三年行动计划（2017—2019年）》《顺义区2017年农村地区取暖“煤改电”工作实施方案》和《顺义区2017年农村地区“电量饱和村庄”煤改气工程实施方案》。

12日，区委常委会第二十四次（扩大）会议召开，传达学习贯彻市委党的建设工作领导小组会议精神。

14日，区政府2017年第十八次常务会议召开。会议通报1至5月份政府常务会、专题会议所定事项落实情况，通报1至5月份拆违工作，通报4月份环境建设情况；审议《顺义区政府重点工作通报办法》《第26届北京国际燕京啤酒文化节活动方案》。

18日，李桥镇临清村出土明代南京兵部尚书李宾夫人之墓表，该碑距今550余年，具有考古价值。

19日，北京儿童医院顺义妇儿医院综合外科病房成立，填补顺义区小儿外科的空白。

21日，顺义区第五届人大常委会第四次会议举行。

25日，第26届北京国际燕京啤酒文化节在顺义奥林匹克水上公园开幕。

26日，国内目前续航里程最长的纯电车型北汽新能源EU400上市。

27日，市委常委、政法委书记张延昆到本区检查指导学习宣传落实市第十二次党代会精神有关工作。市委办公厅副主任孙军民，区委书记王刚，区委副书记、区长高朋，区人大常委会主任车克欣，区政协主席周颖博参加。

28日，区政府2017年第十九次常务会议召开。会议传达市第十二次党代会精神；通报区“6·22”暴雨应对工作情况，2017年1至5月全社会固定资产投资完成情况；审议《关于加快发展顺义区装配式建筑的实施意见》。

同日，顺义区第十届全民健身体育节在区体育中心开幕。

30日，以“牵手京津冀”为主题的“走进顺义，威县之夜”文艺演出在燕京啤酒节举办。

同月，国家新兴产业创业投资引导基金——国投创合国家新兴产业创业投资引导基金落户顺义。

同月，世界高层建筑与都市人居学会在芝加哥颁发第15届“最佳高层建筑奖”。由江河幕墙承担内幕墙工程的上海中心大厦获评“2016年世界最佳高层建筑奖”。

同月，顺义区中小学生防灾减灾教育基地在汉石桥湿地自然保护区揭牌。

同月，顺义区发布《顺义区新能源汽车补贴（置换）实施细则（暂行）》《顺义区电动汽车充电设施补贴实施细则（暂行）》。

同月，北京乳腺病防治学会和北京儿童医院顺义妇儿医院共同主办的首届基层乳腺病论坛在顺义妇儿医院举行。

同月，顺义区首家智能化养老服务驿站在胜利街道胜利社区投入使用。

同月，国务院办公厅发布《关于建设第二批大众创业万众创新示范基地的实施意见》，确定第二批92个双创示范基地，顺义区位列区域示范基地名单首位。

7月

5日，中国（北京）首届跨境融资租赁暨飞机租赁论坛在顺义区举行。北京市副市长程红，中国国际航空股份有限公司董事长蔡剑江，市政府副秘书长徐志军，市商务委主任闫立刚，区委副书记、区长、北京天竺综保区管委会主任高朋参加。论坛发布《北京市关于加快融资租赁业发展的实施意见》；天竺综保区管委会与国航股份、中联航、东航租赁等公司签署合作协议。

同日，顺义区通过创建北京市食品安全示范区综合评议验收。

6日，区政府2017年第二十次常务会议召开。会议传达市委副书记、代市长陈吉宁到顺义调研指示精神，通报6月份大气污染防治工作情况，审议《顺义区关于加强代征城市绿化用地建设管理工作的实施意见》《顺义区关于加快分布式光伏发电推广应用的实施意见》《关于进一步加快重点镇建设的实施意见》。

12日，区政府2017年第二十一次常务会议召开。会议传达国务院安委会第一巡查组来京反馈巡查意见电视电话会议精神，总结二季度、部署三季度安全生产工作，通报1至6月份水务重点工作情况、1至6月份财政收支情况、1

至6月份“疏解整治促提升”专项行动进展及督查督导工作报告、1至6月份政府常务会、专题会议定事项落实情况和近期区情。

14日，顺义区现代有轨电车T2线暨安宁大街工程开工。

15日，北京汽车高端基地二期竣工暨15万辆新能源汽车产能达成仪式在顺义北京分公司举行。

16日，2017国际中学名校赛艇邀请赛暨北京师范大学附属实验中学百年校庆龙舟邀请赛在顺义奥林匹克水上公园举行。

19日，顺义区政府2017年第二十二次常务会议召开。会议传达李克强总理在全国深化简政放权放管结合优化服务改革电视电话会议上的讲话精神和北京市委十二届二次全会精神，通报顺义区5月份环境建设检查情况和白马路（京承高速至奥林匹克水上公园）沿线环境问题、顺义区2017年上半年违法用地违法建设情况，审议《关于2017年顺义区国民经济和社会发展计划上半年执行情况的报告》。

同日，区委常委会第二十八次（扩大）会议召开，传达学习贯彻北京市委十二届二次全会精神。

同日，由北京市投资促进局、顺义区人民政府共同举办的“驻京中外知名企业投资顺义行——创新型产业集群和‘2025’示范区产业投资”说明会举行。市投资促进局局长周卫民，区委副书记、区长、天竺综保区管委会主任高朋，区委常委、副区长初军威，区政协副主席、区科委主任金泰希，区政协副主席、区投资促进局局长杨凤辉参加。

25日，顺义区本年度最大棚户区改造项目——仁和镇临河村棚户区改造土地开发项目入户调查登记工作启动。

26日，区政府2017年第二十三次常务会召开，审议通过《顺义区进一步全面推进河长制工作方案》《顺义区疏解一般性制造业奖励暂行办法》。

31日，区委常委会第三十次（扩大）会议召开，传达学习贯彻习近平总书记在省部级主要领导干部专题研讨班上的重要讲话精神。

同日，投资57亿元的桑德新能源智能化产业项目签约落户顺义。

8月

2日，区政府2017年第二十四次常务会议召开。会议通报2017年7月份大气污染防治情况，审议《智慧顺义无线网络全覆盖实施方案》《智慧顺义“一卡通”便民惠民实施方案》，学习北京市国有土地住宅房屋征收政策并通报近期区情。

同日，区委召开书记专题会议，传达、学习北京市新农村建设领导小组会议精神，研究推进本区农村村庄规划及美丽乡村建设工作。

9日，区政府2017年第二十五次政府常务会议召开，通报《市长电话要情》相关环境问题和2017年7月份水务重点工作情况，审议通过《关于顺义区2017年上半年预算执行情况的报告》。

10日，市深化国家监察体制改革试点评估工作组由市监察委委员、正局级纪检监察员杨小兵带队到顺义区评估验收深化国家监察体制改革试点工作。区委书记王刚，区领导张良、肖承继、禹学垠、张晓峰、吴建国及区深化监察体制改革试点工作小组成员参加。

15日，顺义区第五届惠民文化消费季启动仪式在区委党校礼堂举办。

16日，区政府2017年第二十六次常务会议召开，审议通过《顺义区人民政府工作规则》《顺义区2017年政府投资计划（第三批）安排建议》，研究《顺义区大众创业万众创新示范基地建设工作方案》等事项。

21日，中国共产党北京市顺义区第五届委员会第四次全体会议召开。

22日，市委书记蔡奇到顺义北汽集团调研。市领导魏小东、崔述强一同调研，区领导王刚陪同调研。

23日，区政府2017年第二十七次常务会议召开。会议通报6月便民电话群众诉求办理情况，通报6月、7月环境建设检查情况；部署2017年至2018年秋冬季大气污染综合治理攻坚行动工作；审议《顺义区农村地区村庄规划编制与美丽乡村建设专项行动实施方案》《北京市顺义区国家新型城镇化综合试点实施方案（2017-2020年）》《顺义区镇财政财务管理考核实施办法》和《2016年镇财政财务管理工作考核情况的报告》。

24日，顺义区第五届人大常委会第五次会议举行。

同日，“哈工大顺义军民融合创新产业园”在北京临空经济核心区创新创业示范基地启动。

29日，北京市第三环境保护督察组督察顺义区工作动员会召开，北京市第三环境保护督察组组长王北平、副组长刘广明就做好督察工作分别作讲话，区委书记王刚作动员讲话，会议由区委副书记、区长高朋主持，区人大常委会主任车克欣，区政协主席周颖博参加会议。

31日，由顺义区人民政府、北京市股权投资基金协会和中税咨询集团共同主办的2017中国并购基金峰会举行。

9月

1日，区委常委会第三十四次扩大会议召开，传达学习贯彻市委书记蔡奇在全市区委书记会议上的讲话精神，并围绕服务保障党的十九大胜利召开进行再动员、再部署。区委书记王刚主持会议，并强调要全力抓好“两贯彻一落实”，不折不扣落实市委决策部署。

6日，区政府2017年第二十九次常务会议召开。会议通报8月份水务重点工作情况、8月份货车违法管控工作情况、8月份大气污染防治工作，审议《顺义区2017-2018年秋冬季大气污染综合治理攻坚行动方案》《顺义区农村宅基地自建房违法出租整治工作方案》。

9日，顺义区深化服务业扩大开放工作动员部署会召开，对深化改革推进服务业扩大开放综合试点示范区建设工作再动员、再部署。市商务委主任闫立刚，区委书记王刚分别作讲话。

同日，顺义区政府与北汽集团、孚能科技《孚能动力电池项目战略合作协议》签署仪式举行。

13日，顺义区党的十九大维稳安保工作动员誓师大会召开。会议结合学习贯彻全市党的十九大维稳安保工作动员誓师大会精神，立足顺义区实际，就落实全市各项工作要求作出部署。

同日，区政府2017年第三十次常务会议召开。会议通报近期市级环保督察工作情况、2017年1至8月份“疏解整治促提升”专项行动进展情况及2018至2020年三年行动方案编制工作进展情况，审议《顺义区农村宅基地上在施违法建设专项整治工作方案》《顺义-巴林左旗携手奔小康行动协议书》和《顺义-尼木携手奔小康行动协议书》。

同日，顺义区政府专题会审核通过《顺义区河长制工作管理考核办法（试行）》。

17日，顺义区2017-2018年大气污染防治秋冬季攻坚行动部署会召开，深入学习贯彻落实全市大气污染防治秋冬季攻坚行动部署会精神，对顺义区大气污染防治秋冬季攻坚行动再动员、再部署。

同日，区政府2017年第三十一次常务会议召开，审议通过《顺义区幸福西街棚户区改造和环境整治项目房屋征收决定》。

20日，区政府2017年第三十二次常务会议召开，审议通过《顺义区“疏解整治促提升”专项行动（2018-2020年）实施方案》。

同日，潮白河复兴大桥合拢。

22日，顺义区儿童福利院成立。

25日，顺义区新行政中心办公楼启用，22家单位入驻办公。

26日-27日，青海省玉树藏族自治州曲麻莱县考察团到顺义区考察调研，双方就基层干部培训和产业帮扶方面达成初步合作意向。

27日，区政府2017年第三十三次常务会议召开，会议安排部署顺义区国庆节、中秋节、党的十九大期间相关工作，通报顺义区7月份便民电话群众诉求办理情况，审议通过《顺义区空气重污染应急预案（2017年修订）》等事项。

28日，顺义区首座2017年“煤改电”配套电网建设工程——东营110千伏变电站投入运行，新增变电容量63兆伏安。

30日，顺义区全区领导干部会议召开，传达贯彻中央对孙政才严重违纪案处理决定及全市领导干部大会精神，并就有关工作进行部署。

同日，顺义区在潮白烈士陵园举行烈士纪念日公祭活动。

同月，顺义区第一社会福利院成立。

10月

10日，中共北京市委、北京市人民政府安全生产第六督察组在顺义区召开安全生产督察工作动员会议。安全生产第六督察组组长、北京航空有限责任公司党委书记王红专作动员讲话，安全生产第六督察组副组长、市安全监管局副局长李东洲通报安全生产督察工作安排。区委书记王刚作表态发言，区委副书记、区长高朋主持会议，安全生产第六督察组副组长、市文化局副局长王鹏，区政协主席周颖博参加会议。

11日，区政府2017年第三十四次常务会议召开。根据北京市安全生产督察方案要求，市委、市政府安全生产第六督察组副组长、市文化局副局长王鹏，副组长、市安全监管局副局长李东洲就安全生产相关议题列席会议。邀请市安全监管局事故处处长高云飞解读“安全生产法及政府工作人员如何正确履行安全监管责任”。审议《开展安全生产督察检查工作方案》，传达市委、市政府近期消防工作有关要求，通报全区近期突出火灾隐患；传达市应急委第十四次会议精神，通报国庆节、中秋节期间值守应急和城市运行等有关工作；通报《国家土地督察例行督察意见书》及国土卫片相关问题整改情况；通报9月大气污染防治工作有关情况。

16日，区委常委会第四十三次扩大会议召开，传达学习党的十八届七中全会公报。

18日，区委常委会召开扩大会议集中收看党的十九大开幕会盛况。

25日，区政府2017年第三十五次常务会议召开，审议通过《2017年三季度顺义区经济社会发展形势分析》《促进河东地区重大项目建设发展行动计划（2018年-2020年）》《顺义区人民政府关于2017年预算调整第二次调整方案的报告》。

26日，顺义区党的十九大精神传达会议召开。党的十九大代表、顺义区委书记王刚结合传达学习市委常委扩大会议和全市领导干部会议精神，向全区各级党代表、无党派、民主党派和工商联代表等700余人传达党的十九大以及十九届一中全会和新一届政治局常委同中外记者见面会精神，并就全区学习宣传贯彻工作进行安排部署。

28日，顺义区人民代表大会常务委员会补选区五届人大代表。此次补选的10名区人大代表，共涉及李桥镇、石园街道、驻军部队等十个选区的88个投票站，其中镇街59个，驻军部队29个。

同月，顺义区政府采购领域数据填报系统上线运行。

同月，顺义区潮白河文化带建设纳入全市大运河文化带建设。

11月

1日，市委常委、副市长阴和俊到顺义区调研科技创新工作。

同日，第十四届中国国际半导体照明论坛暨2017国际第三代半导体论坛在顺义区开幕。市委常委、副市长阴和俊出席开幕式并为顺义区“北京第三代半导体创新型产业集聚区”揭牌。

同日，五届区委第二轮巡察5个巡察组进驻区水务局、区安监局、区残联、区档案局、区绿色生态产业功能区管委会和北京顺义生态旅游集团有限公司6家单位党组织开展巡察。

2日，顺义区第五届人大常委会第七次会议举行。

同日，顺义区卫生健康大会暨第二轮顺义区医疗卫生服务水平提升三年行动计划部署会召开。

3日，区政府2017年第三十六次常务会议召开。会议通报2017年10月份大气污染防治工作有关情况、顺义区近期货运车辆综合治理工作有关情况、国家土地督察北京局督导核查情况及国土卫片相关问题整改情况，审议《北京市顺义区推进“阳光餐饮”工程实施方案》《顺义区“十三五”时期产业转型升级发展规划》。

同日，顺义区推进全国文化中心建设领导小组第一次会议召开。

5日，顺义区环境保护局与中国科学院大学科教合作协议签约仪式举行。

6日，顺义区“聚焦新材料—2017智汇顺义”创新驱动大讲堂活动进行。

8日，区委书记王刚主持召开第四十七次区委常委（扩大）会议。

10日，区委全面深化改革领导小组第八次全体会议召开。

14日，由中宣部宣教局、光明日报社共同主办的“核心价值观百场讲坛”工程第六十五场活动在顺义区举办。中国共产党第十九届中央委员会候补委员、中央党校校委委员、教务部主任谢春涛，作题为《党的十九大的成果和意义》的讲座。

15日上午，市委副书记、代市长陈吉宁率市委深改第二督察组到顺义区就服务业扩大开放综合试点进行现场督察。副市长程红、市政府秘书长李伟一同督察，区委书记王刚陪同。

同日，区政府2017年第三十八次常务会议召开。会议传达《北京信息》（综合快报）第327期蔡奇书记重要批示精神。区防火委办公室部署顺义区消防安全隐患集中清查整治工作，区安委会部署顺义区安全生产专项检查工作。

18日，顺义区、朝阳区与首都机场集团在顺义区空港建设管理服务中心召开首都机场周边安全隐患联合检查座谈会。顺义区委书记王刚，朝阳区委书记吴桂英，顺义区委副书记、区长高朋，朝阳区委副书记、区长王灏，首都机场集团公司副总经理高世清等领导同志参加。

20日，市委常委、市委政法委书记张延昆带队到顺义区就安全隐患大排查大清理大整治专项工作进行督察检查。市委副秘书长、市委政法委常务副书记于长辉，市委政法委秘书长李中水，区委书记王刚，区委常委、区委政法委书记张晓峰，副区长、市公安局顺义分局局长赵为民参加。

21日下午，北京市顺义区第五届人民代表大会第三次会议开幕。

23日上午，北京市顺义区第五届人民代表大会第三次会议闭幕。大会选举出32名顺义区出席北京市第十五届人民代表大会代表。

同日，区政府2017年第三十九次常务会议召开。会议通报生态环境损害问题责任追究的典型案例、关于国土督察问题整改工作的进展情况，审议《顺义区2018年全社会固定资产投资调控思路及重点工程安排计划建议》《顺义区对口帮扶资金使用管理办法》《宣布失效的区政府文件目录》《顺义区中医药振兴发展实施方案》《北京市顺义区教师岗位支持计划》。

27日，区委书记王刚主持召开第五十二次区委常委（扩大）会议，传达学习贯彻市委召开的区委书记会议精神和市宣传工作专题会议精神，部署近期工作。

29日，顺义区召开专题会议，深入学习贯彻党的十九大精神，传达学习贯彻习近平总书记近日就旅游系统推进“厕所革命”工作取得成效作出的重要指示精神。

同日，区政府2017年第四十次常务会议召开。传达11月27日和11月28日全市区委书记会议精神、市委书记蔡奇到大兴区检查安全隐患大排查大清理大整治情况指示精神、11月25日市政府研究物流快递企业在大排查大清理大整治专项行动中的运营问题的会议精神，部署顺义区冬季大风、雨雪冰冻天气应对工作、顺义区各类幼儿园及培训机构安全隐患再排查再清理再整治专项治理行动有关工作，审议《顺义区落实〈北京城市总体规划（2016年−2035年）〉实施工作方案》。

同月，顺义区人民政府发布《顺义区“十三五”时期老龄事业发展规划》。

同月，《顺义区空气重污染应急预案（2017年修订）》印发。

同月，顺义区“梧桐工程——干部人才引进计划”启动。

同月，顺义市政控股综合服务大厅试营业，新大厅位于原大龙供热城东燃煤锅炉房，总建筑面积4046.77平方米。

同月，顺义区医院、北京儿童医院顺义妇儿医院、北京中医医院顺义医院三家医院全部实现微信服务号预约挂号、检验和检查报告查询。

同月，北京市第28届农民艺术节，“歌从田野来”北京市首届村歌大赛决赛暨颁奖典礼在马坡镇石家营村举行。顺义区的《和谐石家营》获得冠军。

同月，北京儿童医院顺义妇儿医院完成首例远程转会诊平台首例诊治，实现与三级医院网络优质医疗资源共享。

12月

5日，北京市幼儿园责任督学挂牌督导现场会在顺义区顺和花园幼儿园举行。

6日，区政府2017年第四十一次常务会议召开。传达市领导对安全隐患大排查大清理大整治工作有关指示精神，通报近期水务重点工作，审议《顺义区关于加强困境儿童和留守儿童保障工作的实施方案》。

同日，北京智能计算产业研究院在顺义区揭牌成立。

7日，区政协五届四次常委会召开。于庆丰传达党的十九大精神，通报区党建工作建设情况；张良传达十八届中纪委报告精神，通报顺义区党风廉政建设和监察体制改革工作情况。

9日，顺义区第五届人大常委会第八次会议举行。会议首先进行会前学法。听取和审议区政府关于区五届人大一次、二次会议代表建议、批评和意见办理情况的报告，表决通过区五届人大第四次会议相关事项，讨论修改常委会工作报告。会议决定2017年12月26日至28日召开北京市顺义区第五届人民代表大会第四次会议。会议还进行人事任免。

同日，西藏自治区党委常委、拉萨市委书记白玛旺堆率领拉萨市党政代表团到顺义区考察。

13日，区政府2017年第四十二次常务会议召开，传达市政府视频会议精神并部署顺义区宅基地自建房屋消防隐患整治工作，研究审议《政府工作报告（审议稿）》《顺义区2017年国民经济和社会发展计划执行情况与2018年国民经济和社会发展计划草案的报告（审议稿）》《关于〈加快全区协调发展重点推进河东地区建设议案〉办理情况报告（审议稿）》《顺义区2017年财政预算执行情况和2018年财政预算草案的报告（审议稿）》。

18日，郊区首家检查预约中心——顺义区医院检查预约中心上线运行。

19日，区政府2017年第四十三次常务会议召开，会前学习《消防安全责任制实施办法》。会议传达学习贯彻12月12日市委书记蔡奇，市委副书记、代市长陈吉宁看望慰问一线生活性服务业劳动者指示精神。

同日，区政协五届五次常委会召开。会议协商决定政协北京市顺义区第五届委员会第二次会议将于2017年12

月26日至28日召开。

20日，顺义区第五届人大财政经济委员会第四次（扩大）会议召开。会议初步审查《顺义区2017年预算执行情况和2018年预算草案的报告》《顺义区2017年国民经济和社会发展执行情况和2018年国民经济和社会发展计划草案的报告》和《2017年部门预算执行情况和2018年部门预算草案及重点支出情况的报告》等报告。

21日，由顺义区人民政府主办的创新型产业集群和“2025”示范区重点项目推介会举行。

25日，中国共产党北京市顺义区第五届委员会第五次全体会议召开。全会深入学习宣传贯彻党的十九大精神，以习近平新时代中国特色社会主义思想为指引，全面落实市委十二届三次、四次全会部署，总结2017年工作，部署2018年任务，审议顺义区落实北京城市总体规划实施方案。区委书记王刚代表区委常委会作工作报告，并作讲话。区委副书记、区长高朋作关于《顺义区落实〈北京城市总体规划（2016年–2035年）〉实施工作方案（审议稿）》的说明。

同日，区委常委会扩大会议召开，传达学习贯彻市委十二届四次全会精神。

同日，“砥砺奋进的五年”主题成就展亮相区委党校，通过22个主题展板，全面反映五年来顺义区的发展变化。

26日上午，中国人民政治协商会议北京市顺义区第五届委员会第二次会议开幕。市政协副主席唐晓青，区委书记王刚，区委副书记、区长高朋，区人大常委会主任车克欣，区政协主席周颖博等区委、区人大、区政府、区政协、天竺综保区管委会及区法院、区检察院、区总工会的领导同志出席大会。

27日上午，北京市顺义区第五届人民代表大会第四次会议开幕。顺义区人民政府区长高朋代表区政府向大会作《政府工作报告》。

27日，政协北京市顺义区第五届委员会第二次会议协商议政座谈会召开。

同日，顺义区首届博士论坛在北京城市学院顺义校区报告厅举办。

28日上午，政协北京市顺义区第五届委员会第二次会议闭幕。会议听取并审议通过《政协北京市顺义区第五届委员会第二次会议期间委员提案审查情况的报告》和《政协北京市顺义区第五届委员会第二次会议政治决议》。

同日上午，北京市顺义区第五届人民代表大会第四次会议第二次全体会议举行，听取《顺义区第五届人大常委会工作报告》《顺义区人民法院工作报告》《顺义区人民检察院工作报告》和区政府《关于加快全区协调发展，重点推进河东地区建设的议案》办理情况的报告。下午，北京市顺义区第五届人民代表大会第四次会议闭幕。会议表决通过《关于顺义区人民政府工作报告的决议》。

同日，区政协五届六次常委会召开。会议讨论通过《政协北京市顺义区第五届委员会常务委员会2018年工作要点》。

29日，位于顺义奥林匹克水上公园的北京市首个“无人驾驶”试运营基地启动。

30日，2018年顺义区新年音乐会在区影剧院举行。

同月，顺义首批（2017年5月至2017年8月）汽油车置换新能源汽车和电动汽车充电设施服务费补贴发放，共有5家充电设施公司和12位市民获得总计73.45万元补贴。

同月，顺义区2017年农村地区“煤改清洁能源”工程收官。

同月，北京首钢冷轧薄板有限公司获得区环保局颁发的由环保部统一编码的排污许可证。

同月，顺义区教育宣传中心联合《当春》编辑部、北京四中顺义分校及顺义一中附小共6人赴河北省沽源县第一小学，开展“京冀携手，让文学托举梦想”主题公益活动。

同月，河北村荣获“2017中国美丽休闲乡村”称号。

北京顺义年鉴

2018

中共顺义区委员会

11月1日，北京市市委常委、副市长等领导为“北京第三代半导体创新型产业集聚区”揭牌

1月1日，国务院副总理、国务院第三次全国农业普查领导小组组长在顺义区高丽营镇一村

“礼让顺义 文明交通”主题活动启动仪式

9月20日3时40分，潮白河复兴大桥顺利合龙

顺义区服务业扩大开放综合试点示范区板块首次独立亮相

8月3日，法情、法理、法治新马家园法治社区项目启动仪式

1月11日，区级社会组织公益服务品牌评选颁奖

7月5日，大美龙湾屯宣讲活动

4月26日，由区委宣传部、区总工会、区精神文明办、区文化委、区文联、区广电中心等单位共同举办的顺义区第三届“最美劳动者”职工文化艺术节启动仪式在区工人文化宫剧场举行

重要会议和活动

【概况】2017年，顺义区始终严格按照中央、市委部署，坚持以服务保障党的十九大胜利召开为主线，把学习宣传贯彻党的十九大精神作为长期的政治任务，引领区域经济社会发展各项工作，坚持首善标准，提高政治站位，切实抓好“两贯彻一落实”，紧紧扭住疏解非首都功能这个“牛鼻子”，全面落实北京市新版城市总规各项要求，着力推动区域发展转型升级，努力维护区域政治生态、自然生态、产业生态三个“绿水青山”。

单位名称：中共北京市顺义区委员会

（区委办）

【五届二次全体会议】1月9日，中共北京市顺义区第五届委员会第二次全体会议召开，确定顺义区推荐提名的北京市出席党的十九大代表候选人。区委书记王刚主持会议。区委副书记、区长高朋，区人大常委会主任车克欣，区政协主席周颖博，区委副书记于庆丰等出席会议，区委委员、候补委员参加会议。

（区委办）

【党风廉政建设责任制落实情况检查】1月11日，北京市党风廉政建设责任制第八检查组由市委常委、宣传部长李伟带队，到顺义区检查2016年党风廉政建设责任制落实情况。区领导王刚、高朋、车克欣、周颖博等出席。

（区委办）

【顺义区委常委会2016年度民主生活会召开】1月23日，顺义区委常委会2016年度民主生活会召开，以深入学习贯彻党的十八届六中全会精神为主题，围绕“两学一做”学习教育的要求，重点对照《关于新形势下党内政治生活的若干准则》《中国共产党党内监督条例》，联系自身思想和工作实际，剖析思想根源，开展批评和自我批评，明确整改措施和努力方向，进一步加强区委常委会班子建设，实现“团结-批评-团结”的目的。市纪委、市委巡回督导组有关同志参加会议。区委书记王刚同志，区委副书记、区长高朋同志等区委常委班子全体成员参加会议。区人大常委会主任车克欣同志，区政协主席周颖博同志列席会议。

（区委办）

【第五届纪律检查委员会第二次全体会议暨全区党风廉政建设工作会议】2月23日，中共北京市顺义区第五届纪律检查委员会第二次全体会议暨全区党风廉政建设工作会议召开。区委常委、统战部部长肖承继传达十八届中央纪委七次全会、市纪委十一届六次全会精神，区委副书记于庆丰通报顺义区2016年贯彻落实党风廉政建设责任制检查考核情况。区委书记、区长、区人大常委会主任、区政协主席签订“党风廉政建设第一责任人承诺书”，区纪委书记签订“党风廉政建设监督责任承诺书”，区委书记王刚与区委领导班子成员代表签订“党风廉政建设责任书”，区委书记王刚与二级班子“一把手”代表签订“党风廉政建设责任书”。会议审议通过《中共北京市顺义区第五届纪律检查委员会第二次全体会工作报告（审议稿）》《中共北京市顺义区纪律检查委员会关于充分发挥区纪委委员作用的意见（试行）》《中共北京市顺义区第五届纪律检查委员会第二次全体会议决议（草案）》。区领导王刚、高朋、车克欣、周颖博等出席。

（区委办）

【党建工作暨疏解整治促提升城乡环境建设动员部署大会】2月27日，顺义区2017年党建工作暨疏解整治促提升城乡环境建设动员部署大会召开，区领导王刚、高朋、车克欣、周颖博等出席，区委委员、区纪委委员，各部委办局、公司、中心、人民团体党政正职，各镇党委书记、镇长、党委委员，各街道工委书记、主任、工委委员，各村（居）党组织书记参加会议。

（区委办）

【市人大常委会副主任、市总工会主席牛有成调研】3月8日，市人大常委会副主任、市总工会主席牛有成一行到顺义区调研全域旅游工作情况。市旅游委党组书记、主任宋宇，歌华传媒集团有限责任公司党委书记、董事长刘志远，区领导王刚、高朋等参加。

（区委办）

【区委全面深化改革领导小组第七次全体（扩大）会议】3月30日，区委全面深化改革领导小组第七次全体（扩大）会议召开，区领导王刚、高朋、车克欣、周颖博等出席。会议听取改革办2016年工作的汇报、《2017年全面深化改革实施计划（审议稿）》的起草说明、关于国资国企改革工作的汇报、关于服务业扩大开放综合试点示范区建设工作的汇报、《顺义区医药分开综合改革实施方案》的起草说明。

（区委办）

【监察委员会成立大会召开】4月7日，顺义区监察委员会成立大会召开。市纪委常委、市监委会委员杨小兵出席，区领导王刚、高朋、车克欣、周颖博等参加。

（区委办）

【“智慧顺义”建设工作部署会召开】5月2日，顺义区“智慧顺义”建设工作部署会召开，区委副书记、区长高朋主持。会议部署“智慧顺义”建设工作，区领导王刚、高朋、车克欣、周颖博等出席。

（区委办）

【中国共产党北京市顺义区代表会议召开】5月8日，顺义区中国共产党北京市顺义区代表会议召开。会议选举出席北京市第十二次党代表大会代表，审议通过《中共北京市顺义区委党建工作领导小组2017年工作要点》和党建工作相关办法，审议通过区党代表会议决议。区领导王刚、高朋、车克欣、周颖博出席，全体党代表参加。

（区委办）

【派驻纪检监察机构成立大会召开】5月18日，顺义区派驻纪检监察机构成立大会召开,区委副书记于庆丰主持。区委书记王刚，区委副书记于庆丰，区委常委、纪委书记张良，区委常委、宣传部部长贺亚兰出席。区纪委区监委班子成员、区纪委委员，各部委办局、公司、中心、人民团体党政正职、专职纪（工）委书记、纪检组组长，各镇党委书记、纪委书记，各街道工委书记、纪工委书记参加。

（区委办）

【市委常委、市纪委书记调研】5月25日，市委常委、市纪委书记张硕辅一行到顺义调研疏解整治促提升专项行动进展情况，区委书记王刚，区委副书记、区长高朋，区委常委、纪委书记张良出席。

（区委办）

【市委常委、宣传部部长调研】5月30日，市委常委、宣传部部长杜飞进一行到顺义区调研文化建设有关情况。区委书记王刚，区委副书记、区长高朋，区委常委、宣传部部长贺亚兰出席。

（区委办）

【全国妇联副主席、书记处书记调研】6月7日，全国妇联副主席、书记处书记谭琳到顺义区调研妇女建设有关情况。区委书记王刚，区委副书记、区长高朋出席。

（区委办）

【市委常委、政法委书记检查指导市第十二次党代会精神】6月27日，市委政法委书记张延昆到顺义检查指导市第十二次党代会精神，区领导王刚、高朋、车克欣、周颖博等出席。

（区委办）

【市委常委、统战部部长调研】 8月4日，市委常委、统战部部长齐静一行到顺义区调研河长制工作，区委书记王刚，区委副书记、区长高朋出席。

（区委办）

【中共北京市顺义区第五届委员会第四次全体会议】 8月21日，中共北京市顺义区第五届委员会第四次全体会议召开。会议上审议并表决《中国共产党北京市顺义区委员会工作规则（草案）》《中共北京市顺义区第五届委员会第四次全体会议决议（草案）》。区委书记王刚，区委副书记、区长高朋，区人大常委会主任车克欣，区政协主席周颖博，区委副书记于庆丰等出席会议，区人大常委会各委室主任，区政协各室主任，天竺综合保税区管委会各处室、中心负责人，各部委办局、公司、中心、人民团体党政正职，各镇党委书记、镇长、人大主席，各街道工委书记、办事处主任，全体区党代表参加。

（区委办）

【市委常委、政法委书记检查指导市第十二次党代会精神】9月7日，市委常委、政法委书记张延昆再次到顺义区调研联系点及十九大安保工作，区委书记王刚，区委副书记于庆丰出席。

（区委办）

【市委常委、统战部部长督查党的十九大维稳安保工作】9月26日，市委常委、统战部部长齐静到顺义区督查党的十九大维稳安保工作，区委书记王刚出席。

（区委办）

【市人大常委会副主任、市总工会主席调研】10月12日，市人大常委会副主任、市总工会主席牛有成到顺义区调研工会改革，强化服务职工群众有关工作。区委副书记于庆丰出席。

（区委办）

【区委书记通报党的十九大盛况】10月26日，区委书记王刚通报党的十九大盛况。全体区领导出席，区市党代表，全体区党代表，部分镇党代表，区纪委委员，民主党派、工商联和无党派人士参加。

（区委办）

【市委常委、政法委书记宣讲并指导党的十九大精神学习贯彻情况】10月27日，市委常委、政法委书记张延昆到顺义区宣讲并指导党的十九大精神学习贯彻情况，区领导王刚、高朋、车克欣、周颖博等出席。

（区委办）

【全面深化改革领导小组第八次全体会议召开】11月10日，顺义区全面深化改革领导小组第八次全体会议召开。会议审议通过《关于调整中共北京市顺义区委全面深化改革领导小组专项小组设置的方案》《中共北京市顺义区委全面深化改革领导小组工作规则》《关于进一步加强人大代表密切联系人民群众工作的指导性意见（试行）》，听取监察体制改革和纪律检查体制改革进展情况、五类指定查验场点申报建设工作进展情况的汇报。区领导王刚、高朋、车克欣、周颖博等出席。

（区委办）

【领导干部警示教育大会召开】11月20日，顺义区领导干部警示教育大会召开。区领导王刚、高朋、车克欣、周颖博等出席，区人大常委会各委室主任，区政协秘书长、各室主任，天竺综合保税区管委会各处室、中心负责人，各部委办局、公司、中心、人民团体班子成员，各镇、街道班子成员，村、社区党组织负责人参加。

（区委办）

【第二届专家咨询委员会换届大会暨顺义区科技创新中心建设主题研讨交流会】12月19日，顺义区第二届专家咨询委员会换届大会暨顺义区科技创新中心建设主题研讨交流会召开。区领导王刚、高朋、车克欣、周颖博等出席。

（区委办）

【中共北京市顺义区第五届委员会第五次全体会议召开】12月25日，顺义区召开中共第五届委员会第五次全体会议。会议上，区委书记王刚代表区委常委会作工作报告，区委副书记于庆丰通报区委五届四次全会党代表提案办理情况和区委五届五次全会党代表提议受理情况，审议表决《顺义区落实<北京城市总体规划（2016年-2035年）>实施工作方案(审议稿)》《中共北京市顺义区第五届委员会第五次全体会议决议（草案）》。区委书记王刚，区委副书记、区长高朋，区人大常委会主任车克欣，区政协主席周颖博，区委副书记于庆丰等出席会议，区委委员、候补委员，区纪委委员，区人大常委会各委室主任，区政协各室主任，天竺综合保税区管委会各处室、中心负责人，各部委办局、公司、中心、人民团体党政正职，各镇党委书记、镇长、人大主席，各街道工委书记、办事处主任，全体区党代表参加。

（区委办）

组织工作

【概况】2017年组织工作坚持以习近平新时代中国特色社会主义思想为指导，深入贯彻全国、全市组织部长会议，市十二次党代会，及区委五届四次、五次全会精神，切实增强政治意识、大局意识、核心意识、看齐意识，紧紧围绕融入京津冀协同发展、服务首都城市战略定位、支撑城市副中心建设、推动区域经济社会转型升级等中心任务，以迎接党的十九大胜利召开和学习贯彻党的十九大精神为主线，坚持稳中求进工作总基调，落实全面从严治党新要求，干部工作突出抓担当，基层党建工作突出抓落实，人才工作突出抓创新，高标准落实好组织工作各项任务，为建设“港城融合的国际航空中心核心区、创新引领的区域经济提升发展先行区、城乡协调的首都和谐宜居示范区”提供坚强组织保证。

单位名称：顺义区委组织部

（区委组织部）

【着力构建“大党建”工作格局】发挥党建工作领导小组办公室职能作用，组织召开29次党建工作领导小组会、专题会，出台《区委党建工作责任追究办法》等11个制度文件，形成党建工作闭环机制。建立党建绩效考核指标体系，完成136家单位的考评工作，“抓好党建是最大政绩”的理念深入人心。

（区委组织部）

【党员干部思想教育】采取“大交流”学习形式，举办学习贯彻十九大精神专题研讨班，轮训1200余名处级干部。推进“两学一做”学习教育常态化制度化，将“两贯彻一落实”列入主体班次必学内容，70余名局处级领导走上讲台，围绕“大党建”和“意识形态”等主题授课，受益干部达4000余人次。

（区委组织部）

【干部队伍建设】聚焦改革任务，调整干部17批588人次，干部队伍结构持续优化。实施“梧桐工程—干部人才引进计划”，引进专业型干部人才277名。从严加强干部管理监督，完成248名超配干部的消化工作和355名领导干部的兼职清理规范。组织处级干部集中报告个人有关事项，抽查核实789人，认定为隐瞒不报10人、漏报情节较重3人、诫勉11人。

（区委组织部）

【基层党组织建设】在1441个党支部开展党支部规范化建设试点工作，构建“一规一表一册一网”支撑载体。召开公有制经济组织党建工作会，区属企业党建入章程修订工作完成。建立全市首个国企党校，完成燕京啤酒集团换届工作。天竺综保区非公党建集中提升专项工作启动，派驻专项工作组，组织覆盖率提升至88.4%。强化党建引领保障，凝练出“党的组织前置、党的资源下沉、党员队伍先行、党的制度保障”四步法，形成“临河速度”“幸福模式”等典型案例。开展党员“立身为旗”活动，党员先锋模范作用更加突出。

（区委组织部）

【党代表工作】新建30个党代表工作室，开展驻室活动1608人次。市十二次党代会代表选举及党的十九大代表推选工作完成，全票选出市第十五届人民代表大会代表32名。

（区委组织部）

【强化人才体制机制改革创新】实施“梧桐工程”，开展首批临空经济高端人才认定工作。成立外国人出入境服务大厅，助力海外高层次人才聚集。与河北威县、怀来、沽源，天津宝坻等地区建立联系、加强合作。开展顺义首届“博士论坛”。推进人才公租房建设配租工作，解决641名人才住房难的问题。

（区委组织部）

【从严从实加强组织部门自身建设】从严抓教育培训，定制“卡耐基”演讲口才训练、轮流跟班北京大学研修班，组织开展主题党日活动，引导组工干部参与换届考察、民主生活会督导等重点工作。加大“顺义组工”微信等媒体宣传力度，组织部门模范形象进一步树牢。

（区委组织部）

宣传工作

【概况】2017年，全区宣传思想文化工作在市委宣传部的正确指导下，在区委区政府的坚强领导下，以党的十八大、十八届历次全会精神，尤其是党的十九大精神以及习近平新时代中国特色社会主义思想为指导，坚持围绕中心、服务大局，突出迎接、宣传、学习、贯彻党的十九大这一主线，实现思想理论建设稳中求进，意识形态工作有序推进，主流宣传舆论不断巩固壮大，社会面宣传教育持续广泛深化，社会主义核心价值观得到有力弘扬，文化事业和文化产业蒸蒸日上，宣传思想文化队伍力量更加强劲，为建设“港城融合的国际航空中心核心区、创新引领的区域经济提升发展先行区、城乡协调的首都和谐宜居示范区”营造良好氛围，为北京建设国际一流的和谐宜居之都贡献顺义力量。

单位名称：顺义区委宣传部

（宣传部）

【迎接宣传贯彻党的十九大工作】研究制定《顺义区迎接、学习、贯彻党的十九大宣传工作方案》，明确十九大召开之前、期间及之后的各项任务。在全市率先启动环境布置，在重点点位、重点单位和重点区域布置迎接十九大相关内容。组织策划新闻报道，充分发挥两台一报、一网、北京顺义官方微博和顺广传媒官方微信公众号的作用，引导北青顺义社区报等具有影响力的微信公众平台资源发挥合力，集中开辟“学习宣传贯彻十九大”专栏。部署十九大精神宣讲工作，区委书记王刚出席启动会并作动员讲话，通过建立领导干部宣讲、宣讲团宣讲和百姓宣讲三级宣讲架构，做到全方位立体式有针对性宣讲，把十九大提出的重大思想观点、判断举措讲清楚、讲明白。对接上级部门，靠前承接中央、市级宣讲活动。主动承办中宣部主办的社会主义核心价值观“百场讲坛”活动，让这一标杆性活动在十九大之后在顺义实现首场落地。主动联系市委党校，以宣讲和演出结合的方式联合主办“新时代·新征程——党的十九大精神主题宣传日”活动。主动承接“北京市学习贯彻党的十九大精神宣讲团”宣讲活动。制定《顺义区学习宣传贯彻党的十九大精神宣讲活动工作方案》，组建“顺义区学习宣传贯彻党的十九大精神宣讲团”，由区委统一部署，动员组织区内部分具有较高政策理论水平的党员领导干部以及政治可靠、理论水平较高的专家深入宣讲十九大精神。协调指导各工委和相关单位成立11个区级宣讲分团，形成分级分层分类宣讲格局，推动宣讲活动深入开展，共组织百姓宣讲60余场，各类宣讲团宣讲450余场。

（宣传部）

【理论武装工作】制定2017年区委理论学习中心组学习计划，全年共组织区委理论学习中心组（扩大）学习21次。在选题上，把习近平新时代中国特色社会主义思想作为理论武装的主线和核心，不断提升学习的理论高度，精选授课人员，邀请知名专家、学者如中国工程院院士邬贺铨、中央党校原副校长李君如等进行授课。在内容上，聚焦顺义区“智慧城市建设”等中心工作组织专题学习研讨，邀请商务部研究院产业国际化战略研究所所长崔卫杰做“服务业扩大开放”专题辅导，增强学习的针对性。在形式上，在专家讲座、集体研讨的基础上进一步创新手段、丰富平台。围绕总书记关于弘扬中华优秀传统文化的讲话精神，组织参观首都博物馆；邀请“两弹一星”宣讲团走进中心组。定期向区领导干部发放学习材料，包括《习近平谈治国理政（第二卷）》《大国战略》等50余种书目，服务领导干部理论学习。建立学习通报制度、巡听旁听制度和学习督查考核制度，指导全区二级班子党委（党组）落实理论学习中心组学习规则，明确领导责任、学习内容、学习形式和落实制度，解决谁来抓、学什么、怎么学和如何管的问题。

（宣传部）

【区内新闻媒体集聚资源优势】组织指导报纸、电台、电视台等传统媒体和微博、微信等新兴媒体围绕区委区政府中心工作主动发声，围绕“砥砺奋进的五年”“党的十九大”等主题，策划系列新闻报道。针对疏解整治促提升、煤改清洁能源、大气污染防治、棚改、拆违等重点工作，指导新闻记者深入一线挖掘故事，推出有分量的报道。深入推进顺义区政府门户网站《在线访谈》栏目内容，结合全区重点热点问题，邀请相关单位负责同志做客顺义网城直播间，制作在线访谈节目10期，在顺义网城上制作“图解政策”48期，对政策、报告进行解读。潜心打造《顺义时讯》评论员文章栏目，利用评论员文章为区委区政府发声。9月21日刊发的《转换发展动能开辟顺义发展新境界》获得蔡奇书记重要批示：“顺义时讯评论员文章有分量”，引起市级相关部门及兄弟区的关注，迅速提升《顺义时讯》传播力和影响力。对《顺义时讯》改版扩版，组织协调区委区政府研究室、区委组织部、区纪委区监委、区委党校、区发改委、北京城市学院等部门和单位，成立评论员文章写作领导小组，建立《关于建立顺义区评论员文章写作领导小组的实施方案》，从培训、选题、写作等多个方面建立评论员文章写作的长效机制，推动“评论员文章”打造成为金字招牌。对电视新闻的时政、专题新闻等进行丰富，对编辑记者队伍进行培训，对全区各单位54个公众号进行统一管理。

（宣传部）

【最优化集成区外媒体力量】联系中央党校、中国社科院等单位专家学者和新闻媒体研讨顺义党建品牌主题宣传工作，挖掘党建思路、举措和成效，做好典型宣传。协调经济日报，围绕顺义区实体经济发展成果，在市委第十二届二次全会期间，连续刊发《咬定青山不放松》《栽下梧桐树 引得凤凰来》《迎难而上谱新篇》3篇深度报道。对接光明日报，承办十九大闭幕后首场“核心价值观百场讲坛”顺义专场活动，《人民日报》、新华社、中央电视台、《北京日报》、北京电视台等多家主流新闻媒体刊发报道。与各大主流媒体建立良好沟通，刊发《实现伟大复兴的行动指南（十九大时光）专栏》《立身为旗 党员心中“一抹红”》《顺义临河村棚改，党员亮承诺，村民心敞亮，16天100%签约——“不管我摇到多少号，村民都可以跟我换”》《为首都守护一方绿色净土—北京市疏解整治促提升的“顺义天竺模式”》《奋力走好新征程 同心共筑中国梦》《党建“六步法”创造顺义棚改示范工程》《打造暖身又暖心的民生工程》等多篇深度报道。

（宣传部）

【社会宣传工作】社会宣传阵地管理强化体制机制创新。在十九大社会环境布置工作中，做到走在先、布得好。8月19日组织召开“喜迎十九大”政治环境文明提升部署会，在全市率先启动迎接十九大环境布置工作。制定《“喜迎十九大·共建文明城”环境布置提升专项行动工作方案》，统筹利用高杆广告、建筑围挡、社区电子屏、农村文化墙等阵地布置环境。及时、快速、彻底清理包含有孙政才的照片、视频等影像资料，区委向市委办公厅呈报《顺义区提升政治文化环境 坚决与孙政才划清界限 肃清其恶劣影响》一文。研究制定《顺义区社会宣传环境布置实施意见》，建立社会宣传联席会议制度，抓统筹，强机制，重规划，强管理，出标准，严把关，努力做到分年度、分地域、分层级、分主体，按照重大、一般、日常三级标准组织实施，推动社会宣传环境布置工作按照区委要求尽早落细落小落实。

（宣传部）

【全国文化中心建设】在推进全国文化中心建设方面。抓住北京市开展“一核一城三带两区”契机，对接市委宣传部，助推顺义区纳入“三带”中的大运河文化带建设。组建以区委书记为组长的顺义区推进全国文化中心建设领导小组，建立大运河文化带建设、文化内涵挖掘、文化建设、产业发展4个工作组，制定印发《关于成立顺义区推进全国文化中心建设领导小组的通知》《顺义区推进全国文化中心建设领导小组及办公室工作规则》。推动潮白河森林公园建设、潮白河部分通航、国家文化对外贸易基地建设、中国（文化租赁）文化产业内容生产运营产业园区建设4个项目列入全市推进全国文化中心建设相关专项工作组重点任务清单。推动俄罗斯大马戏团演出集群、国际音乐小镇等重点产业项目尽快落地实施。制定出台《顺义区文化创意产业融资服务资金管理实施细则》，对文创企业开展债权、股权融资服务，帮助企业做大做强。同时，倡导各镇街注重特色发展，错位发展，利用自身优势，在特色小镇、美丽乡村建设中，促进文创产业发展，为打造顺义高精尖产业生态贡献力量。

（宣传部）

【对外文化交流】代表区委区政府筹办“携手绘锦绣 同心著华章”顺义·西峡文化交流合作优秀成果展，为西峡县16个贫困村送文化下乡，促进双方合作交流。认真落实对台交流工作，组织区内文化干部和民间非遗舞龙舞狮艺术团体赴台展演，把顺义民间艺术文化带到台湾，促进两岸文化交流。在文化惠民方面。引进高雅艺术入区演出，提升顺义群众文化品味。邀请北京交响乐团、中央杂技艺术团等著名艺术团体开展多次弘扬主旋律的音乐会和文艺演出，为市民提供家门口的高品质音乐盛宴。

（宣传部）

【第五届惠民文化消费季活动】设置“惠民文化演出季”“惠民文化电影节”“惠民文化休闲旅游”“惠民文化娱乐消费”以及“惠民阅读季”5大板块，形式和内容多元多样，全区共有2家影剧院、5个旅游景点及10家重点文化创意企业参与活动，现场活动参与人数超165万人次，参与文化惠民消费近50万人次，文化产品消费总额超2000万元。

（宣传部）

【文化节活动与文创推广】举办第26届北京国际燕京啤酒文化节、首届北京·顺义张镇灶王文化节等深受市民喜爱的文化活动，传承并创新“文化顺义”名片。组织参展第十二届北京文博会，以“创意顺义·北京对外文化贸易先行区”为主题，重点对顺义区对外文化贸易方面的文创企业及产品进行宣传推介，提升顺义区对外文化贸易先行区知名度和影响力。

（宣传部）

【基层公共文化设施】指导文化委按照北京市“1+3”公共文化政策文件精神，持续推进基层公共文化设施全覆盖工作。强化监督管理，解决基层公共文化服务设施运营不规范、服务水平不高的问题，努力满足基层群众文化需求。启动文化馆图书馆总分馆制改革试点工作，探索建设24小时自助图书馆，培养、引导市民多读书、读好书，努力营造顺义区书香文化氛围。

（宣传部）

【群众性文化活动】组织动员各级各类单位开展文化活动。重点围绕迎接十九大召开、中国人民解放军建军90周年、全民抗战爆发80周年、冬奥会等大事要事，组织开展首都市民合唱周、“喜迎十九大”书法美术作品大赛和主题展览等一系列“十九大”专题文化活动，提升市民文化获得感。同时，大力扶持打造原创文艺作品，以“北京榜样”年度人物周红为原型创作大型主题评剧

《潮白人家》，推荐列为北京市重点扶持剧目，逐步提升顺义区文艺创作水准。

（宣传部）

【**意识形态工作**】牢固树立党管意识形态理念，严格落实意识形态责任制和网络意识形态责任制，将意识形态工作纳入全区大党建中统筹谋划。认真与中央、市委相关文件要求对标对表，指导督促二级班子“一把手”履行好意识形态工作“第一责任人”职责，强化研究会商、情况通报、风险防控和处置引导、阵地管理、教育培训、专题督查、检查考核、干部考核评价八项制度的落实，不断强化新闻媒体、社会环境、互联网、文化市场、讲座论坛、广播影视等意识形态阵地管理，确保意识形态领域安全。加大负面舆情处置力度，建立舆情通报机制，发现舆情及时通报属地部门负责同志，推动问题解决，基本做到第一时间发现舆情、第一时间上报舆情、第一时间处置舆情。通过第一时间发声，刊发有针对性的报道引导舆论，全年化解负面信息100余条，舆情处置取得良好效果。尤其是大兴11.18火灾事故、红黄蓝幼儿园事件后以及排查清理整治安全隐患专项行动过程中，北京市舆情热点升温。面对全市形势，迅速落实市级会议精神和区委要求，及时组织召开全区舆情热点问题应对处置工作会，从讲政治讲大局的高度，从应对社会风险的高度，从进行网上斗争的高度，从维护国家政治安全的高度，着力加强网络舆情应对工作，确保区域社会安全稳定。

（宣传部）

精神文明建设

【**概况**】2017年，顺义区以培育和践行社会主义核心价值观为根本任务，在贯穿融入上下功夫，在创新载体上做文章，在建强机制上求突破，全面推进市民素质教育、文明创建工作、公共文明引导、“学雷锋”志愿服务和未成年人思想教育等多项工作，精神文明建设工作成效显著。

单位名称：顺义区精神文明建设委员会办公室

（文明办）

【**社会主义核心价值观建设**】将培育和践行社会主义核心价值观作为群众性精神文明创建活动的根本任务，继续在贯穿结合融入上下功夫，在落细落小落实上下功夫。秉承“走进市民身边、融入市民生活”的设计理念，在汉石桥湿地公园建成本区第四座社会主义核心价值观主题公园；结合新行政中心建设，在公共空间加强社会主义核心价值观内容环境布置；主动承办中宣部主办的社会主义核心价值观“百场讲坛”活动。

（文明办）

【**党的十九大精神环境布置**】结合市委宣传部部署党的十九大宣传工作，研究制定《顺义区宣传环境提升专项行动》方案，面向全区开展清理破损宣传阵地，集中宣传党的十九大精神、习近平新时代中国特色社会主义思想等。全年更新（换）党的十九大精神内容的硬质条幅2417条，宣传栏（板）2947面，高杆广告45个，新增施工围挡宣传画11万平米、农村文化墙3.5万平方米。

（文明办）

【**“疏解整治促提升·文明城市我先行”活动**】以“疏解整治促提升·文明城市我先行”为主题，坚持问题导向，制定“1+9”系列文件，面向全区干部群众特别是党员深入开展“九大行动”、发出“六项倡议”，通过营造浓厚社会氛围、强化党员示范作用、动员群众广泛参与、深化五大文明创建等工作，助力全区“疏解整治促提升”专项行动。

（文明办）

【**典型选树建设**】持续推进典型选树工作与喜迎十九大、疏解整治等中心工作深度融合，有力推动以典型选树活动为抓手的市民思想道德建设。围绕“疏解整治促提升”专项行动，面向全区集中征集一批疏解整治工作中涌现出的突出先进人物事迹，共计80余人，分批次向“中国好人”和“北京榜样”评选活动进行推荐。

（文明办）

【**道德模范**】组织顺义区第六届道德模范录制“疏解整治促提升”公益广告，利用道德模范的影响力和号召力带动全区广大党员群众，共同参与到文明城区的创建热潮中。组织全区道德模范收听收看党的十九大开幕会盛况，召开顺义区道德模范学习交流党的十九大报告精神座谈会，让道德模范成为学习、宣传十九大精神的倡导者、引领者。

（文明办）

【**北京榜样**】在顺义公园、卧龙公园、仁和公园、怡园设立4块大型举荐榜，每月张榜宣传好人事迹，先后推出60余名具有敬业奉献、诚实守信、自强不息、助人为乐等优秀品格的典型人物。王铁军、石嫣、李兵、郭维健、于淑琴、李振清6人获得“2017北京榜样”周榜以上荣誉称号。

（文明办）

【**身边好人**】通过首都文明办推荐58名“身边好人”候选人至中央文明办，其中王铁军、于淑琴、马付仁3人荣登“中国好人榜”。

（文明办）

【**文明城区创建**】4月15日，区委常委会审议通过《顺义区创建全国文明城区提名城区工作方案》，明确提出创建全国文明城区的战略目标。区文明办首都文明示范区复查工作部署会召开，按照2017年度首都文明示范区复查测评体系的标准和要求，分解指标任务、层层传导压力，组织全区100余个职能部门准备迎检材料、布置创建环境，突出解决重点难点问题，对照标准查漏补缺，为取得复查优异成绩，进而获得全国文明城区提名资格打下基础。

（文明办）

【首都精神文明先进单位】顺义区2015—2017年度首都文明镇11个，首都文明村82个，首都文明单位标兵18个，首都文明单位53个，首都文明风景旅游区3个，首都文明社区30个，首都文明家庭5个，首都文明校园9个。

（文明办）

【军警民共建】举办“纪念建军90周年军民书画精品展”、八一文艺汇演和军（警）民共建篮球赛等系列活动。组织官兵参观焦庄户地道战遗址纪念馆，走进牛栏山酒厂、科创集团等知名企业和旺泉街道宏城花园等社区参观。联合区司法局开展“法律援助助军行”主题维权服务活动。

（文明办）

【公共文明引导】将文明引导融入顺义城市治理，努力解决环境、秩序、服务等领域的突出问题，全面启动“文明街巷文明商户”创建活动和“市民认领爱心斑马线”活动，营造了和谐顺畅的交通环境和干净整洁的户外环境。

（文明办）

【未成年人思想道德建设】紧抓“清明节”“儿童节”“七一”党的生日、“国庆节”等重要时间点，组织未成年人开展“我的中国梦”主题实践活动，在全市开展的“最美少年在身边——学习和争做美德少年”活动中，顺义区3名同学获评首都“最美少年”荣誉称号；全年共评选出三星级以上社区文明小使者千余名，总数位居全市前列。利用文明校园创建的有力契机，继续巩固乡村学校少年宫经验建设成果，在全市2017年度乡村学校少年宫项目启动活动上，高丽营第二小学代表顺义区乡村学校少年宫建设校进行唯一典型发言，顺义区第八中学、张镇中心小学正式挂牌全国乡村学校少年宫，至此，顺义区挂牌全国乡村学校少年宫总数达到8所。

（文明办）

统战工作

【概况】顺义区委统战部以贯彻落实《中国共产党统一战线工作条例（试行）》和中央、市委统战工作会议精神为引领，在市委统战部的指导和区委的领导下，紧密结合“两学一做”专题教育的开展，全面拓展统一战线优势作用，为全区融入京津冀一体化协调发展和深入实施“十三五”规划做出积极贡献。

单位名称：顺义区委统战部

（区委统战部）

【区委常委、区委统战部部长调研】5月11日上午，区委常委、区委统战部部长肖承继到区工商联和区商会调研，与领导班子成员就补齐民营经济短板、优化发展环境、构建新型政商关系、民营企业家有序政治参与、统一战线凝心聚力“十三五”、加强工商联自身建设和商会发展等问题深入交流。

（区委统战部）

【学习贯彻落实市党代会精神动员部署会】7月3日下午，顺义区统战系统学习贯彻落实市第十二次党代会精神动员部署会召开，传达市党代会精神，部署下一阶段工作。顺义区各民主党派（总）支部负责人、区工商联和区商会领导班子成员、统战口内单位负责人及区委统战部机关干部参加会议。

（区委统战部）

【顺义区统一战线代表人士收看十九大开幕式】10月18日上午，顺义区委统战部组织民主党派支部负责人、区工商联（商会）班子成员、新的社会阶层代表人士、党外代表人士以及统战部、台办、工商联机关干部近40人，集中观看中国共产党第十九次全国代表大会开幕会，聆听习近平总书记的报告。

（区委统战部）

【学习宣传贯彻党的十九大精神培训班开班】12月3日，顺义区统一战线学习宣传贯彻党的十九大精神培训班在区委党校开班。区委常委、区委统战部部长肖承继及全区各民主党派、工商联等100多名学员参加培训。

（区委统战部）

政策研究工作

【概况】2017年，在区委、区政府的正确领导下，区委区政府研究室（区委改革办）深入学习贯彻党的十九大精神，以习近平新时代中国特色社会主义思想为指引，认真学习习近平总书记系列讲话精神，特别是两次视察北京重要讲话精神，牢牢把握“以文辅政”“改革协调”职能定位，深度聚焦“文稿写作、调查研究、专家咨询、深化改革”四大主业，为促进区委、区政府科学决策，助推全区经济社会发展提供重要支撑，发挥积极作用。

单位名称：顺义区委区政府研究室

（区委区政府研究室）

【文稿起草】一是撰写全会报告。研究室围绕中心工作，发挥职能优势，在认真学习中央、市委重要会议精神和政策理论的基础上，全程参与并完成顺义区五届四次全会和五届五次全会相关文字材料的筹备工作。二是在宣传推广阵地上主动作为。在《顺义时讯》上发表《守规矩 铸忠诚 强担当》系列评论员文章4篇；在《北京调研》发表调研报告9篇，在《北京农村经济》发表调研报告8篇，在《工作研究》发表调研报告7篇。同时，科委第一期软科学研究项目结题，共形成调研文章5篇，分别在《顺义调研》第18期与第25期上发表。在《关于特色小镇创建工作的汇报提纲》里提出顺义区特色小镇创建工作意见，建议申报的龙湾屯镇获评北京市5个新特色小镇之一。在顺义网城、《顺广传媒》等新媒体上加强对智库建设等各项工作宣传力度。

（区委区政府研究室）

【前瞻性课题研究】牵头负责两项区级重点课题。就基层党组织政治功能发挥的课题，初步形成《关于加强基层党组织政治功能的实践与思考》。服务业扩大开放课题第一阶段课题研究完成，相关研究成果《顺义建设北京市服务业扩大开放综合试点示范区发展思路调研报告》在《北京调研》总第328期“局级领导论坛”栏目、《顺义调研决策参考》和《顺义调研》等平台进行刊发。启动《顺义区建设北京市服务业扩大开放综合试点试验区的路径研究》第二阶段工作，梳理出顺义示范区建设亟需解决的近20个问题。梳理完成美丽乡村政策汇编，形成考察报告并上报区领导，有效助推顺义区美丽乡村建设工作。《关于独角兽企业的研究》获批科委第二批软课题项目。牵头开展关于顺义区学前教育的课题研究工作，在各相关部门配合下形成《关于顺义区学前教育的调研与思考》，推动区学前教育均衡化优质化发展。

（区委区政府研究室）

【调研管理】通过广泛征求区级领导和全区各单位的课题意向，共征集涉及经济、政治、文化、社会、生态等方面、领域课题138个，从中确定30个重点课题、50个关注课题，为实施课题分类管理奠定基础。全年共完成课题67个，在《顺义调研》上发表文章32篇。共编发《顺义调研》10期(含《决策参考》3期），发表全区各类有价值的调研100篇。统筹区领导“百项”问题调研工作，征集、梳理各类调研问题共计208项，区级领导从清单汇总表中选取（或自行点题）拟调研项目共计78项。

（区委区政府研究室）

【合作交流平台搭建】建立健全与商务部等研究机构的合作机制，提高调研质量、探索推动调研成果转化。及时掌握市委、市政府领导的新精神新指示，报送顺义区研究成果，推进调研成果在更高层级的刊物上转化。年内，20篇调研报告在《工作研究》《北京调研》《京郊调研》等市级刊物上发表。协助上海闵行区政研室到顺义区调研，建立多渠道、立体化交流机制。

（区委区政府研究室）

【区委全面深化改革工作进一步完善】贯彻中央、市委全面深化改革精神，调整深改组组成人员、专项小组和工作规则。结合改革工作的现实需要，对区委全面深化改革领导小组组成人员进行调整，全部由区委常委担任。结合实际，经过保留、整合、扩充新增后，将原有的12个改革专项小组调整至11个。同时，修改《中共北京市顺义区委全面深化改革领导小组工作规则》，进一步明确机构设置，丰富完善会议制度。

（区委区政府研究室）

【区委全面深化改革领导小组第七次和第八次全体会议】第七次会议审议通过《2017年全面深化改革实施计划》《顺义区医药分开综合改革实施方案》和《2017年改革工作要点折子工程》，确定29项年度重点改革任务。第八次全体会议审议通过《关于调整中共北京市顺义区委全面深化改革领导小组专项小组设置的方案》《中共北京市顺义区委全面深化改革领导小组工作规则》《关于进一步加强人大代表密切联系人民群众工作的指导性意见（试行）》等文件。

（区委区政府研究室）

【“智慧顺义”优化升级工作启动】 围绕惠及民生、科学管理、产业升级、创新运营四个核心目标，以化解首都大城市病为切入点，着力解决交通拥堵、环境污染、社会治安及相隔疏远等社会焦点问题，编制完成《顺义区新型智慧城市建设暨智慧顺义优化顶层设计实施方案》，并启动编制《“智慧顺义”数据生态中心实施方案》，重点实施绘制“一张图”、建设“一张网”、打造”一片云”、集成“一张卡”，建设两个保障体系和推进八个方面工作的“4128工程”。

（区委区政府研究室）

【重点改革任务督察】根据《顺义区全面深化改革督察督办工作办法（试行）》文件要求，区委全面深化改革领导小组制定《2017年顺义区全面深化改革督察工作计划》，确定跨境电子商务产业综合示范区园建设、智慧顺义建设整体推进情况等十项重点改革任务，通过督察调研，各项改革任务均进展顺利，取得阶段性成效。

（区委区政府研究室）

【改革推进机制持续完善】健全联络协调、信息报送、督促检查、宣传报道等相关工作机制。加强与市委改革办沟通联络，及时传达最新改革精神，按时上报改革工作总结、月报等文件。加强与各改革专项小组的联系，及时掌握各项改革任务最新进展，强化工作指导和督促落实，确保各项改革任务推进。持续加大改革工作宣传力度，与广电中心合作拍摄宣传片《砥砺奋进的五年：在改革中前进—顺义区全面深化改革纪实》。

（区委区政府研究室）

【深入推进智库建设】一是不断完善智库建设。根据《北京市顺义区专家咨询委员会工作办法》，开展专家咨询委员会换届工作。进一步完善《工作办法》，为进一步发挥智库作用提供制度保障。邀请专家参加新春团拜会，增进专家对顺义感情。在顺义人才、顺广传媒等主流媒体上连续推出15期专家为顺义区发展贡献智慧力量的宣传报道，扩大专家咨询委员会的影响力。二是参与全区经济社会转型升级。专家利用自身社会影响、专业知识、行业地位等优势，助推全区各项事业发展。此外，专家参与整合型医疗卫生服务体系模式探索与研究，评估区域中医医联体改革效果，推动区域医疗卫生事业发展。三是为顺义区发展提供重要决策咨询。借助专家的智库力量，围绕本区中心工作和实际发展需要开展专家咨询，为区领导科学决策提供重要智力支持。

（区委区政府研究室）

【建设“大党建”闭环机制】一是认真开展党建绩效考评工作。作为27家成员单位之一，深刻理解本区构建“大党建”格局的现实意义，把思想和行动统一到区委的决策部署上来，按照可量化的原则，准确派发3项考核指标；作为被考核单位，认真分析接收的考核指标，并对接受的39条指标合理研提意见。最终在全区136家被考评单位中排名13。二是精心构建党建创新案例库。制定《顺义区党建创新案例库建设办法》并以区委文件下发，成立区党建创新案例库工作小组，涵盖区委党建工作领导小组成员单位、各镇（街）和区党建指标考核覆盖的其他单位，形成区委党建工作领导小组统筹指导、区委区政府研究室牵头抓总、各单位齐抓共管的工作格局。构建“五个一”工作机制，党建创新案例库工作小组成员单位需明确一名分管领导、一个主管科室、一名联系人员、一份案例制定年度计划，研究室建立一本工作台账。2017年共收到党建创新案例库工作小组成员单位和全区处级单位上报案例284个，根据案例的真实性、结构性、创新性、实效性、典型性科学制定评审标准，委托第三方专家团队进行评审，从中选取96个案例作为优秀案例编辑成册，并按照机关党建、两新组织、社区党建、镇域党建进行分类，对案例进行进一步修改完善。

（区委区政府研究室）

机构编制工作

【概况】2017年，在区委、区政府的领导下，在市编办的指导下，区编办结合顺义区实际，围绕中心、服务大局，以全面深化改革为主线，聚焦转变政府职能核心，统筹推进“放管服”改革、街道机构改革等各项改革任务落实，加强和创新机构编制管理，较好地完成全年的工作任务。

单位名称：顺义区机构编制委员会办公室

（区编办）

【坚持疏解非首都功能工作导向，提高城市管理水平】一是推动城市管理体制改革。研究拟订《关于调整顺义区城市管理体制推进执法重心下移的工作实施方案》并组织实施。整合城市管理领域职能，组建区城市管理委；成立区城市管理指挥中心，强化网格体系建设；将街道（镇）城管执法体制调整为以街道办事处（镇政府）双重管理，下移城管执法重心。二是完善环境保护工作体系。落实中央环保体制改革精神，加大土壤、水污染防治力度；加强环保监察执法力量，将环保监察执法队调整为行政执法机构；强化环保督查督办及环境监测能力；明确镇街环境保护工作机构和专职人员。三是健全交通管理机构设置。加强路政、交通、治超等执法治理力度，成立大孙各庄综合检查站、南法信治超站、轨道交通管理所；整合客、货、危化品运输、轨道交通运输的电子终端信息，建立集中统一的信息平台和指挥系统；成立交通运输安全应急事务中心，提升安全应急突发事件的快速处理能力。四是落实街道管理体制改革。按照街道机构改革方案，拟定各街道机构“三定”规定，调整党政内设机构和事业单位设置，合理配备人员编制。五是规范区级流动人口和出租房屋管理机构。成立区流管办，统筹推进流动人口服务管理工作。将流管中心更名为平安建设服务中心，加强维稳工作力量，提升社会治安综合治理水平。

（区编办）

【围绕重点领域和关键环节，加强机构编制服务保障】一是落实纪检监察体制改革试点精神，推进国家监察体制改革，拟定区纪委、区监察委内设机构和人员编制设置方案；完成区纪委、区监察委派驻机构设置和人员编制划转，实现区级直属机关派驻监督的全覆盖；组建区委巡察办和巡察组，加强区委对基层党组织和党员干部的监督。二是调整涉农管理机构设置。组建副处级新农村建设服务中心，强化新农村建设统筹；结合疏解和限制发展产业规划，将水产中心并入区动物卫生监督局，不再保留承担养殖生产经营服务职责的机构。三是建立区级人力资源市场公共服务体系。整合区人才服务中心、区职业介绍服务中心，组建区人力资源公共服务中心，明确主要职责、内设机构和人员编制设置，完善公共就业服务体系，提高人力资源公共服务效能。四是理顺区级政务服务管理体系。组建区政务服务管理办公室，研究拟订“三定”规定，理顺与区投资服务中心关系，加强区内政务服务体系建设的顶层设计；明确各镇街牵头政务服务管理的行政机构，负责组织实施本镇街政务服务管理工作。

（区编办）

【持续推进事业单位分类改革，提高公益服务水平】一是结合事业单位分类改革精神，推动经济效益较好的生产经营类事业单位转企改制，撤销自来水公司、市政工程管理处等从事生产经营活动的事业单位，核减收回事业编制。二是提高教育卫生公益服务水平。在教育领域，为进一步满足区内适龄儿童入学需求，成立空港第二小学、双丰第一幼儿园；在卫生领域，为满足区内居民的口腔疾病防治需求，成立顺义区口腔医院，为对接市口腔医院医疗资源做好机构保障。

（区编办）

【简政放权，推进行政审批制度改革工作】一是落实中央和北京市决定取消、下放行政审批事项。按照国务院第三批取消中央指定地方实施行政许可事项和国务院取消一批行政许可事项的通知精神，对应取消事项5项，涉及4家单位。事项取消后不再以任何方式进行审批，并制定事中事后监管措施，同时，面向社会公开、接受社会监督。二是权力清单实行动态管理机制。对《权力清单》进行两次动态调整，共调整事项31项，其中，取消24项、增加6项、内部调整1项，并面向社会公开，接受社会监督。三是清理规范基层证明。按照市政府督查室的工作要求，于4月5日下午，走访五里仓第二社区、建新南区二社区、建新北区一社区、建新北区二社区4家居委会，对取消调整的129项基层证明落实情况进行核查暗访。四是清理规范中介服务事项。对《顺义区行政审批中介服务事项清单》进行调整，由原来的13项调整为12项。五是组织区政府各有关部门完成对本区权力清单的“瘦身”工作，行政职权事项由1340项减至953项，精简387项（本次“瘦身”不涉及行政处罚事项）。于12月11日，以区政府审改办名义印发《关于公布<顺义区政府部门权力清单（2017统一版）>的通知》，面向社会公开发布。

（区编办）

【深入推进“放管服”改革】一是梳理区级公共服务事项清单。组织协调全区33家单位梳理区级公共服务事项，并在北京市行政审批和公共服务事项目录管理系统中进行填报、确认，共866项。二是推进行政审批基本信息共享。研究制定《关于推进本区实行市政审批中公民、企事业单位和社会组织基本信息共享的通知》，进一步提升政务服务水平。三是以迎接国务院“放管服”改革专项督查为契机，将各项工作落到实处。组织48家相关单位的人事干部，召开迎接国务院“放管服”改革专项督查专题座谈研讨会，通报本区落实改革政策措施的自查情况，并将专项督查任务逐项分解到具体工作部门，明确各单位人事部门为“放管服”改革工作的主责部门。四是研究制定《顺义区进一步深化简政放权放管结合优化服务改革重点任务分工方案》，围绕健全清单管理制度、推进税费改革、推进审批提速、创新投资项目管理、创新监管方式、推进信息共享、优化政务服务等七方面明确33项具体任务。

（区编办）

【机构编制的监督检查工作】1.建立审批联动机制。推进本区建立机构编制审批与问题整改联动机制。一是建立双台账制度；二是建立对账销号制度；三是建立受理、检查、审批联动制度；四是建立机构编制管理形势定期分析制度；五是建立多方联合监督制度。2.编外人员专项督查。一是组织各镇对编外人员的清理情况和规范管理情况进行全面自查；二是对19个镇编外人员清理规范情况进行实地检查，重点检查编外人员清理、“实名制”管理、规范招录程序、规范薪酬待遇、建立管理考核制度等情况。3.加强对机构编制的监督检查。与区委组织部、区人力社保局组成联合检查小组，对区属二级班子“一把手”选人用人情况进行离任检查，区编办重点检查相关单位是否存在超编进人、超职数配备领导干部、私自设立机构等情况，进一步加大对机构编制执行情况的监督检查力度。

（区编办）

【统一社会信用代码制度建设】贯彻落实国务院《关于批转发展改革委等部门法人和其他组织统一社会信用代码制度建设总体方案的通知》（国发〔2015〕33号）精神，理顺代码管理体制机制，为全区党政机关、编办直接管理机构编制的群众团体和事业单位赋予稳定且唯一的统一社会信用代码。在登记赋码过程中，严格履行登记程序，进一步规范办理流程，提高服务质量。

（区编办）

【事业单位法人治理结构建设】以行政体制改革为契机，合理配置机构编制资源，依据中央编办《事业单位、社会团体及企业等组织利用国有资产举办事业单位设立登记办法（试行）》（中央编办发〔2015〕132号）文件精神，推动区民政局社会福利事务管理中心举办的第一社会福利院、儿童福利院登记设立为事业单位法人。同时，指导两家事业单位建立健全法人治理机构，建立组织架构，明确职责定位，制定完善章程。

（区编办）

【事业单位“双随机，一公开”】为加强对事业单位的事中事后监管，规范事业单位法人公示信息抽查工作，推进事业单位“双随机、一公开”工作。严格落实《事业单位法人公示信息抽查办法（试行）》。完成588家事业单位法人2016年度报告公示工作，并对11家单位公示信息进行抽查。通过听取报告、查阅资料、实地座谈及填写调查问卷方式，对事业单位实际开展工作情况与年度报告公示内容进行核实比对，要求存在问题的事业单位限期整改，同时抽查结果在区编办网站上进行公示。

（区编办）

【网上名称管理工作】推进本区网上名称管理工作。开展中文域名、网站标识“两个全覆盖”，即党政机关、事业单位开办网站均需注册中文域名，并且加挂网站标识。开展两次党政机关、事业单位网站专项督查工作。对全区党政机关、事业单位网站标识情况进行梳理，对网站中文域名过期、英文域名缺失、未规范挂标等情况进行督查整改。

（区编办）

【区编办机关网站建立】区编办建立机关门户网站，同时制定《区编办机关网站管理办法》，方便宣传机构编制部门的方针政策、法律、法规和规定，发布相关公共信息，推动网上办公，整合信息资源。

（区编办）

【行政事业单位年度补充人员计划】完成2017年行政（参公）事业单位公开招聘人员入编手续638人（行政143人、事业495人），同时，根据各单位工作需要、编制空额、人员结构、领导干部配备以及人员退休等情况，结合本区财政供养规模现状，制定完成2018年度本区行政（参公单位）补充人员计划。

（区编办）

【落实“三方联审制度”】依托“实名制”管理信息平台，进一步加强与区人力社保局、区财政局的沟通与联系，审核区直行政、事业单位工资发放人员，每月审核17535人次，从制度上预防“吃空饷”等违规行为。

（区编办）

【机构编制统计】按照北京市编办《关于做好2017年度北京市机构编制实名制数据统计工作的通知》（京编办发〔2017〕36号）文件精神，提托“北京市实名制数据库”，完成2017年度机构编制数据年统工作。

（区编办）

【相关单位服务保障】配合区委组织部、区人力社保局安置2017年度军转干部41人（其中团级14人，营级以下27人），配合区民政局安置退役士兵5人，完成区人才公寓入住人员、政务服务中心入驻单位编制等审核工作。

（区编办）

【日常调配工作】严格执行《北京市顺义区公开招聘工作人员实施细则》（顺政发〔2011〕23号），强化日常人员管理与调配，办理新增人员、调整人员等入编手续1511人次。

（区编办）

保密工作

【概况】2017年，顺义区保密工作以习近平新时代中国特色社会主义思想为指导，维护国家整体安全观，紧紧围绕区域中心工作，坚持党管保密、加强依法治密、加大创新力度、做好综合防范等新理念新举措，强化保密领导责任制落实，大力开展保密法制宣传教育，加大监督检查力度，提升全区整体保密干部队伍建设，推动重点工作落实，全面提升保密工作科学化水平，推进保密工作再上新台阶。

单位名称：顺义区保密局

（保密局）

【涉密载体销毁】3月，区保密局组织全区各单位对涉密载体进行集中送销工作，此次销毁涉及单位26家，销毁纸质载体12000公斤，同时销毁硬盘、打印机硒鼓、光盘、计算机等电磁载体，按照市局要求，集中送至国家销毁中心统一销毁。全年共计销毁4次，有效控制涉密载体的安全性。

（王海旺）

【高考、中考保密保障】5月–6月，区保密局制定中、高考考前保密保障工作方案和应急预案。对考试中心保密室，全区高考考点和中考考点保密室软硬件环境进行检查，提出保密要求；高考、中考期间分别现场检查考试中心保密室人员值守情况，并通过考试中心监控系统检查各个考点保密人员值守情况，加强保密监督管理力度，保障考试工作完成。

（王海旺）

【保密专项检查】7月，区保密局召开全区各单位保密工作大会，部署自查自评专项工作，由区保密局、区委督查室、区委保密委员会成员单位，抽调16名保密干部组成四个督查组，每组由一名区委保密委委员带队，对全区各机关单位开展保密检查。共检查单位85家、检查联网计算机1228台、人工排查文件273800份，现场指导各单位开展保密自查。

（王海旺）

【全区涉密人员管理】年内，加强全区保密干部队伍建设，对保密干部配备提出明确要求，强化保密干部岗前保密审查和保密承诺，明确保密干部职责。加强岗前培训，全年26家单位更换保密干部，区保密局全部进行岗前培训，为基层单位开展保密工作奠定基础。加强借用、聘用人员管理，要求全区各单位对借用、聘用人员进行保密教育，落实保密管理责任，进一步提升全区涉密人员整体综合能力。

（王海旺）

【保密法制宣传活动】6月20日，区保密局副局长梁春山围绕“明确职责，牢记使命，扎实做好新形势下保密工作”为党员干部讲党课。并对当前保密工作面临的新形势与实际案例相结合，进行案例分析，使党员干部了解当前保密工作面临的严峻性和重要性；全年，区保密局开展保密讲座共9次，受众718余人次。

（王海旺）

【新行政中心搬迁工作服务保障】9月，区保密局搬迁保密工作部署会召开，对全区搬迁的22家单位提出保密工作要求，并现场对22家单位纸质载体、电磁载体进行检查；搬迁过程中，区保密局责成专人在搬迁现场指挥部进行现场检查与指导，完成22家单位迁入新行政中心的保密服务保障工作。

（王海旺）

【加强网络保密管理】根据全市保密工作要求，区保密局开展网站、网络检查和隐患排查，全年共检查互联网门户网站91个、政务微博36个、微信公众号77个、互联网办公系统46个、政务邮箱177个。

（王海旺）

【“十九大”期间保密服务保障】10月,区保密局召开“十九大”保障工作部署会，要求全区各机关单位要提高政治站位，充分认识做好“十九大”期间保密工作的极端重要性，把保密认识提升到“两贯彻一落实”的政治高度，切实加强领导，落实保密责任，严肃保密纪律。组织开展保密检查，对各单位门户网站进行随机抽查，对重点部门、重点领域开展保密检查，对涉密人员和服务保障人员进行检查指导，提高涉密人员防范意识，完成“十九大”期间保密服务保障工作。

（王海旺）

【保密工作纳入党建考核内容】年内，区保密局制定全区保密工作考核指标和工作任务，将保密工作分为优、良、中、差四个层次，共七大项保密工作指标全面纳入顺义区党建工作绩效考核评价体系，完善保密工作考核评价体系，将保密工作纳入“平安顺义”综治考核内容，确保中央、市委决策部署扎实推进。

（王海旺）

【梳理保密局行政职权】年内，区保密局按照《保密法》及《保密法实施条例》相关法规梳理保密行政管理部门的职责、行政审批事项及依据、行政处罚事项及依据。对照《顺义区政府部门权力清单2017统一版》完善行政审批程序和规范，明确资质申请材料目录和标准，公示审批时限，严格依法行政、依法管理，不断改进工作作风，优化办事环境，提高办事效率，推进依法行政，提高管理对象满意度。

（王海旺）

区直属机关工委工作

【概况】区直属机关工委是区委的派出机构。主要职责是领导所属机关党的工作，保证党的路线、方针、政策及区委的指示、决定和部署在区直机关的贯彻落实。负责制定所属机关党的基层组织建设规划，领导基层党组织搞好思想建设、组织建设、作风建设。负责宣传党的路线、方针、政策，对党员干部进行形势、任务教育及社会主义精神文明教育。负责所属机关党员干部理论学习与培训，做好所属机关干部队伍建设工作。负责所属基层党组织的建立、换届、任免等组织工作。领导所属机关纪检监察工作。组织机关干部开展文化、体育活动，丰富机关的文化生活。完成区委、区政府交办的其他工作。2017年，在区委的正确领导下，区直属机关工委在全区大党建工作绩效考评中排名第27位。

单位名称：顺义区委区直属机关工作委员会

（区直机关工委）

【提高站位，强化责任】采取多种形式抓思想、抓学习，加强党对意识形态工作的领导。把学习好、宣传好、贯彻好党的十九大和十九届一中、二中全会精神作为重要的政治任务，强化机关党组织的示范引领作用，全年各机关党组织共开展十九大报告专题学习396次，领导干部向党员干部授课152次。统一为系统内5870名党员购买下发十九大报告、新《党章》，为367个党支部下发《习近平谈治国理政（第二卷）》《中国共产党章程修订对比》等学习材料。

（区直机关工委）

【求真务实，稳步推进】以党务工作者为主体，加强业务培训，组织近400名党组织书记开展“党的十九大”精神培训班。全年召开研讨会28次、业务培训82次。开展星级服务型党组织评选活动，对教委、农委等八个系统48家星级服务型党组织和3家晋升星级服务型党组织进行检查评比，推进各领域基层党支部规范化建设。做好党员管理、服务、发展工作，落实党内激励关怀帮扶机制。全年发展党员103名，预备党员转正106名，帮助4名困难党员申请帮扶基金。依托“一助一”精准帮扶，深化“两学一做”学习教育，体现党员先进性。丰富机关文化生活，组建12人的先进事迹宣讲队，走进21家基层单位，近六千名党员群众受教育。以“五月的鲜花”“十月金秋”“走前头、作表率”百姓宣讲、参观警示教育基地等活动为契机，强化党员在文化建设中自我表现、自我教育、自我服务的意识。组织行政大楼23家单位开展固定日升国旗主题党日活动，增强爱国主义和集体主义教育。

（区直机关工委）

【健全制度，精准施策】建立领导干部“包片”负责制，履行好机关党建工作职能。系统76家单位划分7个片区，工委7名处级干部每人带一组，每组包一片，全面督促、指导、检查各机关党组织贯彻落实党的路线方针政策情况，区委的决议、决定和重要工作部署完成情况等，全年共组织4轮督导。组织76家基层党组织践行机关岗位文明公约和开展“党员先锋岗”、党员“立身为旗”等活动，选树优秀党员339人，组建11个党员志愿服务队参与“爱心斑马线”活动，做好文明交通宣传和文明引导，推动城市精细化管理水平的有效提升。深入推进党支部规范化建设，在367个机关党支部中推广使用《党支部工作手册》，挖掘创新案例，强化规范引领。完成基层党建述职评议考核工作，全系统76家单位396名党组织书记采取现场述职和书面述职相结合方式，在2个月内实现述职“全覆盖”，落实“大党建”要求的各项工作任务全面展开，真正将述职评议考核工作落实到位。

（区直机关工委）

【坚定信念，从严治党】工委设立反腐倡廉建设领导小组，明确工作职责，加强反腐败工作的日常管理，践行监督执纪“四种形态”，严查严治群众身边腐败问题。抓“关键少数”，抓“突出隐患”，将问题消灭在萌芽状态。落实党风廉政建设的党委主体责任和纪委监督责任，常务副书记与分管副职、分管副职与主管科室负责人层层签订党风廉政建设承诺书，层层压实责任。依托每周机关学习平台，传达学习新颁布的党纪法规和习近平总书记“7.26”重要讲话精神等，集中教育培训30余次。深化为官不为、为官乱为专项治理，制定工作方案，会议专门部署，把整改治理工作与完善体制机制相结合，加强督导检查，确保件件有结果，事事有回音。

（区直机关工委）

社会工作

【概况】2017年，顺义区委社会工委、区社会办深入学习宣传贯彻党的十九大精神，以习近平新时代中国特色社会主义思想为指引，落实市、区相关部署，各项工作都取得较好的进展。老旧小区治理梯次推进，街道管理体制改革加快落实，示范点建设有序开展，社工队伍不断加强，社区治理精细化水平稳步提升。进一步规范网格化体系建设，继续打造智慧社区，扩大指标体系试点范围，社会建设信息化迈出新步伐。完善“枢纽型”社会组织业务规范，加大社区社会组织培育发展，创新政府购买和专业社会工作，广泛开展“公益行”，社会组织服务管理能力不断增强。完善制度规定，加大经费投入，整合党建活动阵地，搭建信息系统，扩大指导员的选聘规模，社会领域党建基础不断夯实。印刷出版社会建设蓝皮书，制作社会建设宣传片，社会领域宣传效果不断提升。

单位名称：顺义区委社会工作委员会

顺义区社会建设工作办公室

（社工委）

【“枢纽型”社会组织工作会】1月11日，顺义区2017年“枢纽型”社会组织工作会召开。对全区“枢纽型”社会组织工作进行总结和部署，印发《顺义区“枢纽型”社会组织业务工作规范》，继续投入210万元购买枢纽型社会组织“管理服务”及“管理岗位”，通报第三届市、区社会组织公益服务品牌评比等情况。顺义区通过政策引领、资金支持、表彰先进等一系列措施，进一步强化“枢纽型”社会组织服务管理，不断加强“枢纽型”社会组织体系建设。

（王娣）

【非公企业和社会组织党建工作座谈会】1月9日至12日，顺义区委社会工委组织45家非公有制经济组织和社会组织党建联席会议成员单位、5个商务楼宇、11家社会工作事务所召开非公企业和社会组织党建工作座谈会。会上，进一步核对党建工作台账，了解尚未建立党组织的非公企业和社会组织的“五个清”情况，并就工作中的成功经验、存在问题以及意见建议进行交流。

（朱广娜）

【顺义区公益行系列活动】3月16日，“顺义区公益行”主题系列活动启动。共征集公益活动155项，其中：全年性活动37项、特色活动118项、重点跟踪活动33项，内容涉及扶老助残、便民利民、法律援助、特殊群体帮扶等多个领域。全年累计开展系列活动1500余次，提供各类服务2000余场次，覆盖全区19个镇、6个街道各个社区，服务人群近万余人次。同时，还以项目为带动，充分发挥各类社会组织在参与社会治理中的优势作用，不断打造具有本区特色的公益服务项目及品牌。在北京市举办的第三届“北京社会公益汇”活动，顺义区荣获“北京社会组织公益行”优秀组织奖荣誉称号。

（李晶）

【社会服务管理创新指标体系工作部署会】3月17日，区社会建设工作领导小组办公室召开2017年度社会服务管理创新指标体系工作部署会。区社会办对指标体系2016年指标完成情况及存在问题进行总结，对2017年指标征集工作进行部署，并对指标信息系统操作进行说明。会议强调，2017年各单位要围绕核心任务、单位职责、群众需求等选取5－10个核心指标，确保指标体系试点工作成效。部分单位就本单位试点区社会服务管理创新指标体系建设提出意见和建议。

（肖东妍）

【老旧小区治理一期工程全面复工】3月23日，区社会办组织召开“顺义区老旧小区治理一期工程”复工部署会议。从3月中旬开始，“顺义区老旧小区治理一期工程”各小区相继复工，5月中旬全面竣工。

（薛沣）

【网格化体系建设推进会召开】4月20日，区政府副区长郑晓博组织区社会办等单位赴天竺镇政府实地查看天竺镇城镇运营指挥中心，随后，区社会办组织各镇（街道）行政正职和相关委办局主管副职召开工作会，会议总结全区网格化体系建设进展情况，部署下一阶段工作任务，同时，就天竺镇、高丽营镇、旺泉街道等试点在网格化建设的作用发挥、微网格建设和联动处置等方面的工作经验进行学习交流。会议围绕“怎么看”“怎么想”“怎么做”就推进顺义区网格化体系建设提出三点要求：一是要充分认识到网格化体系建设的重要性。二是要克服“等”“靠”思想，加大推进力度。三是要充分发挥网格化体系建设的应有作用。

（董昆）

【（助理）社会工作师考前培训班开班】5月10日，为期18天的（助理）社会工作师考前培训班正式开班。全区共有926名报考国家社会工作者职业水平考试的人员参加培训，为顺义区国家社会工作者职业水平考试历年报考人数的最高峰。

（高莹）

【网格化体系建设专题培训】5月17日，顺义区网格化体系建设专题培训举办。市委社会工委委员、市社会办副主任王丽竹围绕“全市网格化体系建设的创新与实践”主题，分析全市网格化体系建设的工作背景与发展历程，总结全市网格化体系建设的工作方法、成效与经验，提出全市网格化体系建设的工作任务和“十三五”时期工作目标。全区各镇、街道、经济功能区以及相关委、办、局、中心主管副职共100余人参加培训。

（樊廷卉）

【市区两级社会建设资金购买社会组织服务项目实施部署会】6月1日，顺义区组织召开2017年度使用市、区两级社会建设资金购买社会组织服务项目实施部署会。会上，对21个市、区两级项目进行资金批复,涉及金额188万元。制定下发《关于2017年度使用北京市社会建设资金购买社会组织服务项目的实施方案》（顺社领办发［2017］5号）《关于2017年度使用顺义区社会建设资金购买社会组织服务项目的实施方案》（顺社领办发［2017］6号）等政策文件，加强对项目实施规范性引导。首次采用第三方监管模式，对项目实施进行全程监管和指导，确保资金发挥应有效能。

（王秀海）

【社会工作者继续教育培训班】6月5日，顺义区首次社会工作者继续教育培训班在顺义区社会组织发展服务中心开班，全区150余名社会工作者参加。此次继续教育一是突出公益性，全部学员免费参加教育培训；二是突出便利惠民性，解决长期以来顺义区社会工作者到区外培训路程较远的问题；三是突出教学权威性，本次培训与北京社会工作者协会联合举办，所有继续教育的内容和学时都经过权威认证，确保培训的实际效果。

（高莹）

【老旧小区治理二期（电力工程）完成立项批复】6月8日，顺义区老旧小区治理二期（电力工程）完成立项批复。项目涉及石园、胜利、光明、旺泉4个街道的19个小区，改造内容分为楼体内和楼体外两部分。项目涉及有效解决线路、设备老化导致的跳闸、停电等问题，同时消除因电路故障造成火灾等安全隐患，受益居民约6.7万人。

（薛沣）

【“两新”组织党建指导员专题培训】7月4日－5日，顺义区委社会工委举办“两新”组织党建指导员专题培训班，为2017年度全区133名“两新”组织党建指导员、各镇街及功能区有关工作人员进行专题培训。本次培训通过专题授课、经验交流等方式，讲解十八大以来党建思想、“两新”组织党建工作的发展形势与主要任务、党务工作基本方法与制度等方面的知识。

（周二兰）

【网格化工作督导员招聘】11月，按照《关于加强网格化工作督导员队伍建设的工作方案》，制定《顺义区网格化工作督导员聘用管理办法》，由区委社会工委、区社会办委托第三方专业机构招聘28名网格化工作督导员，统一派遣至各街道、镇，负责市、区网格化体系建设各项任务的推动实施工作以及网格员履职情况的考核评价工作。

（董昆）

【市级社区重点任务完成】2017年，区委社会工委完成6个社区规范化建设示范点、7个老旧小区自我服务管理试点、6个“一刻钟社区服务圈”、6个社区之家示范点、14

个农村社会服务管理创新等市级社区重点任务示范点（试点）创建工作。

（薛沣）

【《顺义区社会建设蓝皮书》印刷出版】年内，《顺义社会建设蓝皮书》之《北京市顺义区社会建设发展报告》由社会科学文献出版社印刷出版。该书系统总结2016年顺义区社会治理成果，旨在促进区社会建设工作领导小组各成员单位间的交流，进一步推动加强和创新社会治理进程，不断开创顺义区社会治理新格局。

（赵亚楠）

【北京市基层社会组织工作交流座谈会】11月21日，北京市基层社会组织工作交流座谈会在顺义区召开，市委社会工委、市社会办及各区县社会工委领导一行近40人参加。会上，顺义区介绍"枢纽型"社会组织建设的经验，与会人员一行深入"枢纽型"社会组织及旺泉街道社区社会组织服务（孵化）中心进行实地考察了解。本区"枢纽型"社会组织建设的做法及成效作为典型案例，在北京社会建设信息专刊上全文刊发。

（王娣）

老干部工作

【概况】2017年，顺义区老干部工作作为全区组织工作和干部工作的重要组成部分，始终坚持围绕中心、服务大局、改革创新、争创一流的工作理念，按照全市老干部工作总体要求，认真贯彻落实党的十九大、市第十二次党代会精神，全力抓好《关于进一步加强和改进离退休干部工作的意见》（中办发〔2016〕3号）和《关于进一步加强和改进离退休干部工作的实施意见》(京办发〔2017〕2号)的贯彻落实，深入推进离退休干部工作转型发展。

单位名称：顺义区委员会老干部局

（贾楠）

【老干部工作成果】5月，荣获北京市老干部局"喜迎十九大　健康伴我行"北京市老干部门球赛优秀组织奖；7月，荣获北京市文联"纪念建军90周年"第十五届舞蹈大赛优秀组织奖；9月，在北京市老干部局全市老干部工作者学习贯彻北京市《关于进一步加强和改进离退休干部工作的实施意见》网络答题中获优秀组织奖；11月，区老干部大学被评为"北京市民终身学习示范基地"；11月，荣获北京市离退休干部台球赛优秀组织奖；顺义区委老干部局业务科获评顺义区"巾帼文明岗；荣获2017年顺义区交通安全先进单位。

（贾楠）

【纳入全区"大党建"格局】把离退休干部党组织建设纳入全区党的建设总体布局，按照党的建设工作领导小组要求，针对落实情况通报制度、在职领导联系离退休干部制度、困难帮扶制度、组织引导离退休干部发挥作用、将离退休干部党组织关系转入居住地社区五个方面，对全区97家单位发布《老干部工作党建任务分解书》。同时，按照《顺义区离退休干部工作领导责任制》要求，从离退休干部工作重视程度、离退休干部思想政治建设工作、离退休干部党组织建设、引导离退休干部发挥作用情况、退休干部各项生活待遇落实情况、老干部宣传工作六个方面对区属74家单位进行《责任制》检查考核，对各单位在落实《责任制》中存在的问题给予督促指导，不断提升离退休干部工作科学化水平。

（贾楠）

【离退休干部政治建设、思想建设、党组织建设】一是突出政治引领。在扎实做好"三会一课"等常规性动作的同时，紧紧围绕学习贯彻十九大、市十二次党代会、京办发〔2017〕2号文、区委五届四次全会等精神，组织国内外形势专题讲座、上级精神通报会和时政要点解读会等18场集体学习。为全区近2000名离退休干部发放《习近平关于社会主义经济建设论述摘编》《全面从严治党面对面》、党徽和印有顺义区功能定位的文件袋。十九大闭幕后，第一时间为各社区离退休干部党支部发放习近平同志在中国共产党第十九次全国代表大会上所作的报告《决胜全面建成小康社会夺取新时代中国特色社会主义伟大胜利》单行本、《党的十九大报告学习辅导百问》和《中国共产党章程》等学习辅导读物。二是强化思想建设。为庆祝建党96周年，组织全区离退休干部党支部书记、老干部活动中心各协会、老干部大学临时党支部书记到红色教育基地开展"不忘初心　继续前行"主题党日活动；通过座谈、征文、演讲、书法展等形式，组织开展"传扬好家风""感言十九大"等主题教育活动。三是规范党组织建设。进一步规范离退休干部党支部班子按期换届制度，2017年底前，城区四个街道离退休干部党支部换届工作按期完成。

（贾楠）

【"大服务"意识牢固树立】一是志愿服务试点工作不断完善。深化"4个300工程"，向离退休干部提供志愿服务，着力提升离退休干部的生命生活质量。加强离退休干部健康管理和提供便捷医疗服务，制定《顺义区进一步做好离退休干部健康管理工作实施方案》，以医联体为载体，按照分级诊疗及属地管理原则进行转诊同时建立与市级医院的转诊绿色通道。二是加强经费投入，提高离退休干部生活待遇。将离休干部特需经费由每人每年1000元提高至1500元。按照市局要求，为居住在顺义区的300名离休干部划拨“四就近”经费140800元，为离休干部就近学习、就近活动、就近得到关心照顾、就近发挥作用提供经费保障。全年共为225名无房离休干部发放差额住房补贴1600万元。新增离退休干部福利费、公务费每人每年510元，全年共计102万元。企业和经费自理事业单位离休干部采暖补贴和物业服务补贴全部落实到位；自2017年1月份起，发放离退休干部党组织书记、副书记（委员）工作补贴，全年共投入54万元；提高对离退休干部党组织活动的党费划拨比例，离退休干部党组织收缴的党费按100%的比例下发，作为支部开展活动的费用。进一步完善《建立特殊困难离退休干部帮扶机制的意见》。全年对9名困难离退休干部进行帮扶，帮扶资金13.3万元。三是加强队伍建设，通过有计划地组织老干部工作者参加专题讲座、时政学习、精神解读等多次学习培训，引导和帮助老干部工作者培养科学思维，树牢“四个意识”，熟悉中心工作，精通政策业务。

（贾楠）

【“大阵地”建设】一是先后组织老干部艺术团、老干部书画协会在“春节”“七一”“八一”等节日期间赴社区、农村、企业开展慰问活动，举办“迎三八”“喜迎十九大”“传承好家风”“全市台球比赛”等活动。二是借助老干部党校和老干部大学理论教学优势，不断强化老干部活动中心党组织建设和思想政治建设，推进老干部活动中心向文体活动展示平台、工作骨干培训基地、文化养老展示中心转型发展。上半年完成北京市学习型示范教育基地创建工作，年底老干部大学被评为“北京市民终身学习示范基地”；老年大学“网上报名系统”投入使用；老干部网络大学试运行。

（贾楠）

【“大宣传”理念强化舆论环境】一是老党员先锋队品牌建设工作深化。围绕引领正能量作用发挥，结合全区“疏解整治促提升”“安全隐患大排查”等工作大局，在社区搭建载体，充分调动老党员先锋队独特优势作用，凝聚起打造“城乡协调的首都和谐宜居示范区”的强大合力。抓住老党员特点和队伍服务特色，不断打造精品特色队伍，助推“顺义老党员”品牌建设。李宝祥、王耀清、姚庆波等老同志受聘国企党建指导员，深入企业各基层支部讲党课，助力国企党建水平进一步提升。老干部宣讲团毛玉华、马长旺、张久香等宣讲员开展十九大精神宣讲。　二是离退休干部信息宣传工作全力提速。充分利用市、区各媒体广泛宣传模范老党员先锋队的主要做法和优秀老党员的典型事迹，全区离退休干部党组织和党员队伍中学习先锋、崇尚先锋、争当先锋的良好社会氛围初步形成。全年市级媒体共发表信息90余篇，发表刊登调研文章3篇，播放专题片1部；区内媒体刊发新闻40余篇。“顺义老干部”微信公众账号加入北京市老干部微信公众账号矩阵后，推送发布信息100余条，阅读总量万余次，订阅人数总量400人左右，目前已实现每天推送一组新闻。区委老干部局网站全年发布信息100余条。

（贾楠）

【共建国有企业基层党建工作】5月24日，顺义区委老干部局与顺义科技创新集团有限公司党委联合举办企业党建工作指导员先锋队牵手企业党支部书记“畅谈党建新思路，共谋发展新动力”主题活动。活动中，公司党委副书记赵满田向李宝祥、王继红、姚庆波3名老同志代表颁发企业党建工作指导员聘书。区属国有企业聘请离退休干部担任党建工作指导员，旨在发挥离退休干部党建工作经验丰富优势，共建国有企业基层党建工作，为提升企业党组织建设整体水平，增强党组织凝聚力、战斗力帮智出力。

（贾楠）

【组织参观狼牙山爱国主义教育基地】6月19日、20日，顺义区委老干部局组织社区离退休干部党支部书记、老干部协会临时党支部书记和老干部大学临时党小组组长共计120余人分两批参观狼牙山爱国主义教育基地，开展主题党日活动，缅怀革命先辈的英雄事迹。

（贾楠）

【离退休干部迎“七一”书画作品展开幕】由顺义区委老干部局、顺义区文学艺术界联合会主办，区老干部书画协会承办的“逐梦前行”顺义区离退休干部迎“七一”书画作品展在区委老干部局举办。此次活动是区委老干部局开展的“不忘初心　继续前进”系列活动之一，旨在弘扬传统文化，纪念中国共产党成立96周年，迎接党的十九大胜利召开，展示顺义区离退休干部积极向上的精神风貌和艺术风采，推动本区书画艺术的繁荣发展。

（贾楠）

【中央组织部老干部局督查组调研督查老干部工作】7月26日，中央组织部老干部局副局长赵庆带领中组部老干部局督查组成员来到顺义区，实地督查落实中办发（2016）3号文件暨《关于进一步加强和改进离退休干部工作的意见》情况和离退休干部党建工作情况。赵庆一行观看老干部局《为党和人民事业增添正能量—老干部工作纪实宣传片》，听取区委组织部副部长、老干部局局长赵庆江汇报顺义区离退休干部党工委建设情况，详细了解本区离退休干部党建工作具体情况。

（贾楠）

【与北汽集团越野车事业部签署战略协议】7月28日上午，顺义区委老干部局与北汽集团事业部在北汽研发基地联合举办“党建牵手，发展共谋”主题党日活动，并就党建共建达成战略合作协议。活动旨在发挥离退休干部党建工作经验丰富优势，助力国企将党建工作有效融入企业的改革发展，通过“党建促进研发”，真正发挥党建引领作用，促进企业转型和发展。

（贾楠）

【顺义区老干部大学举行2017年开学典礼】9月4日，顺义区老干部大学召开2017年开学典礼，全体分校负责人、老干部大学先进班集体和优秀学员、2017级新学员等400多人共同参加。2017年顺义区老干部大学招生工作采取网上报名的形式，与9所分校同步实施。总计招收新学员680人，新开设29个教学班。顺义区老干部大学总计设置23个专业，建立87个教学班，学员总数已达2600人。

（贾楠）

【《时政大讲堂》合作签约仪式】10月11日，顺义区委老干部局和顺义区委党校举办《时政大讲堂》合作签约仪式。

（贾楠）

【离退休干部学习贯彻十九大精神动员部署及专题辅导报告会】11月9日，顺义区委老干部局举行顺义区离退休干部学习贯彻十九大精神动员部署及专题辅导报告会。300余名离退休老干部和老干部工作者参加。顺义区委组织部副部长、老干部局局长赵庆江向老干部和老干部工作者传达《顺义区离退休干部学习宣传贯彻党的十九大精神方案》。老干部局还聘请市委党校殷庆言教授，为大家从十九大理论成果、实践成果、政治成果三方面系统解读十九大报告精神实质。

（贾楠）

【举行离退休干部学习宣传贯彻党的十九大精神首场宣讲会】11月27日，顺义区委老干部局举行离退休干部学习宣传贯彻党的十九大精神首场宣讲会。此次主题宣讲会标志着全区离退休干部宣传宣讲党的十九大精神工作全面启动。老干部宣讲团根据成员的不同特点，形成十九大精神解读、党建指导、正能量宣讲、支部建设等不同特色的宣讲队伍。首场宣讲会后，老干部宣讲团将深入一线，陆续开展面对面交流、互动式宣讲、巡回宣讲，推动党的十九大精神进企业、进农村、进机关、进校园、进社区、进军营，为本区建设“港城融合的国际航空中心核心区、创新引领的区域经济提升先行区、城乡协调的首都和谐宜居示范区”提供强大精神动力和坚强思想保障。

（贾楠）

区委党校

【概况】2017年，顺义区委党校，认真贯彻落实中央、市委、区委有关党校工作会议精神，紧紧围绕区委区政府中心工作，服务大局，充分发挥干部教育培训主渠道和服务区委区政府决策咨询作用，取得中心工作任务完成好、社会评价好的局面。

单位名称：顺义区委党校

（巩月兰）

【迁入新址】6月，顺义区委党校整体搬入位于顺义新城17街区的新址，建设投资4.5亿元，建设用地4公顷，建筑面积7万平米。校园内共有建筑4栋：十层教学楼一栋，能满足1000人同时参加教育培训；报告厅一栋，内设900人、300人会议厅各1个；十层公寓楼一栋，能满足350人住宿；餐饮楼一栋，能容纳600人同时就餐。地下车位400个。

（巩月兰）

【干部培训】在培训中突出主课、主业地位。坚持党校姓党原则，培训内容设置上，突出主业主课地位，确保理论教育和党性教育等方面的教学内容不少于70%。在处级干部理论进修班等主体班次，年初开设《党的十八届六中全会精神》等新课程，做到党的新思想及时进讲义、进课堂、进学员头脑。充分利用市内、区内教学基地的同时，利用陕西延安、山东临沂等市外教育资源，丰富异地培训基地现场教学内容。同时，采取现场教学培训方式，开展革命传统教育、党性锻炼和专题性教育，增强培训的体验性和触动性。2017年，共举办各级各类班次36期，培训学员6483人。其中：“学习贯彻党的十八届六中全会精神”专题研讨班4期，培训学员1100人；北京市乡镇工会主席培训班1期，培训学员92人；处级干部理论进修班2期，培训学员115人；党员发展对象培训班6期，培训学员1678人。研究生班等培训学员1659人。

（巩月兰）

【科研咨政】2017年党校共承担各类课题11项。其中，区级重点课题1项，即《顺义区党建指标体系与绩效考核研究》。委托课题5项，即《人民代表大会制度与执政党建设实现路径的关系研究》《统筹“四个天竺”布局 建设时尚魅力国门第一镇》《天竺镇机关干部能力提升调查》《落实新定位奋力促发展--顺义区创新型产业集群和2025示范区建设路径研究调研报告》和《顺义区全民科学素质行动计划纲要实施方案（2016—2020年）》。与市委党校协作课题3项，即《行政层级理论视阈下首都乡镇执法体制改革研究》《基于企业需求的顺义区科技创新研究》和《社区党组织在社区治理中的作用发挥》。完成区级任务课题2项，即《推动全面从严治党向纵深发展》和《党建创新案例》。参与组织完成区内课题—《顺义区党建指标体系与绩效考核研究》的申报、立项工作；组织完成北京市思想政治工作研究会招标课题的申报和北京市委党校科研协作课题的申报、立项工作。

（巩月兰）

【社会宣讲工作】以服务基层为抓手，充分发挥党校在党的理论教育、党性教育方面的优势，安排教师深入本区基层单位宣讲党的最新理论和区委、区政府重要会议精神，形成《党章》解读、《十八届六中全会精神》解读、走进“一带一路”、知规明纪专题等系列课程。完成区内宣讲工作：党委书记、骨干教师七人参加区委组织的十九大宣讲团在区内进行宣讲。全年共宣讲69场次，听众1万人次，较好地助推本区党的创新理论宣传工作进机关、进社区、进企业、进农村、进学校工作。

（巩月兰）

党史工作

【概况】2017年，顺义党史工作在区委的正确领导下，在市委党史研究室的精心指导下，以开展党史宣传为主线，以编写《中国北京市顺义区历史》为载体，认真落实全市党史会议精神，扎实稳步推进全区党史各项工作的全面发展。

单位名称：顺义区党史区志办公室

（党史区志办公室）

【中共北京市顺义区历史（1924—2012）》初审会】4月24日，《中共北京市顺义区历史（1924—2012）》初审会在顺义宾馆召开。市委党史研究室原主任、《北京志》副总编、北京中国抗日战争史研究会会长、研究员谢荫明，中央文献出版社高级编辑孙翊，中国人民大学马克思主义学院教授辛逸，市委党史研究室有关领导及通州、平谷、大兴、密云、怀柔、昌平党史办主管领导，区委办、政府办、区委组织部、区委宣传部、区纪委主管领导和本书编辑部全体人员参加。会议由顺义区党史办主任、编辑部主任梁军主持。有关领导和专家就初审稿进行评议。评议认为书稿政治导向正确，重要史实准确，主题主线比较清楚，结构比较完整，内容相对充实，语言平实流畅，基本反映顺义区党史发展概况。同时初稿在框架结构、内容观点、语言文字及正文的部分内容还存在一些不足，需要在下一步的修改中进行完善。评审专家就下一步编修工作给予三方面的修改意见：一是坚持突出“三史”，即奋斗史、理论探索史、自身建设史，统筹谋篇，不可偏废；二是注重把好三关，即政治关、史实关、文字关，精雕细琢，质量第一；三是努力做到“三可”，即可信、可读、可取，打造精品，树立标杆。

（党史区志办公室）

【《永远跟党走》第四部出版】7月，为纪念中国共产党成立96周年，发挥党史“存史、资政、育人”的作用，区党史办挖掘区内党史资源，整理、编写出版《永远跟党走》第四部。全书收录各类史料60余篇近30万字，照片30余张。编辑、收录尚持同志的回忆录、原平北独立团团长丁潜龙同志撰写的有关材料及有关反映顺义地道战的史料，以及部分曾在日伪机构供职人员材料。

（党史区志办公室）

【《中共北京市顺义区历史（1924—2012）》通过复审】12月8日，《中共北京市顺义区历史（1924—2012）》复审评议会在顺义宾馆C座6层第二会议室召开。区委办、区政府办、区委组织部、区委宣传部、区纪委等《中共北京市顺义区历史（1924—2012）》编审委员会成员单位，编辑部副主编、党史办副调研员沈西宁，中国人民大学马克思主义学院博士生导师教授辛逸，中央文献出版社编审孙翊，区委党校副教授彭春燕等专家及编辑部相关人员出席会议参加会议。编辑部主任、主编、区党史办主任梁军主持。主编梁军介绍《中共北京市顺义区历史》复审稿编纂情况，辛逸、孙翊、彭春燕对复审稿发表评议，认为复审稿思想观点正确、资料详实充分、地方特色鲜明、语言文字流畅、结构编排合理，客观严谨的反映1924年至2012年党在顺义的光辉历程，编辑部副主编沈西宁传达市委党史研究室原主任谢荫明的复审评议意见，与会专家一致认为符合要求，同意通过复审。梁军代表编辑部全体人员对专家的评审意见表示感谢，并就做好《顺义党史历史》编纂工作向参会各方表态：一是感谢各位专家对顺义党史工作的支持，以及区委有关部门对编纂工作的大力支持；二是发扬工匠精神，对各位专家提出的评审意见逐一认真落实，认真做好有关意见的编修工作；三是倒排工期，再接再厉，集中力量组织好本书的修改工作，在确保质量的前提下，早日进入终审。

（党史区志办公室）

北京顺义年鉴
2018

顺义区人民代表大会

视察城市学院

14家博士后工作站在顺义落脚

京沈客专顺义段高丽营隧道明挖段主体仰拱施工

人大代表老旧小区改造调研

12月22日，潮白河复兴大桥竣工验收

人大代表综保区调研

【概况】2017年，区人大常委会组织召开3次人民代表大会、8次常委会会议和20次主任会议；听取和审议“一府两院”专项工作报告11项，提出审议意见30余条；开展工作视察、执法检查、专题调研48次，备案审查规范性文件6件；任免国家工作人员213人次；依法召开区五届人大二次会议，全票选举产生区监察委员会主任，及时召开常委会会议任命区监察委员会副主任和委员，为国家监察体制改革在顺义试点提供坚强组织保障；组织召开区五届人大三次会议，全票选举产生32名顺义区出席北京市第十五届人民代表大会代表；完成区五届人大一次会议确定的各项工作任务，有效推动“一府两院”工作的开展。

单位名称：顺义区人民代表大会常务委员会

（区人大办）

【区五届人大常委会第一次会议】1月24日在顺义宾馆会议中心第二会议室举行。会议传达市十四届人大五次会议精神；通报区人大常委会主任、副主任、党组成员工作分工；审议新修订的《北京市顺义区人大民代表大会常务委员会议事规则》及《北京市顺义区人大民代表大会常务委员会组成人员守则》，作出关于废止《北京市顺义区人大民代表大会常务委员会工作委员会工作规则》的决定；讨论通过区人大常委会2017年工作安排；作出关于设立空港、双丰、旺泉三个街道人大工委的决定及关于调整区人大常委会工作机构的决定。会议表决通过北京市顺义区第五届人民代表大会代表资格审查委员会组成人员。决定人事任免，免去王守明同志北京市顺义区人大常委会研究室主任职务，张志海同志北京市顺义区人大常委会农村工作委员会主任职务，李国庆同志北京市顺义区人大常委会内务司法工作委员会主任职务，赵金明同志北京市顺义区人大常委会石园街道工作委员会主任职务。任命孙书林同志为北京市顺义区人大常委会农村办公室主任；洪全同志为北京市顺义区人大常委会城建环保办公室主任；吕海燕同志为北京市顺义区人大常委会法制办公室（备案审查办公室）主任；高学通同志为北京市顺义区人大常委会教科文卫体办公室主任，免去其北京市顺义区人大常委会教科文卫工作委员会主任职务；周振涛同志为顺义区人大常委会财政经济办公室(预算审查办公室)主任，免去其北京市顺义区人大常委会财政经济工作委员会主任职务；郭旭东同志为北京市顺义区人大常委会研究室主任，免去其北京市顺义区人大常委会信访接待室主任职务；李赛楠同志为北京市顺义区人大常委会信访接待室主任，免去其北京市顺义区人大常委会城乡建设环保工作委员会主任职务；田法德同志为北京市顺义区人大常委会办公室主任；杨卫民同志为北京市顺义区人大常委会代表联络室主任、市人大代表联络处处长；王朝民同志为北京市顺义区人大常委会教科文卫体办公室副主任，免去其北京市顺义区人大常委会教科文卫工作委员会副主任职务；王殿泽同志为北京市北京市顺义区人大常委会城建环保办公室副主任，免去其北京市顺义区人大常委会城乡建设环保工作委员会副主任职务；王力同志为北京市顺义区人大常委会法制办公室（备案审查办公室）副主任，免去其北京市顺义区人大常委会内务司法工作委员会副主任职务；张亚芬同志为北京市顺义区人大常委会财政经济办公室（预算审查办公室）副主任，免去其北京市顺义区人大常委会财政经济工作委员会副主任职务；药建平同志为北京市顺义区人大常委会办公室副主任；王淑艳同志为北京市顺义区人大常委会农村办公室副主任，免去其北京市顺义区人大常委会农村工作委员会副主任职务；姚竞宏同志为北京市顺义区人大常委会代表联络室副主任；叶志建同志为北京市顺义区人大常委会研究室副主任；郭树文同志为北京市顺义区人大常委会光明街道工作委员会主任；贾崇彪同志为北京市顺义区人大常委会胜利街道工作委员会主任；徐志国同志为北京市顺义区人大常委会石园街道工作委员会主任；黄学英同志为北京市顺义区人大常委会旺泉街道工作委员会主任；赵靖宇同志为北京市顺义区人大常委会双丰街道工作委员会主任；柳亚辉同志为北京市顺义区人大常委会空港街道工作委员会主任；樊雨松同志为北京市顺义区人大常委会光明街道工作委员会副主任；李连合同志为北京市顺义区人大常委会胜利街道工作委员会副主任；周革同志为北京市顺义区人大常委会石园街道工作委员会副主任。任命张丹芳同志为北京市顺义区后沙峪人民法庭庭长，免去其北京市顺义区后沙峪人民法庭副庭长职务。决定免去丁文强同志北京市顺义区人民政府国有资产监督管理委员会主任职务，秦拥军同志北京市顺义区商务委员会主任职务，吕海燕同志北京市顺义区人民政府法制办公室主任职务，李国印同志北京市顺义区司法局局长职务，孙书林同志北京市顺义区安全生产监督管理局局长职务，洪全同志北京市顺义区环境保护局局长职务，解长春同志北京市顺义区统计局局长职务，徐晓武同志北京市顺义区交通局局长职务，张希德同志北京市顺义区民防局局长职务，苏东海同志北京市顺义区水务局局长职务。决定任命赵振英同志为北京市顺义区市政市容管理委员会主任，刘振河同志为北京市顺义区农村工作委员会主任、顺义区农业局局长，胡小兵同志为北京市顺义区经济和信息化委员会主任，赵洪涛同志为北京市顺义区住房和城乡建设委员会主任，马朝龙同志为北京市顺义区文化委员会主任，刘克祥同志为北京市顺义区教育委员会主任，金泰希同志为北京市顺义区科学技术委员会主任，申志红同志为北京市顺义区旅游发展委员会主任，于长雷同志为北京市顺义区发展和改革委员会主任，袁日晨同志为北京市顺义区商务委员会主任，董杰昌同志为北京市顺义区卫生和计划生育委员会主任，耿超同志为北京市顺义区人民政府国有资产监督管理委员会主任（挂职），周继武同志为北京市顺义区金融服务办公室主任，王学武同志为北京市顺义区社区建设工作办公室主任，李子腾同志为中共北京市顺义区委北京市顺义区人民政府信访办公室主任，欧阳华洲同志为北京市顺义区人民政府外事侨务办公室主任，王英华同志为北京市顺义区人民政府法制办公室主任，李成同志为北京市顺义区体育局局长，张尚强同志为北京市顺义区人力资源和社会保障局局长，管学文同志为北京市顺义区司法局局长，李长勇同志为北京市顺义区园林绿化局局长，单增友同志为北京市顺义区安全生产监督管理局局长，张乙铭同志为北京市顺义区环境保护局局长，聂燕山同志为北京市顺义区民政局局长，李衍同志为北京市顺义区监察局局长，王江同志为北京市顺义区水务局局长，范学智同志为北京市顺义区财政局局长，郭崇峰同志为北京市顺义区交通局局长，赵金荣同志为北京市顺义区民族宗教事务局局长，范士永同志为北京市顺义区审计局局长，岳彩华同志为北京市顺义区统计局局长，张文生同志为北京市顺义区民防局局长。新任职人员进行宪法宣誓。

（区人大办）

【区五届人大常委会第二次会议】3月16日在顺义宾馆会议中心第二会议室举行。会议通报政府2017年重大事项安排情况和议案办理推进方案；听取和审议区政府2016年依法行政工作情况报告。决定人事任免，免去乔江海同志顺义区人民法院审判委员会委员、立案庭庭长、审判员职务，崔大鹏同志顺义区人民法院审判员职务，孙春牛同志顺义区人民法院审判员职务。会议通过关于区五届人大二次会议的决定草案、人代会议程草案、主席团及秘书长名单草案和代表资格审查报告草案，决定于2017年4月5日至7日召开顺义区第五届人民代表大会第二次会议。

（区人大办）

【顺义区第五届人民代表大会第二次会议】4月5日至7日在顺义宾馆举行。应出席会议的代表228名，实出席205名，169人列席会议。会议听取和审议区政府《关于加快全区协调发展 重点推进河东地区建设的议案》的推进计划报告,作出批准该报告的决议。大会采取无记名投票方式选举张良同志为北京市顺义区监察委员会主任,进行宪法宣誓。本次大会共收到代表提出的建议、批评和意见1件。

（区人大办）

【区五届人大常委会第三次会议】 4月7日在顺义宾馆会议中心第二会议室举行。会议通过区人大常委会财政经济顾问名单。决定人事任免，决定任命李衍同志为顺义区监察委员会副主任，王文荣同志为顺义区监察委员会副主任，邱兆锐同志为顺义区监察委员会副主任，王卿同志为顺义区监察委员会委员，芦超同志为顺义区监察委员会委员，王海涛同志为顺义区监察委员会委员，杨立平同志为顺义区监察委员会委员，张霞同志为顺义区监察委员会委员。新任职人员进行宪法宣誓。

（区人大办）

【区五届人大常委会第四次会议】6月21日在顺义宾馆会议中心第二会议室举行。会议审议区政府关于2016年预算执行和其他财政收支的审计工作报告、区政府关于2016年财政决算草案的报告，并作出批准顺义区2016年财政决算的决议，审议区政府关于2017年预算调整方案的报告，并作出批准顺义区2017年预算调整方案的决议，审议《北京市顺义区人民代表大会专门委员会工作规则（试行）》《顺义区人大常委会关于进一步加强“人大代表之家”建设的工作意见（试行）》《顺义区人大常委会规范性文件备案审查办法》《顺义区人大常委会法律顾问工作规则》。决定人事任免，免去药建平同志北京市顺义区人大常委会办公室副主任职务，王力同志北京市顺义区人大常委会法制办公室（备案审查办公室）副主任职务，刘蕊同志顺义区人民法院审判员职务，任命刘洪珍、宣永华、何美珠、雷晓文、王金山、田连香、宋淑英、张荣凤、李英、汤红林、张仲奎、梁小玉、马德云、王晓琳、穆希超、宗明、宋娟、张红梅、田荣芹、孟福和、佟翠荣、杨艳荣、杜宝军、刘新潮、郝继奎、付庆华、许爱民、杨凤利、杨学林、慈晓军、马晓利、刘德帮、张小雪、白秀云、郝金环、尹晓安、乔立娟、刘金凤、丁立群、马淑贤、张志良、贠献臣、蒋爱民、常征、李海玉、赵银凤、吴肃、张萌、勘柏松、李世玲、高亚东、刘晓丽、齐泽、戴辉林、郭如华、代丽、张森达、张宝玉、殷月清、吴立芹等六十名同志为顺义区第六届人民陪审员。决定免去李子腾同志中共北京市顺义区委北京市顺义区人民政府信访办公室主任职务。决定任命王辉同志为中共北京市顺义区委北京市顺义区人民政府信访办公室主任。新任职人员进行宪法宣誓。

（区人大办）

【区五届人大常委会第五次会议】8月24日在顺义宾馆会议中心第二会议室举行。会议听取和审议区政府《关于2017年上半年财政预算执行情况报告》《关于2017年上半年国民经济和社会发展计划执行情况报告》，审议《顺义区预算审查监督办法》《顺义区人大常委会关于进一步加强人大代表密切联系人民群众工作的指导性意见（试行）》《顺义区人大常委会任命干部任前法律知识考试办法》、区政府关于2016年决算所提审议意见办理情况报告。会议决定接受张爱冬同志辞去顺义区人民政府副区长职务的请求，并报下次区人民代表大会会议备案。决定人事任免，免去冯广志同志顺义区人民法院审判员职务。任命李建同志为顺义区人民法院民事审判第三庭庭长，免去其顺义区人民法院民事审判第三庭副庭长职务；高蕾同志为顺义区人民法院审判监督庭庭长，免去其顺义区人民法院审判监督庭副庭长职务；蔡秀同志为顺义区人民法院刑事审判第一庭副庭长；李晓丽同志为顺义区人民法院未成年人案件综合审判庭副庭长；何庆玲同志为顺义区人民法院民事审判第一庭副庭长；王琬萱同志为顺义区人民法院民事审判第二庭副庭长；王思思同志为顺义区人民法院民事审判第二庭副庭长；李永芝同志为顺义区人民法院民事审判第三庭副庭长；刘必钰同志为顺义区人民法院审判监督庭副庭长；王小丽同志为顺义区人民法院执行一庭副庭长；侯峰同志为顺义区人民法院执行二庭副庭长；杨秀芝同志为顺义区天竺人民法庭副庭长；宋万忠同志为顺义区天竺人民法庭副庭长；幸江同志为顺义区牛栏山人民法庭副庭长；贾玉明同志为顺义区人民法院执行三庭副庭长；免去其顺义区人民法院执行一庭副庭长职务；麦育亥同志为顺义区人民法院执行三庭副庭长，免去其顺义区人民法院执行二庭副庭长职务；曹咏同志为顺义区人民法院刑事审判第二庭副庭长，免去其顺义区人民法院刑事审判第一庭副庭长职务；张蕾同志为顺义区后沙峪人民法庭副庭长，免去其顺义区牛栏山人民法庭副庭长职务；朱茂叶、贾腾云、熊道慧、赵梓霖、王冬、魏星、杨帅等7名同志为北京市顺义区人民检察院检察员。决定免去郭树文同志北京市顺义区人大常委会光明街道工作委员会主任职务；柳亚辉同志北京市顺义区人大常委会空港街道工作委员会主任职务；王卿同志北京市顺义区监察委员会委员职务。

（区人大办）

【区五届人大常委会第六次会议】9月21日在区行政中心0603会议室举行。会议作出关于接受了马强等区人大代表辞职的决定，审议通过顺义区人大常委会关于补选区人大代表的决定。审议《顺义区人大常委会关于补选顺义区第五届人大代表的工作方案》《北京市顺义区人民代表大会常务委员会任免国家机关工作人员办法》。决定人事任免，任命王朝民同志为顺义区人大常委会旺泉街道工作委员会副主任，免去其顺义区人大常委会教科文卫体办公室副主任职务；李月波同志为顺义区人大常委会教科文卫体办公室副主任；张韫澜同志为顺义区人大常委会空港街道工作委员会副主任；张海涛同志为顺义区监察委员会委员。新任职人员进行宪法宣誓。

（区人大办）

【区五届人大常委会第七次会议】11月2日在行政中心0603会议室举行。会议听取和审议区法院关于执行工作情况报告、区检察院关于加强侦查监督维护司法公正的报告和区政府《2017年预算调整第二次调整方案》，作出批准顺义区2017年预算调整第二次调整方案的决议。审议关于补选区第五届人大代表的代表资格审查报告。会议讨论决定关于召开区第五届人民代表大会第三次会议相关事项，通过关于召开区五届人大三次会议的决定草案、人代会议程草案、主席团及秘书长名单草案和代表资格审查报告草案，决定于2017年11月21日至23日召开顺义区第五届人民代表大会第三次会议。决定人事任免，免去姚学文同志北京市顺义区人民法院审判员职务；王斌同志北京市顺义区人民法院审判员职务；郭旭强同志北京市顺义区人民检察院检察员职务；杨广华同志北京市顺义区人民检察院检察员职务；欧阳华洲同志北京市顺义区人民政府外事侨务办公室主任职务。任命李莉同志为北京市顺义区人大常委会空港街道工作委员会主任；姜惠琴同志为北京市顺义区人大常委会光明街道工作委员会主任；梁志刚同志为北京市顺义区人民政府外事侨务办公室主任；马元春同志为北京市顺义区人大常委会办公室副主任。新任职人员进行宪法宣誓。

（区人大办）

【顺义区第五届人民代表大会第三次会议】11月21日至23日在顺义区委党校举行。应出席会议的代表228名，实出席212名。会议选举于庆丰、于学斌、马强、王刚、王国丰、王泽、车克欣(女)、牛有成、吕佳颖(女)、刘林、刘雪松、李小娟(女)、吴华英(女)、吴建国、张亚利(女)、张延昆、张晓旭(女)、陈小燕(女)、周璇(女)、周鑫(女)、庞雷、胡国卿、段然（女，回族）、殷荣彦、高凤兰(女)、高朋、郭文杰、曹建雄、康森、董慧文(女)、樊军、燕瑛(女)32名同志为顺义区出席北京市第十五届人民代表大会代表。

（区人大办）

【区五届人大常委会第八次会议】12月9日在行政中心0603会议室举行。会议审议区政府《关于区五届人大一次、二次会议代表建议、批评和意见办理情况报告》。讨论决定关于召开区五届人大四次会议有关事项，通过关于召开区五届人大四次会议的决定草案、人代会议程草案、主席团及秘书长建议名单草案、代表资格审查报告草案和议案审查委员会建议名单草案，决定于2017年12月26日至28日召开顺义区第五届人民代表大会第四次会议。会议讨论修改《顺义区人大常委会工作报告》。决定人事任免，任命王慧同志为北京市顺义区人大常委会双丰街道工作委员会副主任；孔晶晶同志为北京市顺义区人大常委会法制办公室（备案审查办公室）副主任。新任职人员进行宪法宣誓。

（区人大办）

【顺义区区第五届人民代表大会第四次会议】12月27日至28日在顺义区委党校举行。应出席会议的代表228名，实出席213名，163人列席会议。会议听取和审议区政府工作报告、区人大常委会工作报告、区法院工作报告、区检察院工作报告、区政府《关于加快全区协调发展 重点推进河东地区建设的议案》办理情况报告；审议顺义区2017年国民经济和社会发展计划执行情况与2018年国民经济和社会发展计划草案的报告（书面）；审查和批准顺义区2017年国民经济和社会发展计划执行情况报告与2018年国民经济和社会发展计划；审议顺义区2017年财政预算执行情况和2018年财政预算草案的报告（书面）；审查和批准顺义区2017年财政预算执行情况报告和2018年财政预算；审议区五届人大一次、二次会议代表建议、批评和意见办理情况报告（书面）。会议通过有关工作报告的决议，本次大会共收到代表提出的建议、批评和意见138件，确定《关于加强顺义区烟花爆竹燃放管理的议案》和《关于强化基层社会治理、规范农村房屋租赁管理、消除安全隐患的议案》为大会议案。

（区人大办）

【决定重大事项】区五届人大常委会2017年围绕财政预决算、全区重点工程、人事任免等，作出决议、决定12项，任免国家机关工作人员213人次，依法选举产生区监察委员会主任，任命区监察委员会副主任和委员,接受张爱冬同志辞去顺义区人民政府副区长职务的请求。

（区人大办）

【监督工作】一是围绕经济社会科学发展加强监督。听取和审议区政府上半年财政预算执行、国民经济和社会发展计划执行、上年度财政预算执行和其他财政收支审计、国有资产经营管理等专项报告，视察全区重大产业项目暨转型升级、创新创业工作推进情况，听取重大项目、重点工程安排情况报告，对政府一般预算项目绩效评价情况开展专题询问，推动政府提高预算绩效管理水平和财政资金使用效益。二是围绕民生问题加强监督。常委会坚持以民为本理念，把人民对美好生活的向往作为工作着力点，围绕疏解整治促提升、农村地区清洁能源替代、生活垃圾处理、河道及水环境治理、河长制落实情况、建筑工地扬尘治理、老旧小区改造、居家养老、新农村建设、整建制拆迁村集体资产处置、健康顺义建设等开展专题调研和工作视察，开展《北京市全民健身条例》、《生活垃圾管理条例》《建设工程质量条例》执法检查，不断推动各项民生工作的落实。三是围绕促进社会公平正义加强监督。专题听取“两院”推进司法体制改革工作情况汇报、《区法院关于执行工作的情况报告》《区检察院关于加强侦查监督 维护司法公正的情况报告》，召开法官职业保障及“两法”衔接情况调研座谈会，推动司法体制改革。四是围绕代表议案办理加强监督。常委会通过专题调研和代表视察等方式，深入了解河东地区短板需求、群众呼声，推动《关于加快全区协调发展 重点推进河东地区建设的议案》的落实。五是加强规范性文件备案审查。常委会及时修订规范性文件备案审查办法，进一步明确审查范围、审查责任、审查流程等，推动备案审查工作规范化、制度化。

（区人大办）

【代表工作】一是加强代表培训。年内，共集中培训人大代表1000余人次，切实提高代表的综合素质与履职水平。二是搭建代表履职平台。在相关镇街新建“人大代表之家”15个，制定关于进一步加强“人大代表之家”建设的工作意见，坚持基层代表列席常委会会议、参加执法检查与专题调研等制度；建立人大代表、人大主席、人大秘书微信群，促进信息交流、学习沟通。三是加强同代表日常联系。制定《顺义区人大常委会关于进一步加强人大代表密切联系人民群众工作的指导性意见（试行）》和代表履职手册，落实常委会领导直接联系代表制度，推动代表履职制度化、规范化。四是提高建议办理实效。制定代表建议提交及办理工作流程，专题听取审议区政府关于代表建议办理情况报告，加大对代表建议办理的督查力度。

（区人大办）

【自身建设】一是着力夯实履职之基。常委会结合新形势、新任务、新要求，制定各项规章制度，梳理各项工作流程。先后健全完善常委会听取和审议专项工作报告、执法检查、专题调研、专项视察等履职制度；修订常委会议事规则和组成人员守则，制定专门委员会工作规则，确保各项工作有章可循；改进机关办文、办事、办会流程，提高了人大工作的制度化、规范化水平。二是着力改进工作作风。各专门委员会和常委会各工作机构围绕审议、视察、检查等各项议题，深入开展调研，充分了解情况，为区人大及其常委会依法履职、推进工作提供依据。三是着力加强宣传工作。研究制定信息宣传工作办法，组建全区人大通讯员队伍，并组织开展业务培训，人大工作的社会宣传效果不断增强。

（区人大办）

北京顺义年鉴

2018

顺义区人民政府

7月25日，2017年顺义区最大棚户区改造项目——仁和镇临河村棚户区改造土地开发项目入户调查登记工作启动

5月2日，外国人服务大厅办公首日，迎来第一批外籍人才

4月19日，顺义一小区自来水突发异味，双丰“暖心橙”配合送水入户

2月20日，区委常委、常务副区长代表顺义区与德国达姆施塔特-迪堡行政区签署友好合作谅解备忘录

4月22-23日，在国际鲜花港举办‘筑梦·丝路’共享盛世之春 2017外语喜乐会

2017年，法制办出版刊物《顺义行政法制研究》6期

主要工作和重大活动

【概况】2017年，在党的十九大精神和习近平新时代中国特色社会主义思想的指引下，在市委、市政府和区委的坚强领导下，在区人大、区政协的监督支持下，区政府团结带领全区人民，全力以赴稳增长、调结构、促改革、惠民生，攻坚克难，锐意进取，顶住前所未有的经济下行压力，全区经济社会实现持续平稳健康发展。

单位名称：北京市顺义区人民政府

（区政府办）

【中共中央政治局委员、国务院副总理考察农业普查情况】1月1日，中共中央政治局委员、国务院副总理汪洋到顺义高丽营镇一村入户考察农业普查情况，并慰问元旦假期坚守在农业普查登记一线的工作人员。市委副书记、代市长蔡奇，市委常委、副市长林克庆等以及区领导王刚、高朋陪同。顺义区在试点工作、正式入户阶段工作得到国家认可。

（区政府办）

【农业部副部长、市政府副秘书长调研】1月4日，农业部副部长张桃林、市政府副秘书长赵根武一行到顺义调研，实地参观赵全营镇小麦万亩方项目示范点高效节水灌溉工作，给予高度评价并提出指导意见。区领导高朋、吴耀新参加。

（区政府办）

【北京市青联委员开展创新创业调研实践活动】1月7日，北京市青联委员一行30余人到顺义开展创新创业调研实践活动，团市委副书记熊卓，团市委副书记、市青联主席郭文杰，区领导高朋、禹学垠、初军威参加。

（区政府办）

【德国黑森州达姆施塔特—迪堡代表团访问】2月20日-21日，德国黑森州达姆施塔特—迪堡代表团来顺义区访问，就加强临空经济、金融和啤酒产业等领域合作，建立友好城市事宜进行交流，常务副区长霍光峰代表顺义区与迪堡行政区签署《友好合作谅解备忘录》。

（区政府办）

【北京通航法荷航飞机航线维修有限责任公司揭牌仪式举行】2月27日，北京通航法荷航飞机航线维修有限责任公司揭牌仪式在顺义举行，标志着服务业扩大开放综合试点放宽航空维修业市场准入的具体政策进入实质性业务开展阶段。市政府副市长程红出席并讲话，法国驻华使馆公使孟森，荷兰驻华使馆公使杜安德，市相关部门负责同志及区领导高朋、李燕凌参加。

（区政府办）

【“北京天竺综合保税区进口商品直营中心”挂牌营业】3月30日，首家“北京天竺综合保税区进口商品直营中心”挂牌营业,市政府副市长程红出席，区领导高朋、李燕凌参加。中心是综保区发挥政策平台优势，创新探索形成的新业态之一，采取天竺综保区授牌、被授权企业运营的全新合作模式。

（区政府办）

【第五届人民代表大会第二次会议召开】顺义区第五届人民代表大会第二次会议于4月5日-7日召开，205名人大代表出席大会。大会听取《关于加快全区协调发展 重点推进河东地区建设议案》推进方案报告，表决通过《选举办法》，并以无记名投票方式选举张良同志为北京市顺义区监察委员会主任。

（区政府办）

【与中航集团及首都机场集团对接会召开】4月14日，顺义区与中航集团、首都机场集团对接会在顺义空港建设管理服务中心召开，三方就首都机场及周边地区战略发展规划、第四跑道建设、支持顺义融资租赁业（飞机租赁）发展等方面进行交流。

（区政府办）

【京津冀城际铁路发展基金签约仪式举行】4月18日，京津冀城际铁路发展基金签约仪式举行。该基金由京津冀铁路投资有限公司、工商银行、农业银行等12家大型金融机构共同出资设立，基金总规模1000亿元，首期规模600亿元，重点投向京津冀区域内的城际铁路建设、沿线土地综合开发等。

（区政府办）

【顺义区外国人出入境服务大厅正式揭牌】5月2日，顺义区外国人出入境服务大厅正式揭牌，市政府副市长程红出席揭牌仪式并进行现场调研。顺义区外国人出入境服务大厅位于北京临空经济区，总面积3000平方米，致力于为顺义外籍人士提供“永久居留、长期签证和口岸签证、个税缴纳”等服务。

（区政府办）

【中央企业国创投资引导基金落户北京顺义】5月16日，中央企业国创投资引导基金落户顺义。国务院国资委主任肖亚庆讲话，副主任徐福顺主持，市委常委、副市长阴和俊致辞，中国航天科技集团公司董事长雷凡培、区领导高朋出席基金创立大会。该基金是由国务院批准设立的首支国家级新兴产业创业投资母基金，基金募集总规模1500亿元。

（区政府办）

【玉溪·顺义产业园开园暨玉溪高新区开工仪式】6月1日，玉溪·顺义产业园开园暨玉溪高新区2017年二季度招商引资项目集中开工仪式在顺义玉溪高新区龙泉园区举行，常务副区长霍光峰出席并考察当地企业。玉溪·顺义产业园是玉溪与顺义区共同合作开发的新园区，“十三五”规划开发面积300.5公顷，重点发展高端装备制造产业。此次在玉溪·顺义产业园中集中开工的有北京升华电梯西南生产运营中心等8个项目，概算总投资77亿元。

（区政府办）

【市委副书记、代市长调研】7月1日，市委副书记、代市长陈吉宁一行到顺义调研，实地查看中航复材、李桥世纪德美家具制造公司、滨河森林公园、综保区跨境电商快件中心公共库、罗红艺术馆等地，听取王刚书记、高朋区长关于创新型产业集群和“2025”示范区建设、“疏整促”、生态环境建设、服务业扩大开放综合试点示范区建设等工作情况汇报，对顺义取得的成绩给予充分肯定，并就下一步工作开展提出要求。

（区政府办）

【中国（北京）首届跨境融资租赁（飞机租赁）论坛举行】7月5日，中国（北京）首届跨境融资租赁（飞机租赁）论坛在顺义举行，市政府副市长程红以及市相关部门负责人出席论坛，区领导高朋、宋建明、李向英、李燕凌参加。论坛发布北京市《关于加快融资租赁业发展的实施意见》，天竺综保区与国航股份、中联航、东航租赁等公司签署合作协议，两年内将有20架保税租赁飞机落户区内。

（区政府办）

【全国政协副主席和常委调研】7月11日，全国政协副主席韩启德、常委赖明一行到顺义调研，实地考察北医三院顺义院区项目地块、顺义妇幼医院、顺义中医院，参观正元地理信息公司、雅昌文化公司、临空经济核心区，对顺义经济社会发展与医疗卫生服务水平给予肯定，并就相关工作提出指导意见。

（区政府办）

【顺义区现代有轨电车T2线暨安宁大街工程开工】7月14日，顺义区现代有轨电车T2线暨安宁大街工程开工建设。有轨电车T2线工程是顺义区首条按照PPP模式实施的有轨电车建设项目，承担着顺义区对外轨道交通骨干线路的重要接驳功能，也是服务空港与机场组团的大容量快速公交走廊。T2线全长19.8公里，共设车站22座，将串联起首都机场、新国展、友谊医院顺义院区等多个重要功能节点。

（区政府办）

【桑德新能源智能化产业项目签约仪式举行】7月31日，桑德新能源智能化产业项目签约仪式在顺义举行。签约仪式上，顺义区与桑德集团分别签署《桑德新能源智能化产业项目入区协议》《北京市顺义区北小营镇功能型特色小镇共建协议》。

（区政府办）

【中共中央政治局委员、市委书记到基层党建联系点调研】8月21日，中央政治局委员、市委书记蔡奇到基层党建联系点北汽集团调研时表示，北京市支持北汽建设好新能源汽车科技创新中心，争创国家技术创新中心。北汽要发挥好研发中心作用，不断推出新技术、新产品，努力提升核心竞争力，抢占市场制高点，在核心技术、关键环节上，要加大研发投入，加强技术储备，掌控要素资源。要集中力量打造符合市场要求的创新型拳头产品。

（区政府办）

【孚能科技（北京）新能源动力电池项目落户顺义】9月9日，孚能科技（北京）新能源动力电池项目战略合作协议签约仪式举行，顺义区与北汽集团、孚能科技公司签署《孚能科技（北京）新能源动力电池项目战略合作协议》。

（区政府办）

【全国政协港澳台侨委员会副主任带队到顺义考察】9月23日，全国政协港澳台侨委员会副主任赵阳带队31位来自16个国家的全国政协海外列席侨胞考察团到顺义考察经济社会发展情况。考察团先后参观考察北京天竺综合保税区国际快件中心跨境电商公共库、罗红摄影艺术馆等地。

（区政府办）

【第十四届中国国际半导体照明论坛暨2017国际第三代半导体论坛开幕大会举办】11月1日，第十四届中国国际半导体照明论坛暨2017国际第三代半导体论坛开幕大会在顺义举办，会期两天半，来自美国、英国、德国、意大利、香港、台湾等国家或地区的50余名半导体相关研究机构、企业技术专家担任演讲嘉宾，开幕式参加者近千人。开幕式上，北京市委常委、副市长阴和俊、市政府副秘书长刘印春、区委书记王刚与第三代半导体产业技术创新战略联盟理事长吴玲共同为顺义区“北京第三代半导体创新型产业集聚示范区”揭牌，高朋区长致辞。

（区政府办）

【市委常委、副市长调研】11月1日，市委常委、副市长阴和俊到顺义调研科技创新工作，察看哈工大顺义军民融合创新产业园重大导入成果展览，对顺义产业发展工作取得的成效给予充分肯定，并强调要深入学习宣传、全面贯彻落实党的十九大精神，进一步增强落实首都城市战略定位的行动自觉，持续聚焦高精尖产业发展，加快推动科技创新。

（区政府办）

【市领导开展现场督察】11月15日，市委副书记、代市长陈吉宁，市政府副市长程红带队到顺义开展服务业扩大开放综合试点现场督察，实地察看中航材共享平台中心库、外国人出入境服务大厅以及综保区跨境电商货物仓储管理中心，并在综保区管委会召开座谈会，听取王刚书记关于顺义区深化试点情况汇报，就推进服务业扩大开放综合试点工作、加快发展现代化服务业作重要讲话。

（区政府办）

【拉萨市党政代表团到顺义区考察】12月9日，西藏自治区党委常委、拉萨市委书记白玛旺堆率领拉萨市党政代表团到顺义考察经济社会发展情况，实地参观北京天竺综合保税区、北京临空经济核心区、顺鑫控股集团创新食品分公司，表示要进一步深化交流合作，促进互利共赢发展。

（区政府办）

【创新型产业集群和“2025”示范区重点项目推介会召开】12月21日，创新型产业集群和“2025”示范区重点项目推介会在顺义举行。推介会共签约“高精尖”项目15个，聚焦顺义区智能新能源汽车、第三代半导体、航空航天三大创新型产业，投资总额近300亿元。

（区政府办）

【全市首个“无人驾驶”试运营基地在顺义正式启动】12月29日，顺义区无人驾驶试运营基地在奥林匹克水上公园正式启动，区委书记王刚调研基地建设情况。这是自北京出台国内首部自动驾驶新规以来，全市首个开展无人驾驶试运营的区域，同时也是顺义区落实北京新能源智能汽车产业发展指导意见，以绿色科技智能的发展方式，推动汽车产业转型升级，助力北京全国科技创新中心建设的重大举措。

（区政府办）

日常政务

【经济社会发展情况】2017年，顺义区实现地区生产总值1717.3亿元，同比增长6.3%。一般公共预算收入完成148.88亿元，同比增长8%；实现社会消费品零售额474.2亿元，同比增长7.1%；完成固定资产投资516.2亿元，同比增长6.4%；城镇居民和农村居民人均可支配收入分别达到39736元和26833元，分别同比增长9%和8.9%。

（区政府办）

【创新发展情况】2017年，顺义区被纳入全国科技创新中心中创新型产业集群和2025示范区，获批全国双创示范基地、国家知识产权试点城市和产融合作试点城市。

（区政府办）

【节能环保】2017年，顺义区PM2.5年均浓度为57微克/立方米，同比下降20%，连续8个月浓度为近五年最低。全年拆除燃煤小锅炉6443台，燃煤锅炉清洁能源改造650蒸吨，全区基本实现“无煤化”；投资76亿元，完成248个村、8.8万户居民“煤改电”和19个村、1.1万户居民“煤改气”工程，在全市创新性地建设镇级煤改清洁能源售后服务中心，惠及百姓范围居全市之首；加强控车减油、治污减排，发布实施大货车禁限行措施，强化24小时执法；燃气锅炉低氮改造、高排放老旧机动车淘汰量分别达到市级任务的2.6倍和1.4倍，2739家餐饮企业全部安装使用油烟净化设备；严格实施扬尘管控，全区降尘量控制在5.6吨/月·平方公里，低于市级任务目标30%。

（区政府办）

【产业结构优化升级】2017年，顺义区产业结构更加优化。服务业扩大开放全面深化，占GDP比重达到60.3%。创新型产业集群和2025示范区建设加快推进，智能新能源汽车、第三代半导体、航空航天三大创新型产业集群加快壮大。首轮38项试点任务全部完成，入选国家产融合作试点城市，催生全国、全市首创的8大新业态新模式，创新6项体制机制，金融机构达到281家，产业基金规模超过4000亿元。哈工大顺义军民融合创新产业园正式启动，首批引进哈工大最具影响力的10个创新平台及10余家企业。都市型现代农业稳步发展，获评首批国家农业可持续发展试验示范区，农业产值和增加值继续居全市第一。

（区政府办）

【疏解整治促提升成效显著】2017年，顺义区全力实施疏整促专项行动，协同发展取得新进展。提前三个月在全市率先完成市级8大项12小项工作任务。共拆除违法建设400万平方米，相当于之前两年总和；疏解一般制造业企业81家、商市场6家，整治开墙打洞370家、“散乱污”企业494家、出租大院（公寓）435个，薛大人庄整村式专项整治经验在全市推广。1939宗、796公顷国家土地督察和国土卫片问题整改到位。统筹腾退空间“留白增绿”，全区拆后还绿6万余平方米，新增停车场24处、科教文体服务场所39处，群众获得感、满意度大幅提升。

（区政府办）

【重点工程建设稳步推进】2017年，围绕环境保护、民生改善等核心领域，加强全社会固定资产投资力度，立项的120项重点工程，开工建设100项。区体育中心竣工，北京首座双塔双索面斜拉桥复兴大桥竣工通车，木孙路中段、顺平南辅线、安宁大街项目开工建设，复兴东街、华中路施工完成，马坡、东府22万站和新城、东营等5座11万站竣工供电，重点镇城乡供水一体化一期工程完工运行，生活垃圾处理厂焚烧二期和餐厨垃圾处理厂工程加速推进，综合管廊建设规划编制完成。城市商业设施日趋高端。天竺综保区首家进口商品直营中心挂牌营业，后沙峪沃尔玛、马坡鲁能购物中心、空港一号、澳金园项目招商进展顺利。新建和规范便民商业网点103个，便民服务功能社区覆盖率达到74.1%。土地供应力度加大，全年累计供应国有建设用地10宗、137公顷，提前超额完成市级年度任务。

（区政府办）

【群众住房居住条件持续改善】2017年，顺义区做好棚户区改造工作，7个棚改项目有序实施。临河村、夏县营村和西泗上村项目民宅拆迁拆除工作全面完成，幸福西街项目签约率达到98.5%，先后创造“临河速度”“夏县营加速度”，全年实现2531户危旧房屋家庭签约，达到市级棚改任务指标的4.5倍。保障性住房和定向安置房开复工面积188万平方米、23376套，竣工3440套；4个自住房项目、首个共有产权房项目入市交易，累计提供房源3221套。老旧小区治理压茬实施，一期工程进入长效治理阶段，居民满意率达到95%，投资13.6亿元、覆盖19个小区近600栋居民楼的二期工程有序推进，电力改造工程同步启动。

（区政府办）

【公共服务】2017年，顺义区精准帮扶持续发力，全年实现3209户、6901人脱低。成功打造“扶贫产业搭平台、精准施策助小康”扶贫亮点，向帮扶地区捐助资金2000余万元，谋划帮扶合作项目69个。社会保障能力日益增强，城乡劳动力二三产业就业率保持95%以上，连续六年被评为北京市充分就业区。医疗卫生事业快速发展，高分通过国家慢性病综合防控示范区和国家卫生区复审验收；医药分开综合改革平稳实施，累计减轻患者负担7600万元；行政村全部纳入基层医疗卫生20分钟服务圈，重点人群家庭医生签约率超过90%；区医院东院区综合病房正式投入使用，中医院迁建项目有序推进。教育资源配置更加均衡，全年新增学位2130个，空港二小等4所学校投入使用，高丽营二中等11所学校改扩建工程进展顺利；中高考各项指标继续保持京郊首位、全市前列，本科录取率达88.9%。调整救助标准，将城乡低保标准调整到人均900元，低收入标准调整到月人均1410元，全年共为4377人发放低保金4996.49万元。不断扩大救助范围，提高救助标准，累计医疗救助、临时救助5114人次，发放救助金690.06万元。养老事业深入推进，全市首家养老助餐集配中心建成使用，22家社区养老服务驿站、12个老年食堂正式运营；在区老年公寓设立京顺老年病医院，打造医养结合共同体。

（区政府办）

【文件办理】2017年，共印发各类公文937件,累计接收国务院、市政府及市属各委办局来文2534件(同比增加653件,增幅35%)，接收处理区级单位报送各类公文2832件(同比增加466件，增幅20%)，到邮局发送机要件190余次。

（区政府办）

【督查督办】2017年，推动全区104个部门设立督查机构，按照“减量提效，突出重点，注重实效”的原则，紧盯核心工作，共制发督查通知单229件，较2016年减少9.1%，形成刊物174个，较2016年减少30.1%；督办市折子、实事、清洁空气行动计划、水污染防治、中央环保督察反馈意见整改等市级任务45项、198子项，均按要求落实反馈。

（区政府办）

【建议提案办理】2017年，共督办市级人大代建议、政协提案9件，区级人大建议、政协提案282件，党代表意见建议32件，全部建议、提案均如期办复，满意率均达到100%。同时完成市级22项绩效考评指标的分解、上报。

（区政府办）

【群众服务】2017年区政府便民电话工作室共办理、回复市政府便民电话中心交办事项82993件，同比增加37394件，增长82%；处理“人民网地方领导留言板”群众留言24件；刊出《便民电话网络工作要情》41期、《便民电话网络工作通报》12期，共获得领导批示11件；共接到表扬电话118件。

（区政府办）

【信息宣传】2017年，共编辑上报全区各领域政务信息5000余条、350余万字，服务市、区两级领导决策。全年编发《顺义区情》6类刊物365期，采用区内信息3400余条。会同顺义电视台编审《区政府常务会议通稿》43期。全年累计向市政府办公厅信息处报送信息1500余条，被《昨日市情》采用110条，被《今日舆情》采用30条；时限内落实上报市政府及其转发国务院约稿信息14篇，其中《大孙各庄镇农民合作社运营发展情况研究》被国办信息采用，实现顺义区政务信息国办采用“零的突破”。2017年度顺义区报市信息工作总得分407分，同比增长24.8%，被评为北京市政府系统优秀信息工作单位。

（区政府办）

【信息公开】2017年，全区各有关单位通过政府网站、政务微博微信及报刊媒体等形式共主动公开政府信息38412条，其中区政府本级7506条。全区共受理政府信息公开申请849件，同比增长72.6%；引发行政复议25件、行政诉讼19件。

（区政府办）

【应急和安全保障】2017年，共接报办理各类事项1049件，其中协调突发事件229起（社会安全类108起,事故灾难类109起、公共卫生类9起、自然灾害3起）；全年向市应急网报送本区应急管理信息551篇、“应急知事”微信公众平台信息6篇；完成16家重点单位的视频联通，技术保障能力进一步提升；组织召开各级各类视频会议150次，应急指挥技术平台设备完好率保持100%；初步完成新应急指挥技术平台建设工作；“走进应急”应急管理微信公共平台累计发布应急管理知识500余条；开展不同形式和规模的演练活动700余次，有效增强全区预防和应对突发事件的能力。

（区政府办）

法治建设

【概况】2017年是顺义区推行依法行政、建设法治政府的关键之年，区政府法制办公室紧紧围绕区委、区政府中心工作，全面贯彻落实区委五届四次全会、区人大五届一次会议精神，以“推进依法行政，建设法治政府”为目标，深入开展全面深化改革工作，加快优化首都核心功能、推动京津冀协同发展各项工作的落实，创造性地开展各项政府法制工作，较好地完成工作任务，为建设“港城融合的国际航空中心核心区、创新引领的区域经济提升发展先行区、城乡协调的首都和谐宜居示范区”创造良好的法制环境。

单位名称：顺义区人民政府法制办公室

（法制办）

【区政府法律顾问团】一是组织法律顾问团参与各项政府法律事务。法律顾问团参与审查规范性文件、政府合同和行政决策1820余件。二是召开法律顾问工作交流会。工作交流会总结回顾近年来本区律师担任政府法律顾问工作取得的成果，交流经验，并对建立律师担任政府法律顾问的长效机制和进一步推动本区律师担任政府法律顾问工作进行探讨，明确努力的方向。

（法制办）

【合法性审查工作】2017年，共对271个文件进行合法性审查，其中行政规范性文件46件，上会审议的决策事项192件，其他事项33件，共提出意见342条。

（法制办）

【重大合同审核备案】共事前审核各类政府合同1694件，提出意见建议2244条，对报送备案2091件合同进行备案审查，涉及合同金额41余亿元。

（法制办）

【《顺义行政法制研究》内部刊物】2017年，刊发《顺义行政法制研究》六期。对“疏解整治促提升”专项行动中遇到的疑难法律问题进行深入研究，研究专题涉及宅基地上违法建设、出租大院群租、养殖小区腾退、砂石坑治理、食品药品安全等问题，提出系统治理的对策和建议，并为各相关部门采纳。

（法制办）

【《顺义区农村土地法律事务手册》】手册对农村土地承包、土地承包经营权流转、农村集体建设用地的使用、管理等内容进行法律分析，对实际工作中的常见问题提出处理建议，并引用人民法院相关审判文书，摘编相关法律法规，对规范农村土地承包流转、优化农村土地资源利用提供法律支撑，促进“疏解整治促提升”专项行动的深入开展。

（法制办）

【法治教育培训】按照《顺义区2017年学法计划》（顺政办字[2017]12号）的各项要求完成区政府常务会议学法（4次）、专题法制讲座（2次）、依法行政知识培训（2次）、依法行政研讨（2次）、行政诉讼典型案件庭审观摩（1次）的授课师资组织安排、会场布置、后勤保障等各项工作，特别邀请市四中院行政审判庭庭长陈良刚对《2016年顺义区人民政府涉诉行政案件司法审查报告》进行解读、邀请北京市安监局事故处处长高云飞对安全生产法进行讲授。

（法制办）

【行政执法监督指导】一是组织全区各行政执法部门自行评查本部门行政处罚案卷，并对其行政处罚案卷评查质量进行抽验。二是进一步做好北京市行政执法信息服务平台的运行维护工作，督促各执法部门进行信息更新与数据填报。三是严格审核区城管执法监察局报送的责成强拆案件，打击违法行为。四是按照市政府法制办及区政府的要求，完成对全区行政执法主体和受委托执法组织清理工作的督促和指导。五是依据《2017年度区政府依法行政考核指标》（京依法行政发〔2017〕3号）文件要求，贯彻区政府指示精神，制定《2017年各单位依法行政专项考核办法》并予以实施。

（法制办）

【行政复议】一是加强行政复议接待工作，共接待群众209批次、358人次，做到热情接待、细致解答，依法受理。二是依法办理行政复议案件，在书面审理方式的基础上，采用实地调查和听证的方式进行办案，提高案件办理质量。三是编制行政复议典型案例，指导各单位办案实践、提高办案质量、依法有效化解行政争议。年内，区政府共受理行政复议案件182件，同比上升20.5%。其中，通过调解、双方和解后终止审理74件；维持59件，撤销具体行政行为32件，驳回复议申请13件，不予受理3件，责令被申请人履行1件。通过撤销、责令履行法定职责等方式直接纠错的案件比例达18.1%，通过调解、和解方式解决争议的案件比例达40.7%。从案件类型上看，案件涉及公安交通处罚、查处违法建设、信息公开、工商食药举报投诉处理、治安处罚、工伤认定、环保处罚、城管处罚、工程建设举报等类型。

（法制办）

【行政复议委员会】顺义区行政复议委员会换届工作完成。在总结经验的基础上，吸收知名律师参与其中，对人员组成进行适时调整，成立新一届行政复议委员会。行政复议工作利用这一平台，借用外部智慧参与行政复议案件审理，有助于发挥行政复议制度在解决行政争议、化解社会矛盾中的作用，维护当事人合法权益，提升行政复议的权威性、透明度和公信力，提高行政复议工作质量，整合有效资源化解社会矛盾。

（法制办）

【行政应诉】一是承办行政应诉案件。年内，以区政府为被告的行政诉讼案件共84件，案件涉及违法建设查处、土地纠纷、信息公开、政府履职、工商食药投诉举报处理、村务公开、征地拆迁补偿、公安交通处罚、工伤认定等领域。全部在法定时间内准备完答辩状及相关手续。二是提高行政应诉能力。组织全区24家委、办、局旁听区法院审理的行政诉讼案件，直观体验行政应诉和法庭审理活动，提高各行政机关工作人员的应诉能力。三是加强行政负责人出庭应诉工作。2017年，常务副区长霍光峰、副区长郑晓博分别作为区政府负责人出庭应诉四中院审理的国家赔偿一案和拆除违法建设八案。各镇、交通支队、动监局、人社局、民政局、住建委、城管局、水务局、工商局、食药局等部门负责人出庭应诉41次。四是编制行政应诉典型案例，加强对本区应诉工作的指导，促进行政应诉工作规范化建设。

（法制办）

外事侨务

【**概况**】区政府外事侨务办在市外办、市侨办和市政务服务中心的指导下，在区委区政府的正确领导下，紧紧围绕顺义区“港城融合的国际航空中心核心区、创新引领的区域经济创新提升先行区、城乡协调的首都和谐宜居示范区”的功能定位，全面落实“十三五”时期提升国际交往功能的各项举措，充分发挥外事、侨务工作的积极作用，推动顺义区经济社会转型和区域国际化发展。

单位名称：顺义区人民政府外事侨务办公室

（顺义区政府外事侨务办）

【**重庆市渝北区领导考察临空经济发展情况**】2月15日，重庆市渝北区区委常委、区政府常务副区长秦文敏一行到顺义区考察，顺义区领导高朋、霍光峰、初军威参加，北京临空经济核心区管委会、区发改委、区政府外事侨务办、区财政局等单位负责同志陪同。

（顺义区政府外事侨务办）

【**与德国达姆施塔特-迪堡行政区签署友好合作谅解备忘录**】2月20日下午，顺义区与德国达姆施塔特-迪堡行政区签署友好合作谅解备忘录。今后双方将在临空经济、文体交流、科技创新、人才培养、金融和啤酒业等领域进行合作，定期互派代表团访问，定期沟通信息，增进了解。

（顺义区政府外事侨务办）

【**区委外事工作领导小组全体会议**】3月1日，区委外事工作领导小组2017年第一次全体会议召开。会议听取全区2016年出国（境）情况报告并审议通过顺义区2017年因公出访计划，为全年因公出访工作明确重点和方向。

（顺义区政府外事侨务办）

【**“发展中国家产业园区建设与管理研修班”考察临空经济发展情况**】3月17日，来自东欧、东南亚、非洲等13个发展中国家的“2017年发展中国家产业园区建设与管理研修班”到顺义区考察临空经济发展情况。研修班实地考察正元地理信息科技有限公司和北京临空经济核心区管委会，深入了解顺义区临空经济在园区规划规划、运营管理、吸引外资等方面的优秀发展经验，并在座谈会上与多个部门负责人进行交流。

（顺义区政府外事侨务办）

【**全区侨务工作台账核实更新**】3月，更新全区各镇、街道、经济功能区侨务干部队伍、侨胞及侨企、侨商实际情况。经核实，本区现有侨胞796人，其中华侨10人、外籍华人192人、归侨15人、侨眷109人、香港同胞465人、澳门同胞5人。重点侨资企业36家，与一批知名侨商建立联系。

（顺义区政府外事侨务办）

【**“‘筑梦·丝路’共享盛世之春·2017外语喜乐会”**】4月22日-23日，顺义区政府外事侨务办联合区教委、顺旅集团等有关单位在北京国际鲜花港共同举办为期两天的“‘筑梦·丝路’共享盛世之春　2017外语喜乐会”。喜乐会通过主舞台舞蹈、歌曲、话剧等丰富多彩的中西文艺汇演，以及互动体验区的知识讲解和英文游戏两大部分，让广大市民朋友了解更多有关一带一路的知识。

（顺义区政府外事侨务办）

【**海外华裔青年企业家走进顺义**】5月8日，由国务院侨务办公室主办的“第38期海外华裔青年企业家中国经济研修班”到顺义参观考察。来自24个国家和地区的45名海外华裔青年企业家们先后到北京临空经济核心区、北京天竺综合保税区、顺义区外国人出入境服务大厅、顺义侨资企业“北京金恒丰科技有限公司”、汉石桥湿地以及罗红艺术馆实地走访参观，听取情况介绍并举行座谈。

（顺义区政府外事侨务办）

【**“智汇顺义 创启未来”跨境路演**】5月16日，承办“智汇顺义 创启未来”2017中美跨境加速高科技项目路演会。邀请10家来自美国加州的高端项目到顺义进行路演展示。

（顺义区政府外事侨务办）

【**非洲、拉美记者代表团走进顺义**】5月17日，非洲、拉美记者代表团一行考察北京市公安局顺义分局外国人出入境服务大厅、火凤凰（北京）国际艺术品物流有限公司、天竺综保区国际快件中心跨境电商公共库、虎虎动画电影制作（北京）有限公司，区商务委做相关情况介绍。随后，前往汉风耕读苑、罗红摄影艺术馆参观。

（顺义区政府外事侨务办）

【**市政府侨办领导到顺义调研**】7月6日，市政府侨办主任刘春峰、副主任李长远及相关领导到顺义调研。参观顺义侨企北京金恒丰科技发展有限公司，座谈听取企业发展情况介绍。

（顺义区政府外事侨务办）

【**外国使馆官员走进顺义**】7月7日，由市政府外办组织的“外国使馆官员走进顺义活动”在顺义区开展，来自白俄罗斯、保加利亚、丹麦、俄罗斯、英国等国家的驻华使馆官员参观罗红摄影艺术馆、汉风耕读苑，随后在奥林匹克水上公园参加第26届北京国际燕京啤酒文化节。

（顺义区政府外事侨务办）

【**第十届海外高层次人才座谈会海外院士顺义行活动**】7月11日，“第十届海外高层次人才座谈会海外院士顺义行活动”在顺义区举行，海外院士、欧美同学会领导以及工作人员80余人参观考察罗红摄影艺术馆、外国人出入境服务大厅、光峰华影（北京）科技有限公司。

（顺义区政府外事侨务办）

【**“顺义区领事保护进万家”系列活动**】9月2日，由区政府外事侨务办公室主办的“顺义区领事保护进万家”系列活动走进双丰街道富力湾社区。11月15日，“领事保护进万家”系列活动走进空港街道莫奈花园社区，吸引小区及周边社区180余名居民参加。11月15日，顺义区“领事保护进万家”走进北京卓良模板有限公司，此公司业务涉及东亚，中东，澳洲等多个海外地区，领事保护知识普及宣传满足该公司工作人员日常工作面临的各种各样的境外问题。

（顺义区政府外事侨务办）

【海外侨胞走进顺义助力发展】9月23日，由全国政协港澳台侨委员会副主任赵阳带队，来自16个国家的31位全国政协海外列席侨胞考察团到顺义区考察。考察团实地考察北京天竺综合保税区国际快件中心跨境电商公共库、罗红摄影艺术馆等地，并进行座谈交流。

（顺义区政府外事侨务办）

【“领事保护进万家”系列活动走进李桥中小】10月9日，区政府外事侨务办在李桥镇中心小学组织开展“顺义区领事保护进万家”之“领事保护进校园”活动，全校共1200余名师生参与本次活动。

（顺义区政府外事侨务办）

【芬兰凯拉瓦市教育局领导访问】11月7日，芬兰凯拉瓦市教育局学前教育部主任韩内蕾一行到顺义区参观访问，区政府外事侨务办、区教委领导陪同座谈。随后，芬兰凯拉瓦市教育局领导一行实地参观金汉绿港幼儿园、牛栏山第一中学。

（顺义区政府外事侨务办）

【因公出国境政策解读和培训】11月7日，顺义区因公临时出国（境）工作培训会召开，全区123家单位的主管领导和外事专办员参加，邀请市政府外办出入境管理处领导解读北京市因公出国（境）最新的形势政策；区纪委、区委组织部、区财政局、区政府外事侨务办领导，分别从因公出国（境）相关纪律政策、规范领导干部因公出国（境）备案、因公出国（境）经费管理、涉外管理等方面进行专题培训。

（顺义区政府外事侨务办）

【俄中友协代表团考察访问】11月9日，俄中友协代表团一行来顺义考察北京天竺综合保税区园区建设管理经验，并实地参观国际快件中心跨境电商公共库、帕西姆德国商品展示店。

（顺义区政府外事侨务办）

【区政府外事侨务办开展侨法宣传培训】11月16日，侨务政策法规培训会召开，组织全区25家属地的侨务工作干部共同学习侨法。

（顺义区政府外事侨务办）

【区领导与中国核工业二三建设有限公司进行座谈】11月29日，中国核工业二三建设有限公司党委书记、董事长徐永强一行与顺义区领导就公司发展情况以及光伏发电、环保、房建等领导合作事宜进行座谈交流。

（顺义区政府外事侨务办）

【以APEC卡为媒，搭建企业交流平台】12月6日，举行APEC商务旅行卡企业俱乐部活动，邀请市发改委外资处介绍企业境外投资有关政策、专业律师讲解企业海外仲裁的案例和经验、顺义区企业代表进行路上丝绸之路物流和企业海外安保主题演讲，以卡为媒，搭建政策宣讲和企业沟通交流平台，助力区内企业“走出去”。

（顺义区政府外事侨务办）

【西藏自治区党政代表团考察】12月9日，西藏自治区党委常委、拉萨市委书记白玛旺堆率领拉萨市党政代表团一行到顺义区考察。代表团一行先后来到北京天竺综合保税区、顺鑫控股集团创新食品分公司、北京临空经济核心区进行实地考察。

（顺义区政府外事侨务办）

【APEC商旅卡宣传推广】年内共为全区41家企业101人办理APEC卡申请，全年新发旅行卡62张。顺义区累计申办371张，累计发卡269张。

（顺义区政府外事侨务办）

【公益英语角“顺e角”】全年共举办线下活动12期，累计举办30期，参加群众三千多人次。

（顺义区政府外事侨务办）

信访

【概况】2017年，全区信访工作以贯彻习近平总书记关于信访工作的重要指示精神为指导，严格落实《北京市信访工作责任制实施细则》，着力强化责任担当，全力推进信访工作制度改革，主动适应新形势、新任务的需要，研究新情况、解决新问题，协调全区各单位、各部门，搭建工作平台，形成工作合力，狠抓任务落实，各项信访工作取得新成绩，为促进顺义区经济社会发展做出新贡献。2017年，全区信访总量4354批（件）次，同比上升12.4%，其中办理群众来信1717件次，同比上升33.7%；接待群众来访2637批次，同比上升8%，集体访310批次，同比上升12%。

单位名称：顺义区信访办公室

（信访办）

【领导干部接访工作】各级领导干部坚持定期接访、带案下访、联合会访制度，实行首接首办责任制，切实将初信初访一次性解决到位。一是落实区级领导接访日制度。2017年，区领导主持召开信访相关事宜专题会50余次，并对信访工作做出批示25次，听取信访工作专题汇报6次。区级领导接待日开展23次，接待群众1374批次，3200人次，领导批示191件，按期办结率100%。各属地、各部门认真落实接待日领导批示要求，90%的信访问题得到妥善化解。二是强化基层化解。按照信访工作“一把手”责任制的要求，各镇（街）也不断加强主要领导接访工作，做到深入一线走访、调研，主持制定有效可行方案，充分运用“一轴两翼”工作机制，有效联合职能部门，将大量矛盾纠纷化解在基层、吸附在属地。

（信访办）

【矛盾排查调处】一是开展矛盾排查。2017年，区信访办结合党的十九大、“一带一路”高峰论坛、北戴河暑期办公等重大活动，每月开展两次矛盾大排查，梳理重点问题36项，开展办内领导包片督导82人次，督促问题加快化解。二是加强矛盾调处。按照“时刻把握信访问题关键点、关键环节，绷紧信访维稳这根弦”的工作要求，区信访办针对排查梳理出的重点人和重点信访隐患，协调属地实行主要领导包案，开展案情会商，制定有针对性的工作方案，通过矛盾排查，源头预防作用有效发挥，各单位累计化解隐患问题169件，实现“小事不出镇（街），大事不出区”。动态排查深入开展。

（信访办）

【信访积案难题破解】一是完善信访联席会议制度。坚持“控增减存防变”目标，完善职能部门和属地多方联动机制，进一步明确各部门职责，推进信访与人民调解、行政调解、司法调解的联动工作。2017年，召开信访联席会议17次，协调职能部门，化解处置各种社会矛盾。二是区级领导包案工作。按照与区领导“批示要求、接待日内容、分管工作”“三结合”的原则，出台《顺义区2017年重点信访问题区级领导包案工作方案》，针对重点信访问题，由区领导牵头负责召开工作调度会，进一步明确各分管领导和主责单位的职责推动重点信访问题逐步化解。三是积案化解工作。建立健全信访积案化解工作机制，针对群众反映强烈的热点难点问题，与区委、区政府从政策层面研究化解措施。针对矽肺病多年上访问题，出台顺义区矽肺病患者医疗救助实施方案》（顺民字【2017】31号），建立“矽肺病救助”专项基金，患者医药费报销工作逐步落实。

（信访办）

【信访应急保障工作持续发力】一是信访秩序有效维护。健全信访应急保障组织体系，落实预警防范、信息研判、岗位职责等措施，及时控制和妥善处理各类信访突发问题。二是部门间沟通衔接到位。在纵向上，加强与市信访办的交流沟通，及时掌握第一手信息，实现重点时期非正常上访“早发现、早协调、早化解”；在横向上，强化同各部门的沟通联络，确保预警信息准确有效，避免出现因信息不对称发生应急保障滞后、造成不良社会影响等问题。三是应急保障。按照“第一时间发现问题、第一时间人员到位、第一时间妥善处置”原则，“一带一路”高峰论坛、北戴河暑期办公、金砖领导人会议等重要活动期间，共出动700余人次完成国家、市、区三级等应急保障任务。

（信访办）

【信访工作责任制】一是深入贯彻落实《北京市信访工作责任制实施细则》，明确区、镇街（包括委办局）和村居三个层级责任，推动“三级接待”工作有效落实，各镇、街道、委办局等单位按照“属地管理、分级负责，谁主管、谁负责”的工作原则，加大信访工作在各级督查考核工作中的权重，推动信访工作责任落到实处，解决大量信访难题。二是营造法治信访社会氛围。在全区19个镇和6个街道办启动主题为“落实信访责任制、推动信访法制化”的信访宣传月活动，累计悬挂条幅380余条，发放《信访条例》《北京市信访条例》2万册，宣传海报、宣传折页2万套，宣传品1.2万个，受教育群众达9000人次。三是信访队伍建设稳步推进。开展基层信访干部业务培训7次；加强基础业务规范化建设，进一步调整办信、接访、网上信访、督查督办等业务规则，优化办理流程。

（信访办）

【党的十九大信访服务保障】党的十九大期间，区信访办坚持“联席、联动、联通、联结”的“四联”工作模式；发挥“人民调解、行政调解、司法调解”的“三调”联动作用，实现信访问题联合结案；采取“1+1+4”简称“114”（1名新时代优秀共产党员、借助区级会商会这1个平台、发挥“排查、协调、转办、督办”4项职能）工作模式，确保党的十九大顺利召开。本办典型经验《北京市顺义区“四联”工作模式常态化》一文刊登在中央信访工作联席会议简报。《顺义区实行“1+1+4”工作模式服务保障十九大取得明显成效》一文被市信访办刊登在《信访简报》第3期。党的十九大期间，顺义区信访办共教育疏导非受理信访事项42个，妥善处置信访问题87个、138人次，化解矛盾纠纷85件，化解率98%。

（信访办）

政务信息化

【概况】2017年，顺义区的政务信息化建设紧紧围绕党的十九大报告精神，结合区域定位特色，突出抓好政务信息基础设施建设，重点推进区级共性支撑平台、网上公共服务和信息系统应用，为开展智慧城市建设奠定发展基础。

单位名称：顺义区信息中心

（信息中心）

【电子政务基础设施更加完善】一是加强电子政务外网建设。目前共接入党政机关、镇（街道）、村（居委会），中小幼、卫生服务中心、派出所等936家单位，敷设光缆3000余芯公里。网络核心带宽万兆，接入带宽千兆，互联网出口带宽达到4150兆。二是加强政务数据中心机房建设。截至年底，政务数据中心机房共托管42家单位441台服务器，承载政务网站和信息系统142个。

（信息中心）

【区政府门户网站顺义网城建设】截至年底，顺义网城累计发布信息57897条，图片29000余张，视频100余段。网站访问IP数超过4500多万，总页面浏览量达5.9亿次以上。顺义网城微信公众订阅号发布推送信息186期，信息1680余条，粉丝数量突破1500人。

（信息中心）

【信息采编报送】2017年发布政务、经济、百姓生活等信息2000余条，图片1000余张。同时，依托顺义网城英文版，每周发布英文信息5-10条；向其它媒体报送政务、经济、生活等信息3000余条，图片1000多张；被采用信息3000千余条、图片500余张。

（信息中心）

【《在线访谈》】2017年，先后邀请区卫生计生委、教委等单位一把手走进顺义网城网络直播间，开展医改、教改、十九大精神落实等在线访谈节目10期。

（信息中心）

【政务信息系统升级改造】区电子办公服务平台、移动办公平台及政务邮件系统升级改造完成，改造后的系统架构和页面布局更加合理，栏目更加丰富，功能更加完善，流程更加优化。

（信息中心）

【政务信息系统自查】按照《关于推进我市政务信息系统整合共享的实施方案》京经信委发〔2017〕89号文件要求，区信息中心梳理全区106家单位的118个系统的详细情况，形成自查报告，并按照系统的使用情况和功能形成系统清理整合实施方案，按照梳理成果初步行成全区智慧城市需求统筹和数据资源统筹规划。

（信息中心）

【政务外网安全等级保护三级建设】5月，聘请等级保护测评机构对顺义区电子政务外网进行初步检查，根据测评结果，对照等级保护三级标准，完善软硬件设备。11月，完成整改完善工作，并报请备案。

（信息中心）

【电视电话会议保障】2017年，共完成60余次国务院、北京市电视电话会议到区主会场和各镇、街道、重点委办局、功能区分会场的转播工作。

（信息中心）

应急管理

【概况】2017年，顺义区应急管理工作牢固树立安全发展理念，始终把人民群众生命财产安全放在第一位，坚持“预防与应急并重，常态与非常态相结合”的工作原则，贯彻落实北京市“十三五”时期应急体系发展规划，制定《顺义区政府关于贯彻落实<北京市“十三五”时期应急体系发展规划>提升应急体系建设水平实施方案》，夯实基础、健全机制、突出重点、服务大局，为全区社会稳定发展提供坚实保障。

单位名称：顺义区突发公共事件应急委员会办公室

（应急办）

【应急值守】依据有关法律、法规和文件规定，制定《顺义区值守应急工作管理制度》。要求各属地、各单位认真编制本单位值守应急工作制度和应急值守安排表。值班人员要严格遵守各项值班要求,熟悉单位值守应急相关业务工作，熟练操作使用相关技术设备，确保通信联络畅通。区应急办会同区政府绩效办等部门，将值守应急相关工作纳入区政府绩效考核，采取日常监督、察访核验、年终考评等形式进行考核，并最终纳入本单位年度绩效考评。

（应急办）

【信息收集和报送】严格执行《顺义区应急事件（情况）处置和信息报送办法》，强化信息收集和舆情应对，及时报送突发事件信息，注意收集和汇总与重大会议活动和重要节假日相关的服务保障信息，并加强对城市运行体征指标信息的综合分析和动态跟踪。截止12月底，共报送应急信息450篇、应急知事6篇，提前完成应急信息报送任务（全年400篇）。向市级刊物报送特色信息36篇。“全国两会”“清明节”“一带一路”“十九大”等重点时期报送应急信息和服务保障信息100余篇。顺义区应急管理微信公众平台“走进应急”运行良好，开通2年来，共发布信息870余条，2017年共推送发布信息340余条。

（应急办）

【公共安全风险管理】全面落实《区政府关于加强公共安全风险管理工作的意见》，定期开展全区公共安全风险评估，建立社会风险隐患排查月报制度，每月25日之前统计全区风险隐患点，实现公共安全风险管理常态化机制。各单位针对风险点采取有效管控措施，逐步实现应急管理工作由被动应对向提前预防的转变。各单位制定切实可行的工作方案，对现有隐患预防化解，时刻关注本地区、本部门、本行业内新增隐患和社会风险信息，做好防控应对工作。截止12月底，涉及拆迁补偿、回迁安置、房本办理、物业管理、民工讨薪、退伍军人待遇、噪音扰民等，共计风险隐患点74个，评估农村冬季火灾风险隐患点380个。

（应急办）

【《顺义区突发事件总体应急预案》】组织全区各部门各属地130家单位开展应急预案修订培训工作。具体指导、审核《顺义区气象灾害应急预案》《顺义区突发事件应急救助预案》《顺义区水环境污染应急预案》《顺义区危险化学品事故处置应急预案》《顺义区防汛应急预案》等12

个专项、部门应急预案。

（应急办）

【应急队伍、物资装备动态更新】顺义区共有应急队伍159支，其中专业队伍42支、兼职队伍117支，专兼职人员14856人、应急志愿者2300人；共有应急物资151类、168725件，其中应急处置装备类117类、82601件，能源类物资2类、35000吨，生活必需品4类、19950吨，救灾类物资13类、11537件，卫生医药物资15类、19637件。

（应急办）

【应急演练】《顺义区2017年应急演练工作实施方案》制定，指导全区应急演练工作。参与组织顺义区输油管线泄漏事故应急演练、顺义区客运交通事故应急演练、顺义区高层住宅火灾事故应急演练、顺义区反恐防暴应急演练等区级演练。同时，指导各专项应急指挥部、各属地和有关部门开展不同形式和规模的演练活动700余次。

（应急办）

【宣教培训】一是组织开展党政领导干部、应急管理工作人员、应急志愿者、应急救援队伍骨干四类人员培训。邀请市应急办领导就信息管理和预案管理工作进行授课，区各属地、职能部门共130名应急管理主管领导参加培训；组织区内应急管理工作人员和应急志愿者100余人参加以国内外安全形势分析、个人安全防护知识、群体性事件和火灾事故处置应对为课程的体验式培训。二是开展“5·12防灾减灾日”宣传周活动。三是利用社区34块应急管理科普宣传栏，开展应急管理和公共安全知识普及教育工作，2017年共制作更换宣传海报272幅。四是顺义区应急管理微信公共平台“走进应急”每周进行更新发布应急管理和公共安全知识、信息等，2017年共推送发布信息400余条。

（应急办）

【“5·12防灾减灾日”宣传周】区应急办联合区民政局、区发改委、区市政市容委等20家职能部门在汉石桥湿地组织集中宣传活动暨“5·12防灾减灾日”宣传周启动仪式，现场发放科普宣传材料1万余份。宣传周期间，全区各属地和各部门共开展62场主题宣传活动，发放宣传材料9万余份。同时，利用274部居民电梯广告位和户外广告屏幕投放防灾减灾、消防安全知识公益宣传广告。

（应急办）

【指挥技术支撑体系建设】一是规范应急指挥技术系统使用维护，确保系统运行稳定。坚持对应急指挥技术平台设备进行日检查、周保养、月维护，做好机房检查记录和机房操作记录台账，故障隐患立即进行整改，问题及时进行解决。二是顺义区新应急指挥技术平台项目完成全部工作量的90%。12月，平台进入试运行阶段。三是加强对指挥车的日常维护和使用管理，确保车况和设备运行正常；协调公安、民防完成指挥车维修维护及全市驻训工作。党的十九大期间，按照市应急办统一安排，应急指挥车赴朝阳区北苑地铁站配合进行为期10天的“人物同检”应急保障工作。

（应急办）

【京津冀应急协同发展联动机制建设】一是与廊坊市初步建立应急联动机制：组织召开顺义区与廊坊市应急联动机制座谈会,制定应急联动方案,初步达成应急联动框架协议。二是与首都机场建立应急联动机制：制定《关于北京市顺义区应急指挥中心与首都机场股份公司运行控制中心开展应急管理全面合作的框架协议》。与首都机场运控指挥中心联合制定《顺义区突发民用（通用）航空器失事事故应急预案》，实现《首都机场场外飞行器事故应急预案》与《顺义区突发事件总体应急预案》对接，明确首都机场及周边地区突发民用航空器事故处置过程中的各方责任和应急响应基本措施，形成一份可供首都机场与顺义区共同使用的场外航空器事故应急预案。确立4项应急管理常态机制（重大突发事件信息沟通机制、日常工作信息通报机制、技术通信联动机制和联合应急演练机制）。三是与河北省三河市公安机关建立应急联动机制：顺义区公安分局按照北京市公安局区域警务合作工作模式，由顺义区公安分局勤务指挥处牵头组织巡警、治安、交通、国保等职能部门及顺义区大孙各庄镇、北务镇派出所与河北三河市公安局对口职能部门及相邻派出所开展协作配合，确保外围防线的绝对安全。四是与本市通州区、河北省三河市、大厂回族自治县和香河县建立动物疫病防控区域应急联动机制：建立定期会商制度,每年春秋两季定期召开联防会议，就联防政策、制度、措施、进展等情况进行会谈；同时五区县互相通报疫情,及时沟通信息,在发现疑似疫情或其他可疑突发重大疫情的情况下,相邻区县间及时互相通报,以共同加强防控,有效控制疫情的传播与蔓延；对两省市交界处10公里范围内的免疫密度和免疫质量进行联防联查,坚决不留防疫死角。

（应急办）

【大型活动服务保障工作】完成登山文化节、樱桃采摘节、清明祭扫、“一带一路”峰会、徒步大会、啤酒节、轨道交通“人物同检”、党的十九大等大型活动的现场应急服务保障工作30次。特别是“一带一路”峰会、党的十九大期间的保障工作中，区应急办充分发挥统筹协调职能，组织公安、城管、交通等重点部门进行检查、值守，完成服务保障工作。

（应急办）

【突发事件应对】年内，区应急指挥中心共接报各类突发情况、预警、通知、咨询等1020件，协调处置全区各类突发事件234起。其中：社会安全类110起、事故灾难类112起、公共卫生类9起、自然灾害3起。全年以安全生产事故和集体上访为主，特别是6.30后沙峪董各庄马兆选等4人中毒窒息事故、9.29后沙峪花马沟排污口磁水净化站污水池3人溺亡事故、中部战区房管处库房、香悦四季业主上访、全富木业工人讨薪、港馨东区幼儿园诺如病毒聚集性疫情事件，在区应急办统一协调指挥下，各单位快速反应，事件均得到得到妥善处置。

（应急办）

档案

【概况】年内，档案工作一是对112家立档单位档案采取兼顾全体、分类指导，重点先行的方法开展指导工作；二是对54家单位进行档案安全检查，通过听取汇报、现场检查、档案员现场填写检查备案表、抽查下属单位、书面反馈、全区通报等方式，提升监管效果；三是继续完成存量档案数字化扫描工作，完成文书档案、婚姻档案等75万页纸质档案的全文扫描；四是共接待查档人数4303人次，查阅各类民生档案4745卷；五是接收18家单位卷级文书档案7264卷，件级文件6511件；六是对各立档单位1986年度形成的档案进行鉴定,经初审和复审开放78个全宗，8022件。单位名称：顺义区档案局

（档案局）

【档案目录数据库建设】按照区档案局（馆）要求，全区各立档单位在移交档案进馆的同时，档案目录也必须同时移交入档案目录数据库。2017年全年，顺义区档案局（馆）共接收区地方工业公司、区种植中心等18家立档单位档案目录61785条，完成今年文件级目录接收任务，档案目录数据库建设稳步推进。

（顺义档案局）

【档案安全保管自查活动】按照顺义区档案局《关于加强汛期档案安全保管工作的通知》要求，北京临空经济核心区管委会开展档案安全保管自查工作，进一步补充完善档案资料，使档案管理工作得到加强和规范。一是建立完善档案安全管理制度，明确各项职责，将档案工作落到实位。二是强化硬件和人员配备。随着电子档案管理的逐步开展，核心区管委会档案管理查询配备专用电脑，并落实专人负责。做到规范操作，有序利用。三是档案管理规范化。档案库房档案柜摆放整齐，柜架上有明显的指引标记。档案室统一接收各种文件资料，按照归档范围和分类实行整理归档，移交手续齐全。

（顺义档案局）

【拆迁档案利用】枯柳树、回民营两村回迁房办理房产证过程中，针对一部分村民未妥善保管拆迁补偿协议，不能办理回迁房减免契税等业务的问题，为保障村民的利益不受损害，后沙峪镇档案室工作人员和拆迁安置办公室工作人员互相配合，凡是到核心区补办拆迁补偿协议的村民，只要提供相关手续，全部为其从原有拆迁档案中复印补偿协议，为村民解决实际困难。

（顺义档案局）

【顺鑫控股集团2017年度档案员业务培训】3月3日下午，顺义区档案局指导科工作人员为顺鑫控股集团总部各部室，各事业部，二三级公司专、兼职档案员80余人进行档案管理培训。培训内容围绕集团档案日常工作开展，涉及档案的管理工作、档案的种类及文书档案收集、件级整理方法等方面。

（顺义档案局）

【2017年度机关档案工作测评】3月17日，区档案局召开顺义区机关档案工作测评会议，2017年度参加测评工作的有南彩镇政府、木林镇政府、马坡镇政府、北石槽镇政府、科委、食药监局、北京临空经济管委会七家单位。区档案局就测评工作的各项内容及安排进行部署，对《北京市区县档案工作测评办法》及《测评细则》逐项进行解读。现场解答各单位提出的问题，并部署专人分组到各测评单位进行指导，查找不足，明确下一步整改任务。按照工作要求，北京临空经济核心区整合原空港经济开发区、原空港物流基地、原国门商务区三个经济功能区档案。整合后档案由核心区管委会负责统一管理。最终，北京临空经济核心区管理委员会、南彩镇政府、北石槽镇、科委获评市级“优秀单位”。

（顺义档案局）

【胜利街道开展规范社区档案工作】4月12日，胜利街道综合档案室与区档案局指导科对建南二和幸福西街社区的档案归档和管理工作进行检查和指导，通过实地查看，两个社区的档案工作基础工作扎实，各类档案做到及时收集，整理规范符合标准，能在有限的办公区域内配置档案专用保管柜，保证档案得到妥善保管。检查中，根据两个社区档案管理工作中存在的问题，档案局指导科做具体指导。同时，对照此次检查结果和按照胜利街道办事处对档案工作的部署和要求，街道档案领导小组进一步修改和完善《胜利街道社区档案规范化考核标准》，下发到19个社区，各社区依此进一步做好档案管理工作。

（顺义档案局）

【《顺义区党风廉政建设五年成就暨廉政书画巡展》】5月2日-5月19日，《顺义区党风廉政建设五年成就暨廉政书画巡展》在顺义区档案馆开展。本次巡展，向全区广大党员干部群众展示十八大以来顺义区在党风廉政建设和反腐败工作中取得的一系列成就，以及顺义区基层廉政文化建设成果，进一步推动全区党风廉政建设，营造风清气正的良好氛围。共有45家单位，1500余人次参观展览。

（顺义档案局）

【2017年第二次档案行政执法检查】5月16日-18日，为进一步深入贯彻落实档案法和《北京市实施<中华人民共和国档案法>办法》，推进顺义区依法管理档案的工作，顺义区档案局对全区14家立档单位开展第二次档案行政执法检查。检查采取自查与抽查相结合的方式进行，在听取相关单位汇报的基础上，对档案工作机构和人员的配备情况、档案工作制度建立和落实情况、文件材料收集归档情况、档案安全防范措施情况、档案管理移交鉴定销毁情况几个方面开展检查。

（顺义档案局）

【“潮白烽火”展】6月5日，顺义区档案局（馆）爱国主义教育基地“潮白烽火”展正式对外展出。本次展览以顺

义革命史史料为基础，分为革命星火、抗日烽火、自卫战争、缅怀先列、抗战小故事、大事记六部分。通过大量史实、照片、资料较为完整的再现1925年至1949年期间，中国共产党在顺义从建立第一个党组织，到领导顺义人民同反动的旧、伪政权、日本侵略者和国民党反动派进行不屈不挠斗争，并最终取得胜利，建立中国共产党领导下的新政权的辉煌历程。

（顺义档案局）

【“国际档案日”暨北京市第九届“档案馆日”活动】6月5日，顺义区档案馆举办“国际档案日”暨北京市第九届“档案馆日”活动。本次活动围绕“档案-我们共同的记忆”这一主题开展。内容主要涵盖馆室开放、文化展示、播放档案宣传片、展出特色编研材料、咨询互动等项目。在文化展示中，档案馆推出档案陈列展，展出部分馆藏珍贵档案和建国以来顺义人民在各项建设中取得重要成就所获的奖杯、奖状等；并举办纪念全民抗战爆发八十周年大型展览《潮白烽火》。全区共计120余家立档单位、120余名档案工作者和600余名群众参加开幕式当天的活动，共计发放宣传材料500份。

（顺义档案局）

【人大教授向档案局赠送锦旗】11月16日，北京人民大学马克思主义学院博士生导师辛逸教授向顺义区档案局档案利用查阅中心工作人员赠送锦旗。以感谢在其为完成国家社会科学院基金重点项目《农村人民公社史稿》课题过程中，在顺义档案馆查阅资料时所获得的帮助与服务。

（顺义档案局）

地方志工作

【概况】年内，区地方志办公室主要工作是《顺义区志》第二轮编修工作和《顺义年鉴》的编纂出版工作。
单位名称：顺义区党史区志办公室

（刘秀娟）

【《顺义区志》初稿评审工作】2月21日-22日，《北京市顺义区志》初稿评审会在顺义区宾馆召开。市地方志办党组书记、主任陈玲，副主任谭烈飞、张恒彬，《北京志》副主编戴卫、顾兖州、谢荫明，顺义区副区长李向英出席评审会。评审会由顺义区党史区志办公室主任梁军主持。评审专家分别就志书篇目、概述、大事记以及政治、经济、综合与城市、文化和社会各部类进行评议。各位专家指出《顺义区志》初审稿存在的问题并就下一步修改提出意见。

（刘秀娟）

【《顺义区志》初审修改稿评议会】9月19日，《顺义区志》初审修改稿评议会召开。评审专家分别就志书篇目、概述、大事记以及政治、经济、文化、综合管理和社会各部类进行评议。评审专家普遍认为《顺义区志》初审修改稿，体例规范、结构合理、内容详略得当，基本具备复审稿要求，并对初审修改稿存在的问题以及下一步修改编写工作提出有针对性地意见。

（刘秀娟）

【完善《顺义区志》资料】根据专家评审意见调整篇目，抓紧时间增漏补遗。同时将志稿发往区属各参编单位征求意见，结合评委和各单位意见再次修改。先后十多次召开志稿补充材料会，有针对性地查漏补缺，共协调53家单位，补充完善资料约10万字。修改后《顺义区志》整体构架为：顺义区行政区划图、顺义区交通图、顺义城区核心图、图片(32页130张)、编辑说明、凡例、目录、概述、大事记、志文（全志共分29编，114章，484节，总计85万字）、补遗、编后记。年底完成复审稿，并上报市志办。

（刘秀娟）

【指导基层修志工作】参加《南法信镇志》初稿评议会；召开《顺义区焦庄户村志》启动会；指导北府村编修志书。

（刘秀娟）

【《国家地名词典》工作】根据市志办的统一部署，采集《国家地名典》（顺义部分）的词条名称。分类整理“二普资料”的公路名、城区道路名、政区名、村名、社区名、开发区名、住宅小区名、桥梁名等上千个词条。按照要求完成开发区、道路、街道、镇、社区、村等227个词条。

（刘秀娟）

【《地名志工作》启动会】11月22日，《顺义区地名志》编纂工作启动会召开。区属相关单位负责人和工作人员110多人参加会议。会议安排部署《顺义区地名志》编纂工作方案。成立以副区长、区地方志编委会副主任李向英为主任的《北京市顺义区地名志》编纂委员会，编委会办公室设在区地方志办，负责全区的地名志组织协调工作。

（刘秀娟）

【年鉴工作】《2016北京顺义年鉴》编纂完成。2016年年鉴设有26个类目，全书共计56万字、配有图片112张。同时，编写上报《北京年鉴》《北京农村年鉴》等材料，按时完成市地方志办公室、市农研中心年鉴编写任务。

（刘秀娟）

北京顺义年鉴
2018

政协顺义区委员会

3月7日，顺义区政协副主席带队检查两会期间基层属地安全工作

3月8日，顺义区政协主席带队顺义区女干部职工一百余人赴罗红摄影艺术馆，开展“摄影艺术讲座与鉴赏”活动

7月5日，顺义区政协副主席带队视察顺义区医联体建设情况

蔚蓝天空下的顺义城区一隅

顺义区政协副主席带队考察曹妃甸

4月17日，考察北京环卫集团环卫装备有限公司

【概况】2017年共召开1次政协全体委员会议、6次常务委员会会议，组织常委、委员共进行8次工作视察，听取和讨论区委、区政府有关部门及“一府两院”的工作报告和情况通报，并通过座谈协商、提交提案、反映社情民意、进行专题调研、开展特约监督工作等多种形式就全区重点工作和人民群众关心关注的问题建言献策，全年共协调有关部门办理委员提案177件；向区委、区政府有关部门报送《协商意见》2期,有效履行政治协商、民主监督、参政议政的职能；向区委、区政府有关部门报送《关于新时期发挥区政协民主监督职能作用的思考》《全面完善水系建设，构建海绵型新城市》《提升我区基本公共文化服务水平的几点思考》《加快顺义区道路交通基础设施建设，增强居民幸福感》等专题调研报告，深入开展人民政协理论和推动区域经济社会发展的研究。充分发挥人民政协包容各界、联系广泛、人才聚集的独特优势，坚持围绕中心，服务大局，组织委员针对全区热点重点难点问题开展视察活动，形成多项富有建设性的意见建议；深入基层，体察民情，反映民意，开展义诊、慰问等多种形式的连民心、办实事、送温暖活动，为构建和谐顺义增添助力。
单位名称：政协北京市顺义区委员会

（王俊）

【五届二次会议】12月26日－28日在顺义区委党校举行。审议区政协副主席单成刚代表常务委员会作的工作报告，书面审议常务委员会关于提案工作情况的报告；列席顺义区第五届人民代表大会第四次会议，听取并讨论《政府工作报告》，讨论其他报告；召开区领导与部分政协委员协商议政座谈会，形成39项协商意见；区政协副主席刘静作提案审查报告；审议通过政治决议。会议期间共收到委员提案142件，经提案委员会审查予以立案134件。北京市政协副主席唐晓青，区委书记王刚，区委副书记、区人民政府区长高朋，区人大常委会主任车克欣参加开幕式。区委书记王刚在开幕式上讲话。区政协主席周颖博主持开幕式并讲话。区委副书记于庆丰，区委常委、区政府常务副区长霍光峰出席闭幕式，于庆丰在闭幕式上讲话。

（王俊）

【常务委员会第一次会议】1月19日召开。区政协主席周颖博，区政协副主席闫志广、单成刚、郭振江、刘静、金泰希、杨凤辉，秘书长张希德出席会议。闫志广主持。会议协商决定李宏伟任办公室主任，解长春任研究室主任，徐晓武任提案委员会主任、专委会工作三室主任，李国印任社会与法制委员会主任、专委会工作四室主任，张存忠任城建环保委员会主任、专委会工作五室主任，免去张存忠办公室主任职务，免去金向东研究室主任职务，免去申荣文提案委员会主任、专委会工作三室主任职务，免去李树江社会与法制委员会主任、专委会工作四室主任职务，免去高金龙城建环保委员会主任、专委会工作五室主任职务；审议通过《政协北京市顺义区第五届委员会各专门委员会组成人员名单（草案）》；审议通过《政协北京市顺义区第五届委员会常务委员会2017年工作要点（讨论稿）》。周颖博传达北京市政协十二届五次会议主要精神，重点解读市政协主席吉林所作的《政协北京市第十二届委员会常务委员会工作报告》，强调新一届区政协常委要切实增强履职意识，把政协岗位作为施展才华、报效社会的重要平台；切实增强履职实效，把服务大局作为彰显优势、发挥作用的重要取向；切实增强履职能力，把提高本领作为有效履职、追求作为的重要基础；切实增强履职保障，把开拓奋进作为提升效能、展现形象的重要要求。

（王俊）

【常务委员会第二次会议】3月24日召开。区政协主席周颖博，副主席闫志广、单成刚、郭振江、刘静、金泰希，秘书长张希德参加会议。区政府副区长李向英，区商务委员会主任袁日晨应邀出席会议。对“推进顺义区建设服务业扩大开放综合试点示范区”进行专题研讨，视察中国航材共享平台公司、跨境电商快件中心监管库，听取袁日晨关于顺义区服务业扩大开放综合试点示范区建设工作的情况通报。周颖博强调示范区建设要聚焦“创新”，聚焦“做实”，聚焦“协同”，并围绕委员履职建言强调三点意见：一是进一步深化学习思考，精准把握履职方向；二是进一步强化调查研究，着力提升履职质量；三是进一步细化制度规范，不断健全履职保障。整理部分常委的发言，形成6项协商意见。

（王俊）

【常务委员会第三次会议（扩大）】8月22日召开。区政协主席周颖博，副主席闫志广、单成刚、郭振江、金泰希、刘静、杨凤辉，秘书长张希德出席会议。区委常委、区政府常务副区长霍光峰，区纪委副书记王文荣应邀出席会议。闫志广主持。视察正元地理信息有限责任公司，听取王文荣代表区纪委所作的党风廉政建设情况通报，听取霍光峰关于全区上半年经济社会发展情况和下半年工作安排的情况通报。周颖博强调要认真学习贯彻区委五届四次全会精神，进一步统一思想、深化认识、凝聚共识，推动区政协进一步明确思路、坚定信心，努力将区委区政府决策部署转化为履职的实际行动，以扎实的工作作风、突出的工作业绩向党的十九大献礼。

（王俊）

【常务委员会第四次会议】12月7日召开。区政协主席周颖博，副主席闫志广、单成刚、郭振江、刘静、金泰希、杨凤辉，秘书长张希德出席会议。区委常委、副书记于庆丰，区委常委、纪委书记张良应邀出席会议。闫志广主持。听取张良代表区纪委传达中纪委报告精神并通报区党风廉政建设和监察体制改革工作情况；听取于庆丰代表区委传达十九大精神并通报区党建工作情况；协商决定有关人事事项，决定任命仇海泉为区政协办公室副主任。

（王俊）

【常务委员会第五次会议】12月19日召开。区政协主席周颖博，副主席单成刚、金泰希，秘书长张希德出席会议。周颖博主持。会议决定区政协五届二次会议于2017

年12月26日至28日在顺义区委党校召开；审议通过《政协北京市顺义区第五届委员会第二次会议建议议程（草案）》《日程（草案）》；原则通过《常务委员会工作报告（讨论稿）》《常务委员会关于提案工作情况的报告（讨论稿）》和《关于表彰五届一次会议以来优秀提案的决定（草案）》；协商决定增补梁志刚为政协北京市顺义区第五届委员会委员。

（王 俊）

【常务委员会第六次会议】12月28日召开。会议讨论通过《政协北京市顺义区第五届委员会常务委员会2018年工作要点（讨论稿）》。区政协主席周颖博主持并讲话。副主席闫志广、单成刚、郭振江、刘静、金泰希、杨凤辉，秘书长张希德参加。

（王 俊）

【机关全体人员会议】2月28日,传达区内重要会议精神，重申机关各项管理规章制度，严明机关事务管理，签订"党风廉政责任书"。区政协主席周颖博，副主席闫志广、单成刚、郭振江，秘书长张希德参加会议，闫志广主持。3月6日，传达学习贯彻习近平总书记视察北京重要讲话精神及总书记再次到京视察有关情况。10月18日，学习贯彻落实党的十九大会议精神。

（王 俊）

【北京市政协调研】3月10日，北京市政协副主席闫仲秋，市政协副秘书长、研究室主任陈煦，市政协提案委员会主任王英杰等一行，就进一步推进政协协商民主建设、加强和改进政协民主监督工作到本单位调研。区政协主席周颖博，副主席闫志广、郭振江，秘书长张希德参加。闫仲秋主持。

（王 俊）

【视察重点功能区建设】4月26日，组织部分政协委员视察中关村顺义园发展情况，区政协副主席郭振江、区政协各专委会工作室主任、中关村顺义园管委会副主任张建国及顺义区科技创新集团相关领导参加视察。委员们先后视察光峰华影科技有限公司和新科大厦三新研究院成果展示厅，听取张建国关于中关村顺义园发展建设情况的汇报，随后开展座谈研讨，委员们从科技创新模式、科技成果转化、高科技人才引进、生态新城顶层设计等不同角度提出一系列代表性、针对性强的意见与建议。区政协经济委员会主任、专委会工作一室主任王俊忠主持座谈。

（王 俊）

【视察全区市政重点项目】5月27日，组织部分政协委员视察市政重点项目建设情况，委员们实地视察复兴东街和减河北路东延道路及市政配套工程，听取相关负责人的详细介绍，随后开展座谈研讨。区政协副主席郭振江、秘书长张希德、区政协各专委会工作室主任，市政市容管理委员会主任赵振英参加视察，区政协城建环保委员会主任、专委会工作五室主任张存忠主持座谈。

（王 俊）

【赴河南省南阳市考察】5月21日–27日，区政协副主席单成刚率部分区政协委员赴河南省南阳市，对当地南水北调搬迁社会矛盾化解及顺义区与西峡县文化交流情况进行实地考察。

（王 俊）

【提案办理工作现场协商会】6月22日，区政协在顺鑫中盛会议中心召开提案办理工作现场协商会，围绕养老领域提案进行现场协商办理。区政协副主席郭振江出席会议，区民政局局长聂燕山等相关领导和提出相关提案的委员参加会议。区政协提案委员会主任、专委会工作三室主任徐晓武主持会议。委员们实地视察胜利社区养老服务驿站、顺义区儿童福利院和顺义区福利中心，与民政局各科室负责人进行现场提案办理协商工作，并签署提案办理结果意见反馈单。

（王 俊）

【学习北京市第十二次党代会精神】7月6日，组织全体政协委员学习贯彻落实北京市第十二次党代会精神。区政协主席周颖博，副主席单成刚、郭振江、杨凤辉出席，张希德秘书长主持。与会人员认真学习观看北京市第十二次党代会精神相关视频。会议邀请国防大学战略咨询小组副组长、博士生导师王宝付教授作当前国际热点问题与我国周边安全环境的讲座。

（王 俊）

【视察科技创新中心建设情况】9月21日，组织部分委员视察本区科技创新中心建设情况。区政协主席周颖博，副主席闫志广、单成刚、金泰希参加视察。委员们首先来到顺义区科技创新成果展示馆，观看机器人舞蹈，体验虚拟现实、人工智能、居家养老、创造思维、科学探索、生态科普六大功能区的科普展品。周颖博指出：科技创新、科学普及是实现科技创新的两翼，要通过全社会的共同努力，普及科学知识、弘扬科学精神、传播科学思想、倡导科学方法，让爱科学、讲科学、学科学、用科学在社会蔚然成风，形成支持创新、鼓励创新、参与创新的良好文化氛围，为全面建成小康社会、建设创新型国家提供强有力的社会支撑。

（王 俊）

【视察民族村发展情况】9月21日，组织部分政协委员视察顺义区民族村发展情况，区政协副主席闫志广，区政协民族宗教委员会主任、专委会工作六室主任王海荣，区民族宗教事务局局长赵金荣、北石槽镇党委书记王鉴远、北石槽镇工会主席张建一参加视察。委员们先后视察北石槽镇寺上村（满族村），听取赵金荣关于顺义区民族宗教工作情况的汇报，随后开展座谈讨论。委员们从村容村貌、文化传承、少数民族特色、民族宗教政策等不同角度提出建议。

（王 俊）

【视察本区医疗卫生服务水平提升三年行动计划执行情况】9月21日，部分卫生教育界委员视察本区医疗卫生服务水平提升三年行动计划执行情况。区政协副主席单成刚，区政协科教文卫体主任、专委会二室主任刘峰参加视察，区卫生计生委主任董杰昌、马坡镇镇长贾睿陪同视察。委员们先后视察马坡社区卫生服务中心及顺义区医院，听取董杰昌关于本区医疗卫生服务水平提升三年行动计划实施情况的汇报，随后开展座谈交流，委员们从区域教学科研能力提升、科学谋划第二轮三年行动计划及促进民营医院健康发展等方面献言献策。

（王 俊）

【视察节能减排项目建设情况】10月25日，组织部分政协委员视察本区节能减排项目建设情况，区政协副主席郭振江，区发改委主任于长雷等相关领导参加视察。委员们观看北汽越野车一期7.5MWp分布式光伏发电项目宣传片，视察北汽越野车生产线，听取相关负责人对光伏发电项目的运维情况通报，听取区发改委副主任刘川海关于顺义区新能源发展情况的汇报。随后委员开展座谈讨论并提出意见建议。

（王 俊）

【安全督查】10月15日－25日，区政协副主席闫志广、单成刚、郭振江分别带领顺义区党的“十九大”安全服务保障第十七、十八、十九督查组，对奥林匹克水上公园、中关村顺义园和临空经济核心区进行督查。

（王 俊）

【义诊】10月26日，组织医疗界政协委员和民主党派医疗界专家到高丽营镇开展义诊活动，为当地群众提供检查、诊断、治疗和咨询等面对面的专家服务。区政协副主席单成刚出席，区卫计委、高丽营镇相关领导参加。

（王 俊）

【十九大精神宣讲】11月1日上午，区政协党组副书记、副主席闫志广到李遂镇西营村进行调研、宣讲，督促指导落实十九大精神。11月7日，区政协主席周颖博到仁和镇望泉寺村宣讲十九大精神，并实地调研回迁房建设情况。11月7日，区政协副主席单成刚来到天竺镇二十里堡村进行调研、宣讲，督促指导落实党的十九大精神。11月9日，区政协副主席郭振江来到后沙峪镇宣讲党的十九大精神，并慰问回民营村困难党员。

（王 俊）

【视察重点镇经济发展情况】11月15日，组织部分委员视察顺义区重点镇经济发展情况，区政协副主席郭振江、区政协各专委会主任、赵全营镇镇长李志刚参加视察。委员们先后视察众乐创（北京）信息咨询有限公司、威乐（中国）水泵系统有限公司和北京顺义新三板产业加速器，听取李志刚关于镇域经济整体规划思路、经济社会发展现状、三大产业发展情况的通报。随后委员开展座谈交流，并提出意见建议。

（王 俊）

【议政建言】一是全力加强全体会议的全面协商。在区政协五届一次会议上，形成“促进顺义临空经济发展”“加快区域制造业转型升级和提质增效”“加快北京新兴金融聚集区建设”等14个方面的48条建议。二是重点提升常委会的专题协商。区政协五届二次、三次常委会分别围绕“推进顺义区建设服务业扩大开放综合试点示范区”“经济结构调整和转型升级”等议题，开展充分协商。三是广泛拓展专委会的对口协商。全年开展专委会视察活动8次，分别视察顺义区经济功能区建设、重点镇经济发展、依法行政、节能减排项目建设、医疗卫生服务水平提升三年行动计划、市政配套工程建设等情况。四是深入推进提案办理协商。五届一次会议以来，共有194位委员提交提案179件，经审查立案177件，立案率为98.9%，办复率为100%，办理情况总体良好。五是服务保障开展界别活动。各界别小组围绕群众关心关注的热点难点问题，开展履职活动。六是精心组织各项专题调研。

（王 俊）

【监督工作体系不断完善】不断深化对民主监督职能的认识，寓监督于调研、视察、提案、大会发言之中，重点监督各项决策部署贯彻落实情况。开展财政绩效评估、公租房摇号、依法行政、司法体制改革、党风政风方面的专项监督；26名委员被聘为特约监督员，参加相关单位和有关行业的党风、政风、行风特约监督活动，所提意见建议得到有关方面的重视和采纳；组织委员参加区政府的部门绩效考核会议，评议监督取得实效。

（王 俊）

【美好生活共建共享】组织委员参加统战知识大讲堂；组织开展义诊活动；进一步完善党派提案办理机制，为各民主党派和无党派人士在政协履行职能搭建平台；关心爱护援疆干部和医务人员，支持做好对口援疆工作；开展民族村视察；专题调研“民族一家亲”校园文化活动，支持民族教育事业发展。

（王 俊）

【基础性工作协调推进】一是服务委员履职工作显著加强。在履职情况统计等工作上更加精细化，全方位服务委员，帮助委员解决履职过程的实际困难和需求。二是文史信息宣传工作稳步提升。牢牢把握意识形态工作主导权，坚守宣传舆论阵地，加强网站信息工作，积极营造团结向上的舆论环境。三是地区交流合作取得效果。完成北京市政协、河南省南阳市政协、河北省张北县政协到顺义学习考察等工作，加强地方间的交流与合作。

（王 俊）

【提案工作回顾】一是提案内容全面丰富。区政协五届一次会议以来，委员共提交提案179件，立案177件，立案率为98.9%。其中，经济建设方面的40件，占22.5%；城乡建设与管理方面的40件，占22.5%；科教文卫体方面的40件，占22.5%；农村工作方面的11件，占6.2%；旅游服务方面的8件，占4.5%；民主与法制方面的20件，占11.3%；人民生活方面的15件，占8.5%；其它方面的3件，占2%。二是提案办理成效良好。办复率为100%。三是提案反馈富有成效。

（王 俊）

北京顺义年鉴

2018

北京天竺综合保税区

BGS货运站全景

综保区物流快件库

跨境电商直邮操作区

北京天竺综合保税区

北京天竺综合保税区物流基地

宏远集团内部操作区

【概况】2017年，口岸操作区实现进出口总值800亿美元，占北京口岸总量的86%；处理国际快件1500万件，查验跨境电商个人直邮业务量298万票；进口整车173辆，货值1.1亿元。保税功能区企业实现进出口值57.6亿美元，增长12.9%；实现营业收入228.2亿元，增长15.6%；实现利润36.1亿元，增长61.4%；完成属地税收12.5亿元，增长46.0%。

单位名称：北京天竺综合保税区

（天竺综合保税区）

【北京通航法荷航飞机航线维修公司揭牌】2月27日，国内首家外商控股飞机维修项目公司正式在北京天竺综合保税区注册成立。由北京通用航空有限公司和法荷航维修工程控股公司合资成立的飞机维修项目公司——北京通航法荷航飞机航线维修有限责任公司全部注册手续完成并筹备运营。取消外商投资飞机维修项目中方控股限制是北京市服务业扩大开放综合试点首批推出的11项开放措施之一，该公司的注册成立是本市推进服务业对外开放综合试点以及顺义区创建北京市服务业扩大开放综合试点示范区工作取得的标志性成果之一，有力促进本市服务业对外开放水平的提升。

（天竺综合保税区）

【本市首家外商独资演出经纪机构落户】3月8日，美国龙之传奇娱乐有限公司向北京市商务委员会递交在基地内设立分支机构的申请正式获批，成为北京市首家取得正式批复的外商独资演出经纪机构。公司希望借助保税区政策和基地平台功能优势，在对外文化贸易基地（北京）内导入国际优质演艺资源、演出形式及专业人才，逐步开展大型演出节目研发制作、影视设备保税租赁等演艺娱乐产业关联业务。

（天竺综合保税区）

【综保区二期规划调整工作启动】3月，综保区管委会启动综保区二期规划调整工作。总规划用地面积由原先的5.944平方公里变更为5.308平方公里。调整方案正由海关总署牵头征求相关部委意见，一期整改范围围网工程即将开工，二期整改面积涉及的4村拆迁工程已经列为或即将列为2018年市级棚户区改造任务。

（天竺综合保税区）

【2017年市级安全生产先进单位】6月16日，综保区管委会成立综保区安全生产委员会；全年共检查企业768家次，发现并排查整改隐患893处；消防安全检查170家次，排查隐患620余个，下发责令限期整改指令书64份；实现园区企业隐患排查全覆盖。组织启动综保区应急指挥中心，成立环境治理领导小组，检查整改问题32项。切实保障全年无重特大事故发生、园区平稳安全运营，被评为2017年市级安全生产先进单位。

（天竺综合保税区）

【获批北京市融资（金融）租赁聚集区】7月5日，中国（北京）首届跨境融资租赁暨飞机租赁主题论坛上，天竺综保区获批“北京市融资（金融）租赁聚集区”，与航空企业达成两年内实现20架飞机落户综保区的合作协议。推动实现内资融资租赁企业在园区内注册运营，确定飞机租赁项目财政支持备案制度，提升园区产业发展竞争力。

（天竺综合保税区）

【机关党委换届暨非公企业综合党委北京成立大会】7月13日上午，综保区管委会机关党委在管委会北楼7层报告厅召开机关党委换届暨非公企业综合党委成立大会，成立非公企业综合党委并举行揭牌仪式，审议上届委员会工作报告，选举产生新一届委员会。管委会领导宋建明、李燕凌、杭金亮、机关全体党员以及园区非公企业代表出席大会，区委组织部常务副部长张友生、区直机关工委常务副书记赵金明出席大会，李燕凌同志宣布《非公企业综合党委组成人员任命的决定》，大会通过机关党委的工作报告，并以无记名投票的方式选举宋建明、李宝东、王少兵、张廷军、赵习文、陈光、杨文科为新一届机关党委委员。

（天竺综合保税区）

【综保区3个项目在文博会签约】9月12日，第十二届中国北京国际文化创意产业博览会文化创意产业重点项目签约仪式在京举行，此次博览会紧密围绕全国文化中心城市功能地位,以文化融合科技、金融、服务业、制造业发展,促进产业转型升级为目标,打造首都文化创意产业项目交易服务平台。综保区3个项目在第十二届中国北京国际文化创意产业博览会签约，金额达92亿元人民币。

（天竺综合保税区）

【加拿大尼亚加拉瀑布市代表团访问】9月5日上午，加拿大尼亚加拉瀑布市政府代表团在议员兼旅游局局长Joyce Morocco带领下到天竺综合保税区参观访问，双方分别介绍各自城市发展情况和综保区运营情况，并就共同关心的问题进行深入交流探讨。座谈会后，代表团参观园区跨境电商展示店和快买酒电商平台。

（天竺综合保税区）

【国家对外文化贸易基地二期开工】10月28日上午，国家对外文化贸易基地二期开工典礼暨北京文投国际控股有限公司揭牌及合作企业签约仪式在天竺综保区保税功能二区举行。市政府副秘书长徐志军，市委宣传部副部长余俊生，顺义区委常委、天竺综保区管委会常务副主任宋建明，管委会副主任李燕凌等领导，以及市商务委、市文资办、市文化局、市文物局、顺义区委、区政府和北京海关、天竺海关等相关部门领导出席活动。

（天竺综合保税区）

【加快产业领域改革创新】内贸功能实现突破。获批国税总局海关特殊监管区域企业增值税一般纳税人资格试点，实施“货物分类监管”“委内加工”便利化措施，“先入区后报关”监管措施，实现进境文物区内鉴定、区外展示等多项创新，全面落实三批次自贸试验区可复制推广政策。进一步简化医疗器械等服务贸易特殊物品通关通检流程，扩大快速验放机制适用范围，将进口医疗器械纳入出入境物品质量安全追溯监督管理体系，构建申报前检疫监管模式，为园区特色产业发展注入新的动力。

（天竺综合保税区）

【服务业扩大开放试点任务扎实推进】综保区承担新一轮85项服务业扩大开放试点市级任务清单中的7项、36项顺义区任务清单中的20项，均全部落实完成。重点创新产业业态，全国首家外资控股飞机维修企业法荷航、首家外商独资演出机构龙之传奇等企业入区，无形资产融资租赁业务持续拓展，进口商品直营中心相继开业。

（天竺综合保税区）

纪检 监察

4月7日，顺义区监察委员会成立

5月25日，顺义区开展“两个专项治理”宣传

4月7日，监察委班子成员选举产生

2月23日，顺义区纪律检查委员会五届二次全会召开

十九大环境布置

8月10日，顺义区纪委监察委领导带队专项监督检查精准救助工作开展情况

【概况】2017年，区纪委、区监委在市纪委、市监委和区委的坚强领导下，牢固树立“四个意识”，坚决维护习近平总书记在党中央和全党的核心地位，坚决维护党中央权威和集中统一领导，以服务保障党的十九大胜利召开为主线，学习宣传党的十九大精神，深入贯彻习近平新时代中国特色社会主义思想，认真落实市第十二次党代会精神、市纪委十二届二次全会和区委五届三次、四次全会工作部署，紧紧围绕党的领导、党的建设、全面从严治党，着力推进监察体制改革、纪律检查体制改革和区委巡察工作，认真履行监督执纪问责和监督调查处置职责，切实凸显党内专责监督作用和反腐败专门机构作用，党对反腐败工作的统一领导力度明显加强，监督全面覆盖的立体网络初步形成，党员干部纪律意识和规矩意识明显提高，全区党风廉政建设和反腐败工作取得明显成效。

单位名称：中共北京市顺义区纪律检查委员会
　　　　　北京市顺义区监察委员会

（纪委 监察委）

【镇、街道领导干部廉政谈话会】1月5日，新一届区委对全区镇、街道349名领导干部进行集体廉政谈话。会上，区委副书记于庆丰进行廉政谈话；4名镇、街道领导干部代表作表态发言；与会领导干部集体签署《廉政承诺书》并观看基层干部违纪违法案件警示教育片。

（纪委 监察委）

【顺义区党风廉政建设责任制落实情况检查】1月11日，市委常委、宣传部长李伟带领北京市党风廉政建设责任制第八检查组，到顺义区检查2016年党风廉政建设责任制落实情况。会上，检查组观看2016年顺义区党风廉政建设和反腐败工作总结片《不忘初心　正风反腐》，区委书记王刚、区委副书记高朋、常务副区长霍光峰分别作汇报。

（纪委 监察委）

【区纪委五届二次全会暨全区党风廉政建设工作会议】2月23日，中国共产党北京市顺义区第五届纪律检查委员会第二次全体会议暨全区党风廉政建设工作会议召开。会议由区委副书记、区长高朋主持，区委书记王刚出席会议并讲话。会上，传达学习十八届中央纪委七次全会、市纪委十一届六次全会精神，通报顺义区2016年党风廉政责任制检查考核情况。区四套班子“一把手”签订“党风廉政第一责任人承诺书”，区纪委书记签订“党风廉政建设监督责任承诺书”，区委书记王刚与区委领导班子的代表以及二级班子“一把手”的代表签订“党风廉政建设责任书”。会议审议通过区委常委、区纪委书记张良代表区纪委常委会所作的《牢记职责使命 勇于担当作为 推动全面从严治党向纵深发展》的工作报告和《中共北京市顺义区纪律检查委员会关于充分发挥区纪委委员作用的意见（试行）》，以及全会决议。区委常委、区人大主任、区政协主席及其他区级领导、区纪委委员、全区各单位主要领导、区纪委部室负责人等共计360人参加会议。

（纪委 监察委）

【深化监察体制改革试点工作正式启动】2月24日，顺义区召开区委常委会，部署改革试点相关工作，成立深化监察体制改革试点工作小组。区委书记王刚任组长，区人大常委会、区纪委、区委办公室、区委组织部、区委政法委、区人民检察院等单位主要领导任副组长，有关单位负责同志为组员。办公室设在区纪委。

（纪委 监察委）

【约谈2016年党风廉政建设责任制考核排名靠后单位】3月9日，区委书记王刚，区委常委、纪委书记张良对2016年全区党风廉政建设责任制检查考核排名靠后的镇、街、国有企业的党委书记和纪委书记进行“一对一”约谈。各单位分别从落实主体责任和监督责任的角度，阐述自身对存在问题的认识，剖析问题形成的原因并汇报整改的思路和重点。

（纪委 监察委）

【执纪审查业务培训班暨执纪审查工作会】3月14日，顺义区纪委举办2017年纪检监察干部执纪审查业务培训班暨执纪审查工作会。会议邀请市纪委案件监督管理室副主任王志宇对《中国共产党纪律检查机关监督执纪工作规则（试行）》进行解读。区纪委案件监督管理室主任通报2016年全区各单位执纪审查工作情况。全区各部委办局中心、镇、街道、区属国有企业、经济功能区纪委书记及监察科长280余人参加会议。

（纪委 监察委）

【监察委员会正式成立】4月7日，顺义区监察委员会正式成立。原顺义区监察局、顺义区预防腐败局、行政投诉中心，顺义区人民检察院反贪污贿赂局、反渎职侵权局、职务犯罪预防处相继撤销，相关职能整合至区监委。区纪委、区监委合署办公，履行党的纪律检查、国家监察两项职责，实行一套内设机构，两个机关名称。

（纪委 监察委）

【反腐倡廉宣传教育工作联席会议】4月14日，区纪委、区监委组织召开2017年度顺义区反腐倡廉宣传教育工作联席会议。会议全面总结顺义区2016年反腐倡廉宣传教育工作，审议《顺义区反腐倡廉宣传教育工作联席会议成员单位2017年工作任务分解方案》。区委组织部、区委宣传部、区文化委、区广电中心等21家成员单位主管纪检监察工作副职领导参加会议。

（纪委 监察委）

【“党风廉政建设五年成就暨廉政文化巡展”】4月14日，顺义区“党风廉政建设五年成就暨廉政文化巡展”在区档案局拉开帷幕。区纪委、区监委通过“清风顺义”微信公众号，以“微巡展”的形式面向全区同步推送巡展信息。

（纪委 监察委）

【机关干部培训班】4月17日，顺义区纪委、区监委机关干部培训班开班。本期培训班为期五天，区纪委、区监委全体机关干部、全区各单位专兼职纪委书记、纪检组长、监察科长共200余人参加培训。中央纪委宣传部原常务副部长杨小平围绕“学习贯彻中央纪委第七次全会精神，深入推进全面从严治党”开讲“第一课”。

（纪委 监察委）

【“两个专项”工作推进会】4月25日，顺义区召开“为官不为”“为官乱为”问题专项治理和严肃查处群众身边的不正之风和腐败问题专项工作推进会。会上观看警示教育片，通报本区近年来查处的在征地拆迁、农村“三资”管理、行政执法和监管、国企国资等重点领域的九个典型案例，并对区“两个专项治理”工作进行安排部署。全区各单位党政正职、纪委书记（纪工委书记、纪检组长、主管纪检工作副职）、区纪委区监委班子成员、区纪委委员共300余人参加会议。

（纪委 监察委）

【村级“第一书记”座谈会】5月4日，区纪委、区监委、区委组织部组织来自9个村的“第一书记”召开座谈会，了解其所在村开展党风廉政建设工作情况，听取其对农村基层党风廉政建设工作的意见建议。

（纪委 监察委）

【区纪委、区监委机关机构设置方案研究通过】5月8日，顺义区组织召开区深化监察体制改革试点工作小组第二次会议，审议通过《区纪委区监委机关机构设置方案（审议稿）》。区纪委、区监委机关内设15个机构。原有11个内设机构不变，分别为办公室、组织部（纪检监察干部监督室）、宣传部、研究室（法规室）、信访室、党风政风监督室、案件监督管理室（信息技术保障室）、案件审理室。在原有三个纪检监察室的基础上，增设四个纪检监察室。区委书记、区深化监察体制改革试点工作小组组长王刚主持会议并讲话。

（纪委 监察委）

【派驻纪检监察机构成立大会】5月18日，顺义区派驻纪检监察机构成立大会召开。会议由区委副书记于庆丰主持，区委书记王刚出席会议并讲话。会上，区委常委、区纪委书记、区监委主任张良宣读《关于加强顺义区纪委派驻机构建设的实施意见》，区委组织部常务副部长张友生宣布派驻纪检监察组长任免事项。新成立18个派驻纪检监察组，实现对顺义区82家区级直属机关派驻监督全覆盖。全区各单位党政正职、原分管纪检工作副职、区纪委区监委班子成员、区纪委委员共200余人参加会议。

（纪委 监察委）

【“两个专项”治理工作专栏开通】5月27日，区纪委、区监委在“顺义纪检监察网”“清风顺义”微信公众号开通专项治理工作专栏。专栏分为“为官不为”“为官乱为”和“严肃查处群众身边的不正之风和腐败问题”两大部分，每部分另设“我要评价”和“我要举报”两分项。

（纪委 监察委）

【廉政文化进社区总结会】6月28日，顺义区廉政文化进社区总结会召开。会上，全体人员参观石园街道石园东区廉政文化阵地建设情况；向石园街道石园东区、石园西区，胜利街道红杉一品社区，旺泉街道西辛一社区，双丰街道马坡花园一区、马坡花园二区，空港街道吉祥花园社区七个社区位颁发“顺义区廉政文化进社区联系示范点”牌匾；石园东区、马坡花园二区居委会党支部书记分别进行经验交流。

（纪委 监察委）

【保密知识讲座】7月11日，区纪委、区监委举办保密知识讲座，机关、派驻纪检监察组全体工作人员参加。讲座邀请国家保密局副局长梁春山为全体工作人员授课。会上，区纪委、区监委全体工作人员签订保密承诺书。

（纪委 监察委）

【市十二次党代会精神贯彻落实情况监督检查】7月13日，市纪委、市监委第六纪检监察室副主任毛百战带领检查组到顺义区监督检查贯彻落实市十二次党代会精神情况。会议由区委常委、区纪委书记、区监委主任张良主持，区委副书记于庆丰出席会议并讲话。会上，区民政局党组书记、局长聂燕山，赵全营镇党委书记李在东作为部门代表分别汇报本单位贯彻落实市第十二次党代会精神整体情况、“疏解整治促提升”专项行动开展情况、扶贫资金使用情况、困难群体救助工作开展情况及廉政风险防控情况。

（纪委 监察委）

【反腐败协调小组会议】7月21日，顺义区反腐败协调小组会议召开。会上，通报区反腐败协调小组工作开展情况，传达学习全市追逃追赃工作培训会议精神，各成员单位审议《顺义区反腐败协调小组工作规则（试行）》和《顺义区关于在查办党员和公职人员涉嫌违纪违法犯罪案件中加强协作配合的实施办法（试行）》，并就协调小组工作发表意见和建议。

（纪委 监察委）

【巡察工作部署会】8月2日，中共北京市顺义区第五届委员会巡察工作部署会召开。会议由区委副书记、区长高朋主持，区委书记王刚出席会议并讲话。会上，区委常委、区纪委书记、区监委主任张良宣读《中共北京市顺义区委关于开展巡察工作的实施意见》。区委常委、区委组织部部长禹学垠宣布区委首轮巡察工作组组长、副组长授权任命，部署巡察工作任务安排。

（纪委 监察委）

【临河村棚改项目专项监督检查】8月9日，区委常委、区纪委书记、区监委主任张良带队到顺义区最大棚改项目—临河村棚改项目现场进行专项监督检查。仁和镇党委书记就棚改工作进展情况向检查组进行全面汇报。

（纪委 监察委）

【顺义区监察体制改革试点工作检查验收】8月10日，北京市深化国家监察体制改革试点评估工作组由市监察委委员、正局级纪检监察员杨小兵带队到顺义区评估验收深化国家监察体制改革试点工作，检查采取听取汇报、集中座谈、实地评估、查阅资料等形式进行。区委书记王刚，区领导张良、肖承继、禹学垠、张晓峰、吴建国及区深化监察体制改革试点工作小组成员参加。

（纪委 监察委）

【精准救助工作专项监督检查】8月10日，区委常委、区纪委书记、区监委主任张良到杨镇荆坨村和张镇驻马庄村，对两村开展的困难群众精准救助和惠农政策的落实情况进行专项监督检查。两镇党委书记就党风廉政建设工作情况、传达部署及贯彻落实习近平总书记系列重要讲话精神和市第十二次党代会精神情况、“疏解整治促提升”专项行动开展情况、农村地区“煤改电”等惠农政策落实情况、“为官不为”“为官乱为”问题专项治理和严肃查处群众身边的不正之风和腐败问题专项工作开展情况等进行汇报。

（纪委 监察委）

【区纪委五届三次全会】8月31日，中共北京市顺义区第五届纪律检查委员会第三次全体会议召开。会上，区纪委副书记、区监委副主任王文荣就《中国共产党北京市顺义区第五届纪律检查委员会工作规则（审议稿）》作起草说明，区纪委副书记、区监委副主任邱兆锐传达市纪委十二届二次全会精神，3名镇纪委书记、区属国有企业纪委书记向全会述责述廉，并现场接受区纪委委员的质询和区纪委领导班子成员的点评，与会的区党代表、区人大代表、区政协委员、区纪委委员对述责述廉情况进行现场测评。区委常委、区纪委书记、区监委主任张良作题为《忠诚履行纪检监察职责 以优异成绩迎接党的十九大胜利召开》的工作报告。全会审议并通过《中国共产党北京市顺义区第五届纪律检查委员会第三次全体会议决议》和《中国共产党北京市顺义区第五届纪律检查委员会工作规则》。共90人列席会议。

（纪委 监察委）

【镇纪委工作汇报会召开】9月28日，区纪委、区监委领导班子全体成员听取19个镇纪委书记的工作汇报，传达9月21日北京市深化监察体制改革试点工作督察座谈会及市委书记蔡奇讲话精神和9月26日市纪委书记、市监委主任张硕辅听取各区落实会议精神情况时强调的要求，并部署十九大期间信访维稳工作。区委常委、区纪委书记、区监委主任张良出席会议并讲话。

（纪委 监察委）

【街道纪工委、区属国有企业纪委工作汇报会】10月11日，区委常委、区纪委书记、区监委主任张良主持常委（扩大）会，听取各街道纪工委书记、区属国有企业纪委书记的工作汇报，并就下一步工作进行部署。会上，各单位纪委（纪工委）书记围绕履职情况，工作体会和感受，存在的问题和遇到的困难，以及下一步的工作安排和计划逐一进行汇报，并开展座谈交流，对深入推进基层纪检监察工作提出意见和建议。

（纪委 监察委）

【五届顺义区委首轮巡察工作取得阶段性成果】8月至10月，顺义区委开展五届区委首轮巡察工作，派出5个巡察组分别对区住建委、区园林绿化局、区交通局、区城镇环境卫生服务中心、北京顺义建设投资服务有限公司5家单位党组织开展巡察。首轮巡察共发现问题60个，提出整改建议51条，移交区纪委区监委问题线索16件。

（纪委 监察委）

【区委第二轮巡察工作动员部署会】10月19日，顺义区委第二轮巡察工作动员部署会召开。会上，区委巡察办主任张瑞英传达区委书记王刚在区委常委会上听取首轮巡察情况报告的讲话精神。区委组织部常务副部长张友生宣读对区水务局、区安全生产监督局、区残联、区档案局、绿色生态产业功能区管委会和北京顺义生态旅游集团有限公司等6家单位党组织开展巡察的工作方案，并对区委第二轮巡察组组长、副组长进行授权。截至11月1日，五届区委第二轮巡察5个巡察组已全部进驻。

（纪委 监察委）

【中关村科技园区顺义园检查消防安全工作】11月19日，全市安全隐患大排查大清理大整治专项行动部署电视电话会后，区委常委、区纪委书记、区监委主任张良立即带队深入中关村科技园区顺义园检查消防安全工作。

（纪委 监察委）

【全区领导干部警示教育大会】11月20日，区委召开全区领导干部警示教育大会。会议由区委副书记、区长高朋主持。会上，区委书记王刚结合近年来全区在巡察、党建责任制检查、信访、审计等工作中发现的普遍性问题和典型性案例，对全区加强党风廉政建设和反腐败工作提出具体要求。

（纪委 监察委）

【党风政务监督员聘任仪式暨工作启动会议】11月23日，顺义区党风政务监督员聘任仪式暨工作启动会议召开。会议对区委区政府制定出台的《顺义区党风政务监督员管理办法（试行）》进行解读，同时宣布60名区党风政务监督员名单，并为其颁发聘书。会上，区党风政务监督员代表作表态发言。

（纪委 监察委）

【2017年党风廉政建设责任制落实情况】12月7日，区委书记王刚带领党风廉政建设责任制第一检查组成员，集中听取木林镇、张镇、北小营镇等9个镇党委书记2017年落实党风廉政建设主体责任情况的工作汇报。

（纪委 监察委）

【与区政协委员座谈交流】12月7日，区委常委、区纪委书记、区监委主任张良同志参加政协北京市顺义区第五届委员会常务委员会第四次会议，代表区纪委区监委传达十九大中纪委报告精神并通报区党风廉政建设和监察体制改革工作情况。

（纪委 监察委）

【全面从严治党突出问题专项整治工作动员部署会】 12月25日，顺义区全面从严治党突出问题专项整治工作动员部署会召开。会上，区委常委、常务副区长霍光峰对顺义区制定出台的《关于对全面从严治党突出问题开展专项整治的实施意见》进行解读和部署。

（纪委 监察委）

北京顺义年鉴

2018

民主党派

【概况】民主党派在国家政权中是参政党，在中国共产党的领导下，参加国家政权，参与国家大政方针和国家领导人选的协商，参与国家事务的管理，参与国家方针、政策、法律、法规的制定执行。它们是接受中国共产党领导的，同中共通力合作、共同致力于社会主义事业的亲密友党。顺义区共有民主党派7个，党员360人。全区民主党派成员团结一致，为区域发展建言献策。

单位名称：顺义区委统战部

（区委统战部）

【“致公智慧大讲堂”开讲】1月7日下午，致公党顺义区支部“致公智慧大讲堂”第一期讲座“莫让疼痛恋上您的肩”在顺义宾馆会议中心举行。讲座由致公党顺义区支部党员、著名运动医学专家、中国医科大学北京顺义医院骨科运动医学专业组组长杨成刚，率顺义运动医学团队，为到场群众介绍肩关节健康科普知识，并现场义诊。

（区委统战部）

【民革顺义区总支部开展“三八”节活动】3月8日，民革顺义区总支部妇女专委会在空港临空经济核心区管委会会议室开展庆三·八国际劳动妇女节活动，民革顺义区总支部副主委张启惠主持活动。

（区委统战部）

【“致公智慧大讲堂”第二期讲座】3月12日下午,致公党顺义区支部举办的“致公智慧大讲堂”第二讲“国粹传承，国韵飘香”主题活动在顺义顺鑫中盛会议中心举行。

（区委统战部）

【民革顺义区总支部传承发扬爱国主义教育】4月7日上午，民革顺义总支部组织部分党员前往北京万安公墓悼念抗日英雄马占山将军。马占山将军的嫡孙女马志平同志也应邀参加此次祭扫。民革顺义总支部党员和马志平同志分别为马占山将军墓碑敬献鲜花。

（区委统战部）

【民建顺义总支部开展“共建和谐林”植树活动】4月15日，民建顺义支部会员和顺义区工商联会员企业家近50人到顺义区汉石桥湿地公园开展“共建和谐林”植树活动。

（区委统战部）

【农工党顺义支部举办第四届京顺中医文化节】4月29日上午，第四届京顺中医文化节开幕。此次活动由农工民主党北京市委和北京医师协会联合主办，北京京顺医院承办。

（区委统战部）

【致公党北京市委调研座谈会在顺义举行】6月13日下午，致公市委主委闫傲霜率机关干部一行十余人赴顺义支部调研。顺义区委统战部部长肖承继、常务副部长王振林、致公党顺义支部吴宏武主委及支部部分党员参加。顺义区委统战部部长肖承继介绍顺义区的基本情况，同时对致公党顺义支部在本地开展的各项工作表示肯定，并对致公党顺义支部提出更高的期望，要求各位党员不断提高政治修养、加强凝聚力，发扬优良传统，发挥致公党侨海报国、人才汇聚的组织优势，为顺义的发展建言献策。

（区委统战部）

【“思源·仁德阅读会”品牌社会服务活动】6月22日，民建顺义总支部的“思源·仁德阅读会”第七座书屋在顺义区马坡镇石家营村揭牌。

（区委统战部）

【中国航天员科研训练中心参观】8月12日上午，民盟顺义区支部一行20余人赴中国航天员科研训练中心，在讲解员的带领下参观用于航天员训练的多个训练基地，认真听取讲解员的讲解。

（区委统战部）

【农工党员助果农渡难关】8月20日，农工党顺义总支发动党员开展“献爱心、购大桃”活动以帮助平谷区熊儿寨乡遭受冰雹袭击的桃农，仅一天的时间，就认购大桃350箱。农工顺义总支一直发挥党派优势，落实农工党中央“精准扶贫、持续扶贫、有效扶贫”的要求，把“帮扶”工作做实、做深、做细。

（区委统战部）

【九三学社顺义支社开展捐书活动】9月17日，为响应北京市委《关于共建“九广合作图书阅览室”向广元青川县捐赠中小学和儿童图书的倡议书》的精神，九三学社顺义支社全体社员在支社内部开展“托起明天的太阳”捐书总动员活动，共捐赠书籍700余本。

（区委统战部）

【民革顺义区总支部召开学习贯彻党的十九大精神宣传工作会议】10月28日，民革顺义区总支部召开学习贯彻中共十九大精神宣传工作会议。民革北京市委秘书长蒋耘晨应邀出席会议，顺义区总支部主委张涌森、副主委张启惠、王磊，总支部委员李红、林金开、金郑建，以及顺义区总支部30余名党员参加会议。会上，张涌森主委传达10月27日召开的民革北京市委学习贯彻中共十九大精神宣传工作会议的会议精神，对于中共十九大精神的学习，要做到行动快，做到真学习、真提高、真运用。要用中共十九大精神指导工作实践。

（区委统战部）

北京顺义年鉴

2018

群众团体

5月3日，顺义区总工会举办“中国梦劳动美 撸起袖子加油干”劳模文化艺术交流活动

“聚焦新材料—2017智汇顺义”创新驱动大讲堂活动现场，与会院士、专家现场答疑

“文化助残爱在顺义”助残日活动

非遗文化（剪纸）进社区

团区委“疏解整治促提升 顺义青年在行动”活动启动仪式现场

团区委以“传承五四 跟党前行”为主题开展入团仪式集中示范活动

顺义区总工会

【概况】2017年，在区委和市总工会的正确领导下，全区各级工会深入学习贯彻党的十九大精神，深入学习习近平新时代中国特色社会主义思想，紧紧围绕党的中心工作和区域经济社会发展大局，坚持党建引领，着眼突出问题，深入推进工会工作改革，不断增强基层组织建设、切实维护职工合法权益、着重职工职业技能发展、着力激发基层组织活力，各项改革任务和重点工作有效落实，并形成顺义特色。

单位名称：顺义区总工会

（区工会）

【非公经济组织建会】2017年，全区新建单独企业工会66个，其中百人以上新建会企业20个，比上一年度增长27%；村(社区)工会联合会覆盖法人单位81个，比上一年度增长118%。新发展会员9871人，比上一年度增长61%。

（区工会）

【创新举措解决基层建会难题】设立新建会企业启动资金、建立村（社区）工会联合会经费保障制度，利用“职工沟通会”这一载体，吸引企业建会、职工入会。全年累计为90家新建会企业发放资金42.98万元；开展不同规模的职工沟通会73场次，通过沟通会吸引非公企业建会57家，发展职工入会4000余人。

（区工会）

【弘扬劳动文化】全区共有8个集体和10位个人分别荣获全国和首都五一劳动奖章、全国和北京市工人先锋号和首都劳动奖状称号。举办“中国梦劳动美 撸起袖子加油干”劳模文化艺术交流、羽毛球比赛等活动，为劳模搭建沟通交流平台。在电台、电视台、《顺义时讯》上对劳模先进事迹开展集中宣传报导，在《劳动午报》上连续刊登7期劳模事迹专版。以社会主义核心价值观的“敬业”为核心，以发生在职工本人或身边的爱岗敬业小故事为切入点，在全区职工中开展“敬业八小时 我有我精彩”主题演讲活动，吸引782名普通职工参与。对360名劳模进行慰问，为38名劳模申报特困救助，为52名大病、低收入劳模发放慰问金、慰问品共计112万元。组织劳模参加新春团拜会、职工艺术节闭幕式和121健步走等大型活动。

（区工会）

【助力职工成长成才】借助市总第八次职工队伍状况调研，对全区10家企业2056名职工进行抽样调查，及时了解全区职工发展的新趋势和新情况，为开展工会工作提供数据支撑和依据。出台《经济技术创新工程三年助推计划实施方案（2017年−2019年）》。对基层工会开展的本系统、区级以及市级以上职业技能竞赛予以助推，2017年，共举办区级比赛3场，给予助推资金289450元；二级工会比赛14场，给予助推资金228140.67元。对在区级、市级及以上级别职业技能竞赛中获奖的职工予以助推，对70名获得市级及以上比赛前三等奖的职工发放助推金8.8万元，对49名获得区级比赛前三等奖的职工发放助推金11.3万元。在市总在职职工职业发展助推计划基础上，区总工会扩大职工取得等级证书助推范围，对取得初级技术等级证书的171名职工发放助推金6.84万元；对取得中级技术等级证书的449名职工发放助推金26.94万元；对取得中级以上技术等级证书的职工发放助推金52.4万元。同时，充分利用社会培训资源开展技能提升和第二技能培训，全年培训28个工种，培训职工1247名，其中，对取得中级以上技术等级的非顺义户籍职工68人给予补贴9.52万元。

（区工会）

【工资集体协商规范化建设】首次对50人以上企业进行工资集体协商规范化建设，全年共有18家企业完成规范化验收。百人企业规范化建设完成14家。全区建会企业集体合同、工资专项合同签订率达87%，百人以上企业独立协商签订率达95%。建制企业中女职工专项集体合同签订率为100%。

（区工会）

【厂务公开民主管理】召开区厂务公开协调小组会议，贯彻落实北京市厂务公开工作会议精神；结合顺义区工作实际，增加3个功能区为小组成员单位。目前全区国有集体企事业单位全部建立职代会制度，非公企业职代会建制率达85%，百人以上企业独立建制率达90%。

（区工会）

【安全教育】组织万余名职工参加全国职工公共安全卫生应急避险知识普及竞赛活动，为建筑行业从业人员发放1600份《建筑施工安全常识应知应会》口袋书。开展“安康杯”专项培训活动，开展专项竞赛交流、安全隐患排查治理知识讲座专题培训。

（区工会）

【法律服务和劳动争议调解】开展“送法进基层”活动，组织公益律师到各工会服务站进行法律宣讲16场，发放材料23313份。会同区内有关部门召开联席会议3次，对职工反映集中、违法情形严重的地区、行业和企业进行工会劳动法律监督，并完善三方工作例会和定期交流制度。2017年，共接待来访944人次，涉及职工1994人；法律援助受理案件114件，全部妥善处理。劳动仲裁案件涉及人数4906人，受理和调解的案件涉及人数1754人，占本辖区所发生劳动争议案件涉及人数的35.8%，涉及资金6856.7万元，职工满意率达100%。

（区工会）

【基层阵地建设】将120家区级以上模范职工之家、94个市级以上“职工书屋”示范点单位、39个市级“职工心灵驿站”、15个市级“母婴关爱室”作为区总工会推动基层职工之家建设的主阵地，加大人力物力财力的支持力度。2017年，共为11个基层工会的15个公益大讲堂申请项目资助8.78万元；选取24家市级“职工书屋”示范点和模范职工之家补充更新图书5282本，投入19.15万元。

（区工会）

【帮扶救助体系精准化】制定《关于进一步做好困难职工解困脱困工作的实施方案》，形成日常帮扶与节假日帮扶相结合、普遍化帮扶与个性化帮扶相结合的全方位困难职工帮扶体系。2017年，每月向在档困难职工发放200元/人的生活补助；两节期间，共为201名困难职工发放慰问金102.5万元；为46名困难职工子女发放“金秋助学金”14.97万元。年内，227名在档困难职工实现脱困124人，脱困率达55%。各项保障计划保费共计441.75万元，同比上一年度递增23%；参保人数77458人，达到全区会员总数的46%；发生各项保险赔付共计1815人次，金额达197.18万元。为76名困难职工提供74万余元的温暖基金帮扶救助金。

（区工会）

【职工心理健康关爱】建立工会系统心理服务团队，全区39家驿站管理员全部经过市总工会的专业培训，8人获得国家三级心理咨询师资格。投入12万元为20家驿站配备心理测试、减压放松等设备；免费提供培训、职工大课堂等活动，累计服务职工3.2万余名，职工心理服务建设初具规模。“三八”节以家庭子女教育、女性职场减压两大主题为主，特邀资深心理学专家为10家企事业单位，近千名女职工送课上门，帮助女职工寻找事业与家庭的平衡点。

（区工会）

【职工文体活动】举办第三届“最美劳动者”职工文化艺术节，参赛职工2万余人；开设以舞蹈、乒乓球、摄影等为主要课程的职工培训班，受益职工6200人。37家单位109名职工参与“乐享阅读生活”活动，35名职工获得征文优秀奖，并择优在《劳动午报》进行刊登。在市总工会举办的健步走、游泳、乒乓球、合唱等赛事中，均取得优异成绩。

（区工会）

共青团顺义区委员会

【概况】2017年是实施“十三五”规划的重要一年，也是深入推进共青团改革的关键之年，在区委、区政府和团市委的正确领导下，顺义团区委以喜迎和学习宣传贯彻党的十九大为主线，以落实党的群团工作会议精神和上级共青团改革任务为导向，不断增强共青团组织的政治性、先进性、群众性，围绕中心、服务大局，紧密联系青年，有效服务青年，年度各项工作实现新作为，取得新发展。年内，北京顺鑫农业股份有限公司牛栏山酒厂质量检测团支部获得2016年度“全国五四红旗团支部”,顺义区疾病预防控制中心微生物科等9家单位获得2016年度北京市青年文明号称号，本区优秀青年赵振华获得第三十一届“北京青年五四奖章”荣誉称号,程立钱等38人获得2017年度北京市五星志愿者称号，团区委荣获2015－2016年度北京市未成年人保护工作先进集体、北京地区2016－2017年度“银团合作”优秀组织单位、2016年度北京共青团信息工作先进单位等多项荣誉。

单位名称：共青团顺义区委员会

（团区委）

【青年交友联谊活动】团区委结合《中长期青年发展规划（2016—2025年）》，围绕青年需求，于2月14日，在顺鑫国际青年营举办2017“我们在一起”顺义青年单身派对，活动采取社会招募的方式，吸引全区300余名单身青年报名，从中选取100余人参加现场活动。8月27日，举办顺义青年七夕主题活动，从百余名报名青年中选取60余人参加。

（团区委）

【寻找“顺义最美创业者”评选活动】3月10日，团区委主办的“北京农商银行”杯寻找“顺义最美创业者”评审决赛进行。活动开展以来，累计参与人数达到6万余人次，最终10名选手获评“北京农商银行”杯“顺义最美创业者”。

（团区委）

【“疏解整治促提升 顺义青年在行动”活动】3月21日，顺义团区委启动“疏解整治促提升　顺义青年在行动”活动。全区各直属团组织团干部、志愿者、学生代表以及居民代表共170人参加启动仪式。此项活动共包含四项内容：“青春·先锋”行动，“青春·公益”行动，“青春·聚力”行动和“青春·科普”行动。

（团区委）

【“学习总书记讲话　做合格共青团员”教育实践】3-9月，在全区各级共青团组织和全体共青团员中以组织主题团课、开展征文、集中开展入团仪式、开展团员先锋岗（队）创建等活动形式，开展“学习总书记讲话　做合格共青团员”教育实践。

（团区委）

【“五四”青年节庆祝活动暨青少年科技文化节】5月3

日，团区委组织举办“青春筑梦 你我同行”——顺义区2017年纪念“五四”青年节庆祝活动暨青少年科技文化节启动仪式，全区600余名团员青年参加。

（团区委）

【“全国五四红旗团支部”】5月初，北京顺鑫农业股份有限公司牛栏山酒厂质量检测团支部获由共青团中央评定的2016年度“全国五四红旗团支部”荣誉称号。

（团区委）

【“北京青年五四奖章”】5月初，北京机电院机床有限公司生产部零件厂副厂长赵振华荣获第31届“北京青年五四奖章”。

（团区委）

【“共青云”系统】5月25日，在顺义区各直属团组织中推广应用“共青云”系统。系统包括团组织基础信息录入、活动资源管理、“6+N”内容填报等。

（团区委）

【共青团北京市顺义区第三届委员会第二次全体会议】7月4日下午，共青团北京市顺义区第三届委员会第二次全体会议召开，团区委书记梁志刚向各位委员传达市党代会精神，并针对下一步工作提出要求；推选出顺义区出席市第十四次团代会代表预备人选。

（团区委）

【共青团北京市顺义区2017年代表会议】7月7日，共青团北京市顺义区2017年代表会议召开，共115名代表参加会议。本次会议的主要议程是选举产生顺义区出席共青团北京市第十四次代表大会代表，最终，通过无记名投票的方式，选举产生16名出席共青团北京市第十四次代表大会代表。

（团区委）

【顺义社区青年汇儿童暑期成长营活动】7月17日，顺义社区青年汇儿童暑期成长营活动启动。根据全市工作总体部署，团区委依托区内五家社区青年汇组织开展本次活动，活动面向小学1-6年级在校学生开展，共持续三周，共招募126名青少年参加。

（团区委）

【组织高校志愿者赴内蒙开展支教帮扶活动】9月1日-3日，顺义团区委组织招募城市学院顺义分院十余名志愿者到内蒙古赤峰市巴林左旗的白音沟寄宿制小学开展“支我青春，教你成长”支教帮扶志愿活动。

（团区委）

【“志愿蓝护河行动周”活动】9月4日-8日，顺义团区委、区志愿者联合会面向全区各基层团组织、志愿服务组织，开展“志愿蓝护河行动周”保护家乡水环境集中活动。内容涵盖到社区和村开展宣传保护河道、改善水环境的意义；到企业，宣传排污处理、垃圾处置等环保相关政策法规；开展水环境保护志愿服务活动；组织志愿者清理河岸垃圾，劝导纠正非法垂钓、污水乱排河流、向河道内倾倒及堆放垃圾等不文明行为；开展河道巡查志愿服务活动。

（团区委）

【搬迁至新行政中心】9月16日，共青团区委搬入新行政中心（顺义区复兴东街1号院），9月18日起恢复正常办公。

（团区委）

【2017“天竺杯”顺义区第二届青年创新创业大赛】9月21日，以“双创顺义 引领未来”为主题的2017“天竺杯”顺义区第二届青年创新创业大赛正式启动。

（团区委）

【非公企业团建工作示范点检查验收】11月9日，团区委带领非公团建示范点创建验收组，到区内15家申报2017年团建示范点的非公企业进行检查验收。验收组成员由各镇街、经济功能区团（工）委书记组成。经基层推荐、创建指导、检查验收、综合评审，最终9家非公企业团组织被认定为2017年顺义区第一批非公企业团建工作示范点。

（团区委）

【“党团课进校园”活动】12月8日，团区委联合团教工委启动“党团课进校园”活动。活动根据小学生心理特点、年龄差异、成长环境和智力特征，在全区选取69个小学二年级班级作为试点，把核心价值观和党的十九大内容带进课堂，充分发挥课堂的主渠道作用。启动仪式现场，石园小学教师展示主题少先队课《遇见更好的自己》，通过童眼看十九大、童言话十九大、童心悟十九大、童梦再起航四个环节，将“高大上”的“大道理”转化为“接地气”的“小故事”，引导学生学得懂、记得住、悟得出、做得到，使学生在潜移默化中感悟党的十九大，思考践行社会主义核心价值观从我做起的方式方法。

（团区委）

【《青少年普法维权教育案例选编》】由团区委汇编预青成员单位经典案例，以案说法，从心理类和法律类两方面引导青少年的价值观和行为方式，从校园暴力、家庭暴力、性侵等多角度，以漫画的形式增强趣味性，以“法条链接”与警示教育寓教于乐的方式传授教育理念。

（团区委）

【“网上共青团”建设】运用新媒体平台，“青年之声·北京·顺义”平台的累计浏览量为839万余次，实现与青年互动近9.4万次；推送微信862条，阅读量达102万次；推送微博1686条，微博粉丝近4.2万人，阅读量达55万次。其中，通过线上报名，线下参与的方式开展活动13次，招募青年1100人。

（团区委）

顺义区妇女联合会

【概况】2017年，顺义区妇联以贯彻落实十九大精神和中央群团改革精神为指引，以“十三五”妇女儿童规划落实为抓手，立足当好党和政府联系广大妇女群众的桥梁和纽带，推进改革创新，各项工作取得良好实效。获得2017年度全国妇女新闻宣传阵地建设先进单位荣誉称号。截至年底，全区有各级妇女组织624个、“妇女之家”525个、“儿童之家”阵地41个。

单位名称：顺义区妇女联合会

（妇联）

【巾帼心向党主题活动】在自有新媒体开设“巾帼心向党”专栏，宣传优秀女性的感人事迹和五年来妇女工作成就，开展“喜迎十九大，童声献给党”文艺汇演、“巾帼心向党，喜迎十九大”巧娘手工艺作品展、征文演讲比赛等活动，营造喜迎十九大的热烈气氛；组织号召全区各级妇联组织、妇女群众收听收看十九大开幕盛况；举办十九大精神专题报告会，为全区150余名妇联干部讲解十九大精神的实质和深远意义；组织200人到北京展览馆参观“砥砺奋进的五年”大型成就展；举办“欢庆十九大共享幸福家”优秀家书家信及亲子阅读视频展示活动，将十九大精神深入到全区广大妇女心中，凝聚共同的理想信念。

（妇联）

【妇联改革】1月，北京市妇联改革正式拉开帷幕。作为全市乡镇（街道）妇联组织区域化建设的3个试点区之一，顺义区妇联深入落实妇联改革工作精神，在全市率先推进镇(街道)妇联换届工作，并于4月底全面完成试点任务，镇（街道）妇联主席由同级党政领导班子中的女性领导兼任，配备正科实职专职妇联副主席，将区域内各行业的女性人才吸纳到镇（街道）兼职副主席和妇联执委中来。改革后全区共有妇联组织702个，镇街妇联执委622人，是改革前妇联干部队伍的25倍，其中女性执委达到73.6%。社区执委增补到1441人，配备兼职副主席192名。拓展“妇女之家”建设领域，开展区级示范点创评活动，南彩镇河北村民俗园“妇女之家”获评北京市家庭文明示范基地。建立纵向到“妇女之家”负责人的各层次妇联干部微信群，以及针对不同服务对象的多个群众微信群共600余个，并通过这些“网上阵地”向全区妇女传递党的声音，进一步夯实联系服务妇女群众工作阵地。6月全国妇联副主席、书记处书记谭琳到顺义督导改革进展；5月、11月市妇联主席两次到顺义调研区域化妇联建设成效，得到充分肯定。

（妇联）

【“十三五”妇女儿童规划落实】结合顺义实际，制定本区妇女儿童规划和实施方案，依据规划内容制定目标任务及监测统计指标分解书和工作机制，区妇儿工委办公室落在区妇联，办公室主任由区妇联主席兼任，配备办公室副主任1名，职数单列。围绕到2020年90%以上的社区（村）建设1所儿童之家的重点工作目标，探索社会组织参与“儿童之家”建设模式，规范建立城乡社区（村）“儿童之家”41家，其中甄选出5家申报市级示范“儿童之家”，全年为5个儿童之家补贴活动经费25万元。

（妇联）

【妇女权益维护】实施社会化维权，制定妇女权益保障多元解纷工作机制实施意见。选取探索后沙峪法庭为参与家事审判试点工作，建立协调联动、高效便捷的妇女权益保障和多元化解纷体系；与区司法局联合，在区妇联机关设立顺义区律师协会驻妇联工作站，为来咨询维护妇女权益的广大城乡妇女提供法律支持；12338妇女维权热线，全年共接待妇女群众来信来访118件，未发生一起因解释不到位、态度不端正而产生的重复访、越级访。

（妇联）

【家庭文明建设】《关于进一步推进家庭建设工作的意见》出台，发挥家庭工作优势，开展家风系列活动。家庭方面，深入开展“和谐家庭、特色家庭”创建，全年共创评区级家庭960余户，在北京市“首都最美家庭”评选中，有21户家庭当选，其中2户家庭当选“首都最美家庭标兵”，在全国“最美家庭”评选中，2户家庭当选；家教方面，扩大“顺义区公益童书馆”规模，开展“过家家”亲子戏剧社、“家庭公约”互助项目、举办幼儿亲子大赛、优秀家书家信及亲子阅读视频展示、“浅山迎六一 亲子共赏家乡美”国际家庭日主题活动等，提高家庭教育的科学性和指导性；家风方面，利用线上线下互动形式征集“年夜饭、幸福年”家庭故事、“传家训、树新风”文明家训等。

（妇联）

【参与全区疏整促】在全区开展的疏解整治促提升和环保工作中，区妇联向全区各级妇联组织发放倡议书，开展“巾帼力量 点靓家园”系列活动，号召全区各级妇联组织带领广大妇女群众在环境整治中发挥主力军作用；充分利用“顺义女性”官方网站、微博、微信等网络及新媒体平台，进行环保宣传，推送全区女性参与支持“疏整促”、煤改电等工作的信息3100余条。在全区525个“妇女之家”宣传阵地、阅报栏、橱窗，张贴宣传条幅、标识。利用巾帼亲情服务队深入群众开展工作，动员群众自觉参与到环境整治、清洁能源改造等工作中；开展“绿色环保”家庭创建工作和家风家训征集活动，推出“我的小院我做主”、绿植换购等活动，通过家庭绿化美化带动街巷和村庄面貌的改善和环境的提高。

（妇联）

【巾帼建功活动】以“巾帼创新业 建功十三五”为主题，

以学习贯彻十九大精神为主线，围绕区委区政府中心工作，广泛开展“巾帼文明岗”和“巾帼建功标兵”创建工作，各单位共上报巾帼文明岗133个，巾帼建功标兵149名，开展各种岗位练兵和技能比武活动200余次，岗位培训500余场。

（妇联）

【“双学双比”活动】全面落实各项就业创业扶持政策，向北京彩虹庄园农业科技有限公司、北京市顺嘉苗木花卉科技有限公司等6个市级“妇”字号基地、1个协会组织发放2017年京郊妇女发展项目扶持资金共计120万元。依托女能人协会、巧娘协会，联合区人保局等单位先后开展手工、育婴员、民俗旅游女管家等各类技能培训8次，参与人数达到900余人。

（妇联）

【贫困女性救助】以贫困母亲家庭为主体实施多项公益援助工程。争取市妇联儿基会资源，为150名乳腺癌切除手术后的女性争取到150张“兰超公益爱心卡”；为17名“两癌”贫困患病妇女争取全国公益彩票救助金17万元。与区民政局、红十字会合作，启动“关爱女性健康 情暖三癌母亲”公益援助行动，为102名患有“三癌”贫困女性患者争取到总计33万元的救助金。为全区200名低保边缘额“单亲特困母亲”“贫困女童”“贫困母亲”三类人员发放救助金共10万元。

（妇联）

【公益童书馆】新增2家分馆，新增图书2000余册，并更换管理和借阅系统，形成1个主馆+10个分馆规模，藏书万余册。开展公益绘本讲读活动、即兴戏剧、语言艺术、少儿美术、右脑开发、3D打印等多种公益课，通过项目化动作，开展“牛轧糖制作”“绘本剧”“扣子花束”等形式新颖的“送服务进社区”活动。

（妇联）

【枢纽型社会组织建设】依托市妇联社工部“北京市妇联枢纽型组织研究”项目，对全区社会组织参与社区建设进行调研走访，并于5月23日和6月14日，组织部分女性社会组织、镇街妇联副主席及村居负责人，参与专家访谈。项目化运作枢纽型社会组织参与社会治理创新，争取到7万元购买社工岗位专项资金，完成2016年“种子计划”项目结项工作，参与“益家行”项目，申报“家庭教育”和“家庭环保”板块项目16个，共组织活动48场，受益家庭近2000户。推荐女性社会组织参加专业研修班、专家访谈，参与北京市妇女儿童公益服务博览会，女性社会组织工作水平进一步提高。

（妇联）

【三八节庆祝活动】举办“顺意姑娘 芳耀绿港”--顺义区2017年“三八”庆祝活动，“走进自然 感悟艺术”区妇联二届执委参观活动，邀请市妇联副主席为人大女代表作主题讲座，邀请花艺大师进行中国古典花艺展示。开展“三八”维权月宣传，春风送暖关爱农家女，义乳发放，2017年京郊妇女发展项目扶持资金发放等十大活动。

（妇联）

顺义区科学技术协会

【概况】2017年，顺义区科协发生较大变化。首先是增设办公室，成立所属事业单位学协会部，增加5名人员编制。其次是召开顺义区科协第二届代表大会。再次是在区委、区政府的正确领导下，在市科协的精心指导下，顺义区科协认真贯彻落实党的十九大精神和习近平总书记系列重要讲话精神，紧紧围绕区委区政府中心工作，立足“四服务”的职责定位，扎实推进《全民科学素质行动计划纲要》实施，团结带领广大科技工作者在服务本区“加快推进创新型产业集群和2025示范区建设”工作中，找准定位、抓住关键、开拓创新，各项工作取得良好成效。2017年成立企业创新服务中心，打造10家企业“创新簇”，2个院士专家工作站获得市科协认定。全年利用“科普之春”“科普之夏”“全国科普日”和学生科技节等传统品牌活动平台，开展科普活动180余次，举办培训、讲座32次，发放科普材料8万余份，宣传群众8万人次。全年参与“顺义提素”竞答人数超过20万人次。按照蔡奇书记“带着问题下去开展调查研究”和区委开展“百项问题”调查研究的工作要求，完成《提升公民科学素质 助推美好生活科学发展》和《精准服务科技工作者 为创新驱动工程助力》两个课题调研报告。

单位名称：顺义区科学技术协会

（科协）

【“顺义科技创新大讲堂”开讲】5月2日下午，“顺义科技创新大讲堂”在顺义区宾馆开讲。中国工程院院士、京津冀协同发展专家咨询委员会副组长邬贺铨做主题为《数字经济新机遇 创新引领新生态》的讲座，顺义区委理论中心组相关领导以及来自顺义区党政机关主要领导500余人参加此次活动。

（鲍晓芹）

【北京市顺义区科学技术协会第二次代表大会召开】5月25、26日，北京市顺义区科学技术协会第二次代表大会在顺义宾馆召开。区科协第二次代表大会251名代表参加大会。会上，区科协主席鲍晓芹同志代表第一届委员会做题为《明确任务 履行职能 凝聚力量砥砺前行——为开创科协事业新局面而努力奋斗》的工作报告。大会审议通过顺义区科学技术协会第一届委员会工作报告，审议通过《北京市顺义区科学技术协会管理办法》，选举产生顺义区科协新一届领导机构。

（鲍晓芹）

【社区科普工作者能力提升培训班】6月29日、30日，顺义区科协举办社区科普工作者能力提升培训班。中国科协计财部部长杨文志，中国科普研究所副研究员、博士李红林，中央电视台制片人、导演王宁等专家，分别从“公民科学素质建设的形势与任务和科普信息化建设”“如何开展科普活动策划”等内容展开辅导。

（张萌）

【“全国科普日”活动】9月9日上午，由区科协、区科委、区教委主办的顺义区2017年全国科普日启动仪式——暨纪念中国人民解放军建军90周年军事科普系列活动在顺义区七彩蝶园举行。“全国科普日”期间，围绕“创新驱动发展，科学破除愚昧”主题共组织活动30余场，全区共组织基层活动100余场。

（赵国栋）

【“聚焦新材料—2017智汇顺义”创新驱动大讲堂活动】11月6日，由区科协、区经信委、区科委、区工商联主办的“聚焦新材料—2017智汇顺义”创新驱动大讲堂活动在顺义区双创基地举行。活动邀请到中国科学院院士、材料科学家曹春晓，中国材料研究学会咨询服务部主任唐见茂，北京化工大学教育部超重力工程研究中心教授、博士生导师毋伟围绕新材料产业的发展分别作报告。顺义区相关委办局、功能区的主要领导和北京科技报社总编以及来自顺义各镇的主管领导和园区新材料企业的代表100余人参加本次活动。

（赵宏伟）

【新增机构编制】根据顺编委【2017】20号批复文件精神，科协机关增设办公室，核增正科级领导职数1名；根据顺编委【2017】21号批复文件精神，成立北京市顺义区科协学协会部，为区科协所属相当正科级公益一类事业单位，经费形式为全额拨款，核定事业编制5名。

（鲍晓芹）

【“顺义提素行动”】继续加大“提素行动”的实施力度，2017年，区财政拨付提素专项经费120万元。顺义科协利用顺义科协两个微信公众号（“顺义科普365”“顺义科协公众号”）和顺广传媒新媒体微信平台开辟“顺义提素竞答”栏目，吸引公众参与，全年参与答题人数超过数10万人。制作“顺义提素”公益广告宣传片2部，在顺义电视台黄金段位《顺义新闻》后全年轮换播放。“顺义科普365”“顺义科协公众号”定期向公众推送科普知识，揭示“流言”科学真相。在利用互联网新媒体大力开展科普宣传与互动活动的同时，还开展科普知识进农村、进社区、进校园、进企业、进家庭等活动。

（张萌）

【科普惠农兴村计划】2017年，顺义区女能人协会等3个集体和文宝祥等2位个人获得市科协、市财政局科普惠农先进集体和个人表彰，获奖补资金支持51万元。

(孙敬思)

【科普益民计划】2017年，石园街道石园北区第三社区等7家社区获市级优秀科普社区表彰；北京河北村民俗文化有限公司获市级优秀科普场馆称号；唐晓芳等6位宣传员获市级科普先进个人表彰，共获奖补资金78万元。

（孙敬思）

【科普项目申报与实施】依据《顺义区科协科普项目管理办法》和《顺义区科普经费使用管理办法》，立足指导基层科普能力提升、扶持基层科普活动创新、服务基层社会公益活动开展，全年组织各镇、街道、科普基地和科技类社会组织进行科普项目申报，经过专家评审最终有23个科普项目获得科普经费资助，资助总额为160万元。

（田立娟）

【现代农业示范基站活动】2017年，通过实施“科技套餐配送工程”，为农业科技成果推广、转化搭建起平台，全年累计推广新品种、新技术16项；参加培训、讲座4000余人，受益农户1300多户。

（田立娟）

【青少年科技活动】2017年，顺义区有近2000名学生参与市级、国家各类科技竞赛活动20余项。在第17届北京青少年机器人竞赛、第37届北京青少年科技创新大赛等竞赛中获全国奖励40余项，市级二等奖以上奖励500余项。

（田立娟）

【“枢纽型”组织建设】2017年，科协管理的科技类社会组织共有16家，其中11家民非、5家社团。作为枢纽型社会组织，区科协除对所辖社会组织进行日常管理和业务指导外，还帮助和指导其申报政府购买社会组织服务项目12项，聘请专家开展专题讲座1次。

（赵国栋）

【服务创新驱动发展】一是3月，建立“企业创新服务中心”。作为市科协首批挂牌建立的9家“企业创新服务中心”试点单位之一，成立由区科协牵头和相关委办局、功能区主管领导参加的“顺义区助力创新驱动工程领导小组”，协调机制初步建立。二是出台《顺义区创新驱动发展助力工程实施方案》。三是“金桥行动”（通过企业“创新簇”、企业科协和院士专家工作站建设，不断探索科协服务企业创新的新模式、新机制，为创新人才、创新资本和创新需求平台之间架设“金桥”）。2017年，顺义区新成立12家企业科协组织；2家院士专家工作站被市科协认定；在10家企业开展企业创新簇试点建设，其中5家被认定为市级创新簇。

（赵宏伟）

【为科技工作者服务】组织区内优秀的青年科技工作者参与“北京优秀青年工程师”“茅以升北京青年科技奖”等奖项的评选活动。2017年，顺义科协推荐的5名优秀科技人才被评为“北京优秀青年工程师”。百迈客董事长郑鸿坤获评2017年“茅以升北京青年科技奖”，成为顺义区科协历史上首位获此殊荣的科技工作者，实现服务科技工作者的新突破。

（赵宏伟）

顺义区工商业联合会

【概况】顺义区工商业联合会成立于1994年8月，是中国共产党领导的以非公有制企业和非公有制经济人士为主体的人民团体和商会组织，是党和政府联系非公有制经济人士的桥梁纽带，是政府管理和服务非公有制经济的助手。本会以团结、服务、引导、教育广大会员爱国、敬业、诚信、守法，投身社会主义经济建设、政治建设、文化建设、社会建设和生态文明建设。在促进非公有制经济健康发展、引导非公有制经济人士健康成长中具有不可替代的作用。工商联具有统战性、经济性、民间性有机统一的基本特征，服务对象主要包括私营企业、非公有制经济成分控股的有限责任公司和股份有限公司、港澳投资企业等。其主要职能作用是充分发挥在非公有制经济人士思想政治工作中的引导作用；在非公有制经济人士参与国家政治生活和社会事务中的重要作用；在构建和谐劳动关系、加强和创新社会管理中的协同作用。本会承担顺义区非公企业的入会、组织调研工作，开展经济、技术、经贸交流，提供了法律、法规、政策信息咨询等服务。截至到2017年12月底,本会拥有805家企业、团体、个人会员，覆盖全区19个镇。

单位名称：顺义区工商业联合会

（工商联）

【第六届非公企业健身运动会举办】5月5日，顺义区工商联以“三个营造”（即营造依法保护企业家合法权益的法制环境；营造促进企业家公平竞争、诚信经营的市场环境，营造尊重和激励企业家干事创业的社会氛围）为主题举办第六届非公企业健身运动会，组织53家非公企业的1260名企业家和员工参加。

（工商联）

【12家非公企业精准助残】5月18日，顺义区工商联12家会员企业参与非公企业爱在顺义助残日活动，捐赠仪式上，北京中图能源投资集团有限公司、北京仟亿达集团股份有限公司、东方美亚投资有限公司、骏马客运有限公司、骏马区域电动出租有限公司、北京信得威特科技有限公司、北京凯诚劳务服务有限公司、北京数圣会计师事务所有限公司、北京北斗丽天广告有限公司、北京环亚恒信建设工程有限公司、北京集美泰风汽车销售服务有限公司、北京仁和润丰环保能源科技有限公司12家爱心企业向北京市残疾人福利基金会捐赠爱心款共计90万元，用于回报顺义近3万残疾人。活动现场，顺义区残联启动“星月之光”项目。顺义区工商联主席、中华思源工程扶贫基金会主任王庆国，为此项目的马坡镇、北小营镇残疾人技能培训站分别捐赠2万元。并把残疾人技能提升作为扶贫基金的捐赠项目，持续为顺义区残疾朋友技能培训提供资金。

（工商联）

【精准扶贫】1月13日，顺义区工商联党支部书记，以及大众在线、金路易等企业负责同志送米送面到低收入户家中。11月21日，顺义区工商联组织主席、会长走进南彩镇小营村考察情况，走村入户了解小营村及低收入户现实需求，细致研究帮扶举措，根据需要购置办公用品、发放爱心医疗卡。11月28日，顺义区工商联会员企业参与出资捐助活动，在“民企行动、爱在小营”专项慈善扶贫捐赠仪式上，北京大众在线网络技术有限公司、北京潮白环保科技股份有限公司、北京丰荣航空科技股份有限公司、北京康仁堂药业有限公司、北京市榕汇通典当有限责任公司、曲美家居集团股份有限公司和京顺医院，定向为南彩镇小营村捐助折合人民币约85万元，用于小营村的专项扶贫工作，带动低收入村困难群体脱贫致富。

（工商联）

顺义区残疾人联合会

【概况】2017年，区残联深入贯彻党的十八届历次全会和十九大精神，以习近平新时代中国特色社会主义思想为指引，认真履行“代表、服务、管理”职能，以加快推进残疾人小康进程为主题，求真务实、改革创新，努力推动全区残疾人社会保障水平、公共服务水平和融合发展再上新台阶。

单位名称：顺义区残疾人联合会

（残联）

【康复工作】落实政府实事工程，报销白内障复明手术200例。开展辅具评估14次，评估334人，肢体评估201人、听力评估58人、视力评估17人、两便失禁评估58人。依托助残日为5名肢体残疾人免费配发假肢与矫形鞋，为16名听力困难残疾人免费验配并发放助听器。为93名残疾儿童少年提供儿童康复服务，全年共报销220万元。智力彩金项目康复补助37名残疾儿童。开展7个上门康复服务项目，包括5个成人项目与2个儿童项目，共服务残疾人2600余人。

（残联）

【教育与就业】全年为32名残疾儿童提供送教上门服务，完成158名残疾学生的入户调查工作。开展“扶残助学工程”为40名学生办理学费补助手续，共补贴14.7万元。全年共举办残疾人专场招聘会5场，50家用人单位，提供100多个岗位。向用人单位推荐残疾人85人次，推荐成功8名。扶持残疾人自主创业和个体开业4人，补贴资金5万元，为34名残疾人发放保险补贴29.48万元。一次性补缴2人，补贴金额5.26万元。完成27家盲人按摩机构年检，组织盲人按摩师参加继续教育和全国盲医考，推进盲人保健按摩品牌化建设。

（残联）

【扶贫与助残】按照区委、区政府部署，为沽源县残疾人提供辅助器具，升降坐便椅20件，伸缩手杖20把，硬座轮椅20件，软座轮椅20件共4.456万元。贯彻落实《北京市市民居家养老（助残）服务（“九养”）办法》的意见，为8667名残疾人，每人每月发放助残服务券，共计1042.68万元。开展两节走访慰问活动，发放慰问金370.4万元。落实“阳光家园”计划，为180名精神、智力一级的残疾人提供服务。鼓励残疾人参加城乡居民养老保险，实现老有所养的社会建设目标，为5049名残疾人提供城乡居民养老保险补贴，参保率97.06%。为因病、因灾导致生活临时出现困难的84名残疾人，发放临时救助资金30.02万元。配合区住建委做好危旧房翻修建的审核工作。开展1762名低收入残疾人摸底调查工作，为下一步帮扶奠定基础。为杨镇两个低收入村的残疾人，分别提供5万元作为帮扶资金。依托助残增收基地计划扶持残疾人271人，有效提高他们收入。依托29个残疾人职业康复劳动机构，为431名残疾人提供职业康复劳动，投入运营经费156.69万元。通过购买服务和人力社保培训学校合作，全年新培训未就业残疾人216人。通过专业培训，顺义区1名残疾人入选参加亚太残疾人国际会议展示剪纸技艺。

（残联）

【残疾人法律服务】组织开展“庭院式”残疾人法律知识讲座100场。依托29个温馨家园设立法律服务工作站，每周开放一天，律师坐班为残疾人提供法律服务。利用远程维权服务平台，向残疾人普及法律、法规、政策。共受理信访事件86件，区政府便民电话交办单103件，区信访办转办单3件。全年无群访事件发生。

（残联）

【无障碍改造】2031户残疾人家庭无障碍改造工作完成，其中楼房167户、平房1864户。配合无障碍联席会为环境无障碍改造建言献策。

（残联）

【残疾人职业康复中心建设】顺义区残疾人职业康复中心总建筑面积16744平方米，分为地上10层和地下2层，总投资1.3亿元，2017年大楼主体结构及装修工作基本完成。残疾人职业康复中心内设职业康复项目、职业培训教室、辅具中心、儿童康复园、家长培训学校等专业机构。

（残联）

【喜迎新春大家乐联欢会】1月13日，肢残人协会主办“喜迎新春大家乐”联欢会活动。80余位残疾人及残疾人工作者参加。联欢会节目包括京剧、舞蹈、歌曲独唱全部出自残疾人及残疾人工作者。

（残联）

【首场残疾人招聘会】1月19日，区残联举办2017年首场残疾人招聘会。共有40余名残疾人参加此次招聘会，宅急送、龙湾物流、潮白环保科技有限公司等8家企业为残疾人提供就业岗位。最终有10名残疾人初步达成就业意向。

（残联）

【残疾人京绣培训班】2月27日，顺义区残疾人京绣培训班正式开班。邀请北京工业大学艺术设计学院讲师金军老师授课。培训分为4期，共8次课，有36名残疾人报名参加。

（残联）

【“爱耳日”活动】全国第十八次“爱耳日”的主题是“防聋治聋，精准服务”。3月3日，区残联开展免费适配助听器活动，活动现场为16名听力障碍且有助听器需求的残疾人，免费验配并发放助听器。

（残联）

【非遗文化（剪纸）进社区】区肢残人协会推进非遗文化（剪纸）进社区活动。全年在5个街道、2个镇所属的8个社区和6个残疾人温馨家园举办97期活动，服务1600余人次。

（残联）

【“仁美大学堂”开班】4月21日，由中国残疾人事业新闻宣传促进会、北京市残疾人福利基金会主办，顺义区残联、顺义区文联、顺义区教委承办的“仁美大学堂”顺义区第三届残疾人书画篆刻培训班在顺义区社区教育中心报告厅正式启动，近百名残疾人朋友参加。

（残联）

【“人间四月天春游嘉年华”活动】4月23日，顺义区聋人协会和肢残人协会携手举办“人间四月天 春游嘉年华”活动。游览位于昌平区的第五届北京农业嘉年华。此次活动共有聋协13人、肢协20人参加。

（残联）

【惠民助残活动】5月4日，区残联联合鑫海韵通家电商城举办惠民助残项目捐赠暨启动仪式。启动仪式在顺义区残联会议室举行。残疾人持卡到鑫海韵通家电商城购买空调、饮水机、净水器等产品，可在市场价的基础上减100-400元不等。

（残联）

【“文化助残 爱在顺义”助残日活动】5月18日，由中国残联宣文部、中国残疾人事业新闻宣传促进会、北京市残疾人联合会、北京市残疾人福利基金会共同主办、顺义区残疾人联合会、顺义区工商届联合会、顺义区文学艺术届联合会承办，顺义区燕山文化协会、北京利安盛华科技有限公司协办的“文化助残 爱在顺义”庆祝第二十七次全国助残日主题公益活动在北京市顺义区金潮玉玛国际酒店隆重举行。首都各界助残公益人士、顺义区残疾人代表共计300余人参与本次活动。

（残联）

【“文化助残”免费观影活动】5月21日，第二十七次全国助残日，顺义区残联联合顺义在线、博纳国际影城、金圣罗兰蛋糕坊举办“文化助残”免费观影活动。共有80余名残疾人、残疾人家属和残疾人工作者参与活动。

（残联）

【“残疾预防日”活动】8月25日，全国第一个“残疾预防日”，区残联举办“残疾预防日”的宣传活动。共100余名村（社区）的残疾人康复协调员参与活动。

（残联）

【“你帮我听我帮你行”摄影活动】9月9日，顺义聋协和顺义肢协携手举办---“你帮我行，我帮你听”摄影活动，共有50余名来自肢协和聋协的残疾人朋友一起游览古水北镇。

（残联）

【“助残帮困”送健康活动】11月28日上午，区残联携手共建单位顺兴社区党支部开展以“助残帮困”为主题的送健康活动。邀请专业康复医生为辖区30余名残疾人及亲友讲解残疾人康复知识和如何防病防治等健康知识。

（残联）

【“携手同行 互促共建”赠书活动】12月1日，区残联党组与共建单位顺兴社区党支部开展以“携手同行 互促共建”为主题的赠书活动。此次区残联党组共向顺兴社区党支部赠送价值2万元的书籍。

（残联）

【顺义区残疾人联合会第四次代表大会】12月29日，顺义区残疾人联合会第四次代表大会开幕。大会通过第四届主席团主席、副主席名单；执行理事会理事长、副理事长、兼职副理事长、理事名单；各专门协会主席、副主席名单；出席市残联第七次代表大会的代表和主席团委员候选人名单。

（残联）

顺义区红十字会

【概况】2017年按照区委和区政府的总体要求，在市红十字会的指导下，顺义区红十字会按照周密部署统一安排，积极扎实开展工作，深入学习贯彻党的十八大、十九大精神以及习近平总书记系列重要讲话精神，不断开展各项工作，继续发挥政府人道救助领域的助手作用。
单位名称：北京市顺义区红十字会

（吴永德）

【募捐工作开展】2017年度募捐款总额：388.2万元；募捐情况：1、“博爱在京城”项目募捐总额为202.8万元；2、九寨沟地震灾害定向募捐0.4万元；3、由1家爱心企业定向捐赠救助离退休教师医疗救助共计100万元；4、农业户籍大病救助项目收入71.2万元；5、市会下拨两节送温暖救助款13.6万元。

（吴永德）

【募捐款支出】2017年合计募捐款支出276.86万元。支出情况如下：1、向九寨沟地震害区定向支出0.4万元；2、和京顺医院合作，向全区离退休教师开展定向救助72万元。3、开展支出型贫困家庭救助项目，全年投入79.6万元对全区21个镇和单位151户因病致困家庭进行救助；4、和区慈善协会合作开展农业户籍重特大疾病救助项目，投入71.2万元；5、面向全区6个街道开展两节送温暖救助13.6万元；6、和区社会福利事务管理中心合作开展“陪伴夕阳”救助项目，投入14万元；7、和河北省沽源县红十字会开展定向帮扶困难家庭项目投入5万元；8、爱心助学2017年尾款支出6.86万元。

（吴永德）

【应急救护培训工作】区红会共对全区310余家单位，共计3万人提供应急救护普及培训。

（吴永德）

【救援队建设】在光明街道、空港街道以及北务镇三个单位新成立三支街道、社区及镇级救援队，每支救援队队员50人，共计150人。

（吴永德）

【顺义区红十字会第二届会员代表大会】11月12日上午，区红十字会第二届会员代表大会召开，区领导王刚、高朋、车克欣、周颖博、于庆丰、贺亚兰、李向英、李国新，市红十字会党组书记、常务副会长李宝峰等出席会议，并有来自全区各行各业共239名代表参加会议。大会通过《顺义区红十字会工作报告》的决议以及《顺义区红十字事业2018—2022年发展规划（报审稿）》的决议，并选举产生80名理事，在随后的理事会上选举产生13名常务理事和会长、常务副会长、副会长，并由会长提名经理事表决产生秘书长。副区长李向英同志当选新一届区红十字会会长，并通过聘请区委书记王刚、区委副书记区长高朋为顺义区红十字会名誉会长的决定。

（吴永德）

顺义区文学艺术界联合会

【概况】2017年是党的十九大胜利召开之年，也是顺义区文联抢抓新机遇、开启新风貌、推动新发展的重要一年。一年来，在区委、区政府的坚强领导下，顺义区文联认真学习贯彻党的十八大、十八届历次全会以及党的十九大精神，以习近平新时代中国特色社会主义思想为指导，以“凝聚文化自信新力量，促进文化繁荣兴盛”为目标，团结带领各专业文艺家协会和广大文艺工作者，坚持围绕中心、服务大局，积极主动，开拓创新，为推动顺义区文艺繁荣发展做出贡献。为建设“港城融合的国际航空中心核心区、创新引领的区域经济提升发展先行区、城乡协调的首都和谐宜居示范区”营造良好文艺氛围，为北京建设国际一流的和谐宜居之都贡献顺义文艺人的力量。单位名称：顺义区文学艺术界联合会

（刘忠诚）

【书法艺术家走基层送春联、福字活动】春节前夕，区文联组织区书协24名书法家先后走进旺泉街道十六局社区、木林镇陈各庄村及地铁公安一线警务、燕京啤酒厂等20个单位进行送春联送“福”字下乡活动。共书写赠送春联8910幅，福字万余福，赠送书法作品407幅。

（刘忠诚）

【作协《玉鹭迎晖》散文集出版】1月6日，由顺义区作家刘飞鹭历经十年创作的散文集《玉鹭迎晖》由北京日报出版社出版。

（刘忠诚）

【书法家协会双拥社区书法班开班】3月3日，顺义区书法家协会光明街道双拥社区书法班开学典礼在光明街道双拥社区书画活动室举行。相关单位领导和60余名书法家参加活动。

（刘忠诚）

【摄影家协会规范会员管理】3月19日，区摄影家协会会员大会在区委党校召开。会议由区摄影家协会主席李宗印主持，参会会员100余名。会上对协会会徽、会旗等，特别是对新申报下来的协会微信公众号的栏目设置、使用及投稿要求等做具体的说明。

（刘忠诚）

【顺义区文联三届二次理事会召开】3月31日，顺义区文联三届二次理事会在北京市顺鑫培训中心召开，会议审议并通过《顺义区文联2016年工作报告》，部署2017年文联重点工作。四个文学艺术类社会组织在会上作典型发言，进行工作交流，理事会还组织学习区委常委、宣传部部长贺亚兰同志在2017年全区宣传思想文化工作会议上的讲话精神。区文联主席袁树旺同志在理事会上讲话，强调2017年文联工作要强化一个意识，即：社会主义核心价值观教育实践和意识形态教育，总体把握两项基本工作职能，即：“联系、联络、联合”和“创新、推新、开放”，围绕三个主线，即：围绕党的十九大召开、围绕庆祝建军90周年、围绕顺义区中心工作开展文联工作。强调在创作文艺精品上下功夫，见实效。宁可文学艺术精品数量少，也要确保文学艺术精品创作高质量、高水平。要树立以人民为中心的工作导向，继续开展好“深入生活、扎根人民”主题实践活动。

（刘忠诚）

【戏剧曲艺艺术培训班】4月10日–16日，区戏剧曲艺家协会在区裕龙大酒店会议室举办戏剧曲艺艺术培训班。培训班特聘请国家一级演员，文华奖获得者谷文月、宋丽主讲评剧艺术，曲艺名家宋德全、张志强二位老师主讲相声、快板、双簧等艺术培训历时7天，听课人次达到500余人，听课人员年龄从7岁到70多岁不等。

（刘忠诚）

【“浅山之韵”摄影创作活动】4月16日，区摄影家协会30余名会员，来到舞彩浅山茶棚段，开启“浅山之韵”摄影创作活动的序幕。“浅山之韵”创作活动为期一年，分为春、夏、秋、冬四个板块。此项活动的开展，给会员们提供一次实践创作和交流的机会。

（刘忠诚）

【“携手绘锦绣 同心著华章”顺义·西峡文化交流合作优秀成果展】4月19日，“携手绘锦绣 同心著华章”顺义·西峡文化交流合作优秀成果展在河南省南阳市西峡县举行。共

展出顺义区艺术家走进西峡，深入生活，贴近老百姓潜心创作的各类文艺作品110件，以及西峡艺术家深入一线精心创作的各类文艺作品71件。这些精品力作从不同侧面、不同层次不仅精准反映西峡县经济社会发展的巨大变化，也体现双方在文化领域精诚合作的丰硕成果。展后，全部优秀作品赠送给西峡县16个贫困村。

（刘忠诚）

【劳模文化艺术交流】5月3日，在第128个“五一”国际劳动节到来之际，顺义区舞蹈家协会与顺义区总工会在“劳模之家”组织以“中国梦劳动美　撸起袖子加油干”劳模文化为主题的艺术交流活动。此次活动旨在借助艺术这个载体，尽情歌颂伟大的祖国，充分展现当代劳模的艺术风采，同时激发广大群众参与劳动的热情，营造出激情昂扬、锐意进取的浓厚氛围。

（刘忠诚）

【第二十七次全国助残日主题公益活动】5月18日，由中国残联宣文部、中国残疾人事业新闻宣传促进会、北京市残疾人联合会、北京市残疾人福利基金会共同主办，顺义区工商届联合会、顺义区残疾人联合会、顺义区文学艺术届联合会承办，顺义区燕山文化协会、北京利安盛华科技有限公司协办的“文化助残　爱在顺义”庆祝第二十七次全国助残日主题公益活动在北京市顺义区金潮玉玛国际酒店举行。首都各界助残公益人士、顺义区残疾人代表共计300余人参与本次活动。

（刘忠诚）

【“杨镇”杯第六届广场文化艺术展演暨华北五省市国标舞、交谊舞邀请赛】5月19日，区广场文化艺术协会承办的以“喜迎党的十九大开创文化建设新局面”为主题的顺义区“杨镇”杯第六届广场文化艺术展演暨华北五省市国标舞、交谊舞邀请赛决赛在北京武警四支队体育馆举行。本次邀请赛决塞的选手全部来自华北五省市舞蹈艺术爱好者，年龄跨度上至六旬老人，下至六岁幼童。

（刘忠诚）

【《西辛的故事》的大型文艺演出】5月23日，由区舞蹈家协会执导的名为《西辛的故事》的大型文艺演出，在北京牛栏山一中吉祥礼堂举行。来自全国部分优秀小学校长及教育系统的领导和优秀学生家长代表一千多人观看演出。这场演出集中展示西辛小学教育集团师生们的少儿诵读、情景表演、体育展示、配乐诗朗诵等平时课堂上的情景。

（刘忠诚）

【文化艺术之春书画、摄影漫画展】5月25日，区中老年书画社承办的，以“喜迎党的十九大、开创文化建设新局面”为主题的文化艺术之春书画、摄影漫画展在杨镇一中开幕。活动展出50名书画家、摄影家、漫画家的200余幅作品。杨镇一中在校师生200余人参观展览。

（刘忠诚）

【舞蹈《庭堂御扇》和《绿港扬幡》双双荣获金奖】在中央电视台北京星光梅地亚影视城和长城上举办的“非遗·中国——2017全国民族文艺汇演”中，区舞蹈家协会选送的舞蹈《庭堂御扇》和《绿港扬幡》双双荣获金奖。

（刘忠诚）

【“顺义人”主题摄影展】6月11日，区摄影家协会在区档案馆举办“顺义人”主题摄影展，此次展览共有93位顺义人入展，95幅挂品展出，观展人数近百人。

（刘忠诚）

【潮白河主题摄影作品沙滩展】7月8日，区摄影家协会举办的潮白河主题摄影作品沙滩展在顺义区苏庄闸桥南侧举行。此次展出的作品表现的都是顺义潮白河两岸的花鸟、人文、风光，是“潮白之春”摄影创作活动的作品展示。此次展览旨在用这种特殊的展览形式呼唤全民关注环保、爱护我们身边的环境。同时也表达摄影人对社会的责任感，为建设我们美好家园贡献自己的一份力量。

（刘忠诚）

【第十五届北京舞蹈大赛】7月17日，由北京市文联、北京市教委联合主办，北京舞蹈家协会承办的“纪念建军90周年”——第十五届北京舞蹈大赛在天桥剧场落下帷幕，由顺义牛栏山一中飞扬舞蹈团表演的《丝路鼓韵》荣获非专业青少年组二等奖，顺义老干部局艺术团表演的《地道战》获得“纪念建军90周年”剧目特别奖，顺义区舞蹈家协会荣获优秀组织奖。

（刘忠诚）

【顺义文艺丛书《文学卷》、《摄影卷》出版】2017年顺义文艺丛书《文学卷》《摄影卷》出版。

（刘忠诚）

【美术家协会召开第三次代表大会】7月30日，顺义区美术家协会召开第三次代表大会。会议审议《顺义区美术家协会工作报告》和《顺义区美术家协会章程》，选举产生19名理事。经过大会选举，魏宗安当选为第三届美术家协会主席，万宝江、付海浩、孙银海、刘杰、李向军、张金生、侯深、柴祥群、董秀玲当选为第三届美术家协会副主席，孙银海兼任秘书长，王伟、左晓茹、高丽莉任副秘书长。

（刘忠诚）

【区文联召开意识形态工作会】9月12日，区文联意识形态工作会召开，区文联机关、区文联7个文艺家协会主席、秘书长以及43家文化社团组织负责人参加会议。这次会议主要是学习贯彻习近平总书记关于意识形态工作的一系列重要讲话精神和指示要求，以及市委、市委宣传部、市文联、顺义区委关于意识形态工作的部署要求。

（刘忠诚）

【“喜迎十九大、大美顺义新、牢记使命、繁荣文艺”书画精品展】10月6日，由区委宣传部、区文明办、区文化委、区文联、区广电中心主办，北京国际鲜花港管委会、区书法家协会、美术家协会承办的“喜迎十九大、大美顺义新、牢记使命、繁荣文艺”书画精品展在北京国际鲜花港展厅开幕。相关领导和部分艺术家代表近200余人出席并参观展览。此次展览共展出118 幅书画精品。展览从10月6日持续到10月底。

（刘忠诚）

【2017丝绸之路“金色年华”全国风采大赛总决赛】10月12日，2017丝绸之路“金色年华”全国风采大赛总决赛在河南郑州落幕。来自全国11个省市自治区的17支优秀中老年模特艺术表演团队的300多位中老年朋友参加总决赛。顺义区艺术模特协会参赛节目《完美旅程》荣获牡丹金奖第一名、最佳组织奖、最佳创作表现奖；赵宁、王设荣获“时尚T台大奖”；何妙珍、张艳萍等荣获“红毯女神”称号；郭小江、程国强等荣获“红毯先生”称号。

（刘忠诚）

【舞协艺术家担任评委】10月12日-18日，北京舞蹈家协会理事、顺义区舞蹈家协会副主席杨华赴俄罗斯符拉迪沃斯托克担任“非遗中国走进俄罗斯系列活动”评委。来自中国北京、上海、四川、陕西、宁夏、内蒙古等地的民族民间舞和中国古典舞以及俄罗斯舞蹈家近400名演员同台献艺，展示中俄两国非物质文化遗产的形体表演项目，增进两国艺术家的传统友谊。

（刘忠诚）

【敬老梨园慰问活动】10月21日，区戏剧曲艺家协会深入生活扎根人民“2017敬老梨园”慰问活动走进北小营镇敬老院和龙湾屯敬老院，此次慰问演出持续8天，共演出17场。

（刘忠诚）

【参加市文联优秀原创文艺节目展演】11月，区文联编创的歌曲《咱们的大北京》、舞蹈情景剧《两个妈妈一样亲》和男声独唱《顺心顺义》三个节目，在北京市文联主办的“宣传贯彻党的“十九大”精神　循民族之声唱时代新曲、2017北京市区（局）、产（行）业文联优秀原创文艺节目展演”中分别获得二等奖、三等奖和优秀奖。

（刘忠诚）

【影像北京2017年全市美术书法摄影比赛活动】11月，区文联组织所属协会参加由北京市文化局、北京市文学艺术界联合会作为支持单位，北京文化艺术活动中心、北京市书法家协会、北京市美术家协会、北京市摄影家协会主办的影像北京2017年全市美术书法摄影比赛活动。区书协周国立的小楷《阮籍咏怀诗》获得二等奖，孙建昆的隶书《毛主席<浣溪沙和柳亚子先生>》、李红英的行书《世说心语》和李磐的行书获得优秀奖；区美协曹加新的油画《团结就是力量》获得二等奖，张金生的国画《国魂》获得三等奖，苗国华的油画《午睡》、杜文铎的油画《辰龙待舞》、万宝江的国画《酒镇牛栏山图》获得优秀奖；区摄协李洪宾的《雨中护送》获得一等奖、李宗印的《苦练杀敌本领》获得三等奖、张莲花的《辛勤的园丁》获入围奖。

（刘忠诚）

【作家协会召开第三次代表大会】12月29日，顺义区作家协会第三次代表大会在北京裕龙花园大酒店召开。会上听取审议顺义区作家协会工作报告和章程；选举产生第三届理事会及其领导机构。王艳霞当选第三届顺义区作家协会理事会主席，李洪峰当选第三届作家协会理事会副主席兼秘书长，王爽、田也、刘飞鹭、李洪峰、张海涛、周洪安、赵巍然7人当选为第三届顺义作家协会理事会副主席；于宏利当选为第三届顺义区作家协会理事会副秘书长。王克民、卞志忠等19人当选为第三届顺义区作家协会理事会理事。聘请王克臣、许福元、刘振华、林馨为第三届顺义区作家协会艺术顾问。

（刘忠诚）

【微电影《量心》荣获优秀作品奖】12月，区戏剧曲艺家协会拍摄的微电影《量心》在北京市文学艺术界联合会、中共张家口市委宣传部、蔚县人民政府共同主办的“中国梦. 冬奥情. 京津冀”—2017微视频（微电影）主题原创作品征集活动中荣获“优秀作品奖”。

（刘忠诚）

北京顺义年鉴
2018

政法 军事

顺义区中小学生法制教育实践基地启动仪式

7月28日，“军民鱼水，翰墨传情，著名书画艺术家进军营笔会联谊暨驻顺官兵书画精品展活动”在顺义区消防支队举行

7月21日，民防局与地税局签署防空地下室易地建设费委托代收协议

11月1日，顺义区举办“情定军营 为爱坚守”军人集体婚礼

7月20日，在顺义区光明文化广场区领导参加征兵宣传活动

消防宣传提升群众安全意识

政法

政法工作

【概况】2017年，全区政法系统坚持用习近平总书记系列重要讲话精神武装头脑、统领政法工作，不断增强预测预警预防各类风险能力，更好的服务全区“疏解整治促提升”专项行动，不断提升群众安全感和满意度，深入推进平安顺义、法治顺义、过硬队伍建设，政法各项工作取得新的进展，为维护全区社会大局稳定、促进社会公平正义、保障人民安居乐业作出重要贡献，为党的十九大精神在顺义落地生根提供坚实保障。
单位名称：顺义区委政法委

（政法委）

【维护社会安全稳定】紧紧围绕为党的十九大胜利召开创造安全稳定的社会环境这条主线，切实增强大局意识，完成全国“两会”“一带一路”高峰论坛、党的十九大等重大活动维稳安保任务，将反恐防恐工作纳入“一把手”工程，组织开展严打暴恐专项行动，牢牢守住不发生暴力恐怖活动的底线。开展国家安全人民防线建设，严密防范和打击各种敌对势力的渗透破坏活动。深化反邪教斗争，“无邪教创建”活动取得良好效果。

（政法委）

【政法部门发挥职能作用】公安机关坚持打防管控一体化，共破获案件2894起，同比上升25.77%，其中现案1674起，同比上升32.4%。刑事拘留2212人，同比上升58.8%；行政拘留3650人，同比上升116.9%。检察机关全年受理审查逮捕案件844件1111人，件数、人数同比上升7.65%和7.14%。受理审查起诉案件1543件2063人，件数、人数同比上升27.84%和34.39%。审判机关新收案件35934件，同比上升33.8%，办结案件36230件，同比上升32.3%，未结案件 2496件，同比下降11%，结案率93.6%，同比上升2.9个百分点。新收案件数量位列全市基层法院第8位，结案率位列全市基层法院第6位。司法行政机关加大教育管理帮扶力度，社区服刑人员、安置帮教人员重新犯罪率低于全市平均水平。完成全区533个村（居）委会与118名律师签订结对服务协议，实现区内村居法律顾问配备率100%。

（政法委）

【深化矛盾多元化解机制建设】严格落实矛盾纠纷排查调处机制，围绕重大活动安全开展排查调处专项行动。强化源头管控，不断完善风险评估机制，规范社会稳定风险分析、评估、审查程序，实现全区重大决策事项社会稳定风险评估工作全覆盖，全年对280件开展社会稳定风险评估。在人民法庭设立立案点，引入人民调解力量参与矛盾化解，建立以立案庭诉非衔接机构为中心、以人民法庭为支点的诉调对接新格局。继续推进规范化人民调解委员会创建活动，全面更新区、镇（街）两级社会矛盾多元调解专家库建设，建立健全区级人民调解志愿者队伍，推动人民调解员队伍专业化和职业化建设。

（政法委）

【司法体制改革】深化司法责任制、检察人员分类管理、职业保障、人财物省级统一管理四项基础性改革。区检察院优化内设机构，对原有内设机构进行归并、分设，形成五大类机构、共计16个内设机构，健全办案组织，合理搭建办案组织、配备检察人员，共组建办案组40个。区法院根据上级部署，继续推进执行团队化改革，确保审判、执行基本职能分离；与公安、检察机关协作推进解决执行难，重点在查找控制被执行人、打击拒不执行裁判等方面加强协作，构建综合治理工作格局，为基本解决执行难目标的实现打下牢固基础。

（政法委）

【“疏解整治促提升”专项行动】深化源头调控、成本调控和管理调控，以推动“疏解整治促提升”专项行动为契机，对城乡结合部重点地区、集体土地出租大院、群租房、非法劳务市场、盗采砂石、农村宅基地自建房违法出租等问题开展专项整治，有效消除各类安全隐患问题、缓解人口过度聚集、解决治安秩序混乱等一系列社会治理难题，确保人民生命财产安全。

（政法委）

【综合整治行动】投入7000余万元，推进8个市、区两级城乡结合部重点地区的违法建设、治安秩序、违法出租房屋、食品药品安全等八方面秩序整治。针对32处市区镇三级挂账治安重点整治地区，全年共开展执法行动200余次，出动执法人员6301人次，排查出的5000余处问题隐患，均按期限整改完毕；对整治效果不明显的地区开展专项督导，确保挂账重点地区尽快整改落实到位。

（政法委）

【平安顺义建设】完善专群结合、点线面结合、打防管控结合、网上网下结合、人防物防技防结合的治安防控体系。推进社会服务管理网、城市管理网、社会治安网“三网融合”，进一步拓展服务职能。实施“雪亮工程”，加快推进公共安全视频监控区、镇（街）两级高清数字平台建设，9月底前完成市、区、镇（街）三级联网工作。推进基层综治信息化建设，投入资金930万元，完成顺义区网格化社会治安综合治理信息平台二期研发，全区综治信息化建设水平显著提升。开展“我身边的平安故事”主题系列宣传和“我最喜爱的平安志愿者”等系列评选活动。充分利用新媒体平台，开通“平安顺义”公众微信号，打造全区政法工作宣传阵地。

（政法委）

【法制宣传教育】与专业媒体公司合作，运用新媒体、传统媒体相结合的形式开展政法综治宣传活动，开通“平安顺义”微信公众号、开展“平安顺义”宣传月系列活动，加强全区政法综治宣传阵地建设，扩大平安顺义建设影响力，提高政法综治工作的知晓度。以“法律十进”为目标，扎实开展各类人群普法活动。围绕国家安全日、国际禁毒日、三八妇女节、3.15等时间节点，共开展法治宣传活动100余场次，受益人群达十余万人次。突出典型示范引领，开展“平安顺义之星”评选表彰活动，切实做到用先进典型激励士气，推进工作。

（政法委）

公安工作

【概况】年内，分局共接报“110”警情9.8万件，破案3814起，同比上升0.3%；刑事拘留2606人，同比上升22.6%；行政拘留4202人，同比上升73.6%；查处治安案件28934起，同比上升132.4%，百警刑事破案、行政拘留排名全市第三；百警刑事拘留、打击处理排名全市第一。年内，分局依托“高峰”“忠诚”“四个攻坚战”“四个不发生”创建等专项活动，全面清理整治，强化以面保点，确保“两大安保”绝对安全。安保期间，发动群防群治力量4.5万余名，先后打掉大型砂石料场、构件厂21处，抓获各类犯罪嫌疑人256名，清理违规群租房、群租公寓1.3万间，疏解人口1.8万人，完成警务任务223次。年内，完成机构调整，撤销分局内设机构11个，并对其所属职责进行合并，核定机关职能部门警力编制813名（含交通支队警力编制164名）。

单位名称：北京市公安局顺义分局

（单凤莲）

【专项行动保平安】年内，深入开展打防管控专项行动和平安行动，全力提升社会治安掌控能力。先后启动“3.11”“3.29”“4.07”“4.15”四大专案等11个专项行动，打掉有组织犯罪团伙3个，抓获犯罪嫌疑人42名；打掉盗采砂石犯罪团伙13个，刑拘103人；刑拘非法转让土地等人员71人，刑事拘留原村党支部书记9人，查获涉案资金2000余万元；破获涉车盗窃案件187起；刑事拘留涉毒人员52人，治安拘留288人，缴获毒品5.3公斤；破获系列经济案件118起，刑拘182人；12起命案全部侦破，八类案件破案率78.8%，超过全市破案平均水平，856件涉枪线索全部查证办结；深入推进“一长四必”勘查，三级现场勘查9665起，勘查率92.2%，现场视频提取率由15%提升至50%；强化讯问攻坚和专案审查，深挖破案932起。

（单凤莲）

【打击黄赌盗与社会治安防控体系建设】年内，加大黄赌、盗窃自行车等违法犯罪的打击力度，抓获涉黄人员229人，抓获涉赌人员1037人，打掉涉黄涉赌窝点223个；推动社会治安防控体系建设，发动497名社区民警、1726名实有人口管理员的力量，共统计摸排人、地、事、物、组织等基础信息62405条，发现整改各类安全隐患1458件，确保重大安全隐患全部“归零”。

（单凤莲）

【外围防线建设】年内，推进外围防线建设，累计盘查检查车辆430万余辆、人员485万人，抓获各类违法犯罪人员665人，查获非法烟花爆竹10.5吨、地沟油等3000余公斤违禁物品，最大限度地将各类风险隐患排除在京门之外；加快科技强警，依托“雪亮工程”，新补点建设监控166处，安装高清摄像机431个；对8个派出所三级平台进行升级改造、17个三级平台进行统一联网，视频监控平台联网共享能力显著提升。

（单凤莲）

【安全监管力度持续提升】年内，持续提升安全监管力度，区委、区政府等领导带队检查消防178次，行业系统主要领导带队检查367次，属地检查8711次，整改问题隐患2.8万处；检查单位19154家，发现火灾隐患或违法行为12797处，“三停”137家，查封663处，拘留403人；建成消防水池、水鹤88座，在建67座，在全市排名第一；安装独立式火灾报警器21万个，微型消防站建成516个。依法纠正各种交通违法615821起，罚款9253.5万元,暂扣各类严重违法车辆5131辆,依法行政拘留224人，治理道路交通安全隐患72处。保障大型活动51项369场，接待游客261.8万人；收缴枪支115支、子弹10793发、化学品36.5公斤、刀具102把、炮弹4枚、黑火药2公斤、非法烟花爆竹816箱，处罚违规使用易制爆危险品从业单位62家；检查辖区水、电、气、热、油等内部单位重点部位6456个，整改隐患103处。

（单凤莲）

【执法制度规范化建设】年内，全力推动执法制度规范化建设，27个基层所队全部完成案管组建设；执法办案中心接待办案人员820余人次；发现执法问题2335件，对29名领导和民警追究执法过错责任。深入推进公安改革，分局机关职能部门机构由25个调整为16个，派出所建立“两队一室”警务模式；严查快办信访举报件41件，立案审查2起3人。

（单凤莲）

【十九大安保任务】按照顺义区委、区政府和市局党委的部署，顺义分局党委坚持“四个第一”理念，坚持最高工作标准，启动最强防控等级，开展“忠诚·2017”平安行动、“四个不发生”创建、疏解整治促提升等工作，确保十九大安保任务完成。

（李德胜）

【打黑除恶】年内，根据习近平总书记关于打击“村霸”等农村黑恶势力犯罪的重要批示精神，顺义分局紧紧围绕地区发展大局，对干扰基层政权建设、影响地区经济发展等有组织犯罪启动系列专项打击，打掉涉及非法经营、侵害农村基层政权、非法采矿等犯罪团伙17个，刑拘犯罪嫌疑人188人。

（李德胜）

【移动警务系统建设】年内，顺义分局完成1号楼机房移动警务光纤链路接入、光端机、交换机、防火墙等硬件设备安装调试工作和移动警终端软件安装集成工作，建设分局移动警务应用平台，为一线执法办案民警配发新一代移动警务终端540 部。

（武卫金）

【高危重点人员全网查控】年内，警务支援大队共研判下发各类预警信息2400条，抓获红色在逃人员10人；采集涉毒人员有效信息730余条，行政拘留8人；核查重性精神病人275人次；涉枪前科人员54人次。

（刘东）

【外国人服务大厅落成】5月1日，外国人出入境服务大厅在顺义区空港开发区落成，旨在方便外籍人才就近办理相关手续。

（杨华）

【“两队一室”警务改革】年内，按照市局的统一部署，顺义分局22个户籍派出所全面展开“两队一室”警务模式改革和社区警务室7×24小时值班工作。其中25名警力以上的15个派出所，推行“两队一室”警务模式，组建社区警务队45个，打击办案队和综合指挥室各15个；25名警力以下的7个派出所，成立综合管理队3个，设置综合指挥、社区警务和打击办案岗。

（王新凯）

【缉枪治爆专项行动】年内，顺义分局依托“缉枪治爆专项行动”和“易制爆危险化学品和物流寄递专项整治”两个专项工作，共检查危险物品和刀具销售单位1382家次，摸排闲置厂房、大院、出租房屋、商店、超市等场所2800余处，摸排涉枪涉爆、军械枪迷、狩猎爱好者等重点人91人，全部纳入管控视线。收缴各类枪支115支、各类子弹10793发、管制刀具102把、非法烟花816箱。

（杨曦）

【内部单位安全监管】年内，顺义分局围绕各重要安保节点，进一步加强对水、油、电、气、热、讯、金融、医院等涉及国计民生内部单位的安全监管，深入开展系统安全大检查，督导其落实安保主体责任，全面提升干部员工反恐防恐和安全防范意识。累计出动警车1052辆次、警力2172人次，指导产权单位采取分片分线、包时包段方法，落实专业实名制巡护力量4243名，确保内部单位和基础设施的安全运行。

（曾旭红）

【首都外围防线二期建设完成】10月15日，顺义区在北务综合检查站举行“首都外围治安查控防线二期建设竣工入驻仪式”，标志着顺义区首都外围治安查控防线二期建设工作完成。全年，外围检查站共投入民警13815人次、武警19260人次、辅警28325人次，警犬1365条次，河北支援警力2796人次，支援学警450人次，累计盘查检查车辆车辆429.4万余辆、人员481.5万余人，抓获各类违法犯罪人员665人。

（张博）

【交通隐患专项整治】年内，开展交通隐患排查，打击交通违法行为。共排查交通隐患36处，其中易形成团雾、结冰路段12处，交通设施隐患17处，交通事故隐患7个，明确责任人，建立台账，逐点进行整治。依法查处路面交通违法行为为12413起,同比上升16.50%。其中查处货车严重违法5495起，同比上升12.93%；查扣严重违法车辆455辆，同比上升7.31%。

（史浩宇）

【消防执法工作量大幅度提升】年内，消防支队共检查单位19154家，同比上升141%，发现火灾隐患或违法行为12797处，同比上升177%，罚款1003.75万元，同比上升819%，“三停”137家，同比上升448%，查封663处，同比上升936%，拘留403人，同比上升484%。消防监督人员人均罚款40.15万元，“三停”5家，查封26处，拘留16人，在全市综合排名第一。

（杨贺）

【“三打击一整治”专项行动】年内，顺义分局开展“三打击一整治”专项行动，打掉盗抢骗犯罪团伙11个，抓获违法犯罪人员89人，收缴赃款532563元；抓获电信诈骗违法犯罪人员2人；打掉网络贩枪犯罪团伙3个，抓获违法犯罪人员20人，收缴枪支40把。

（赵跃昕）

【教育培训基地揭牌使用】11月8日，顺义分局举办北京市保安服务总公司顺义分公司暨北京市公安局顺义分局培训基地揭牌仪式。

（刘成志）

检察工作

【概况】2017年，顺义区人民检察院（以下简称顺义检察院）受理审查逮捕案件894件1182人，批准逮捕623件762人，不批准逮捕279件438人。受理审查起诉案件1629件2122人，提起公诉1414件1763人，不起诉215件338人。追捕漏犯15人，其中判处3年以上有期徒刑13人；追诉漏犯46人，其中40人已获法院有罪判决。对经审查认为不构成犯罪的依法不批准逮捕4人，不起诉59人；对证据不足的依法不批准逮捕227人、不起诉108人。服务保障“疏解整治促提升”专项行动。加大对非法采矿、非法转让土地使用权等破坏环境资源犯罪的打击力度，批准逮捕20人，起诉21人。与顺义区80后义工社等4家爱心企业共同搭建观护基地，与区人力资源和社会保障局签订《未成年人合法劳动权益保护合作协议》，加强未成年人保护。深化司法体制改革。按照市检察院统一部署，将民事检察部和行政检察部进行分设；配合做好国家监察体制改革试点工作，完成25名检察人员的转隶，并设立职务犯罪检察部，配合完成39件职务犯罪案件线索的交接、移送工作。按规定向区纪检监察机关通报党员、公职人员涉嫌犯罪案件16件，移送涉嫌违法违纪案件线索8件。修改检察官办案权限清单和职位说明书，将一般案件的不批准逮捕、不起诉权授权给检察官。组织两次检察官遴选。

单位名称：北京市顺义区检察院

（检察院）

【检察监督】受理立案监督案件74件87人，其中监督公安机关立案40件49人，监督立案后已获法院有罪判决10件16人；监督撤案23件30人。受理侦查活动监督案件39件，对36件侦查活动涉嫌违法案件开展调查核实。审查一审裁判文书1665份，按照第二审程序提出抗诉案件7件11人，均获上级院支持，其中5件7人已被改判；按照审判监督程序提请上级院抗诉案件3件3人，系多年来该院首次按照审判监督程序提请抗诉，其中2件2人已被改判。开展社区矫正监督检察68次，与社区矫正对象谈话教育132人次。办理羁押必要性审查案件158件，对不需要继续羁押的犯罪嫌疑人建议变更强制措施80件。办理民事诉讼监督案件25件，建议提请抗诉2件，发出再审检察建议2件。办理行政诉讼监督案件2件。审查公益诉讼案件线索25件，发出诉前检察建议2件，相关问题得到及时整改。

（检察院）

【强化服务意识，接受外部监督】邀请区人大代表、政协委员就司法体制改革进行专题调研2次。分别就“开展两法衔接工作情况”和“加强侦查监督维护司法公正情况”向区人大常委会作专题汇报和专项报告。受理群众信访426件，均进行妥善处置。保障律师合法执业权利。接待律师500余人，办理律师控告侦查机关阻碍行使诉讼权利案件1件。依托“两微一端”新媒体平台，发布检察信息600余条，阅读量近万人次；全面及时公开案件程序性信息2184件，法律文书1385份；提供行贿犯罪档案查询8952次。

（检察院）

【观护基地顺义分站成立】3月9日，顺义检察院召开附条件不起诉观护帮教工作推进会暨新起点扬帆观护基地顺义分站成立会议，顺义区委政法委副书记张峰、顺义团区委书记梁志刚等出席会议。会上，党组成员、副检察长李存海代表顺义检察院与顺义区80后义工社、北京博纳顺景影院管理有限公司、北京雅和风尚餐饮有限公司、北京尚世超越食品有限公司4家观护单位负责人签订《涉罪未成年人帮教考察合作协议》，张峰、梁志刚等分别为观护单位授牌。

（李缓）

【内设机构改革】3月，按照市院统一部署，设立职务犯罪检察部，将原民事行政检察部分设为民事检察部和行政检察部。

（鞠佳佳）

【未成年人劳动权益保护合作启动】4月28日，顺义检察院联合区人力资源和社会保障局启动全市首项未成年人合法劳动权益保护合作。会上，双方会签《关于开展未成年劳动者合法劳动权益保护工作的合作意见》，通过合作建立联席会议、线索移送、情况互通等六项工作制度，开展专项执法检查、普法宣传、警示教育等专项活动，保护未成年劳动者合法权益。

（贾竞、王倩）

【职务犯罪侦查局转隶】4月，按照市院统一部署，配合国家检察体制改革试点，顺义检察院职务犯罪侦查局25名检察人员转隶至区监察委员会。

（鞠佳佳）

【移交首例在逃人员到案的职务犯罪案件】5月12日，顺义检察院向区监察委员会移交一件由本院原职务犯罪侦查局立案侦查的案件。该案立案后犯罪嫌疑人一直在逃，于职务犯罪侦查局转隶后被公安机关抓获，移交后犯罪嫌疑人被采取留置措施。本案系全市首例对在逃人员到案后采取留置、并由公安机关执行留置措施的职务犯罪案件。

（张静仁）

【市院进行综合性检务督察】5月24日，市院纪检监察部门联合行政事务管理局对顺义检察院开展“为官不为”“为官乱为”问题专项治理等四个方面的综合性检务督察。督察组对本院党风廉政建设工作给予认可，并就下一步的工作提出要求。

（李丹）

【会签认罪认罚从宽试点会议纪要】5月24日，在区委政法委的主持下，顺义检察院与区法院、区公安分局、区司法局会签《关于开展刑事案件认罪认罚从宽制度试点工作的会议纪要》。该纪要明确办理认罪认罚案件的基本原则、适用范围与程序、侦查、检察和审判三机关办理案件的工作职责等内容。

（孔超）

【受邀参加全国检察理论年会】6月4日–6月6日，顺义检察院公诉部检察官助理王晓雪撰写的《论检察监督司法化问题》一文入选中国检察学研究会暨第十八届全国检察理论研究年会论文集，王晓雪受邀参加会议并作主题发言。这是该院近年来首次有文章入选。

（王晓雪）

【新录用人员岗前培训】6月19日–6月21日，顺义检察院对8名新录用人员开展岗前集中培训。此次培训围绕思想政治、检察业务、综合素质三方面，采取专题讲授、座谈交流、观摩学习等方式进行。

（鲁晓彬）

【对附条件不起诉案件作出处理】7月26日，顺义检察院首例依托新起点扬帆观护基地顺义分站接受附条件不起诉监督考察的未成年人度过考验期，该院对其作出不起诉决定。

（贾竞、王倩）

【荣誉称号】7月，顺义检察院未成年人案件检察部、政治处等四个岗位在顺义区“巾帼建功”创建活动中被授予2015—2016年度“巾帼文明岗”荣誉称号，四名同志被授予“巾帼建功标兵”荣誉称号。

（鲁晓彬）

【中美交流座谈会】8月16日，美国司法部亚洲区域知识产权执法协调员Evan Williams、美国驻中国大使馆法律顾问胡倚婷一行访问市院，并参加由市院组织的交流座谈会。顺义检察院检察官助理任静受邀参加本次会议，并就本院办理的一起假冒注册商标案作典型案例介绍。

（任静）

【全国检察新闻宣传先进单位】8月，顺义检察院被最高人民检察院、检察日报社评为2017年度全国检察新闻宣传先进单位。

（耿梦婷）

【“全国刑事申诉检察业务标兵”】9月29日，第二届全国检察机关刑事申诉业务竞赛落下帷幕，顺义检察院检察官刘芳以第四名的成绩荣获“全国刑事申诉检察业务标兵”称号。这是本院首次获得全国业务竞赛标兵荣誉。

（李连华、鲁晓彬）

【联合制定留守儿童保护工作方案】9月，顺义检察院与区民政局等七家单位联合制定《顺义区留守儿童和困境儿童“合力监护、相伴成长”关爱保护专项行动实施方案》，为留守儿童和困境儿童健康成长提供司法保障。

（李缓）

【公众开放日活动】12月4日，顺义检察院举办“维护宪法权威、守望公平正义”主题公众开放日活动，10余名市民代表参加活动。活动中，与会人员观看《首都检察形象宣传片》，并参观院办案工作区和检察服务中心。

（顾珊珊）

【检察官遴选】6月-12月，按照市院统一部署，顺义检察院组织完成两次检察官遴选工作，12名检察人员被任命为检察官。

（鞠佳佳）

审判工作

【概况】年内，顺义法院推进司法改革，开展多元化解工作，着力解决执行难，自觉主动接受人大监督，确保依法公正高效行使审判权。本院全年结案率为93.6%，同比上升2.9个百分点。本院法官年人均结案244件，同比提升33.3%。院、庭长作为入额法官，办理案件12208件，占33.7%，同比提高15.8个百分点。本院审判质效位于基层法院第三位，在全市法院案件信息准确性检查和案件质量专项评查活动中荣获“双第一”。经过一年的努力，本院及本院干警获得多项荣誉。本院被评为“北京市模范法院”。院党组书记、院长李旭辉荣获第三届“北京市审判业务专家”称号。本院妇委会获得“全国维护妇女儿童权益先进集体”荣誉称号，后沙峪法庭获得“全国巾帼文明岗”荣誉称号，刑庭获得“全国五一巾帼标兵岗”和“北京市工人先锋号”荣誉称号。

单位名称：北京市顺义区人民法院

（周立鹃）

【夯实党建基础】年内，顺义法院有计划、分步骤组织学习党的十九大精神，以习近平新时代中国特色社会主义思想武装头脑、指导实践，确保法院工作的正确政治方向。以大党建为引领，以标准化党建为抓手，推行“1+6党建工作红皮书”，上线“党建云”APP，以规范化信息化手段推进党建工作。探索在审判执行团队中组建党小组，将党建工作的触角延伸至办案一线，充分发挥党小组的战斗堡垒作用。以执行法官侯峰命名的“峰之队”党小组，团队结案882件，连续两年蝉联结案状元，被评为“北京市法院党建创新规范化项目”。深入贯彻全面从严治党要求，完善与司法改革相配套的廉政监督机制，确保监督无死角。

（周立鹃）

【未成年人保护】年内，顺义法院未成年人案件综合审判庭建立未成年人社会观护、帮教回访、心理疏导等机制，教育挽救涉罪未成年人17人，帮助150名未成年人解决监护问题。与区教委成立顺义区中小学生法治教育实践基地，开展以“防范不法侵害、杜绝意外伤害”为主题的法治进校园活动，构建集教育、预防、矫治、挽救于一体的法治网络，推动全区未成年人保护工作纵深发展。

（周立鹃）

【首次聘任党风政务监督员】年内，顺义法院主动适应监察体制改革需要，在全市法院范围内，率先聘任党风政务监督员20名。充分发挥其廉洁自律宣传员、廉政情况信息员、风险防控管理员、作风纪律监督员的“四员”作用，构筑立体监督网络。

（周立鹃）

【创新民商事审判模式】年内，顺义法院审结民商事案件24320件，同比增长30.9%，涉案标的额42.4亿元。组建“家事调解员”队伍，实行“婚姻考验期”制度，审结婚姻家庭类案件4096件，激励人们向上向善、敬老爱亲。建立交通事故案件“直赔”机制，涉案保险公司在判决生效后直接将理赔款汇至受害人，免除当事人后续执行诉累，赔偿金额达1.2亿元。成立司法救助委员会，对无法获得有效赔偿且生活困难的当事人发放救助金260万元，同比增长30%，依法减、缓、免交诉讼费65万元。

（周立鹃）

【多元化解工作】年内，本院出台《关于新时期加强人民法庭工作的实施意见》，设立法庭立案点，充分整合基层调解资源，全流程开展多元化解工作，推动形成以院机关诉调对接中心为平台、以五个人民法庭为支点的多元化解工作新格局。依托成熟的多元化解机制，推动供暖纠纷实质性解决，相关纠纷同比下降30%。审结劳动争议案件1309件，平等保护劳动者和用人单位合法权益，维护和谐劳动关系。审理的名校毕业生李某获得北京户口后毁约一案，经本院释法说理，李某主动撤诉。

（周立鹃）

【破解执行难】顺义法院作为执行体制改革试点法院，年内采取各项措施，全方推进执行工作。借助网络执行查控系统，加大网络司法拍卖力度，拍卖溢价率147.4%，成交率70%，位于全市法院前列。运用限制出境、限制高消费、今日头条精准推送失信信息等措施，让“老赖”寸步难行。深化执行工作改革，与公安机关建立协作查找被执行人工作机制，推行执行团队化模式，成执行指挥办公室，在四个月内成功查找并拘留11人次，执结24起长期未结案件，执行到位金额500万元。一名逃避执行长达七年的“老赖”落网。

（周立鹃）

【支持“疏解整治促提升”专项行动】年内，顺义法院与有关部门建立联动机制，开展建筑面积一千平米以上的大型司法腾退12次。通过一起行政案件的解决，直接推动后沙峪地区十万平米钢结构违建的依法拆除。依法保护企业疏解涉及的劳动者、拆除违建涉及的在京务工人员等群体的合法权益，公正处理各方利益关系，疏导官民对抗情绪，有效提升法治保障效果。

（周立鹃）

【刑事诉讼制度改革】年内，顺义法院实现证人出庭24人次，鉴定人出庭5人次，侦查人员首次出庭作证。坚持无罪推定和证据裁判原则，改变检察机关指控罪名和事实的案件31件，因证据不足准许检察机关撤回起诉5件5人，对1名被告人依法宣告无罪。启动证据收集合法性调查程序17件，排除非法证据2件，促使侦查、公诉机关规范取证行为，防止冤假错案发生。对认罪认罚的被告人特别是轻罪、初犯、偶犯被告人，依法从宽从简从快处理。审结认罪认罚案件903件，平均审理时间14天。其中，适用速裁程序审结的占82.1%，适用率位于全市法院前列。

（周立鹃）

【法治政府建设】年内，本院发布行政非诉执行十大典型案例，强化司法监督效果，推动行政机关规范执法。在行政案件庭审过程中，设置行政机关负责人发言环节，全区20个部门41名负责人出庭应诉。与区政府法制办成立顺义区行政争议化解中心，对行政机关败诉风险较高的纠纷尝试立案前协调解决，化解案件23件，实现行政案件数量、行政机关败诉率、原告信访率“三下降”。针对村民申请责令村委会公开村务的案件逐年增多，但乡镇政府应对不足的情况，主动延伸审判职能，在判决书中指明败诉原因，提出对策建议，提升基层政务公开水平。针对乡镇政府在拆违工作中重实体、轻程序导致的诉讼隐患，及时发出司法建议，得到有关单位的重视和回应。

（周立鹃）

【全面深化司法公开】年内，顺义法院坚持主动公开、依法公开、全面公开、实质公开的理念，除少数法定不公开的案件外，所有生效裁判文书通过互联网全部对外公开。开通官方微信公众号和今日头条号，召开新闻通报会5次，开展庭审视频直播36次。拓宽普法渠道，通过网络直播的形式，对人民群众关心的京牌小客车拍卖、农村房屋买卖、校园暴力等热点话题进行讲解，累计130万人次在线观看。

（周立鹃）

司法工作

【概况】年内，区司法局共开展法治宣传活动近百场次，发放宣传资料10余万份，制定下发《关于开展国家工作人员学法用法意见》，建设有独立网页的顺义区法治宣传教育网，建立“法治顺义”微信微博公众平台，开展12.4国家宪法日专项宣传活动。累计接收社区服刑人员241人，解除238人，接收刑满释放人员442人，解除517人，在册社区服刑人员253人，刑满释放人员1742人。全年分两批次发放社区评议小组补贴80余万元，组织开展集中公益劳动2期，为110名特困人员发放救助金85000元。全面更新区、镇（街）两级社会矛盾多元调解专家库，建立人民调解志愿者队伍，有区级专家15位，镇（街）级专家200位；招募区级志愿者15名，镇（街）级志愿者1642名，调处矛盾纠纷7429件，调解成功7255件，调解成功率97.7%。全力服务“疏解整治促提升”专项行动，开展“四航”服务保障工作。落实刑事案件律师辩护全覆盖试点工作，刑事案件法律援助全覆盖，“法律援助服务平台”和“顺义法律援助”微信公众号上线运行，新建社区（村）法律援助示范点25个，组建公益法律援助律师团，完善9家法律援助工作站，受理法律援助案件2356件，解答来电来访及网络咨询9150人次。办理公证4181件。接待公证来访10050余人，电话咨询15540余个。全区543个村（居）委会与122名律师签订结对服务协议，实现区内村居法律顾问配备率100%。加强队伍建设，深入学习贯彻党的十九大精神，全面推进“两学一做”学习教育常态化制度化，以建党96周年系列庆祝为契机，先后举办书记讲党课、“先进党支部”和“优秀共产党员”评选、“喜迎党的十九大　不忘初心跟党走”演讲比赛。严格落实党建工作责任制，深入开展党支部党建工作年中述职大会、全体党员干部和基层党支部书记集中培训班。加强廉政教育，严格落实党风廉政建设责任制，深化廉政风险防控工作，全年无违法违纪案件发生。
单位名称：顺义区司法局

（齐艳平）

【“2017零点报告行动”】按照市局关于“2017零点报告行动”的统一要求，参加3次合成演练，并于2017年1月1日0:15，通过视频系统，完成向市局社区矫正管理总队报告工作。

（齐艳平）

【公证办理】年内，办理公证4181件，其中：国内民事2321件；国内经济323件；涉外民事1499件；涉外经济24件；涉港澳14件。接待公证来访10050余人，电话咨询15540余个。

（齐艳平）

【村居法律顾问】年内，全区543个村（居）委会与122名律师签订结对服务协议，实现区内村居法律顾问配备率100%，村居法律顾问共开展现场普法活动4804场，法制讲座3501场，发放宣传资料295370件，提供法律咨询62154人次，代写法律文书1939件，提供法律援助2954件，参与纠纷调解2522件，参加解决信访突发事件579件，举办调解人员培训3209场，村（居）工作人员培训2949场，修订村规民约361件，提供法律意见和建议1371件。

（齐艳平）

【“疏解整治促提升专项行动”工作部署会】2月15日，顺义区司法局2017年司法行政工作大会暨服务保障“疏解整治促提升专项行动”工作部署会召开。北京市司法局副局长孙超美、顺义区政府副区长赵为民出席会议并讲话。局机关干部、基层司法所所长、助理员、调解员、驻区狱警、各律师事务所主任、党支部书记共计200人参加会议。

（齐艳平）

【广东省司法厅到顺义区司法局考察交流】3月2日，广东省司法厅基层工作指导处处长都桂均一行到顺义区司法局考察交流，实地参观顺义区李遂司法所和矫正中心，全面了解本区司法所规范化建设、社区矫正和安置帮教等工作开展情况。双方围绕司法行政工作如何参与当地社会治安综合治理工作、如何加强队伍建设及司法所文化建设等内容进行探讨。

（齐艳平）

【法律援助中心驻法院工作站揭牌】3月29日，顺义区法律援助中心驻法院工作站举行揭牌仪式。

（齐艳平）

【“司法行政在身边”开放日活动】6月10日，主题为“司法行政在身边”的开放日活动在顺义区宪法广场举办，司法局全体干部职工、特邀监督员、区人大代表、区政协委员、律师代表、群众代表等社会各界人士300余人参加。

（齐艳平）

【入监帮教活动】6月15日，顺义区司法局局长管学文带队一行9人前往北京市监狱开展入监帮教活动。

（齐艳平）

【首批社区服刑人员集中公益劳动活动】6月26日，组织7个司法所的14名新接收社区服刑人员到南彩镇河北村区级公益劳动基地，开展首批社区服刑人员集中公益劳动活动。

（齐艳平）

【十九大维稳安保动员誓师会】9月27日，党的十九大维稳安保动员誓师会召开，北京市司法局党委委员、副局长孙超美，顺义区副区长赵为民，顺义区委政法委副书记、维稳办主任张峰出席会议，区司法局班子成员、司法行政系统全体干部职工、律所主任、矫正干警共200余人参加会议。

（齐艳平）

【2017年顺义区律师培训】11月16日，顺义区政法委、顺义区司法局在顺鑫绿色度假村联合举办2017年顺义区律师培训，全区100余名律师参加。

（齐艳平）

【公益法律援助律师团成立暨法律援助业务培训会】11月24日，公益法律援助律师团成立暨法律援助业务培训会在顺义宾馆第二会议室举行，共100余人参加会议。

（齐艳平）

【国家宪法日活动】12月1日，“12.4”国家法治宣传日——京津冀“翰墨丹青”书画展走进旺泉街道送法治春联活动在顺义区旺泉街道澜西园社区四区会议厅举行。12月4日，司法局在北京市“12.4”国家宪法日宣传活动分会场——顺义区宪法广场举行向宪法宣誓活动

（齐艳平）

【首例视频会见工作】12月19日，顺义区司法局为北京市清园监狱服刑人员张某开展首例亲属视频会见工作。

（齐艳平）

社会治安综合治理

【概况】2017年，全区综治系统紧紧围绕首都综治委和区委、区政府中心工作，以全国“两会”“一带一路”高

峰论坛和党的十九大等安保工作为重点，以落实综治领导责任制为龙头，努力提升综治工作社会化、法治化、智能化、专业化水平，增强预测预警预防各类风险能力，更好地服务全区“疏解整治促提升”专项行动，不断提升群众安全感和满意度，为党的十九大胜利召开和“建设绿色国际港，打造航空中心核心区，共筑和谐宜居新家园”营造安全稳定的社会环境。
单位名称：顺义区社会治安综合治理委员会办公室

（综治办）

【重点时段社会面防控工作】完成全国“两会”“一带一路”高峰论坛、党的十九大等重大活动维稳安保任务，先后8次启动社会面等级防控和战时维稳机制，4.5万群防群治力量广泛参与，实现“四个不发生”的工作目标。规范“护城河”治安检查站和乡村道路卡点勤务工作，建立起京津冀“护城河”协调联动机制，首都外围治安查控能力明显增强。

（综治办）

【社会治安重点地区整治工作】针对32处市区镇三级挂账治安重点整治地区，全年共开展执法行动200余次，出动执法人员6301人次，对排查出的5000余处问题隐患，均按期限整改完毕；对整治效果不明显的地区开展专项督导，确保挂账重点地区尽快整改落实到位。

（综治办）

【城乡结合部重点地区整治工作】确定4处市级、4处区级挂账城乡结合部重点整治地区，制定整治工作方案和任务分解，定期召开工作协调会，建立协调联动机制，组织公安、工商、城管等职能部门参与整治工作。9月中旬，聘请第三方单位对8个市、区两级挂账村进行综合检查验收。12月上旬，安排区级领导带队，到城乡结合部重点地区综合整治专题调研。全区专项整治资金投入达7567.37万元，区级综合整治资金投入按照区镇两级8：2比例分担，实行专款专用。

（综治办）

【重点行业整治】强化重点行业主管部门监管责任和企业主体责任落实，加强源头治理、综合治理和精细化管理。将危爆品管控、寄递物流业安全管理与反恐防暴工作相结合，加强行业、属地监管，严格落实“三个100%”工作要求。

（综治办）

【首都治安外围查控防线建设】顺义区有综合检查站2个、治安检查站3个和乡村道路卡口19个。在首都治安外围查控防线二期建设中，顺义区主要承担检查站公安武警住宿用房、安检作业面改扩建、公安科技建设和装备配备等任务，总投资3944万元。各项工作完成并投入使用。

（综治办）

【铁路护路联防工作】2017年本区新招聘25名专职护路队员，全区护路队员增至50名。加快推进13个铁路联防工作站建设，在全区行人穿行铁路严重的部位安装50个太阳能广播电柱，加大铁路沿线村庄宣传力度，切实提高铁路沿线治安防控能力。

（综治办）

【科技信息化建设工作】大力实施“雪亮工程”，加快推进公共安全视频监控区、镇（街）两级高清数字平台建设，由区委研究室、区信息中心负责牵头，新建监控点位169路，改造二级图像平台2个、三级高清数字图像平台23个，并完成市、区、镇街三级联网工作。

（综治办）

【社会稳定风险评估制度】按照《顺义区建立重大事项社会稳定风险评估机制的实施办法》《顺义区重大决策事项社会稳定风险评估实施细则》和《将重大决策事项社会稳定风险评估纳入区委常委会、区政府会议决策程序的通知》要求，将风险评估作为区委、区政府决策事项的刚性前置程序。同时，将推进社会稳定风险评估作为年度维稳综治工作考核重点，强化基层单位源头化解矛盾的责任意识。2017年，完成社会稳定风险评估事项272件。

（综治办）

【加大矛盾纠纷排查力度】围绕解决当前影响区域安全稳定的源头性、根本性、基础性问题，定期开展拉网式动态排查。进一步完善摸排、化解、回访、指导等闭合式的矛盾化解程序，依托各镇街治维稳中心和巡防队、信息员两支队伍，重点加强对干群矛盾、征地拆迁、转非安置等重点矛盾的排查力度，及时落实疏导控制措施。2017年，基层综治维稳中心排查矛盾纠纷化解率达到89.6%。

（综治办）

【群防群治队伍建设】将公安、城管、交通、律师等行业专业力量充实到网格中，有效整合群防群治力量，开展邻里纠纷调解、治安巡逻、反恐防暴、环境卫生维护等工作，实现工作重心下移、预防关口前移。举办综治信息化建设培训班及群防群治力量培训会，提升队伍整体素质。2017年，全区群防群治队伍达5.55万人，其中：平安志愿者34400人、镇村巡防队8200人、社区保安3400人、安全稳定信息员1100人、其他行业社会信息员11000人。

（综治办）

【流动人口管理工作】以6个城区街道办事处、10个市级挂账社区为重点，强化宣传告知入户摸排、畅通群众举报途径、加强对房地产经纪机构的监管，严厉打击整治违法群租房。制定《顺义区农村宅基地自建房违法出租专项整治工作方案》，自9月开始到年底，按照“拆除一批、取缔一批、整改一批、规范一批”的目标，对农村地区宅基地自建房违法出租的清理整治行动。

（综治办）

【综治基层基础工作】进一步规范区综治委9个专项组建设，加强区、镇街两级综治委（办）建设，推进社区、村治保委建设。依托镇街综治维稳工作中心和社区综治工作站，不断加强基层综合服务管理平台建设，推进社会服务管理网、城市管理网、社会治安网“三网融合”，进一步拓展服务职能。继续加强村务管理综合治理，深入推进以“村（居）规民约”为抓手的社会协同共治模式，进一步提升管理效能。

（综治办）

【“平安顺义”宣传活动】以2013-2016年度首都社会治安综合治理（平安建设）先进集体先进工作者评选表彰工作为契机，开展“我身边的平安故事”为主题的系列宣传活动；推动“平安顺义”微信公众号全面上线，打造顺义区政法综治工作宣传新平台；与专业媒体公司合作，运用新媒体、传统媒体相结合的形式开展政法综治宣传活动，扩大“平安顺义”建设影响力，提高政法综治工作的知晓度。

（综治办）

【“最美平安志愿者”评选活动】微信投票总数达到26399票，最终评选产生“最美平安志愿者”5名及“优秀平安志愿者”8名。

（综治办）

军事

人民武装

【概况】2017年，顺义区人民武装部在卫戍区党委的领导下，在区委、区政府的支持帮助下，落实军委、陆军和卫戍区党委决策部署，以党在新形势下的强军目标为引领，以“迎接十九大召开、学习贯彻十九大精神”为主线、以深化改革和练兵备战为重点，按照“举旗铸魂、聚焦打赢、厉行法治、强基固本、创新推进、坚强班子”的思路抓建设谋发展，坚持把思想政治建设放在首位，加强理论武装、突出主题教育、坚持开展经常性教育、全力肃清郭徐流毒影响、不断强化意识形态领域斗争，坚持狠抓备战练兵，民兵应急维稳能力不断提升，严格落实廉洁征兵各项制度规定，全力抓好征兵工作，发扬“双拥模范城”的优良传统，推动双拥共建工作逐步迈入制度化、规范化轨道。年内，被北京卫戍区评为“先进人武部”“安全管理达标单位”“密码工作先进单位”。

单位名称：中国人民解放军北京市顺义区人民武装部

（区武装部）

【主题教育】年内，利用4天时间，分《坚定维护核心、自觉看齐追随》《坚决听党指挥、铸牢强军之魂》《支持拥护改革、彰显忠诚担当》《忠实履职尽责、投身强军实践》4个专题，由部领导亲自授课辅导，引导大家进一步强化“四个意识”，坚定“四个自信”，更加自觉地维护党中央权威、维护核心、维护和贯彻军委主席负责制，一切行动听从党中央、中央军委和习主席指挥，坚决完成各项任务。

（区武装部）

【民兵应急分队训练】4月份，在定人、定位、定装备的基础上，组织区属民兵应急分队开展为期三天的集中训练，熟悉应急方案、组织应急演练，提升遂行任务能力水平。

（区武装部）

【组织民兵遂行安保任务】“一带一路”国际合作高峰论期间和党的十九大期间，组织北务镇、大孙各庄镇动用基干民兵1000余人次，协助公安民警在进京外围道路安保执勤26天，完成安保执勤任务。共检查车辆65万余辆、人员113万余人，查获上访人员2人、一级临控人员3人、网上在逃人员1人、涉嫌违法1人、涉嫌酒驾2人、管制刀具4把。

（区武装部）

【征兵宣传进校园系列活动】5月23日，征兵宣传进校园系列宣传活动在北京工业大学耿丹学院举行。活动当天，开设征兵宣传站，现场解答学生的咨询。现场咨询活动后，组织退役大学生士兵先进事迹交流座谈会，北京市教委、顺义区武装部征兵工作人员、学校负责征兵老师、优秀退役大学生士兵代表及适龄青年近百人参加。

（区武装部）

【预征大学生士兵“军营一日”活动】6月7日，区武装部组织预征大学生进军营活动，北京工业大学耿丹学院30名预征大学生走进武警执勤八支队，现场观看官兵训练、走进官兵宿舍感受军营生活。

（区武装部）

【征兵工作宣传站开设】7月20日，在顺义区光明文化广场区开设区征兵工作宣传战，向社会群众发放宣传材料1000余份，接受群众问询200余人次。

（区武装部）

【社会面征兵宣传工作】7-9月，深入进行社会面征兵宣传，制作宣传挂图600套、《致全区适龄青年的一封信》40000份、绣有“参军光荣”字样的毛巾12000个以用于集中宣传，利用2块户外LED大屏幕、170块户外显示屏分别播放宣传片和征兵口号，在5条公交线路、3个候车亭设置征兵宣传广告，在电视台播放宣传片，向适龄青年发送5万条网信等进行征兵宣传。

（区武装部）

【书画进军营活动】7月28日，在武警消防支队举办庆祝建军90周年“军民鱼水、翰墨传情”书画进军营活动。20余名书画家在观看消防战士展示消防技能训练后，即兴创作“铁血军魂”“军民鱼水情”等书画作品。

（区武装部）

【征兵工作动员部署会召开】8月9日，顺义区2017年夏秋季征兵工作动员部署大会召开。各镇、街道，各委办局党(工)委书记和各大企业、驻顺高校等单位60多名领导参加会议。会议对2016年夏秋季征兵工作进行总结，对2017年夏秋季征兵工作进行部署。区委副书记、区长高朋强调，要牢记使命任务，进一步端正工作指导；要密切沟通配合，进一步加强组织领导；要严密组织实施，进一步抓好工作落实；要严格纪律约束，进一步坚持廉洁征兵。

（区武装部）

【党委议军会召开】9月4日，区委常委议军会召开，区委常委、区人大政协、区武装部主要领导参加会议，专题研究军地全面停止有偿服务工作。

（区武装部）

【新兵入伍欢送会】9月9日，新兵入伍欢送会召开，约500人参加会议。会上，对32名优秀现役军人进行表彰，主席台领导为受表彰的优秀现役军人家庭代表和入伍新兵代表佩戴光荣花。

（区武装部）

【军地全面停止有偿服务推进会召开】10月31日，军地全面停止有偿服务推进会召开。区政府副区长郑晓博主持，强调各部门要高度重视，认真学习上级文件及会议精神，加强协调综合发力。

（区武装部）

【宣布命令大会】11月10日，卫戍区副政委孙桂馨到本部宣布干部任免命令。孙桂馨副政委宣布武装部政治委员陈新、副部长兼军事科长宋志刚的任职命令和武装部原政委陈卫明的免职命令。

（区武装部）

【组织民兵遂行应急处突任务】11月10日，顺义区李桥镇后桥村西侧一库房起火，接区应急办通知后，本部及时组织应急民兵排30人担负现场管控任务。

（区武装部）

【双拥共建工作】春节、八一前，两次协调区委书记、区长到驻区部队走访慰问；协调地方有关部门投资1000余万元为警卫三师炮兵团搞建设；把2000万元为部队办实事专项资金，投入部队8个建设项目；投入34.4万元，为驻区消防官兵购买为期一年的人身意外伤害险；按照每人每年500元的标准为从顺义入伍的义务兵购买意外保险；坚持对区籍优秀现役军人进行表彰，给予每人5000元奖励。

（区武装部）

【基层建设】年内，推进基层武装部、民兵营（连）部建设和“青年民兵之家”建设，通过抓规范、抓标准、抓推广，近三分之二的基层武装部完成规范化建设。

（区武装部）

【各类人员政治考核】年内，先后组织核心涉密人员、密码工作人员、重要岗位人员、民兵执勤人员进行专项考核和定期考核共计148人次。组织青年学生报考军队国防院校政治考核132人次。完成200名新兵政治考核任务。

（区武装部）

【兵役登记工作】年内，全区年满18周岁适龄青年1775人，兵役登记1775人，兵役登记率达到100%。

（区武装部）

【征兵任务完成】200名新兵（其中男兵192名，含直招士官2名，女兵8名）征集任务完成，大学生新兵137名（含男兵129人，女兵8人）占新兵总人数的68.5%，超额完成北京市分配的66%的大学生指导比例，无责任退兵问题发生。

（区武装部）

民防工作

【概况】2017年，顺义区民防局紧紧围绕顺义区中心工作，认真学习宣传贯彻党的十九大精神，坚持依法行政、服务基层，全面加强应急组织指挥、人防工程建设与管理、宣传教育培训等方面建设，各项工作稳步推进。

单位名称：顺义区民防局

（李雪明）

【人防工程建设审批规划】加强使用及审批管理，全面体现人防工程社会公益性。坚决杜绝散居住人的使用审批，使用方向着重体现社会公益性和服务建设单位。在对人防工程进行建设项目修建人防工程标准审查时，按照规定的流程严格把关，依法审批，无低标准审批、超时限审批的情况。

（李雪明）

【结建工程监督检查】认真做好已审批项目的后期实施落实情况。按照市人防工程监督管理工作下放的要求，确保本区人防工程施工和竣工验收监督等质量监督工作的开展。年内，区级审批项目人防工程质量监督注册完成14个。开展质量监督检查48项、竣工监督检查24项。

（李雪明）

【易地建设费代收工作】民防局与区地税局、区发改委、区财政局就地税局代收人民防空地下室易地建设费事宜召开联席办公会3次，讨论共同发文、代收协议、信息传递、宣传告知等细节。7月22日，“代收人民防空地下室易地建设费”协议签署。7月26日，为区地税局相关工作人员进行人防工程审批政策培训。8月1日，区地税局代收人民防空地下室易地建设费工作正式启动。

（李雪明）

【顺义区人防基本指挥所建设】顺义区人防基本指挥所位于顺义区行政中心地下二层，主体结构已完工。本局负责指挥所工程的装修施工和设备设施的安装工作。截至年底，土建装修工作全部完成，信息化设备正在安装。

（李雪明）

【人防工程安全管理】一是《顺义区民防局关于开展安全生产大检查工作方案》《人防工程安全隐患大排查大清理大整治工作方案》制定；“人防工程安全生产大检查专项行动”“顺义区地下空间消防安全专项联合检查”等一系列专项整治行动组织开展。共检查人防工程530处，发现各类安全隐患132处，其中当场整改56处，限期整改76处，全部完成整改；另外，对3家人防工程使用单位进行立案处理。二是做好重大活动和重要节日期间安保工作。党的十九大、全国“两会”“一带一路”国际合作高峰论坛、“十一”等重要会议和节假日期间，共检查人防工程63处，发现各类安全隐患32处，且全部限期整改到位。各重大活动和重要节日期间全区人防工程未发生一起安全事故，完成保障任务。

（李雪明）

【人防工程防汛度汛】通过落实防汛责任制、开展汛前隐患排查、汛期检查、雨中巡查。完善应急抢险救援队伍物资准备，以及落实领导带班值守制度等方面工作，确保本区人防工程汛期安全，安全应对“6.22”“7.6”“7.20”“8.12”“8.22”等几次强降雨过程。截至汛期结束，未发生人防工程雨水倒灌、坍塌事故。

（李雪明）

【地下空间综合整治工作】以《地下空间综合整治三年行动计划（2014-2017）》为契机，联合区住建委开展地下空间综合整治工作，重点整治用于人员居住、办公、生产经营场所的地下空间，对散租住人和存在安全隐患的地下空间，一经发现，坚决清退。4月初，完成3处市级挂账整治任务，提前完成全年的工作任务。制订《顺义区地下空间整治专项行动2018-2020年工作方案》，并上报市局备案。

（李雪明）

【应急保障】完成基本指挥所、预备指挥所的维护工作，确保指挥所正常运行。协助区应急指挥中心检测高清IP视频会议系统设备10次。调研088指挥所，完成区119工程建设项目。完成日常警报器巡检任务、维护保养、执法检查。完成国防教育日全区防空袭警报试鸣及疏散演练工作。加强指挥车训练，完成“十九大”信息保障任务。10月18日-10月26日信息保障跨区支援期间，按照市应急办下发通知要求，每天5:20—20:30分在朝阳区北苑地铁口备勤，完成跨区支援保障任务。

（李雪明）

【民防宣教“两个建设”】一是社区民防建设。年内重点推进5个社区（空港街道万科城市花园社区、光明街道滨河小区第一社区、绿港家园社区、后沙峪镇香花畦社区和双丰街道中晟馨苑社区）开展民防建设工作。根据空港街道万科城市花园社区人员活动相对较多，工程内的送排风无法解决日常需求的情况，本局投资26.9万元，为该社区添加一套新风系统。二是继续投资约20万元选取3个镇为志愿者队伍建设小型物资储备室，供应物资20余种，物资于7月11日和7月19日分两批次配送到志愿者手中。

（李雪明）

【宣传教育培训】一是民防文化进校园工作，主要开展三项专题活动：包括上半年以牛栏山第二小学安全教室升级改造为主导的民防文化进校园活动、下半年在大孙各庄小学以开展民防应急疏散演练为主导的民防文化进校园活动、组织基层教师进行安全专业技能培训。二是组织开展以“与民防一同抗灾”为主题的“3.1民防宣传日”社会宣传活动。三是开展“5.12防灾减灾日活动”。民防局会同区应急办、区民政局、区地震局等十余家相关单位在汉石桥湿地中小学生防灾减灾教育基地举行“减轻社区灾害风险　提升基层减灾能力”为主题的防灾减灾宣传活动。累计展出展板20块、发放宣传材料8000余份。

（李雪明）

【行政处罚案卷“零”突破】区民防局针对行政处罚执法率偏低、执法不明晰、无考核指标的普遍情况，加强对民防行政执法人员行政处罚案卷方面的培训。聘请区法制办工作人员为本局领导干部和工作人员讲授执法案卷制作的过程及注意事项。全年办理行政处罚案件3个，案卷通过区法制办审核。实现行政处罚案卷“零”突破。

（李雪明）

双拥工作

【概况】2017年，顺义区双拥办公室以党的十九大精神为指引，以中国人民解放军建军90周年为契机，为进一步发扬拥军优属的光荣传统，支持军队建设，巩固发展国防力量，维护军政军民团结的大好局面，认真贯彻党中央、国务院和中央军委关于加强军政军民团结的指示，落实市、区两级关于双拥工作的要求，研究新情况，解决新问题，适应新形势，落实各项政策，全面做好各项工作，推动双拥工作不断向前发展。

单位名称：顺义区双拥办公室

（梁新岳）

【两节慰问工作】“春节”“八一”前夕，区领导组成慰问团为部队送上熟食、饮料等价值170万元的慰问品，并向官兵致以节日的问候和祝福。全区各镇、街道、企事业单位自行对辖区内驻军部队、优抚对象、军烈属、复退军人、军休干部等进行走访慰问，送去节日祝福及慰问品和慰问金，折合人民币800余万元。

（梁新岳）

【为部队办实事】2017年，按照“紧贴官兵需求、突出重点项目、切实保质见效”的原则，会同相关单位和设计公司进行实地调研，依据客观建设条件、工程复杂程度、资金保障情况等分析项目可行性，最终科学确定8个为部队办实事项目，安排专项财政预算资金2000万元，并于7月份召开新闻发布会。截至年底工程已基本完工，另有67个项目列入双拥办实事项目库。

（梁新岳）

【为消防官兵保驾护航】投入34.4万元，为全区344名消防官兵购买为期一年的人身意外伤害险，对在出勤执行任务或日常执勤、训练、演习中因公牺牲、致残的给予赔付。

（梁新岳）

【退役士兵安置】2017年顺义区共接收安置复退军人244人，其中2016年冬季退役士兵22人，转业士官7人；2016年秋季退役士兵215人，发放各类补助金1800余万元。加大宣传力度，鼓励退役士兵参加市、区两级学历教育，提高就业技能，年内，共为28名退役士兵报销学费19.53万元。春节期间对退役士兵进行全员慰问。举办2场退役士兵专场招聘会，搭建平台促进退役士兵就业，使他们尽快走上工作岗位。

（梁新岳）

【优抚对象权益保障】本区现有优抚对象4770人，及时调整优抚对象抚恤补助标准，保障各类优抚资金足额、及时发放到位。截止年底共发放优抚对象各类抚恤补助金3400余万元、减免医疗费406万元。为849名重点优抚对象免费体检，开展8023评残工作。开展优抚对象身份数据核查工作，实现人员精细化、规范化管理。

（梁新岳）

【庆祝建军90周年文艺汇演】庆祝中国人民解放军建军90周年文艺汇演在武警顺义支队礼堂举办，区领导郑晓博、区双拥工作领导小组成员单位、首都拥军优属模范单位及个人、驻区部队官兵等共200人参加。

（梁新岳）

【建军90周年主题展览】组织顺义区首都拥军优属模范单位及个人、驻区部队官兵前往中国人民革命军事博物馆，参观“铭记光辉历史，开创强军伟业”建军90周年主题展览。

（梁新岳）

【文化拥军工作】7月28日，“军民鱼水，翰墨传情，纪念中国人民解放军建军90周年著名书画艺术家进军营笔会联谊暨驻顺官兵书画精品展活动”在顺义区消防支队举行。笔会现场，艺术家们通过创作“铁血军魂”“军民鱼水情”等作品，展现人民子弟兵保家卫国的奉献精神，弘扬人民军队的优良传统，表达人民由衷的敬意，进一步巩固军政军民团结共进的局面。

（梁新岳）

【军民共建篮球赛】7月26日，顺义区“融合杯”军（警）民共建篮球赛决赛在武警顺义支队体育馆举行。历时40余天以“篮球传友谊、军民情更深”为主题的“融合杯”军民共建篮球赛完美收官。此次篮球赛，邀请军地双方共12支队伍参赛。最终预备役高炮团荣获第一名。

（梁新岳）

【军人集体婚礼】11月1日，为26对新人举办“情定军营为爱坚守”为主题的军人集体婚礼及婚前知识讲座。

（梁新岳）

【驻区部队参加地方建设】各驻区部队本着“地方所需、群众所盼、部队所能”的原则，参加地方建设。主动帮助驻地整治环境，打扫卫生；采取“一助一”结对子的形式，走访慰问困难家庭；营造“知雷锋、学雷锋、做雷锋”的浓厚氛围，组织200余名中坚力量到村镇、社区、学校、医院等地开展义诊、环境整治、义务献血等活动10多次；参与环境绿化，500余人次参与顺义区平原造林工程；参加地方“送温暖献爱心”活动，捐款捐物20余万元；武警、消防部队加大巡逻力度，加强安全检查，打造平安顺义。

（梁新岳）

【区级军人人大代表补选】年内，按照区人大常委会关于补选顺义区第五届人民代表大会代表的通知要求，制定人大代表补选工作安排时间表，组织两个部队选区开展选举工作。张万逵、张红军最终补选为区级军人人大代表。

（梁新岳）

【国防教育】以清明节、建军节、国防教育日为契机，充分利用警卫三师师史馆、潮白烈士陵园、焦庄户地道战遗址纪念馆等国防教育基地，在全区企事业单位员工、中小学生中广泛开展国防教育活动，树立国防观念，增强市民国防意识；驻区各部队抽调经验丰富的基层干部为中小学生开展国防教育课、组织军训。2017年全区中小学生、党员干部、社会群众4万余人接受国防教育。

（梁新岳）

【《顺义民政双拥专刊》刊印】2017年，双拥办内部发行《顺义民政双拥专刊》共刊印3期，宣传顺义区双拥工作取得的突出成绩，双拥工作中涌现的典型事迹、其他兄弟区县的好的经验做法等，以提高本区双拥工作知名度及影响度。

（梁新岳）

【双拥工作宣传】拍摄“砥砺奋进的五年”系列纪录片之共筑强军梦；参加全国双拥模范城创建成果长城融合展。投入资金39万余元改造拥军路北侧宣传栏、护栏；利用广播、电视、手机、报纸、LED显示屏、微信公众号等媒介，开展形式多样的宣传活动。

（梁新岳）

北京顺义年鉴
2018

综合经济管理
财政税务

端午节期间节令食品专项检查，执法人员在华联超市对粽子等食品进行检查

4月25日，顺义区"银税互动"合作框架协议签约仪式

顺义工商分局红盾护农检查

9月29日，顺义区质监局对华联超市、地铁顺义站开展国庆节前专项检查

顺义区统计局开展公共自行车使用及满意度调查

顺义国地税联合办税服务厅办税服务区

综合经济管理

综合经济调控

【**概况**】2017年，顺义区坚定不移贯彻新发展理念，牢牢把握非首都功能疏解“牛鼻子”，坚持稳中求进工作总基调，深入贯彻以人民为中心的发展思想，按照“把握发展的阶段性特征、推动经济社会转型升级”工作总要求，全区人民齐心协力，抢抓机遇，实现新一届政府的良好开局。

单位地址：顺义区发展和改革委员会

（发展改革委）

【**“疏整促”全面推进**】推进“疏整促”专项行动，市级8大专项12小项任务提前三个月完成，7项任务超额完成。共拆除违法建设400万平方米、整治开墙打洞370处、出租大院（公寓）435个、群租房135处、疏解一般制造业企业81家，薛大人庄整村式专项整治经验在全市推广。阻止不符合产业发展要求的登记申请779户。制定“疏整促”专项行动三年实施方案。利用腾退空间形成6万余平方米城市绿地、24处停车场、39处文体服务场所等一批惠民工程。全区常住人口控制在112.8万人。

（发展改革委）

【**服务“一核两翼”发展**】有轨电车T2线开工建设，天北路北延、通怀路一期完成施工招标，友谊新街完成立项，裕泰路、白良路、机场北线南路列入“一会三函”审批流程。城市学院顺义校区二期竣工并投入使用，北师大附属实验中学顺义分校地上物拆除基本完成。友谊医院顺义院区土方施工顺利，阜外医院顺义院区项目上报国家卫计委审批，北医三院入区框架协议完成制定。东城区定向安置房已取得规划设计方案审查意见函。中航信产业园一期项目生产区竣工验收，新国展二、三期城市设计方案启动征集。

（发展改革委）

【**协同发展共同体加速形成**】京沈客专顺义段正线征地拆迁工作在全市沿线五区中率先完成。东郊森林公园顺义段完成建设。河北威县城市发展基金项目已完成资金募集准备和拟投项目调研，环保科技产业园及农业嘉年华项目签约。玉溪·顺义产业园开园运营，首个项目升华电梯开工建设。分别与河北沽源、西藏尼木、内蒙古巴林左旗签署《携手奔小康行动协议书》，新确定内蒙古通辽市科尔沁左翼中旗对口帮扶关系。全年捐助河南西峡帮扶资金2000余万元、谋划帮扶合作项目69个。

（发展改革委）

【**资源利用节约高效**】全年能源消费总量控制在1264.49万吨标准煤，万元地区生产总值能耗下降0.8%。在全市率先实行区级新能源汽车推广政策、分布式光伏发电推广政策。全年用水总量控制在2.586亿立方米。“两田一园”节水灌溉项目被列为市级示范区。

（发展改革委）

【**城乡区域发展更趋协同**】《顺义区国家新型城镇化综合试点实施方案（2017-2020年）》印发实施。龙湾屯镇入选第二批全国特色小镇，张镇被列为全国首批运动休闲特色小镇。美丽乡村达到143个，总数位列全市第三。河东地区全年安排重点工程53个、资金17.5亿元，分别增长8%和12%，分别占总量的44%和41%。起草《关于加快全区协调发展重点推动河东地区建设议案推进方案》并通过区五届人大二次会议审议。制定促进河东地区重大项目建设发展行动计划。7个棚改项目全速推进，危旧房屋家庭签约2531户，达到市级棚改任务的4.5倍。

（发展改革委）

【**城市运行服务保障能力增强**】启动智慧城市建设，卫生云平台投入使用，无线网全覆盖项目完成立项，一卡通实施方案编制完成。区体育中心竣工，文化中心影剧院、劳动力实训基地、电子政务中心加快内装，城市生活展示体验馆设计方案初步完成。复兴东街、华中路完工，复兴大桥通车使用，木孙路中段、顺平南辅线、安宁大街加快建设。城市学院客运站、50座候车亭及2000辆新增公共自行车投入使用。马坡22万站，军营、新城11万站及潮白河11万站增容竣工发电。重点镇城乡供水一体化一期工程完工，铺设集中供水管线35公里。完成全国两会、“一带一路”峰会、党的十九大等重大活动安保工作。创建首批北京市食品安全示范区，食品安全监测合格率和药品抽检合格率分别达到99%和100%。

（发展改革委）

【**新经济新动能加快形成**】三次产业比重调整为1：38.7：60.3。获评首批“国家农业可持续发展试验示范区”。推进“装配式建筑示范区”建设，14个在施保障房项目启用装配式建筑模式。新建规范便民商业网点103个，便民服务功能社区覆盖率达到74.1%。天竺万达城市综合体地块内遗留户拆除加快，后沙峪沃尔玛（山姆店）、空港澳金园、空港一号、马坡鲁能购物中心招商进展顺利。促进罗罗飞机维修、中法合资涡轮技术项目落地，推进中航产业园发动机部件、复合材料、青云航电、中航国际等项目建设。新引进国创投资引导基金、中青旅廿一资本等优质项目30个，金融机构达281家。新增上市挂牌企业20家，总数达70家。

（发展改革委）

【**创新驱动势能加速积累**】推进全国科技创新中心建设，

承担的3项重点任务、8个重点项目进展顺利。启动创新型产业集群与“2025”示范区50平方公里起步区规划研究。确定聚焦“智能新能源汽车、第三代半导体、航空航天”三大创新型产业集群，发展“集成电路、生物医药大健康、新一代信息技术、高端装备制造”四大战略性新兴产业的发展方向。富电科技、桑德新能源、孚能电池、星石科技等项目陆续入驻智能新能源汽车产业示范区，北汽15万辆新能源汽车产能达成。滴滴出行、国家智能网联汽车创新中心加快布局。哈工大顺义军民融合创新产业园入驻顺义区，首批引进哈工大最具影响力的机器人等10个创新平台及10余家企业。第三代半导体材料及应用联合创新基地一期项目开工建设，平湖波科、中科微机电等一批第三代半导体项目落地。中关村医学转化中心6.2万平米科研中心投入使用，区域细胞制备中心、医疗器械工程转化中心等11个项目入驻。

（发展改革委）

【创新创业取得突破性进展】获批全国“双创”示范基地，大众创业万众创新活动周系列活动举办。编制《顺义区建设大众创业万众创新示范基地工作方案》。被确定为北京市中小企业创业示范基地。第一批14家创业基地全部投入运营，入驻企业444家。全区国家高新技术企业达到385家，认定登记技术合同300份。个体户转企业5003户，企个数量比调整为1.25∶1。成立推动全国文化中心建设领导小组及四个工作组。建设潮白河森林公园、推动潮白河部分通航项目被纳入全市大运河文化带保护建设规划。文化产业项目加快实施，新西兰虎虎公司入驻天竺综合保税区，国家对外文化贸易基地(北京)二期开工建设，北京文投国际控股有限公司正式揭牌，20余家中外企业达成合作并签约。

（发展改革委）

【开放型经济体系初步建立】首轮38项任务全部完成，催生全国首家外资控股飞机维修企业、首家外商独资演出经纪机构、首单文化无形资产融资租赁和全市首例经营性飞机保税租赁等8大新业态新模式，创新“航材共享”平台、“共线共享”监管等6项体制机制；后沙峪总部经济特色小镇、北京通航法荷航等7家单位被评为全市示范点；新一轮36项任务清单推进。外国人出入境服务大厅启动运行，10项出入境特有政策落地实施。实现京津冀区域通关一体化。

（发展改革委）

【投融资改革推进】投资在线备案管理平台上线运行。总投资36亿元的有轨电车T2线采用PPP模式建设，总投资估算65亿元的农村污水治理工程拟采用PPP模式实施。深化公共服务类建设项目投资审批改革试点，41个项目纳入“一会三函”流程办理，其中8个项目开工建设。搭建统一的融资服务平台，与区内金融机构对接，探索多元化融资模式，降低融资成本。

（发展改革委）

【重点领域改革】完善街道经费保障和管理机制。完成5个街道办事处机关党政内设机构、科室人员调整工作。制定《关于调整顺义区城市管理体制推进执法重心下移的工作实施方案》。医药分开综合改革全面实施，二级及以上公立医院次均门急诊药品费用同比下降11%，药品收入占比同比下降14%。通过药品阳光采购平台采购药品，累计减轻患者负担7600万元。

（发展改革委）

【稳定经济增长】制定实施《关于切实做好当前经济工作努力实现全年稳增长目标的方案》。按月对主要指标进行监测，对完成困难、进度滞后指标及时预警调度。《顺义区优化营商环境服务企业工作方案》出台，建立区级领导、行业主管部门、属地走访服务企业工作制度。围绕主要行业、重点区域累计走访服务企业370余家。起草《顺义区支持股权投资机构服务实体经济发展的办法》。

（发展改革委）

【经济运行稳中有进】地区生产总值增长6.3%，增速逐季回升。发展质量效益实现“双提升”，一般公共预算收入完成148.88亿元，增长8%；城镇居民人均可支配收入增长9%，农村居民人均可支配收入增长8.9%。城镇登记失业率仍保持在2%以内的较好水平。

（发展改革委）

【内外需协调拉动格局不断巩固】全年36.2亿元的区政府固定资产投资全部提前下达；120项重点工程全部完成立项，实现开工建设100项。完成全社会固定资产投资516.2亿元。消费市场保持稳定，实现社会消费品零售额474.2亿元，增长7.1%。

（发展改革委）

经济和信息化

【概况】顺义区经济和信息化委员会是顺义区政府领导下的主管本区工业和信息化工作的职能部门。设10个行政科室：办公室（政策法规科）、规划布局科、经济运行科、科技环保科、装备产业科、都市产业科、软件和信息产业科、综合产业科、镇村企业科、监察科。下属6个事业单位：顺义区中小企业服务中心、顺义区工业设计促进中心、顺义区投资与咨询服务中心、顺义区信息化中心、顺义区产权交易中心、顺义区无线电管理办公室。

单位名称：顺义区经济和信息化委员会

（经信委）

【工业经济主要指标呈下滑态势】2017年，全区346家规模以上工业企业完成工业总产值2169亿元，同比下降30.5%，减量951.8亿元。其中12月完成249.1亿元，同比下降17.1%，环比上升1.8%。实现销售产值2201.7亿元，同比下降29.1%，产销率101.5%。实现出口交货值147.7亿元，同比下降32.6%。全区工业全年完成属地财税收入（税收部分）135.4亿元，同比下降38.4%；完成一般公共预算收入（税收部分）25.5亿元，同比下降32.4%。

（杨 帆）

【六大产业产值增速两升四降】生物医药、装备产业同比增长5.4%和1.1%；电子信息、汽车与交通、基础与新材料、都市分别下降64.4%、37.5%、3.7%和0.2%。全区整车企业累计生产汽车98.5万辆，同比下降34.4%。规模以上汽车与交通设备企业54家。累计完成工业总产值1238.9亿元，同比下降37.5%，减量743.8亿元，拉低工业增长23.8个百分点。产值占全区总量的57.1%，比去年同期占比降低6.4个百分点。实现销售产值1269.5亿元，同比下降35.8%。产销率102.5%。规模以上电子信息产业15家。累计完成工业总产值111.9亿元，同比下降64.4%，减量202.4亿元，拉低工业增长6.5个百分点。产值占全区总量的5.2%，比去年同期占比降低4.9个百分点。实现销售产值113.9亿元，同比下降63.0%。产销率101.8%。规模以上装备产业96家。累计完成工业总产值234.5亿元，同比上升1.1%，增量2.4亿元。产值占全区总量的10.8%，比去年同期占比提高3.4个百分点。实现销售产值238.8亿元，同比上升1.4%。产销率101.8%。规模以上都市产业109家。累计完成工业总产值277.2亿元，同比下降0.2%，减量0.7亿元。产值占全区总量的12.8，比去年同期占比提高3.9个百分点。实现销售产值275.8亿元，同比增长1.5%。产销率99.5%。规模以上基础与新材料产业57家。累计完成工业总产值256.8亿元，同比下降3.7%，减量9.8亿元，拉动全区工业降低0.3个百分点。产值占全区总量的11.8%，比去年同期占比提高3.3个百分点。实现销售产值256亿元，同比下降3.4%。产销率99.7%。规模以上生物医药产业15家。累计完成工业总产值49.7亿元，同比增长5.4%，增量2.5亿元。产值占全区总量的2.3%，比去年同期占比提高0.8个百分点。实现销售产值47.7亿元，同比增长2.6%。产销率96%。

（杨 帆）

【“疏整促”专项行动】本区一般制造业企业疏解退出市级任务为30家、区级任务48家，12月底累计疏解退出企业81家，完成市级任务的270%；区级任务的169%，主要涉及建筑材料、铸造、家具制造、门窗加工等行业。81家企业共腾退土地107公顷，涉及3700余人。清理整治违法违规排污及生产经营行为企业。“散乱污”企业清理市级任务54家，2017年共完成清理整治494家，完成率915%。

（杨 帆）

【创业摇篮计划】“全要素、一站式”创新创业综合服务平台建成，该平台被列为北京市中小企业创业示范基地，初步建成“1中心+N基地”的创业孵化网络。2017年，全区第一批14家创业基地全部投入运营，基地运营总面积约50万平方米，其中公共服务面积13万平方米，入驻率达85%；入驻企业444家，其中实体企业305家、科技类企业139家，新三板上市企业10家；创业企业从业人数8500人；获得专利数194个。打造全市首家“新三板加速器”和“第三代半导体材料联合创新基地”，不断优化创新创业生态环境。完成首期创业摇篮资金评审发放2733万元。

（杨 帆）

【创新型产业集群与“2025”示范区建设蹄疾步稳】加强组织领导。成立“一区”专项工作办公室，配备专职领导，研究编制组建方案。深入开展创新型产业集群与“2025”示范区规划研究，强化顶层设计，加快编制“一区”实施规划，进一步明确示范区功能定位、空间布局、工作机制，在起步区规划范围内争取市级财税、审批等政策先行先试。

（杨 帆）

【重点任务项目建设】一是创建“中国制造2025”试点示范城市，实施方案上报工信部规划司。二是加快发展高端制造、绿色制造、智能制造和服务型制造。全区确定重点聚焦智能新能源汽车、第三代半导体、航空航天三大产业集群。智能新能源汽车产业示范区建设启动，其中富电科技、桑德新能源、孚能动力电池等一批项目陆续入驻；第三代半导体材料及应用联合创新基地、中关村医学工程健康产业化基地等地建设推进；相关产业项目陆续接洽入区，产业集群雏形初现。三是智能新能源汽车生态产业示范区建设全面启动。在全市范围内率先推出新能源汽车补贴政策,一期项目吸引富电科技、乐电出行等5家企业入驻，北汽股份北京分公司首款产品北汽新能源EU300正式下线，富电科技、桑德电池项目通过市级联审会；滴滴出行、中国智能网联等无人驾驶测试基地、体验展示基地加快布局；孚能电池项目签署入区协议。四是中科院联动创新产业园中，国科金服、福纳康生物科技、国科量子通信、中科院创新孵化等6个项目确定落户；第三代半导体材料及应用联合创新基地引进荷兰代尔夫特理工大学中国研究院等研发机构3家，一期项目开工建设；中关村医学转化中心选定1.7万平米作为起步区，首批入驻企业6家。

（杨 帆）

【大项目和大工程集中实施】一是智能新能源汽车产业。富电科技智能充电桩项目年内开工。推动桑德电池，孚能电池，物华正极材料年底完成供地。推进国家智能网联汽车创新中心，吉利、沃尔沃、比亚迪、众泰、知豆智能汽车研发总部等项目落地。推动20亿元北京新能源汽车创新发展基金落户。二是航空航天产业。推进航天科技502所飞行器、发动机部件优异中心、中航复材、青云航电检测试验中心等项目建设，推动中法合资涡轮技术项目注册落地。三是高端装备制造产业。促进罗罗飞机维修供地手续启动；推进中煤电气等一批装备制造企业技术升级；促进科净源节能装备项目主体竣工；支持三帝打印公司争创国家3D打印重点实验室。四是新材料产业。推进国家第三代半导体应用与联合创新基地主体竣工，推进石墨烯产业园开工建设，推进装配式建筑产业园建设。五是集成电路产业。争取100亿元北京市集成电路制造和装备子基金落户，推进美国高端机械臂项目、芯福科技项目、CMOS图像传感器项目等落户。六是生物医药与新一代健康诊疗产业。加快中关村医学工程健康产业化基地建设，和仁科技数字医疗总部基地主体竣工，支持泰科斯曼、百迈客生物科技等项目争创北京技术中心，加快中电智慧医疗健康产业集团有限公司落地。七是新一代信息技术产业。吸引量子通信、航天图景等一批优质企业入驻地理信息产业园，加快推动激光创新产业园建设，推进中电彩虹智慧光电有限公司信息安全、智能显示、信息照明、智慧光电+物联网等项目落地。

（杨帆）

【信息化基础设施建设】2017年，新建基站150个，新增有线电视用户6500户，新发放高清电视机顶盒13125个；光纤覆盖住户达48.7万户，光覆盖比例达到100%。50-100M带宽用户占比62%。

（杨帆）

【重大产业项目建设和备案审批】严格执行新增产业禁止和限制目录。组织对入区项目进行全要素评价。2017年共组织区级联审会评价7批次，评审项目14个；书面征询意见评价6批次，评审项目6个。共有中德智能制造产业基地、全方位医疗解决方案平台建设等14个优质项目准予入区，涉及智能制造、新能源汽车、健康医疗等重点领域。

（杨帆）

【重大产业项目投资】2017年，完成产业项目固定资产投资150亿元，全区共有在批在建重大产业项目119个（2016年结转项目118个），其中在建项目68个，在批项目51个；项目总占地约8400亩，总投资900亿元。开工建设项目80个，竣工项目30个。

（杨帆）

【备案审批】截至年底，新兴思达中德智能制造产业基地项目、顺鑫农业中关村鑫数字产业园生产厂房及附属设施项目、嘉寓节能科技产业园（幕墙及光伏清洗机器人）生产基地建设项目等16个项目的完成备案审批工作。

（杨帆）

统计

【概况】2017年，顺义区统计局认真开展各项统计调查，统计数据质量实现新突破，统计监测服务展现新特点，统计法制建设取得新进展，统计行政效能建设推出新举措，统计服务水平和公信力进一步提高，统计保障能力进一步增强，各项统计调查扎实推进，完成全区主要经济指标监测任务。

单位名称：顺义区统计局

（赵楠）

【第三次全国农业普查】第三次全国农业普查工作历时2年多，全区共组织动员普查员和普查指导员4212人，对全区410个村级单位（未包括16个空壳村）、22个乡级单位进行全面普查登记，共登记114186农户、1172个农业经营单位、1966个休闲农业和乡村旅游经营单位（户）。

（赵楠）

【3%人口抽样调查】2017年顺义区年度人口抽样调查工作共涉及24个镇、街道和63个村（居）委会；抽中调查小区120个，其中北京点114个，国家点6个；选聘调查员、调查指导员193名，培训时间3天；全区共调查11091户（扣除空户），登记人口31877人，出生270人，死亡116人，其中：登记常住人口26674人，常住外来人口8038人。经抽样调查推算，顺义区2017年年末常住人口为112.8万人。

（赵楠）

【依法统计】一是规范统计数据管理。结合统计工作实际，制定《统计数据和统计资料上报、提供和发布管理办法》《统计数据和统计资料提供审批制度》《关于进一步规范统计资料编辑工作的通知》和《统计数据质量责任事故追究办法》四项工作制度。二是加大执法检查力度。2017年共执法检查237家，其中：督导检查70家、日常执法检查78家、农业普查专项执法检查33家，查处迟报36家。其中：一般程序立案44家，当场处罚56家，罚款额共计18.2万元。三是加大普法宣传力度。举办普法专题讲座；开展普查宣传进企业、进游园，进社区和“统计诚信单位”评选等活动；设计、制作普法宣传折页，其中包含“统计违法行为需要承担的法律责任”及“以案释法”等内容。2017年8月1日实施《中华人民共和国统计法实施条例》，统计局全面开展宣传活动。

（赵楠）

【企业摸排核查】统计局完成对1794家规模以上、18317家规模以下企业摸排核查工作，对145家重点企业进行调研走访，并对企业情况进行持续追踪服务。

（赵楠）

【五项自主专项调查】统计局独立组织开展五项自主专项调查，包括：鲜花港旅游满意度调查、新能源汽车发展现状调查、煤改清洁能源调查，“疏解整治促提升”实施效果满意度调查和统计年定报布置培训会满意度调查等专项调查，并撰写调查报告，其中4篇获得领导批示，为领导决策提供参考依据。

（赵楠）

国有资产监管

【概况】2017年，是实施“十三五”规划承上启下的关键一年，顺义区国资委紧紧围绕全区发展大局和中心任务，以提高国有经济发展质量和效益为中心，以优化国有资本布局和深化国有企业改革为主线，以全面依法监管为保障，以建设业绩优秀、治理规范、管理精细、成本集约、党建先进、品牌知名、形象良好、安全稳定的新型企业为目标，国有经济的活力、控制力、影响力和抗风险能力显著增强，国资监管工作取得新成效。

单位名称：顺义区人民政府国有资产监督管理委员会

（国资委）

【国有资产总量与结构分析】截止12月末，国资委系统监管企业资产总额1333亿元，同比增长4.5%；负债总额738.4亿元，同比下降0.7%；所有者权益总额594.6亿元，同比增长11.8%；资产负债率55.4%，同比减少2.9个百分点；完成营业收入580.3亿元，同比增长7.1%；实现利润总额16.9亿元，同比下降4.9%；上缴税金58.8亿元，同比增长6.5%，其中上缴属地税金36.8亿元，同比增长8.6%。按行业分布：工业企业2家，资产总额475.4亿元；建筑业企业1家，资产总额25.4亿元；房地产业企业5家，资产总额495亿元；商业企业2家，资产总额41.5亿元；投资业企业2家，资产总额127.5亿元；市政公用业企业1家，资产总额79亿元；服务业企业2家，资产总额88.9亿元。2017年全市区县国资系统排名中：顺义区资产总额排名第4，营业总收入排名第3、利润总额排名第3。

（国资委）

【国资监管制度不断健全】以管资本为主进一步完善国资监管体制，出台投资、薪酬、考核、履职待遇与业务支出等制度文件，起草制定出资人权责清单。全面清理规范性文件，对原有41个规范性文件开展清、废、改、立工作，废止8个文件、修改2个文件、国资国企监管“1+N”制度体系更加成熟。

（国资委）

【国资监管效能显著提高】加快完善投资监管方式，《顺义区国有企业投资监督管理办法》制定出台，将企业投资事项审核由审批制改为备案制，同时建立投资负面清单。开展核定主业和分类工作，结合企业经营现状开展企业发展定位、主业及“十三五”时期培育业务核定工作，将国有企业分为特殊功能类和竞争类，为分类改革、分类考核、分类监管奠定基础。推进薪酬制度改革，印发区属国有企业负责人薪酬管理办法、综合考核办法和履职待遇、业务支出管理办法，通过建立符合本区国有企业负责人特点的薪酬管理制度，实现薪酬水平适当、结构合理、管理规范、监督有效的收入分配格局。

（国资委）

【国资监督机制持续完善】加强企业实物资产转让管理，明确实物资产需进场交易，增强交易透明度，发现交易价格。对16家一级企业、183家下属企业开展决算审计，开展专项审计3项，经济责任审计10项,涉及资产额超过 1000亿元。完善监事会报告处理流程，推进区属国有独资企业健全完善现代企业治理体系。

（国资委）

【国有资本布局推进优化】区属国有建筑板块、商业板块组建完成，成立北京顺义商业有限公司、北京市顺建工程有限公司两家国有独资公司，市政控股、空港开发、顺义建投等公司推进内部重组整合，顺义商业、顺旅集团完成集团登记。清理退出小、散、微、弱企业20余户，同质化经营、重复建设、无序竞争等问题得到初步缓解。

（国资委）

【重点领域改革】完成年度国有资本收益收缴入库工作，安排支出16项，重点支持安全生产、科技创新、城市综合保障项目。顺鑫控股探索试点改组国有资本投资运营公司工作，建立有效的资本投资运营模式，促进国有资本合理流动、优化配置。燕京啤酒完成董事会换届，开展市场化选聘职业经理人，全球招聘总经理工作进展顺利，市场和业内反映良好。

（国资委）

【进一步提升资本运作能力】顺鑫控股参与发起筹建2018年首家获批开业的北京人寿保险股份有限公司，顺义科创搭建基金服务体系，7支参与运营及筹备的基金总募资规模为1300多亿元，在全面聚焦本区重点发展产业领域的同时拓宽本区企业融资渠道；中技克美完成股改并在新三板挂牌。

（国资委）

工商行政管理

【**概况**】2017年，顺义分局认真贯彻落实全市工商工作会议和全系统工作座谈会精神以及顺义区委、区政府决策部署，落实全面从严治党，紧密围绕首都城市战略定位服务中心工作，进一步深化“放管服”改革，推进京津冀协同发展。

单位名称：北京市工商行政管理局顺义分局

（陈惠 魏济江）

【**市场主体总量**】年内，本区共有各类市场主体88884户，其中，内资企业47440户，注册资本10500.19亿元，同比分别增长12.77%和47.65%；外资企业1376户，同比增加3.85%，注册资本106.6亿元，同比增长1.87%；农民专业合作社261户，同比增长0.38%，注册资本3.7亿元，同比增长0.79%；个体工商户39731户，同比减少2.3%，资金数额29.18亿元，同比增长3.22%；代表机构54户。

（陈惠 魏济江）

【**市场主体发展**】年内，新设立市场主体8850户，同比减少3.16%。新设市场主体中内资企业7144户，同比增长1.39%，注册资本3361.54亿元，同比增长125.49%；个体工商户1607户，同比减少16.69%，资金数额2.92亿元，同比增长12.91%；外资企业92户，同比减少2.13%，注册资本2.62亿元，同比减少31.49%。

（陈惠 魏济江）

【**净化准入**】年内，市场内共计立案619起，罚没款共计16.4181万元。其中处罚市场主办单位1起，罚没款1.66万元；商品质量17起，罚没款3.71万元；商标案16起，罚款6.33万元；不正当竞争3起，罚没款0.3391万元；无照经营4起，罚没款0.639万元；涉车案件3起，罚没款3.66万元；塑料袋246起，罚款1.73万元其他62起，罚款0.31万元；吊销案件267起。

（陈惠 魏济江）

【**商标侵权案件查办**】年内，本局共办结商标案件67件，罚款77.72万元；共监测广告信息10031条，接到举报涉嫌违法广告案件线索390件，办结违法广告案件63件，罚没款348.82万元；抽检商品634组，办结商品质量案件121件，罚没款26.49万元。

（陈惠 魏济江）

【**行政处罚案件**】年内，分局行政处罚案件共计3182件，罚没款总额682.25万元。人均案件办结数为29.19件（以109人计）。2017年分局职权履行数为68项，同比增长13%。

（陈惠 魏济江）

【**案件线索移转**】年内，共接转案件线索628件。其中接收烟草案件线索22件，稽查大队综合科接收、分派办公室、消保科收到的举报信件318件，顺义区市场综合执法平台的案件线索的上传、接收、分派、反馈案件线索288件。

（陈惠 魏济江）

【**注册资本改革**】2014年3月1日至2017年12月20日，本区共新增各类市场主体34063户，同比增长10.72%，注册资本7424.76亿元，同比增长77.19%。其中内资企业24750户，同比增长17.7%，注册资本7382.08亿元，同比增长60.27%；外资企业371户，同比增长1.92%，注册资本21.62亿元，同比减少3.03%；个体工商户8862户，同比减少9.81%，资金数额11.94亿元，同比增加5.28%。

（陈惠 魏济江）

【**个转企转型及股权质押**】年内，分局共办理个体转企业771户；股权质押52户，出质362639万元，融资2100433万元；协助法院完成股权冻结208件。

（陈惠 魏济江）

【**网上登记及全程电子化办公**】截止12月20日，网上登记共受理名称24044件，受理内容审查30512件，其中企业设立5909件、变更21007件、备案1789件、注销918件；个体网上登记涉及分局全部12个工商所，共受理名称4939件，各类登记8687件。

（陈惠 魏济江）

【**企业年报**】2016年度企业年报率93.60%（包括内资、外资企业、农专社），个体工商户年报率95.14%。

（陈惠 魏济江）

【**抽查工作**】年内，共组织各类抽查总计4502户，其中投资理财类4批次共103户，企业、个体户、农民专业合作社年报4084户，金融交易场所3批次25户，危险化学品企业抽查13户，企业全覆盖抽查35户，委托审计机构进行企业年报抽查20户，房地产经纪机构抽查222户。

（陈惠 魏济江）

【**经营异常名录工作**】年内，分局共将4583户企业列入经营异常名录（其中：未按规定期限公示年度报告3716户；未在责令期限内公示企业信息7户；公示信息隐瞒真实情况、弄虚作假252户；通过登记住所或者经营场所无法联系762户），有1122户企业补报年度报告或者改正上述行为移出经营异常名录。共有9779户个体工商户被标记为经营异常状态（其中：未按规定期限公示年度报告9702户；年度报告隐瞒真实情况、弄虚作假25户；通过登记住所或者经营场所无法联系63户），有1501户个体工商户补报年度报告或者改正上述行为恢复正常经营状态（含个体工商户注销，自动恢复）。

（陈惠 魏济江）

【**无证照专项整治**】2017年，本区无证无照经营市级专项整治任务559户，“开墙打洞”市级专项整治任务85户。

截至12月19日，无证无照经营累计挂账4970户，取缔销账4965户，疏解人口13089人，销账率99.90%；“开墙打洞”违法行为累计挂账402户，封堵销账374户，疏解人口744人，销账率93.03%。

（陈惠 魏济江）

【有形市场总量】年内，顺义注册有形市场共70家，正常经营62家、空壳市场3家、停业市场5家。70家市场基础数据采集完毕，三级市场档案建立，重点补充工商执法文书和处罚情况。

（陈惠 魏济江）

【红盾护农】年内，完成市局农膜抽检任务8组，分局自行抽检农膜35组，共计抽检农膜43组，农膜检测结果全部合格。完成市局农肥抽检14组，其中3组检测不合格，已经立案3起，其中结案1起，罚没款0.17万元。

（陈惠 魏济江）

【市场疏解】年内，疏解有形市场5家，疏解经营面积203511.3平方米，疏解人口760人。其中注销市场1家（北京兴德聚鑫建材市场有限公司）；关停市场4家，其中列入区政府疏解计划市场2家（北京博联投资有限公司博联天地小商品批发市场、北京顺欣春峰大卖场市场有限公司）；汽配市场2家（北京四方天龙汽配市场有限公司、北京四方天龙汽车城市场有限公司）。清理市场商户虚户共计925户，其中注销596户、吊销267户、转异常名录65户。

（陈惠 魏济江）

【广告监管】年内，共接到举报涉嫌违法广告案件线索390件，立案77件；办结违法广告案件63件，较去年同期21件增长200%；罚没款348.82万元，较去年同期230.16万元增长51.56%。顺义区有传统媒体广告发布者4家，分别是顺义区电视台、顺义区广播电台、中国航空传媒有限公司、《中国汽车报》社有限公司，共涉及传统媒体12个，其中电视频道1个、广播频率1个、报刊媒体10份，实际存在广告业务的传统媒体9个。全区108个高立柱、291座候车亭、15块LED屏及顺义公交车等经营性户外广告的规划、设置和广告发布者情况。

（陈惠 魏济江）

【专项整治】年内，共出动车次162车次、出动执法人员267人次，检查食品、药品相关市场主体920户。接收工商部门职责范围内涉及食品类问题的投诉共81件，办结75件，调解成功56件，为消费者挽回经济损失115836元；举报共接收111件，办结98件。

（陈惠 魏济江）

【案件查处】年内，稽查大队共立案259件，结案216件、销案16件，罚没款392万元。职权履行事项30项。

（陈惠 魏济江）

【商品抽检、质量监管】年内， 完成一般商品抽检328组，其中市局布置的商品抽检134组（共涉及19大类商品），检测出不合格商品51组，除检测结果未出的28组商品，检测出的商品不合格率38%，不合格率比较高的商品有电动自行车、通讯器材、小家电、冷却液、玻璃水、牙具、儿童服装等；分局商品自抽194组（共涉及6类商品），检测出不合格商品62组，检测出的商品不合格率32%，不合格率比较高的商品有成人服装和鞋。共抽检成品油等336组，其中抽检各类标号汽、柴油273组，去年年底有1户加油站销售不合格柴油，已立案处罚，罚没款8.97万元。抽检车用尿素16组，有1组不合格，已立案处罚，并应用28863商品抽检标准追溯不合格车用尿素生产厂家1户，罚没款5.07万元。抽检涂料、胶粘剂34组，其中分局自抽20组,有2组不合格，已立案处罚。抽检燃煤18组，有1组不合格，已立案处罚。

（陈惠 魏济江）

【网络监管】年内，查处涉网案件共计113件，罚没款171.15万元，同比分别增长465%、146.79%。其中网监科共立案41件，结案和完全通过40件，罚没款共计34.17万元，职权履职项12项。

（陈惠 魏济江）

【消保维权】2017年，12315系统通过电话、互联网、来访、手机APP等渠道接收消费者投诉1507件，同比增长71.25%，投诉办结1458件，涉法问题发现数247件，涉法问题发现率为14.69%。接收群众举报1100件，比去年同期增长21.27%，举报率1.42%，立案查处126件，举报立案率10.13%。

（陈惠 魏济江）

【非紧急救助服务】年内，分局12315中心通过市局12315系统、全国12315互联网平台共接收投诉2619件、举报1586件，市政府12345非紧急救助转办单1116件。

（陈惠 魏济江）

【数据质量管理】年内，分局个体登记数据问题点118个，修改处理率100%；企业登记数据问题点136个，修改处理率100%。

（陈惠 魏济江）

【技术保障商事制度改革】分局累计完成数字化企业档案71883户（含注、吊销企业档案）、共413118卷、7023152页，其中，今年新增25555户、32432卷、713676页，与去年基本持平。移送至市局外资档案649户，接收市局下放登记档案307户，司法鉴定工商登记档案18户。累计完成个体开业、注销、吊销登记档案归档分别为40258户、32232户和32595户，其中，今年新增开业、注销、吊销登记档案分别为1232户、1376户和1127户，同比分别下降33.9%、−38.3%和73.1%。中心累计接收文书档案1062卷、7213件，案件档案10299卷，会计档案3397卷，动产抵押档案1313卷，实物档案737件。

（陈惠 魏济江）

【听证案件】年内，被处罚当事人申请要求举行听证3

件，办结2件。

（陈惠 魏济江）

【行政复议行政诉讼】年内，行政复议案件26件，办结25件。全年发生行政诉讼案件7件。

（陈惠 魏济江）

【案件情报工作】年内，共处理各类案源信息案件线索672件。

（陈惠 魏济江）

质量技术监督

【概况】2017年，本局始终坚持保稳定、保安全、保质量为中心的工作目标，结合地区形势，认清发展形势，把握发展大局，坚持全面从严治党，深入开展“两学一做”学习教育，不断强化党员队伍建设，全力做好重要时期、重大工程的安全保障工作，巩固大质量工作格局，提升区域产品质量水平，聚焦安全形势，守好区域特种设备安全底线，坚持计量为民，强化计量基础支撑作用，以两个标准化试点项目为抓手，推进首都标准化战略的贯彻落实，以提高依法履职能力和效果为核心，做好“双随机一公开”工作，统筹推进“双打”“质检利剑”、缺陷产品召回等各类重点专项执法工作，为建设国际一流的和谐宜居顺义做出质监人应有的贡献。

单位名称：顺义区质量技术监督局

（质监局）

【清洁空气行动】煤炭质量监管强化，2017年共检查煤炭生产企业111家次，抽取煤炭样品16个，合格率100%。对相关企业开展监督检查，对生产线已拆除、搬迁企业，注销其许可证证书，对3家沥青类防水卷材、1家人造板生产企业办理注销手续。对建筑类涂料及胶粘剂产品生产企业开展调查核实，共核查企业48家。

（质监局）

【生产企业许可证监管】一是加强新获证企业管理，实地核查8家新申请许可证企业。二是强化重点产品监管。联合专家检查燃气灶具企业8家、防爆电气企业5家。强化本区电线电缆企业监督检查，共检查企业3家。三是强化许可证有序退出。2017年共收回过期未延续工业产品许可证书并办理注销手续6件，对本区2家燃气灶具、1家电线电缆、3家防水卷材、1家人造板许可证企业完成注销。

（质监局）

【缺陷产品召回】年内，先后对辖区内17家企业启动缺陷产品召回工作，主要涉及配电柜、防火门、电线电缆、电热毯等。1家企业备案召回计划，决定召回2016年4月生产的百强儿童椅共10把。

（质监局）

【质量发展纲要落实】一是《顺义区贯彻质量发展纲要实施意见2017年行动计划》印发实施，总体部署全区质量发展工作。二是成立区领导挂帅、17个部门组成的顺义区质量发展工作领导小组，统筹推进落实质量发展纲要。三是推动顺义区质量工作会议召开，明确完善大质量工作机制，加强对全区质量工作的组织领导。

（质监局）

【特种设备安全工作会】5月4日，全区特种设备安全工作大会召开，顺义区副区长郑晓博就加强特种设备安全监察工作做指示。

（质监局）

【十九大会场驻地特种设备保障】10月14日到十九大结束，采取“四不两直”的方式，领导带队检查涉及机场、商场、地铁、医院、液化气充装、沼气、供暖等行业企业39家、特种设备680台/套，发现隐患8起，完成整改8起。顺义区未发生特种设备事故，未出现特种设备相关负面舆论和群体性事件。

（质监局）

【电梯安全隐患专项治理】与区住建委、财政局、相关属地政府等建立联席会议制度，针对2016年评估存在安全隐患的203台电梯，向区政府申请救济资金。11月底，区住建委招投标工作完成，组织施工队伍入场进行改造大修。

（质监局）

【液化石油气充装单位专项治理】1月—6月，每季度对液化石油气充装单位开展一次全面检查。8月，组织特种设备协会专家对12家充装单位开展全面检查，对发现的问题实行挂账处理，督促企业立即整改。9月底，针对8月份发现的问题再次复查。

（质监局）

【锅炉低氮改造和煤改气工作】根据2017年锅炉低氮改造工作要求，进行锅炉低氮安全改造。年内，辖区内锅炉低氮改造涉及企业24家，锅炉64台、607.3蒸吨，超出北京市向顺义区下达的400蒸吨的任务目标。截至目前，辖区内无在用燃煤锅炉。

（质监局）

【标准化试点项目服务保障】以北汽高端装备制造业标准化试点和北京莲顺农业开发有限公司国家休闲观光农业标准化示范项目为抓手，认真做好各项服务保障工作，推动建立完善标准化体系。12月10日，农业标准化项目通过年度验收。

（质监局）

【产品标准自我声明制度落实】年内，本局探索企业产品标准自我声明后的事中及事后的监管工作，对网上自主声明的国标、行标和地标的14家120个标准，企业标准208家590个产品标准进行检查，对存在问题的48家121个标准与企业进行沟通整改。

（质监局）

【涉粮企业强检计量器具检查】告知40家涉粮企业加强在用强检计量器具的检定工作，同时加强涉粮器具监管。2017年共检查涉粮单位16家，发现问题4家，全部进行立案处罚。10月12日，联合区工商局、食药局等对区内1家超市、1家大型集贸市场进行检查，未发现问题。

（质监局）

【工业计量标杆示范活动】12月6日，联合区经信委召开工业计量标杆申报培训会，向各乡镇、开发区主管领导和重点企业负责人贯彻相关工作要求，鼓励符合条件的企业自愿申报。

（质监局）

【检验检测机构专项监督检查】年内，以机动车、消防设施、环保检验检测等风险度较高的检验检测机构为重点，开展检验检测机构专项监督检查3次，配合市局工作组检查1次，共检查机构14家次，未发现检验检测机构违法行为。

（质监局）

【快递行业计量器具专项检查】将业务量大、网点多的快递企业列为重中之重，开展计量器具强制检定的法律告知，在部分快递企业推广诚信计量承诺。2017年共检查快递服务企业30家，开展法律告知30家，下达责令改正通知书10份，推广快递服务行业诚信计量自我承诺18家。

（质监局）

【“双打”专项执法工作】对涉及人身健康和安全的13类产品生产企业开展执法检查和专项整治，对43家工业生产许可证企业和110家强制认证企业建立质量档案。对区域内汽车生产企业、汽车配件生产企业进行检查，共检查企业15家。围绕辖区内有机肥、复合肥生产企业、市场进行监督检查，检查生产销售企业6家，销售种子、化肥的商家14家。开展有机产品认证执法检查，加强生产许可证、3C认证企业日常巡查，共检查生产企业13家。

（质监局）

【窗口工作】2017年共受理行政服务事项、行政许可事项1227件；案件配送流转1684件；接待、接听业务咨询4031件次。连续被投资服务中心评为“满分”窗口、入驻“优秀部门”单位。

（质监局）

【投诉举报】树立问题意识，注重严查线索，对发现的质量违法行为严格立案查处，对其他涉嫌违法线索向工商等部门通报，妥善解决消费者诉求，严肃查处违法行为，排除质量安全风险。2017年共处理“12365”投诉举报307件；区域内投诉33件；网上咨询12件。处理回复率均在100%。

（质监局）

【新闻宣传工作】“5.20”期间，围绕“计量与交通”的主题，开展“走进加油站”计量宣传活动，同时推进“计量惠民服务社区”活动，向社区居民发放宣传材料。质量月活动期间，组织社区居民走进检验检测实验室、策划计量月安全乘梯知识普及等系列宣传活动，并举办2017年顺义区“质量月”活动暨顺义区‘“双创周”政策法规培训会。

（质监局）

安全生产监督

【概况】2017年顺义区继续推动各级安全生产责任落实，开展安全生产大检查，加强安全风险管控。全面部署城市风险评估试点工作。实施重点领域风险评估和管控。推动“一企一标准、一岗一清单”编制。强化安全生产源头管理。推进安全生产标准化提质增效。强化源头管理，推进高风险、高职业危害企业退出。加大重大隐患治理，完成市政府交办的燃气灶具更换任务。加强安全生产基层基础能力建设。全行业推行安责险。开展成品油长输管道泄漏事故应急救援演练，提高应急救援能力。开展安全文化建设。全区安全生产工作形势总体稳定，未发生重大安全生产事故。但是安全生产领域仍存在一些问题，突出表现为：安全生产“最后一公里”责任落实不到位；安全隐患、非法违法问题仍大量存在。一些城乡结合部地区违法建设、安全隐患多，发生事故的机率高；城镇化进程中伴随产生的建筑密集，高楼防火、高处作业、有限空间作业等安全问题日益突出。

单位名称：顺义区安全生产监督管理局

（贾 雁）

【燃气灶具更换工程】1月1日—10月8日，顺义区安监局完成3124家燃气灶具入户安装工作，对淘汰的不合格燃气灶具集中销毁，防止回流市场，超额完成市政府交给的2822户的工作任务。

（贾 雁）

【“一企一标准、一岗一清单”编制】3月1日—9月30日，涉及高丽营镇、赵全营镇、临空经济功能区三个属地共完成110家企业清单编制任务；累计完成编制清单的423家企业，按照要求登录市级隐患信息系统进行隐患自查自报自改信息录入工作，登记隐患1652项、整改隐患1601

项,平均整改率达到96.9 %。

（贾雁）

【安全生产责任书签订】3月3日，区政府与全区各属地、行业部门、重点企业共计119家单位签订责任书，明确安全生产责任目标及重点任务。

（贾雁）

【标准化创建实施方案印发】3月15日，区安委会办公室印发《顺义区2017年安全生产标准化创建工作实施方案》（顺安办〔2017〕15号）。

（贾雁）

【职业危害专项治理】4月1日起到年底，安监局推进安全生产与职业健康一体化监管执法，在54家印刷业作业场所、55家金属制品加工生产企业开展职业危害专项治理。

（贾雁）

【安全生产考核纳入政府绩效考核】4月17日，《关于印发顺义区安全生产工作考核办法的通知》（顺政办发〔2017〕8号）出台，将安全生产工作考核成绩纳入政府绩效考核，对86家安委会成员单位工作进行考核。

（贾雁）

【标准化创建专项培训】4月26日—5月4日，安监局组织9期属地和行业部门主管领导、安全监管人员、专职安全员及309家企业负责人共1500余人的专项培训。

（贾雁）

【责任追究办法（试行）印发】5月15日，区政府办公室印发《北京市顺义区人民政府办公室关于印发顺义区安全生产责任追究办法（试行）的通知》（京顺办发〔2017〕9号），约谈4家属地和政府部门安全生产工作不力的单位。

（贾雁）

【成品油长输管道泄漏事故应急救援演练】6月27日，顺义区安监局开展2017年顺义区成品油长输管道泄漏事故应急救援演练，全区各属地、行业监管部门及11家重大危险源企业参与演练。

（贾雁）

【安责险投保】6月，安全生产月被确立为安责险集中投保月，在各属地设置安责险投保点36个，全区参保企业1596家，保费627.94万元，累计责任限额94.52亿元，同比2016年分别增长93.7%、126.8%、120.1%。

（贾雁）

【有限空间安全管理专项行动】7月1日起到年底，区安监局在全区范围内持续开展有限空间安全管理大排查、大培训、大整治、大执法专项整治行动。在全区范围建立各属地、各行业有限空间台账，喷涂警示标识或设置警示牌，对近6000处重点高危有限空间进行上锁管理，实施有限空间作业“双审双监”制度。

（贾雁）

【危化品治理三年行动计划印发】7月8日，《顺义区危险化学品安全综合治理三年行动计划（2017年6月—2020年5月）》（顺政办发〔2017〕21号）印发。

（贾雁）

【安全生产大检查】7月22日，启动安全生产大检查工作。按照国务院安委会要求，对大检查排查发现的重大隐患和国务院督查检查发现的问题隐患实行挂牌督办，完成安全生产大检查既定目标任务。在大检查工作期间，采用政府购买服务的方式，委托第三方对安委会各成员单位落实情况进行考评，以区安委会办公室名义向61家单位发放整改意见函。

（贾雁）

【城市风险评估试点】8月2日，区安委会出台《顺义区城市安全风险评估试点工作方案》，8月2日—9月15日期间召开动员部署会和多次专项培训会，以危险化学品单位、人员密集场所单位、建筑施工项目、生活垃圾处理设施、规模以上工业企业、“两客一危”企业等行业领域为重点，开展城市安全风险评估试点工作，参与城市风险评估试点的1589家企业中有625家企业完成风险评估。

（贾雁）

【液氨工业使用企业隐患治理】9月，9家工业液氨制冷企业累计投入90余万元，完成快速冻结装置未设置单独作业间的重大隐患整改，并通过专家组验收。

（贾雁）

【市委市政府安全生产督查】10月11日—10月27日，北京市委市政府安全生产第六督察组对顺义区安全生产工作开展为期15个工作日的驻地督察。顺义区对督察发现的107项政府层面问题和204项企业问题进行挂账督办。

（贾雁）

【工业企业安全风险评估】10月18日到年底重点完成300家涉爆粉尘、涉危使用、有限空间等工业企业安全风险评估工作，发现违法违规行为938条，排查隐患2908条，将风险和隐患清单反馈至相关企业，并全部整改验收。

（贾雁）

【补充安全生产执法监察力量】11月，区政府为顺义区安全生产执法监察大队增加执法编制20名，并在现有437名安全生产专职安全员基础上，新增加182名安全员补充到基层，19个镇、6个街道共414个行政村和122个社区全部设立安全生产巡查员共计1102人。

（贾雁）

【安全隐患大排查大清理大整治专项行动】11月份开始安全隐患大排查大清理大整治专项行动，共排查出各类隐患17895项，已整改15891项，整改率为88.8%。推进城乡结合部专项整治、“五小”和“散乱污”企业整治任务，涉及安全生产类挂账“五小”“散乱污”的829家企业全部完成整治验收，共计整改安全隐患1432项，清退企业217

家，处罚工业五小企业5家，处罚金额11万元，完成7家市级挂账企业验收工作，对73家整改完成企业进行全覆盖检查。

（贾雁）

【**白酒制造业隐患治理**】12月，2家完成隐患整改的白酒制造企业通过市局专家组验收，率先在北京市完成白酒企业治理任务，1家退出（3家存在重大隐患的白酒制造企业被下达现场处理措施决定书，隐患整改完成前停止使用相关设备设施）。

（贾雁）

【**标准化创建**】年内，全区达标创建标准化企业3396家，其中：三级创建企业706家、小微达标企业2690家。严格执行企业全生产标准化核查制度，累计核查三级企业80家、小微企业700家，撤销2家核查不合格的三级达标企业资格。

（贾雁）

【**加油站贯标改造**】年内完成32家加油站贯标改造工作。

（贾雁）

【**"双高"企业退出**】年内落实《顺义区危险化学品安全综合治理三年行动计划工作方案》，推进"双高"（企业高风险、高职业危害企业）退出工作。超额完成11家危险化学品经营企业退出工作和1家非煤矿山企业的关闭退出工作。

（贾雁）

【**安全员业务培训**】全年共组织专职安全员培训班8期、3884人次的教育培训活动。

（贾雁）

【**安全生产检查队规范化建设**】年内按照全市"四统一、六规范、一创新"的建设目标要求，实现29个镇、街道（园区）安全生产检查队规范化建设全部达标，总成绩排名全市第二，其中石园街道、仁和镇、马坡镇、张镇、胜利街道5支检查队被评为全市示范检查队，旺泉街道、南法信镇、牛栏山镇、北石槽镇、天竺镇5家属地被评为"突出贡献奖"。

（贾雁）

【**安全文化建设**】年内，新增市级安全文化示范企业1家，累计达到8家，天竺镇、仁和镇通过市级安全社区评审，马坡镇、旺泉街道通过国际安全社区认证，全市2017年仅此两家；依托7家区级安全体验教育基地（其中石园街道自筹资金300余万元建立安全文化体验馆），组织万人参加安全文化体验活动；开展内容丰富的安全生产月和《安全生产法》宣传周活动，组织两期安全生产法在线答题活动和两期安全生产大讲堂活动，依托纵横安全教育在线平台，对全区重点生产经营单位安全生产负责人和安管人员进行线上教育与线下体验式培训，开展"百场企业专项安全生产培训活动"，共计举办118次、11460人的培训。

（贾雁）

【**"智慧安监"建设**】年内初步完成"智慧安监"总体建设方案编制工作，优化提升顺义区安全生产综合监管动态管理业务系统，健全企业台账数据，实现市区两级系统数据有效对接；依托GIS建设集危险化学品信息查询、共享、可视化于一体的管理系统。

（贾雁）

食品药品监督管理

【**概况**】2017年是食品药品监管工作固本强基、全面优化之年。在市局和区委、区政府的坚强领导下，深入学习宣传贯彻党的十九大精神，以创建食品安全示范区为中心，以提升人民群众满意度和获得感为目标，牢牢把握"疏解整治促提升"专项行动契机，进一步筑牢基础、深化改革、强化监管，辖区食品药品安全水平稳步提升，未发生重大食品药品安全事故。首批北京市食品安全示范区创建成功；在市政府、市食药安委的绩效考核中，顺义区再次名列全市第一。

单位名称：顺义区食品药品监督管理局

（食药监）

【**"双督查"机制**】工作效能、纪律作风"双督查"机制进一步落实，全年结合业务工作开展专项督查10次，节日期间电话、实地联合督查153次，发送节前廉政短信1323条。从区人大、政协、行政机关、社会团体等单位中选聘社会监督员10名，年底新聘请党风政务监督员6名，制定《党风政务监督员管理办法（试行）》，主动接受社会监督。开展综合满意度调查，发放问卷816份，满意率99.46%，收集意见建议17条，感谢表扬信13封。

（食药监）

【**食品安全示范区创建**】顺义区作为北京市首批食品安全示范区创建先行区，区委区政府将示范区创建纳入年度政府工作报告和重点工作分工项目，成立创建领导小组，并将食品药品安全工作纳入党委对党政领导班子考核和区政府对镇、街、相关部门绩效管理。区镇两级政府加大人财物投入力度，区财政追加经费606.55万元、镇街投入经费1006万元，用于示范区创建工作。7月5日，顺义区首批通过创建北京市食品安全示范区综合评议验收。

（食药监）

【**"全方位、立体化、矩阵式"创建宣教**】打造"全方位、立体化、矩阵式"宣教格局，区电视台制作专题节目，宣传普及创建知识；《顺义时讯》、顺广传媒开辟示范区创建专版，跟进宣传报道；区广播电台设置专题栏目，定期播放创建实况，“中国经济网”、《中国医药报》《劳动午报》《首都食品安全周刊》等媒体集体发声，报道创建亮点、典型做法。由近百名社区志愿者组成的“顺义百姓”食品安全文艺宣传队，自编自演节目35个，流动演出79场次，观众上万人次。全年共在北京电视台、新华网等媒体刊发信息宣传报道3507篇次，《每周食品药品安全播报》48期，共组织开展宣传活动462场。

（食药监）

【打造阳光餐饮、放心超市】区、镇两级投入271万元，用于明厨亮灶奖励资金，对验收合格餐饮企业最高单笔奖励2万元。全区建成“阳光餐饮”单位2523家，完成率达到55%，规模以上餐饮服务企业“阳光餐饮”工程建设完成率达到82%，中央厨房、集体用餐配送单位完成率达到100%，打造食品安全、特色风味、优质服务于一体的食品安全示范街（区）25条，打造“阳光餐饮”工程示范街9条。年内有2家超市通过市级“放心肉菜超市”验收。

（食药监）

【食品药品企业安全抗风险能力提升】鼓励企业参保食品安全责任险，提高食品质量安全抗风险能力，全区44家食品生产企业参保食品安全责任险等相关食品安全险种，投保累计赔偿限额最高1.1亿元。引导鼓励47家企业建立电子追溯系统。指导石门批发市场在自有检测室的基础上先后建立淡水鱼快速检测站、海鲜交易厅快速检测站，防范输入性风险。走访天津、河北等地27个淡水鱼养殖场，为淡水鱼管控工作提出合理化建议。针对农村红白喜事聚餐，引入城乡一体化监管机制，制定农村集体聚餐食品安全管理指导意见，通过行业管理手段对全区106家农村集体聚餐经营户逐步予以规范。全区共有53家食品生产企业、5家餐饮企业取得HACCP认证，11家食品生产及餐饮企业取得GMP认证，辖区所有在产药品、医疗器械生产企业全部符合药品、医疗器械生产质量管理规范。继续推行过期肉制品集中销毁工作，年内销毁不合格肉食品82吨，有效防止不合格食品二次流入市场。

（食药监）

【基层建设进一步强化】认真落实“四有两责”，全面加强基层监管机构、人员队伍，推进食品药品监管向基层延伸。高标准推进基层监管所规范化建设，区局投入1283万元，镇、街政府投入1217万元，为基层建设提供财力支持。24个食药监管所中23个获评市级示范所、1个获评市级达标所。新招监察员60人，全局人员队伍达391人。构建区、镇街、村（社区）三级监管力量保障体系，全区507名食品药品安全信息员活跃在村、居委会，成为食药安全监管队伍重要补充，为实现监管全覆盖提供保证。

（食药监）

【检测能力和水平双提升】区级监控中心为龙头、镇级检测室为骨架、社区监测点为支点、企业检测联盟为外延的食品药品质量安全检测体系更加完善。食品药品安全监控中心年内新招录检测人员9名，年底完成57个新增食品检测项目扩充认证，目前具备61个食品检验项目/参数和71个药品检验项目检测能力。全年共抽检食品药品样本16355个，不合格样本194个，总体合格率为98.81%，其中，抽检食品、保健食品样本14764个，合格率为98.72%；抽检药械样本1394个，合格率为99.64%；化妆品样本197个，合格率100%。

（食药监）

【执法处罚保持高压态势】结合“疏解整治促提升”专项行动，以高风险领域、突出问题为重点，先后开展食品、保健食品欺诈和虚假宣传、中药饮片生产等39项食品药品专项整治。全区共挂账无照无证食品药品经营单位1184户，全部治理完成，其中，无照无证餐饮单位933户，查处取缔880户，纳入规范管理53户。全局共查办行政处罚案件666件，做出处罚决定602件，罚没款1255.77万元。

（食药监）

【依法行政　行刑衔接】严把案件审核关口，推行《一般程序案件主审制度》，承担市局规范性文件《行政处罚程序规定实施细则》修订稿起草工作。加大行刑衔接工作机制，起草《关于建立案件查处联动工作机制的意见》和《行政执法与刑事司法衔接工作制度》，配合公安部门开展“净网行动”，取缔销售假药、猪肉制品非法加工点3家。移交公安部门非法销售“参天眼药水”和“甲茸壮骨通痹胶囊”假药案件2起。

（食药监）

【市场监管】完善市场综合监管模式，为289个执法网格配发移动执法终端，打造流转高效的综合执法网络信息平台，信息共享2万余条，议事协调会议召开25次。全年上报违法线索1551条。

（食药监）

【投诉举报】全年共办理各类投诉举报3992件，办结2475件，办结率87%，回复率100%。经核查属实的804件，行政处罚462件，立案率为11%。共奖励举报118件，发放奖励资金4.87万元，比2016年增长4倍。

（食药监）

【行业协会助力行政监管】发挥顺义区食品药品安全企业协会、餐饮协会等行业组织作用，将行业管理作为行政监管的有效补充。政府拨专款223.6万元，指导行业协会承办课后托管机构规范管理，实施对全区185家课后托管机构硬件改造、软件建设，规范从业人员470余人，解决5600余名学生就餐安全问题。协会共开展食品药品安全知识讲座和培训活动132场。

（食药监）

审计

【**概况**】2017年，北京市顺义区审计局完成审计项目94个，查出管理不规范金额195807.21万元，违规金额6840.45万元；出具审计（结果）报告157篇；提出审计建议143条；报送信息143篇，被采用101篇次；向社会公告审计结果30篇，审计在监督体系中的重要作用充分发挥，为维护本区风清气正的政治生态和经济平稳有序发展贡献审计力量。

单位名称：顺义区审计局

（肖钢）

【**预算执行审计**】组织开展2016年度本级预算执行和其他财政收支情况审计以及部门预算执行审计。先后对区本级2016年度预算执行情况、29家单位部门预算执行情况及国有资本经营预算支出、新型农村合作医疗基金使用情况、2016年度农村连村路路灯项目资金使用情况、老年餐桌项目资金使用及运营情况进行延伸审计。实现全口径预算审计，部门预算审计覆盖面达到31.52%，五年内审计覆盖所有区级一级预算部门的任务完成。审计查出管理不规范金额48822.53万元，违规问题金额2823.93万元。

（肖钢）

【**经济责任审计**】围绕“加强对权力的制约，促进建立和健全问责机制，稳步推进经济责任审计”的工作思路，2017年共完成62个处级领导干部的经济责任审计,实现“去库存、零结转”的目标。审计发现的主要问题集中在非税收入未上缴、未按要求执行政府采购程序、内部控制有待加强等方面,共查出管理不规范问题资金146927.47万元，违规问题资金4016.52万元。

（肖钢）

【**领导干部自然资源资产离任审计试点**】为促进政府和环保部门建立和完善符合生态环境建设要求、适应自然资源禀赋的监管体系，探索破坏生态环境的责任追究机制，同时进一步强化领导干部对自然资源环境的责任意识，2017年开展大气资源资产离任审计的试点工作，重点关注大气污染防治相关约束性指标、目标责任制完成情况、清洁空气整治行动执行及资金管理情况等。审计发现,被审计领导干部在任期间，较好地履行全区空气清洁治理工作和生态环境保护责任，但在全区细颗粒物治理、燃煤锅炉改造管理等方面还存在一些问题。

（肖钢）

【**政策落实跟踪审计**】对顺义区“疏解整治促提升”专项行动的落实情况进行跟踪审计，关注市级任务的完成情况，保障本区疏整促专项行动包含的拆除违法建设、疏解一般制造业和“散乱污”企业治理专项行动等8项市级任务完成。

（肖钢）

【**政府投资项目跟踪审计**】区审计局紧紧围绕区政府中心工作，结合政府投资的重点方向，对顺义新城再生水厂工程、区污泥无害化处理工程、李遂再生水厂工程、小城镇污水处理市场化建设配套管网工程、牛栏山再生水厂配套管网工程、黑臭水体治理工程、顺义区东郊森林公园入口环境整治工程等项目进行跟踪审计。强化大气污染防治和环境治理，按照区政府要求，对2017年农村地区取暖“煤改电”项目、2017年农村地区电量饱和村庄“煤改气”工程、顺义区养殖业退出项目补偿资金管理使用情况进行跟踪审计。

（肖钢）

【**内部审计工作**】4月24日，区审计局制定并印发2017年内部审计工作指导意见。开展内审工作研究，先后到南法信镇、大孙各庄镇、大龙公司等单位进行内部审计工作调研；学习各区经验，以“新常态下如何对内部审计工作进行有效的指导和监督”为主题，邀请丰台区、怀柔区和通州区内审协会开展横向交流活动；6月26日，区内审协会以通讯形式召开第四届理事会第二次会议。会议审议通过第四届理事会第二次会议工作报告、调整协会副会长和监事长、调整协会单位会员、接收单位会员等四项提案；加强内审人员后续教育培训，全年共培训内审人员157人次，全区内审人员参加网络后续教育452人次，累计8492学时。

（穆鑫然）

【**内审协会注销登记**】根据区委组织部相关文件规定，行政事业人员不能在社团组织中兼职的规定，11月23日，区内部审计协会向区民政局提出注销申请，11月29日，区民政局下发行政许可决定书，决定准予内审协会注销登记。经区审计局党组研究，区内部审计协会职责由区审计局内审指导所履行。

（穆鑫然）

【**推进全面从严治党专项整治**】推动“1+X”制度体系建设和“两个专项治理”工作落实。针对2013年至2017年完成的249个审计项目发现的问题进行梳理，并对104家单位的500余项审计发现问题的整改情况开展专项检查，督促各单位共调账处理268055.10万元，上缴财政6710.77万元（含存量资金、结余资金、非税收入等），补缴税费6897.84万元，新建制度40个，修订完善制度51个。加强对全区财政拨款的预算单位及各镇政府的“三公经费”及会议活动经费的审计监督，年初对区内98家处级单位2016年度会议活动经费使用情况进行检查，在部门预算执行情况审计中对29家部门单位“三公经费”使用情况进行审计，对全区121家单位公款或集体资金吃喝、请客送礼、变相旅游、发放福利和奢靡浪费等问题开展专项整治工作，推动全区廉政建设。加大与纪检监察、组织和巡察等部门的协作配合力度，切实增强监督合力。全年配合区委组织部开展党代表、人大代表等人选资格审核21人次、出具审查报告7篇；协助巡察组了解被巡察单位十八大以来的审计情况，先后两次将区住建委、区园林绿化局、区残联等12家单位的17份审计报告提供给区委巡察工作领导小组办公室。

（穆鑫然）

政务与投资服务

【概况】在区委、区政府的正确领导下，以“有效提升政务服务水平，切实增强人民群众的获得感，建成集行政审批和公共服务功能于一体，区、镇（街道）、村（社区）三级贯通、协同联动、一网办理、运行高效的政务服务体系，有效服务社会民生”为目标，加快推进全区政务服务各项工作，不断提升窗口服务品质，提高行政审批效能，推进区政务中心（市民之家）建设，为加快政府职能转变奠定坚实基础。

单位名称：政务服务管理办公室

政务服务中心筹备办公室

投资服务中心

（政务服务管理办公室、投资服务中心）

【政务服务系统“五个不”主题活动启动】3月27日，顺义区政务服务系统“五个不”主题活动启动，旨在强化服务行为标准化、办事制度标准化、政务公开标准化，进一步加强政务服务系统队伍建设和党风廉政建设。

（政务服务管理办公室、投资服务中心）

【区政务中心（市民之家）主体结构封顶】6月30日，区政务中心（市民之家）主体结构封顶，项目于2015年12月16日开工，项目建成后将成为顺义区行政审批和公共资源交易中心。

（政务服务管理办公室、投资服务中心）

【智能排队引导叫号系统试运行】8月15日，区投资服务中心办事大厅智能排队叫号系统试运行，通过办事者身份证件扫描取号方式，实现办事者分类取号、分类排队、短信智能推送等候人数等功能，既节约企业办事人员的办事时间，又提升企业办事人员的现代化办事体验，让企业办事“零等待”。

（政务服务管理办公室、投资服务中心）

【电子监察系统投入使用】8月15日，区投资服务中心电子审批监管系统进入试运行，实现对窗口单位办事类别、办理进度、满意度情况等的全过程监管。将即将逾期的办理事项列入预警名单，将已经逾期的办理事项列入督察问责名单，进一步强化和提升政务服务的电子监管水平。

（政务服务管理办公室、投资服务中心）

【规范设置评标专家库网络抽取终端】8月29日，公共资源交易区分平台评标专家库网络终端整合管理工作完成。将分散设立在区发改委、区住建委、区财政局的网络抽取终端进行归总整合，统一设置在区公共资源交易分平台过渡办公场所，并指定专人负责，实行统一服务、统一管理。

（政务服务管理办公室、投资服务中心）

【“政务专邮”服务】9月18日，区投资服务中心大厅开通“政务专邮”服务。引进具有政务服务经验、社会信誉好、大众认知度高的快递服务公司提供寄递服务。由办事者自愿向审批窗口提出证照、批复寄递服务申请，自主选择寄递服务商。要求寄递服务商随时向中心返回签收面单，并由中心工作人员通过电话及时与办事者进行联系，在确保快件签收的同时，对寄递服务质量进行监管。

（政务服务管理办公室、投资服务中心）

【政府采购领域数据填报系统上线】9月22日，顺义区政府采购领域数据填报系统正式上线运行。区政务服务办会同区财政局，共同开发建设“政府采购领域公共资源交易数据对接填报系统”，实现政府采购项目信息、采购公告、采购结果等信息的实时上报和监管。

（政务服务管理办公室、投资服务中心）

【“顺义政务”微信公众号】9月30日，顺义区政务服务管理办公室微信公众号“顺义政务”正式上线。通过定期刊发政务服务领域动态信息、公布公示办事指南和办事大厅分布等信息，让企业足不出户就可以获取相关办事服务信息。

（政务服务管理办公室、投资服务中心）

【全区政务服务工作统筹谋划】10月21日，区政府办印发实施《顺义区加强政务服务体系建设实施方案》，围绕健全机构设置、强化服务运行管理、推进“互联网+政务服务”、优化服务办理方式等方面，明确9大项、31小项具体任务。

（政务服务管理办公室、投资服务中心）

【全市首支营商服务监督顾问员队伍组建】经区人大、区政协、各经济功能区、投资促进局、综保区开发公司、各镇等近30家单位推荐，结合全区优势产业提升和新经济培育需求，并考虑适当向小微企业倾斜，本区首支营商服务监督顾问员队伍最终确定正式人选49名。11月7日，举办首届营商服务监督顾问员聘任仪式。

（政务服务管理办公室、投资服务中心）

【三级政务服务场所标准化】2017年加大统筹协调、督促指导工作力度，将标准化建设工作纳入政府绩效考评，全区25个镇、街道政务服务中心全部统一名称并挂牌运行，完成镇（街道）级政务服务中心标准化建设工作的镇22个，完成村（社区）级政务服务站标准化建设工作的镇14个。

（政务服务管理办公室、投资服务中心）

【“你体验，我改进”体验式调查活动】选取办理量较大的部门中有代表性的业务，在第三方工作人员的陪同下，到办公窗口进行实景式体验，记录窗口工作人员服务态度，全景还原办事过程中的全部行政审批与政务服务细节，绘制案例事项在每个推进环节中的消耗时间与实操流程图谱，量化顺义区政务服务环境情况，分析顺义区政务服务中的优势和不足，共查找出4个方面的14个问题，并形成《顺义区政务暨营商服务体验式调查报告》。

（政务服务管理办公室、投资服务中心）

【“阳光政务　邀您同行”主题政务开放日活动】确定“疏解整治促提升”“城市管理”“环境建设”“服务业扩大开放试点建设”“科技创新中心”“文化中心建设”“保障改善民生”“政务服务建设”7个专题、21个开放点。11月6日－17日，集中邀请企业人士走进行政机关、深入内部流程、体验政府工作，并组织相关部门主要负责同志进行座谈交流，问需问计问效，倾听意见建议，解答政策困惑。

（政务服务管理办公室、投资服务中心）

【三级政务服务事项梳理】联合区审改办，对区、镇（街道）、村（社区）三级政务服务事项进行梳理确认，逐一明确事项名称、类型、办理条件、办理流程等44个要素，共梳理并公开区级公共服务事项865个，具体办事事项1350项；镇（街道）级公共服务事项2580个，具体办事事项3018项；村（社区）级公共服务事项19545个，具体办事事项20123项。公开要素包括事项名称、依据名称、服务对象、实施机关、办理时间、办理地点，让企业办事有章可循。政务服务公共服务事项和事项目录、办事指南通过政务服务办及顺义区政府门户网站对外公布，并做到实时更新。

（政务服务管理办公室、投资服务中心）

【打造“互联网+政务服务”新模式】研究制定《加快推进区级网上办事大厅和统一行政审批业务平台应用 提升区域“互联网+政务服务”水平的实施方案》，搭建区级网上办事大厅和统一行政审批业务平台，逐步实现各行政审批单位部门审批服务事项“应上尽上、一网审批”，网上接件、受理、审批和反馈等的“单点登录、一网通办”，努力打造“一网化融合、各资源共享、全流程监管、智能化服务”的“互联网+政务服务”新模式。

（政务服务管理办公室、投资服务中心）

【强化投资项目在线审批监管】注重发挥现有投资项目在线审批监管平台服务监管作用，跟进“一会三函”项目信息化管理系统对接工作，强化对本区122个投资审批事项全流程在线审批服务监管，加强区发改委、区住建委等15个部门间的协同共享，对出现预警和超期的投资项目，及时提醒督促在工作时限内完成，着力实现投资项目审批过程标准化、透明化、规范化。2017年1－12月，共有2257个申请事项在线办理。

（政务服务管理办公室、投资服务中心）

总部企业高管人员服务

【概况】2017年，紧密结合本区“港城融合的国际航空中心核心区、创新引领的区域经济提升先行区、城乡协调的首都和谐宜居示范区”的功能定位，坚持“用心服务至高、共谋发展至上”的服务理念，创新工作思路，深化服务内涵，以优质精准的服务为本区产业转型升级集聚创新人才，助力“三城一区”创新型产业集群和“2025”示范区建设。

单位名称：顺义区总部企业和临空经济高端人才服务中心

（唐勇）

【建立服务工作长效机制】一是问需企业长效机制。通过电话沟通、走访、座谈会、网络反馈等形式，主动收集企业在经营发展中存在的问题，了解人才在顺义区工作、生活中遇到的个性化需求，建立服务台账，实行挂销账制度。二是服务企业联动机制。成立顺义区总部企业金融机构服务推进委员会，区财政局、区教委、区住建委等二十余家职能部门各确定一名副职领导为责任人，统筹协调涉及本部门的各项服务事宜，根据实际，不定期召开联席会议，商讨解决制约企业和人才发展的瓶颈。

（唐勇）

【企业及高端人才数据库】2017年，依据《关于促进总部企业在京发展的若干规定实施办法》（京商务总部字〔2016〕4号）对总部企业的界定，顺义区共有总部企业156家，纳入中心服务范围的企业129家（除区属企业13家，房地产企业14家），其中：金融类企业6家、汽车类企业8家、航空类企业28家、科技创新型企业29家、物流企业22家、其它类型企业36家。依据《顺义区实施临空经济高端人才聚集工程的工作暂行办法》（顺组发〔2016〕79号）文件精神，顺义区初步统计的临空经济高端人才共63人（未认定），其中：院士1名，“千人计划”7名，“万人计划”3名，“海聚工程”4名，获得其它重点人才工程、国家科技奖励或承担国家重点科研项目的优秀人才48名。

（唐勇）

【**外国人出入境服务大厅**】5月2日，顺义区外国人出入境服务大厅正式挂牌运营，中心设立服务窗口，主要负责为高层次人才申请办理“永久居留、长期签证”进行初审并向市商务委提交、推荐等业务。

（唐勇）

【**单身青年英才联谊会**】5月20日，中心联合北京海归协会举办“5·20高层次海外人士及行业精英联谊会”，旨在整合高层次人才资源，促进行业精英扎根顺义。

（唐勇）

【**总部企业五月的鲜花文艺汇演**】6月23日，服务中心举办总部企业“五月的鲜花”走进北汽文艺汇演。演出以“我的中国梦　欢乐新顺义”为主题，共编排节目15个，涵盖歌曲、舞蹈、器乐演奏、快板、合唱等多种艺术形式。

（唐勇）

【**健康讲座和专家坐诊**】中心从2017年初，与北京康婷健康管理有限公司联合，以“心脏保养”“癌症的预防与早期发现”等为主题，举办8期高端人才健康知识讲座，百余名高端人才参加；走进顺丰速运、长久物流等企业，开展4次专家坐诊，为高端人才提供“一对一”服务。

（唐勇）

【**《企业风采》系列节目**】自2017年初，与顺义电视台合作拍摄《企业风采》系列节目，对区内重点企业和高端人才进行宣传报道，全年播出6期。

（唐勇）

【**企业奖励兑现工作**】服务中心采取事前稽核、事中监控、事后绩效评价相结合的方式，开展企业奖励兑现工作。2017年，为民生银行信用卡中心兑现资金5038万元。

（唐勇）

市场经营管理

【**概况**】2017年，顺义区市场经营管理中心以党建为统领，不断加强党组织队伍建设；以“推动市场转型升级、推行全业务规范化管理、推创高水准智慧化市场、推建智慧农贸综合服务平台”为发展思路，持续深入推进市场规范化管理、市场转型升级，加快本区便民网点建设，全年市场建设管理成效明显。截至年底，下辖农（集）贸市场、汽车、花卉等各类市场44家，社区菜店11家，全年共完成经营性收入5216万元。

单位名称：顺义区市场经营管理中心

（市场中心）

【**市场规范化管理考核落地见效**】3月，《市场规范化管理与量化考核管理手册》正式印发施行。全年，按照带队领导、考核组成员、考核对象随机的原则进行6次规范化管理专项考核，配合进行2次全市范围专项行动，规范化管理考核形成责任倒逼，推动中心上下高标准工作、高标准干事，各市场档案、消防、食品、环境等工作管理水平得到显著提升。

（市场中心）

【**便民市场移动支付全覆盖**】4月28日，市场中心与蚂蚁金服集团支付宝项目举行合作签约仪式。截至年底，移动支付覆盖全中心所有市场，1584家商户开通支付宝方式收付款。

（市场中心）

【**顺义区首家智慧农贸市场建成**】10月，市场中心与中菜联盟网络科技有限公司共同开发的滨河裕龙智慧菜市场投入使用，标志着顺义区农贸市场正式进入智慧化新时代。智慧化农贸市场集大数据分析、挖掘功能于一身，除做到基本的统一装潢、明码标价外，全面构建“市场网络全覆盖、内外监控全方位、电子支付全追溯、网上交易全过程、信息数据全公开、信用等级全透明”的高端购物环境，最大限度实现信息化、网络化管理。

（市场中心）

【**鑫绿都品牌化菜店**】2017年，中心持续推进“十五分钟”便民商圈和网点布局建设，鑫绿都便民生活超市作为顺义区“菜篮子”民生工程，便民街店、龙湖店、天竺大悦城店、安纳湖店、17号院店新开业；截至年底，区内累计开办鑫绿都生活超市10家。鑫绿都生活超市采取统一管理、统一采购、统一配送、统一标准、统一品牌的“五统一”模式运营；连锁化的经营模式，产地直联的农产品销售渠道，使蔬菜水果销售价格比周边商场超市低20%。

（市场中心）

【**智慧综合服务平台建设**】智慧市场综合服务平台主要包括智慧市场便民服务平台、智慧市场业务管理平台及其配套基础软硬件采购和系统集成工作。2017年，智慧市场便民服务平台完成后台中心管理端、商家中心管理端、PC商城端、安卓商城端、苹果商城端的第一版开发建设；智慧市场业务管理平台完成中心电脑端（WEB）、市场电脑端（WEB）、手机端（安卓）的第一版开发建设。

（市场中心）

【**牛栏山市场北大厅升级改造**】升级改造工程总投资90余万元，涉及更换厅内老旧用电线路、检修大厅整体框架、水泥地面通铺瓷砖、增装冷风机、监控摄像头10个、外围增设防火隔断工程。升改后，北大厅经营面积1300平方米，入驻经营户50 家。

（市场中心）

【**市场规范化水平**】一是树立市场形象，进一步统一工作制度展示，为29个市场统一安装347块制度牌、5块功能指示牌、24块导购图和12块公示栏。二是基础工作细化，集中更新完善市场和商户档案，消防、食品和环境卫生等日常业务档案，建立纵横贯通的基础工作机制。三是消防安全工作，执行每季度一次消防演练和每月一次安全知识培训，提升市场应急自救能力。开展冬季两防工作，通过调查摸底、清退劝解、重点监控燃煤燃气的使用、重点处理易燃可燃物品等举措，确保市场安全度过采暖季。6月，聘请专业电检公司对53个市场、菜店、超市进行消防设施检测和电气防火检测，确保设施设备消防安全状况符合消防安全验收水平。开展“消防安全大排查、大清理、大整治专项行动”，出动检查人员3800余人次，消除隐患615处。

（市场中心）

【食品安全】一是利用公示栏、电子显示屏、悬挂条幅的方式加强食品安全宣传力度，营造食品安全创建氛围。二是进一步细化食品商户档案、资质证明、进货渠道等有关材料，严格准入；做好日巡日检，严格执行食品索证索票制度，严厉查处经营“三无”食品及下架食品，保证市场销售的食用农产品来源清晰、安全可靠。三是所辖7个食品检测室全年完成抽检样品2856个，抽检合格率99.86%。四是逐级建立食品安全工作预案，明确流程、责任到人，认真做好应急保障工作。

（市场中心）

【环境卫生】坚持群控群治，落实门前三包责任，组织签订责任书1230份。实行动态保洁，保安、保洁、商户、市场管理人员四级联动，共同维护市场环境卫生。深入开展灭鼠、灭蚊蝇等除四害活动，开展环境卫生整治周工作、重大节会期间的环境清洁活动，对市场周边绿化带、市场主体及公共设施、卫生死角、垃圾容器、交易环境进行整治，市场环境卫生水平全面提升。

（市场中心）

烟草专卖与管理

【概况】北京市顺义区烟草专卖局（公司）隶属北京市烟草专卖局（公司），实行“统一领导、垂直管理、专卖专营”的经营管理体制，主要负责顺义区的卷烟经营和市场管理工作。2017年，共计销售卷烟5.45万箱，同比增长1.17%；实现税利3.38亿元，同比增长9.02%；查处涉烟违法案件276起，同比下降8%。

单位名称：顺义区烟草专卖局（公司）

（张宇）

【市场监管与案件查处】开展辖区重点区域、重点户集中整治和专项检查，运用APCD工作法提升市场监管效率，促进市场监管效能提升。全年共查处违法案件276起，同比下降8%，其中一般程序案件76起，刑拘2人；查获北京市首起互联网销售假烟、走私烟大案，与朝阳、丰台等区局协作办案7起；查获违法卷烟256.09万支，其中，假烟、走私烟53.1万支。

（张宇）

【行政许可】推进“放管服”“双随机、一公开”改革和“互联网+政务服务”模式，优化行政许可办理流程，全年新办烟草专卖零售许可证524个、延续793个、变更29个、注销255个、补办1个、停业87个、恢复营业41个、歇业213个。截至2017年底，全区持证户共计3142户。

（张宇）

【品牌培育】2017年，辖区重点品牌卷烟销量同比增长1.84%，其中，一类烟增长17.25%、二类烟增长19.59%，品牌重点培育和转型升级助力区域单箱结构的整体大幅上移。坚持工商零深度协同，与工业企业共同搭建品牌培育平台，调动零售终端积极性，全年与9家工业公司召开零售终端培训会、品牌培育座谈会14场，参与零售户达500余户次。

（张宇）

【修订《烟草制品零售点合理布局规定》】4月份，顺义烟草修订并出台《北京市顺义区烟草专卖局烟草制品零售点合理布局规定》。一是依据现有法律法规或政策，通过负面清单形式，整理出针对不同主体资格的管理措施，降低准入门槛，简化办理流程，提升行政许可工作效率。二是依据《控烟条例》内容，对幼儿园、少年宫周边卷烟零售户合理布局作出详细规定，及时规避法律风险，完善行政许可工作流程。三是严格履行文件出台程序，面向顺义区相关利害关系人举行听证会,公开征求意见、建议，规定于2017年5月1日起正式实施。

（张宇）

【普法宣传】6月28日—29日，顺义烟草面向辖区卷烟零售户开展普法宣传活动，纪念《中华人民共和国烟草专卖法》颁布26周年。一是通过宣传，加强重点监管零售户的守法经营意识，维护市场秩序；二是向零售户发放普法宣传手册，手册通过“一问一答”的形式，解答零售户在卷烟销售方面的疑问。

（张宇）

【两法衔接】12月20日，顺义烟草与区检察院召开座谈会。双方就涉烟案件的侦破查处、证据采集固定等工作展开交流和探讨，达成三点共识：一是双方在卷烟打假工作上主动配合、主动协调，进一步加大对卷烟打假工作的力度，适时召开协调会，加强沟通，及时解决卷烟打假工作上的疑难问题。二是进一步增强新型违法线索发现和案件经营能力，对重大、疑难案件，检察机关要适时提前介入，帮助指导烟草部门办案和案件的侦查取证。三是进一步完善侦查中取证证据固定、保障犯罪嫌疑人权利、抽样送检程序及涉案案值确定等多方面流程的规范化。

（张宇）

【烟草控制】12月份，顺义烟草认真落实冬季控烟宣传工作。一是明确任务职责。在区局（公司）办公区域统一张贴禁止吸烟标识，并对在办公区域或公共场所吸烟的职工进行宣传教育。二是加大宣传力度。加强对零售客户的宣传教育，为中小学校附近的零售户张贴“吸烟有害健康”和“不向未成年售烟”的标识并发放宣传册，确保控烟宣传工作落到实处。

（张宇）

财政税务

财政管理

【概况】北京市顺义区财政局是区政府所属的行政机构，其主要职责为：根据国家有关法律、法规、规章、政策以及本区经济和社会发展战略，编制本区中长期财政计划；参与制定本区重大经济决策和政策，执行市与区、拟定区与镇的财政分配政策，研究制定本区财政、国有资本金基础管理、财务、会计管理制度并监督执行；编制本区年度预决算草案并组织执行；管理本区公共支出；办理和监督本区财政的经济发展支出、本区投资项目的财政拨款、财政的挖掘改造资金和科技支出等项工作。财政局机关内设17个行政科室：办公室（法制科）、人事教育科、预算科、国库科、社会保障科、农业科、农业综合开发办公室、行政政法科、教科文科、综合科、城建科、企业科、会计科、金融管理科、政府采购管理科、行政事业资产管理和绩效考评科、监督检查科；下设5个参照公务员管理事业单位：北京市顺义区财政监督检查所、北京市顺义区财政局国库支付中心、北京市顺义区预算编审中心、北京市顺义区财政绩效考评中心、北京市顺义区政府采购中心；5个纳入规范管理事业单位：北京市顺义区财会教育考试中心（中华会计函校顺义分校）、北京市顺义区财政投资评审中心、北京市顺义区财政局信息中心、北京市顺义区财政局机关后勤服务中心、北京市顺义区投资引导基金管理中心。

单位名称：顺义区财政局

（仇娟）

【一般公共预算收入】2017年，全区一般公共预算收入完成148.88亿元，同比增加11.02亿元，增长8%，完成年初预算的100%，总量位列全市第五，增幅位列全市第六。

（仇娟）

【一般公共预算支出】2017年，全区一般公共预算支出完成243.1亿元，同比增加4.01亿元，增长1.7%，完成年初预算的105.6%。

（仇娟）

【盘活财政存量资金】2017年，全区盘活存量资金98.62亿元，剩余存量8.42亿元，盘活存量进度达到92.14%。

（仇娟）

【规范政府性债务管理】1月16日，以区政府文件印发《关于加强顺义区政府性债务管理的实施意见》，对政府性债务规模控制和预算管理、存量债务处理及融资平台公司在建项目后续融资、控制和化解政府性债务风险、完善债务报告和公开制度等方面做出明确规定，进一步规范顺义区政府性债务管理工作。

（仇娟）

【创新财政投资评审工作模式】4月起，区财政局对财政投资评审模式进行全面调整，将新报审项目全部委托中介机构评审，财政局的职责从原来的一线工作转变为对中介机构的协调、监督与管理。一是印发《关于进一步加强项目管理深化财政评审工作的意见》《顺义区财政局关于项目评审流程各阶段时限要求的通知》等文件，对项目管理内部职责及评审流程各阶段时限要求加以明确。二是通过报审项目动态清零、开展专题项目推进会、在审项目定期督促、老项目集中清理、成立监督管理组等措施，切实提高财政评审的质量及效率。全年区财政局共完成各类项目审核1029项，完成率超过86%，较2016年增长112%。

（仇娟）

【顺义区第一支政府投资引导基金组建】4月，印发实施《顺义区政府投资基金管理办法》，明确区政府投资基金的设立、管理职责分工、运作管理、风险防范和内部控制、管理费用和收益分配等方面的规定及要求。组建顺义区第一支政府投资引导基金，引导社会资本投资本区经济社会发展的重点领域和薄弱环节，在减轻财政支出压力的同时加速顺义区转型升级进程。

（仇娟）

【优化入区企业发展扶持政策体系】8月10日，以区政府文件形式印发《顺义区促进入区企业发展扶持办法》，从企业入驻、经营生产和企业服务三个阶段分别制定扶持政策，吸引经济效益好、综合实力强的企业入区发展，不断增强区内企业的市场竞争力，推动顺义区加快形成高端引导、多点支撑、融合发展的现代产业发展格局。

（仇娟）

【财务人员队伍素质提升培训】10月11日，区财政局正式启动顺义区财务人员队伍素质提升培训工作，计划利用三年时间（2017年-2019年）对全区财务人员分批分次进行轮训，从根本上解决顺义区财务人员专业素质相对较低的现状，为顺义区经济社会长远发展奠定坚实基础。

（仇娟）

【乡镇采购纳入政府采购管理】11月6日，《顺义区财政局关于进一步加强顺义区政府采购管理工作的意见》印发，将乡镇采购正式纳入顺义区政府采购管理体系，在加强乡镇财政支出管理的基础上，全面提升顺义区政府采购管理工作的质量和水平。

（仇娟）

【国库业务电子化改革提前完成】11月13日，顺义区首笔通过国库业务电子化管理系统传送给国库顺义区代理支库和国库集中支付代理银行的财政授权额度下达业务正式上线。财政授权支付额度通知单由以往的纸质单据变为电子凭证，通过金财专网送达银行，进一步提高财政资金运行效率和安全管理水平。顺义区成为北京市第三家国库业务电子化改革正式上线试点区和北京市首家国库集中支付代理银行电子化业务上线试点区，提前完成区级国库业务电子化改革上线任务。

（仇娟）

【顺义区政府投资基金第一次战略与投资决策委员会会议】12月9日，区委常委、常务副区长、战略与投资决策委员会主任委员霍光峰组织召开顺义区政府投资基金第一次战略与投资决策委员会会议，审议通过《北京顺义投资基金战略与投资决策委员会工作规则》《顺义区政府投资基金绩效评价管理暂行办法》等六个制度文件。

（仇娟）

【财政财务管理考核范围拓宽】《顺义区关于加强区级预算单位预算管理的暂行规定》及《顺义区区级预算单位预算管理考核办法》印发实施并首次对各区级预算单位的预算编制、预算执行、预决算信息公开等工作进行考核，进一步加大对各区级预算单位财政财务管理的监管力度。

（仇娟）

【实现国有资产动态管理】以行政事业单位资产管理信息系统升级改造为抓手实现国有资产动态管理，通过资产管理与预决算相结合、资产管理信息系统审批资产处置、资产信息系统与公物仓管理相结合的逐步实现，达到提高审批效率、增强资产信息数据准确性的目标。

（仇娟）

【持续推进全过程预算绩效管理】在财政评价的基础上首次引入部门自评方式。全年选取36个事后绩效评价及79个支出绩效跟踪项目，涉及资金87.39亿元。同时，切实加大事前绩效评估力度，选取17个项目作为评估重点，涉及资金3.9亿元。

（仇娟）

【PPP项目投资总额突破百亿元】切实加快PPP项目的遴选、储备和推广，顺义区PPP项目投资总额突破百亿元，项目涉及垃圾处理、轨道交通、节水灌溉和污水处理四个领域。

（仇娟）

【强化财政资金使用制度约束】全年陆续出台《关于顺义区大型活动资金使用规范化管理的意见》等4个意见类文件，《顺义区区级行政事业单位结余资金管理办法》等17个管理办法类文件，以及《顺义区财政局非税收入征收计划管理工作规程》等3个规程类文件，不断强化财政资金使用的制度约束。

（仇娟）

【政府预算精细化管理水平提升】一是前置项目预算评审程序，对2018年财政资金拟投入项目实施事前评审，并按照评审金额安排预算，切实加强预算编制的针对性和准确性，从根本上解决预算安排无依据的问题。二是严格执行结算评审制度，严把财政资金出口，切实提高财政资金的使用效益。三是在编制2018年预算过程中，按照“保基本、保运转、保重点”的资金保障顺序，聚焦重点，加大统筹，合理安排财政资金。

（仇娟）

【事权和支出责任相适应的财政体制持续完善】一是全面梳理区对镇专项转移支付资金，加大提前告知力度。二是不断优化转移支付指标体系，继续加大对河东地区转移支付分配比重，全年河东地区安排资金占比高达77.4%。三是完成对近三年镇级支出事项梳理，明确核增基本需求的事项和标准，在保持现行体制基本不变的情况下，重新核定镇级基本需求。

（仇娟）

【规范局重点工作管理模式】一是对79项局重点工作实行全过程、动态化管理，每月汇总完成情况并在局党组会上通报。全年共召开局党组会及局长办公会53次，审议重要议题300多个。二是修改完善《顺义区财政局督查督办工作方法》，制定《顺义区财政局督查通知单》和《顺义区财政局领导临时工作任务批示督办单》，将局党组研究确定的重要事项以及局领导有明确批示的事项纳入督查督办范围。全年共接收区级督查类文件161件，较2016年增长132%，全部按时完成。

（仇娟）

【财政人才队伍建设】一是开展“分级分类”精准培训，切实把干部教育培训的普遍需求与岗位层级的差异需求结合起来，真正做到由上至下层层落实。二是开展“业务练兵月”活动，通过开展集中培训、开卷考试、闭卷考试以及知识竞赛等活动，把创新竞进、比学赶超引向深入。三是创新开展青年讲师队伍培养工作，着力打造有财政特色的复合型、高精尖人才队伍，为财政各项重点工作的推进提供可靠的智力支撑。

（仇 娟）

国家税务

【概况】北京市顺义区国家税务局是在顺义区区域内实施国家税收征收管理的行政执法机关，主要负责增值税、消费税、企业所得税、车辆购置税等税种的税收征收管理工作，实行垂直管理，隶属于北京市国家税务局。2017年，立足顺义区经济发展实际，紧紧围绕组织税收收入工作中心，贯彻党的十九大精神，落实顺义区委、区政府以及国家税务总局、北京市国税局的各项决策部署，坚持稳中求进工作总基调，发挥基层税务机关职能作用，全面优化区域营商环境、激发区域经营主体活力，积极推进“功能适配的空港融合版税务机关、创新引领的大企业管理特色税务机关、协调完善的分级分类管理示范税务机关”建设，全面发力为服务区域经济和社会发展大局发挥重要作用。年内,管理纳税人55417户，其中私营以上纳税人40337户、个体户纳税人15080户；累计组织税收收入405.0098亿元，同比增长8.5%，其中区级税收收入72亿元，同比增长22.4%。

单位名称：顺义区国家税务局

（郭德明）

【全力组收】2017年，税收总量比2016年总量实现8.5%的增长。实现组收任务调减25亿元，免抵调库指标增加31.34亿元；安排风控任务173批，核查企业4464户，组织税收收入13亿；强化国际税收风险管理,开展税收协定待遇、非居民税收检查，入库税款29.20亿元，其中查实1户外资企业股权转让，入库预提所得税6.36亿元；加强营改增后的外地进区施工企业增值税征收工作，增收1.7亿元；完善车购税一条龙服务，实现税收收入36.6亿元，同比增加16.4亿元，组收排名全市第一。

（郭德明）

【法制建设】对外，加大税法宣传和税收稽查力度，建立与区电视台、《顺义时讯》等媒体合作机制，开辟专栏报道涉税新闻、税收政策；利用“顺义税务微信公众号”、办税服务厅宣传台，长年推送涉税、办税指南信息；开展税法进军营、进学校、进社区等活动；加大稽查执法工作力度，年内，税收稽查立案104户，审结51户，其中亿元以上案件1户，千万以上案件3户,查补追缴税款及滞纳金2.93亿元。对内，坚持公正、合法、及时、有效的原则，以事实为依据，以法律为准绳，不断规范重大税务案件审理工作，发挥案件审理对税务稽查过程的监督和促进作用，推进法治税务建设。年内，组织审理重大税务案件22户次，其中正常审结12户次，因证据不足被终止审理10户次,查补入库税款1.79亿元；开展税收执法督察工作，充分利用信息化手段抽取相关疑点数据进行分析，组织“放管服”专项督察、税收执法大督察、走逃失联企业专项督察、税收执法日常督察等四项执法督察，发现问题6个，涉及企业30户次；按照税收执法责任制的相关规定，及时纠正督察中发现的税收执法过错行为，7名责任人受到执法过错责任追究。

（郭德明）

【征管改革】落实“放管服”改革各项要求，切实优化区域营商环境，提升办税便利度。探索重点税源、一般税源、个体税源管理新模式，推动征管方式由注重“风险管理”向“事前、事中、事后全流程风险信用管理”的转变。优化税收征管项目管理流程，加大数据分析应用力度，多举措促征管质量提升。推进税源分类分级管理，结合区域税源特点，建立重点税源企业、一般税源企业、高风险税源企业科学评价管理体系，形成分类分级管理模式。不断深化大企业服务与管理改革力度，对外创新建立“区政府领导联系大企业制度”，通过国地税联合评定区域纳税百强企业，搭建区政府领导与企业联系渠道，逐步搭建以服务顺义区大企业发展为中心的区域协税护税体系，在更高层次为企业提供政府支持；对内打造“一体、三组、四岗”特色管理体系，开展一对一调研，实现税收政策辅导“直通车”，大企业可享受政策辅导“私人定制”；针对汽车、航空区域产业特色，制定企业重大事项全流程跟踪服务体系，及时掌握区域经济发展动态，为上级决策部署提供数据支持。深入推进“五证合一”和个体工商户“两证整合”商事制度改革工作。优化存量企业换证换号内部工作流程，有步骤、有计划地推进存量户办理税号变更业务，完成存量企业换号20719户，换号率达到73.13%。

（郭德明）

【纳税服务】加大网上办税推行力度，切实让纳税人多走“网路”，少跑“马路”,网上办税推广率为35.5%，位列全市第二。进一步推行导、办税服务规范化、优质化，在全市率先实现“导办分离”办税新模式，10月9日，国地税联合办税服务厅二期建设投入使用，新增400平米导税区，划分为6个功能区域，增设130个“等候雅座”，整合办税自助机、代开发票机、自助发行机等智能自助设备，实现一厅多能的便捷办税格局，办税效率增速明显，纳税人办税平均等候时间12分20秒，位居全市第三。进一步扩大“银税互动”合作成果，与顺义区地方税务局、顺义区人力资源和社会保障局、顺义区国有资本经营管理中心、北京银行顺义支行、中国银行顺义支行、北京交通银行顺义支行签订“征信互认 银税互动”合作框架协议，全面推动顺义区信用体系建设，支持守信企业特别是小微守信企业的健康发展，年内，通过“银税互动”为辖区内中小微17户企业发放贷款13055万元。引进智能语音客服系统，通过人工客服和智能客服涉税答疑协调互补，实现涉税咨询24小时全天候服务，纳税人满意度不断提升。

（郭德明）

【优惠政策落实】全面落实国务院简化增值税税率结构、扩大享受企业所得税优惠的行微企业范围、提高科技型中小企业研发费税前加计扣除比例、创投企业抵扣应纳税所得额优惠、商业健康保险个人所得税税前扣除、部分税收优惠政策延长至2019年底等六项减税新政，采取“线上”和“线下”立体宣传，“面对面培训”和“一对一讲解”精准辅导等方式方法，达到税收优惠纳税人应知尽享的效果。对1791户需增值税简并税率企业进行数据核实及纳税辅导，102户简并增值税税率。继续加大对小型微利企业、高新技术企业减税力度，采取国地税联合培训、加强政策效应分析等措施，建立纳税人需求收集、分析、处理、反馈动态管理机制，确保纳税人准确享受研发费加计扣除优惠、固定资产加速折旧政策，助力企业加大研发投入和技术创新。年内，享受小型微利企业所得税优惠企业1947户，受益面100%，共计减免所得税1689.39万元。因小微优惠新政策应纳税所得额上限由30万元提高至50万元受益企业78户，减免所得税455.4万元，平均每户减税5.84万元。享受所得税研发费加计扣除企业103户，比上年增长27.2%，研发费加计扣除金额7.81亿元，比上年增长7.7%。全面支持和促进出口型企业的健康发展，对668户出口企业实行分类管理，推行出口退税无纸化申报，提升申报审核和退税进度，2017年退税208492万元，免抵税315040万元。

（郭德明）

【信息化建设】树立信息集成思维，不断提升信息化水平，完善CTAIS系统向金三系统环境下的数据利用转换，重新梳理各种在用工具小软件，对接金三系统数据，推进大数据整合应用，深度挖掘税收数据价值，提升信息管税能力。自主开发“顺义国税纳税人风险数据分析”“顺义区小微企业申报情况统计”“顺义区国家税务局税收数据分析”“社会信用代码合规性检查”“风险纳税人信息查询”“会议室调度申请模块”等20个税收数据分析模型，利用数据分析模型动态更新、自动计算、高效分析的特点使相关工作量大幅减轻，精准度大幅提高，为风险防控风险点预判，各级所属税务机关的票种、税种、资格、入库情况分析，保障新户信息及时推送核实，税收指标分析考评，普通发票票种清理，弥补申报开票数据校验薄弱环节，预防办税服务事项绩效考核时限逾期等多项重点工作提供有力支撑。

（郭德明）

地方税务

【概况】顺义区地方税务局作为北京市地方税务局的派出机构，承担着辖区内企业所得税、个人所得税等十余个地方税费的征收管理工作。2017年，顺义区地税局充分发挥税收职能作用，坚持稳中求进，不断提升征管质量，优化服务水平，全面推进税收征管体制改革和税收现代化建设。

单位名称：顺义区地方税务局

（陈阳）

【组织收入】全年累计完成各项税费收入153.6亿元，同口径增收9.9亿元，增长6.9%；一般公共预算收入完成105.6亿元，完成全年任务104.2亿元的101.4%，同口径增收6.2亿元，增长6.3%；区级一般预算收入完成48.3亿元，同口径增收2.4亿元，增长5.2%。

（陈阳）

【服务区域发展】服务非首都功能疏解。认真研究梳理政府部门“疏解整治促提升”专项行动实施方案，有效推动疏解某小商品市场等一批非首都功能疏解项目的实施；为疏解至河北省的某上市公司减免土地增值税1400余万元；落实军民融合税收政策支持工作，退还顺义区某军民融合企业城建税及附加230万元；梳理两项所得税政策，服务全区养殖业退出工作。配合幸福西街棚户区改造和环境整治项目相关工作，优化税收政策宣传落实。全面落实房产税属地征收、从租计征工作，开展防空地下室易地建设费及国家电影事业发展专项资金代收工作，增加属地财政收入。全面分析房地产市场调控政策效应，将相关情况上报区委、区政府，做好国务院办公厅对“放管服”改革政策措施情况的专项督查工作，保障调控和改革政策落实到位。向区委、区政府汇报重点工作开展情况，得到区主要领导肯定性批示16次。

（陈阳）

【日常征管】进一步做好基础管理工作。根据《北京市地方税务局关于进一步加强税收征管基础工作的意见》制定实施方案，分解出34条措施任务，逐项贯彻落实。做好委托代征工作。做好“千户集团”基础数据、财务数据的采集、核实、比对工作。对大企业涉税风险点进行核实，并联合区国税局对大企业进行共同管理，召开联席会议，按季走访北汽股份等重点企业。对欠税企业提请阻止出境、进行布控等，不断推进清缴欠税工作。开展外籍个人八项补贴核查工作，确保税款应收尽收。探索常设机构管理模式，提升外籍个人管控力度。“智慧顺义税源管理平台”前期开发完成，将地图数据与纳税数据进行关联，为实现税源精细化管理提供支撑。

（陈阳）

【税种管理】加强个人所得税和企业所得税管理，组织300余家高新技术企业召开企业所得税政策培训会，完成2016年度企业所得税汇算清缴工作；对个人所得税完税凭证开具进行复查，开展扣缴义务人申请补缴以前年度个人所得税实质性审核工作。充分发挥中介机构监督审计职能，引入第三方鉴证服务，推进土地增值税清算进度，6户企业已清算，入库税款8.31亿元，占总收的5.4%。推进印花税核定征收，全年对符合条件的428户纳税人及时进行核定征收。做好水资源税有税户核实工作，做好税源采集和开征准备。开展环保税基础信息采集工作，做好增减收分析与测算，为环保税开征做好准备。贯彻落实国务院推出的6项减税政策，有效推动大众创业、万众创新。

（陈阳）

【风险应对】自主开发个人股权转让风险管理系统。利用工商股权清分系统数据，做好2017年度以前个人股权转让风险比对工作，完成12439户次数据比对和3460户次数据汇总。开展两级约谈，落实科、所两级约谈制度，税务约谈383户。加快落实个人存量房交易网络预审举措，预审率达到100%。完成非京籍纳税人补缴个人所得税核查，推进存量房涉税违法案件税款追征，取得良好效果。开展专项检查。对个人股权转让、高新技术企业减免税、小微企业减免税、研发费用加计扣除开展自查；对注销税务登记、代开发票、欠税管理和行政处罚等四项工作共抽查394份档案进行全流程检查，防范执法风险。

（陈阳）

【纳税服务】纳税服务硬件设施不断升级。完成国地税联合办税服务厅二期建设，在现有联合办税服务厅的基础上，增加400平方米办公区，将整合后的联合办税服务厅设置为“导税区”和“办税区”两大区域，融纳税宣传、办税辅导、自助办税、特色服务、前台受理、后台审批为一体，切实提升纳税人的办税体验。顺义区被国家税务总局评为“全国百佳国税地税合作县级示范区”，全市仅有两区获得此项省部级荣誉。加大举措创新助推服务升级。联合金融机构开展“银税互动”；扩展办税窗口涉税免填单服务，缩减办税时间；进驻区外国人出入境服务大厅办公；及时为近1000户企业支付“三代”手续费6400余万元，维护纳税人合法权益；与区国税局联合打造税收微课堂和“北京顺义税务”微信公众号，利用新媒体加强辅导宣传。开展“政务开放日”活动，邀请区人大代表、政协委员、首都税收宣传员、纳税人代表、媒体记者走进联合办税服务厅，进一步推动政务公开。

（陈阳）

【税收宣传】宣传月期间，联合《北京晨报》开展税收知识问答活动；配合拍摄国家税务总局公益广告《喜庆十九大　税徽放光华》，荣获全国公益广告大赛三等奖；与区国税局联合拍摄税收公益广告《税企同心　筑梦中国》，荣获市地税局视频类一等奖；邀请北汽集团配合国家税务总局拍摄环保税宣传片。开展辖区内税收宣传工作。通过顺义电视台、《顺义时讯》、社区LED显示屏等宣传媒介，向辖区纳税人宣传贴近民生的税收政策。到区内国际学校开展税收政策宣传，加强对外籍人士服务。2017年，在国家税务总局、市级报纸刊发稿件100余篇，在北京电视台《北京新闻》《特别关注》栏目、北京广播电台多次播放税收宣传内容，协助拍摄《税收天地》6期。

（陈阳）

【税收法治】推动顺义区成立全市首个由区政府主导，区地税局、区国税局等五个成员单位参与的“深化国税、地税征管体制改革工作领导小组”，保证税收体制改革与服务区域经济发展相适应。推动区政府印发实施《北京市顺义区人民政府办公室关于落实<北京市税收征收保障办法>的意见》，解决获取涉税信息以及税收执法协助过程中的执行问题。推进实施执法公示制度工作，进一步规范行政权力运行。推进法律顾问制度和公职律师制度，充实法律人才，规范公正文明执法。推进“两法衔接”工作。将行政处罚案件上传至“北京市顺义区行政执法与刑事司法信息共享平台”，定期排查，及时纠正以罚代刑现象。推进现代化稽查工作。在信息共享、联合检查、协同办案等多领域开展联合稽查，加强办案人员依法履职意识，切实推进稽查执法规范化。同时，完成稽查任务，全年共立案20户，对38户纳税人进行税务检查，有问题率100%。2017年，顺义区地税局被国家税务总局评为“全国税务系统法治基地”，是北京地税系统唯一获评单位。

（陈阳）

北京顺义年鉴

2018

农业

10月30日，中型拖拉机补贴发放现场开展技术培训

3月23日，世界气象日活动

5月9日，“农大212”节水小麦新品种示范田

“六位一体”处理秸秆实现双赢

土壤源太阳能热泵让瓜秧成熟期提前30至40天

木林镇鞑子沟沟域经济景观环境建设

农村工作

【**概况**】2017年，区农委按照区委五届四次全会和区五届人大一次会议的总体安排和确定的目标任务，围绕全区总体部署，根据北京市农村工作电视电话会议精神，持续落实新理念，将“调转节”作为重要抓手，推进农业供给侧改革，促进现代农业和农村社会可持续发展，努力确保农民增收、农业增效、农村稳定。

单位名称：顺义区农村工作委员会

（农委）

【**美丽乡村建设全面推进**】顺义区坚持以加强农村社会管理带动新农村建设、以新农村建设促进农村社会管理提升为核心，以10项重点工作为抓手，全面推进美丽乡村建设工作。截止到2017年，共有143个村达到美丽乡村标准，占426个行政村的33.57%，创建总数位列全市第三位。围绕贯彻落实全市“实施乡村振兴战略，推进美丽乡村建设”精神，按照北京城市总体规划赋予顺义的功能定位，制定《顺义区“实施乡村振兴战略，推进美丽乡村建设”专项行动（2018—2020年）的实施方案》审议稿，启动42个村庄的美丽乡村规划编制工作。

（农委）

【**煤改清洁能源工程**】2017年是本区农村地区基本实现“无煤化”的收官之年，本区落实市委、市政府关于大气污染防治的决策部署，区领导先后多次调研“煤改电”“煤改气”工程，听取各镇进展情况汇报。主管副区长吴耀新每月至少召开一次“煤改清洁能源”推进会，对各镇工程推进情况进行实地督导检查。在加大领导力度的同时，采取“1+1+7”模式，即“一个引领、一个反馈、七个保障”，全面完成16个镇258个村9.1万余户“煤改电”工程；完成8个镇19个村1.1万余户“煤改气”工程，任务量是本区历年之最、全市之首。通过实施“煤改清洁能源”工程，全年可压减燃煤量约41.17万吨，减排二氧化碳约107.85万吨、二氧化硫约0.35万吨、氮氧化物约0.30万吨。

（农委）

【**农业结构调整持续深化**】调减小麦等高耗水农作物种植面积和畜禽出栏，完成市级调减小麦6000亩任务，完成65家养殖场（小区）关闭任务，落实菜田补贴等相关政策，安排“菜篮子”工程各类产业相关项目30余个，推进“国家农业可持续发展试验示范区”试点建设。

（农委）

【**助力浅山开发**】投入资金1000万元，在木林、龙湾屯两镇继续实施舞彩浅山沟域经济项目建设。其中，木林镇对重点沟域实施第四期环境景观提升工程，龙湾屯镇对山里辛庄村樱桃幽谷进行升级改造。

（农委）

【**两气一室长效管护**】本区“两气”站和太阳能公共浴室综合运行率居全市首位。对全区20座“两气”站定期不定期进行安全检查、技术培训和硬件维护，规范安全管理，保证安全稳定高效运行；对303座太阳能公共浴室制定系统化、科学化的管护制度，形成区、镇、村、维护企业四级管理机制，达到动态运行率99.3%以上。

（农委）

【**生态农业建设成效显著**】专利技术在全市农业系统进行全面推广，本区建设“太阳能加温大棚”10座，解决蔬菜温室大棚冬季依赖煤炭等二氧化碳高排放能源加温能效比低、成本高、环境污染严重的问题；实施沼液滴灌项目1项，将沼渣沼液经处理后变废为宝，实现水肥一体化，提高水肥的利用效率，提高蔬菜的产量和品质。

（农委）

【**国家农产品质量安全县成功创建**】年内，按照农业部和市农业局关于“国家农产品质量安全县”创建工作统一部署，顺义区农委推进“国家农产品质量安全县”创建工作。主要在农产品质量安全监管工作情况包括地方政府属地管理责任依法履行、农产品生产经营单位主体责任落实到位、农业投入品监管有力、农产品质量安全监测扎实推进、农产品质量安全执法到位、标准化生产全面实行、农产品质量安全监管体系健全、农产品质量安全制度机制基本完善等9大项50小项，质量安全水平、群众满意度等3方面，强化能力建设，最终形成13册《顺义区国家农产品质量安全县创建工作措施》。

（农委）

【**一村一品、特色专业村工作有序开展**】4月，顺义区农委按照《农业部办公厅关于申报第七批全国一村一品示范村镇的通知》和市农委印发《北京市特色专业示范村认定管理办法》（京政农发〔2017〕7号）的要求，推荐木林镇贾山村和大孙各庄镇前陆马村申报第七批全国一村一品示范村和北京市特色专业示范村。木林镇贾山村（水云天西红柿），大孙各庄镇前陆马村（绿奥番茄）获评第七批全国一村一品示范村，木林镇贾山村、大孙各庄镇前陆马村获评北京市特色专业示范村。

（农委）

【**美丽休闲乡村推介工作**】5月，顺义区农委按照农业部办公厅印发《关于开展中国美丽休闲乡村推介工作的通知》（农办加〔2017〕10号）要求，顺义区南彩镇河北村获“2017中国美丽休闲乡村”荣誉称号。

（农委）

【**多家获评市级休闲农业星级园区**】10月，根据《关于开展北京市休闲农业星级园区（企业）评定工作的函》（京观农协〔2016〕4号），本区19个园区获评第三批北京市休闲农业园区，其中顺丽鑫生态观光农业园、欧菲堡酒庄等5个园区获评北京市五星级休闲农业园区。

（农委）

【依法行政】2017年农委系统共进行各类行政许可3327项；共进行各类执法检查1520次；执行行政处罚43起，罚没金额8580元。其中一般程序案件8起，罚没款5830元；执行简易程序处罚35起，罚款2750元。

（农委）

【政策性农业保险】完善政策性农业保险各项制度建设，制定下发《顺义区政策性农业保险实施意见》。创新险种，扩大惠农性和覆盖面；提高保额，调整费率，延长保险责任期限，全年完成总保额20.73亿元，出险农户5008户，出险赔付金额1.05亿元。

（农委）

【一事一议财政奖补项目】投资5000余万元，在13个镇实施村级公益事业一事一议财政奖补项目38个，其中安排资金近500万元，重点倾斜本区3个低收入村。

（农委）

【精准帮扶】制定《顺义区关于推进低收入农户增收及低收入村发展工作的实施方案》（京顺办发〔2017〕25号），从产业发展、就业帮扶、社保兜底等方面制定帮扶措施，为低收入村户增收发展提供政策保障。制定并完善低收入农户帮扶台账，做到“一户一策”，形成区、镇、村三级低收入农户分类帮扶台账一览表。协调相关部门，通过就业帮扶、社保兜底、慈善帮扶、引智帮扶等途径开展低收入农户精准帮扶工作。完成低收入农户动态管理工作，动态管理后，本区低收入农户剩余3957户、8877人。

（农委）

农村经济管理

【概况】2017年，顺义区经管站认真贯彻落实党的十九大会议精神和中央农村工作会议及北京市农村工作会议精神，深入学习贯彻习近平总书记系列重要讲话，以“四个全面”战略布局为引领，以创新、协调、绿色、开放、共享的发展理念为指导，以农业供给侧结构性改革为主线，围绕京津冀协同发展战略和首都城市发展战略定位，坚持依法履职，加强农村集体“三资”监管，保障集体经济组织成员合法权益，不断发展壮大农村集体经济。

单位名称：顺义区农村合作经济经营管理站

（经管站）

【土地确权登记颁证】2月，本区工作部署会召开，全面部署2017年度土地确权登记颁证工作。截至年底，299个村完成审核公示，公示村二轮延包确权面积53.04万亩，占应确权登记面积的比例98%，270个村完成农户签字。

（李颜宁）

【涉农仲裁调解】农村土地承包经营纠纷调解仲裁培训工作完成。2017年，接到电话来访180余件，调解纠纷36件，农村土地承包仲裁委员会接到仲裁申请4宗，3宗做出仲裁裁决，1宗根据法律规定裁定不予受理。

（李颜宁）

【农村集体经济合同管理】对现有农村集体经济合同进行规范管理，对相关业务人员进行培训，严格合同签订程序，对新签订的合同从制度上进行管理。完成《顺义区农村经济合同管理办法》（2017年版）修订工作，参与北京市农村土地家庭承包与流转合同示范文本的制定工作，审批设施农业合同3份。

（李颜宁）

【农村集体财务规范化建设】2017年，配合区委组织部派出的党建责任落实情况专项检查组，梳理各镇在三资管理方面存在的突出问题，就梳理问题的文件依据、三资管理存在的突出问题等内容对检查组人员进行业务培训，并对检查组提出的相关问题进行解答。通过农村集体“三资”监管平台，实现对“三资”的网上监控和动态管理。定期对“三资”管理情况进行监督检查，督促整改发现的问题，进一步强化农村财务管理工作。

（李颜宁）

【产权交易平台建设】根据《顺义区农村经济合同管理办法》中明确规定，发包（出租）给集体经济组织以外的单位或个人的项目，必须通过北京市农村产权交易平台进行。2017年，本区在市产权交易所挂牌项目14宗，成交8宗，挂牌金额1670万元，交易总额1725.9万元，溢价3%。

（李颜宁）

【农村集体经济审计监督】一是引入社会专业部门审计，镇级聘请会计师事务所进行村级财务审计，区经管站聘请事务所对每个镇抽调一村进行审计，区站审计人员对事务所的审计过程和审计结果进行抽查。社会审计与农经专职审计相结合，拓宽审计监督范围。二是加强在线审计力度，使在线审计方式过渡为常态。三是用好审计结果，督促被审计单位整改落实，进而提高农村审计工作的权威性。

（李颜宁）

【农民专业合作组织管理与服务】依法指导农民专业合作社的设立、登记注册等服务工作，依法指导监督农民专业合作社建立健全各项规范管理制度。本区现有合作社210个，其中国家级示范社7个、市级示范社18个。组织顺义区市级示范社的财务人员参加“农民专业合作社财务管理软件应用培训班”等各类培训。

（李颜宁）

【农村“三资”管理】深化落实《顺义区关于进一步加强村集体“三资”管理工作的意见》，严格执行区（顺农文

【2011】40号）文件精神，深化农村集体资产监管平台在基层的管理应用，推进“三资”管理的制度化、规范化、信息化。推进“三资”监管平台的跨部门应用和资源共享。按时保质完成农村经济统计年报等报表的基层基础数据资料的审核上传工作。通过调查摸底、核查汇总、镇村逐级上报形式完成全区农村收益分配情况统计。

（李颜宁）

【农产品成本调查】完成小麦、西瓜、苹果、肉鸡、鲜花等12个品种60个成本点的监测工作。督促指导各成本点做好原始资料的登记，认真做好原始数据审核工作，避免出现错、漏记，确保各点的代表性、真实性和准确性。

（李颜宁）

【农经培训】加大农经业务培训力度，重点抓好乡镇财务代理机构、村集体经济组织以及合作社等农村财会人员的培训。开展农村经管在线培训，完善培训教材，改进培训质量，提高农村经管队伍的整体素质和业务水平。5月22日-26日组织各科室相关业务人员完成2017年度对镇村两级信息化人员的培训工作，培训班分为2期，共450余人参加培训。

（李颜宁）

动物卫生监督

【概况】2017年畜牧业生产总量呈持续下降趋势。出栏猪63.5万头，同比减少16.8%；肉鸡215.7万只，同比增长35.1%；肉鸭127万只，同比减少10.2%；肉牛21059头，同比增长12.2%；肉羊78292只，同比减少7.8%；鸡蛋6865.8吨，同比减少21%%；牛奶4.5万吨，同比减少17.8%。肉类总产量7.06吨，同比减少13.7%。畜牧业总收入19.1亿元，同比减少4.2亿元，减少8.7%。年内，本区未发生区域性重大疫情，在北京市农业局2017年度动物防疫责任制考核评比中获得第一名。区动物卫生监督执法工作荣获“执法办案强化年”市级年度考核一等奖。
单位名称：顺义区动物卫生监督管理局

（动监局）

【创新管理模式】2017年，顺义区动物卫生监督所践行“十九大”精神，按照精细梳理、精当分责、精准实施、精确考核的“四精”管理模式，层层落实责任，全面提高执法人员依法行政能力及服务意识。

（李燕伶）

【日常检查】2017年，顺义区动物卫生监督所共出动执法人员6千次，开展专项行动50次，处理举报41起。

（李燕伶）

【违法行为查处并立案】2017年，顺义区动物卫生监督所共查处案件161起，罚没款68.06万元，其中10万元以上要案3起；查处全市首例农产品质量安全案件，向检察院移交4起涉刑案件材料，公安已立案1起，刑拘1人。

（李燕伶）

【行政许可】2017年，动物卫生监督所办理检疫许可144万张次，检疫动物2787.94万头只，检疫动物产品8.46万吨；办理行政许可24个。

（李燕伶）

【无害化处理】共无害化处理猪16.89万头，禽87.45万头，牛1136头，羊2193头，其他动物19只。

（李燕伶）

【快速检测】动物源性食品安全定性检测瘦肉精与药物残留4万份，委托第三方检测253份，配合上级单位采样23次、788份。因检测不合格立案6起。

（李燕伶）

【畜产品保障供应】2017年，通过加强监管，完成“两会”、一带一路、党的十九大、北京市第十二次党代会保障供应猪肉68.36吨，完成重大会议期间动物源性食品安全保障工作。

（动监局）

【责任落实】根据《北京市动物防疫工作责任书》（2017度）的有关要求，组织签订2017《顺义区动物防疫工作责任书》，进一步明确各镇政府和相关职能部门在动物防疫工作中的职责和任务。

（汤明浩）

【规划防疫】部署顺义区春、秋两季大防疫工作、着重加强狂犬病的集中免疫的组织协调工作，开展奶牛“两病”净化项目的实施工作，紧急安排部署H7N9禽流感、羊布病、犬狂犬病、牛羊炭疽专项防控工作。

（汤明浩）

【重点动物疫病强制免疫】2017年，累计完成禽流感、口蹄疫、犬狂犬病等重点疫病免疫4423.94万头/只，重点疫病免疫密度均达到应免的100%。

（汤明浩）

【疫病监测】2017年，完成市、区两级动物疫病送检监测16.82万份，监测面达到100%，保证免疫实效，提高疫情预警能力。

（汤明浩）

【奶牛“两病”净化】顺义区动物卫生监督管理局严格按照检测、扑杀、免疫、生物安全控制等措施，完成春、秋防奶牛布病全群检测送检和奶牛结核病的监测工作。2017年，共实施奶牛布病监测2.14万份，奶牛布病阳性畜数量及阳性场户个数均明显下降。

（汤明浩）

【H7N9禽流感防控工作】启动应急防控机制，印发《关于进一步加强我区H7N9禽流感防控工作的通知》等5份文件，制发H7N9流感防控专项简报40期，实行防控工作日报告和零疫情报告制度、紧急安排禽类样品监测12357份，检测血清学阳性样本245份，对阳性禽群3.65万只全部按照农业部H7N9流感剔除计划要求进行妥善处置。全面禁止市场内外活禽交易和宰杀，加强疫情监测和路口管控、紧急开展疫苗的免疫等措施，严防发生H7N9禽流感疫情。

（汤明浩）

【兽医技能竞赛举办】举办第三届兽医技能竞赛，新增论文写作评比项目，全区共34名选手参赛投稿，其中有6篇论文获奖。2017年，顺义区3名选手代表北京市参加第二届京津冀动物防疫职业技能竞赛，分别获得一、二、三等奖。

（汤明浩）

【养殖业退出工作】关闭重点河道周边规模畜禽养殖场（养殖小区）30处，其中规模养殖场7个、养殖小区16个，清理畜禽18.4万头只。

（张跃超）

种植业

【概况】2017年，顺义区粮经类作物收获面积16.75万亩，总产量0.69亿公斤，总产值1.24亿元，同比分别减少22.7%、23.3%、23.9%。蔬菜播种面积15.1万亩，上市总量6.57亿公斤，销售收入14.099亿元，同比分别减少16.87%、15.12%和13.76%。粮经类作物中，小麦收获面积6.06万亩，平均单产375.19公斤，总产2273.7万公斤，产值5365.8万元；玉米收获面积10.6万亩，单产432公斤，总产4579.2万公斤，产值6868.8万元；经济作物类（白薯、豆类、花生）种植面积912.2亩，总产49.7万公斤，产值186万元。

单位名称：顺义区种植业服务中心

（种植中心）

【种植业节水】一是调减小麦种植面积，降低农田用水。2017年"三夏"收获小麦6.06万亩，较2016年同比减少2.14万亩。秋季继续退出小麦种植0.6万亩，播种小麦5.46万亩。二是开展农业节水示范，助力节水技术推广。在赵全营都市型万亩示范区和李遂葛代子开展小麦水肥一体化示范，面积200公顷，示范时针式喷灌机、滚移式喷灌机、半固定式喷灌施肥和微喷水肥一体化自动控制4项技术；在杨镇张家务吉祥苑采摘园、木林镇大林村北京义农农产品产销合作社，开展蔬菜、果树水肥一体化技术示范，面积19公顷；在大孙各庄开展节水小麦新品种及新技术示范，面积17公顷，展示农大212、中麦12、农大4123等6个品种，应用测墒灌溉、测土配方施肥等配套技术，在小麦全生育期减少2次浇水，平均单产335.4公斤。

（种植中心）

【农业信息调查统计】统计上报粮经、蔬菜信息247套。包括春白地面积及播种计划统计，春耕、三夏、三秋生产进度统计，粮经作物种植档案统计，农业部农情调度数据管理系统、物价监测信息采集系统和蔬菜品种、面积、产量、价格等生产信息监测，北京市农资价格监测网和农业综合统计信息采集系统、蔬菜生产情况统计、农产品产地市场信息监测统计等。

（种植中心）

【农情监测】利用66个苗情、墒情、水肥情、病虫草鼠害、有害生物监测网络，2017年监测260余次，提出科学合理的生产管理建议及病虫草鼠害防控指导意见48篇，指导春耕、三夏、三秋等关键农时的生产。全区粮经作物病虫草害防治面积9万公顷；蔬菜作物病虫草害防治面积约9万公顷；农田鼠害防治面积2.7万公顷，平均防治效果达到90%以上。

（种植中心）

【蔬菜种苗产业】顺义区16家蔬菜集约化育苗场全年提供各类种苗3300多万株，育苗产值1300余万元。以北务、杨镇、李桥等镇为主的种植大户嫁接种苗数量达到500余万株，农户种苗收入达800多万元。

（种植中心）

【蔬菜提质增效】一是实施百名专家兴顺工程，聘请国内种植业行业专家44名，合作水培蔬菜生产、番茄长季节栽培、西甜瓜丰产优质根结线虫防控、功能西瓜新品种等项目40项。二是实施2017年基本菜田补贴，对17个镇253个村5839个生产主体进行补贴，补贴面积52281.99亩，发放补贴资金23828005元。三是完成10个蔬菜标准化基地提升、2个育苗场续建、2个园艺化园区建设、5个品牌创建、2个蔬菜专业村建设等项目。四是承担国家农业重大项目实施——"2017年农业部设施蔬菜有机肥替代化肥示范县试点"项目。遴选31个实施主体，示范区面积66.7公顷，其中核心区面积133.3公顷。全面实施有机肥、配方肥、水溶肥和生物肥补贴，补贴肥料10690吨；开展蔬菜残体回收循环利用技术模式的探索和应用，回收菜田废弃物约13万吨，转化加工成有机肥2万吨；开展"绿奥""水云天"等10个品牌创建。五是"好园区"品牌推优，推荐28家蔬菜园区参加"北京蔬菜好园区"评比以及品牌推优，"绿奥"入选北京农业好品牌，"水云天""沿特"入选优质农产品好品牌。

（种植中心）

【农产品质量安全监管】农药质量市级抽检59个，合格率100%；区级抽检52个，5个不合格，合格率90.4%。农药标签抽检353个，3个不合格，合格率99.2%。种子发芽率、水分及净度三项指标抽检46个，合格率100%。肥料质量抽检120个。签发产地检疫合格证54批次、调运检疫证书293批次，调运检疫备案8批次，对4个检测样本为阳性的种子，做出不予备案、停止调运的处理决定。

（种植中心）

【科技培训工程】一是承担果类蔬菜、叶类蔬菜、西甜瓜、食用菌和粮经五个北京现代农业体系综合试验站建设工作。对接岗位专家落实试验示范项目54项，筛选出优新品种8个。组织培训24期1370人次，各类观摩20余次530人次，发放新品种、新技术资料600份。二是顺义区在原有北京市植物总医院顺义分院及3家植物诊所基础上，新建8家植物诊所，坐诊和上门诊断相结合，累计开具处方1100个。

（种植中心）

【控制农业面源污染】一是药减量。在北小营、南彩、李遂、赵全营开展小麦吸浆虫防治示范800公顷；释放11亿头赤眼蜂防治玉米钻蛀性害虫，覆盖11.5万亩玉米；菜田推广防虫网、色板隔离、诱杀技术5000亩，推广异色瓢虫、小花蝽、烟盲蝽、捕食螨天敌控害技术4000亩；推广高效低毒低残留农药、生物农药、蜂授粉技术和振荡授粉器技术1333.3余公顷，推广轻便、高效的新型喷雾机具125台666.7公顷。累计减少农药用量39.72吨，项目区农药利用率由30%提升到50%。二是化肥减量。推广配送有机肥3600吨，生物有机肥600吨，缓释肥650吨，配方肥800吨，水溶肥12.5吨，吊袋二氧化碳肥10000袋，累计减少不合理化肥施用量490吨。三是农业环境监测。建立各类监测点189个，采集土壤样品678个，农产品样品123个，水样60个；完成面源污染情况、废弃物工程、土壤监测、农产品监测、典型农户调查表等198份。

（种植中心）

【农业执法】对农药、种子、肥料等种植业投入品质量进行市场监管。开展执法检查242次，出动执法人员654人次，检查农资生产、经营、使用单位782个次。对5家种子店检疫证书不齐的行为责令限期改正，对7家无植物检疫证书的违法行为进行行政处罚，处罚金额350元；对违法经营不合格农药的行为，立案查处1起，罚没款180元；当场处罚26起，罚款2650元，责令29个农药经营单位下架不合格农药产品63种，共计156.38千克，货值金额14503.2元。

（种植中心）

水务

【概况】2017年，顺义区进一步推进污水治理、再生水利用、河道排污口治理、农业节水示范区建设等工作，完成市政府下达的水务绩效考核任务。水资源管理不断深入，全区用水总量21774.62万立方米，比计划指标25867万立方米下降15.8%。其中，农业用水9003万立方米，工业及建筑业用水3500.37万立方米，家庭居民生活用水4141.15万立方米，公共服务用水2216.24万立方米，环境用水2913.86万立方米（其中河湖补水2476.53万立方米）。污水处理设施不断完善，全区日污水处理能力27.5万立方米,处理污水6145.44万立方米，全区污水处理率达到88.9%，利用再生水2928.46万立方米，均完成全年目标任务。

单位名称：顺义区水务局

（水务局）

【黑臭水体治理工程】按照“一河一策”原则，编制《顺义区黑臭水体治理工程实施方案》，治理技术以水生态系统功能修复、增强水体自净能力为目标，结合必要的循环净化工程，对面源污染和汛期溢流污染进行净化，彻底消除黑臭水体，达到“治一条、清一条”的目标。工程于2017年3月开工建设，2017年10月底完工。主要工程内容为新建高效生物骨料净化床78座、新建生态边坡2万平方米、种植水生植物49.3万平方米、清淤24.8万立方米、布置生态浮岛3000平方米、安装控制闸门17套等。通过采取控源截污、水质净化、生态修复等措施。在2016年完成5条段治理的基础上，2017年开工建设的5条段全部完工。根据市水文总站2017年8月监测，10条段黑臭水体全部达到“非黑臭”水质标准，提前完成消除黑臭水体的任务。

（水务局）

【改善断面水质】针对不同河段的情况，采取一河多策、同步实施的原则进行治理，采取生物水体净化、曝气、水车增氧和局部投加生物制剂等措施，增强水体自净能力。截止12月底，苏庄（苏庄顺义通州交界处）国家考核断面达到Ⅴ类水体，圪塔头、西双营2个北京市考核断面达到Ⅴ类水体。

（水务局）

【水污染防控】完成604家需治理单位的整治工作，完成率100%。完成205处排污口治理工程，取缔关停违法排污单位31家，整改311家；治理潮白河流域排污口44处，整治小散污水口1253处，杜绝污水直排入河；开展执法检查533次，查处无证排污、超标排放、垃圾倾倒等违法案件16起，罚款38万元，坚决打击破坏水环境违法行为。

（水务局）

【全面推进河长制】印发实施《顺义区进一步全面推进河长制工作方案》，确定河长制考核办法及相关制度，组建区河长制办公室，确定各级河长名单，并向社会公布；设置村级专职河道巡查员417人，河渠镇界水质监测考核断面129处，完成35条河渠运行维护费用的初步测算。签订区镇两级《河流管理目标任务责任书》，初步构建“政府主导、属地负责、行业监管、专业管护、社会参与”的河湖生态环境管理体系。镇（街道）、村级河长、河道巡管员巡查河道2.2万人次。发现、整改入河排污、垃圾渣土堆放、水面漂浮物等问题830次。围绕河长制“三查、三清、三治、三管”任务，按照以奖代补的原则，将河道镇界断面水质生态补偿、断面达标补偿纳入河长制考核内容，印发《顺义区河长制工作管理考核办法（试行）》。同时，印发顺义区河长制会议、信息报送、巡察等6项制度。指导全区25个属地按时间节点制定出台镇（街道）河长制工作方案及配套制度。

（水务局）

【治污设施建设】全区污水处理率88%、城区污水处理率98.9%，同比分别增长3个百分点和0.9个百分点；完成区污水处理厂、引温一期升级改造和牛栏山再生水厂主体工程，新增污水处理能力18万方/日。新建污水收集管网13公里，新建再生水管线9公里，改造雨污水合流管线11公里。完成10个村庄的污水收集处理的市级责任书任务，新建污水处理设施6处，累计处理规模6100立方米/日，完成27座污水处理站在线监测设备安装工作。制定实施《顺义区用水单位排污整治工作方案》，共摸排用水单位2271家，根据实际情况采取自建处理设施、取缔关停和接入市政管线等措施。张镇再生水厂进场施工，区污泥无害化处理工程于12月进场施工。

（水务局）

【农村污水治理】解决张镇张各庄村、南彩镇前俸伯村、李桥镇李桥村、庄子营村、三四营村、后沙峪镇董各庄村、高丽营镇一村、六村、七村、八村共10个村庄污水收集处理问题。对现有27个污水处理厂（站）安装水质在线监测设备，提高设施运行效果。同时，顺义区政府审议通过《顺义区农村污水治理实施方案》，为确保顺义区农村污水治理工程如期开工，特制定《顺义区农村污水治理工程PPP项目实施方案服》。根据镇域，将295个村分为东部片区（蓟运河流域）、中部片区（潮白河流域）、西部片区（温榆河流域）。建设内容主要包括的污水管网、化粪池、污水处理站、林地涵养、道路及管线恢复等。295个村污水治理采用镇带村47个，联村2个，单村246个（分别采用MBR工艺、rCAA工艺、SMART-PFBP多级生物接触氧化技术工艺，日处理污水量29650m，处理站规模包括20m3/d-1300m3/d等）。污水收集管网主干管、干管DN300～DN400长度约2873914米。

（水务局）

【水政执法】通过联合执法、现场检查、专项执法等方式重点加大对全区非法取用水、排水排污行为的执法检查力度。全年开展水行政日常执法检查600余次，查处各类水事违法案件90余起，立案59起；罚款110.55万元。下发停违、限改、约谈、听证告知等各类执法文书150件，已结案47起，收缴罚款67.45万元。其中未办理污水排入排水管网许可证立案40起，向雨水管道排放污水1起，违法凿井立案5起，非法取水立案7起，洗车未建循环水设施立案3起，隔油设施不能正常使用2起，施工降水未装表计量立案2起，查处违章建筑案1起。配合所段追缴水资源费41103.6元；下发节水宣传材料500余份。

（水务局）

【农业节水】一是顺义区2013年、2014年中央财政小型农田水利重点县项目于2017年4月份完成第三方审计工作，并于8月9日完成竣工验收。二是顺义区2012年农业节水灌溉工程于2016年2月26日完成竣工验收，同年11月17日完成区级财政决算评审，同年12月份向区政府上报工程尾款请示，2017年6月区级资金到位500万元，当月底及时拨付施工单位。由于该项目的投资涉及市政府固定资产投资，市发改委要求对市政府投资项目进行决算评审，截止2017年12月底，项目仍在市发改委进行决算评审。三是顺义区农业高效节水灌溉试点工程（642公顷）作为2016年区级重点项目、市政府稽察项目之一，于2016年7月15日开工建设，12月底完工。项目批复总投资3290万元，市级到位资金2070万元，2017年5月完成单位工程验收，6月区政府资金到位200万元，全部用于工程款支付。截止2017年12月底，项目累计到位资金2270万元，拨款金额2270万元，正在进行竣工验收。

（水务局）

【安全度汛】制定《顺义区2017年迎汛工作意见》，完善“1+5+30”防汛指挥模式，修订《顺义区防汛应急预案》《首都机场周边排水应急预案》等6个区级应急预案。同时，实行区、镇（街道、功能区）、村（社区、企业）三级防汛责任体系，签订防汛责任书，落实防汛工作职责。汛期共发布暴雨蓝色预警11次，暴雨黄色预警4次，暴雨橙色预警2次。防汛办及时启动应急响应，组织各单位全力应对强降雨。下发通知部署全区成立89支抢险队伍，共有抢险队员20300名，同时防汛办落实区级投入的1300余万元，购置垂直供排水车4辆、橡皮艇冲锋舟30只、水泵70台、发电机组等物资，进一步补充各抢险队伍的物资储备。汛期通过积极应对、超前部署、周密布控，成功应对“6.22”“7.6”“7.20”“8.12”“8.22”等多次强降雨过程，同时对强降雨出现的个别短时积滞水路段及时采取断路排水措施，适时转移危旧房群众、关闭相关景区，调度河道排涝，确保河道运行平稳。汛期没有出现重大险情灾情，确保人民生命安全和城市运行安全。

（水务局）

农业机械化

【概况】2017年，顺义区农业机械化工作在“两学一做”活动推动下，全面落实区委区政府“疏解整治促提升”工作总要求，继续推进各项工作健康稳步发展，使全区农业机械化总体水平进一步优化，重点完成农机购置补贴、重要农时季节农机作业、政策性农机深松整地等项工作，农作物秸秆禁烧实现“零”火点，秸秆和蔬菜废弃物综合利用程度继续提高，农机培训、农机安全生产工作不断创新。年内，农作物秸秆禁烧工作被评为全市并列第一名；蔬菜废弃物综合处理项目被农业部列为第二批政府购买农业公益性服务机制创新试点单位。

单位名称：顺义区农机服务中心

（闫文龙）

【农业机械化总体水平】农机总动力22.2万千瓦，农机资产原值5.2亿元，拥有种植、养殖、农产品初加工等各业农机装备3.2万台（件）。拥有各级各类农机社会化服务组织及农机专业户160个，农机从业人员2800人。小麦生产全过程机械化水平继续保持100%，玉米生产全过程机械化水平提高到98.5%。

（闫文龙）

【农机购置补贴】年内，共购置各种补贴机具432台（套）和简易保鲜储藏设备2400平方米，主要包括拖拉机、青贮收获机、卷帘机、田园管理机、秸秆处理机、水果筛选机、植保打药机、畜牧挤奶平台和农产品保鲜库等，总价值4636.21万元，其中中央和市级补贴50%，即2318.105万元，部分机具区级又给予追加补贴20%，即470.302万元，其余部分由用户自筹。补贴机具于10月份发放到户。

（闫文龙）

【重要农时季节农机作业】春耕期间，投入各种机械1030台（件），完成机播4.3万亩、机灌8.6万亩、机植保6.8万亩、土壤深松1.2万亩。三夏期间，投入各种机械1200多台（件），完成机收小麦6.3万亩、机播玉米6.3万亩，机打捆小麦秸秆0.5万亩、机粉碎秸秆还田5.8万亩。三秋期间，投入各种机械1200多台（件），完成机收玉米10.6万亩，其中收获谷穗5.07万亩，收获全株带穗青贮玉米5万亩，玉米机收率达到95%，完成土壤机深松1.8万亩、机播小麦5.3万亩。

（闫文龙）

【政策性农机深松整地】春秋两季共投入土壤深松机组50多台（次），完成政策性土壤深松3万亩，其中春季1.2万亩、秋季1.8万亩，分布在木林、北小营、李遂、北务、大孙各庄、张镇、高丽营、赵全营8个镇，共涉及56个村、327个种植户。参与作业的农机合作社、农机专业户共13家，每亩获得市级50元全额补贴机械作业费，全区共获补贴资金150万元。本年度政策性土壤深松作业的完成，标志着本轮（3年）任务收官。

（闫文龙）

【粮食作物秸秆禁烧及综合利用】春季4.3万亩越冬休耕地内的残留玉米秸秆和根茬全部实行粉碎还田。夏季产生小麦秸秆6.3万亩，其中5.8万亩实施机械化粉碎还田、0.5万亩实施机械化打捆收集。秋季产生玉米秸秆10.6万亩，其中实施粉碎还田5.6万亩，机械化全株带穗青贮收获5万亩。全年粮食作物秸秆全面实现禁烧，综合利用程度为100%，达到“零”火点目标。第三次获得全市禁烧工作并列第一名，获得北京市农业局奖励禁烧专项资金150万元。

（闫文龙）

【蔬菜废弃物循环利用】年内，蔬菜废弃物循环利用工作覆盖到全区16个蔬菜种植镇。北京奥格尼克生物技术有限公司共收集蔬菜废弃物14万吨，粉碎处理10万吨，生产成品有机肥2万吨。区财政拨付补贴资金850.3万元，其中补给奥格尼克公司680.2万元，补给园区种植户170.1万元。

（闫文龙）

【农机手技能大赛】11月16日，由区农业机械化学校主办、北京兴农天力农机服务专业合作社协办且资助的“顺义区第二届农机手技能大赛”举行。竞赛内容包括机械常识、交通法规等理论科目和场地驾驶、田间作业等实操科目。75名农机手赛出一等奖1名，二等奖3名，三等奖5名。

（闫文龙）

【农机安全生产】年内，拖拉机保有量1286台，检验1113台，检验率86.5%；联合收割机保有量375台，检验368台，检验率98%。新增考试合格农机驾驶员118人，使持证驾驶员人数达到2318人。深入田间检查各种农机具2000余台次，联合区镇安全监察、交通执法等部门检查19次，检查农机360多台，联合工商、质量监督等部门检查农机维修网点27家。顺义区在北京市“农机安全杯”机手操作技能大赛上，获得团体第一名；在北京市农机监理业务技能大比武竞赛上，获得优秀组织奖。年内未发生重特大人身伤亡事故和机具损毁事故。

（闫文龙）

【农机合作社建设】12月20日，李遂镇鑫利农机服务专业合作社被农业部办公厅确定为“全国农机合作社示范社”。截至年底，区内拥有国家级农机合作社示范社2家、市级农机合作社示范社3家、农机行业国家级农民合作社示范社1家。

（闫文龙）

气象

【概况】顺义区气象局内设综合办公室、业务管理科、社会管理与法制科三个机关科室，下辖顺义区气象台、气象服务中心两个直属事业单位。现有职工18人，其中高级职称2人，中级职称5人，初级职称8人。负责本行政区域公众气象预报、灾害性天气预警及农业气象预报、火险气象等级预报等专业气象预报的发布；负责本行政区域气象行政许可、气象行政执法；负责本行政区域气象灾害防御工作；推进气象科普宣传工作，普及气象科学知识。
单位名称：顺义区气象局

（气象局）

【主要气候特征】2017年，年平均气温为13.7℃，比历年平均值12.3℃偏高1.4℃；其中春季较常年明显偏高2.8℃，冬、夏两季较常年偏高1.9℃、1.1℃，秋季接近常年值。年降水量为624.1毫米，比历年平均值571.6毫米偏多52.5毫米，接近常年；其中冬、春两季降水比常年偏少近5成，秋季偏少近3成，夏季偏多近3成。年日照时数为2672.9小时，接近常年的2490.5小时；其中春季偏多1成,冬、夏、秋三季接近常年。5月出现1次扬沙、2次浮尘天气。

（付晓飞）

【气象服务】为全国“两会”、十九大、清明节祭扫、第二十六届燕京啤酒节等活动提供气象服务专报50余期，为区委、区政府、防汛办、各相关委办局提供决策天气预报产品73期、降水实况信息202期、气象信息专报3期、天气情况17期、重要天气报告5期，全年共发送预报预警服务短信55万余条。8月对电视天气预报节目进行高清升级，可视性增强。“顺义气象”官方微信推送的文章多次被凤凰新闻转载，8月开通“今日头条”，热门文章《今日有雾 明夜有雨》阅读量排名第一，阅读量达26439次。

（李连国）

【业务平台建设】改造环境搭建平台，整体提升业务实力。年初完成会商室装修改造，同时对视频会商系统进行高清升级改造；汛期完成“顺义区综合业务平台”的开发，实现雨量、大风预警，一键式发布，服务材料、保险证明自动生成等功能；为满足区政府、防汛办、各乡镇主要领导对雨量等气象要素信息的需求，自主研发完成“顺义气象服务”APP，并投入使用。

（虞海燕）

【防灾减灾】本区有3名信息员被评为北京市十佳和优秀气象信息员，今年气象安全社区创建率达到100%。为安监局组织的“成品油长输管道泄漏事故应急救援演练”和“煤改气项目燃气突发事件应急救援演练”活动，提供现场实时气象数据。

（李连国）

【科普宣传】2017年，世界气象日纪念活动的主题为“观云识天”（Understanding Clouds），气象日活动期间，开展气象科普校园行系列活动，为近200余名师生进行科普讲解；联合区三大媒体“顺义时讯”报纸、“顺广传媒”公众号和顺义电视台推出系列形式新颖、内容丰富的科普大餐；参与在顺义汉石桥湿地举办的2017年“防灾减灾日”主题宣传活动暨顺义区中小学生防灾减灾教育基地揭牌活动。

（李连国）

【预警信息发布中心建设】与区应急办多次对接，初步完成预警信息发布中心体制、机制建设；组织区发改委、区经信委、区水务局、区环保局等18家召开预警系统需求调研会，在此基础上形成《顺义区突发事件预警信息发布平台项目可行性研究报告》，并正式提交智慧顺义建设领导小组办公室。

（徐晓娜）

【防雷安全大检查】9月12日，市局副局长王迎春带队对顺义区防雷安全大检查进行监督检查，实地检查李桥镇和李桥镇所属企业住海油库。在防雷安全大检查期间，本局对48家易燃易爆场所进行实地检查，抽查重点企业5家，油库4个、气库1个，出动30人次，检查中发现三家企业存在防雷安全隐患，给予警告的行政处罚。

（刘禄）

【行政执法】全年开展执法检查123次、约谈违法单位1次、行政处罚3次。在十九大等重点期间制定施放气球专项治理工作方案，开展日常巡查25次。

（张丽珍）

【防雷改革】根据国家防雷体制改革的总体任务要求，12月底前8名外聘人员的安置、分流、劳务补偿等工作完成。

（柴虎）

【汉石桥湿地环境气象站申报】协助顺义区汉石桥湿地自然保护区管理办公室，向区政府申请环境气象站（含环境监测站和六要素气象站）建设项目，年底项目经费获区财政局批复。

（虞海燕）

林木绿化管理

【概况】2017年，全区森林覆盖率30.60%，林木绿化率37.02%，人均公园绿地面积28.17平方米，绿化覆盖率

56.57%。完成平原地区绿化建设工程任务95.22公顷，升级改造66.67公顷，栽植各类苗木6万株，完成荒山彩色树种造林工程33.33公顷。全区参加义务植树人数23万人，义务植树总株数70.9万株。全区果品产量5774万千克，产值2.5亿元，全区花卉种植面积1297.3公顷，产值4.46亿元。苗圃249个，育苗面积3885.3公顷。加强林木有害生物监测和防治，有效遏制检疫性林业有害生物扩散和蔓延。加大公安执法力度，遏制破坏森林资源案件的发生。清理林下可燃物18000余公顷，连续17年无森林火灾。完成山区生态林林木抚育总面积201公顷。完成顺义区绿地、绿道系统规划编制工作，开展林地卫星遥感疑似图斑调查工作，对《顺义区林地保护利用规划（2010-2020）》进行纠偏调整。

单位名称：顺义区园林绿化局

（园林绿化局）

【杨柳飞絮治理】年内，顺义区投入资金500万元治理飞絮杨柳树8.6万余株，治理范围包括城区、乡镇街道、城区公园、主要片林，并对全区49万余株杨柳树情况建立台账。

（园林绿化局）

【规划编制】年内，顺义区园林绿化局完成顺义区绿地、绿道系统规划编制工作，并于10月通过专家论证。

（园林绿化局）

【道路景观提升】年内，顺义区园林绿化局投入资金10071万元完成京承高速、机场南线景观提升工程。建设内容包括移伐树木1.8万株、栽植乔灌木16.7万株、栽植地被94.7万平方米、土地平整、土壤改良、铺设灌溉管线等。

（园林绿化局）

【现状绿地梳理】年内，完成顺义新城现状绿地梳理工作，包括新城集中建设区现状绿地总面积3093.11公顷、新城32个街区（不包含27街区）范围内，现状各类绿地总面积1272.71公顷。

（园林绿化局）

【代征绿地收缴及建设】年内，编制《关于加强顺义区代征城市绿化用地管理实施意见》并以区政府名义下发。办理代征绿地移交8件，16.96公顷。签订认建认养协议3件。完成顺义区党校外公共绿化带修复工程，建设规模9796平方米，总投资302万元。

（园林绿化局）

【征占用林地异地恢复工作】年内，征占用林地异地恢复22公顷。

（园林绿化局）

【义务植树林木养护】年内，顺义区绿化办委托专业养护单位，完成14块127.94公顷义务植树纪念林和420.5公顷义务植树固定责任区养护工作。

（园林绿化局）

【义务植树】年内，全区参加义务植树23万人，完成义务植树70.9万株。其中新植树木19.1万株，新增绿化面积291.7公顷，其它形式折合株数51.8万株，义务植树尽责率87.9%。

（园林绿化局）

【绿化美化创建】年内，全区创建首都森林城镇1个，首都绿化美化花园式单位3个，首都绿化美化花园式社区2个，首都绿色村庄6个。

（园林绿化局）

【村庄绿化】年内，顺义区有9个镇63个村实施村庄绿化，完成绿化面积50.5公顷，栽植乔木2.3763万株，灌木2.3288万株，地被6398.72平方米，苗木成活率95%以上。

（园林绿化局）

【生态文明宣传教育】年内，在汉石桥湿地和北京国际鲜花港组织开展各类生态文明宣传教育活动，宣传保护生态环境的重要性和必要性，倡导生态文明。涵盖“认识大自然中的朋友科普活动”“湿地保护宣传与拓展”“自然之友观鸟”“全民义务植树宣传教育活动”“游花海　品书香”暨北京阅读马拉松顺义区户外阅读、“节约水资源　保障水安全”等各类活动26次，累计参与人数3.7万人次，发放宣传资料2万余份。

（园林绿化局）

【绿植进家庭】年内，顺义区试点推进开展“绿植进家庭”活动，在空港、光明、望泉、双丰、石园5个街道的9个社区，以“疏解整治促提升绿色环保我先行”“绿植进家庭　废物换绿植”等为主题组织开展22场“绿植进家庭”活动，聘请专业老师重点针对配送绿植的生态习性、养护要点、栽培管理技术等举办5场专题培训，发放长寿花、新几内亚凤仙等20余种绿植花卉，计7500盆，受益群众达5710人。

（园林绿化局）

【公园管理】年内，顺义区园林绿化局完成两个公园注册申报工作，组织180余人次参加公园管护相关培训，全区注册公园年接待游人量381万余人次。

（园林绿化局）

【公园建设】年内，顺义新城生态休闲公园可研编制工作完成，推进优山美地公园、平各庄任平公园、板桥回迁房公园及北京鲁能7号院1号地公园绿地建设，对绿化方案进行审核并提出建议。

（园林绿化局）

【果品产业】年内，顺义区果品产量5774万千克，产值2.5亿元。完成北京市园林绿化局林产品抽样检测287份，完成区级林产品抽样检测1200份，完成食药局检测任务400份，配合食药局完成食品安全示范区创建工作。

（园林绿化局）

【花卉产业】年内，顺义区花卉种植面积1297.3公顷，产值4.46亿元。生产鲜切花459万支，盆栽植物6712万盆，观赏苗木449万株，草坪165万平方米。参展第九届中国花卉博览会并荣获多项大奖。

（园林绿化局）

【种苗产业】年内，顺义区有苗圃249个，育苗面积3885.3公顷，在圃苗木2026.2万株，实现销售产值8742万元。推进5家企业规模化苗圃建设，面积40.5公顷。

（园林绿化局）

【林政资源管理】年内，顺义区园林绿化局办理林（树）木（郊区、城区）采伐许可证2154件，涉及19.5万株，林（树）木（郊区、城区）移植许可证88件，涉及20611株；绿地率审核49件，审核工程附属绿地面积82万平方米；因市、区各项重点工程建设，审批临时占用林地14件，面积23.4228公顷。永久占用Ⅳ级林地4件，面积1.6379公顷。收缴植被恢复费5189.7815万元。报上级审批核准占用林地6件，面积8.2847公顷。

（园林绿化局）

【森林火灾防控】年内，顺义区逐级签定森林防火责任书1500份，开展集中宣传活动19次，出动宣传车780台次，入户宣传1670户，在山区、林区悬挂横幅63幅，张贴标语1310条，发放宣传材料、宣传品13000余份（个）。开展防火检查280余次，填写《检查登记》22份，下达《森林火灾隐患整改通知书》8份，发现并制止野外违章用火55起，教育60人。清理林下可燃物18000余公顷。连续17年无森林火灾。

（园林绿化局）

【公安执法】年内，顺义区森林公安接报警90起，其中刑事立案3起、林业行政案件17起、查否46起、不予立案8起、其他16起。林业行政罚款145090元，责令补种树木1970株。开展"2017利剑行动"，对石门市场、花鸟鱼虫市场、全区11个镇集贸市场、重点饭店进行集中清查，规范野生动物市场经营秩序。出动执法人员765人次，车辆346台次，宣传告知商户24家53人次，救助野生鸟类101只。"2·24"专案组记集体三等功；北大沟派出所记集体嘉奖；朱博记个人三等功。

（园林绿化局）

【检疫执法】年内，签发《产地检疫合格证》195份、产地检疫面积3466.7公顷，产地检疫率100%。签发调运《植物检疫证书》931份、《出省木材运输证》61份、《森林植物检疫要求书》392份，检疫苗木58万株、花卉5万盆（株）、草皮3万平方米。签发《检疫处理通知单》10份，对778株有北京市补充检疫对象白蜡窄吉丁危害症状的白蜡树进行销毁除害处理。

（园林绿化局）

【林木病虫害预测预报】年内，进一步完善监测测报网络体系建设，深入推进监测测报政府购买服务工作，提升有害生物预测预报工作的综合水平。在重点区域设立监测点93个,对美国白蛾、春尺蠖和国槐尺蠖等22个主要虫种进行监测，测报准确率达95%以上。

（园林绿化局）

【林木有害生物防治】年内，完成防控作业面积11.4万公顷次。组织飞机防治600架次，计2.4万公顷次。人工地面防治9万公顷次。完成3次美国白蛾幼虫网幕普查工作，普查林木5567万余株。

（园林绿化局）

【山区生态公益林】年内，《顺义区2017年度山区生态公益林生态效益促进发展机制森林健康经营项目实施方案》得到市局的批复。内容是山区生态林林木抚育总面积201公顷。其中张镇86.3公顷，龙湾屯镇114.8公顷。抚育措施包括割灌、除草、修枝、松土、扩堰等。

（园林绿化局）

【林地卫星遥感疑似图斑调查】年内，调查、核实卫星遥感疑似图斑1931余块，为林地保护执法提供大量案件线索。

（园林绿化局）

【林地保护利用规划纠偏工作】年内，顺义区园林绿化局根据国家林业局和北京市园林绿化局要求，对《顺义区林地保护利用规划（2010—2020）》进行纠偏调整工作，核实、调整图斑48000余块。

（园林绿化局）

【绿地养护指导】年内，顺义区园林绿化局组织全区各单位绿地管理人员、技术人员参与"金剪子"等类型业务培训9次。指导各单位建立银杏行道树台账47处，计19586株。

（园林绿化局）

【生态林管护】年内，顺义区生态林护林员计332人，人均管护面积12.3公顷。

（园林绿化局）

长青林场

【概况】2017年，长青林场重点以保资源、保生态、强基础、强功能为核心，增强国有林场生态功能，提升森林健康水平，提高林场管理规范化、标准化、信息化水平，以及劳动生产机械化水平，建立健全森林资源经营和安全保障体系，为建好"港城融合的国际航空中心核心区、创新引领的区域经济提升先行区、城乡协调的首都和谐宜居示范区”的区域功能定位提供有力支撑。

单位名称：顺义区长青林场

（龚茜）

【林业生态建设】2017年，林场加强京密路森林资源培育工作，栽植国槐、柳树、杨树、银杏等10余个树种，共计16988株。完成中幼林抚育46.4公顷，国有林场改革任务的45.9%；低效林改造46.4公顷，国有林场改革任务的46.4%。对其它成熟林分采取浇水、除草、清理枯死枝、修剪整形、涂白和防寒保暖等管护措施。

（梁民）

【森林资源保护】2017年，对林场592.32公顷（含顺义新城滨河森林公园面积）森林资源进行巡查管护和森林防火工作，林场出动护林防火巡查人员3500人次，清理林下可燃物23000立方米。在春季杨柳飞絮集中期间，出动四台10吨的洒水车，每天对道路两侧林地采用10小时不间断高压枪冲洗加湿作业，减轻飞絮危害。及时进行美国白蛾、春尺蠖、介壳虫、红蜘蛛、白蜡窄吉丁等林木有害病虫的虫情，及时进行防治。出动防治队伍24支次、防控人员640人次、车辆160台次、投入药械28台、使用苦参碱、灭幼脲等生物制剂560千克，防控面积8884.77亩。

（梁民）

【顺义新城滨河森林公园运营管理】强化森林公园日常管护工作。重点完成森林公园绿地养护和中幼林抚育工作，确保植物良好的生长状况；为营造更加优美的森林景观，增加公园的植物层次，丰富物种，在林下补植地被植物8.4亩，包括鸢尾、金娃娃萱草、玉簪、绣线菊、月季等；为给市民提供更好的游园体验，完善森林公园基础设施，新建1座厕所并已经投入使用，喷灌4181米；为保障市民游园安全，安装围网1968米，警示牌23块；为提高公园文化氛围，开展森林健步走、林间骑行等以亲近大自然为主题的文化活动。2017年，顺义新城滨河森林公园加入北京市公园风景区管理工作平台，使得公园的管理更加规范化、科学化。

（梁民）

【环境保障】1月，林场对辖区内的7091株枯枝树木进行修剪，提高辖区的森林质量，改善景观效果。9月末，林场清理垃圾渣土、清理乱堆乱放和白色污染共计3800立方米，清理小广告2750处，全线清理枯枝落叶、清除林下杂草和拉拉秧等共10500立方米，修剪绿化带乔木29万余株，对道路两侧可视树木涂白美化29万余株。出动各式作业车辆1200余台次，人员1.3万余人次。

（梁民）

【拆除违建工作】年内，对林地内无审批手续的12处违法建设全部上帐、登记造册、拍照取证，进行动态监管，责令其限期拆除，对于有一定工作难度但同意拆除的，由林场负责组织协助拆除，于11月15日前完成；对于拆除难度大的违建，联合属地执法部门进行强拆，于11月30日前完成；对于已经进入司法程序的违约承包土地，等法院下达判决书后立即对违建进行拆除，同时加强拆违前后的巡查监管，做好宣传教育，坚决防止新增违法建设，禁止人员居住，断水断电，避免安全事故发生，对于完成拆违的地块，做好清理维护，并于11月30日前完成补植补造。

（梁民 杨世云）

【项目管理】结合林场工作实际，完成京密路（顺义段）两侧林木绿地景观升级改造(一期工程)项目的规划工作，一期工程内容主要包括：2个待建休闲公园、京密路两侧12.5公里绿地休闲步道、M15号线下绿色廊道、3个交叉路口绿化景观的提升。

（赵春龙）

【安全生产】林场调动科室共18人，编制6个巡查组，分别对场区内安全防火和环境保障进行安全巡查，建立台账制度，实行24小时值班及领导带班制度，2017年10月13日-26日期间，领导班子带队检查8次，夜查3次。至防火期结束，实现零火情火险。2017年，林场共签订各类《安全生产责任书》154份，制定并下发《安全管理工作通知》13份，制定并完善各类《安全生产工作职责》6份。对林场所辖林区内528处有限空间已全部喷涂警示标志，其中173处自有产权有限空间完成井盖加固加锁、喷涂警示语的工作，并且全部上帐、留存资料照片、实行动态管理。

（杨世云）

【森林防火宣传教育】林场在林区主要路口、公园风景区设置森林防火警示牌、危险区域设置警示标志并加装防护栏、安装引导牌、悬挂标语横幅等共计80余处；在林区要道发放《森林防火条例》等宣传材料共计350份；2017年，林场共组织2次全员安全技能教育培训，共培训118人次。

（杨世云）

北京顺义年鉴

2018

经济功能区
区内企业

京粮顺兴公司“七·一”表彰大会

牛栏山酒厂智能化灌装车间

北汽新能源EU400上市

4月17日，区政协组织委员视察第三代半导体材料及应用联合创新基地

“哈工大顺义军民融合创新产业园”正式启动，顺义区委常委、副区长与哈工大副校长、中国工程院院士，分别代表顺义区及哈尔滨工业大学签署产业园合作框架协议。

“梧桐工程——干部人才引进计划”面试现场

经济功能区

北京临空经济核心区

【概况】2017年是顺义区实施“十三五”规划的攻坚之年，也是核心区转变发展思路、调整产业结构、构筑增长新基点的关键之年。围绕区五次党代会、“两会”和“十三五”规划确定的目标，核心区立足区域实际，适应经济发展新常态，紧紧围绕本区建设“港城融合的国际航空中心核心区，创新引领的区域经济提升先行区，城乡协调的首都和谐宜居示范区”的发展目标，自觉服从、服务首都城市战略定位，主动融入京津冀协同发展大局，深入实施创新驱动发展，扎实做好空间规划、产业布局、服务管理等工作，各项事业高效有序推进，呈现强劲发展势头。

单位名称：北京临空经济核心区

（张青菊）

【经济指标】全年实现属地税收129.6亿元，同比增长21.6%，占顺义区总额的16%；实现一般公共预算收入29.1亿元，同比增长5.4%，占顺义区总额的20%。实现工业总产值241.5亿元，同比下降20.4%；实现总收入2184.8亿元，同比增长12.3%；完成出口供货额92.6亿元，同比下降43.8%；固定资产投资额63.7亿元，同比增长59.3%；实现利润总额266.3亿元，同比增长21.3%。税收1亿元以上的企业15家，税收1000万-1亿元的企业81家，税收500万-1000万的企业44家。

（张青菊）

【招商引资】核心区全年累计新引进企业115家，累计注册资金1461亿元，亿元以上企业28家。重点项目包括：京津冀基金、中交基金、中铝基金、华融基金等关联企业，百悟科技、闻康集团等总部项目。

（张青菊）

【国家地理信息科技产业园】累计引进注册企业61家，其中地理信息及相关联企业55家，注册资本累计30亿元，亿元（含）以上10家。现正办理中科医院有限公司、中科万象、智云远见等12家企业注册手续。

（张青菊）

【北京临空创新创业示范基地】年内，哈工大顺义军民融合创新产业园入驻北京临空创新创业示范基地，首批遴选哈工大在军民融合领域10个创新平台及10余家企业入驻创新中心，着力打造军民融合产学研示范平台。

（张青菊）

【市政基础设施三年提升计划】《北京临空经济核心区市政基础设施三年提升计划》制定，着力对原空港AB区和物流区区域的道路、污水、热力、绿化等基础设施进行改造以及核心区立体交通路网结构进行重构。

（张青菊）

【企业服务效能】年内，组织征集新项目31个，重点征集项目包括：2017年顺义区文化创意专项资金、北京市工程实验室创新能力建设、第四批北京市众创空间、北京市科学技术奖、2017年北京市总部企业、2017年度北京市高新技术企业认定等。协助中交资产管理有限公司、华联（北京）商业保理有限公司等区内5家企业获得顺义区金融产业政策扶持资金。

（张青菊）

【北京国际航空展】年内，第十七届北京国际航空展在国际会议中心举行。北京临空经济核心区作为政府派出机构，首次亮相航展。北京临空经济核心区展台总面积126平方米，通过核心区重点航空类企业、高新技术企业、金融企业的参与，充分展示核心区的投资环境、政策环境以及招商资源，力图寻求国际合作新市场、新机遇。

（张青菊）

【顺航路（顺于路—顺平路）道路维修工程】作为区政府2017年为群众拟办重要实事内容，顺航路道路维修工程设计方案通过区规划局审核，取得区财政资金批复和区发改委立项批复。

（张青菊）

【地理信息产业园二期市政配套绿化工程】8月，总绿化面积16.6万平米的核心区产业园二期市政配套绿化工程完成竣工验收。

（张青菊）

【平原造林工程】年内，核心区承接顺义区2012年平原造林工程-国门商务区绿色通道工程（21-1号地块）。工程地点位于北京临空经济核心区原国门商务区内，造林面积653.4亩，管护招标工作完成，管护期自2018年1月1日起，为期三年。

（张青菊）

【安全治理】年内，核心区“党政同责”“一岗双责”的安全生产责任体系建立，通过开展岁末年初154家安全生产大检查、重大节日活动期间安全保障、各类专项隐患排查、140家企业建立安全生产台账档案等工作，认真贯彻落实国家、市、区对安全生产工作的重大决策部署，把安全生产各项工作抓在前面、抓到实处。

（张青菊）

【环境保护】年内，制定《北京临空经济核心区空气重污染应急预案（2017年第二次修订）》，并通过加速推进龙道河污染源治理问题、土壤污染防治、环境整治排查等工作，全方位做好各项环保工作。

（张青菊）

【党组织建设】年内，核心区通过召开专题民主生活会、组织生活会、党建述职评议大会，成立3家区域性党支部，与南彩镇小营村开展基层党组织结对共建，引导企业投身精准扶贫，全面加强党组织建设工作。

（张青菊）

【工会工作】年内，核心区工会率先建立建会启动金与经费返还制度，完成工会经费税务代收代缴工作，缴费额度全区名列第一。多家基层工会和个人获得市级荣誉称号。工会工作在全区二级工会中名列前茅。

（张青菊）

【妇联工作】年内，核心区妇联工作在全区“特色家庭创建”和“巾帼”评选工作中表现出色。在创建“特色家庭”工作中，荣获区级“特色家庭”10户，创建区级“巾帼文明示范岗”3个，巾帼建功标兵6人。

（张青菊）

【团组织建设】年内，核心区团员人数达815人，团组织26家，规模超过100人的团组织共4家，新建非公团组织企业2家，分别为共青团北京雅昌艺术印刷有限公司团支部、共青团北京捷能翔宇航空科技有限公司团支部。

（张青菊）

【对外宣传】年内，核心区邀请国家级、市级、区级媒体20余家，重点对哈工大顺义军民融合产业园、北京航展进行宣传报道，形成报道80余篇。并通过顺广传媒三大平台（《顺义新闻》《顺义时讯》顺义电台）进行核心区新闻实时推送和冠名宣传。进一步展示北京临空经济核心区的辉煌发展成果。

（张青菊）

中关村科技园区顺义园

【概况】中关村科技园区顺义园是中关村国家自主创新示范区板块之一，是首都城北产业研发服务和高技术产业带的组成部分，同时也是顺义区三大经济板块中的“科技创新”功能区。2012年10月，国务院批复确定中关村科技园区顺义园总体规划面积12.08平方千米，包括中航工业北京航空产业园南北两区、中关村临空国际高新技术产业基地、空港创意产业园东西两区、实创高新技术产业基地南北两区、北方新辉新兴产业基地、非晶产业基地等9个地块，目前已建成面积210万平方米。园区重点发展航空航天、装备制造、研发服务、信息服务等高端产业。2014年8月，北京市机构编制委员会同意将中关村科技园区顺义园管理委员会独立设置，加挂北京顺义科技创新产业功能区管理委员会牌子，为顺义区政府派出机构，同时成立中共北京市顺义区委中关村科技园区顺义园工作委员会，为顺义区委派出机构，与顺义园管委会合署办公。

单位名称：中关村科技园区顺义园管理委员会

（袁永章）

【怀来园十三五规划通过验收】2月，《中关村顺义园·怀来高技术产业园十三五战略规划》经北京市规划学会中关村分会会长李翔、国务院发展研究中心国际技术经济研究所所长陈宝国等5位专家评审并通过验收。《规划》由中国产业发展促进会高新技术专业组相关专家执笔，历时8个月编制完成。

（袁永章）

【2家企业获科技成果转化基地】3月10日，顺义园启迪新材料科技成果转化基地和北京第三代半导体材料及应用联合创新基地2家企业获“战略新兴产业科技成果转化基地”挂牌。该基地是北京市建设国家科技创新中心组成部分。启迪控股以“联合研究院+共享中试实验室+国际知识产权运营+科技金融”相结合模式，打造新材料产业科技创新及科技成果转化生态系统；第三代半导体材料具备高电压、大电流、高频工作性能，可大幅降低电力系统能量损耗和复杂度，提升系统可靠性。

（袁永章）

【邓杰红获首都劳动奖章】4月，北京阿尔法针织有限公司套口车间副主任邓杰红获2017年度“首都劳动奖章”。邓杰红是中关村顺义园首位获得“首都劳动奖章”的外来务工人员，从2006年入职以来逐步从一名缝合技术工人成长为指导技术工作车间副主任。

（袁永章）

【科技金融项目路演活动举行】5月17日，由顺义园管委会、顺义区科委、顺义区金融办、顺义区经信委、顺义区国资委、深圳证券信息有限公司主办，北京顺义科技创新集团有限公司、中国高新区科技金融信息服务平台承办的“北京顺义科技金融项目路演（第二期）活动”在顺义科技创新产业集团有限公司举行。活动遴选蓓安科仪（北京）技术有限公司的医院院内自动化物流解决方案、北京众绘虚拟现实技术研究院有限公司的精确力触觉人体手术模拟器等4个项目。涉及生物医疗、数据应用、信息技术、高分子材料等领域，企业负责人就项目发展和融资需求进行推介。路演采取现场举行、网上直播、手机“燧石星火”APP实时推送三种方式同时推介。

（袁永章）

【经济日报社总编辑赴中航复合调研】5月23日，经济日报社总编辑傅华一行赴顺义园中航复合材料有限责任公司调研，查看企业生产情况，了解企业发展需求。中航复合是全国科技创新中心建设重要任务和顺义区打造航空航天产业园及军民融合示范基地。基地旨在推动航空复合材料技术在民用飞机、汽车、轨道交通等领域应用和产业化。在高性能树脂及预浸料技术、高性能复合材料新型结构、树脂基复合材料制造技术等方面处于领先地位。

（袁永章）

【2家企业落户顺义园】6月1日，2017北京国际服务贸易交易北京主题日活动在国家会议中心启动。中关村顺义园与北京零微科技有限公司、北京达峰科技“大型合金超塑成形”有限公司签约。零微科技是青岛海尔科技投资有限公司与净美仕环境科技有限公司联合组成的从事空气净化器、加湿器、除湿机等智能空气产品及其他智能家电科技公司。达峰科技在高精度合金成形方面有多项国际领先自主核心技术，产品应用于航空航天、轨道交通、新能源等领域。

（袁永章）

【企业与融资机构对接】7月5日，顺义园邀请北京银行顺义支行、工商银行顺义支行、中关村科技租赁有限公司等5家企业人员，为北京麦格纳材料科技有限公司、金景达（北京）环保热力科技有限公司提供在股权融资、科技租赁、银行贷款等融资解决方案开展对接活动。

（袁永章）

【中外企业投资顺义行】7月19日，由北京市投资促进局、顺义区人民政府共同举办的“驻京中外知名企业投资顺义行”活动在顺义区举办。国内知名企业，外省市驻京商会、协会，国际知名咨询公司、招商机构等300余家企业代表参加。活动聚焦智能新能源汽车、航空航天、高端装备制造等新兴领域产业集群。顺义区副区长初军威从发展基础、产业布局、政策优势和发展环境等4个方面介绍顺义区建设创新产业集群和“2025”示范区情况；顺义区投资促进局、中关村顺义园负责人分别就产业政策、招商资源、智能制造成果转化承接等方面推介。北京煤科天玛自动化科技有限公司、北京中技克美谐波传动股份有限公司、智慧工匠（北京）科技有限公司等企业就军民融合，智能制造产业、智慧工厂云智造系统等分享解决方案。

（袁永章）

【创业导师行活动开幕】9月18日，由顺义园主办的以“双创顺义・引领未来”为主题的“创业导师行”活动开幕。活动邀请国内3位创业导师为来自11家创业孵化器、众创空间和110家创业企业的150余名代表就破解创新创业与科技企业发展面临关键问题进行讲解。北京长城华冠汽车科技股份有限公司、北京中技克美谐波传动股份有限公司作为顺义创新企业代表分享创新创业和资本实践经验。（9月15–21日，全国大众创业万众创新活动周将在上海和北京两大会场开幕，顺义为分会场）。

（袁永章）

【产融对接路演活动】9月21日，由顺义园管委会和北京顺义科技创新集团有限公司主办的“双创周产融对接项目路演”活动在顺义举办。来自区内外6家科技创新型企业分别进行产品和技术路演推介，产品涉及第三代半导体、新能源汽车、航空航天、集成电路、新一代信息技术等多个产业。活动吸引30余家金融投资机构，6支基金和100余家孵化器、众创空间及各类创新创业企业参加。

（袁永章）

【第三代半导体创新大赛】10月30日，第二届国际第三代半导体创新创业大赛决赛在顺义举行。大赛期间，顺义园进行专场推介，28家第三代半导体企业代表、12家专业投资机构投资总监、43个人围半决赛具有自主知识产权的高新技术项目负责人参加对接。活动推介顺义第三代半导体产业发展优势和资源，引导优秀参赛项目落地转化。

（袁永章）

【国际半导体论坛】11月1日–3日，由国家半导体照明工程研发及产业联盟、第三代半导体产业技术创新战略联盟和顺义区人民政府主办，顺义园承办的第十四届中国国际半导体照明论坛暨2017国际第三代半导体论坛开幕式在北京首都机场希尔顿酒店举行。北京市市委常委、副市长阴和俊等领导为“北京第三代半导体创新型产业集聚区”揭牌。大会中方主席、国际半导体照明联盟主席、科技部原副部长曹健林，大会外方主席、国际照明委员会CIE主席、美国国家标准与技术研究所传感器科学补首席研究员Yoshi Ohno，北京市政府副秘书长刘印春等900余人参会。有来自美国、英国、德国、意大利、香港、台湾等国家或地区的50余名半导体相关研究机构、企业技术专家担任演讲嘉宾。论坛围绕“战略性先进电子材料”“中国制造2025”“国家2030重大专项”等国家战略核心研讨，旨在促进全球第三代半导体新兴产业、技术、人才等发展。论坛期间，“北京第三代半导体创新型产业集聚区”专场推介会举办，顺义区投资促进局、顺义园管委会负责人分别介绍顺义区发展环境、政策及第三代半导体产业发展情况。

（袁永章）

【智能计算研究院揭牌】12月6日，由中国科学院计算技术研究所孵化的智能计算领域创业公司北京中科睿芯科技有限公司牵头发起，中国科学院计算技术研究所和顺义园管委会打造的北京智能计算产业研究院在顺义区揭牌。仪式上，中科睿芯与高通公司发布研究院成立后全球首款基于ARM架构的高通量人工智能一体机，该款软硬件和开机即用的人工智能一体机，省去搭建服务器环境和人工智能平台等步骤，将人工智能应用在“高通量计算”模式上，让用户快速使用。

（袁永章）

【7个项目落户顺义园】12月21日，在顺义区创新型产业集群和“2025”示范区重点项目签约仪式上，中国电科十三所芯片研发及产业化基地、滴滴出行无人驾驶测试区、

中科微机电iMEMS集成研发制造基地等7个项目与顺义园签署合作框架协议。签约项目聚焦智能新能源汽车、第三代半导体、航空航天等领域，总投资近120亿元。

（袁永章）

【新增98家高新技术企业】年内，顺义园新增高新技术企业98家，国家级高新技术企业14家，包括北京安达维尔民用航空技术有限公司、乐普（北京）医疗装备有限公司、北京聚利科技股份有限公司等。中关村高新技术企业84家，包括北京吉狮互动网络营销技术有限公司、北京东方雨虹防水工程有限公司、北京数码视讯软件技术发展有限公司等。至年底，顺义园累计被认定的国家级高新技术企业64家、中关村高新技术企业217家。

（袁永章）

【招商引资】年内，顺义园新增企业171家，总注册资金1229亿元（含国创基金合伙金额1139亿元），同比增长85%，引入注册资金3000万元以上项目37个，亿元以上企业19家，同比分别增长54 %和90 %。

（袁永章）

【工会组织建设情况】年内，顺义园新建立基层工会5家，其中百人以上企业3家，办理京卡互助卡600余张。累计建会企业46家,工会会员5900余人。光峰华影、联东U谷、笔克会展3家企业达成建会意向。

（袁永章）

【工程建设情况】年内，顺义园新开工项目2个，即远大住宅工业（北京）有限公司投资建设的远大住工绿色建筑辅助基地6#厂房和北京聚利科技股份有限公司投资建设的生产研发厂房，总建筑面积41272平方米，项目总投资12.89亿元，其中建安投资1.59亿元，已实际投资0.123亿元。复工项目9个：格格时尚产业基地项目、综合实验厂房及附属设施工程、全富产业园项目一期、2#实验厂房建设项目、中传文化研发产业基地、区疾控中心综合业务楼、天玛煤矿综采自动化产业基地项目一期、未名天人中药有限公司产业化项目、第三代半导体材料及应用联合创新基地，总建筑面积50.25万平方米，项目总投资40.3亿元，其中建安投资16.71亿元，已完成投资8.72亿元。

（袁永章）

【企业疏解】年内，顺义园疏解一般制造业企业2家，分别为北京新源国能科技集团股份有限公司和雷迅汽车配件（北京）有限公司。新源国能属规模以上企业，主要产品为转盘过滤器及反渗透膜，2016年产值为5.2亿元，已拆除主要生产设备，迁往河北省唐山市，疏解人员55人；雷迅汽车是专业制造紧固件公司，2016年产值为1亿元，已完成整体搬迁，迁往河北省涿州市，疏解人员120人。

（袁永章）

【规划建设】年内，中关村顺义园共办理基建手续企业9项，总建设用地面积46.9公顷，总建筑面积79.78万平方米，总投资48.71亿元。截止年底，完成林河板块远大住工项目、临空板块荣宝斋项目、502所两项目的基建手续。

（袁永章）

【基金设立情况】截止年底，由北京科技创新集团发起设立及参与投资的基金6支，基金总规模1547.61亿元，包括北京三新创业科技成果转化投资基金、北京顺义创新产业发展基金、北京丰收未来股权投资基金、国创投资引导基金、国投创合国家新兴产业创业投资引导基金（5支均为有限合伙）和北京市新能源汽车核心部件并购基金；投资公司1家（华融新兴产业投资公司）。基金及公司顺义方出资总额为71.25亿元，其中财政出资29亿元，资金由顺义金融控股、科技创新集团代持。

（袁永章）

【国门商业保理获资金支持】年内，依据《顺义区促进金融产业发展办法》（顺政发【2014】28号），顺义园注册企业——北京国门商业保理有限公司获一次性资金支持250万元。

（袁永章）

【上市企业新增6家】年内，顺义园新增新三板上市企业6家，包括中技克美有限公司、中工美国际货运代理股份有限公司、莱伯泰科技仪器仪表有限公司、畅速快递有限公司、北京众成就有限公司、安达维尔有限公司。截至年底，顺义园上市企业共34家，其中主板上市企业5家、中小板上市企业2家、创业板上市企业1家、海外上市企业1家、新三板上市企业24家、新四板上市企业1家。

（袁永章）

【40家企业获创新资金支持】年内，顺义园获中关村创新资金支持385.4万元。其中北京汽车股份有限公司、北京中煤电气有限公司、北京北广科技股份有限公司等25家企业获75.4万元专利补助资金；北京汽车集团有限公司等12家企业获194万元商标补助资金；北京绿友园林机械有限公司、北京艾莱发喜食品有限公司、北京首都机场节能技术服务有限公司3家企业获96万元标准补助资金。

（袁永章）

【3家企业获文创资金支持】年内，顺义园3家企业共获北京文化创意产业发展380万元重点项目资金支持。其中北京奥创世纪网络影视发行有限公司获167万元；宝泉钱币投资有限公司获123万元；北京华彩创佳文化传播有限公司获90万元。

（袁永章）

【国联万众获孵化试点资金支持】年内，顺义园北京国联万众半导体科技有限公司申报的“国际第三代版导体中联空间”项目，获中关村现代服务业中小企业创业孵化试点支持资金277万元。

（袁永章）

北京顺义绿色生态产业功能区

【概况】中共北京市顺义区委绿色生态产业功能区工作委员会经区机构编制委员会研究同意于3月15日成立。区委绿色生态产业功能区党工委坚持党中央提出的“创新、协调、绿色、开放、共享”发展理念，严格按照区委、区政府的工作要求，自觉站位服务新时期首都城市战略定位和京津冀协同发展大局，各项工作稳步推进。

单位名称：顺义绿色生态产业功能区管理委员会

（绿色生态产业）

【突出抓好党的建设工作】认真学习贯彻党十九大会议精神，以创先争优活动为载体，将实践工作与党性教育相结合，加强组织建设，不断提升党建科学化水平。组织做好规范工委制度建设，确保基层党组织制度全覆盖。加强和改进党员队伍和干部队伍建设，提高党组织的战斗力，做好与基层党组织的密切联系。不断拓展工委党建新格局。工委组织开展党支部规范化建设，不断完善机关党组织与企业党组织、非公党组织、新社会组织党组织的结对共建机制。充分发挥纪检监察工作职责，主动抓好党风廉政建设责任制监督责任的落实。把党风廉政建设责任制的落实列入重要议事日程。

（绿色生态产业）

【抓好功能区安全稳定】深入贯彻落实绿色、安全、科学发展观，紧抓安全不放松，认真履行职责，功能区全年未出现重大安全生产责任事故。组建绿色生态产业功能区安全生产委员会，编制完善《中共北京市顺义区委绿色生态产业功能区工作委员会安全生产“一岗双责”实施办法》《安全生产事故应急预案》等系列13个管理制度和工作预案；全年安全生产检查共计520余家次，出动检查人员780余人次，发现各类安全隐患共计230余处，下达责令整改通知书110余份，责令“三停”单位5家、约谈3家、疏解1家，责令拆除泡沫彩钢板12处、面积3700平米；共发放各类安全宣传材料800余份，组织教育培训4次，受教育约960人次；与各企业签订安全责任书120余份；推荐企业投保安全生产责任险，目前有5家企业投保安责险，其余小微企业均投保公众责任险等其他保险。

（绿色生态产业）

【舞彩浅山】一是重点推进舞彩浅山郊野公园建设，项目规划面积约60平方公里，范围包括木林镇、龙湾屯镇五彩大道以北镇域及五彩大道南侧临近村庄周边区域。计划总投资12.77亿元。按区发改委意见，2015年7月正式确定将项目按山区、平原划分，先期申报舞彩浅山郊野公园（一期）项目（山区部分），项目占地面积2977.5公顷，建设规模1297.31公顷，全部为集体山地，不涉及拆迁征地。2017年4月18日取得市发改委代可研批复，10月23日获得市发展改革委初设概算批复。项目一期主要建设内容为绿化工程、庭院工程、给水工程、电气工程。项目于2017年11月28日进场施工。截至年内，组织召开项目推进会、工地会议、例会等各种会议共计60余次，开展实地踏查、施工质量监督、安全生产检查等共计130余次。二是开展五彩浅山步道防火监控体系建设，规划在木林镇和龙湾屯镇步道沿线125公里设置全覆盖无死角的视频监控系统，共计945个点位，项目计划总投资6000万元。目前设计、选址等前期工作完成，正在调整项目可研，待可研编制完成将报区发改委审核。

（绿色生态产业）

【加大宣传塑造浅山品牌】配合顺广传媒、北青社区报顺义版、京郊日报等多家媒体平台进行舞彩浅山宣传报道。协调浅山五镇及顺旅集团继续执行浅山地区旅游数据统计制度，重点对节假日各项旅游资源数据进行统计收集，全年游客接待量实现35万人次，进一步夯实旅游富民工作基础。联合区旅游委举办第三届北京顺义舞彩浅山旅游登山文化节，其中登山挑战赛环节，共有来自全国各省市的64支代表队、640名登山爱好者参加。通过登浅山、品文化等系列体验，带领群众亲近自然，普及群众登山健身活动，充分展示舞彩浅山生态旅游魅力的同时促进农民增收致富，带动周边经济发展。

（绿色生态产业）

【年度情况】2017年，共接待游客150万余人次，其中第26届北京国际燕京啤酒文化节接待游客22万人次，创下历届之最；第八届郁金香文化节、第九届北京菊花文化节等品牌节庆活动接待游客55.52万人次；全国赛艇锦标赛、全国大学生赛艇锦标赛等体育竞技赛事接待游客0.35万人次；浅山地区接待游客35万人次；冰雪嘉年华和冰雪文化节活动接待游客28.52万人次；汉风耕读苑接待游客9万人次；儿童市集、二手书市集等趣味文化项目接待游客0.4万人次。共实现门票收入2861.82万元，同比增长337.62万元，增幅11.8%。

（绿色生态产业）

【海航全球接力公益跑活动】1月10日，由海航集团主办、大新华（北京）会展控股有限公司承办的“从心出发、送爱回家”2017年全球迎新年爱跑活动北京分站在顺义奥林匹克水上公园举行，200多名公益人士参加五公里路程比赛，并在沿途以趣味跑的形式宣传环保公益理念。

（绿色生态产业）

【北京冰雪欢乐季】1月12日，2017北京市民第三届冰雪欢乐季系列活动、“体彩杯”第二届顺义市民快乐冰雪季系列活动暨第十二届“天竺杯”社会体育指导员冰雪趣味运动会在顺义奥林匹克水上公园举办，顺义区领导及各界人士近1500人参加开幕仪式。

（绿色生态产业）

【顺义区第十五届“后沙峪杯”春季长跑】3月26日，顺义区第十五届“后沙峪杯”春季长跑比赛在奥林匹克水上公园举行。顺义区机关单位、乡镇、街道、企事业单位、社会团体和学校共2000余人参加此次活动，比赛按照社会老年组、社会中年组、社会青年组和学校组分组进行。

（绿色生态产业）

【北京郁金香文化节】4月1日－5月10日，第八届北京郁金香文化节在北京国际鲜花港开幕。园区共栽植100余个品种、400万株郁金香，花海总面积超过10万平方米。

（绿色生态产业）

【“漫步春天·相约顺义”春日徒步活动】4月14日，“漫步春天 相约顺义”顺义区宣传思想文化工作者春日徒步活动在顺义水上公园举行。顺义区相关领导及全区思想文化工作者代表300余人参与此次活动。

（绿色生态产业）

【北京端午文化节】5月30日，由市委宣传部、首都文明办、市体育局、顺义区人民政府主办的第九届北京端午文化节暨2017年全国龙舟邀请赛在顺义奥林匹克水上公园开幕。本次全国龙舟邀请赛暨北京市端午节龙舟大赛共有来自全国各地的30多支队伍、400余名选手参与角逐。

（绿色生态产业）

【北京国际燕京啤酒文化节】6月25日－7月9日，第26届北京国际燕京啤酒文化节在北京奥林匹克水上公园举办。活动以“醉美燕京 WIN在顺义”为主题，主会场面积超过3万平方米。本届啤酒文化节历时15天，实际入园人数220,753人，实现消费人次61.81万人次。本委协调成立工作总指挥部，下设办公室和8个工作组，召开工作例会4次，果断应对突发恶劣天气等突发状况，确保啤酒节期间功能区“零投诉，零事故”，实现“精彩、平安、欢乐、和谐”的目标。今年啤酒节文化节创新开展绚丽灯光引流，将富含现代科技感的灯光系统与园区自然风景有机结合，打造灯光音乐喷泉、灯光长廊、建筑造型景观灯带，增加互动性，丰富游客体验感。

（绿色生态产业）

【北京国际鲜花港菊花】9月9日－10月29日，以“老北京，新京韵”为主题的北京国际鲜花港菊花展在北京国际鲜花港举办。

（绿色生态产业）

【“爱在深秋·遇见一生一世”相亲活动】11月11日，“爱在深秋·遇见一生一世”大型相亲活动在奥林匹克水上公园举办。本次活动由区民政局牵头组织，顺旅集团承办。现场吸引共超过400位单身男女青年参与活动。

（绿色生态产业）

区内企业

北京燕京啤酒集团公司

【概况】2017年啤酒总产销量达416万千升，实现销售收入112亿元，连续十年挺进世界啤酒销量前八名，利税总额26亿元，资产总额超181亿元，“燕京”驰名商标品牌价值超980亿元。

单位名称：北京燕京啤酒集团公司

（燕京啤酒集团公司）

【中国国际酒业博览会】3月18日，燕京啤酒集团应邀参加在泸州国际会展中心举办的2017年中国国际酒业博览会。全国政协副主席刘晓峰，四川省委副书记、省长尹力，中国酒业协会理事长王延才，中国轻工业联合会会长张崇和，泸州市委书记蒋辅义等领导出席开幕式。

（燕京啤酒集团公司）

【燕京白啤案例荣获中国广告实效案例大奖】3月30日－4月1日，第十六届中国广告与品牌大会暨中国广告大奖颁奖典礼在上海举行。燕京原浆白啤案例荣获“中国广告实效案例大奖”。

（燕京啤酒集团公司）

【国家工信部领导调研社会责任推进工作】4月21日，国家工信部政策法规司司长李巍，政策法规司副巡视员郭秀明一行赴燕京啤酒总部调研社会责任推进工作。北京燕京啤酒集团公司党委书记、董事长赵晓东，集团公司党委副书记、副总经理邓连成，副总经理刘翔宇、谢广军等陪同调研。

（燕京啤酒集团公司）

【水资源管理制度考核组来燕京实地检查】5月6日，由国家水利部、国家发改委等部门组成的部委联合检查组来公司进行年度最严格水资源管理制度考核现场检查。水利部副部长陆桂华，水利部水资源司司长陈明忠，市政府副秘书长赵根武，市水务局局长金树东，顺义区委副书记、区长高朋，副区长吴耀新参加检查，燕京啤酒集团公司党委书记、董事长赵晓东，党委副书记、副总经理邓连成陪同检查。

（燕京啤酒集团公司）

【燕京啤酒品牌价值980.18亿元】6月22日，由世界品牌实验室主办的第14届“世界品牌大会”在北京中国大饭店举行，燕京啤酒以品牌价值980.18亿元位列2017年《中国500最具价值品牌报告》第41位。

（燕京啤酒集团公司）

【北京国际燕京啤酒文化节】6月25日-7月6日，主题为“醉美燕京，WIN（赢）在顺义”的第26届北京国际燕京啤酒文化节在顺义奥林匹克水上公园举行。顺义区委书记王刚，区委副书记、区长高朋，区人大主任车克欣，区政协主席周颖博，北京燕京啤酒集团公司党委书记、董事长赵晓东，副总经理谢广军出席开幕式。啤酒节期间接待游客超20万人次，销售啤酒超6000桶，创下历届之最。

（燕京啤酒集团公司）

【燕京品牌再次入选亚洲品牌500强】9月28日，由世界品牌实验室和世界经理人集团共同编制发布的2017年《亚洲品牌500强》排行榜在香港揭晓，燕京啤酒集团位列“2017年亚洲品牌500强排行榜”第123位。

（燕京啤酒集团公司）

【“种子计划”公益活动走进上海校园】11月26日，燕京啤酒“种子计划”进校园公益活动在上海嘉定区南苑中学举行。中国足协常务副主席兼秘书长张剑，上海市足球协会主席、前国家队教练员朱广沪，北京燕京啤酒集团公司党委书记、董事长赵晓东，副总经理谢广军，近百名足球名宿、企业代表和媒体代表，参加赠球活动。自2014年活动启动以来，已累计为超过42个城市地区1200所学校捐赠足球25300个。

（燕京啤酒集团公司）

【燕京足协杯开启合作新周期】12月29日，燕京啤酒2018-2021中国足协杯冠名赞助商签约仪式暨新闻发布会在总部科技大厦举行。中国足协专职执委蔡勇，中国足协联赛理事会执行局局长马成全，中国福特宝足球产业发展公司总经理董铮，顺义区国资委主任耿超，公司党委书记、董事长赵晓东，副总经理谢广军等领导参加仪式。董铮与赵晓东代表双方正式签约，标志着中国足协杯与燕京啤酒的第二个合作周期——2018-2021正式启动。

（燕京啤酒集团公司）

北京顺鑫控股集团有限公司

【概况】2017年，顺鑫控股集团党委牢牢把握“十种关系”，紧紧围绕“四·五”战略目标，坚持顶层设计，勇于改革创新，各项工作扎实推进，企业发展稳中有进。截至2017年12月底，集团资产总额320亿元，净资产85亿元，营业收入280亿元，利润总额9亿元，较上年度分别提高1.9%和6%。

单位名称：北京顺鑫控股集团有限公司

（顺鑫控股集团）

【党的建设】牢固确立“国企姓党”重要思想，做到党的领导不动摇、组织建设不放松、企业发展不偏航。深入学习贯彻党的十九大精神，坚持书记带着班子学、班子带着党员学、党员带着骨干学、骨干带着群众学，掀起学习热潮。修订《公司章程》，明确规范党组织在董事会、经理层决策重大问题的前置程序。制定《会议议事规则实施办法（试行）》，围绕“三重一大”问题，规范议事原则、内容、流程和方法，提高党委民主决策、科学决策水平。以“两学一做”学习教育常态化制度化为抓手，突出抓好建强顺鑫战斗堡垒、树起顺鑫先锋旗帜、铸造顺鑫红色熔炉、建设顺鑫党建文化、传承顺鑫红色基因的“顺鑫党建品牌工程”和万名职工评党员、千名党员进党校、百名书记讲党课的“万千百工程”，营造“大党建”格局。2017年区党建工作绩效考评中荣获国资系统第一名。以落实中央八项规定精神为切入点，制定经费使用管理规定，完成集团公务用车管理改革，突出重要时节、重点岗位和重要部门人员，持续正风肃纪，推动集团廉政风气整体向好。

（顺鑫控股集团）

【“四·五”战略深入实施】坚定不移地推进“四·五”战略实施，举办首届战略论坛，评价战略报告，研讨对策措施，进一步增强各级管理人员的战略定力与战略自信。稳妥、适时地作出战略调整，完成农品事业部业务架构建设和环保水利与生态建筑板块整合。本着“成熟一个、建立一个”的原则，按照时间节点和要求，如期成立国际种业、建设科技两个产业集团，为其他板块向产业专业化运营、集团化发展提供有益借鉴。主动融入国家战略，成立深入推进国家重大战略领导小组以及雄安新区和京津冀一体化、“一带一路”两个专项工作组，抢抓发展机遇，力求有所作为。

（顺鑫控股集团）

【顶层设计】坚持把顶层设计理念贯彻各项工作之中，把顶层设计要求体现在全年工作全过程。一是进一步明确总部部室职能定位，调整设立党建工作办公室、工会办公室、企业文化与品牌部、安全生产部，使内部配置更加合理、关系更加顺畅。在原“四会、四委、一中心”基础上，设立书记经理联席办公会、党委专题议事委员会，成立巡查组和督察组，形成“五会、五委、两组、一中心”的组织管控体系，推进党的建设与公司治理有机结合。二是坚持用制度管人管事管资产，在2016年集中下发109项制度规定基础上，2017年又从党的建设、人才培养、安全生产等方面制定下发40余项制度办法，形成系统配套的制度体系，使方方面面的工作有章可循。

（顺鑫控股集团）

【资源配置不断优化】紧紧围绕“7+1”产业组合，整合内外资源，优化产业布局。牛栏山酒业事业部部署全球市场，打造符合国外文化和消费习惯的出口产品；鹏程食品事业部在内蒙古乌兰察布，筹建核心原种猪场和生猪养殖基地；鑫源食品事业部布局京津冀和华东市场；农品事业部根据未来业务发展调整战略规划，整合内部资源，梳理产业链条；地产事业部应对房地产细分市场，推出引领区域价值的升级项目；顺鑫建设科技集团与宁夏建投合作打造装配式建筑生产加工基地，加快传统工程建设行业转型升级，联合组建中灌顺鑫华霖公司，拓展农村环保节水新兴市场；顺鑫国际种业集团布局以黄淮海区域为代表的玉米、小麦市场，设立种业研究院，整体科研能力不断提升；牵手公司整合优化存量资源，聚焦重点渠道市场；顺鑫国际深入开展农产品粮油业务，进一步提高行业影响力；福通公司成立智慧农业联合实验室，参与顺义区智慧城市项目，培育“高精尖”智慧产业；顺正公司严格按照北京市“疏解整治促提升”要求，有序推进各项工作开展。2017年集团布局保险牌照，筹建北京人寿保险公司，加快推进财务公司设立，初步形成实业与金融齐头并进的格局；申请改组试点国有资本投资运营公司，为顺义区推动国资国企改革提供投资控股模式的“顺鑫方案”。

（顺鑫控股集团）

【信息化建设】坚持把信息化建设作为现代企业管理的重要手段，持续发力、有序推进。按照“1+5+14+N”总体规划，以ERP核心业务系统和决策、管控、协同类系统及专业子系统为重点，推动系统的全集团覆盖，在一定程度上实现总部、产业集团、事业部（二级公司）、三级公司之间的信息联通，初步实现物流、信息流、资金流的统一和决策的数据化。以“智慧顺鑫”“智能制造”为切入点，联合国家农业信息化工程技术研究中心，将产业链延伸至信息技术和智慧城市等高端领域。

（顺鑫控股集团）

【人才建设】把人才建设作为战略工程，成立顺义区属第一家国有企业大学，完善组织架构，健全内部设置，建立教学体系，开启顺鑫人才培养院校化、规范化的新模式；举办由三级公司以上经营管理层和总部部室负责人参加的高管研修班，拉开高管导师、中层铁腰、职工助力、伙伴同鑫四大培养计划的序幕；组织青干班培训、财务专业培训等各类培训十二期，着力打造为集团培养和输出人才的基地。参与顺义区“梧桐工程”干部人才引进计划，探索市场化聘任职业经理人模式，为顺鑫控股集团长远发展注入活力。

（顺鑫控股集团）

【2017年两会猪肉供应任务】作为两会猪肉供应企业，顺鑫控股集团鹏程食品分公司完成猪肉配送40个品种，共计33363公斤。并首次承担起熟食制品的供应任务，累计配送7个品种，共计1785.3公斤，填补历届两会熟食制品的空白。旗下小店畜禽良种场、滦平县顺鹏小店种猪繁育公司等六家养殖基地所供应的高标准、高质量猪源也得到两会使用单位和政府部门的认可。

（顺鑫控股集团）

【签约北京世园会全球合作伙伴】4月24日，2019年中国北京世界园艺博览会首批全球合作伙伴签约活动在北京饭店举行。顺鑫控股正式成为北京世园会首批全球合作伙伴，顺鑫控股集团党委书记、董事长王泽代表顺鑫控股集团与北京世园局签署2019北京世园会全球合作伙伴协议。

（顺鑫控股集团）

【顺鑫种业和顺鑫建科正式揭牌】12月8日上午，北京顺鑫国际种业集团有限公司、北京顺鑫建设科技集团有限公司揭牌仪式在顺鑫中盛国际会议中心举行。从“事业部”到“产业集团公司”，标志着顺鑫控股的转型升级之路迈入新的历史阶段。北京市顺义区国有资产监督管理委员会党委副书记、主任耿超，顺鑫控股党委书记、董事长王泽，共同出席揭牌仪式并讲话。

（顺鑫控股集团）

联　通

【概况】联通顺义分公司是顺义地区主导电信网络运营企业，拥有丰富的基础设施资源及强有力的服务支撑和通信保障队伍，是顺义地区一家能够提供综合通信服务的运营商。截至年底,顺义分公司共有员工321人，其中：正式员工286人，其他人员35人。员工中本科学历190人，研究生及以上学历3人。以“客户信赖的智慧生活创造者”为愿景、“联通世界，创享美好生活”为使命，为客户提供全面的通信服务。顺义地区建成语音网、移动通信网、传输网、宽带接入网、IP核心骨干网等电信级专业通信网络。可为顺义地区广大用户提供全业务信息通信服务，包括高达150Mbps的移动4G网络服务；固移融合服务；数据传输服务；互联网专线及中小企业光纤宽带接入服务；IPTV互联网电视等宽带增值服务，以及创新领先的物联网、云计算、大数据等服务，并可提供与信息通信技术相关的系统集成、工程设计施工、OA办公平台、视频监控系统等全方位的综合通信服务。随着信息技术的不断发展，公司逐年提升网络的服务与支撑能力，将继续为顺义区域内用户提供最优质的服务。

单位名称：中国联合网络通信有限公司
　　　　　北京市顺义区分公司

（马迪）

【经营管理】2017年，为保障地区通信用户安全，严格落实用户实名登记工作，加强风险防控，严格纪律约束。全年共计核查整改非实名用户23户，治理诈骗及垃圾短信用户17户，处罚代理商3家，共扣罚佣金11.5万元。应李克强总理提出的要求，加大力度落实“提速降费”政策，取消手机国内长途和漫游费，大幅降低中小企业互联网专线接入资费，降低国际长途电话费，固网宽带方面，联通用户100M以下光纤用户全部免费提速至100M，100M提到200M，200M提到500M，同时相应资费下调一档。

（马迪）

【窗口服务】始终坚持“以客户为中心”的服务理念，统一服务形象、规范服务标准、持续提升服务能力，优化完善客户服务体系建设。客户服务工作更加关注细节，重点加强对营业厅、线务员等服务窗口人员的规范管理，提高专业技术水平，通过微博、微信等社交平台增强与客户间的沟通交流，客户服务质量得到明显提升。优化停机规则，由原来的“欠费默认停机”转变为“欠费默认不停机”，优化“免证”业务办理，明确换卡、宽带续费等业务不再强制要求用户提供身份证，短信提醒和多次进厅办理规则进一步优化，初步解决短信不易懂、次月生效等问题。全年共接到客户10010表扬57件。

（马迪）

【网络维护】2017年，联通顺义分公司网络运行安全稳定，保障全区各类用户的通信畅通。出动重保人员1500人次，车辆248车次，完成100余家客户近500条电路的通信重保任务。共装移机7万余件，装移机平均历时减少3小时，查修障碍5万余件，环比增加9.8%，障碍查修历时与去年同期持平。通过网优、小微场景等手段，提升4G网络覆盖，较2016年移网数据业务流量增长303%，其中4G数据流量占比96%,满足不断扩大的4G市场需求，确保2G、3G用户能够顺利迁转4G网络。全年优化、关停空载设备涉及PON+D设备18端，传输设备15端，2G设备67端；完成SDR改造设备下电53个，9月30日完成全部可改造用户的光纤改造工作。

（马迪）

【网络建设】为快速响应市场，满足高速数据业务需求和提高用户使用体验，加快4G网络建设、明显提升移动网络质量、宽带接入、大客户项目建设、传送网工程和光纤入户改造进度，光纤覆盖率由86.79%提升至97%。

（马迪）

【安全生产】始终坚持“安全第一，预防为主，综合治理”的方针，将安全生产管理常态化，时刻提醒员工保持较高的安全生产意识，加强检查和考核，防患未然，确保各项工作安全开展。通过定期安全生产检查，及时发现问题，监督落实整改，使员工在行为上保持高度警惕。坚持“谁主管，谁负责”，明确各级安全管理责任，细化员工岗位安全职责，落实一岗双责。2017年本单位荣获“北京市交通安全先进单位”称号。

（马迪）

北京大龙控股有限公司

【概况】北京大龙控股有限公司成立于2015年11月，由原北京市顺义大龙城乡建设开发总公司与原北京天竺房地产开发公司重组整合而成，为顺义区国资委一级监管企业。目前，资产总额150亿元，在职职工2500名，开发项目26个。重组整合后设立所属二级企业14家，构建起土地一级开发、房地产二级开发、建筑工程、生态园林、服务、金融、科技、文化传媒8大业务板块，形成综合性产业集团。多年来，大龙控股始终坚持“源于社会、服务社会、感恩社会”的理念，履行国企社会责任，在顺义区先后承建回迁房、保障房，以及学校、医院、供热中心等大量公共设施，并承担着顺义区17个老旧小区的物业服务工作。

单位名称：北京大龙控股有限公司

（企业管理部）

【胡各庄限价房项目正式开工建设】3月31日上午，由大龙控股开发建设的胡各庄限价房项目做为顺义区2017年第100项重大项目举行开复工仪式。该项目是本区重要的民生保障项目，位于仁和镇顺义新城第5街区东北部，计划建设限价商品住宅55323平方米，总投资约8亿元，预计2019年2月竣工。旨在为北京市无房的中低收入家庭提供必要的住房保障。

（企业管理部）

【中山紫马岭项目】大龙控股注资3亿元成立全资子公司——中山市大龙嘉盛置业有限公司，服务于中山市东区项目的开发建设。中山紫马岭项目列入大龙控股2017年重点工作。该项目位于广东省中山市东区紫马岭村，占地面积51.2亩，计划建设高端商业住宅10.96万平方米，总投资8.26亿元，预计2018年4月份开工建设。

（企业管理部）

【舞彩浅山郊野公园一期建设工程】年内，大龙控股所属北京天房绿茵园林绿化工程有限公司在顺义区舞彩浅山郊野公园一期建设工程竞标活动中中标。该项目占地面积2977.5公顷，建设规模1289.47公顷。

（企业管理部）

【“一带一路”峰会安保维稳工作】为做好峰会安保维稳工作大龙控股主要采取6项措施，确保安全稳定：一是抓好工作部署。及时召开“一带一路”安全生产和信访维稳工作会议，传达学习中央、市区关于加强安全维稳工作的文件会议精神，并结合公司实际，安排部署相关工作。二是抓好隐患排查。4月底至5月初，先后开展“一带一路”风险隐患排查、重点时期矛盾纠纷专项排查2次，集中检查各单位生产安全、消防安全、信访维稳等8方面内容，共发现安全隐患6项，其中现场整改2项、限期整改4项；发现信访隐患风险点7个，并上报相关材料。三是抓好应急演练。分别于4月14日、5月8日在大龙东升、顺发建筑公司组织80余名职工开展2场消防安全应急演练，消防支队官兵现场传授灭火器使用方法、初期火灾扑灭技巧和火灾自救逃生技能。四是抓好方案制定。制定《“一带一路”峰会期间安保维稳工作方案》和《处置群体性突发事件的应急预案》，成立安保维稳工作领导小组、突发事件应急领导小组，细化责任、明确分工、狠抓落实。五是抓好应急值守。峰会期间，大龙控股主管安全维稳领导及责任单位、部门主动放弃节假日，坚守工作岗位，保持通讯畅通，认真做好突发事件应急处理准备。六是抓好信息报送。严格落实“每日零报告制度”，及时填报安全生产隐患、信访矛盾纠纷排查等统计表，切实做到“早发现、早报告、早控制、早解决”。峰会期间，大龙控股内部未发生一例安全事故和维稳突发事件。

（企业管理部）

【青年骨干培训班】8月11日，大龙控股有限公司青年骨干培训班正式开营。培训班由各分子公司综合素质高、工作业绩突出、大学本科学历以上的35岁以下青年60人组成。培训以全封闭、全脱产的方式，课题包括《沟通技巧》《打造高效执行力》《团队精神》《军事拓展》《礼仪》《公文写作》等，旨在全面提升青年员工的综合管理技能和素养，以更好地适应公司发展新形势、新任务的需要，为公司跨越式发展贡献力量。

（企业管理部）

【积极应对强降雨，大龙物业在行动】6月21日-24日，顺义区遭遇入汛以来最大的一场降雨，大龙控股下属北京市大龙绿港物业管理有限责任公司采取多项有力措施，确保所辖物业服务小区居民的生命财产安全。6月21日，在接到区防汛抗灾抢险工作的通知后，大龙控股立即组织召开项目经理紧急会议，部署此次防汛工作并启动防汛预案。强降雨来临前，8支防汛队伍共计131人全员到岗到位加强值守，同时增加巡查队伍力量并提高巡查频率，及时对小区配电室、地下车库、裕龙五区消防改造施工地点进行检查。对小区雨水井、雨水篦子、雨落管、地下车库、易积水路段防汛队员提前到位，随时应对突发险情。此次防汛工作共计出动防汛巡视队伍22组，进行雨中巡视96人次，清理雨水篦子610个，排查雨水井462处，清理单元门上排水管132次，清理雨落管107处。强降雨期间，大龙物业所辖20个物业服务小区未发生一起人身安全事故

（企业管理部）

【72小时抢修滨河小区电力设施】7月9日，滨河小区因电力设施老化严重，原有设备严重超负荷运转，出现断电情况。故障发生后，大龙控股迅速责成工程管理部、项目部及大龙物业相关人员40人采取应急措施进行妥善处理。一是火速响应，成立抢修和维稳两个工作小组。二是奋力抢修，抢修小组凌晨4点开始冒雨施工抢修，24小时蹲守配电室随时关注变压器负载情况，抢修人员连续工作72小时。三是稳定民心，维稳工作小组对小区居民进行解释和安抚，最终取得小区居民的理解与支持，有效避免极端情况的发生。在连续72个小时的奋力抢修下，最终将滨河小区用电高峰停电问题解决，保障小区居民高温酷暑期间的正常用电。

（企业管理部）

【青年强企战略】12月2日，大龙控股有限公司青年管理人才公开选拔考试举行，标志着青年强企战略全面启动。本次公开选拔面向全公司40岁以下、大学以上学历青年职工，共有来自公司各条战线的200名青年职工参与其中。为确保活动“公平公正、公开透明”，大龙控股聘请专业机构负责考试组织安排，考试分为笔试和面试两个环节，笔试成绩入围前20名可进入面试环节，最终通过面试录取前8名，作为公司青年管理人才储备，为公司发展积蓄力量。

（企业管理部）

北京顺义科技创新集团有限公司

【概况】2017年，顺义科创集体紧紧围绕加快推进区域产业转型升级这一目标，按照“139运营模式”,开展园区建设，加快构建创新基金体系，不断推动科技成果转化，努力打造创新孵化平台，不断提升公司经营管理水平。公司发展出现结构优化、后劲增强、动能壮大、空间拓展等变化，发展势头良好。2017年，集团账面资产总额137.28亿元，净资产80.81亿元，资产负债率下降到41.13%；实现营业收入28.11亿元，同比增长8.07%，实现利润总额0.08亿元，同比增长113.43%，上缴税金1.63亿元，同比增长15.6%，公司运营呈现稳中向好的良好态势。

单位名称：北京顺义科技创新集团有限公司

（科创集团）

【中央企业国创投资引导基金顺义】5月16日，中央企业国创投资引导基金（以下简称“国创基金”）落户顺义。国务院国资委主任肖亚庆，副主任徐福顺，北京市委常委、副市长阴和俊，中国航天科技集团公司董事长雷凡培，顺义区委副书记、区长高朋出席基金创立大会，北京顺义科技创新集团有限公司作为投资人和基金管理人参加此次会议。国创基金是在国务院国资委的指导下，由航天科技集团联合中国保险投资基金、中国工商银行、中国邮储银行、浦发银行、中国中车、中国国新及顺义科创集团等企业和机构共同出资设立，重点投向处于世界先进水平、市场空间巨大的新一代信息技术、新能源、新能源汽车、高铁、先进电网装备等战略性新兴领域以及航天、船舶等军民融合产业。基金募集总规模1500亿元，确定意向出资总额1139亿元，其中顺义科创集团代表北京市和顺义区出资50亿元。

（陈立东）

【第二期北京科技企业投融资路演活动】5月17日，由区科委、区金融办、区经信委、区国资委、中关村顺义园管委会及深圳证券信息公司主办，中国高新区科技金融信息服务平台、顺义科创集团承办的“北京科技企业投融资路演——顺义科创集团专场（第二期）”在顺义科创集团举办。来自蓓安科仪（北京）技术有限公司、北京众绘虚拟现实技术研究院有限公司、盈嘉互联（北京）科技有限公司、中科诺盟（北京）新材料科技有限公司的企业负责人分别就医院内部物流、虚拟手术模拟系统、建筑+互联网、新材料领域的项目情况和融资需求进行详细介绍。顺义创新产业发展基金、嵩山资本、浙商创投、空港天慧等投资机构代表就路演项目与4家企业负责人进行交流。

（陈立东）

【北京中技克美谐波传动股份有限公司挂牌新三板】5月23日，顺义科创集团所属中技克美公司在全国中小企业股份转让系统新三板挂牌上市（股票代码：871601），这标志着中技克美公司正式登陆资本市场，为谐波传动产业今后发展揭开崭新一页。

（陈立东）

【所属企业改革重组】5月，顺义科创制定的《所属公司改革重组方案》获得顺义区国资委同意并实施。6月正式启动该项工作，将46家国有独资和控股公司减少到29家，完成集团经济布局和结构的战略性调整。

（陈立东）

【以党建促共建 以合作促发展】6月28日下午，顺义科创集团党群工作部及所属14个党支部党务工作者来到中国航空发动机研究院，与研究院党员干部共同参加“两学一做”专题党课学习活动。活动邀请北京市委党校的秦德占教授为大家讲党课。秦教授以“抓实‘两学一做’，做到‘四个合格’”为主题，多角度讲解在“两学一做”学习教育常态化、制度化背景下，党组织及党员应当做什么、怎么做，如何融入日常，抓住经常的问题。此次活动，旨在加深顺义科创集团与中航发研究院的党建交流与合作，提升双方基层党组织的理论水平。

（陈立东）

【中技克美公司应邀参加《驻京中外知名企业顺义行》活动】7月19日，由北京市投资促进局、顺义区人民政府共同主办的《驻京中外知名企业顺义行》活动在北京临空皇冠假日酒店举办，活动旨在介绍顺义区建设创新型产业集聚区和“中国制造2025”示范区相关情况，推介入区企业创新经验及成果、发布招商资源、对接洽谈等。顺义科创集团所属中技克美公司总经理王洋，以“谐波传动技术”为主题，做题为《加速军民融合，助力智能制造产业发展》的演讲，详细介绍公司产品、市场及未来发展前景。

（陈立东）

【中技克美亮相第十九届中国国际工业博览会】11月7日-11日，第十九届中国国际工业博览会在国家会展中心（上海）举办，科创集团所属公司中技克美携带11款共计60套谐波产品亮相此次博览会。中技克美以机器人配套用谐波减速器的产品结构及技术创新为主线，全力聚焦“中国制造2025”战略中的重点发展领域，致力于谐波传动产业的推广与开发。博览会上，中技克美与库卡、新松、埃斯顿等中国工业机器人制造企业及业内人士进行广泛交流。

（陈立东）

【北京智能计算产业研究院正式成立】12月6日，北京中科睿芯智能计算产业研究院有限公司（以下简称“产研院”）成立仪式在顺义区睿芯大厦举办。产研院由北京中科睿芯科技有限公司发起设立，顺义科创集团旗下北京首航三新科技研究院有限公司参与投资，是中科院计算所和顺义区两大国家双创示范基地共同打造的服务平台，肩负着构建“高通量智能计算产业生态链”的使命。

（陈立东）

【园区发展水平进一步提升】集团公司2017年投入5186万元实施一批重点工程，改善园区环境。其中投资3770万元实施绿化、热力改造等一批市政建设项目，提升园区整体形象；投资998万元对所属近4万平米彩钢板房进行拆除改造，消除安全隐患；投资418万元建立应急指挥中心，实现终端监控与现场巡视无障碍对接，安防智能化全覆盖，有效提升园区整体安全基础设施水平和安全生产环境。

（陈立东）

首安工业消防有限公司

【概况】首安工业消防有限公司（简称“首安”）是中国首家专业从事工业消防安全的高新技术企业，总部位于北京，在全国20多个省份及海外设有分支机构或子公司，主要技术与管理人员均拥有博士、硕士学位。首安基于自有核心技术产品、以工程总承包为主要服务形式，为钢铁冶金、电力工业、核能核电、航空航天、市政设施、隧道交通、石油化工、洁净厂房、数据中心、物流仓储、军工、酿酒等众多领域的工业企业及特种建筑提供先进、可靠、适用的消防安全解决方案。首安自主创新的三大核心系统产品——工业火灾探测报警系统、消防安全网络化监控指挥系统、自动灭火系统获得多项国际发明专利和近百项国内发明专利；公司荣获国家企事业知识产权试点单位、北京市专利示范单位等荣誉称号。以优质高效的总包服务、广泛应用的核心产品和持续增长的突出业绩，首安连续五届蝉联“中国消防行业十大民族企业”首位。首安秉承“竞争促进发展，合作成就事业”的发展观，以“倡导安全为首，创建首强品牌”为核心理念，持续满足并不断超越客户需求，努力成为工业消防安全领域的世界领先企业。

单位名称：首安工业消防有限公司

（首安工业消防有限公司）

【荣获国家科学技术奖励】首安围绕国家创新驱动发展战略，面向行业需求，瞄准科技前沿，取得一系列技术突破，并将创新成果应用于工程实践，推动科技成果产业化。2017年，首安公司董事长李伟刚作为主要完成人之一的“多物理效应协同雾化水灭火系统关键技术及应用”项目，荣获国家技术发明二等奖。该项目为2017年度国家技术发明奖通用“即非保密项目”之一，研究成果由首安公司联合北京航空航天大学、中国人民解放军某部队等单位合作完成，是校企合作及军民融合的典型项目。该技术发明成果在灭火时间及灭火用水量方面处于国际领先水平，广泛应用于载人航天器地面实验装置、舰艇等运载工具以及钢铁、电力、石化、交通等众多行业。

（首安工业消防有限公司）

【研发工作动态】研发中心继续加强核心技术产品的研发、标准化、产业化和知识产权保护等方面的工作，同时加强新行业、新领域的技术创新以及应用研究。电子产品研发方面，完成SL-M6700消防控制室图形显示装置、SL-M410电气火灾监控设备、SL-D412测温式电气火灾监控探测器等三个产品的送检和认证工作，开始新型火灾报警控制器（联动型）的研制与认证工作。在灭火产品方面完成细水雾灭火装置、水雾喷头及雨淋报警阀等产品的认证工作；开展系列水雾喷头和系列雨淋报警阀的开发与认证工作，包括系列雨淋报警阀型号ZSFM65、ZSFM80、ZSFM100、ZSFM150、ZSFM200和系列水雾喷头型号ZSTWB40/120、ZSTWB35/120、ZSTWB40/90、ZSTWB35/90、ZSTWB40/120SS、ZSTWB35/120SS、ZSTWB40/90SS、ZSTWB35/90SS。在标准规范方面，首安公司作为主编单位完成国家标准《钢铁冶金企业设计防火规范》的修订版本的报批工作。作为参编单位，完成《城镇综合管廊监控与报警系统工程技术标准》的编制工作，该标准将于2018年7月1日实施；完成《城镇综合管廊监控与报警系统工程技术标准》图集的编制工作，该图集已出版发行；参与国家标准《火力发电厂与变电站设计防火规范》《火灾自动报警系统施工及验收规范》的修订工作及国家标准《城市地下综合管廊运行维护及安全技术标准》、深圳市地方标准《市政电缆隧道消防与安全防范系统施工及验收规范》、深圳市地方标准《城市综合管廊消防系统技术规范》的编制工作；参加北京市科技计划课题-综合管廊安全技术研究及北京城市副中心应用示范的相关研究工作。知识产权方面，继续做好国际、国内专利的维护工作，按国家知识产权局要求提供国家优势企业复核资料，配合国家、北京和顺义区知识产权局的相关工作。

（首安工业消防有限公司）

【工程业绩】首安2017年新签合同额较上一年继续增长，超额完成年初既定目标。首安加速市场转型布局的战略目标取得显著成效，在大型市政设施、轨道交通、综合管廊、洁净厂房等行业领域取得重大突破与进展：成功中标北京城市副中心行政办公区、徐州城市轨道交通1号线、西安地下综合管廊工程I标段、云谷（固安）科技有限公司第6代有源矩阵有机发光显示器件（AMOLED）面板生产线项目及霸州云谷科技第6代AMOLED 模组生产线项目等具有代表性的大型重点建设项目消防系统工程。此外，2017年签订并实施的重点项目还包括：1月，神华国能鸳鸯湖电厂二期2×1000MW扩建消防系统工程、京能五间房电厂一期 2×660MW 机组消防系统工程；2月，田湾核电5/6号机组常规岛消防设备项目；4月，华电莱州发电有限公司二期2×1000MW级超临界机组消防系统工程、同煤阳高2×350MW热电厂全厂特殊消防系统工程；5月，安钢集团冷轧有限公司二期消防总承包工程；6月，苏宁云商浙江地区电子商务运营中心二期消防工程；7月，南宁农产品交易中心（一期）消防工程、江苏华电句容煤炭储运码头工程PC总承包工程；8月，当当网新建库房及附属项目消防工程；9月，上海申能奉贤热电工程消防系统项目；11月，中标首钢京唐钢铁联合有限责任公司二期消防工程；12月，威海滨海新城地下管廊消防工程等。在国际市场方面，首安继续响应国家“一带一路”顶层战略，凭借深厚的技术优势、丰富而广泛的实践经验，紧跟大型央企的国际步伐，把握市场机遇，布局国际市场，签订众多海外工程项目，版图涵盖南亚、东南亚、中亚、东欧、非洲、南美等地区。

（首安工业消防有限公司）

【企业资质与荣誉】在拥有“消防设施工程设计专项甲级”“消防设施工程专业承包壹级”“电子与智能化工程专业承包贰级”等企业资质基础上，2017年6月，首安通过“消防设施维护保养检测临时壹级”资质延期审核；10月，再次通过“高新技术企业”认定；11月，首安公司在由中国消防协会开展的企业信用等级评价活动中，连续第七次获评行业信用评价最高等级AAA级信用企业；12月，首安公司获2017年度全国政府采购“优秀消防安全产品供应商”大奖。

（首安工业消防有限公司）

【管理体系运行情况】2017年初，公司制定管理体系年度内审和管理评审计划，并按计划顺利实施；6月初，通过认证中心对公司管理体系年度监督审核。通过内审和管理评审及外部审核，使公司的管理体系不断的改进和完善，确保公司管理体系持续的适宜性、充分性和有效性。

（首安工业消防有限公司）

【知识产权周系列活动】4月，作为国家知识产权优势企业、北京市专利示范企业代表，首安公司受邀参加由国家知识产权局、北京市知识产权局、北京市顺义区人民政府主办的“足迹 2017-助力知识产权强国建设”首都知识产权界徒步大会、示范知识产权企业成果展、知识产权论坛等系列活动。活动在北京顺义奥林匹克水上公园举行。首安公司作为“北京知识产权成果展”主要参展企业之一，向公众展出自主专利产品及最新技术。

（首安工业消防有限公司）

【国际技术交流展览会】9月，第十七届“国际消防设备技术交流展览会”（CHINA FIRE 2017）在北京举行。在近 300 平米的首安展位上，首安参展产品涵盖消防无人机系统、图像型火灾探测系统、火焰探测器系列、线型感温火灾探测器系列、可燃气体探测报警系统、电气火灾监控系统、防火门监控系统、火灾自动报警联动控制系统、自动跟踪定位射流灭火装置、气体灭火系统、细水雾及水喷雾灭火系统等，辐射探测报警及灭火领域的强大阵容。其中，消防无人机系统、图像型火灾探测系统、防火门监控系统、自动跟踪定位射流灭火装置等产品为首次亮相，成为本次展会的亮点，吸引诸多行业专家及观众的关注。

（首安工业消防有限公司）

顺义市政控股有限责任公司

【概况】市政控股拥有10家二级公司，主营业务涵盖城市基础服务（水、气、热、车）、工程建设施工、污水处理（含中水）、市政维护（含给排水）、环保新能源、金融投资六大板块。顺义市政控股以“打造市民信赖、政府信任的创新型城市服务综合运营商”为愿景，践行“责任市政、民生市政、生态市政、智慧市政、共享市政”的理念，肩负着服务顺义城市发展，提升顺义城市品质的重任，主要工作包括：落实区域内市政基础设施产业发展规划；统筹协调供水、排水、热力、燃气、电力、通信等地下综合管廊及地上市政基础设施建设，形成同步规划、同步建设、同步管理的体制机制；承担顺义新城市政基础设施项目的投资、融资、建设、经营和管理等任务。截至年底，资产总额75.62亿元，实现营业收入28.93亿元，利润总额2.79亿元，上缴税金1.75亿元，分别比去年同期增长14.4%、10.9%、40.1%，完成国资委全年考核任务的106%、103%、130%。其中，燃气公司、自来水公司、恒锋市政、通达公司、大龙供热五家骨干企业各项指标均比同期有较大幅度的增长，收入、利润总额、上缴税金分别增长13.1%、32.9%、27.2%，凸显出主营业务的优势。

单位名称：顺义市政控股有限责任公司

（市政控股）

【组织架构逐步完善】市政控股党委、二级公司党委（党总支、党支部）、基层党支部三级共28个党组织换届完成。妇委会成立。市政控股团委的换届工作和7家二级公司的工会换届工作完成。年内，市场开发部和宣传文化部成立，现市政控股机关共有职能部室15个。

（市政控股）

【优化队伍结构】围绕二级公司班子年轻化、专业化的目标，选拔4名35岁以下干部充实到领导队伍中；派出4名干部到区直部门、农村和区外挂职锻炼。二级公司监事会、专职监事的组建工作基本完成。从基本素质、胜任力、主要领导评价、专业评价、考察座谈评价等五个方面对二级公司领导班子及班子成员进行履职能力评价。市政控股机关工作人员胜任力考核工作完成。

（市政控股）

【人才聘用】市政控股坚持统一公开招聘、二级公司自主招聘、党政交流和校园招聘四个层次的招聘工作有机结合。年内，共招聘65人，内部交流到机关5人。参与区“梧桐工程”招聘工作，扩大市政控股知名度。开展7名中层干部及重要岗位工作人员轮岗，结合内部竞聘，配强配优工作队伍，为工作提供有力支撑。

（市政控股）

【组织教育培训】按需求、按层次开展教育培训工作。开展企业安全发展和PPP项目运作等方面培训，切实推进党建工作与业务工作的融合；组织7名处级干部到大连高级经理学院进行为期一周的专业学习；企业内部组织3期现代企业制度培训；党委书记开展企业战略管控和党建专题讲座2次。在2016年市政控股机关和自来水公司开展全员述职的基础上，将全员述职工作在全系统内推行。

（市政控股）

【宣传文化建设】坚持内抓培训聚合力，外抓宣传树品牌，实现"电视有影、报纸有字、网络有言、户外有势"。年内，市政控股在《北京日报》《京郊日报》《首都建设报》及顺义区内各种媒体刊登稿件370余篇，同比增长近4倍。创建"市政控股微信公众号"、H5推送模式、LED大屏等新的宣传载体；与《顺义市政控股》（已出刊6期）《顺义燃气》《大龙供热报》《京顺月刊》《煤炭信息》等多种刊物搭建良好交流平台。对市政控股全系统信息员就如何宣传政务信息工作进行专题培训。

（市政控股）

【主导产业确定】聘用北大纵横公司，对市政控股战略规划和产业规划进行整体设计，为公司的发展进一步理清思路，明确资产、收入、利润等具体的发展目标。确定3大主业及3大培育主业（3大主业即城市基础设施投资、建设、运营和管理，公用事业投资、建设、运营和管理，汽车后服务产业；3大培育主业即新能源产业、投资、智慧产业）产业发展方向，为企业优化配置、应对竞争和长远战略发展奠定基础。

（市政控股）

【"四定"改革】自来水公司定岗、定责、定编、定薪的"四定"改革完成，实现组织结构和人员结构"两优化"。同时，做好"四定"改革试点有益经验的总结，逐步推进全公司的"四定"管理，排水公司以统一考试成绩确定岗位完成"四定"；通达公司建立事业部制，实现企业内部业务整合重组；环保科技公司成立之初就按"四定"方案确定部门岗位职责、人员编制；其他二级公司的"四定"工作有序推进。

（市政控股）

【主导业务市场开发成效凸显】年内，供销天然气5.2亿立方米，同比增长14%，销售液化气6877吨，同比增长37%；新增居民及企事业单位自来水用户8373户，增加供水面积2平方公里，每天增加供水量8000立方米；中标邯郸市肥乡区集中供热PPP项目，接管木林镇、太平小区等3处锅炉房，与北汽集团、燃气学院签订规划范围外并网协议，共新增供热面积76万平方米；接收污水处理站94座，总数达到100座，年生产再生水3940万立方米，同比增长10.8%。

（市政控股）

【新兴业务发展】综检站完成设备升级改造，完成北京市城六区、顺义区及周边区域的客运车、化危车的中标签约工作，成为顺义区唯一能够满足新国标检验要求的检测站；新增餐厨垃圾处理业务，餐厨垃圾处理厂工程基本完工并具备运行调试能力；完成10个水厂1MW光伏发电项目实现并网发电。

（市政控股）

【"碧水蓝天保卫战"】市政控股统筹谋划、及时把控，燃气公司、恒锋市政主动承担，各二级公司全力配合，区内国有企业全力支持，完成8个镇19个村"煤改气"工程，确保1.2万户村民温暖过冬；"引温一期"升级改造工程完成，对杨镇、彩俸、箭杆河等污水处理厂（站）实施CWT一体化应急处理设备，确保排放水质达标。

（市政控股）

【城市基础设施建设】推进天然气"新三线""老三线"以及陈马路等工程建设，完成400公里气源管线建设；城南水厂输配水管网建设工程全部完成，具备并网供水条件；劳动大厦市政工程、热力工程，疾控中心热力工程，减河北路东延工程竣工；樱花园小区给水改造任务开工建设。

（市政控股）

【智慧市政建设】裕龙三区智慧小区试点建设基本完成，为建设城市规划设计"一张图"、公共事业网上缴费"一张卡"、城市地下综合管线"一张网"的理念提供实践基础；远传水表、气表各2.3万块的改造任务完成；承担投入5000万元，"雪亮工程"一期在党的十九大召开前完成。

（市政控股）

【日常工作】开展日常、重要节点、敏感时期检查工作1000余次，通过组织自查、联合检查、督查等形式做到隐患排查整改到位。做好城市运行安全保障，应对19.6万立方米高峰用水、431万立方米高峰用气和低温天气居民供暖；做好各项防汛准备和突发汛情抢险，保障汛期安全度汛；加强巡查检查和规范操作，做好有限空间管理和农村"煤改气"管网设施安全运行。2017年，市政控股安全生产形势平稳，未发生安全生产事故和人员伤亡事故。

（市政控股）

【市场开发助推企业发展】天然气市场开发方面。完成已有管网覆盖范围内目标用户的深入统计与调研，在摸清底数的基础上，开发管线沿线公服用户40家，其中包括恩布拉科雪花机制造厂（年用气量达169万方）以及原使用机场动力能源气源的用户。液化气市场开发方面。全年下乡配送液化气33万瓶，同比增长5.8%；销售液化气6877吨，同比增长37%，其中民用5017吨、公服1860吨，开发公服用户900余家的销量为1589.8吨，占公服用户总销量的85%，区内市场占有率提高33%。

（顺燃控股）

【多重气源保障】气源管线工程。木林工业区-白马路次高压市政燃气管线工程（陈马路工程）全长10.5公里完工，实现木林制气厂与城区管网接轨，并穿越大秦铁路。顺义区天然气供应保障能力提升工程（老三线）稳步推进，其中七干渠京密路及顺沙路燃气管线建成通气，昌金路完成公路相关手续办理，具备进场条件。河东地区天然气输配管网建设暨煤改气配套燃气工程（新三线）中，左堤路完工，白马路完成90%，龙塘路施工部分完成，合计剩余6.4公里。木林制气厂项目。合资公司-北京昆仑新源燃气有限责任公司正式成立，完成燃气经营许可取证，场站整体建设基本完成，目前具备通气条件。根据实际情况，通过白马路中压燃气管线向木林制气厂反供气源，使木林制气厂具备向全区送气条件，市政管线覆盖木林镇中心。

（顺燃控股）

【安全运行】结合实际辨识风险点，建立安全风险防控清单，做到安全管理心中有数。加强隐患排查治理，全年共开展安全生产检查219次，中压及以上燃气钢质管道检测212公里，发现隐患均整改完成。妥善处理燃气管线第三方破坏应急抢险事故13起，未发生次生事故。民用户计划安检95437户，实际安检68485户，安检率达72%，同比增长6%。按计划完成公服用户及人员密集场所安检。完成西辛南北区、宜宾南北区室外燃气设施改造工程。2017年燃气购销差平均值为2.35%，控制在合理范围内。液化气方面完成2座储罐更新置换。完成西水泉、长林等村减压器及胶管的更换。“送气下乡”期满钢瓶回收送检共11092支。安检入户8419户次，公服用户安检1436户次，发现隐患及时维修复检。

（顺燃控股）

【智慧市政助安全】GIS投入使用并发挥作用，实现监控运营车辆、记录维修事项、与售气系统连通等功能。将GIS运用到农村燃气安全管理中，实现对村内燃气表的定位，为今后安检、抢修抢险等日常管理提供依据。智能远传燃气表更换14543台。多重科技手段助力实现“智慧市政”，综合管理“一张图”，网上缴费“一张卡”的信息化融合。

（顺燃控股）

【供水服务】截止年底，供水量为5507万立方米。

（自来水公司）

【管线铺设】实施工程140项,铺设DN75mm以上管线70.2公里。砌筑阀门、水表、消火栓井共2201座，新增供水面积2平方公里，全年新增居民用户水表7907块、公服用户水表466块，增加总报装水量为0.8万立方米/天。

（自来水公司）

【水质检测】全年完成出厂水日常检测18000余项次，管网水检测1200余项次，水质检分析检验检测共7000余项次。增加对水源井的监测频次，完成水源井检测1000余项次，全年共出具检验检测报告293份，比去年增加17.2%，报告合格率100%。

（自来水公司）

【自来水公司人才队伍建设】一是市政控股统一招聘和公司自主招聘相结合，从学历、专业、从业经验、职称等多环节严格把关，2017年公司共招聘15人（全日制本科以上学历9人、具有3年以上相关岗位工作经验人员6名）。西辛、马坡等5个水厂招聘专科学历电工6人，全部持有高、低压电工操作证书且具备多年相关岗位工作经验。二是在纪检部门的全程监督下，严格按照干部任用相关规定和程序，完成13名中层干部的选任、提拔和调整工作。

（自来水公司）

【职工技能培训与竞赛】公司投资30余万元筹建职工技能培训基地，设有理论培训室和技能实操室，可实现理论和实践的有效衔接。2017年，先后分4次对公司189名一线员工开展安全生产法律法规、安全生产知识、配电设备安全运行、供水调度、水质安全等内容的培训。开展第一期电工技能竞赛，包含登杆操作和电工技术操作两个项目，12个基层生产单位24名职工参赛，最终评出6个集体奖项和26个个人奖项。

（自来水公司）

【劳动大厦市政配套附属工程-热力工程】劳动大厦（电子政务中心）市政配套附属工程包括顺义城北供热中心西太路热力管道(减河北路～龙苑南路)和顺义城北供热中心三马路热力管道(顺白路～西太东路)两部分。顺义城北供热中心西太路热力管道(减河北路～龙苑南路)主管线总长444米，管径为DN200-DN600。DN200热力管采用无缝钢管(20#)，DN600热力管采用双面焊螺旋电焊钢管(Q235-B)。顺义城北供热中心三马路热力管道（顺白路～西太东路）主管线总长660米，管径为DN400。热力管线采用双面焊螺旋电焊钢管(Q235-B)。

（恒锋市政）

【劳动大厦市政配套附属工程】新建西太路，道路南起减河北路、北至龙苑南路，道路全长686米，规划等级为城市支路，红线宽25米，横断面布置采用一幅路形式，路面宽14米，两侧人行道各宽3米。新建三马路，道路西起白马路，东至西太东路，道路全长955米，规划等级为城市支路，红线宽20米，横断面布置采用一幅路形式，路面宽16米，两侧人行道各宽4.5米。雨水工程：在西太路新建管径D500至D1200毫米雨水管线771米，管材采用钢筋混凝土承插口管。在三马路新建管径D600至D1800毫米雨水管线1192米，管材采用钢筋混凝土承插口管。污水工程：在西太路新建管径D400毫米污水管线695米，管材采用钢筋混凝土承插口管，管径大于DN1000的采用钢筋混凝土企口管。中水工程：在西太路新建管径D150至D200毫米中水管线812米，管材采用球墨铸铁管。给水工程：在西太路新建管径DN200至DN300毫米给水管线835米，管材采用球墨铸铁管。在三马路新建管径DN200至DN400毫米给水管线1032米，管材采用球墨铸铁管。燃气工程：燃气管道接自减河北路已建D325×8中压燃气管道。燃气管道位于西太路路中东侧19.80米，燃气管道管径D328×8和D159×5，燃气管道全长293米，其中燃气主管道管径为D325×8，长度为260米，预留燃气支管管径为D325×8和D159×5，长度为33米。

（恒锋市政）

【第13街区1105、1106、1108地块市政基础设施工程】 顺义新城第13街区1105、1106、1108地块市政基础设施工程东至右堤路、南至复兴东街、西至顺安路、北至华中路。本标段包括排水工程、给水工程、中水工程、燃气工程、交通工程、热力工程共六项内容。其中，雨水管道总长度为1051米，规格为D400～B*H=3.4*1m方沟；疏挖雨水明沟总长度374米。污水管道总长度为1846米，规格为D300～D500。给水管道总长度为975米，管径为DN75～DN300。中水管道总长度为424米，管径为DN75～DN150。

（恒锋市政）

【车辆检测业务】 年内，共计验车309449辆，其中新车注册142325辆。检测场改造两条尾气工况检测线，新增一套外扩测量装置和称重装置。全年共计开发新车检测业务25400辆，年检车辆检测14541辆。

（通达公司）

【综检线升级改造】 北京顺交汽车综合性能检测站分别在年初和6月新建和改造两条综检线，保证在用检测设备先进性的同时，优化检测流程，提升检测效率，目前车辆检测数量由初期40台/日上升到180台/日。

（通达公司）

【厂区改造与设备升级】 年内，北京顺利通汽车修理厂完成修理车间、司机休息室、喷漆厂房和燃煤锅炉的改造工作，优化厂区环境的同时提高服务水平。新改造的喷漆房可同时满足5部车辆的喷漆作业，提升修理能力和工作效率。

（通达公司）

【停车管理】 年内，通达停车管理中心承接顺义区联合办税服务大厅、国泰宏城商场和政府新办公大楼停车场管理业务以及为期三年的顺义区P+R停车场的经营管理权。

（通达公司）

【深化改革做强主业】 北京通达实业总公司结合发展汽车后服务产业的战略定位，制定"1+N汽车后服务产业"战略规划，并成立深化改革领导小组，对小微亏企业实行关停并转，集中优势做大做强主业。2017年着手高尔夫旅行社、北京市顺交氧气站、万利顺液化气站、北京创安达科贸有限公司、北京通达家政服务中心等多家小微亏企业的关停并转工作。

（通达公司）

【优质型煤配送任务】 按照区农委工作安排，开展优质无烟型煤配送工作。2017－2018供暖季，配送型煤1.3万余吨。

（能源科技）

【分布式光伏发电合作协议签约仪式】 能源科技公司与汉能、天合光能、上海晶科正式签署合作协议。根据协议，公司将与上述三家光伏企业共同开启顺义区分布式光伏发电的新篇章。运用优质产品为本区分布式光伏发电用户提供项目设计、安装、售后等优质服务。

（能源科技）

【新型专利】 年内，大龙供热中心取得"供暖管网的动态平衡系统"等2项实用新型专利。

（大龙供热）

【大龙供热中心综合大厅投入使用】 年内，大龙供热中心城东综合收费大厅正式投入使用，为全区百姓提供供热、自来水、天然气业务的综合查询、缴费服务。

（大龙供热）

【供暖任务完成】 大龙供热中心2016－2017年度144天的供热工作完成，此次供暖季延长11天。截至年底，供热面积达到1400万平方米，占城区总供热面积的三分之二

（大龙供热）

【95个村镇级污水处理站正式移交】 年内，排水公司完成95个镇村级污水处理和再生水利用设施站的移交工作。所接管的镇村级污水处理设施站进行设备设施、场地等方面的排查工作并建立台账。根据接管的镇村级污水处理设施地域及厂站分布，将污水处理设施站划分为西区、中心区和东区三个运行管理分区，建立"驻场+巡视+应急职守"的管控模式，进行集中统筹管理。对出水水质达不到现行排放标准的处理设施进行升级改造,设计日出水量总计14.2万吨。

（排水公司）

【温榆河水资源利用一期工程】 年内，温榆河水资源利用一期改造工程土建部分完成；设备安装完成，并进行联机调试。好氧池闭水实验完成。改造工程主要对一期工程的膜组器进行更新，预处理系统、污泥系统、鼓风机、臭氧消毒系统等进行改造。

（排水公司）

【资质证书申报】 2月，顺政绿港市政设施管理有限责任公司开始资质申报工作，于11月取得三项资质证书：市政公用工程施工总承包叁级、公路交通工程（公路安全设施）专业承包贰级、公路交通工程（公路机电工程）专业承包贰级。

（市政设施）

【重点工程项目】 顺政绿港市政设施管理有限责任公司年内在施、完工的重点项目包括：1、2017年华中路市政基础设施提升工程，开工时间2017年3月，完工时间2017年4月，金额34万元。2、2017年十三街区市政基础设施提升

工程，开工时间2017年7月，完成工程总量的92%，金额59万元。3、2017年法院办公用房红外线排水管道改建工程，开工时间2017年6月，完工时间2017年 10月，金额92万元。4、2017年劳动大厦道路基础提升工程，开工时间2017年6月，完成工程总量的90%，金额160万元。5、2017年复兴东街道路基础设施工程，开工时间2017年6月，完工时间2017年10月，金额180万元。

（市政设施）

【无物业小区巡视】累计发现各类问题297处，共计473平方米，其中彩砖松动、破损、塌陷118.5平方米，柏油路面破损、塌陷109平方米；改下水管道破挖彩砖约100平方米、柏油路面78.5平方米，施工修管道约64.5平方米。发现路面损坏、塌陷165处，约650平方米。居民改下水14处，破挖彩砖约26平方米，井盖损坏2个。大龙供暖、自来水等单位施工多起。6月初，天燃气公司对义宾南北区开始老旧管道全面改造的工作，义宾所进行前期监督办理施工手续，施工期间监督检查质量，后期重点排查的工作，尤其是施工完成后进入汛期，重点检查施工后地点，发现10余处塌陷、空洞、及时与督查科、施工方联系，督促其尽快维修，避免发生安全问题。

（市政设施）

【排水设施管护】发现井、雨水箅子丢失及损坏79处，管道塌陷1处，对减河、潮白河、月牙河和胡窑排水19处入河口的污水源进行清查。对公路局即将移交的天北路、顺白路、顺安路和东大桥周边道路上的41.5公里排水管线、1000余座检查井和2000余座雨水箅子等排水设施一一查看。处理关于香悦四季污水倒灌、李天路丰荣大厦处检查井冒水等60余件便民电话交办单，做到第一时间和当事人取得联系并处理妥当，回馈满意率100%。

（市政设施）

【市政六项设施管护】完成二环以里九七弯臂更换16根及300换400灯的62组灯具。维修信号灯1803次，更换电池290块，换灯线8177米，换电源线2570米。大孙各庄新建路口一处、新政府大楼周边交通工程、改造顺平路12路口及新俸伯大桥改海信联网信号机。大修井盖360个及14个路口拉管塑料管1650米。景照明共巡查370余次，出动工程车370车次，发现问题10余次都及时处理。对全区18家载体及中央平台的远程控制进行整体更换，工期历时一个半月。对全区12家夜景照明载体的灯具及线路进行整改，工期历时2个月。

（市政设施）

【地下管线综合管理信息系统】地下管线综合管理信息系统为城市建设、城市管理和决策服务的以计算机网络为载体，GIS软件为支持平台的应用型技术系统。主要负责本系统的正常运行和日常维护。今年共巡检361天，正常288天，异常73天。

（市政设施）

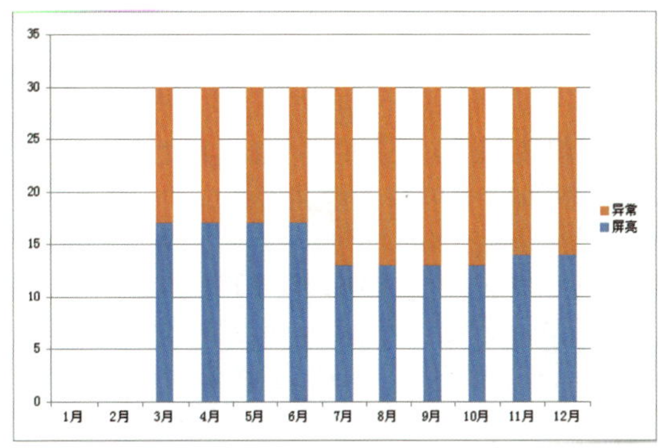

【电子井盖综合管理信息系统】电子井盖综合管理信息系统以RFID技术为手段，架构管委与管线权属单位协同进行地井和井盖管理的信息系统，主要负责本系统的正常运行和日常维护。今年共巡检359天，正常283天，异常76天。

（市政设施）

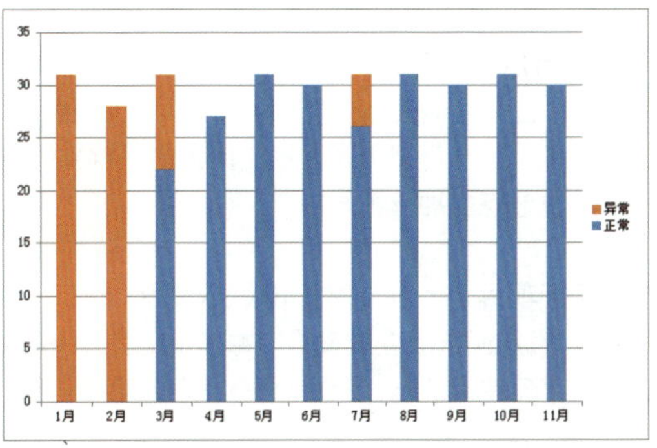

【停车诱导信息系统】停车诱导信息系统在停车场的各出入口实时检测进出车辆，采集停车场车位变化数据。通过无线公用通讯网络对系统进行传送，并对相应信息显示牌进行划分，显示空余泊位的应用型技术系统。外围停车诱导屏巡视为每周一次。2017年共巡查37次，亮屏148个，异常152个。

（市政设施）

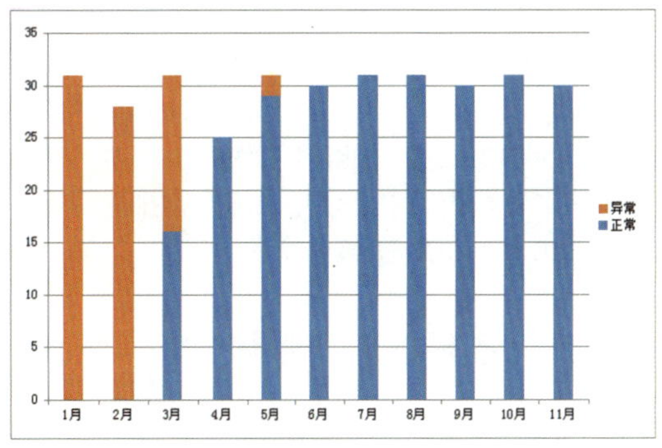

【网格化社会管理服务系统】年内，总共接收网格化信息案件126起，共修复5起，本单位修复5起。非我权属121起，总

共累计延时253次。接收市民来电8起，归属本单位的案件报相关维修部门，所属外单位的案件通知相关单位维修。

（市政设施）

【安全管理体系建设】对公司的安全管理制度进行完善，其中安全管理制度共19项、环保内容共15项。对有限空间、电气作业、高空作业、动火作业等完善操作流程和审批制度。制定并实施《北京顺政绿港市政设施管理有限责任公司2017年防汛抢险工作预案》《北京顺政绿港市政设施管理有限责任公司“一带一路”高峰论坛期间安保维稳工作方案》《北京顺政绿港市政设施管理有限责任公司2017年安全生产月活动方案》，并按方案组织开展工作，年内无一安全事故发生。

（市政设施）

【综合营收系统上线运行】年内，综合营收系统上线运行。实现水、气、热三种费用同时在一套系统中缴纳和结算为后期公司建设资金结算中心打下基础。微信端功能的开发与使用，为市民提供更加便捷的服务。

（金服科技）

【市政控股综合服务大厅投入使用】年内，市政控股综合服务大厅投入使用。内设11个窗口，可同时缴纳燃气、自来水、取暖费、热水等费用；窗口支持微信、POS机刷卡、支付宝、现金等多种缴费方式。

（金服科技）

【智慧市政展厅项目】年内，智慧市政展厅项目完工，共分为五个展示部分：市政控股简介、顺义市政公用事业发展史、智慧市政建设情况、未来愿景介绍和党建宣传。

（金服科技）

【智慧市政监管平台】建立顺义区GIS平台，在地图上显示水、气、热、排水管线及所有生产场地，实现数据共享；平台上可展示各二级单位的每月生产经营情况及水、气的每天的供应情况，并以曲线或柱状图的形式展示，便于比较分析；智能井盖管理系统，可在井盖安装传感器，防坠网，警示牌。

（金服科技）

【温榆河水资源一期改造工程开工】2月21日，温榆河水资源利用一期改造工程正式进场施工。项目改造内容为膜更新改造、预处理改造、污泥系统改造、鼓风机改造、臭氧消毒系统改造、自动化改造等。工程总投资13458万元，采用MBR工艺，建设规模每天10万吨。出水水质达到北京市《城镇污水处理厂水污染物排放标准》（DB11/890-2012）中的B标准。

（排水公司）

【企业改制】4月，北京市恒锋机械工程有限公司成立。

（恒锋市政）

【防汛工作】4月，完善城区及重点点位的防汛预案、任务分解等文件。6月，顺义区防汛工作会和市政设施管理公司防汛工作启动大会分别召开，防汛物资足量储备，防汛设施、南北环泵站定期检修，全力应对强降雨等极端天气。汛期启动防汛预案22次，出动抢险人员1500余人次，车辆机械200余车次，强降雨天气对重点地段采取放置警示牌、交通疏导、断路等措施进行疏导，保障2017年安全度汛。

（市政设施）

【汉石桥再生水厂改扩建工程获批复】5月4日，汉石桥湿地再生水厂改扩建工程获项目核准批复。工程建设总投资为11811.2万元。建设内容及规模由3600立方米/天改造为15000立方米/天，远期设计总规模达到35000立方米/天。出水水质达到北京市《城镇污水处理厂水污染物排放标准》（DB11/890-2012）中表1的B标准。

（排水公司）

【三位一体监督审核】5月10日-5月12日，公司通过质量、环境、职业健康三位一体国际管理体系的监督审核。此次审核对照ISO9000、GB/T50430-2007等行业标准，对公司日常运营和工程管理做出全过程审核，确保公司的体系运行达到新标准、符合新要求。

（恒锋市政）

【北京顺政绿港环保科技有限责任公司成立】6月，北京顺政绿港环保科技有限责任公司成立，主要负责顺义区餐厨垃圾处理厂的建设、运营。

（环保公司）

【接管污水处理和再生水运营工作】7月15日，根据《顺义区污水处理和再生水利用设施运营管理暂行办法》，北京顺政绿港排水有限责任公司陆续接管顺义95个镇村级污水处理和再生水利用设施运营管理工作。

（排水公司）

【李桥镇应急污水处理工程】7月20日，排水公司与顺义区李桥镇达成合作意向，共同解决该镇排污口污水处理问题。工程总投资4700万元，服务年限10年，选用预处理+CWT智能一体化污水处理净化系统，日处理规模0.4万吨，主要处理张辛庄村、英各庄村、后桥村、庄子营村的生活污水。

（排水公司）

【餐厨垃圾处理厂项目正式移交】7月24日，北京顺政绿港环保科技有限责任公司完成与原项目管理单位顺义区生活垃圾综合处理厂工程项目建设手续、财务报告、土建工程、设备等资料的移交工作。

（环保公司）

【IC卡水表改造】8月19日，对裕龙三区进行IC卡水表改造试点，并针对全区23个老旧小区水表进行改造，截止年底，改造完成18570块。前景路2号院安装智能远传水表1030块运行正常。验收完成小区有小左各庄回迁安置房343块、白辛庄回迁房1892块，加上老旧小区改造远传水表，在线监测水表共11675块。

（自来水公司）

【**北京顺政金服科技有限责任公司成立**】8月，北京顺政金服科技有限责任公司成立，主要负责智慧市政建设、运营、技术开发等工作。

（金服科技）

【**市政控股综合服务大厅投入运营**】10月，市政综合服务大厅投入使用，建立统一营收系统和用户维修、咨询呼叫中心，实行水、气、热综合收费和微信支付，用户服务更加便捷。

（市政控股）

【**提前供暖**】11月6日，大龙供热中心提前9天点火运行，全面启动2017－2018采暖季供暖运行保障工作。

（大龙供热）

【**中小学生低碳实践教育活动**】北京顺政绿港排水有限责任公司经由北京市发展和改革委员会确定，承接顺义区中小学生节能低碳实践教育活动。11月9日，排水公司迎来首批来自顺义区西辛本部、东风裕龙校区两所学校共837名小学四年级学生参加节能低碳实践教育活动。活动包括观看节水宣传片、马坡再生水厂沙盘模型，发放顺义市政控股有限责任公司宣传册和再生水利用宣传单。活动期间设置提问环节，讲授节水小窍门等日常小知识。

（排水公司）

【**公司更名**】12月，北京市煤炭总公司顺义区公司正式更名为北京顺政绿港能源科技有限公司。

（能源科技）

京粮顺兴粮油有限公司

【**概况**】北京京粮顺兴粮油有限公司是2016年12月20日，由原北京京粮顺兴公司与原北京市西北郊粮食收储库进行合并重组而成。合并后公司主要涉及储备粮存储、粮油贸易、驾驶员培训、不动产经营和早餐快餐五大业务块。公司目前拥有8家粮食仓储企业、2个自有粮源基地（分别位于山东巨野、内蒙兴安盟）、1个早餐公司、1家驾校和1家教练场。“众望”早餐是顺义区指定为“早餐工程”定点单位，具有一定的品牌影响力。“京城”驾校在全市驾校中名列前五位。2017年京粮顺兴公司实现营业收入32.6亿元，利润总额4090万元。公司下属8家粮食仓储企业是市储备粮承储企业及中央储备粮代储企业，承担着中央、北京市以及顺义区三级储备粮承储任务，发挥着首都粮食市场安全保障主渠道作用。新顺兴公司成立以来，公司坚持集团战略定位，推进供给侧结构性改革，坚持内挖潜力，外拓市场，不断提升企业发展效率。加强资源整合，确保实现1+1>2的战略重组效果。2017年各项业务均取得增长，企业总体效益得到较大提升。公司坚持“为民承重，兴粮富国”的理念，全力落实十九大报告中所提出的“把中国人的饭碗牢牢端在自己手中”的目标要求，全面实施新的粮食安全战略，加强粮食储备能力建设，使粮食之基更牢靠、发展之基更深厚。

单位名称：北京京粮顺兴粮油有限公司

（生春丽　刘可心）

【**储备粮管理**】以确保储备粮安全为中心，全面落实各项粮食政策法规，坚持改革与发展并重，监管与服务并举。推进粮食仓储设施建设，开展科学保粮，确保存粮安全。2017年，通过加强储备粮管理，修订完善保粮制度，公司各级储备粮管理规范，粮情稳定，数量真实，质量良好，科学保粮率达100%。

（生春丽　刘可心）

【**履行职责保军供**】军粮供应站认真贯彻落实各项军供政策，牢固树立“服务部队、惠及民生”理念，在为部队服务中，不断适应新形势，强化行风建设，努力提高服务意识，实行规范化管理，创新经营方式和组织形式。从军粮供应机构设置、人员配置、岗位职责、保密工作等方面，到军粮的出入库、服务等环节都做出具体的规定和要求，使军供站的管理更加制度化、规范化、科学化，较好地保证军粮供应工作。军粮供应站通过不断整合供应资源，质量不断稳定，品种不断丰富，服务不断提升，关系不断融洽。

（生春丽　刘可心）

【**储贸一体化助力贸易发展**】年内，公司坚持贸易“大客户”战略发展布局，在粮食贸易市场风险骤增等因素的影响下，做好贸易经营工作的总体指导原则,拓展和夯实贸易大客户，坚持积小利为大利，大客户战略带来的规模经营效果明显。

（生春丽　刘可心）

【**驾驶员培训**】年内，面对市场变化，加强创新，多措并举，一手抓传统营销服务提升，强化科学办学，一手抓互联网+培育发展，实现双翼齐飞。充分发挥自身场校一体化优势，有效提升整体运行效益，实现场、校业务平稳发展。

（生春丽　刘可心）

【**强化安全生产**】年内，顺兴公司紧紧围绕牢固树立安全发展理念，强化监督监管，深化隐患排查治理，以标准化、规范化、系统化的方式推进安全管理工作。不断推动安全生产主体责任落实，健全“齐抓共管”责任网。持续规范安全生产基础管理工作，提升安全管理水平。加强安全文化建设，营造安全文化氛围。

（生春丽　刘可心）

【餐饮服务】年内，众望早餐立足于顺义市场，与客户的关系稳步发展。公司执行严格的产品生产标准、工艺与品控流程标准、食品安全卫生管理制度等。紧紧围绕集约资源、保护环境、加快构建主食销售网络体系，推动主食加工配送业向规模化、连锁化、产业化方向发展。根据2017年政府文件及结合企业实际，为进一步加强早餐公司的市场拓展，充分利用集团内科研力量，与集团科研院合作，加强新产品研发，更好为居民提供便利的服务。

（生春丽　刘可心）

【体制创新管理科学】年内，结合重组为进一步适应内外部环境变化需要，推动公司改革发展通过建章立制，全面推进以制度治企，提升管理的规范性、科学性。坚持以人为本的管理理念，不断创新管理方法。一是加强企业法人的管理。做到令行禁止，步调一致。既要做好经常性思想教育工作，及时抓住苗头性、趋向性问题进行政策法纪教育，常亮“黄牌”，又要制订严格的纪律和制度进行约束。二是加强机关工作人员的管理。做到思想统一，勤政高效，树立公正廉洁、积极向上、踏实肯干的良好形象。三是加强重要业务骨干的管理。做到敬业爱岗，奉公守法。四是加强重要业务环节和工作岗位的管理。做到信息透明，操作规范。五是加强增收节支工作管理。做到艰苦朴素，勤俭持家。六是加强各项管理制度的建设。做到行得通、管得住、用得好。

（生春丽　刘可心）

顺建工程有限公司

【概况】北京市顺建工程有限公司，位于府前东街9号鲁班大厦，2016年按照区委、区政府“板块战略”要求，区属三家建筑公司（北京市顺义建筑工程公司、北京鲁班建筑工程公司、北京顺义建筑企业集团公司）合并重组为建筑板块，2017年4月改制为国有独资公司，注册资金3亿元，拥有房屋建筑工程施工总承包、装修装饰工程专业承包双一级资质，房地产开发、钢结构及市政二级资质。目前企业资产总额为24.6亿元，二级及以下企业数量71个，员工总计1446人。

单位名称：北京市顺建工程有限公司

（顺建工程）

【各项指标完成情况】2017年，开复工面积136万平方米。完成销售收入16.91亿元，实现利润总额2528万元，上缴税金6800万元。

（顺建工程）

【全力推进公司改制工作】按照《建筑板块整合重组实施方案》，北京市顺建工程有限公司完成改制重组全部工商登记注册手续和新公司挂牌工作。11月30日，下属二级公司北京鲁班建筑工程有限公司完成公司制改造工商登记变更手续，2家挂靠的民营企业清理完毕。12月26日，下属5家三级子公司也全部改制为有限责任公司。截至年底，公司着力解决历史遗留问题，着手清理建筑企业集团公司4家挂靠的民营企业，并启动建筑集团公司改制工作。

（顺建工程）

【党建工作】坚决贯彻落实执行中央、市委、区委的各项制度规定，以及中央八项规定，积极履行党建工作责任，制定党建工作计划，全年共下基层调研党建工作12次，召开党建工作例会8次，探索党建工作新思路，研究解决党建工作推进中遇到的问题，同时建立党建工作联络点，指派班子成员作为基层党建工作指导员，健全规范支部组织生活。建立分级负责的责任体系。与各支部书记签订目标责任书，年终对考核较差支部，进行约谈，形成上下联动，层层抓落实的良好格局。十九大召开期间严格按照部署组织开展学习活动，通过书记讲党课、专家授课、集体学习、建工视窗、微信公众号、内部宣传栏等多种方式方法，组织广大党员干部深入学习党的十九大精神，报送学习信息共计20余篇，各级党组织开展参观北京展览馆“五年成就展”、学习十九大主题演讲比赛、十九大及党风廉政知识竞赛等活动，共计36次，上报活动信息115篇，学习心得160余篇。党委通过学习宣传贯彻党的十九大精神和习近平新时代中国特色社会主义思想，加强政治建设，严格做到“三个一”和“四个决不允许”，达到以学习促工作、促发展的目的。

（顺建工程）

【“以人为本，安全第一”构建安全管理体系】公司始终坚持将安全生产工作放在首位，坚持“以人为本，安全第一”的工作方针，以系统化、规范化、标准化的方式推进公司安全生产整体工作，构建“平安顺建”。确定以“减事故、降死亡，提升全员安全管理能力”为目标，建立安全管理体系：即责任体系、制度体系、风险管控和隐患排查体系、考核体系、培训体系、应急体系。在各项体系的建设过程中通过持续改进，不断完善的过程，树立企业的安全文化理念，营造安全文化的氛围。依靠安全生产体系的整体运转，切实规范企业安全生产管理工作。

（顺建工程）

【人才引进】2017年，公司通过参与顺义区“梧桐工程”人才引进项目，招聘硕士生、博士生8人。

（顺建工程）

【公司荣获奖项】一是西马坡项目获得结构长城杯银奖，后沙峪金隅大成项目通过长城杯的第一次检查验收。二是中医院工程作为区级样板工程多次接受住建部、市建委、区领导等检查指导。三是北务、大孙各庄综合检查站升级改造工程，仅历时58天就完成施工任务，为企业赢得良好的社会信誉。四是组织职工就业再就业，并荣获顺义区2017年度就业再就业工作先进企业。

（顺建工程）

顺义建筑企业集团公司

【概况】北京顺义建筑企业集团公司成立于1989年7月，是以建筑施工为主业，集设备安装、装饰装潢、建材、设备租赁、市政工程、钢结构等于一体，具有综合生产能力的国家一级建筑施工企业。公司下设22个建筑公司和装饰公司、水泥构件厂等24家实体企业。年内新签工程合同141份，新签合同总额4.4亿元，全年完成开复工面积25.4万平方米，完成产值4.7亿元，完成销售收入4.4亿元，上缴税金1522万元，实现利润520万元。

单位名称：北京顺义建筑企业集团公司

（陈胜云)

【党总支成立】5月25日，中共北京顺义建筑企业集团公司总支部委员会成立。经过相关程序，通过党员大会差额选举，产生总支部书记、副书记、委员共5名领导班子成员。

（张小坤）

【培训工作】年内，公司共培训干部职工910人次，比上年同期增加340人次，增幅为59.6%。培训费和学习奖励费为262278元，完成公司制定的持证上岗率90%、培训率95%的工作目标。在培训形式上，一是采取全员岗位自学培训考试。每个适龄在岗职工必须参加公司组织的综合能力考试，及格有奖励，不及格补考，补考再不过调整原工作岗位。二是参加执业资格取证培训和续期教育培训。三是公司内部根据培训计划进行的岗位政治业务技术培训。在培训内容上，坚持紧密联系企业工作实际，紧贴职工岗位，坚持企业需要什么学什么，职工干什么学习什么，坚持理论联系实际，学以致用。

（吴 生）

【安全管理】年内，公司安全生产管理重点加强安全管理体系架构的梳理、全员安全责任制的建立两个方面的管理措施。一是重新梳理《安全管理体系架构图》，实行安委会领导带头，各级主要管理人员对分管业务方面的安全负责，进一步明确安全组织结构。二是修订《全员安全生产责任制》，根据“管行业必须管安全、管业务必须管安全、管生产经营必须管安全”的原则建立全员安全生产责任制，实行全员安全管理，加大安全生产的管理力度。通过强化以上管理措施，公司安全生产管理总体水平处于平稳、有序的可控状态。1#生产用房等五项项目获得北京市绿色安全工地。

（许英伟）

【教学楼等2项工程】工程位于顺义区大孙各庄镇，建筑面积12000平方米，框架剪力墙结构，工程涉及两项危大工程，其中高支模板工程位于风雨操场部位，风雨操场的模架最大搭设高度11.48米，最大跨度22.8米，梁最大截面800毫米×1400毫米。均严格执行专家论证的安全施工专项方案，完成高支模板的施工，并且本工程于7月通过北京市结构长城杯专家组的验收。

（杜 鑫）

顺义建设投资服务有限公司

【概况】北京顺义建设投资服务有限公司（以下简称“顺义建投公司”）于2016年1月成立。是一家以融投资服务及建设相关服务为主营业务的区属国有企业，注册资本1亿元，总资产79亿元，员工近千人。经过整合优质资源、资质、资产，形成融投资、建设勘察、设计、招标代理、工程监理、材料检测、建设工程评估等全套建设服务体系，同时拥有一家国内最高级别（AAA级）的拍卖公司。顺义建投公司自成立以来，努力开拓市场，追求卓越服务质量，打造阳光工程、放心工程，树立企业典范，发挥国有企业的带头引领作用，大力创造就业岗位，承担社会责任，加强建设工程的质量监控，确保国有资产保值增值。

单位名称：北京顺义建设投资服务有限公司

（顺义建投）

【主要经济指标】年内，代理重大政府投资项目82个，总投资129.2亿元，占全区市场份额的77.4%；中标政府投资监理项目66个，占全区市场份额的70.9%。所属子企业新签合同3.3亿元，同比增长83%；实现收入2.2亿元，同比增长29%；实现利润总额3589万元，同比增长34%；上缴税金2305万元，同比增长26%；顺金盛、顺政通2家监理公司新签订合同均上亿元，招竣公司签订合同额突破3000万元，同比增长2倍，6家子企业签订合同均超过千万元。

（顺义建投）

【有序划转】按照区政府常务会通过的整合方案，接收子企业13家。完成划转10家，共计835人，包括鑫浩投资中心、2家招标代理、2家工程监理、市政设计所、质量检测所、房屋测绘所、鑫科工程咨询、鑫新拍卖。规划委所属勘察、设计、地基处理3家协调划转中。

（顺义建投）

【五大业务板块】顺义建投公司下设五大业务板块，依托北京鑫浩投资中心，组建投融资板块；依托北京市顺政市政设计所、住建委测绘所、规划建筑设计所、规划工程勘察所，组建勘察设计板块；依托北京鑫新拍卖有限责任公司、北京鑫中招标代理有限公司、北京天仪建设工程质量检测所、北京招竣建设工程咨询有限公司组建代理服务板块；依托北京鑫科工程管理咨询有限公司组建项目管理（代建）板块；依托北京顺政通工程监理有限公司、北京市顺金盛建设工程监理有限责任公司，组建工程监理板块。实现集投融资服务、投资咨询、投资代建（项目管理）、工程监理、代理服务、市政及工程建设投资设计为一体的投资建设服务集团公司。

（顺义建投）

【顺政通公司业务板块】年内，承接的主要监理项目有：市政工程—安宁大街（安华大街-京密路）道路工程市政配套附属工程（总投资9878.33万元）；养护工程—顺义区市政设施养护项目（总投资16834.94万元）；绿化工程—京承高速两侧景观提升工程（顺义段）（总投资8566.35万元）；公路工程—顺义区2017年乡村公路建设工程监理第1合同段（总投资4258.8万元）；外埠工程—肥乡区集中供热工程项目（总投资18726.47万元）。

（顺义建投）

【人才培训与储备】年内，公司先后组织开展各类专业培训50余次。组织各子公司参加高校双选会3场，综合类双选会5场，开通招聘网站会员3家，录用200余人。参加“梧桐工程—顺义区干部人才引进计划”高校毕业生招聘会，为公司长远发展储备一批人才。

（顺义建投）

【市场拓展】年内，公司与区内15个镇、4个区属国有企业、1个经济功能区以及怀柔区怀胜集团、江苏南通三建集团等大型企业签署战略合作框架协议。采取上游企业带动下游企业的方式，建立健全建设工程服务“一条龙”的体系，促成顺义区中医院、新行政大楼、煤改电等30余个重大项目落地。坚持“走出去”的发展战略，开展区外市场调研工作，针对不同企业制定个性化的区外市场拓展指标，新成立两家专门拓展区外市场的子公司，为实现走出去的目标奠定基础。8家子公司实现区外产值近千万元，尤其是鑫科公司借助区属国有企业到河北邯郸投资的契机，以优质的服务在当地赢得良好的信誉，邯郸分公司筹备中。顺金盛、顺政通、招竣、测绘所等子公司均在布局区外市场，并取得初步成效。

（顺义建投）

【业务拓展】11月30日，公司成立“北京天工经纬工程咨询有限公司”和“北京天工纵横工程咨询有限公司”旨在拓展区外市场，两家公司注册资本均为500万元，经营范围：工程项目管理，工程监理，招标代理，工程技术咨询，信息咨询（不含中介服务），专业承包，园林景观设计，测绘服务，从事拍卖业务，工程勘察。12月21日，为推进融投资业务深度发展，顺义区第一家国有企业全资控股的内资试点融资租赁公司——“顺建投（天津）国际融资租赁有限公司”（以下简称顺建投租赁）成立，注册资金5亿元。公司提供专业的融资租赁解决方案：直接租赁，售后回租，商业保理，租赁咨询，其它产品（转租赁、杠杆租赁、委托租赁、联合租赁、项目租赁）。

（顺义建投）

【一助一及对口帮扶工作深入推进】顺义建投高度重视一助一及对口帮扶工作，贯彻落实“携手奔小康十二大行动”、《开展携手奔小康、助力打赢脱贫攻坚战工作开展情况表》等工作要求，结合区内赵全营镇、龙湾屯镇、南彩镇、木林镇等一助一单位情况，对接河北沽源、河南西峡等援对象实际，深入对接资源情况，优化帮扶方案，细化工作流程，启动帮扶资金140万元，主要用于对接区域基础设施改造。

（顺义建投）

顺义新城发展有限公司

【概况】北京顺义新城发展有限公司，简称：顺义城发，成立于2007年7月2日，属于区政府成立的国有独资企业，归属区国资委监管。公司注册资金13500万元。顺义城发作为顺义区城市开发建设运营综合服务商和城投代表，坚持围绕创新驱动、转型发展主线，以土地一级开发串联起公司业务价值链，积极打造咨询策划、土地整理、商业物业开发、建设运营管理、投融资服务等业务板块。公司业务涵盖：顺义区马坡组团剩余地块及国际鲜花港等土地一级开发项目，北京银行科技研发中心外电源建设项目，顺义区现代有轨电车T2线建设项目，顺义区有轨电车T2线车辆段上盖综合开发项目等。2017年，公司坚持“保增长、抓落实”的总基调，完成利润总额为461万元，同比增长19%；销售收入为118800万元，同比增长11%，上缴税金为1300万元。

单位名称：北京顺义新城发展有限公司

（顺义城发）

【现代有轨电车建设】根据全区重点工作部署，顺义区现代有轨电车T2线项目为区内重点工程，顺义城发作为出资代表，首次以PPP（即Public-Private Partnership）模式吸引社会资本，与北京城建设计发展集团、北京市地铁运营有限公司及北京京城地铁有限公司等三家公司共同组建项目公司——北京京建顺城建设投资有限公司，并采用设计-融资-建设-运营-移交一体化的方式推动顺义区现代有轨电车T2线项目建设。经多方协调配合，项目于2017年7月14日开工，工程总投资约36亿元。

（顺义城发）

【土地一级开发】一是土地一级开发工作。顺义新城第13街区SY00-0013-0101至6011地块控制性详细规划编制完成，顺义新城第11街区（11-0810、6002地块）入市前手续办理工作完成，项目具备入市条件；顺义国际鲜花港土地一级开发项目入市手续办理完成，项目具备入市条件；胡各庄A、C地块完成上市，上市交易二类住宅用地共计约174亩，交易额共计约24.7亿元。二是一级开发成本返还工作。胡各庄居住区双限房土地一级开发项目、西马坡居住区双限房土地一级开发项目、下坡屯土地一级开发项目、中信银行土地一级开发项目及正德人寿土地一级开发项目的成本返还工作完成，并对其进行收入及成本确认，其中，西马坡居住区双限房土地一级开发项目和下坡屯土地一级开发项目成为顺义区首个完成竣工结算的土地一级开发项目。

（顺义城发）

【地块管护】推进马坡组团剩余地块的管护工作（含地块管护、围挡修复及定期清理杂草），管护面积共计124.5公顷，涉及围挡长度6200延米。年内，公司围绕全区意识形态工作及关于“疏解整治促提升”等重点工作要求，切实固化环境治理长效机制，推进地块管护及围挡修复、更新工作，共涉及围挡管护长度为3469.3延米。

（顺义城发）

【推进车辆场站上盖综合开发工作】公司坚持推进与京投发展股份有限公司合作，深入研究现代有轨电车T2线车辆场站上盖开发一体化设计工作，推进车辆场站上盖综合开发前期工作，该项目涉及综合开发面积15万平方米。目前正在进行车辆段控制性详细规划（地块层面）调整及上盖综合开发建筑方案设计工作。

（顺义城发）

【马坡组团基础设施建设】年内，结合区内重点工作安排，公司持续加快推进北京银行外电源工程项目建设工作。该工程起点为右堤路与白马路交汇处现状电力隧道，终点为郝家疃110KV变电站向北现状隧道井，隧道全长3033米，于2016年5月1日正式进行开工建设，年内实现竣工并正在进行收尾工作。

（顺义城发）

【创新融资方式、增强融资能力】公司对于现有项目采用新的融资方式，如：以PPP模式进行融资，加快推进顺义区现代有轨电车建设工作，T2线实现开工建设；拟采用政府购买服务方式进行融资，解决顺义区西白辛庄转非安置（历史遗留）项目资金问题。以上两种融资模式，均属于区内首次使用的融资方式，为顺义区今后类似项目的资金筹集提供借鉴意义；年内，公司加快推动委托贷款的置换工作，切实将公司的委托贷款置换为银行贷款。截至目前，公司累计融资44.41亿元，委托贷款置换工作全部完成。

（顺义城发）

【安全维稳工作】开展“全覆盖、无死角”的安全生产检查工作。年内，公司主要领导多次组织、带队到北京银行外电源工程施工现场听取施工方、监理方和设计方的工作汇报，到公司马坡组团剩余地块项目进行实地检查，制定并部署安全生产相关工作方案，查阅安全生产工作台账及安全生产相关制度等，保障公司各项目的安全运行；结合《信访工作条例》全面落实领导接访、领导信访包案等工作制度，特别是在“一带一路”高峰论坛、“十九大”期间等重要时间节点，严格执行领导干部带班制度，并编制《顺义新城发展公司领导信访接访时间安排表》。

（顺义城发）

【配齐配强人力资源队伍】年内，一是顺义城发党委坚持强化干部队伍建设，推进公司中层干部选拔任用工作，交流引进1名中层正职干部，完成6名中层副职干部的选拔任用工作。二是坚持招贤纳士。公司通过与第三方人力资源公司合作，并通过智联招聘和北京青年报等微信网络平台渠道共开展公开招聘5次，收到简历900余份，组织笔试5次，面试5场，共录用10人。同时，以区委区政府的“梧桐工程——干部人才引进计划”为契机，开展高端人才的公开招聘工作，先后在西安、武汉、哈尔滨、长春、沈阳、北京六大城市的国家重点院校“985”“211”工程和“双一流”大学开展校园招聘，共接收简历近2000份。

（顺义城发）

北京顺义年鉴
2018

商业服务 旅游

仁和公园

外籍人士在顺义区外国人服务大厅咨询办理业务

木林镇茶棚村向日葵花海

11月12日，北小营镇首届水稻收割节在前鲁各庄村开幕

1月21日，首届“北京·顺义张镇灶王文化节”开幕

6月25日–7月20日，第十五届荷花展在顺义公园举行

9月30日，马坡千亩步道森林公园开园

顺义区油鸡散养环境

火绘葫芦

商业服务

商务管理与服务

【概况】2017年，商务委深入贯彻落实党的十九大精神和习近平总书记视察北京系列重要讲话精神，践行新发展理念，认真落实北京市新版城市总体规划给予顺义的功能定位，商务领域供给侧结构性改革步伐加快，服务业扩大开放综合试点取得重要突破，提高生活型服务业品质行动计划深入推进，全区商务运行保持稳中有进、稳中提质的良好发展态势。全年完成社会消费品零售额474.2亿元，同比增长7.1%，总量继续保持全市第六位，城市发展新区之首，超额完成全年任务。充分挖掘企业的进出口潜力和调动企业的进出口积极性，完成市级下达的进出口总额1045亿元的指标任务，实现全年进出口总额1112亿元，同比增长8.4%，全市排名第五，其中：出口447亿元，同比增长33.7%。完成实际利用外资9.27亿美元，同比增长33.8% ，全市排名第四。

单位名称：顺义区商务委员会

（商务委）

【社会消费品零售额、服务消费任务指标】全年实现社会消费品零售额474.2亿元，同比增长7.1%，高于全年任务目标0.1个百分点，总量保持全市第六位。限额以上单位实现零售额330.3亿元，同比增长6.1%；限额以下单位实现零售额143.9亿元，同比增长9.4%。批发、零售、住宿、餐饮分别完成51.5亿元、383.56亿元、6.45亿元、32.69亿元，同比增长4.9%、7.3%、5.2%、8.3%。

（商务委）

【生活性服务业品质持续提升】2017年，顺义区生活性服务业“规范化、连锁化、便利化、品牌化、特色化”取得新进展，新建或规范提升103个便民商业网点，便民商业网点连锁化率由23.2%提高到29.1%，提升5.9个百分点。

（商务委）

【生活性服务业示范街区创建】落实区委、区政府领导的指示精神，严格按照生活性服务业示范街区建设标准，对中粮祥云小镇创建的工作进度、品牌聚集、环境改造等方面工作进行跟踪和调度。2017年，项目通过企业自评、区级联合初审、第三方评估等环节。通过创建工作，祥云小镇的示范效应、品牌效应得到进一步强化，有效的满足周边居民不同层次、多种功能的消费需求。

（商务委）

【“疏解整治促提升”专项行动】2017年，顺义区市级疏解任务为日升美姿家居市场、博联小商品市场、春峰大卖场3家市场，5月份清退摊位803户、疏解人口1510人、腾退建筑面积3.4万平方米。在完成市级疏解任务的同时自加压力，完成玖立国际家具城、北京四方天龙汽配市场、杨镇京东商品批发市场疏解提升工作,清退摊位471户、疏解人口1862人、涉及建筑面积11.5万平米。

（商务委）

【新国展33场展会属地服务保障工作】根据《顺义区加强新国展会展活动服务保障工作实施方案》要求，全面统筹协调各服务保障专项工作组提前根据展会相应级别部署保障措施，确保合理调配保障资源、合理安排筹划时间，为展会提供高效、细致、专业、全面的“一站式”服务，确保新国展33场展会举办，累计展览面积达到220万平方米，吸引观众200万人次。

（商务委）

【重点商业项目】天竺澳金园、空港一号、马坡鲁能购物中心全面封顶，招商进行中；马坡金宝花园购物中心建设过程中，并同步启动招商；后沙峪沃尔玛（山姆会员店）法人公司在顺义注册完成，着手启动店内装修。

（商务委）

【粮食安全区长责任制考核工作】年内，制定并下发《落实粮食安全区长责任制的实施意见》和《粮食流通管理工作要点》，分管区长先后两次组织召开粮食安全领导小组全体会议，部署推进相关工作落实。

（商务委）

【电子商务产业】8月18日，为有效落实《顺义区促进电子商务产业发展办法》，区商务委召开各属地政府、经济功能区、相关电子商务企业负责人参加的电子商务产业政策解读会。最终通过项目评审的共计8个，为企业争取资金640.98万元。

（商务委）

【商业项目工作推动领导小组成立】按照高朋区长调研全区重点商业项目工作会上的相关要求，顺义区商业项目工作推动领导小组成立，旨在统筹推进顺义区重点商业项目（含商业设施、商贸服务业项目）规划布局、建设实施、运营管理等相关工作，实现商业项目“谋划储备一批、前期推进一批、开工建设一批、投入运营一批”的良好循环。

（商务委）

【北京市商务委跨境电商体验季】为配合北京市商务委员会主办的“2017北京跨境电商消费体验季”活动，顺义区商务委在祥云小镇举办“环球食库”跨境消费体验顺义主题日活动，旨在推进顺义区跨境电商新发展，繁荣顺义区消费市场，更好地满足人民美好生活新期待。

（商务委）

【社区蔬菜网点布局】做好新建小区菜市场移交工作，发展以公司化、连锁化经营为基础，施行“五统一”经营模式（统一管理、统一采购、统一配送、统一标准、统一品牌），同时以社区菜市场为载体，推动服务功能搭载，实现便利店、早餐、蔬菜零售、洗染、美容美发、家政服务、代收代缴、便民维修8项基本便民服务功能的搭载。完成移交本委新建小区菜市场18家，开业10家。

（商务委）

【强化市场供应与民生保障的基础性作用】一是开展生活必需品日监测机制。重要节假日、十九大期间启动生活必需品日监测机制，提前组织企业做好货源准备和预案制定工作，有效防止重要时间节点的市场波动。二是提升市场安全水平。启动肉菜流通追溯体系建设工作，全区有74个商业企业网点可基本实现移动终端等多种方式的追溯查询，完成食品安全示范区创建工作中商务部门承担的早餐网点建设和放心肉菜示范超市建设工作。

（商务委）

【粮食应急体系建设】制定《粮食应急网点管理办法》，对44家应急保障企业开展资格认定、核准工作，每个网点安排专项经费2万元，用于扶持企业健康发展和硬件配套，确保应急状态下货物存放调运、加工补库和投放登记等技术环节紧密衔接。

（商务委）

【快递物流企业消防安全水平整体提升】以全市开展大排查大清理大整治专项行动为契机，全面排查顺义区快递物流企业存在的安全隐患，分类施策、限期整改、提升水平，在确保安全运营的基础上保障企业正常运转、不间断保障民生。

（商务委）

【储粮和行业生产安全】全面贯彻实施安全储粮和安全生产“一规定两守则”，组织开展全员轮训。强化粮食库存安全管理，督促企业落实“两个安全”主体责任，严格责任追究，切实守住不发生重特大粮油储存事故和生产安全事故的底线。

（商务委）

【“粮安工程”和“放心粮油工程”】实施粮食收储供应安全保障工程建设，明确工作安排和进度，完善各项配套政策措施，加大政策支持和资金投入，彻底改善粮食仓储、应急等基础设施条件；加快推动王各庄、张辛“智能粮库”建设，逐步实现粮库数字化、智能化，提升粮食仓储信息化水平，全面提升粮食收储供应安全综合保障能力、宏观调控能力和抗风险能力。开展放心粮油进社区宣传活动，加强粮油健康消费科普讲座；利用“世界粮食日、全国爱粮节粮宣传周、粮食普法宣传周”等时机，采取悬挂横幅、LED屏、新媒体等多种方式开展爱粮节粮、反对浪费等宣传教育活动，提高全社会爱粮节粮意识。

（商务委）

【年度库存检查】组织印发《2017年顺义区粮食库存检查工作实施方案》，对全区中央储备粮、国家临储粮、地方储备粮等12家政策性粮食企业开展粮食库存检查自查工作，并于4月18日–20日组织区发改委、区财政局、农发行北京市分行顺义支行、京粮顺兴粮油公司等部门，对本区中央储备粮北京顺义直属库和北京市顺义杨镇粮食收储库两家单位开展粮食库存检查复查，完成库存检查自查和实地复查工作。

（商务委）

【社会粮油供需平衡调查】共调查全区转化用粮企业6家，其中国有企业2家，非国有企业4家，餐饮企业和食堂40家，抽样调查记账城镇居民住户55户，乡村农民住户70户，发放台账714页。

（商务委）

【严格典当、拍卖、保理设立及变更手续】加强典当、保理等类金融行业运营安全监管，严格落实各级监督审查制度。对全区19家典当企业、14家拍卖企业进行年度审核，批准新设立商业保理企业4家，注册资金共计4亿元。

（商务委）

【物资储备保障】全年储备生活必需品1350吨，包括675吨饮用水及675吨方便食品；储备冬季耐储蔬菜1000吨；汛期储备雨衣雨鞋、铁锹、桩木等十余类防汛物资；并加强对储备物资的巡查力度，增强应对突发事件能力。

（商务委）

【啤酒节分会场】制定《顺义区商务委员会第二十六届北京国际燕京啤酒文化节保障工作方案》和《第二十六届燕京国际啤酒节商业、餐饮同庆活动方案》，召开燕京国际啤酒节商业活动方案部署会，研究部署相关工作，统筹协调打造各具特色的荣祥广场、中粮祥云小镇，怡馨餐饮街、京汉餐饮街。

（商务委）

【协会助推提高行业规范化发展水平】依托行业协会，组织餐饮、家政、美容美发等行业、300多家企业，共进行5场生活性服务业行业标准宣传贯彻。引导企业按照行业标准规范经营，使业内企业及从业人员全面了解行业现行有效法律、法规、标准、规范，引导行业有序发展。

（商务委）

【职业技能大赛】5月–10月组织开展中餐烹饪、育婴师、摄影师三个行业技能大赛，230余名选手报名参赛，通过大赛，进一步锤炼技术功底、查找市、区两级从业人员职业技能差距，促进技能服务水平再提升。

（商务委）

【商务领域安全生产管理】2017年商务委开展安全隐患“大排查、大清理、大整治”专项行动。召开“2017年商务领域安全生产工作会”，与139家规模以上商业零售、餐饮企业签订安全生产责任书。完成标准化复评企业

48家，风险评估47家，组织观摩应急演练12次。组织商业经营企业培训会31次，培训从业人员5000余人次，发放宣传材料5000余份。利用巡查、抽查、联合检查等方式，检查企业620家次，整改安全隐患410余处，行政处罚1件，罚款5000元。在元旦春节、中秋国庆等重要节点和一带一路高峰论坛、党的十九大等重要时期，采取综合检查、突击夜查和巡查相结合的形式全力开展执法检查，确保商务领域的安全平稳。

（商务委）

【商务综合执法】全面开展食盐购销、家政服务、成品油、报废汽车、再生资源、美容美发、家电维修、促销、餐饮油烟、打击侵权假冒、烟花爆竹等方面的督导检查工作，检查企业581家次，出动执法人员1296人次，开具简易处罚218件。组织联合检查26次，出动人员78人次；上报各类工作信息45篇，通过微信公众号和微信群发送各类通知、提示性信息100余次。

（商务委）

对外经贸

【进出口指标】2017年,完成进出口额1112亿元，同比增长8.4%，超额完成全年进出口总额1045亿元任务指标，全市排名第五。其中：出口447.3亿元，同比增长37.5%。

（商务委）

【实际利用外资】2017年，全区实际利用外资9.27亿美元，同比增长33.77%，全市排名第四。

（商务委）

【深化改革推进服务业扩大开放工作】截止2017年底，新一轮推进服务业扩大开放综合试点任务完成34项，完成率达94%。一是放宽市场准入机制，加快构建“高精尖”经济结构。突破必须由中方控股的规定，国内首家外资控股的飞机维修合资公司——北京通航法荷航落地运营；突破外商独资设立演出机构的限制，北京市首家外商独资演出经纪机构——美国龙之传奇娱乐公司入驻。二是着力体制机制创新，进一步优化营商环境。设立外国人服务大厅,承接公安部10项出入境新政；全国首创航材共享海关监管模式，以北京口岸为中心，依托中航材建立全球航材共享保税支援体系，降低航空公司运营成本约25%；创新关检“共线共享”跨境电商监管模式，首都机场快件中心、天竺综保区保税备货监管库相继启动，企业通关时间由原来的1-2天变为“秒通关”。在各项开放政策的带动下，全区服务业发展水平明显提升，年内服务业增加值1036亿，首次突破1000亿大关，占GDP比重60.32%，同比提高11.2个百分点，对GDP增长的贡献率达到97.3%；服务业项目吸引合同外资占全区吸引合同外资的99%。

（商务委）

【争取资金促进总部经济发展】召开总部奖励政策培训会，邀请市商务委总部处为区内70余家重点总部企业讲解政策，并对项目的申报资格、奖励金额、对地方财政收入贡献等情况进行初审和核实。共3家企业的5个项目得到资金支持，获得资金支持670万元，其中市级资金404万元，区级资金266万元。

（商务委）

【外商投资企业办理程序简化】外商投资企业设立商务备案与工商登记单一窗口、单一表格，外商投资企业网上填报表格，一次性完成商务备案和工商登记启动。通过商务工商备案联动系统，确保外资企业设立及变更事项应备尽备。全年共审批备案外商投资企业306家，其中新设立项目37家，增资（含股权转让导致的）32家，股权转让30家，经营范围变更61家，其他变更146家。

（商务委）

【优化营商环境】强化窗口服务意识，做到有问必答、一问告知。全年办结对外贸易经营者备案登记498家企业，加工贸易生产能力证明41份，境外企业设立备案11家。

（商务委）

【顺义区外国人服务大厅启动运行】5月2日，顺义区外国人服务大厅正式揭牌，标志着公安部批复北京市服务业扩大开放综合试点示范区10项出入境政策措施正式启动实施。大厅进驻部门有区公安分局、商务委、地税局、总部人才中心，设置外籍人才资格认定、外国人永久居留权受理、外国人签证业务受理、外国人缴税和税务咨询服务等窗口，实现“一口申报、联合审批、一站式办理”的工作模式。12月11日起，经北京市公安局报请公安部批准，再次拓展顺义区外国人服务大厅出入境业务受理范围，可受理外国人工作、学习、团聚、私人事务4类居留许可业务申请，并可服务全市外国人。年内，本区有两位外籍人士通过顺义区外国人服务大厅获得《中华人民共和国外国人永久居留身份证》，并办理新政实施以来全市第一张外国高校在校生来华实习签证。

（商务委）

【北京国际服务贸易交易会】5月28日-6月1日，2017北京国际服务贸易交易会在国家会议中心举办。顺义区首次以独立板块的形式参展，重点展示北京市服务业扩大开放综合试点示范区的建设成果。来自乌克兰、南非、法国、巴西、澳大利亚等国家企业，以及天津、河北、山东等省市部门负责人到顺义展区洽谈合作。顺义区项目签约总额约1800亿元，约占签约项目总数的三分之一。展会期间，关于顺义参展京交会的新闻报道共249条，其中电视新闻2条，《北京日报》、《北京晚报》等传统报刊报道12篇，网络184条，微博14条，微信论坛37条。

（商务委）

【总部小镇建设】6月1日，在服交会上区领导以“建设总部经济特色小镇、积极承接中心城区功能”为题，进行专题推介。9月23日，举办总部企业健步走活动，150余家在京总部企业、跨国公司地区总部以及部分国际经济组织驻京机构和总部经济功能区等单位负责人500余人参加。此次活动宣传推介顺义区不断打造的“高效、廉洁、亲商”营商环境，以及在金融、科技、文化创意、生态、总部、人才等方面的一系列支持政策，并形成《北京总部经济顺义专刊。9月，后沙峪镇被市服开办正式授牌，确定为总部经济特色小镇。

（商务委）

【服务业扩大开放综合试点现场会】9月29日，深化改革推进北京市服务业扩大开放综合试点现场会暨示范园区、示范单位、示范项目、示范团队授牌仪式在顺义区举行。顺义区内的北京通航法荷航飞机航线维修有限责任公司、北京三帝科技股份有限公司、顺义区外国人出入境服务大厅等七家单位入选《北京市服务业扩大开放综合试点示范园区、示范单位、示范项目、示范团队名单》。

（商务委）

顺义区供销合作联合社

【概况】2017年，北京市顺义区供销合作联合社（以下简称：区供销社）明确“以集合资源、互联共享为方向，以平台化运营为核心，以满足消费者需求的生态圈建设为目标”的发展思路，推进“瘦身强体”“提质增效”两大工程，打造安全发展、科学发展、优质发展的高品质、全覆盖、强联动的生活性服务业集团为最终目标。

单位名称：顺义区供销合作联合社

（马彦华）

【区领导到益麒麟检查安全生产】1月17日，区委常委、常务副区长霍光峰到区供销社下属北京益麒麟家居建材广场、北京裕喜发商贸有限公司检查节前安全生产工作。霍光峰一行首先听取区供销社党委书记、主任李奇对企业安全生产情况的汇报。随后，实地检查市场环境及消防安全工作。他指出商业场所人员密集，消防安全至关重要。一是要加强安全隐患排查，做好彩钢板房屋的整改落实工作。二是要加强节前安全防控措施，严格落实消防安全管理制度，加大检查力度，确保企业安全，营造祥和的节日氛围。

（马彦华）

【消隐专项行动】4月，供销社党委班子立足企业安全保障和持久发展大局，将消隐整改工作作为产业提升的有利契机，全面推进“消除隐患整改工作”。一是成立由供销社党委班子成员为牵头人，机关职能科室的科长为组长，机关和基层单位48名专业人员和骨干为组员的消除隐患整改工作8个专项工作组，并结合整改工作实际，成立1个前期摸排调查小组。具体负责整改工作的指导、推进和落实，将整改任务按照工作职责分解落实到每个人。二是摸排调查小组走访、勘察、测量，供销社此次整改共涉及基层单位12个，聚苯乙烯彩钢板房延展总面积达206000平方米，其中企业自建面积为163000平方米，商户自建面积为43000平方米。三是针对当前供销社彩钢房面积较多，地块分散的现状，一时无法整改到位的情况，采取“查防结合、分步整改”的方式，抓好、抓实改造前的防范措施。

（马彦华）

【全国总社领导调研】4月21日，中华全国供销合作总社秘书长宗义、办公厅调研二处处长陈安宁等一行四人到顺义区供销社调研指导工作。调研组一行到顺万兴“首都农资”分销中心、日用消费品隆华购物中心牛栏山镇级超市等为农、为民服务网点实地了解运营情况，并参观下属隆华购物中心和引入的华联BHG、居然之家等企业。在座谈会上，李奇结合近年来服务网络体系建设、产业发展以及今后推进资产资本平台化运营，深入参与农业供给侧结构性改革的具体措施进行专题汇报。宗义对顺义区供销社改革发展和在为农、为民服务体系建设上取得的成效给予肯定，并强调：一是要聚焦主业，推动为农服务体系建设。二是要加快社区综合性服务网点建设，扩大供销社的社会影响力，凸显城市供销社的特色和亮点。

（马彦华）

【建立食品安全快速检测点】5月，供销社下属裕喜发商贸有限公司与属地药监局联系，在后沙峪市场设立食品安全快速检测点，每周二、四免费提供食品安全检测，使食品快检工作与百姓直接接触,掌握食品安全知识,增强自我防范意识,引导市场食品经营者主动落实食品安全主体责任,诚信经营。

（马彦华）

【第十九届隆华杯儿童书画大赛】5月30日下午，第十九届隆华杯儿童书画大赛颁奖大会在隆华购物中心举行。此次大赛以“色彩丹青，描绘隆华辉煌”为主题，共评出一等奖5名，二等奖10名，三等奖15名。

（马彦华）

【落实2017年防汛工作】6月，根据顺义区委、区政府关于做好2017年防汛抗旱工作会要求，区供销社党委制定并下发《顺义区供销社关于做好2017年防汛工作实施方案》。对全系统危房、危墙等重点区域的全面排查，组建由16个小组252人组成的防汛应急抢险队，并投入888500元，做好油毡、铅丝、铁锹和锹把、小型发电机水泵等10项重点防汛物资的储备工作，为安全度汛做好准备。

（马彦华）

【安全生产月活动】6月13日上午，区供销社组织全系统副科级以上干部及基层企业安保部长共105人参加由中国劳动关系学院安全工程系主任孟燕华教授主讲的安全生产知识培训会。孟教授结合《中共中央、国务院关于推进安全生产领域改革发展的意见》的文件精神，以及当前企业在安全生产中存在的问题，着重从如何有效落实企业安全生产主体责任、堵塞监督管理漏洞、解决不遵守法律法规等问题以大量实例进行阐述，使参培人员进一步树立新发展理念，增强安全发展意识。同时，也为供销社构建风险分级管控和隐患排查治理双重预防工作机制，提高安全生产管理效能，确保企业安全发展奠定基础。

（马彦华）

【节日商品供应工作】国庆、中秋两节期间，区供销社下属隆华购物中心、隆华奥特莱斯、隆华顺平副食品批发、五里仓家具城、燕泽洲商城等重点商业单位增加烟酒、月饼、生活必需品、首饰、服装、家具等商品储备，总金额近2亿元。同时，做好节日装点，组织多种形式促销活动，营造喜庆欢乐的节日氛围。

（马彦华）

【胜利社区便利店开业】10月10日，供销益家首个社区店——胜利店正式营业。供销益家是区供销社围绕便民、利民，打造“十五分钟生活圈”要求，加快生活性服务业建设，于2017年8月成立的连锁便利店有限公司。胜利社区便利店经营商品包括蔬菜、水果、休闲食品等15个品类1100余种，开业当日实现销售3.23万元，客流达1200余人次，办理会员卡213张，储值金额5.62万元。

（马彦华）

【再生资源回收市场隐患清零行动】10月11日上午，副区长李向英对供销社下属盈兆鑫再生资源回收市场进行实地检查，并提出整改要求。截至12日早8时，共拉运70余车次，960余吨商品。其中三类区纸张、塑料、木材、大布等易燃品拉运60余车次，710余吨。废铁及塑钢拉运近10车次，200余吨，现有货物存量与节前相比消减近60%。完备消防器材，在原有270个5公斤灭火器的基础上，增加35公斤大型灭火器20个，并对消防井、消火栓进行排查、维护，确保消防设施完备有效。清理市场内存放的电动自行车40余辆，清除挤街占道货物及用品，确保道路通畅。

（马彦华）

【人才队伍建设】11月份，借助顺义区梧桐工程，引进硕士研究生11名。年内，区供销社采取上下交流、外出培训等方式，加强人才队伍建设。组织副科级以上领导干部4批次40人到中国大连高级经理学院参加“远见与创新”“集团风险管控”培训班学习；二级企业之间横向交流41人，二级企业与机关纵向交流40人；以岗代训，到区委区政府机关学习5人。

（马彦华）

【隆华购物中心开业20周年】12月16日，隆华购物中心以“这一刻，改变已发生”为主题，启动开业二十周年店庆活动。为更好的满足购物需求，隆华购物中心调整一四五层经营结构，与周边商业形成差异化、特色化，达到客流翻番、整体日均销售同比增长60%的工作目标。

（马彦华）

顺义商业集团有限公司

【概况】北京顺义商业集团有限公司（简称顺商集团）是顺义区国资委下属全资国有企业，2016年10月由北京鑫海韵通百货有限公司和北京国泰中百商业有限公司整合重组成立。顺商集团以零售为主，拥有精品百货、电器家具、大卖场三种经营业态，集团总部下设10个科室，在顺义、密云及平谷地区设有10家分店，现有职工1659人，总体建筑规模26.7万平米，资产总额12.4亿元，2017年实现销售34.72亿元，利润5001万元，税金5928万元。其中：精品百货店四家，分别是顺义百货店3.6万平方米、国泰大厦店3万平方米、密云百货店3万平方米、青春馆店1.4万平方米。超市大卖场店五家，分别是石园店2万平方米，谊宾店3.7万平方米，宏城店4万平方米，双兴店1.8万平方米，平谷店1.5万平方米。电器家具店一家，即顺义电器店2万平米，专营家电类、家具类商品。

单位名称：顺义商业集团有限公司

（顺商集团）

【企业整合重组】一是完成整合重组工作。建立合理的组织架构，设立公司机关10个科室，推动整体经营管理。二是理顺产权关系。根据区政府、国资委关于商业板块企业整合重组实施方案要求，对北京鑫海韵通百货有限公司和北京国泰中百商业有限公司进行整合重组，通过隶属关系变更，将北京市顺义国泰商业大厦、北京鑫海韵通商业大楼划转到北京顺义商业集团有限公司名下，并完成系统相关营业执照的办理、变更和注销。三是实行10家分店独立核算的单店运营模式。规范财务核算，完善计算机软硬件配置。四是合理调配人员。配齐配优干部，把基层班子建设成为敢想事、敢干事、能成事、有凝聚力的团队。五是推动系统供应商、品牌资源的整合，发挥集团优势，提升企业竞争力。

（顺商集团）

【结构调整，助推多业态经营】百货业态打造集健身、娱乐、文化为一体的综合购物中心；大卖场业态以超市为依托，增加餐饮、娱乐、教育等项目，打造以大众消费为主的社区生活休闲中心；电器家具业态推动经营模式标准化，确定核心品牌发展规划，提高市场占有率。

（顺商集团）

【品牌战略与消费营销】一是坚持品牌战略，加大品牌调整，优化品牌组合。调研消费需求，明确各店市场定位、客层定位，重点引进独有品牌，引领效应，提高平效产出。二是强化营销，系统联动，突出集团优势。开拓思路，创新开展系统联动促销活动，强化供商合作，拓宽宣传渠道，借助电视台、电台、微信微社区、海报等形成多渠道立体宣传。

（顺商集团）

【经营管理】一是加强对经营合同的审批管理，防范与控制合同风险；规范合同文本，完善合同的建档、存档，提高合同管理工作的规范化、制度化、科学化。二是加强卖场管理，规范卖场装饰、优化商品陈列，提升卖场环境，营造良好的购物氛围。三是强化库存管理，加快资金周转，加大对超期库存商品的关注度，制定消化方案，定期跟进，解决库存问题。

（顺商集团）

【企业管理】一是建章立制，规范管理。按照现代企业要求建立健全各项规章制度，共计建立10个大类141项管理制度，形成权责清晰的管理体系；建立OA工作流161项，规范工作审批流程，明确管理权限，防控廉政风险。二是加强干部职工队伍建设。梳理、完善员工信息，建立人才信息库，储备各层级后备人员，保证各岗位工作需求；建立岗位绩效考评体系，完善激励奖惩机制，调动各岗位积极性，提升企业活力；多途径开展培训、岗位练兵竞赛活动，提升员工综合素质和技能，提升业务能力。三是完善财务核算，加强财务审计。整合财务系统软硬件，规范各项财务工作手续、流程，保障财务核算的准确性、有效性，强化财务监督职能；加强内部审计，提出调整建议，发挥内审在防范风险、完善管理、提高经济效益方面的作用。四是强化经营管理。加强对经营合同的审批管理，防范与控制合同风险；规范合同文本，完善合同的建档、存档，提高合同管理工作的规范化、制度化、科学化；加强卖场管理，规范卖场装饰、优化商品陈列，提升卖场环境，营造良好的购物氛围；强化库存管理，加快资金周转，加大对超期库存商品的关注度，制定消化方案，定期跟进，解决库存问题。

（顺商集团）

【安全生产】一是推进安全标准化，落实安全生产责任。落实党政同责、一岗双责责任制，逐级签订安全责任书；完善网格化管理方案，制定统一网格划分标准，构成“横到边、纵到底、职责到人、不留死角”的安全工作管理模式；建立考核机制，认真落实安全生产目标职责制，完善考核标准，考核结果与各店责任人绩效工资挂钩。二是定期分析研判形势，消除安全隐患。每月召开安全例会，分析安全生产工作形势，通报同行业火灾事故案例，提高安全警醒意识；每周至少对一家基层店进行安全检查，利用检查来督导安全工作的落实，及时消除安全隐患；不定期开展专项整治工作，针对有限空间、排烟管道等开展排查，建立健全基础台账，消除隐患、确保平安。三是修缮基础设备设施。针对有安全隐患的配电、消防等设备，及时制定方案维修改造，确保安全运行。四是加强安全教育，开展应急演练。定期组织安全知识培训和消防、防盗抢应急演练，完善应急预案，提升应急处置能力，提高自救和救援的综合能力。

（顺商集团）

【隐患排查】一是公司筹备组召开十九大安全维稳专题会议，部署十九大期间维稳工作，与下属各店一把手签订《党的十九大期间安全维稳工作责任书》，确保重大节日期间维护稳定。二是严把外来人口上岗审批关，上岗人员必须具有居住证、健康证、身份证才能允许上岗。三是开展社会矛盾纠纷隐患排查，全面梳理可能出现的矛盾纠纷和苗头隐患，将各类可能存在的矛盾纠纷隐患全部纳入到工作管理中，并确定出应对措施；对已经出现的矛盾纠纷依法、及时地进行解决，本年度协调公司相关部门完成区信访办转办的三个上访案件的处理工作，实现“坚决防止发生影响社会稳定的重大政治事件、坚决防止发生群体性事件和重大个人极端事件、坚决防止发生因工作不到位引发的负面炒作、坚决防止重点敏感时期发生群体性聚集上访”的工作目标。

（顺商集团）

【节能减排】一是分级建立节能领导小组，建立节能档案，每月整理能耗信息，对比分析原因，针对性整改。二是根据国家及政府环保部门要求，开展公司自管楼供暖煤改气工作并于供暖前完成，实现清洁供暖。

（顺商集团）

【人才队伍建设】一是结合企业自身发展及各岗位匹配需求，本年度公司所属各店部门助理、经理提拔、调整共计70余人次，做到人岗匹配，人适其岗。二是根据企业经营管理需要及岗位需求，本年度共对外招聘17人，其中第一学历本科2人，第一学历大专10人，对新招聘后备主管，首先安排到基层岗位上进行学习、锻炼，熟悉商场运营模式，为今后更好的开展工作打好坚实的基础。三是多途径开展管理人员培训工作，提升综合素质和技能。本年度安排主管以上管理人员综合素质、业务能力、服务意识等内容培训共计83场次，3323人次。培训方式包括观看视频、面授、经理课堂、微课堂等，并在培训后增加经验分享、讨论等环节，进一步强化培训效果。为贯彻落实党的十九大“建设高素质专业化干部队伍”的有关精神，本公司参加区委、区政府组织实施的“梧桐工程”干部人才引进计划，并前往全国6所知名高校开展招聘工作。此次招聘，共计收取简历245份，面试52人，笔试13人，最终6人进入复试，成功招揽一批复合型战略后备干部。

（顺商集团）

【年度审计】年内共计开展三项审计工作，分别是国资委安排内部审计、电器类商品节能补贴专项审计和应收款项专项审计。通过检查资料、翻阅凭证、账表核对、与相关人员交流等程序，得出审计结论，共提出建议26条，采纳21条。各基层单位对接受的建议进行整改，完善相关制度，在内控管理等方面的风险采取防范措施，实现审计对企业的监督、管理评价、服务的职能。

（顺商集团）

【精准帮扶】2017年在南彩镇于辛庄村、北务镇东地村开展“一助一”帮扶。规范村务管理、协助加强村内基础设施建设和各项制度建设，并开展困难户慰问等活动；帮助抓好党员干部队伍学习教育，提升党员、干部政策理论、法律法规知识水平，切实发挥党员的先锋模范带头作用；与村委会协调沟通，开展资金捐助，改善村里生活环境；针对帮扶村内的低收入户，实行“一助一”结对，明确帮扶责任人，确保精准帮扶。

（顺商集团）

北京顺义宾馆

【概况】北京顺义宾馆（即北京市顺义区人民政府招待所）位于顺义区府前中街3号，距首都国际机场仅15分钟车程、距地铁15号线顺义站仅需步行100米、距顺义区商业圈仅500米。隶属于顺义区人民政府，是国家旅游涉外定点三星级宾馆，金叶级绿色旅游饭店，北京地区党政机关会议定点场所，顺义区政府采购会议定点单位。作为顺义区大型多功能综合性会议中心，顺义宾馆年接待宾客20万人左右。顺义宾馆拥有客房楼三座，共有340套客房，其中标准间226间、豪华单人间91间、套房23套，所有房间均设有百兆宽带接口。会议中心大中小各类会议厅室28个，容纳人数从15—500人不等，配套设施齐全，采用高品质音响、光学矩阵投影幕、多媒体会议系统、视频会议系统等。餐饮楼有宴会厅15个，能容纳1000人同时用餐；主题宴会厅三个，可同时接待三场婚宴。康体娱乐中心拥有游泳馆，同时配有各种健身器材，里面设有歌舞厅、瑜伽馆、汗蒸房等多种娱乐设施。商务中心提供打字、复印、传真、制定各种桌签、桌号等服务。

单位名称：北京顺义宾馆

（顺义宾馆）

【安全工作会】2月16日下午，组织班组长以上管理人员、安全员等100人在多功能厅召开安全会。会上总结2016年安全工作取得的成绩，分析存在的问题，明确安全生产工作目标、重点任务及应急保障措施，并对2017年的工作进行部署。会上所长与分管领导、各部门负责人层层签订《2017年度安全生产责任书》58份，实现安全主体责任全覆盖。

（顺义宾馆）

【食品卫生与安全专题培训会】2月27日，组织科级以上管理者、餐饮部全体人员以及财务部采购员等100人开展食品卫生与安全培训。此次培训邀请食品药品监督管理局局长李利民、餐饮科科长李红从怎么看待食品安全、面对食品安全问题我们应该怎么办、餐具消毒、采购索票制度、冷荤间分装盒隔离制度和食品安全意识等方面进行培训。

（顺义宾馆）

【商务礼仪培训】3月3日，科级以上管理人员参加在宾馆C座6层三会议室举办商务形象塑造与礼仪培训。本次培训邀请中旭股份内训讲师杨睿杰授课。内容涉及礼仪通则、职业形象、社交礼仪方面的要求，以及商务接待、位次排列、商务宴请过程中需注意的细节和技巧。

（顺义宾馆）

【“十三五”期间热点问题公共知识考试】3月15日下午，宾馆组织管理岗位和专业技术岗位人员40人，进行《北京市“十三五”期间经济和社会发展热点问题》公共知识考试。通过此次培训结业考试，宾馆管理人员和专业技术人员深入了解北京市“十三五”时期发展的热点问题，认清“十三五”发展的目标和方向。

（顺义宾馆）

【药膳交流展示会】4月18日，由怀柔区饮食服务行业协会药膳分会举办的“国门1号杯”药膳健康厨艺交流会在北京怀柔钟馨山庄开幕。旨在推进怀柔区、密云区、顺义区三区餐饮业、药膳业发展，促进药膳饮食适应现代化餐饮的要求。本单位获得优秀奖。

（顺义宾馆）

【设备设施升级改造】为认真贯彻落实市、区安全会议精神，宾馆投入资金对存在安全隐患的设备设施进行升级改造。拆除重建不防火泡沫彩钢板房3500平方米；对蒸汽锅炉设备、厨房自动灭火装置、院内照明灯具及线路进行更新；对中央空调冷水机组、锅炉管线、配电设施、消防设备、电梯设施进行定期的维修保养，截止6月底工程全部完工。

（顺义宾馆）

【单位业务承接】3月，由机关事务中心、国资委、空港开发区会同区招待所将北京市顺政公务用车服务中心划转至顺义宾馆，成为区政府招待所的下属三级企业。5月25日，顺义宾馆接手顺义区委党校客房、会议及食堂服务业务，为参加党校培训的学员提供住宿、餐饮、会仪服务。其中，客房183间；餐厅2个（含包间5个），可容纳600人同时就餐；会议室63个，可同时接待3823人参会。5月27日，顺义宾馆接手政府机关食堂和机关事务管理服务中心食堂业务，为区委、区政府、地震办、人防办工作人员提供服务。6月，按照区委区政府指示精神，接手顺义区行政大楼综合物业服务管理。其中包含餐饮服务、会议服务项目。餐厅2个，14层餐厅934平方米，可容纳520人就餐；B1餐厅4032平方米，有3个包房和自助餐服务区，可容纳1200人同时就餐。会议室36个，可同时容纳1502人同时参会。

（顺义宾馆）

【创绿评定活动】为贯彻和推动《北京市“十三五”时期节能降耗及应对气候变化规划》精神，顺义宾馆开展“绿色旅游饭店”金叶级的创建工作。成立“创绿评定”工作小组，制定创建工作方案、年度能耗指标，以及节能减排工作计划，最终获评“绿色旅游饭店”。

（顺义宾馆）

【安全生产活动】6月，顺义宾馆结合工作实际，根据第16个国家“安全生产月”重点，围绕“掌握安全生产知识，争做遵章守纪工匠”这一主题开展活动。通过发放安全知识宣传册、悬挂安全生产口号及宣传条幅、组织班组长以上员工收看事故案例警示教育片等形式，宣传安全生产的重要性，营造人人关注活动，人人重视安全的氛围。

（顺义宾馆）

【安全隐患专项行动】一是认真贯彻落实安全隐患排查日报制度，每天向区委信息科汇报情况。二是严格落实自查制度，各部门对所辖范围内安全隐患进行全面排查，发现隐患及时处理、及时上报、建立部门台账。三是严格履行安全生“党政同责、一岗双责”制度，明确主体责任人，把安全生产工作落实到实处。

（顺义宾馆）

【三星级酒店复评】10月17日上午，顺义宾馆通过顺义区旅游委三星级酒店资质星级复评。复评包括听取汇报、实地检查、资料查看、对标核分和反馈点评等环节，对宾馆客房、餐厅、前台等各区域进行检查，并对饭店规章制度、操作流程、服务规范等情况进行评估。

（顺义宾馆）

【消防应急预案演练】为不断提高宾馆消防应急工作，加强消防“四个能力”建设，减少因火灾事故造成不必要的人员和财产损失。11月9日下午全体员工在C座客房楼进行消防疏散应急演练。

（顺义宾馆）

【北京勤尚餐饮管理有限公司成立】勤尚管理公司正式成立挂牌，寓意就是要用我们的勤劳和高尚的服务品质赢得客户的赞誉。

（顺义宾馆）

旅游

旅游

【概况】2017年，顺义区旅游委按照年度工作部署，深刻把握区域发展的阶段性特征，把产业扶持、提质扩容、设施完善、宣传营销、服务提升、安全保障等作为旅游业发展的突破口，各项工作任务均完成。全年实现旅游接待738.8万人次，比上年增长27.4%；旅游企业总数达到511家，比上年增加12.75%；旅游综合收入120.15亿元，比上年增长35%，旅游产业综合带动作用明显，逐步成为新常态下地区经济增长新引擎。

单位名称：顺义区旅游发展委员会

（雷洁）

【公立假日旅游指标】元旦假期，“北京顺义第二届冰雪温泉狂欢季”共接待游客27.9万人次，同比增长49.8%；旅游综合收入8659.78万元，同比增长60.2%。春节假日期间累计接待游客44.03万人次，同比增长47%；实现旅游综合收入13798.2万元，同比增长58%。清明假期三天共接待游客44.86万人次，同比增长43.3%；实现旅游综合收入8986.67万元，同比增长42.4%。“五一”假日期间共接待游客55.56万人次，同比增长49.8%；实现旅游综合收入12427.41万元，同比增长49.6%。端午小长假期间共接待游客55.092万人次，同比增长36.7%；实现旅游综合收入12999.1万元，同比增长34.4%。“国庆、中秋”假日期间，顺义区共接待游客145万人次，实现旅游综合收入33178.64万元。

（周莹）

【京郊旅游政策性保险工作】按照北京市旅游委工作部署，顺义区完成京郊旅游政策性保险工作。顺义区京郊旅游政策性保险工作涉及本区12个镇，共办理京郊旅游政策性保险3A及以上景区、乡村旅游特色业态、星级户89家。

（刘颖）

【2015-2016年度市级旅游产业发展引导资金检查】1月4日，北京市旅游委检查组对顺义区舞彩浅山滨水国家登山健身步道配套设施改造提升项目、焦庄户地道战景区环境整治及景观提升改造工程项目、北京顺义绿色生态板块旅游配套服务设施升级改造工程、顺义舞彩浅山登山步道龙湾屯镇大北坞段公共服务设施提升改造项目四个市级旅游产业发展引导资金项目开展专项检查。2016年争取到市级扶持资金共计568.53万元。

（刘颖）

【特色业态及星级民俗旅游村现场复核验收】1月10日，市旅游委会同市公安、市食药、市商务、市园林以及乡村旅游专家对顺义区2016年度评定的新业态和星级民俗村进行现场复核性验收。

（雷洁）

【景区内基础设施提升改造验收工作】1月13日，区旅游委组织设计施工单位对奥林匹克水上乐园、北京国际鲜花港、三高汉风耕读苑等12家景区进行工程验收工作，主要针对各景区的标识牌、导览牌、休息座椅、警示牌、温馨提示牌、电动轮椅等的数量和位置，景区验收全部合格。

（周莹）

【首届北京顺义张镇灶王文化节开幕】1月21日，首届“北京·顺义张镇灶王文化节”在顺义区莲花山滑雪场开幕。本届文化节以“顺义过大年，灶福满京城”为主题，立足京城顺义本土民俗文化，通过一系列精彩活动，呈现“来顺义过大年”的喜庆气氛，彰显“家和睦，爱传承”的中华新春文化。

（刘颖）

【《顺义区人民政府关于促进顺义区旅游业发展的实施意见》发布】1月23日，区旅游委牵头制定的《关于促进顺义区旅游业发展的实施意见》（顺政发〔2017〕2号）以区政府文件形式正式下发。《实施意见》共六部分、十七条。

（雷洁）

【2016年区级产业引导资金扶持项目竣工验收工作启动】自2月24日起，启动2016年区级产业引导资金扶持项目竣工验收工作。首批对北京市顺义区浅山文化碑景观艺术游览项目、2015奥林匹克水上公园冰雪嘉年华、北京乔波冰雪世界滑雪馆升级魔毯改造工程、2016年北京顺丽鑫生态观光农业园旅游公共服务设施提升项目、创新食品工业游参观走廊维修改造、北京顺鑫中盛国际会议中心基础设施提升、莲花山滑雪场7个项目进行检查验收。

（雷洁）

【第八届郁金香文化节与首届河北村民俗文化节】4月1日，顺义区河北村首届民俗文化节和第八届北京郁金香文化节正式开幕。第八届北京郁金香文化节在顺义鲜花港举办。本届河北村文化节开幕式组织的民俗表演包括《舞龙舞狮》《梨花颂》《捏泥人》《跑旱船》等。

（刘颖）

【旅游监管及安全应急指挥平台投入使用】5月1日，顺义区旅游监管及安全应急指挥平台自启用，对接景区、酒店、民俗村（户）、新业态等9家旅游企业的52路视频监控，重点旅游企业陆续纳入平台管理。

（雷洁）

【星级民俗村、户奖励资金发放】截至5月10日，旅游委共计向10个属地镇拨付星级民俗村（户）评定、等级提升类奖励资金共计1149万元。其中，向全区2个5星级民俗村、14个3星级民俗村拨付奖励资金1040万元，向全区4个5星级民俗户、20个4星级民俗户、29个3星级民俗户拨付奖励资金109万元。

（周莹）

【第三届舞彩浅山旅游登山文化节】5月20日，由北京市顺义区旅游发展委员会、顺义区绿色生态产业功能区管理委员会主办的北京顺义第三届舞彩浅山旅游登山文化节在顺义区舞彩浅山（木林段）开幕。本届文化节以“大美顺义浅山行，最炫登山旅游季”为主题，立足舞彩浅山独有的旅游资源，通过一系列不同模块的精彩活动，呈现“游在顺义，玩在浅山”的旅游节日气氛。CCTV5主持人沙桐、奥运击剑冠军骆晓娟、中国女排著名副攻手薛明做为领跑明星现身开幕式现场。

（雷洁）

【北京顺义第二届樱桃采摘节音乐晚会】6月3日，北京顺义第二届樱桃采摘节樱桃音乐晚会在顺义区顺丽鑫生态观光农业园开幕。本届樱桃采摘节以“顺义樱桃，初夏食光”为主题，由顺义区农村工作委员会、顺义区旅游发展委员会和顺义区园林绿化局共同主办。

（刘颖）

【“顺意好礼”助力第26届北京国际燕京啤酒文化节】6月25日-7月9日，“顺意好礼”（原顺义礼物）以全新的形象首次亮相第26届北京国际燕京啤酒文化节。“顺意好礼”包括五大系列（匠心顺义、名品顺义、文创顺义、深玩顺义、疯味顺义）共156款产品。

（周莹）

【顺义区A级景区沿线道路导览标识项目】本项目总投资498万元，建设内容包括A级景区沿线道路导览标识牌173套，景点形象牌7套。

（雷洁）

【绿色生态板块旅游配套服务设施升级改造】7月12日，利用市级旅游产业发展引导资金项目总投资271.53万元的绿色生态板块旅游配套服务设施升级改造全部建成并投入使用，涉及照明系统、广播系统、监控设施、南门牌坊照明、生态卫生间10座、休闲座椅38套、垃圾桶70个、开放式电瓶车15辆、展板及匾额。

（周莹）

【《悠游顺义》中英文双语版图册印制完成】7月13日，《悠游顺义》中英文双语版宣传图册印制完成，并在第26届燕京啤酒文化节首次亮相。手册正面为顺义整体旅游资源的手绘版地图，背面以顺义旅游委主办的大型活动为载体，突出“旅游+”的产业融合发展模式。

（旅游网）

【“悠游顺义”亮相各大旅游博览会】6月9日-11日，顺义区旅游委参加由国家旅游局、湖北省旅游发展委员会主办的“第九届华中旅游博览会暨第二届长江旅游博览会”；9月1日-4日，参加在天津举办的“2017中国旅游产业博览会”，发放“悠游顺义”宣传册730份；9月8日-10日，参加由广东省旅游委局主办的“2017中国（广东）国际旅游产业博览会”，展会首日，发放悠游顺义图册、悠游顺义折页以及顺义欢迎您手册共计1200余份；9月22日-24日，在北京平谷参加由中国旅游协会、北京市旅游发展委员会、平谷区人民政府共同主办的“第一届中国（北京）休闲大会”共计发放宣传材料1500余份；11月17日-19日，参加由国家旅游局、中国民用航空局和云南省人民政府共同主办的“2017中国国际旅游交易会”，展会首日发放宣传品1000余份；11月17日-19日，参加“第十八届海南国际旅游岛欢乐节暨2017海南世界休闲旅游博览会”，展会期间发放宣传材料2000余份。

（旅游委）

【舞彩浅山登山步道公共服务设施提升改造】7月17日，北京市旅游产业发展引导资金专项转移支付项目——舞彩浅山登山步道龙湾屯镇大北坞段公共服务设施提升改造工程完工并投入使用。工程总投资150万元，共铺设碎石步道6637.50平方米，木栈道112.50平方米；建设一个游客服务中心，总面积196平方米，木质结构与浅山地区整体环境协调统一。

（雷洁）

【景区和工业示范点旅游公共基础服务设施项目】项目总投资806.6万元，共为顺义区奥林匹克水上公园、北京国际鲜花港等旅游景区和牛栏山酒业、鹏程食品厂等工业旅游示范点共12家旅游企业安装标志标识牌（导览、指示、安全）1983块，增加园区内休息座椅800套、配置电动轮椅60个。

（刘颖）

【《风物中国志·顺义》专辑编纂工作正式启动】8月15日，《中国国家地理》确定将顺义区作为“风物中国志”项目在北京市落地的第一站，专辑编纂工作正式启动。

（周莹）

【北京国际旅游节分会场首次落地顺义】8月17日，顺义区确定作为第十九届北京国际旅游节分会场地之一，这是本区首次参与国际性旅游节庆活动的举办。分会场活动在北京国际鲜花港举办，主要承接分会场开幕式、菊花观赏、艺术表演、亲子游园、助残活动等内容。

（刘颖）

【行业反恐、消防应急演练及知识培训】9月19日，区旅游委联合区公安分局、区消防支队在顺鑫中盛国际会议中心举办旅游行业反恐、消防应急演练及知识培训。区内景区、酒店、旅行社、社会旅馆、民俗村、特色业态等277家企业安全工作负责人300余人参加演练和培训。

（雷洁）

【顺鑫杯2017北京总部企业家“喜迎十九大”健步走活动】9月23日上午，顺鑫杯2017北京总部企业家“喜迎十九大”健步走活动在顺义国际鲜花港举办。本次健步走活动以“喜迎十九大”“走进顺义，走出健康”为主题，吸引150余家在京总部企业、跨国公司地区总部以及部分国际经济组织驻京机构和总部经济功能区等单位负责人、市商务委等10余个市级部门相关负责人和顺义区领导500余人齐聚顺义区国际鲜花港，共同健步行走。

（刘颖）

【2017年度三星级饭店复核】根据市旅游委《关于做好2017年度星级饭店复核工作通知》要求，区旅游委对照《旅游饭店星级的划分与评定》标准（GB/T14308-2010），对北京顺义宾馆、北京东竹园宾馆和北京望潮苑民俗度假村3家三星级饭店进行年度复核。

（周莹）

【A级景区及沿线道路导览标识项目】11月30日，顺义区A级景区及沿线道路导览标识项目全部完成并投入使用。项目投资总额488万元，主要包括旅游主题交通导引雕塑18组和非公路标识154块。涵盖顺义区内的京沈线、顺平路、白马路、木燕路、昌金路等14条公路主要路口及沿线道路和顺义区的奥林匹克水上公园、北京国际鲜花港、汉石桥湿地、七彩蝶、北京顺鑫绿色度假村、河北村民俗园6家景区及汉风耕读苑。

（周莹）

【第三届北京顺义冰雪温泉狂欢季】12月16日晚，“第三届北京顺义冰雪温泉狂欢季”在北京顺义莲花山滑雪场举办开幕式。本届冰雪温泉狂欢季以“疯滑雪跃·慢享温泉”为主题，活动时间持续至2018年2月23日。

（雷洁）

【旅游人才培训】12月14日，顺义区旅游委组织的“2017年旅游人才培训”结束。2017年第二届旅游人才培训工作历经4个月，分3期、22个专题举行，共培训400余家企业2000余人次。此项工作荣获顺义第三批顺义区人才工作创新项目

（周莹）

顺义生态旅游集团有限公司

【概况】北京顺义生态旅游有限公司（简称“顺旅集团”），成立于2014年12月，为顺义区区属国有企业，注册资金6亿元。业务领域涵盖旅游管理服务、广告业、旅行社及相关服务、自有房地产经营活动、农产品初加工服务等。公司下辖北京顺义水上公园投资发展中心、北京鲜花港投资发展中心、北京三高奥圣农业技术开发中心、北京鲜花港电子商务有限公司、北京顺旅建设投资发展有限公司、北京顺旅文化传播有限公司、北京顺旅广告有限责任公司、北京顺旅城展文化发展有限公司、北京顺旅酒店管理有限公司、北京新潮园农业技术开发中心、北京顺奥投资中心和北京福顺物流有限公司12家子公司。作为顺义绿色生态产业功能区的支撑企业，顺旅集团贯彻落实区委、区政府总体部署，按照“绿水青山就是金山银山”的发展理念，坚持都市休闲旅游服务商定位，顺应大众旅游和全域旅游两大时代潮流，发力文化旅游、特色小镇、资本运作三大业务领域，为建设国际一流的和谐宜居之都贡献国企力量。
单位名称：顺义生态旅游集团有限公司

（顺旅集团）

【战略规划初步形成】年内，顺旅集团通过广泛调研旅游产业最新业态，深刻认识旅游产业发展趋势，全面梳理集团资源，分别于5月19日、9月26日召开改革发展重点工作部署会和务虚会，确定“一个定位、两条主轴、三全理念、五大主业”的“一五”发展战略，打造都市旅游休闲平台服务商的企业定位。

（顺旅集团）

【机构设置调整】年内，顺旅集团新增党委办公室、纪检监察部、风险防控部等六部室，总部实现9部3室，共计12个部门的机构设置。为进一步规范和加强内部管理，切实提升整体管理水平和风险防范能力，打造强有力的集团管控体系奠定基础。

（顺旅集团）

【产业链条延伸】年内，顺旅集团成立北京顺旅广告有限责任公司、北京顺旅酒店管理有限公司，布局餐饮广告、酒店、物业管理等业务板块，打造“WIN在顺义”活动品牌、“漫食间”系列主题餐饮品牌、“享筑”主题民宿品牌、“味儿在顺旅”活动餐饮品牌，进一步完善集团产业结构、产品结构和产业链条，初步构建具有顺旅特质的差异化竞争优势。

（顺旅集团）

【城市生活展示体验馆】年内，根据区委、区政府关于加快建设顺义区城市生活展示体验馆的指示精神，集团全力推进体验馆各项工作，收购北京福顺物流有限公司100%股权，相继完成《顺义区城市生活展示体验馆项目实施计划申报书》编制工作和布展设计施工一体化、外观改造、景观设计、全过程造价控制、总设计协调招标等工作，体验馆建筑改造和布展设计初步完成。

（顺旅集团）

【柳庄户村民宿项目建设】年内，顺旅酒店管理公司与龙湾屯镇柳庄户村达成初步意向，投资建设民宿项目，项目一期包括2000平方米接待餐饮中心及面积约4000平方米的民宿院14个。

（顺旅集团）

【第八届北京郁金香文化节】4月1日–5月10日，历时近40天的第八届北京郁金香文化节在北京国际鲜花港开幕。展出期间，引进100余个品种400余万株郁金香，种植面积达10万平方米，花期较往年延长40%。活动期间，还增设充满异域风情的文艺表演和丰富的主题活动。

（顺旅集团）

【第九届北京端午文化节暨2017年全国龙舟邀请赛】5月30日，由市委宣传办、首都文明办、市体育局、顺义区人民政府主办的第九届北京端午文化节暨2017年全国龙舟邀请赛在顺义奥林匹克水上公园举行。共有来自全国各地30多支队伍、400余名选手参加比赛，本次龙舟赛是2017年全国龙舟邀请赛、京津冀龙舟挑战赛、北京市端午节龙舟大赛三赛合一。项目包括京津冀250米直道竞速、京津冀500米直道竞速、全国龙舟邀请赛暨北京市龙舟大赛250米直道竞速等多个项目。河北科技师范学院、天津海运龙舟队、大兴区水上运动协会龙舟队分别获得各组比赛的第一名。

（顺旅集团）

【第26届北京国际燕京啤酒文化节】6月25日，历时15天的第26届北京国际燕京啤酒文化节在顺义奥林匹克水上公园开幕。本届啤酒文化节的主题为“醉美燕京、WIN在顺义”，设啤酒美食畅享区、顺义文化体验区、亲子嘉年华区、文化艺术品展示区四大活动区。开幕式共有新华

社、北京日报、北京电视台等40余家市区级媒体对第26届北京国际燕京啤酒文化节开幕式进行现场采访报道。当日累计游客入园达2万人次。

（顺旅集团）

【第九届北京菊花文化节】9月9日，历时51天的第九届北京菊花文化节在北京国际鲜花港开幕。此次菊花展以“老北京·新京韵”为主题，花展室外展种植面积近10万平米、40多个花卉品种，主要以不同品种的千头菊，搭配各色菊科花卉为主。个别区域以“星空”“银河”等抽象图案为主题，通过“十二星座”符号图案，增加游客的趣味性和互动性。另有如长颈鹿、青蛙、大黄鸭等造型小品。

（顺旅集团）

园林建设

【概况】顺义区园林服务中心为顺义区城市园林绿化业务主管部门，主要职责任务是承担园林、绿化等事务性、服务性工作，职责范围包括顺义城区、顺义新城、各中心镇、市区级开发区以及区政府指定绿地。截至年底，实有职工总数为365人。直接管理园林绿地共计589.06万平方米，其中,特级绿地314.48万平方米，一级绿地122.67万平方米，二级绿地151.91万平方米。区属注册公园8个，面积105.52万平方米，其中，顺义公园为北京市重点公园，顺义公园、卧龙公园、减河五彩园、光明文化广场公园、仁和公园等5个公园为北京市精品公园。

单位名称：顺义区园林服务中心

（刘志峰）

【顺义城区公园文化活动】2月1日–2月15日,顺义区第十三届水仙花展在减河公园举办，共展出水仙2千余株、水仙花雕刻作品数百件。4月20日–5月2日，顺义区第十届郁金香花展在减河公园举办，共展出20个品种4万余株。同月21日–5月5日，顺义区第二届牡丹花展在仁和公园举办，展出卷叶红、白雪塔、乌龙捧盛、洛阳红、二乔、胡红、银红巧对等30个品种，5000余株的牡丹。5月10日–31日，顺义区第一届月季文化节在卧龙公园举办，展出丰花月季、大花香水月季、藤本月季、树形月季、微型月季等20余个品种1万余盆，各种草花2.5万余盆。6月25日–7月20日，顺义区第十五届荷花展在顺义公园举办，主展区展出万寿红、八一莲、楚天祥云等各色荷花七十余个品种，园区道路展出盆养荷花600余盆。

（刘志峰）

【为民服务项目】年内，区园林中心对所属公园破损设施进行维护，提高公园硬件水平，确保设施安全，正常运转。共维修改造道路铺装4987平方米，维修井泵6个、喷灌1488米，新增及维修灯具232盏，更新及维修座椅113组、围栏2550米，更新垃圾桶202个、音响95个、花箱62组、导游牌5块，更换展板60组、乒乓球场地护网100平方米,安装挡车桩133个,新增休憩桌椅33套、乒乓球台2个、宣传橱窗5个，新增及更换健身器19组,新建仿古凉亭一座。

（刘志峰）

【鲜花上街环境布置工程】年内，区园林中心在光明街、府前街、新顺南北大街、顺安路四条道路通过花箱、花塔、地栽形式，营造多层次的景观效果。分别于4月下旬、6月下旬、8月下旬进行三次花卉布置，采用角堇、凤仙、海棠、串红、孔雀草等应时花卉50万余盆；并于9月底前配合庆祝十一国庆活动，再次布置鲜花20万余盆。

（刘志峰）

【杨柳飞絮治理工作】年内，区园林中心完成管辖范围内公园、广场、主要道路绿地内9161株杨柳树雌株的飞絮治理工作。

（刘志峰）

【顺平路及周边景观提升工程】顺平路及周边景观提升工程，主要包括两部分：顺平路（枯柳树环岛——彩虹桥），道路全长10000米，绿化总面积5738平方米；西环路（顺平路——顺沙路），道路全长2300米，绿化总面积2460平方米。绿化设计以增加绿带层次，突出季相色彩变化，增加景观长廊效果为原则，植物选择滞尘、抗旱、节水、生态效果好的苗木，包括卫矛、紫叶小檗、金叶女贞、小叶黄杨、独干木槿等，工程共种植花灌木435株，色块8198平方米。

（刘志峰）

北京顺义年鉴

2018

金融 保险 证券

2017北京国际服务贸易交易会签约仪式

京津冀城际铁路基金签约仪式

常务副市长莅临2017年服交会顺义展区

金融

金融服务

【概况】2017年，顺义区新增金融机构31家，区内金融机构总数达282家；全区实现存款余额1871亿元，贷款余额1037亿元，信贷规模平稳运行；新增上市挂牌企业20家，累计达到70家，实现累计直接融资1540亿元。2017年，全区金融业实现增加值139.6亿元，占第三产业13.5%，占全区GDP的8.1%。

单位名称：顺义区金融服务办公室

（金融办）

【金融招商引资成果显著】深入运用“金融机构+”“上市企业+”“行业协会+”等联盟招商模式，持续引进各业态金融机构。国创投资引导基金、京津冀城际铁路发展基金、中青旅廿一资本、华联商业保理、芯鑫融资租赁等31个优质项目落户顺义，金融招商引资工作成果显著。

（金融办）

【融资服务水平不断提升】搭建融资服务平台，推动需求与供给有效对接。4月，与区投促局、区经信委配合，组织区内重点基金与优质项目对接，探索多元化融资模式，降低融资成本。5月，与区外事办等部门配合，承办“北京顺义2017中美跨境加速项目路演会”，提升资源整合力度，促进中美高端项目跨境发展。12月，创新型产业集群和“2025”示范区建设活动召开。会上，智能新能源汽车、半导体、航空航天领域优质项目签约。同时，区金融办为北汽新能源项目、有轨电车T2线等重点项目对接驻区华融系、首钢系、国开投基金等大型基金。

（金融办）

【服务业扩大开放试点工作稳步推进】在2016年第一批金融服务领域试点政策全部完成的基础上，第二批金融试点任务中，区金融办主责任务6项、配合任务7项。按照顺义区《关于深化改革推进顺义区建设北京市服务业扩大开放综合试点示范区工作方案》部署，区金融办研究制定金融服务工作组实施方案，加速推进落实。一是加强部门沟通，建立联动协调机制。与市银监局、市金融局等相关部门深入沟通，了解各试点政策推行进程。同时，沟通区工商分局等部门，提高工作效率，推进任务进展。二是强化招商引资实效，落实先行先试。推进合资证券公司、金融租赁公司、消费金融公司等金字招牌机构落户顺义。北京人寿、顺鑫财务公司、农商行京都金融租赁等非银机构与顺义区达成合作意向。截至2017年底，深化方案金融服务领域任务全部完成。

（金融办）

【融资性担保公司现场检查】在北京市金融工作局的统一安排下开展2017年度融资性担保公司现场检查工作并配合完成融资性担保公司到期换证检查工作。金融办制定现场检查方案，并对辖区内融资性担保公司进行现场检查，本次检查对于查找融资性担保公司存在的问题，提高风险控制能力意义重大。

（金融办）

【小额贷款公司现场检查】在北京市金融工作局的统一安排下开展2017年度小额贷款公司现场检查工作。金融办制定现场检查方案，并对辖区内小额贷款公司进行现场检查。

（金融办）

【应急打非】顺义区制发《顺义区打击非法集资专项整治行动工作方案》《顺义区2017年涉嫌非法集资广告资讯信息排查清理活动工作方案》和《顺义区2017年风险企业排查实施方案》；开展六轮风险排查工作，主要针对外省市区域性股权市场跨区域经营、辖内国有企业和其他企业内部集资、涉众型经济案件、地方性金融机构和辖区内互联网平台等各类交易场所、涉嫌非法集资广告资讯信息和全区范围内风险企业；以宣传活动“进社区、进村庄、进商场、进学校”为目标，结合4.15全民国家安全教育日、非法集资宣传月、“百千万”宣教工程和棚户区改造等工作，共组织打非宣教活动近130场，并按照投促局要求，编写关于集资诈骗讲课材料；通过市打非办转办、区打非小组成员单位排查等渠道，共协同处置14个风险企业，为市民提供3次法律服务，并与大数据监测预警平台合作，实时监测区内风险企业情况

（金融办）

【金融产业和企业上市政策推介】“2017年北京地区新三板挂牌公司培训会”在中关村国家自主创新示范区召开，此次活动由北京市金融工作局和中关村上市公司协会联合主办，各区金融办和近百家新三板挂牌公司参加，顺义区在会上做主题发言并着重推介金融产业和企业上市政策。

（金融办）

【融资租赁聚集区规模初见】3月，承办“2016年北京市租赁行业工作总结会”，各优质融资租赁企业、租赁服务企业、会所、律所等百余人参会，实现信息共享，争取资源倾斜。7月，北京市商务委、市金融局为北京天竺综合保税区揭牌，共同打造“北京市融资（金融）租赁聚集区”。截至2017年底，顺义区拥有北京市文化科技融资租赁、中恒租赁、京城租赁、中航租赁等优质租赁企业近40家，成为全市第二大融资租赁企业聚集地。

（金融办）

【新三板企业董秘资格培训班】4月1日，由金融办和天竺

镇政府共同主办"顺义区新三板企业董秘考试培训班"和"共聚天竺 顺义新三板政策之夜"推介会召开，双方主要领导出席并致辞，区内外 50多家新三板企业参加本次活动。此次培训由区金融办出资，区内新三板企业免费参加。

（金融办）

【组织区内上市企业参与投融资对接】4月27日，组织近百家区内上市和拟上市企业参与"产融互动峰会"活动，促进区内企业精准对接产业链、创新链和资金链。5月，组织拟赴境外上市企业参与"北京顺义2017中美跨境加速项目路演会"，促进中美高端项目跨境发展。

（金融办）

【2017年北京国际服务贸易交易会】5月28日－6月1日，顺义区以北京新兴金融聚集区为主题参展2017年北京国际服务贸易交易会，重点展示后沙峪金融商务区、马坡金融城、空港融资租赁产业园三大金融平台的发展理念、北京新兴金融聚集区的发展思路、顺义区金融产业发展环境。展会期间，金融项目签约金额共计1756.31亿元；中国网、千龙网等百余家主流权威网站和专业财经网站，以及微信微博等新媒体平台和北京电视台等媒体进行报道，北京新兴金融聚集区良好的形象得以树立。

（金融办）

【深度参与智慧顺义建设】6月始，根据区委、区政府《关于新型智慧城市建设暨智慧顺义优化顶层设计实施方案》文件精神和工作部署，由金融办牵头负责"智慧顺义一卡通"（以下简称"一卡通"）建设，通过在银行卡上加载便民服务功能，实现资源和信息整合，提升行政效能，根本体现智慧顺义便民、惠民、利民的建设宗旨。《"一卡通"实施方案》于8月8日经政府常务会讨论通过并正式实施。

（金融办）

【区领导专题研究后沙峪金融商务区有关工作】6月26日，区长高朋主持召开专题会议，研究关于后沙峪金融商务区有关工作，会议分别听取区规划分局、区金融办和顺鑫控股的工作汇报。其中区金融办就北京新兴金融聚集区平台建设、功能定位及业态布局进行汇报。会议就北京新兴金融聚集区下一步工作开展作出部署，明确各相关单位的责任分工。

（金融办）

【"招商引资培训班暨资本市场人才培训会"】6月27日，区金融办和区投促局联合主办"2017年顺义区第一期招商引资培训班暨资本市场人才培训会"，区内相关委办局、镇、街道、经济功能区负责招商和企业上市工作的主管领导及工作人员参加培训。会上，投促局、金融办分别就全区招商引资形势、企业上市工作向与会人员作详细介绍；中介机构从上市基础知识、投资人甄选与鉴别两个角度进行专业授课。

（金融办）

【顺义区金融安全知识大讲堂】7月21日下午，顺义区打非办开展防范非法集资"百千万"宣教工程活动，在北京银监局、北京秉正银行业消费者权益保护促进中心、北京农商银行顺义支行的大力协助下，于仁和镇临河村组织金融安全知识大讲堂，京都律师事务所李毅然律师通过解释非法集资的特点、分析P2P非法集资的案例和购买金融理财产品注意事项三方面为临河村150余名拆迁村民普及金融安全知识。

（金融办）

【上市企业孵化基地初现成效】10月，"三区三镇一园"上市示范区结合自身实际，进行特色化、差异化试点建设探索工作，相继出台镇级扶持政策，规划物理承载空间，企业上市工作亮点频现，一批质地优良、发展向好的新三板企业入区发展，火柴互娱、斯雷康、海天网联、联合货币等12家已挂牌企业落户区内，赛浪车联、十二年教育等一批新三板挂牌企业启动落户工作，上市企业孵化基地建设成效显著。

（金融办）

【多层次资本市场顺义板块收获硕果】截至12月31日，全年新增上市挂牌企业20家，累计达到70家，京磁科技、中技克美、长城华冠、通捷水务等一批高新技术企业先后登陆新三板，资本市场顺义板块实现从传统的加工制造到文化创意、生物医药、高端装备、新能源技术等领域兼而有之、均衡发展的完美过渡。上市挂牌企业全年新增直接融资150亿元，累计直接融资达到1540亿元，资本市场服务实体经济作用明显。

（金融办）

中国银行股份有限公司北京顺义支行

【概况】中国银行股份有限公司北京顺义支行（简称中行顺义支行）正式成立于1988年07月11日，隶属于中国银行股份有限公司北京市分行。支行内设七个部门（综合管理部、计划财会部、风险内控部、公司业务部、公司金融产品部、个人金融部、营业部），下辖8个经营性支行（马坡支行、光明街支行、东兴支行、林河开发区支行、汽车城支行、天竺支行、裕翔路支行、空港万科支行），共有员工220人。

单位名称：中国银行股份有限公司北京顺义支行

（中行顺义支行）

【经营项目】个人业务（人民币和外币）：存取款、境内外汇款、结售汇、外币现钞兑换；房屋贷款、抵质押贷款、大额分期、个人投资经营贷款、小微企业贷款、出国留学贷款、信用卡分期；销售政府债券、个人理财、基金产品、贵金属销售、资金产品（黄金宝、双向宝、延期业务、期权业务）；保险兼业代理险种、保险法律法规和行政规章制度许可范围内的险种。公司业务（人民币和外币）：办理存取款、贷款、票据贴现、境内汇款等国内结算业务；办理信用证、汇入汇款、汇出汇款、出口跟单托收、进口代收、进/出口押汇、海外代付、协议付款、同业代付 、供应链融资、保函业务、保理、跨境人民币、即期结售汇国际结算；同业存款、代理同业业务；债券承销、债券分销、对公理财产品、远期结售汇、外汇期权交易、掉期交易。

（中行顺义支行）

【业务发展】2017年，中行顺义支行狠抓重点业务，坚持深化机制改革，加大业务和管理创新力度，强化合规及服务意识，打造在市场上有口碑的银行，促进支行业务上台阶、服务上水平，各项业务发展实现稳步增长。本外币存款余额156亿，贷款余额106亿。

（中行顺义支行）

【内控管理与安保工作】中行顺义支行践行“靠制度机制治行”的法治管理理念，全行树立“风险合规文化”。开展多种形式的内控宣传，全方位提高员工思想意识。制定“我与支行共发展，内控合规我先行”的内控案防教育主题活动。先后进行青年业务经理座谈会、风险内控部下基层巡回内控宣讲、每周通过案例及问责标准学习，树立员工合规意识坚持监督勤检查、持续高压不放松。

（中行顺义支行）

【企业文化建设】中行顺义支行党总支以最好的党建引领最好的银行发展，深入开展树立“十个文化”“打造口碑银行，服务百日竞赛”“学习十九大精神”等一系列活动，响应总分行学“小黄”、学张弛活动。通过“两优一先”“四强四优”等评选活动挖掘先进典型，开展支行“树先进、学先进”活动。开展“爱中行、爱生活”关爱员工系列主题活动，关心关爱员工身心健康。在全行营造简单、清新、高效的工作氛围。

（中行顺义支行）

中国工商银行股份有限公司北京顺义支行

【概况】中国工商银行股份有限公司北京顺义支行（简称：工行顺义支行）成立于1984年，下辖营业网点16家，员工440余名。工行顺义支行扎根顺义地区，多年来始终秉持“工于至诚 行以致远”的价值观，致力于为全区人民提供卓越的金融服务。始终坚持履行企业的经济责任与社会责任的有机统一，近年来不断深化改革创新，优化资源配置，以更加优质的金融产品和全方位的金融服务，全力支持区域经济发展，多次荣获“区域经济百强企业”称号，并于2015年和2017年先后获评“全国金融系统五一劳动奖状”和“第五届全国文明单位”。

单位名称：中国工商银行股份有限公司北京顺义支行

（工行顺义支行）

【经营范围】办理人民币存款、贷款、结算业务；办理票据贴现；代理发行金融债券；代理发行、代理兑付、承销政府债券；买卖政府债券；代理收付款项；其总行在中国人民银行批准的业务范围内授权的业务；咨信调查、咨询、见证业务；办理外汇存款、外汇贷款、外币汇款；即期结售汇；远期结售汇；结售汇（对私）；国际结算；结汇、售汇；代理国外信用卡付款；通过上级行办理代客外汇买卖；保险法律法规和行政规章制度许可范围内的险种。

（工行顺义支行）

【全力支持区域发展】2017年，工行顺义支行主动为顺义区多个重点项目提供信贷支持，并协助开展重点基金筹备和设立工作；同时，进一步加强与区域内重点企业的合作，尽全力满足产业转型升级和企业生产经营的融资需求，持续为企业提供便捷的外汇结算服务，为地区经济建设更好发展提供卓越的金融服务。

（工行顺义支行）

【着力提供优质服务】工行顺义支行牢固树立服务大局观念，以更新思维、更强韧劲、更多精力和更实措施，不断深化银政、银企、银银合作，提升区域内重点企事业单位服务专业化水平，增强综合服务能力和综合竞争实力。同时，在服务大众的一线网点，大力推进智能化转型，利用智能机具开展客户分流、识别与引导，构建以智能机具为主导、柜台人员与大堂经理协调的三位一体工作模式，并以“准备、准确、精准”三准为操作原则，力求为客户提供更加便捷高效的金融服务。工行顺义支行通过加强过程管理规范厅堂服务，组织微沙龙活动活跃厅堂氛围，加强特殊客群关爱提升厅堂温度，强化以客户为中心的服务队伍、服务能力与服务品质建设，努力打造“客户首选银行”。

（工行顺义支行）

【投身公益活动】工行顺义支行始终以“普及金融知识、提升金融素养、构建和谐金融”为己任，主动履行社会责任，定期开展“学雷锋”志愿服务、“金融知识万里行”

活动。每年学雷锋月期间，工行顺义支行制定详细的活动方案，广泛号召员工参与到爱心捐助、义务劳动等活动中。近年来先后组织多场大型“学雷锋”活动，包括为小学生进行视力筛查、用眼知识讲座的“爱目行动”和为客户送去节日祝福的“快闪小合唱”等。开展“金融知识进社区”活动，指导客户识别非法集资、电信诈骗风险，帮助客户及时挽回经济损失，为维护区域金融安全贡献力量。

（工行顺义支行）

中国建设银行股份有限公司北京顺义支行

【概况】中国建设银行股份有限公司北京顺义支行（简称建行顺义支行）正式成立于1979年9月，从事基本建设信贷业务的专业银行发展成为传统银行业务日臻成熟、新兴银行业务蓬勃发展的综合性商业银行。现下辖8个部室（含营业部），13个营业中心，1个个人金融中心，共有从业人员261人。2017年建行顺义支行确立谋篇布局、固本强身、保持定力；践行“服务地方经济、服务实体经济”的市场定位，始终坚持以客户为中心、以市场为导向，推进业务发展，助力区域经济建设。荣获“首都文明单位”荣誉称号。

单位名称：中国建设银行股份有限公司北京顺义支行

（建行顺义支行）

【支持区域经济发展】建行顺义支行深挖区域经济转型升级中蕴含的机遇，固“经营”之本。研究分析外部宏观经济环境新形势，紧追区内棚改、高精尖项目与轨道交通等公共服务设施建设热点，做大授信总量，多渠道开拓存款源头，形成规模效益。

（建行顺义支行）

【业务发展】近年来，建行顺义支行各项重要指标稳中有增，业务规模稳中有升，效益水平稳中向好，尤其是住房金融业务发展迅猛，商贷、公积金贷、快贷三项业务五项指标持续领跑远城区行。公积金归集业务稳步发展，办事效率、服务质量得到公积金中心顺义管理部好评。

（建行顺义支行）

【客户服务】建行顺义支行持续推进“三大一高”客户发展战略，固“客户”之本。以提升综合金融服务水平，全面解决客户需求为切入点，集聚新的客户群，加大存量客户服务力度，提升存量客户的忠诚度和粘性，实现与存量客户共成长；延伸金融服务触角，固“市场”之本。依托区域经济布局，将顺义区18个镇划分为西部、中部、东部三大区域，以营业机构为触角，形成三大战区，发展入区企业为客户。

（建行顺义支行）

【内控管理与安保工作】建行顺义支行“细”“严”当头，固“平安·合规”建行之本。严格内控管理，坚决杜绝各类风险案件发生，以实际行动创建“平安·合规”建行。组织开展“从严治行　遏制违规”警示教育、“寻本溯源谋发展　谈规论矩话未来”“知党纪、守廉洁、促发展”廉洁文化创建等系列主题活动。坚持执行网点日常检查、综合管理部月查、行领导夜查“三查”制度，轨迹管理，确保平安运营，荣获2017年度区级交通安全先进单位。

（建行顺义支行）

【员工队伍建设】建行顺义支行以“专”“爱”结合，固“员工队伍”之本。加强人员培训工作，注重实践，培养造就专业人才、专业队伍，以专业水准树立建设银行品牌形象。

（建行顺义支行）

中国农业银行股份有限公司北京顺义支行

【概况】中国农业银行股份有限公司北京顺义支行（简称农行顺义支行）辖内19家网点，400余名从业人员为全区人民提供优质、高效的金融服务。农行顺义支行始终坚持履行商业银行的社会责任，积极参与顺义地区经济建设，坚持稳中求进，坚持创新驱动，坚持立足区域，以服务区域经济为重点，同时将“三农”金融服务工作做精、做细、做出成效，有效提升区域发展的竞争力，多次荣获“顺义区百强企业”“顺义区十大金融机构”等荣誉称号。

单位名称：中国农业银行股份有限公司北京顺义支行

（农行顺义支行）

【支持区域基础设施建设】牵头顺义区临河村棚改C片区银团贷款，牵头顺义区夏县营村棚改银团贷款，成立专项小组，量身定制融资服务方案，密切跟进项目进展，从项目申报到审批完成仅用时3周半，并实现贷款投放。

（农行顺义支行）

【支持区域经济发展】农行顺义支行紧紧围绕区域经济工作重点，坚持服务地方经济发展主线，坚持履行助力顺义经济发展的责任和使命，完善金融服务，加快信息化建设，支持顺义区域重大项目建设，持续为区域内重点发展企业提供生产经营和产业优化升级的资金支持，协助其迅速发展壮大。同时立足海关、首都机场、天竺综合保税区等外汇资源密集的重点区域，为入区企业提供外汇结算服务，为地区经济建设发展提供优质金融服务。

（农行顺义支行）

【服务三农】农行顺义支行在服务“三农”工作中，大力支持区域内农业产业龙头企业，建立信贷合作，提供资金支持。扶持小微型“三农”客户，在融资上给予大力支持，解决一批小微型“三农”类客户规模小、评级低、担保难的问题。着力支持农业基础设施建设类单位，促进县域农业基础设施建设。依托地处乡镇地区网点优势，开展“送金融知识进农村”活动，为农民朋友解答金融问题、普及金融知识。推广惠农卡产品，使农村群体的金融消费习惯从存折逐步向用卡转变，真正方便广大农民。

（农行顺义支行）

【扶持中小企业】向优质的中小企业提供融资支持，成立专业团队，采取多种渠道建立信息共享通道，实现农行业务与客户需求的有效对接。在工作中探索中小企业发展模式，扩大中小客户业务合作范围，优化制度流程，形成风险控制有效、环节流转快速、信息反馈通畅的业务流程，提高中小客户业务运作效率，实现对中小企业金融服务的专业化、流程化、标准化，有力解决中小企业融资难的问题，在区域内形成一定知名度，吸引众多中小企业客户到农行顺义支行咨询办理相关业务。

（农行顺义支行）

【提升客户满意度】农行顺义支行秉承贴近政府，服务地方的经营理念，努力做到敢为人先，创新突破，在产品、营销、服务、流程、机制等方面所进行一系列创新，实施新产品带动、服务带动，宣传个人掌上银行、网捷贷、聚合码、电子商务等产品的使用和管理，有效提高区域居民生活便利度，进一步满足客户个性化金融需求。同时多次堵截电信诈骗。

（农行顺义支行）

【内控管理与风险防控】农行顺义支行开展平安农行建设，依托“三线两点一网格”管理模式，加强案件风险和员工行为排查，推进规章制度建设完善工作，优化内控合规管理体系机制，加大执行力建设力度，形成合规文化建设长效机制。

（农行顺义支行）

【热心公益活动】农行顺义支行2017年多次开展金融消费者权益日宣传、“金融知识普及月”暨“金融知识进万家”联合宣传、金融知识万里行、知识产权宣传、守住‘钱袋子’宣传等30余次，为公众普及征信知识，梳理信用意识，提升辨别真伪人民币能力，切实保护公民合法权益。同时农行顺义支行开展“温暖衣冬”捐衣、“小积分·大梦想”捐赠、植树等公益志愿活动，认真履行社会责任，彰显担当精神。

（农行顺义支行）

北京银行股份有限公司顺义支行

【概况】北京银行股份有限公司顺义支行（简称北京银行顺义支行）成立于2004年3月30日。自成立以来，北京银行顺义支行始终秉承“真诚所以信赖”的服务理念，以客户为关注焦点，在服务区域经济建设的同时注重发展个人零售业务，关注中小企业融资业务，创新产品与服务，致力于打造服务领先型银行，资产质量持续优化，经营效益不断提升。北京银行顺义支行作为管辖行，辖内拥有10家营业网点，为广大顺义区的企事业单位、个人客户提供优质、快速、便捷的金融服务。

单位名称：北京银行股份有限公司顺义支行

（北京银行顺义支行）

【经营业务】目前北京银行顺义支行主要开展本外币对公存款、贷款业务；个人储蓄业务；个人贷款业务；本外币对公、个人理财业务；医保业务；外币兑换业务；代理国债业务；代收电话费、水费、电费、燃气费等业务。

（北京银行顺义支行）

【支持区域经济】北京银行顺义支行紧跟区域升级转型政策方针，继续贯彻落实“转型创新”的思路，加快转型步伐，力争为服务区域经济做出更大努力。2017年，北京银行顺义支行大力推动小微业务发展，为区内多家小微企业发放贷款，提供金融支持；对接区内高新技术企业，推动投贷联动业务；联合区劳服中心、鑫顺担保公司及国地税在杨镇、北务镇、仁和镇、北小营镇、张镇、木林镇多次举办银税互动推介会，推进银税合作业务，为顺义区域经济发展提供有力支持。

（北京银行顺义支行）

【服务三农】2017年，北京银行顺义支行配合顺义区临河村、西泗上村拆迁工作，保证拆迁工作有序进行；改善农村支付环境，在顺义区内建立多个助农取款机、自助服务终端及富民直通车站点，扩大农村金融服务范围；开展农户贷款业务，加大支持农业经济发展的力度，缓解区域内涉农企业及个人的融资难题。

（北京银行顺义支行）

【打造服务品牌】北京银行顺义支行始终秉承着“真诚所以信赖”的服务理念，服务客户、服务社会。加强服务培训、强化服务检查督导，充分利用晨夕会时间组织员工学习服务规范，开展服务演练，点评服务言行，关注服务细节，不断提升服务规范度。加大检查力度，发现问题，及时纠正，迅速整改，将服务检查工作常态化，以持续保障服务工作处于较高水平。2017年，顺义支行管辖的天竺支行网点荣获中国银行业文明规范服务四星级营业网点称号，以周到的服务、完备的设施为周边居民、企业提供良好的金融服务，打造北京银行服务品牌。

（北京银行顺义支行）

北京银行股份有限公司绿港国际中心支行

【概况】2009年，北京银行股份有限公司绿港国际中心支行（以下简称北京银行绿港国际中心支行）成立，设“两部两室”，即公司部、零售部、营业室、办公室。主要办理存款、贷款、国内结算、票据贴现、发行金融债券等业务。

单位名称：北京银行股份有限公司绿港国际中心支行

（北京银行绿港国际中心支行）

【服务地方经济】顺义区仁和镇临河村棚户区改造项目是北京市2017年棚户区改造计划重点项目，2017年5月8日，北京城建兴顺房地产开发有限公司取得北京市顺义区人民政府关于授权仁和镇临河村棚户区改造土地A片区、B片区及C片区项目实施主体的批复，由城建兴顺具体负责上述三个片区项目改造工作。北京银行绿港国际中心支行作为A片区银团贷款的牵头行，银团贷款总金额38亿元，以参团行角色发放相应银团贷款，承贷19亿元放款额度。2017年8月25日，北京银行绿港国际中心支行为企业发放银团贷款8亿元。

（北京银行绿港国际中心支行）

【服务中小微企业】2017年绿港支行践行“向中小微转型”的号召，扶持辖内各类小微企业发展，通过开辟小微企业贷款绿色通道，推广“荐信贷”“货押融资”“见贷即保”“见保即贷”等小微金融产品，召开小微企业融资推介会，便捷和缓解小微企业融资难、融资慢的问题。2017全年累计向小微型企业发放贷款32.86亿元。同时支行不断加大对服务团队的培训力度，竭力提高服务团队的专业性和高效性，致力于提高客户服务体验。

（北京银行绿港国际中心支行）

【支持“三农”发展】截至年底，全年累计发放涉农贷款13笔，金额共计1.39亿元，惠及各类涉农企业7户。年底涉农贷款余额4.51亿元。

（北京银行绿港国际中心支行）

中国光大银行股份有限公司北京顺义支行

【概况】中国光大银行北京顺义支行成立于2010年1月22日，自建行以来始终坚持以客户为尊的营销服务文化，以制度为本的经营管理理念，致力于打造顺义区最有内涵的银行。经过近8年的发展，先后在马坡与后沙峪地区成立一家社区银行和一家二级支行，总人数达到51人。共服务全区对公企业500余户，对私客户5万余户，践行以客户为中心的服务理念。

单位全称：中国光大银行股份有限公司北京分行

（光大银行顺义支行）

【紧抓风控】自支行成立以来，支行第一负责人始终严格要求，贷前做实、紧跟项目，贷后扎实、跟紧项目，收贷及时。成立至今对公授信业务未出现一笔不良。零售方面严格执行总、分行内控风险防控要求，落实基础网点内控36条，杜绝私售与操作风险的发生。个贷方面，加强贷后管理，关注借款人家庭收入情况变化，早发现早处置，确保授信质量。

（光大银行顺义支行）

【工作重点】顺义区举办北京顺义城市建设重点项目推介会，本次会议来自全市的80家投资企业和27家金融机构参加。此次推介会以“提升顺义综合承载力，助力北京城市副中心”为主题，推介顺义区“十三五”时期重大基础设施项目、棚户区改造和土地一级开发项目以及新国展二期三期建设情况。光大银行顺义支行参与上述相关项目，参与方式除传统公司授信、投行业务外，借鉴同业专项基金模式，也在拓展集团联动业务（光大金控、光大租赁）。

（光大银行顺义支行）

兴业银行股份有限公司北京顺义分支机构

【概况】兴业银行成立于1988年8月，是经国务院、中国人民银行批准成立的首批股份制商业银行之一，总行设在福建省福州市，2007年2月5日正式在上海证券交易所挂牌上市（股票代码：601166），注册资本127.02亿元。

（兴业银行顺义支行）

【顺义分支机构简介】1.兴业银行股份有限公司北京顺义支行成立于2004年5月20日。是兴业银行股份有限公司北京分行在北京成立的第一家郊区支行。

单位名称：兴业银行股份有限公司北京顺义支行

单位电话：（010）64583310　69460305

2.兴业银行股份有限公司北京顺义天竺支行成立于2011年11月9日。

单位名称：兴业银行股份有限公司北京顺义天竺支行

（兴业银行顺义支行）

【兴业银行经营理念】兴业银行自始至终坚持“真诚服务，相伴成长”的经营理念，致力于为客户提供全面、优质、高效的金融服务。特别是近年来，面对复杂严峻的市场环境，兴业银行主动适应经济发展新常态，稳健发展，主动作为，成功经受住各种困难考验，规模效益平稳增长，资产质量总体稳定，改革转型深入推进。2010年5月26日第一财经日报报到兴业银行作为首家加入“赤道原则”的中资银行,兴业银行近年来在国内银行业中率先掀起一股绿色金融的创新之风,成为“绿色金融先行者”的一面旗帜。

（兴业银行顺义支行）

【主要经营范围】吸收公众存款；发放短期、中期和长期贷款；办理国内外结算；办理票据承兑与贴现；发行金融债券；代理发行、代理兑付、承销政府债券；买卖政府债券、金融债券；代理发行股票以外的有价证券；买卖、代理买卖股票以外的有价证券；资产托管业务；从事同业拆借；买卖、代理买卖外汇；结汇、售汇业务；从事银行卡业务；提供信用证服务及担保；代理收付款项及代理保险业务；提供保管箱服务；财务顾问、资信调查、咨询、见证业务；经中国银行业监督管理机构批准的其他业务。

（兴业银行顺义支行）

【支持区域经济发展】一是兴业银行北京顺义支行于1月18日审批通过空港股份2亿元纯信用授信。二是兴业银行北京顺义支行于1月20日审批通过顺鑫农业5亿元纯信用授信。三是5月18日，兴业银行北京顺义天竺支行经北京分行审批，给予北京市顺义区国有资本经营管理中心系列综合授信额度50亿元。四是兴业银行北京顺义支行于8月24日，参加顺义区与哈工大军民融合产业园签约仪式，作为顺义唯一一家金融机构参加。

（兴业银行顺义支行）

北京农村商业银行股份有限公司顺义支行

【概况】北京农村商业银行股份有限公司顺义支行（简称北京农商银行顺义支行）下辖35家经营网点，500余名从业人员，覆盖全区19个镇和6个街道，是顺义区唯一一家金融服务覆盖全辖区所有镇街及办事处的金融机构。北京农商银行顺义支行坚持稳中求进的工作总基调，秉承“深化改革、创新发展”经营理念，以“服从服务首都战略定位，协同区域转型升级发展”为重点，深化民政项目合作，做好民生金融服务，加大产品创新力度，提高区域金融覆盖率，为区域经济发展及全区人民提供全方面、安全便利的金融服务。

单位名称：北京农村商业银行股份有限公司顺义支行

（北京农商银行顺义支行）

【支持区域主流经济】北京农商银行顺义支行紧紧围绕顺义地区经济工作重点，充分发挥本行深耕区域金融市场优势，坚持“以客户为中心”的服务理念，创新金融服务模式，加大区域棚户区改造、基础设施建设等重点项目资金支持力度，持续为区域重点企业提供综合化、高附加值、高技术含量的专业化金融解决方案，为区域经济稳健发展持续助力。

（北京农商银行顺义支行）

【农村金融服务】北京农商银行顺义支行支持区域现代农业项目及农业龙头企业的资金支持力度，运用特色化金融产品，做好上下游产业链金融服务工作。持续优化金融服务渠道建设，采取“以网点为中心、以乡村便利店、ATM/POS布放为辅助”的蜂窝式建设方式，从不同层面满足京郊地区百姓金融服务需求。持续深化与社保民政单位的业务合作，全面开展养老助残卡、民政资金统发等重点业务，打造“金色时光”养老金融专属服务体系。

（北京农商银行顺义支行）

北京顺义银座村镇银行

【概况】北京顺义银座村镇银行由浙江省台州银行、顺义区大型企业顺鑫农业等共同发起设立，于2011年1月正式开业，注册资本2.5亿元，注册地为北京市顺义区，为顺义区唯一一家本地注册的法人银行机构。七年来，北京顺义银座村镇银行累计向顺义区财税部门纳税2.12亿元，其中2017年纳税额5056万元，而且呈现逐年增长的态势，成为顺义区除去航空航天、汽车产业之外的新的重要纳税企业。截至2017年末，本行在顺义当地开设西门总行营业部、光明支行、石园支行、马坡支行等11家网点，共有员工270人。北京各区共有11家村镇银行，北京顺义银座村镇银行1家的资产规模和另外10家总和相当。

单位名称：北京顺义银座村镇银行

（北京顺义银座村镇银行）

【业务发展】北京顺义银座村镇银行与顺义区当地其他银行机构开展错位竞争，服务小微企业、“三农”客户、广大市民，取得较好的社会效益。北京顺义银座村镇银行相应政府号召，主动减免市民汇款手续费、ATM跨行手续费等39项费用，累计帮助市民节约银行费用超过1000万元。截至2017年末，在北京顺义银座村镇银行开户的顺义区市民数量接近8万人，企业3000户，在顺义当地具有一定的社会影响力；各项存款余额65.5亿元，各项贷款余额34.6亿元，存贷款总额超过100亿元。

（北京顺义银座村镇银行）

保险

中国人民财产保险股份有限公司北京市顺义支公司

【概况】中国人民保险集团公司系1949年成立，中国内地经营历史最悠久的保险企业中国人民保险公司变更而来。其分支机构中国人民财产保险股份有限公司北京市顺义支公司（简称：人保财险顺义支公司）作为顺义地区最大的财产保险公司，经营除长期人身保险以外的所有保险业务，包括企事业单位财产保险、建筑和安装工程保险、货物运输保险、机动车辆保险、家庭财产保险、责任保险、信用保证保险、人身意外保险、健康保险、农业保险等险种。公司设有综合部、出单中心、理赔分中心及十个业务管理部全方位为客户服务，并拥有五十多家保监局批准的保险代理机构，方便客户就近投保。

单位全称：中国人民财产保险股份有限公司
　　　　　北京市顺义支公司

（人保财险顺义支公司）

【经营理念】中国人民财产保险股份有限公司以“人民保险，服务人民”为使命，秉承“以人为本、诚信服务、价值至上、永续经营”的经营理念，奉行“求实、诚信、拼搏、创新”的企业精神，坚持以市场为导向、以客户为中心，积极履行优秀企业公民责任，为促进改革、保障经济、稳定社会、造福人民提供强大的保险保障。作为其分支机构人保财险顺义支公司一直全心全意服务好顺义区老百姓，“做人民满意的保险公司”。

（人保财险顺义支公司）

【保险业务】保财险顺义支公司业务规模一直保持良好的增长态势，市场份额持续领先，为顺义区人民提供全方位保险保障服务。作为顺义区内市场份额最大的央企国有财产保险公司，在区内开展业务期间，一直本着为顺义区经济发展保驾护航为服务宗旨，以服务三农、服务全区经济为准则。2017年保费收入3.53亿元人民币，全年赔案支出2.06亿元，纳税总额1044万元。

（人保财险顺义支公司）

中国人寿保险股份有限公司北京市顺义支公司

【概况】中国人寿保险股份有限公司北京市顺义支公司（简称人保顺义支公司），是顺义地区规模最大、发展最快、实力最强、前景最好的保险公司，现有员工和销售人员900人，下设个险销售部、团体业务部、银行保险部、客户服务部和综合管理部。公司拥有最专业的寿险服务团队，产品涵盖生存、养老、疾病、医疗、身故、残疾等多种保障范围，全面满足客户在人身保险领域的保险保障和投资理财需求。

单位名称：中国人寿保险股份有限公司
　　　　　北京市顺义支公司

（邵丽丽）

【经营情况】2017年，人保顺义支公司实现总保费收入28162万元。其中首年期交保费26462万元，短险保费收入1700万元；全年支出短险赔款1500万元。

（邵丽丽）

【政府项目稳定发展】继2017年开展《全家福》工作以来，人保顺义支公司得到各镇政府的大力支持，承保3个镇，保费500余万元，惠及5.5万余人。并在全家福项目的基础上开展《补充医疗保险》的工作，保费26余万元。

（邵丽丽）

证券

民生证券股份有限公司北京顺义府前东街证券营业部

【概况】民生证券北京顺义府前东街证券营业部（以下简称民生证券顺义营业部）成立于2009年9月，是经中国证监会核准的合法经营机构。营业部开业至今始终秉承着“民生在勤，守正出新”的经营理念，着力打造专业、一流的理财团队，为顺义地区广大投资者提供个性化的理财服务，与顺义地区经济发展共成长。

单位名称：民生证券股份有限公司
北京顺义府前东街证券营业部

（民生证券顺义营业部）

【历史沿革】民生证券股份有限公司成立于1986年，具备中国证监会批准的证券经纪、证券承销与保荐等全牌照业务资格，是中国成立最早的证券公司之一。公司在北京、上海、深圳、广州、郑州等地设立80余家分支机构，业务范围覆盖全国近30个省、直辖市及自治区；公司以完善的法人治理结构，科学的管理体系，高效的决策执行机制，有力的激励约束机制，严谨的合规内控机制以及完备的风险控制系统确保各项业务的健康发展。公司坚持以人为本，着力打造一支以事业经理人和职业经理人为主体，以普通经理人为基础的队伍，努力成为国内一流、具有特色的多元化、集团化、国际化的现代投资银行。

（民生证券顺义营业部）

【属地金融活动】民生证券顺义营业部2017年与工行顺义支行合作，开展“证金合作”活动月；多次走进顺义地区相关企业，开展“证企合作”交流活动；营业部还利用每周末与投资者进行市场的讲解与交流互动活动，内容涵盖投资者风险教育、资产配置、新股民入市知识讲解、投资者经验交流、家庭理财及交易软件的使用等，通过多项活动的开展，使投资者加深对证券投资知识、法规政策的认知以及市场风险的感受，自觉树立理性投资意识，持续提高顺义地区金融企业和中小投资者的投资理念、专业知识水平和风险防范意识，有效地促进顺义资本市场稳定健康发展。

（民生证券顺义营业部）

湘财证券股份有限公司北京顺义站前街证券营业部

【概况】湘财证券北京顺义营业部成立于2000年，是证券行业在北京郊区的第一家证券营业部，也是顺义区第一家营业部。营业部成立之初，面对专业人员缺乏与居民投资意识淡薄、投资水平较低等现状，营业部秉承“人本立正、承诺是金”的经营理念，致力打造诚信优质的证券投资服务平台，坚持认真培训、规范经营、用心服务，为顺义区人民提供良好的金融服务平台。营业部十余年来坚持不懈地开展投资者教育活动，在普及金融知识、提升理财能力、防范和化解金融风险、及反洗钱工作等方面都做出自己应有的贡献。

单位名称：湘财证券股份有限公司
北京顺义站前街证券营业部

（湘财证券北京顺义营业部）

【历史沿革】湘财证券股份有限公司成立于1996年，注册资本金为31.97亿元人民币，公司为新三板上市公司（证券代码430399）。1999年公司首批获准成为全国性综合类证券公司，2004年唯一获准成立国家级证券博物馆，2011年公司荣获“最受投资者欢迎的专业金融机构”称号，2015年公司获批开展“互联网证券业务试点”，2016年公司在《证券时报》主板的“2016中国最佳财富管理机构”中荣获“2016中国最具突破证券经纪商”殊荣。

（湘财证券北京顺义营业部）

招商证券股份有限公司北京顺义仓上街证券营业部

【概况】招商证券股份有限公司北京顺义仓上街证券营业部（以下简称招商证券顺义营业部）于2011年在顺义成立，是招商证券股份有限公司在北京设立的第13家A类营业部。自成立以来，以优质、专业的服务，迅速成长为顺义集投资、理财、融资、机构服务等为一体的综合性金融服务提供者。同时，招商证券顺义营业部积极配合顺义金融办、北京证监局、北京证券业协会等部门，长期致力于投资者教育、防范金融风险等宣传工作，为顺义地区金融发展做着不懈的努力。

单位名称：招商证券股份有限公司
北京顺义仓上街证券营业部

（招商证券顺义营业部）

【经营背景】招商证券股份有限公司是具有百年历史的招商局集团旗下的证券公司，传承招商局集团长期积淀的创新精神、市场化管理理念、国际化运营模式及稳健经营的风格，成为国内拥有证券市场业务全牌照的一流券商。招商证券在全国设立有11家分公司，243家营业部，网点覆盖全国各地，同时在中国香港、新加坡、英国、韩国设有子公司；全资持股招商证券国际有限公司、招商期货有限公司、招商证券资产管理有限公司、招商致远资本投资有限公司，参股博时基金管理公司、招商基金管理公司，构建起国内国际业务一体化的综合证券服务平台。招商证券致力于“全面提升核心竞争力，打造中国最佳投资银行”。营业部秉承公司理念，以卓越的金融服务为客户创造价值，打造顺义地区金融服务全产品线服务模式。除基本的理财、股票、基金投资等常规业务，在融资融券、期权、期货、股票质押、资产管理、财务顾问、企业发债、IPO、新三板挂牌、基金托管外包服务、资产证券化等综合化业务服务方面，招商证券都有丰富的经验和领先市场的优势。顺义营业部作为招商证券在顺义的第一家营业部，可以为顺义当地的投资者和企业提供招商证券业务平台上的所有优势服务。

（招商证券顺义营业部）

【支持区域发展】招商证券顺义营业部作为顺义当地规模最大的证券公司营业部，配合顺义金融办开展各项活动，紧紧围绕区域经济发展重点，履行社会责任，为广大投资者和企业建立起了解和参与证券市场的桥梁。自营业部成立以来，每年都会举办多场帮助投资者了解市场的宣传普及活动。每个月都会针对防范金融风险等主题举行小型投资者教育活动。同时，顺义营业部每年都会面对顺义当地投资者举办大型投资策略报告会，为本地投资者请来市场上专业的研究员进行市场解读和投资策略分析，受到许多本地投资人的欢迎。顺义营业部在企业服务上发扬公司平台优势，为企业打造投融资个性化解决方案，公司的主券商服务平台使得招商证券成为全市场基金托管规模最大的券商。顺义营业部成立以来，成为顺义当地多家上市公司的战略合作伙伴，同时也是顺义当地多家私募基金的主券商服务提供商。

（招商证券顺义营业部）

中国中投证券有限责任公司
北京顺义站前街证券营业部

【概况】中国中投证券北京顺义站前街营业部，是中国国际金融股份有限公司在顺义地区的分支机构。营业部成立于2016年5月，为顺义地区专业投资者、高净值客户和上市公司、企业客户提供全球化的金融服务。中国中投证券北京顺义站前街证券营业部将充分发挥中金公司的市场优势为本地区所有资本市场的投资者与参与者做好全球金融领域的护航手。

单位名称：中国中投证券有限责任公司
北京顺义站前街证券营业部

（中国中投证券北京顺义站前街营业部）

【公司简介】中国中投证券有限责任公司是一家在深圳注册成立的全国性综合类证券公司，由中国国际金融股份有限公司全资控股，注册资本金80亿元人民币。中国中投证券在全国各大中城市设有206家证券营业网点，在北京、上海、江苏、四川、广东、河南、青海、深圳、辽宁和湖北设有分公司，并同时拥有三家全资控股公司：中投证券（香港）金融控股有限公司，瑞石投资有限公司和中投证券投资有限公司，以及一家控股80%的中投天琪期货有限公司。在中金公司股东的领导和支持下，中国中投证券以为客户创造价值、为员工提升价值、为股东实现价值、为社会奉献价值为使命，以忠诚、责任、创新、专业、进取、卓越为核心价值观，致力打造中国领先的券商财富管理机构。

（中国中投证券北京顺义站前街营业部）

【业务范围】中金公司作为国际公认的最佳中国投资银行，一直以为企业提供“一站式”服务，伴随企业成长为己任，在为大型国企海外首次发行提供全方位服务上有显著优势，在与政府及监管部门沟通中也能体现独特优势，自1997年以来中金公司海外IPO发行承销排名第一，自1999年以来国内A股IPO发行承销排名第一，自1997年以来中国并购市场排名第一，目前业务覆盖全球，在纽约、伦敦、新加坡、香港均设有分支机构，能为企业及高净值客户提供国际化的服务。自2017年3月控股中投证券后，公司各层级快速响应，深度融合，营业部将充分发挥中金公司的业务优势，深耕地区经济，把中金公司的业务优势充分发挥落地，为顺义地区的经济发展提供优质的金融服务。

（中国中投证券北京顺义站前街营业部）

中信建投证券股份有限公司北京顺义站前街证券营业部

【概况】中信建投证券成立于2005年11月2日，是经中国证监会批准设立的全国性大型综合证券公司，2011年9月整体变更为股份有限公司，2016年12月在香港联合证券交易所挂牌上市，股票代码6066.HK。公司总部位于北京，核心业务指标全部进入行业前十名，是连续八年被中国证监会评为目前行业最高级别A类AA级的三家证券公司之一。公司下设中信建投期货、中信建投资本、中信建投（国际）、中信建投基金4家子公司。中信建投证券股份有限公司北京顺义站前街证券营业部（以下简称中信建投证券顺义站前街营业部）成立于2012年1月1日,隶属于中信建投证券股份有限公司。

单位名称：中信建投证券股份有限公司
北京顺义站前街证券营业部

（中信建投证券顺义站前街营业部）

【业务范围】中信建投证券是一家全牌照的证券公司，业务范围包括证券承销与保荐、与证券交易和证券投资活动有关的财务顾问、证券经纪、证券投资咨询、证券自营、证券资产管理、融资融券、期权期货、直投和国际业务等。

（中信建投证券顺义站前街营业部）

【服务区内个人客户】坚持以客户为中心的服务宗旨挖掘客户需求，以资产配置的理念通过权益类、固定收益率及货币类等各种投资工具为客户满足财富管理的各种需求。

（中信建投证券顺义站前街营业部）

【服务区内中小微企业】中信建投证券独有的中小企业财务顾问(FA)服务体系以中小企业需求为核心,金融市场为平台,用创新的理念和信诚的精神为企业提供挂牌、研究、融资、兼并收购、市值管理、股权分销等服务，一站式解决企业从成长期到成熟期的资本市场服务需求，助力企业发展。

（中信建投证券顺义站前街营业部）

国信证券北京顺义新顺南大街证券营业部

【概况】国信证券北京顺义新顺南大街证券营业部（以下简称国信证券顺义新顺南大街营业部），是全国性综合类证券公司国信证券在顺义地区的落地机构。营业部成立于2014年10月，为顺义地区广大证券投资者和企业客户提供全方位的金融服务。目前，国信证券北京顺义新顺南大街证券营业部正以崭新的姿态，全新的风貌，为全区所有资本市场的投资者与参与者敞开大门，倾情奉献；未来，伴随着顺义地区经济的高速发展，营业部有信心与该地区一同茁壮成长，创造价值，成就你我。

单位名称：国信证券北京顺义新顺南大街证券营业部

（国信证券顺义新顺南大街营业部）

【历史沿革】国信证券股份有限公司是国内最早的三家证券营业机构之一，在全国122个城市和地区共设有48家分公司，158家营业部。根据中国证券业协会公布的全国证券公司经营业绩排名，国信证券近三年的总资产、净资产、净资本、营业收入、净利润五项指标均进入行业前十名，特别是投行IPO项目主承销家数、资管托管产品数、新三板新增挂牌企业家数、经济业务手续费收入等指标，在行业中持续名列前茅；同时，国信证券是首批获得融资融券、股指期货、沪港通、个股期权等多项创新业务资格的证券公司。国信证券顺义新顺南大街营业部在证券服务多个领域积累经验丰富，尤其是高端私人财富管理、财务顾问、企业金融服务等方面具有行业领先水平。国信证券提供涵盖多领域的各类金融产品，包括业内首个投资咨询产品“金色阳光证券服务账户”、业内用户数量最多的移动证券应用“金太阳手机证券”。通过 “金天利”债券质押式报价回购理财工具、股票质押融资、收益互换、结构化衍生品等各类工具满足各层次投资者的财富管理需求。

（国信证券顺义新顺南大街营业部）

【属地金融活动】作为顺义区政府金融办的战略合作伙伴，国信证券顺义新顺南大街营业部在当地企业与居民投资者当中起到沟通纽带与金融桥梁的作用。作为国信证券服务当地的落地机构，国信证券顺义新顺南大街营业部同政府、管辖派出所一直以来保持着良好的关系，参加政府、管辖派出所组织的投机者教育活动，参与打击非法投资等宣传活动。作为专业的金融机构承担社会责任，为政府与社会贡献自己的一份力量。营业部同当地银行保持良好的合作关系，建立有效的合作模式；与包括工行、中行、广发、华夏、光大、兴业在内的多家银行建立紧密的合作关系。定期开展券商、银行联动营销服务，走进企业联合推广等各类活动。为更好地为属地客户提供全方位服务，2017年，国信证券顺义新顺南大街营业部携手中行共同走进现代汽车开展联合营销，同顺义工行走进银行周边商铺进行业务宣讲。顺义新顺南大街营业部同属地的上市公司、中小企业也保持着紧密联系，定期同企业就企业金融服务进行交流和沟通，2017年与包括长久物流，朗姿股份，江河集团在内的多家上市公司都进行深入的沟通。

（国信证券顺义新顺南大街营业部）

北京顺义年鉴

2018

城乡建设及管理

6月7日，顺义区城市管理综合行政执法监察局开展高考环境保障工作

市政控股公司统一呼叫中心

市政控股公司综合服务大厅

11月11日，顺义区邮政分公司投递员处理双十一期间的快递包裹

12月20日，市政市容委在通顺路后桥路口开展渣土车联合执法检查

12月25日，区市政市容委组织石园街道五里仓第二社区居民宣传垃圾分类知识

城乡建设

【概况】全区房地产开发完成投资180.2亿元，同比下降21.1%。其中，住宅完成投资93.1亿元，同比下降26.9%；办公楼完成投资51.8亿元，同比增长13.3%；商业营业用房完成投资10.6亿元，同比下降52.1%；其他完成投资24.7亿元，同比下降25.6%。房地产开发投资中，建安投资60.9亿元，同比下降24.8%，占全区房地产开发投资比重为33.8%。共完成建筑业总产值145.1亿元，完成本年度建筑业企业产值计划指标,完成区内在建工程新开工面积累计达185.42万平方米，较去年同比下降63.77%；签约合同价款累计98亿元，较去年116亿元同比下降18.36%。棚改工作超额完成市政府交办的560户及区级自定的1000户年度棚改任务，创造“临河速度”“夏县营加速度”等优异成绩，全年共完成2531户改造。保障性住房任务为建设筹集6000套，其中棚户区改造安置房4000套，其他类型保障性住房2000套，竣工保障性住房3400套。截至年底，顺义区保障性住房和定向安置房开复工188万平方米，23376套，竣工3440套。共监督建筑工程1824.27万平方米，同比减少8.90%。其中在施工程934.33万平方米，同比较少15.17；竣工312.80万平方米，同比减少18.04%；累计新开工程185.42万平方米，同比减少63.77%；竣工验收备案75项，面积270.15万平方米。下发工程安全质量《检查记录单》共计1061份，下发《限期整改通知书》15份；安全质量行政处罚决定165份，罚款金额共计47.8万元；与城管执法监察局、市政市容委等单位开展联合执法38次；受理工程质量信访203份，已全部处理完毕，未发生安全质量生产事故。检查房地产销售现场及房地产经纪机构142次，约谈企业38次，立案处罚30次。共处罚金32.5万元，扣3分。

单位名称：顺义区住房城乡建设委员会

（住建委）

【房地产业发展】商品房销售方面，共新增可销售商品房10799套，建筑面积83.56万平方米；为54家房地产开发企业办理现房销售备案4305套，建筑面积31.49万平方米。共销售新建商品住宅5531套，较去年同比减少68.54%，销售面积72.2万平方米，较去年同比减少61.34%，销售金额196.96亿元，较去年同比减少63.19%。存量房方面，共办理存量房业务25828件，较去年同比减少45.03%，其中购房资格审核11304件，同比减少49.32%；房源核验7507件，同比减少19.41%；房屋核验注销业务540件，同比增加24.14%；网上签约6319件，同比减少55.02%；签约注销698件，同比减少47.20%。自住型商品房方面，重点加大自住型商品房的建设力度，全年共销售房屋2252套，较去年同比增加395.33%，销售面积19万平方米，较去年同比增加344.96%，销售金额34.67亿元，较去年同比增加476.09%。“商住房”治理方面，共销售商业办公房屋1321套，较去年同比减少90.26%，销售面积17.86万平方米，较去年同比减少82.09%，销售金额41.82亿元，较去年同比减少84.3%。

（住建委）

【建筑行业发展】年内，共核发《建筑工程施工许可证》84项，施工登记意见书12项，总建筑面积147万平方米，同比下降19.1%，合同价款104亿元。共办理总承包、专业分包及劳务分包招投标157项，总建筑面积270万平方米。

（住建委）

【棚改工作推进】幸福西街项目累计完成签约666户，10户滞留户履行下达补偿决定程序进行中。临河村项目（1201户）、夏县营村项目（332户）、西泗上村项目（332户）民宅拆除工作全部完成，非住宅拆迁工作筹备中，临河村对接东城区1万套安置房于年底取得施工登记意见书。全力推进将杨镇中心区、牛栏山镇中心区等10个项目纳入全市棚改实施计划。

（住建委）

【保障性安居工程】2017年，顺义区建设筹集任务中，天竺苗圃职工宿舍（1300套）开工建设。顺义新城第22街区自住房项目（1300套）办理规划设计方案审查意见函。东城区棚改定向安置房（北汽厂地块、临河村地块共计10429套）项目设计方案通过市住保办专家评审会，规划设计方案审查意见函办理中。北汽顺通路公租房项目（1722套）一个地块取得施工登记意见书，实质性开工建设6.36万平方米、694套。竣工任务全部完成，金地悦景台自住房项目（583套）、福环二期东侧地块配建限价房项目（585套）、鼎顺嘉园（2272套）、板桥地块一期配建限价房项目（675套）、板桥地块三期配建限价房项目（379套）、顺义新城望泉寺公租房项目（3780套）六个项目共计8274套，均取得竣工备案手续。

（住建委）

【保障性住房销售】牛山17街区（悦溪汇）限价房转自住房、平各庄限价房转自住房项目、后沙峪金隅大成自住房和板桥（润景园）自住房4个项目，共计销售2252套、19万平方米，销售金额34.67亿元。

（住建委）

【住房保障】1267户公租房申请家庭资格复核、901户新申请公租房家庭、151户资格终止家庭、166户资格变更家庭完成审核工作。同时，坚决打击虚假申报行为，对12户虚假申报家庭的申请行为及时终止，并记入不良行为记录，5年内不得再申请保障性住房。共完成450户租金补贴家庭和24户市场租房补贴家庭的资格审核工作，公租房租金补贴发放329户、207.68万元，市场租金补贴31户、32.26万元，廉租补贴4户、1.2万元。

（住建委）

【“疏解整治促提升”】一是地下空间整治任务完成。顺义区后沙峪国翼中心、空港工业区A区国风航空员工宿舍和东亚首航国际3号楼3项市、区两级地下空间重点整治折子工程全部整改完毕。二是棚户区改造人口疏解完成。临河村、幸福西街、夏县营三个棚户区改造项目共计居民2531户，8722人。三是商住房治理力度加大。根据2017年3月份北京市出台《关于进一步加强商业、办公类项目管理的公告》（京建发〔2017〕第112号），本委工作重点转换为加大对民众的政策宣传解读力度、密切关注“商改住”信访维稳问题以及严格检查销售现场和促销方式等方面，累计检查企业64次，约谈24次，作出行政处罚2次，处罚金额4万元。四是建筑业人口严格管控。重点检查建设项目劳务管理保障体系建设情况、是否使用零散民工情况，掌握现场施工人员的数量。及时更新和完善施工现场施工单位登记、从业人员和流动人口的登记。重点做好重大项目建设期间的人口规模调控工作，合理控制用工总量，掌握人员流向。工作开展以来，持续保持建筑业人口1.8 万人以下。

（住建委）

【城建重点工程建设加快】城南体育中心竣工；劳动力实训基地和电子政务中心外装完成，内部装修和设备安装、调试进行中。文化中心影剧院完成全部工程量的70%；“三馆”完成全部工程量的50%。

（住建委）

【京沈客专顺义段正线征地拆迁工作】京沈客专顺义段全线共涉及拆迁246户，其中住宅34户、国有土地上非住宅11户、集体土地非住宅201户，完成集体土地非住宅拆迁98%，扫尾工作推进中，民宅拆迁工作于第一个奖励期内全部完成。

（住建委）

【拆迁腾退】上半年配合属地政府、拆迁公司、评估公司等相关单位对4户滞留民宅进行司法强制强退，签订拆迁补偿安置协议3户，并对9个拆迁项目的房屋拆迁许可证进行延期，同时为加快土地入市利用，维护区域和谐稳定，对全区拆迁项目未搬迁民宅进行全面摸底，将9户民宅申请列入司法强制腾退范围，对15户民宅开展拆迁裁决工作。

（住建委）

【老旧小区综合整治和节能改造】2015年二期老旧小区综合整治工程中，双兴南、北区环境景观恢复工程于2017年4月开工，改造面积24万平方米，铺装工作完成。双兴东区环境景观恢复工程进行招投标前期准备工作。按照市住建委老旧小区摸底调查要求，共摸排未进行综合整治的老旧小区43个，870栋楼，建筑面积384.24万平方米。其中1980年至1989年之间的小区3个、7栋楼、1.58万平方米，1990年至2004年之间的小区42个、863栋楼、382.66万平米。有33个老旧小区需增设电梯2558部，39个老旧小区需补建停车位18445个。

（住建委）

【物业服务改革】截至年底，全区共有物业企业197家，物业备案项目279个，涉及158个居住项目、121个非居住项目，管理面积3000余万平方米。全年共对116个项目进行执法检查，对61家物业公司负责人进行约谈，对30项违法违规行为进行处罚移交，不断加大对物业企业的监管力度。配合相关部门开展9次物业服务培训大会，对全区所有物业企业进行业务授课和现场交流，不断提高物业企业日常管理和处理突发应急事件的能力。同时着力解决全区重点难点问题，大龙绿港物业公司正式接管双裕小区物业管理工作；妥善解决全区第一起经由市落私办同意进行补贴的落私个案，为以后的工作打下基础；严肃处理中铁花溪渡小区自来水异味问题；老旧小区救助工作启动，9个小区185部电梯维修工作启动。

（住建委）

【《北京市建设工程质量条例》贯彻落实】按照市住建委“全面学习贯彻条例，共建和谐宜居制度”的工作要求，多次开展《条例》宣贯培训会，并接受区人大常委会对顺义区《条例》贯彻实施情况的检查，同时逐步推进“四不两直”“双随机一公开”监督执法工作，建立健全保障房工程质量共同治理的监督模式。

（住建委）

【扬尘治理和绿色施工】按照《空气清洁行动计划》工作要求，加大对重点区域的扬尘管控，保证工程区域土方苫盖、工程现场喷水降尘、工地出入口冲洗设施100%覆盖以及建筑垃圾妥善运输管理等工作有效开展，同时贯彻落实市住建委关于施工现场实时监控要求，全区建设工程视频监控覆盖率已达到92%以上。截止年底共下发扬尘治理《检查记录单》286分，约谈企业12家，行政处理12起。

（住建委）

【普通地下室排查整治】年内，对本行政区域内1400余处普通地下室集中进行全面摸底调查。普通地下室调查摸底台帐初步建立，共涉及1133处，面积337.66万平方米，备案70处，共59.62万平方米。对113个项目共658处普通地下室进行检查，共发现7处违规住人情况，现场下发《安全隐患告知书》，责令清理居住人员，恢复规划用途。

（住建委）

【建筑领域劳务管理】对全区在施工程开展行政检查436次，双随机检查91次，对发现存在拖欠劳务费隐患的单位约谈36次；对存在违法行为的单位行政处理12次，行政处罚175起，共处罚金73.82万元。同时为保障社会稳定，深入开展劳务管理专项检查暨劳务费结算支付隐患排查工作，共协调处理讨薪问题23项，涉及工人1000余人，涉及金额2200余万元，提前化解拖欠隐患。

（住建委）

【非法混凝土搅拌站治理】按照北京市2017年空气清洁行动计划工作要求，加强无资质混凝土搅拌站巡查力度，对无资质搅拌站发现一个，上报一个，关停一个。截至目前，在全区6个镇域内发现无资质搅拌站12个，全部关停。

（住建委）

【汛期保障】顺义区住建委成立防汛抢险应急指挥部，上汛前召开住房城乡建设领域防汛动员部署会，要求各建筑工程、物业管理区域和办公区域深入开展自查，排除安全隐患，保证物资储备。上汛后抢修抢险队随时待命，共出动检查车辆93次，出动人员341人次，对工程重点区域、低洼地带和无物业管理的老旧小区进行重点巡查，汛期内未发生重大安全事故。同时，成立7支由828人，113台大型机械组成的建筑行业区级防汛应急抢先大队，不断提升建筑工程依法行政和应急保障能力。

（住建委）

【“十九大”安保维稳】成立专项安保维稳工作领导小组，按照“统一部署，分级负责，强化巡查，确保稳定”的原则，坚持矛盾化解和隐患治理两手抓，“十九大”期间178项建筑施工、2项房屋拆除工程全部停工，有限空间作业全部停止，扬尘治理工作强度全面提升，共出动检查组410人次，共发现各类隐患60项，全部处理完毕，完成“十九大”会议安全维稳保障任务。

（住建委）

【老楼危楼安全评估】11月底，居住建筑使用满30年的义宾南区、义宾北区、建新南区和建新北区142幢楼房，共计建筑面积418961.18平方米的老楼危楼安全评估工作完成。此次房屋安全评估结果为地基基础及主体结构未发现安全隐患，满足使用要求。

（住建委）

【安全生产大检查】根据安全生产大检查工作部署，围绕建筑工程和物业管理分别开展为期4个月的安全生产大检查工作，重点检查施工项目和物业企业安全生产责任制落实、安全生产制度和有限空间作业等情况。进行各类专项检查331次，出动检查组1173人次，发现隐患653处，基本整改完毕。

（住建委）

【装配式建筑大力发展】在市住建委的支持下，顺义区成功申报2017年装配式建筑示范城市，区内企业正方利民工业化建筑科技股份有线公司申报装配式建筑产业基地，并在16个在施保障房项目启用装配式建筑模式，招拍挂项目实施装配式的供应面积达97.8万平方米。

（住建委）

【顺义区首个共有产权房项目申购启动】10月27日，顺义区首个开通申购的共有产权房项目金成雅苑二期项目，也是全市首个以共有产权房条件申购登记的项目，开始申购登记。共有15000余户符合配租标准参与摇号配售，最终969套住房全部配售。

（住建委）

【住建领域有限空间隐患排查和长效治理】年内，顺义区发生2起有限空间生产事故，住建委按照区委、区政府工作部署，开展施工项目和物业管理区域有限空间排查工作，共摸排施工项目和物业管理项目332项，涉及有限空间作业队伍295个，各类有限空间96332个。有限空间台帐的建立，进一步健全住建领域安全生产监管机制，极大的减少安全生产风险点。

（住建委）

规划管理

【概况】2017年规划分局围绕市规划国土委和区委、区政府决策部署，深入贯彻落实十九大和习近平总书记系列重要讲话精神，突出顺义新城发展、减量集约、创新驱动、改善民生，认真落实北京市总体规划，坚持一张蓝图绘到底，高标准地完成全年各项工作任务。

单位名称：北京市规划委员会顺义分局

（规划局）

【规划研究】一是制定落实总体规划实施工作方案。为贯彻落实北京城市总体规划及批复精神，分局编制完成《顺义区落实〈北京城市总体规划〉实施工作方案》，对涉及顺义区的3项主责和需要配合的29项任务进行细化落实，明确责任部门，确定完成时限。二是深化顺义空间战略规划研究成果。结合北京城市总体规划对顺义区功能定位，编制完成《潮白河生态功能带规划研究》《顺义总体城市设计优化》《顺义历史文化资源梳理》《顺义区特色小镇发展专题研究》等各专项规划，同时按照减量规划的要求，初步完成“两图合一”现状图和规划图的区级细化工作，为分区规划和新城控制性详细规划编制提供技术支撑。三是编制杨镇空间规划。为实现河东河西协调发展，借助北京城市学院、M15号线东延等契机，细化杨镇的功能定位、空间布局和人口规模，划定生态红线和城市增长边界。四是编制美丽乡村规划。依据市规划国土委和市农委工作要求，配合区农委编制完成《顺义区农村地区村庄规划编制工作实施方案》，并先行开展柳庄户、石家营等8个市级试点村庄和焦庄户和山里辛庄等34个区级试点村庄的美丽乡村规划编制工作。五是开展顺义新城金融产业空间规划研究。围绕“十三五”期间建设后沙峪金融商务区的目标，会同区金融办组织编制《顺义新城金融产业空间规划研究》，并完成金融商务区城市设计，经政府专题会审议通过。六是完成综合管廊建设规划。以“规划先行、适度超前、因地制宜、统筹兼顾”为原则，深入分析区域发展需求和基础设施现状，按现状用地情况、区域功能结构、建筑密度分区、地下空间利用规划等因素，构架顺义区综合管廊建设思路。七是完成顺义区停车场专项规划编制工作。通过分析现状停车位供需关系，预测规划年停车位需求总量，提出区域差别化的分区停车位供应总量，确定城市公共停车场规模和分布。

（规划局）

【服务区域经济发展】一是主动服务，办理棚改项目规划手续。按照特事特办的原则，创新规划思路，完成对接东城棚改安置房、临河村棚改的规划条件和方案审查，完成幸福西街、牛山维尼纶厂等棚改项目的规划条件，并同步开展项目周边市政配套及交通前期规划研究，为推进棚改项目进行提供坚实保障。二是配合国土推进集体用地建租赁住房项目。按照市政府工作部署，完成第一批8个项目的用地选址工作，配合市规划院完成地块控规调整及定桩工作，督促相关镇政府开展项目设计方案编制工作。三是完成两项普查工作。包括：完成新城地下管线基础信息外业普查工作，并更新绘制地形图。完成顺义区第二次全国地名普查工作。根据国务院地名普查办的要求，完成成果上报和校核工作。

（规划局）

【推进区域轨道交通建设】一是全力保障有轨电车T2线开工建设。开展有轨电车线网研究，稳定有轨电车T2线线位方案，按照“一会三函”流程，核发设计方案审查意见函，推动项目开工。二是持续推进城际铁路联络线北延至顺义。分局与首都机场集团对接，深化研究城际铁路联络线北延至顺义M15号线方案，明确周边地块规划性质，研判周边用地开发计划。三是完成四条轨道交通线路规划方案研究。发挥主动协调作用，完成M15号线东延、17号线北延、北部环线东延、R4北延四条轨道交通线路前期规划研究工作。

（规划局）

【完善市政基础设施】一是保驾护航水环境治理工作。按照水环境治理聚焦攻坚实施方案工作要求，研究确定顺义区2017年新建截污管线、改造雨污合流管线的建设内容，并核发相关项目规划审查意见函。二是全面保障市区重点项目配套基础设施建设工作。加快推进城市学院周边交通、市政项目落地实施，高效完成友谊医院周边配套道路及市政管线规划设计方案审查，开展北师大附中周边配套工程相关规划研究。三是完成四个重点镇交通及市政承载力分析工作。认真梳理镇区交通、市政现状及近期建设条件，结合区域发展方向提出配套市政、交通规划建设思路，助推四个重点小城镇建设。

（规划局）

【规划监督检查】一是严格做好规划验收。强化主动服务意识，提前发现并解决问题，缩短市区重点工程、政策性住房、教育医疗等公共服务设施的规划核验工作周期，完成杨镇中心小学等11所学校、板桥政策性住房和顺义区看守所项目规划核验工作。二是严厉查处各类违法建设，落实“疏解整治促提升”专项行动。配合相关部门开展商改住专项治理、“开墙打洞”专项治理、拆除违法建设等专项行动。三是依法做好信息公开和信访接待工作。坚持以公开为常态、不公开为例外原则，主动公开信息284件，接到来信来访30件，200余人次，均按照信访程序认真接待、耐心解释、依法答复。

（规划局）

【推进规划工作改革】一是做好“放、管、服”工作，确保各项改革措施落地。按照简化程序，精简环节，缩短时限的要求，建立“一会三函”审改试点项目库，全程跟踪，动态更新，核发15个审改试点项目的设计方案审查意见函或建设项目选址意见书。二是落实责任，开展无名路和不规范道路名称清理整治工作。对辖区内无名道路进行现状摸底调查，形成工作台账。清查无名路和名称不规范道路共计333条，有路无名道路24条、有名无牌道路284条、一路多名道路17条。

（规划局）

新城建设

【概况】根据《北京市顺义区人民政府办公室关于印发北京市顺义区新城建设管理委员会办公室主要职责内设机构和人员编制的通知》（顺政办发[2016]6号）和《北京市顺义区人民政府办公室关于调整北京市顺义区新城建设管理委员会成员单位及工作职责的通知》（顺政办发[2015]35号）精神，顺义区新城管委会调整为议事协调机构，区新城办为其常设办事机构。主要职责调整为：负责研究起草新城建设年度工作计划、实施方案和相应制度规定；负责统筹协调、组织推进、督促落实新城建设整体规划的具体实施工作；根据授权、协调推进相关新城重点组团的开发建设工作；研究、汇总、提出新城规划建设重大事项、重点难点问题，提请区新城管委会审议；负责全区城乡一体化发展、新型城镇化、新城建设等方面的研究工作；承担区新城管委会日常工作；负责督促落实区新城管委会各项决议；完成区政府交办的其他工作等。2017年，新城办处于职能转变和调整的改革期，重点围绕承上启下开展工作，一方面继续承担尚未移交职责范围内工作，另一方面推进现有职责履行。

单位名称：顺义区新城建设管理委员会办公室

（新城办）

【土地一级开发成本清算】 与区国土局、新城开发公司对接和沟通，推进马坡组团土地一级开发成本清算及返还工作，根据区政府会议安排，新城办主要负责市政费用和回迁房安置费用核实工作，与新城公司一同梳理基础资料和数据，认真核实相关情况，2017年11月完成有关报告的起草工作并报区国土局。

（新城办）

【重点产业项目建设】 一是做好中信银行信息技术研发基地项目施工有关服务工作，年内工程进展顺利，计划2018年封顶。二是做好北京银行科技研发中心项目施工服务工作，工程建设稳步推进，预计2018年投产运营。三是推进君康人寿保险股份有限公司总部基地项目手续办理，年内具备开工条件。配合市区两级国土部门对该宗土地开展闲置土地处置工作，陪同稽查人员到现场查看地块现状。

（新城办）

【入区企业服务】 一是服务民生银行信用卡中心报税工作，全年累计实现区级财政留成5.76亿元。二是协调有关部门落实民生信用卡中心扶持资金，确保扶持资金足额及时到位。三是推进北京金蝶软件园楼宇招商工作和创新创业发展基地创建工作。

（新城办）

空港建设管理服务

【概况】 2017年，北京空港建设管理服务中心在顺义区委、区政府的领导下，以党的十九大精神为引领，紧密结合顺义区“港城融合的国际航空中心核心区、创新引领的区域经济提升先行区、城乡协调的首都和谐宜居示范区”的功能定位，全体干部职工创新工作方法、完善工作机制、强化队伍建设，科学谋划自身定位，坚持稳中求进。中心在完善党建工作机制、推进樱花园小区房屋产权置换、提升首都机场建设服务保障等相关重点工作中取得进展，完成年度工作任务。

单位名称：北京空港建设管理服务中心

（空港建设管理服务中心）

【樱花园小区飞机噪声治理】 空港中心会同机场保障办作为樱花园小区房屋产权置换工作的统筹协调机构，全年共组织召开相关会议40余次，接待樱花园居民来电来访170人次，编印刊发工作简报、督查专报、情况报告、请示文件等材料60件次，推动樱花园小区房屋产权置换前期各项工作。坚决遵照顺义区首都机场建设服务保障领导小组的决策部署，组织、协调、督查各相关单位落实有关工作，完成樱花园小区房屋产权置换参照棚改政策实施方案、樱花园项目实施主体授权以及樱花园小区原址居民搬迁方案制定等工作，撰写《关于加快推进樱花园小区房屋产权置换工作的意见》和《关于协调樱花园小区房屋产权置换工作的请示》文件，得到张工等市领导的重要批示和最终批复同意。樱花园小区房屋产权置换工作所取得的突破性进展，为樱花园小区的持续稳定提供保障，为解决困扰樱花园居民9年之久的飞机噪声污染这一重大民生问题奠定基础。

（空港建设管理服务中心）

【樱花园小区隔声窗维修】 按照顺义区和首都机场相关领导指示要求，应群众之所需，樱花园小区隔声窗维修工作于2017年3月底重新启动，并明确在小区房屋产权置换工作完成前，将进行持续性维修。至6月底，本年度的汛前集中维修工作完成。截至年底，共入户维修1761户。

（空港建设管理服务中心）

【首都机场建设服务保障工作】 2017年初，空港中心（机场保障办）牵头建立顺义区、首都机场集团、中国国航集团三方对接工作机制。组织、协调、召开三方主要领导参加的高层对接会议3次，区属部门与机场、国航相关部门对接协调会12次。针对“首都机场四跑道建设、樱花园飞机噪声治理及产权置换项目、完善首都机场功能规划研究项目即临空经济核心区三年提升规划、机场员工居住问题、岗山村土地后续开发问题”等多项重点工作成立对接小组，建立机场和区属相关部门信息互通与采集的工作机制，定期收集汇总相关信息、督查检查有关工作推进情况，形成工作简报22期专报区领导。

（空港建设管理服务中心）

【机场外围防汛保障】 汛期前，制定《防汛应急预案》《隐患排查整改台帐》，并更新指挥部21家成员单位的通讯录，加强沟通和交流；协调各单位清点防汛物资种类数量，及时补充必要的防汛物资，为安全迎汛做好准备。汛期，指挥部充分发挥“微信群”的平台作用，与成员单位之间密切配合，统一思想、统一行动、统一联动，确保降雨期间首都机场及周边的排水畅通，维护人民群众生命财产安全。

（空港建设管理服务中心）

城管执法监察

【概况】2017年，在顺义区委、区政府和市城管执法局的正确领导下，顺义区城管执法监察局深入贯彻落实首都生态文明和城乡环境建设动员大会及区委五届四次全会精神,立足顺义功能定位、疏解非首都功能、治理大城市病、提升城市人居环境，围绕疏解整治促提升，推进违法建设、占道经营、扬尘治理等专项行动，全面提升区域环境秩序水平。全年共立案查处各类违法行为7646起，同比上升82.79%；罚款1228.28万元，同比上升39.43%。拆除、整改各类违法建设401.19万平方米，同比下降2.43%；完成春节、“两会”、一带一路高峰论坛、26届燕京啤酒节、十九大等保障任务101次，同比下降4.72%。区长高朋在慰问一线城管队员时指出：“感谢城管全体执法人员的辛勤付出。城管队伍是一支特别能吃苦、特别能奉献、特别能战斗的队伍，在城市管理、治砂及活动保障方面立下汗马功劳，取得突出成绩。”

单位名称：顺义区城市管理综合行政执法监察局

（季震）

【违法建设治理专项行动】《关于严厉打击违法用地违法建设和违法经营行为的实施意见》制定出台，建立健全通报、挂销账、联合执法机制，借力区领导挂包责任制，加强检查指导、督查督办、考核通报、舆论宣传工作，紧紧抓住“两违”治理“拆”“控”关键环节，明确拆除重点，严抓管控责任，丰富管控手段，推进快速处置程序，实行网格化管理，充分发挥属地主体作用、部门联动融合作用和媒体宣传助推作用，拆违治违工作取得显著成效。全年累计拆除各类违法建设401.19万平方米（其中上报市级台账301.19万平方米，另有100万平方米为养殖业退出、棚改等项目未上报市级台账），完成市级任务比例144.83%。

（季震）

【城市综合执法和重大活动保障】结合“疏整促”、扬尘治理等专项行动，充分发挥例会协商、信息共享、综合执法等机制作用，组织成员单位或支援各镇街综合执法指挥中心开展综合执法行动，集中整治举报高发、媒体聚焦、领导关注的环境秩序痼疾顽症。加强城管执法、公安治安管理的联动，固化街面秩序日常联合巡查机制，深化集中整治行动、重大会议活动同步部署、同步上岗、统一调度机制，加强执法保障，提高执法效果。全年共指导镇街综合执法指挥中心开展综合执法1300余次，解决各类问题1万余件；协调公安、住建、规划、交通、园林绿化等成员单位开展区级综合执法220次，解决各类问题500余件。完成春节、“两会”、一带一路高峰论坛、26届燕京啤酒节、十九大等保障任务101项，涉及保障188天。针对空气重污染、大风扬尘、扫雪铲冰，启动应急预案、组织开展专项执法活动79次。

（季震）

【扬尘治理管控】《顺义区扬尘精细化治理工作方案》制定出台，建立更新砂石企业、构件厂、施工工地整治台账538家，实施挂销账动态管理。梳理汇总《顺义区运载商品车大型物流停车场清单》，督促查处违法占地、违法经营、扬尘污染等违法行为。与属地、行业部门、作业单位签订杜绝露天焚烧责任书，协调属加强露天焚烧监管。不断深化日常巡查执法，重污染天气时，及时启动空气重污染预警应急措施。联合市政市容委、住建委、环保局、交通局、交通支队等部门定期开展综合执法。全年共检查工地、砂石企业、构件厂40374家（次），走访告知餐饮企业1710家（次）、村（居）委会2250家（次），巡查易发点位、主要大街5975条（次），查处施工扬尘、泄漏遗撒、露天烧烤、露天焚烧等违法行为1162起，罚款634.1万元。有效解决因责任不到位而出现的问题，最大限度净化街面环境秩序。

（季震）

【占道经营治理专项行动】《顺义区2017年集中开展占道经营违法行为工作方案》制定出台，明确市级、区级重点整治点位22个。成立领导小组，细化挂账任务，建立健全大型执法提前报备、联合宣传、月通报、季通报等机制。定期走访检查，时时掌握挂账点位整治进度，协调督导属地分波次牵头组织开展集中整治，采取多组轮换上岗、无缝隙盯守方式，严防违法行为反弹。全年共查处违法行为4940起，罚款201.37万元，完成全年任务量306%。

（季震）

【城管精神宣传工作】组织开展“走前头、作表率”共产党员先进事迹宣讲活动，从不同的角度讲述城管队员感人故事。通过报纸、广播、电视、网络等多种等宣传载体，深入挖掘和宣传先进典型事迹。年内，在中国城市报、人民网、北京日报、“很北京”、北京电视台等报刊、媒体上发表新闻415条，在“顺义城管”发表微博近700条，开展“法规直通车”“城市文明加油站”等社会宣传活动60余次。

（季震）

【学习培训扎实开展】以深入学习党的十九大精神和习近平总书记系列重要讲话精神为统领，以推进“两学一做”学习教育常态化制度化为载体，组织学习党章党规、《习近平谈治国理政》《习近平总书记系列重要讲话读本》等理论内容，并按照“按需施教、学以致用”的原则，采取多种形式，逢训必考、人人过关，分批分期开展政治、法治等各类培训50余次，全面提升城管队员综合素质。

（季震）

市政管理

【概况】2017年，在顺义区委、区政府和市市政市容委的领导下，顺义区市政市容委紧紧围绕中心工作，抓好顺义区市政工作，完成各项指标。依据《北京市垃圾分类治理行动计划（2017-2020年）》逐年推进示范片区建设，完成顺义区的示范片区创建工作。整治违规户外广告112块，电子显示屏89块，拆除违规牌匾标识899块。LED光源数量占总灯具量的95%，比同等光节能70%以上。经区委、区政府批准，2017年12月15日，北京市顺义区城市管理委员会正式挂牌成立。原办公地址、办公电话保持不变。

单位名称：顺义区市政市容管理委员会

（王秀丽）

【石油保护管理】12家工业企业和餐饮企业液化石油气安全使用检查完成，共发现隐患85处。油气输送管道及城镇燃气管道隐患整治回头看工作完成，检查整治油气隐患20处。

（王秀丽）

【天然气保护管理】检查燃气场站、供热企业、油保企业、在施工程和垃圾处理厂等生产经营单位326家次，出动车辆136车次，检查人员384人次，发现隐患710项，整改隐患470项，整改率达到66%。

（王秀丽）

【安全知识宣传培训】完成8家企业安全生产“双百工程”对话谈心活动并发放宣传资料。开展《安全生产法》及用电、防火安全宣传，共发放宣传材料870份，张贴宣传画640张，下发安全类文件36篇，组织召开安全会议10次。

（王秀丽）

【安全应急救援】完成应急抢险救援5次，出动5车次、11人次，疏散居民450户，消除5处隐患。

（王秀丽）

【安全应急检查】开展12家工业企业和餐饮企业检查，共发现隐患85处。检查企业火灾防控工作共142家次、发现隐患91处（完成整改91处）、出动132人次、出动33车次。完成检查各类生产经营单位576家次、发现隐患815处（整改575处）、出动628余人次、出动车辆201车次。完成巡查安全检查和联合检查，消除安全隐患50余次。

（王秀丽）

【垃圾规范化管理】年内，进厂垃圾416667.36吨，平均每日1141.55吨，较去年同期增加13.24%。渗沥液处理量397243.33立方米，完成年度制定的目标。填埋气处理量11011292立方米，其中火炬燃烧用气10044726立方米，沼气锅炉供暖用气966566立方米。处理进厂粪便5772.1吨，较去年同期增加64.99%。

（王秀丽）

【城镇和农村地区生活垃圾管理】完成光明街道、胜利街道、石园街道、双丰街道、旺泉街道、空港街道以及仁和镇、后沙峪镇、天竺镇等125个小区垃圾分类达标工作，招募垃圾分类绿袖标指导员志愿者2000余名，城镇地区垃圾分类小区覆盖率达到90%。完成生活垃圾（含粪便）经营性清扫、收集、运输服务审批18件。备案合格生活垃圾作业车辆93辆（扫路车6辆、洒水车5、吸粪车6辆、压缩车76辆），备案合格建筑垃圾运输车辆共236辆。

（王秀丽）

【垃圾知识宣传】完成垃圾分类宣传135场，发布信息176条，参与人数共计12万人。下发普法宣传材料共计192份，制作普法宣传专栏13次，撰写工作快报22期，撰写工作信息48条。

（王秀丽）

【餐厨垃圾管理】建立《顺义区餐饮单位餐厨垃圾管理台账》，签订餐厨垃圾收运服务合同2064家，规范率为100%。完成餐厨垃圾工程土地证、消防审核备案、树木采伐许可、职业病预评价报告等手续。完成餐厨垃圾生化处理系统、除臭系统、配电系统等设备安装工作完成90%。

（王秀丽）

【垃圾无害化管理】年内，填埋区四周高10米边堤修建及硬化工作完成。填埋区南20米高边堤内侧及西侧雨水导排沟修建完成。完成填埋区揭覆膜241890平方米，导排膜上雨水12050立方米，完成填埋区二层和三层护坡作业，修建环场路及临时道路870米，使用黄土130000立方米，山皮石66120立方米。修建雨水导排渠390米。生活垃圾无害化处理率为99.55%，同比增长0.15个百分点，日均处理量达到1121.6吨，同比增长1.3%。

（王秀丽）

【渣土管理】完成建筑工地联合执法检查73处，限期整改9处，整改率100%。完成道路运输联合执法检查95次，检查建筑垃圾运输车辆162辆、处罚108辆，处罚金额49500元。完成召开建筑垃圾联席会议10次。监管检查工地705次，评估车队48家，检查车辆235辆次。完成处理疑似乱倒乱卸点69处，疑似违法违规工地68处，疑似车辆93辆。完成渣土所建筑垃圾、砂石运输车辆准运许可643件。

（王秀丽）

【渣土消纳场监管】配合市渣土处消纳场月度检查工作，共计12次。完成木林渣土消纳场消纳渣土20.8万吨。完成建筑垃圾渣土消纳许可282批次，建筑垃圾、土方、砂石准运许可640张，办理设置建筑垃圾消纳许场所许可1批次。

（王秀丽）

【公共厕所建设与管理】完成建成公厕共计844座。公共厕所投入资金90万元，针对重点二类公厕进行品质提升，其中30座公厕加装除臭设备，更新维修62座公厕脚踏阀，修补破损瓷砖，加装屋顶，更新公示牌等公厕新建改造工程项目。

（王秀丽）

【城市道路管理】顺白路两侧人行步道大修完成，完成21758平方米步道砖更换。完成顺义区慢行系统工程，3条主要街道10700平方米彩铺工作，施划自行车道标200个。完成城市道路日常巡查、养护工作，制止违规挖掘城市道路行为16起，责令整改违规占压道路行为42起。拆除违规步道缓坡37处。完成4150平方米道路维修工作。

（王秀丽）

【城市道路及附属设施移交管理】年内，按照《顺义区市政设施移交管护暂行办法》规定，完成城市道路及附属设施移交管护工作。共接收石园大街、俸伯桥、复兴东街、西太路、三马路、规划一路、规划二路、南支路、北支路9条城市道路产权及管理权。

（王秀丽）

【停车场行业管理】14个经营性停车场备案登记完成，65处停车场年审，增加停车位5480个。完成检查备案停车场22处。完成停车占压盲道、堵塞残疾人无障碍设施整治。推进P+R停车综合体建设试点。开展停车场联合检查7次。

（王秀丽）

【重点工程】完成马坡地区综合整治城市道路10条。清除热熔标线433平方米，施划热熔标线2525平方米、黄网格380平方米、自行车标155个，彩铺1022平方米，安装标志牌202块、护栏3725米、黄闪灯19个，拆除标志牌39块，新建步道84平方米。完成新政府周边华中路单行改造工程，共清除热熔标线352平方米，施划冷漆标线500平方米，安装各类标志牌29块，施划停车位272个。完成站前街改造工程。完成重点工程12项，包含新行政中心配套工程5项，分别是新城（龙岗）开闭站工程、华中路及市政管线配套工程、复兴东街道路及周边配套工程、复兴东街地下通道工程和新城第13街区1105、1106、1108地块基础设施提升工程；完成城市地下管网市政配套工程4项，分别是望泉地块道路配套市政设施工程，劳动大厦市政配套工程，驻区部队市政基础设施改造工程和疾控中心市政配套附属工程；完成道路建设工程2项，分别是南陈路（京密路—昌金路）道路改造及市政配套工程和减河北路东延道路及市政配套工程；完成市级重点任务1项，陕京四线输气管道工程（北京段）的拆迁工程。

（王秀丽）

【广告、牌匾管理】办理各项广告、牌匾登记、许可手续252件，牌匾标识规划设置登记194件，标语宣传品许可173件，查阅户外广告设置规划18件。编制户外广告总规、控规、80条重点大街详细规划。更新各类牌匾标识430块，整治违规户外广告112块，电子显示屏89块，拆除违规牌匾标识899块。完成大型户外广告和牌匾标识设施安全检测工作安全检测42处。修复存在安全隐患的大型户外广告41块次。

（王秀丽）

【路灯维修工作与远程控制系统】光明街、新顺街、金街、燕京街、规划五路灭灯现象严重的路灯维修工作完成。全区整体亮灯率为99.1%。路灯远程控制平台的建设及95%的远程控制仪安装工作完成。

（王秀丽）

【燃气供热管理】34家燃气供应企业获得许可，灶具安装维修企业2家。燃气经营企业34家，包括天然气2家、压缩天然气2家、液化石油气充装站13家、液化石油气瓶装站17家。全区燃气管网总长1700余公里，燃气管网覆盖18个镇（除去龙湾屯镇），调压站96座、调压箱535台，燃气闸井4565个。燃气、供热共开展检查282家次，检查人员626人次，发现一般隐患245项(整改239项)。开展燃气供热企业负责人培训7次，召开各类会议29次，发放各类安全宣传材料2800余份。组织“燃气安全进校园”活动，发放各类燃气安全宣传品60000份。研发气热ERP系统。2015-2016采暖季及2016-2017采暖季供热燃料补贴清算和发放工作完成，共发放补贴1.13亿元。完成2016-2017采暖季天然气（含区域压缩天然气）分户自采暖居民用户用气补贴核算工作。补贴供热单位5家，供热面积约821万平方米，补贴标准2.5元/平方米，补贴金额20534553.53元。

（王秀丽）

【复兴东街道路及周边市政配套工程通车】9月25日，顺义区复兴东街道路及周边市政配套工程通车。工程西起顺安路，东至右堤路，道路全长648.5米，规划等级为城市主干路、一幅路形式，红线宽50米，同步实施雨污水、给水、输水、中水、电力、照明、信息、绿化、智能交通、城市家具工程。

（王秀丽）

【潮白河复兴大桥通过关键检测】12月21日，顺义区双塔双索面斜拉桥—潮白河复兴大桥通过关键检测。此次检测包括桥梁结构静载、动载试验、主桥线形与索力、关键部位外观等多项检测工作。

（王秀丽）

国土资源管理

【概况】北京市国土资源局顺义分局（简称市国土局顺义分局），是北京市规划和国土资源管理委员会设在顺义区

负责本行政区域内土地与矿产资源行政管理的派出机构。单位名称：北京市国土资源局顺义分局

（张文哲、龚雪）

【土地利用总体规划】一是12月31日，《顺义区土地利用总体规划（2006—2020年）调整方案》通过北京市人民政府审批。二是永久基本农田划定工作。年内，完成永久基本农田划定5项任务："落地块、设标识、明责任、建表册、入图库"。完成顺义区15821.20公顷的永久基本农田划定工作，落实永久基本农田图斑4748个，完成19个镇责任书的签订及414个镇村级责任书的签订工作。永久基本农田划定成果于6月1日通过国土资源部的数据库质检，于6月22日通过由市规划国土委、市农委、市农业局联合验收。年内，完成永久基本农田划定中违建整改工作。其中，市规划国土委下发违建整改图斑209个，国家土地督察北京局下发永久基本农田疑似问题整改图斑264个。三是永久基本农田标识牌工程建设。按照全市统一安排部署，在全市范围内设立永久基本农田标识牌。市规划国土委统一规范永久基本农田标识牌和界桩标准。年内，分局制定实施方案，设立标识牌342个，宣传牌342个。

（孙保国）

【建设项目用地预审】年内，办理建设用地预审30件，用地总面积471.28公顷。其中住宅用地项目12个，用地面积326.51公顷；交通运输用地项目3个，用地面积75.4公顷；公共管理与公共服务用地项目6个，用地面积7.17公顷；工矿仓储用地项目1个，用地面积1.52公顷；储备用地项目1个，用地面积36.15公顷;水域及水利设施用地项目1个，用地面积1.15公顷；绿隔产业用地项目6个，用地面积23.38公顷。

（孙保国）

【征地及农用地转用项目用地管理】年内，批准征地项目12宗，用地面积约179.2638公顷。其中，农转用141.9171公顷（其中，补充耕地64.6355公顷，其他77.2816公顷），建设用地和未利用地37.3467公顷。批准农转用项目6宗，用地面积约23.1214公顷。其中，农转用9.7321公顷，建设用地和未利用地13.3893公顷。办理征地结案23个。共办理国有建设用地使用权划拨5宗，完成国有建设用地使用权划拨5宗，划拨面积15.5436公顷。其中，二类居住用地1宗，科教用地2宗，多功能用地1宗，公共设施用地1宗。

（贾红颖）

【土地整理及耕地占补平衡】年内，完成涉及包括杨镇辛庄子村、荆陀村、西庞村等36个村在内的高标准基本农田建设项目总计6个项目的验收工作，验收总规模3600公顷，建成高标准基本农田规模3000公顷，新增耕地40公顷，决算资金总额11075万元。完成耕地占补平衡47.47公顷。

（孙保国）

【土地市场交易】年内，分解到顺义区的国有建设用地供应指标为74公顷。其中，经营性用地供地指标为57公顷（包含商品住宅用地供地指标45公顷，商服用地供地指标12公顷）；保障性安居工程用地15公顷（包含公租房5公顷，棚改回迁房10公顷）；工业用地供地指标2公顷。年内，累计供应国有建设用地12宗，总用地面积约151公顷，占年度计划的204%，总成交金额约293亿元，实现政府土地收益约211亿元。其中，经营性用地供应8宗，总用地面积约83公顷；保障性安居工程用地供应约6公顷；工业用地供应约62公顷。

（孙晓峰）

【土地储备开发】年内，完成土地一级开发面积116.59公顷，累计实现投资6.07亿元，完成资金回笼69.64亿元。全年无新增、无撤销土地储备开发项目。截止年底，全区在施项目共计56个，土地总面积约2120.3公顷。其中，储备机构为主体并直接投资项目18个，总用地面积约726.63公顷，占在施项目总量34%；储备机构为主体并委托企业带资实施项目14个，总用地面积423.6公顷，占在施项目总量20%；直接授权企业为主体项目24个，总用地面积970.07公顷，占在施项目总量46%。

（孙晓峰）

【地籍管理】一是土地权属审查、权籍调查情况。年内，共办理土地权属审查业务115件，为101家单位和个人提供用地范围清晰、面积准确、权属无争议的《权属审查告知书》《权属审查测量成功报告》和《地籍状况表》。受理权籍调查147件，为符合条件的131家单位提供《不动产权籍调查成果确认单》。二是年度变更调查工作。前三季度市规划国土委下发监测图斑878个，监测面积496.48公顷，均完成调查。其中，新增建设用地301个，占地面积132.98公顷；新增设施农用地56个，占地面积16.29公顷；新增坑塘水面7个，占地面积3.67公顷；新增农村道路12个，占地面积5.21公顷；存量设施农用地71个，占地面积10.92公顷；临时用地9个，占地面积15.91公顷；维持原地类422个，占地面积311.5公顷。年底，国土部下发图斑740个，监测面积464.46公顷，正在开展内外业调查核实工作。三是开发区土地集约利用评价工作。顺义区内共涉及3个开发区和2个发展方向区：1个国家级开发区即北京天竺综合保税区，2个市级开发区即北京林河经济开发区和北京天竺空港经济开发区，2个发展方向区即北京天竺空港经济开发区发展方向区和中关村科技园区发展方向区。3个开发区主区面积共1893.01公顷，已供应1331.41公顷；发展方向区面积共5989.25公顷，已供应2889.51公顷。3个开发区的土地集约利用完成评价工作，并通过市规划国土委验收。

（张文哲）

【不动产登记主要业务工作完成情况】年内，共办理不动产登记54859件。其中，初始登记154件、转移登记21932件、抵押权设立登记20570件、抵押权变更登记31件、抵

押权转移登记6件、最高额抵押登记77件、解押登记8640件、查封设立登记714件、查封注销登记414件、变更登记1091件、更正登记96件、补证登记441件、注销登记120件、预购商品房预告登记设立登记255件、预购商品房抵押权预告登记设立登记270件、预购商品房抵押权预告登记注销登记20件、异议登记设立登记17件、异议登记注销登记11件。

（张文哲）

【土地执法监察】年内，土地卫片涉及顺义区新增建设用地项目241宗，占地89.9公顷，耕地29.74公顷。其中，合法用地项目52宗，占地22.85公顷，耕地9.38公顷；违法用地项目189宗，占地67.05公顷，耕地20.36公顷。截至年底，拆除完成项目共计101宗，占地23.55公顷，耕地10.61公顷。共收到12336电话举报属实案件120件，全部完成反馈，反馈率100%。国土资源视频监控系统发现项目94宗，全部完成反馈。

（李星光）

【矿产资源概况】全区共有合法正规开采的矿山企业13家，其中固体矿山2家、矿泉水1家、地热10家。

（张引）

【地质灾害防治】年内，进一步修订、完善《北京市顺义区突发地质灾害应急处置预案》。利用地球日、地灾防治日，加大防灾知识宣传普及力度，发放各类宣传品1000余册。配合顺义区气象部门开展汛期地质灾害预报预警，汛前深入高丽营镇西王路村地震断裂带上勘查断裂带发育情况，排查隐患，加强群众防范知识宣传，充分发挥村级组织作用。在土地审批环节，严格落实地质灾害评估报告制度。

（张引）

【信访工作】年内，共受理群众来信、系统转件和上级领特批共240件，办结率100%。其中，顺义区领导特批件2件，信访系统转件173件（重复件94件，市规划国土委转件66件，顺义区信访办转件13件），属于分局业务的自收件65件。日常接待群众来访1201人次，集体访5批。局长接待日接待群众来访782人次，集体访1批。撰写每月信访工作情况通报，对各属地信访汇总排名，针对内容进行分类，形成科学有效的信访数据。整理信访档案1000余件（2011年–2017年），形成信访档案规划管理。完成北京市重大活动及“全国两会”“一带一路”高峰论坛和党的十九大等信访隐患排查工作。

（焦彦江）

【国有建设用地出让转让】年内，完成国有建设用地使用权工业用地出让3宗，出让面积47.8233公顷，政府土地收益为16729万元；国有建设用地使用权出让合同变更22宗；地价款缴纳情况证明共计17宗（其中，用于土地登记发证、抵押及预售9宗，用于房屋初始登记8宗）；完成顺义区经信委已供地工业项目进行全要素评价共计18件。

（王健）

【调研课题】在第九届北京土地青年学术论文交流活动中，分局报送北京土地学会8篇论文，内容涉及到不动产登记、农村宅基地问题、土地资源管理、闲置土地处置、法治国土建设、党建等。论文作者和题目具体如下：

1. 《浅析我国不动产登记法律责任制度的完善》刘一艳
2. 《关于提高顺义区不动产登记服务质量的思考》龚晓磊
3. 《探讨区域特色城镇化发展——基于地域自然和文化特点》刘一鑫
4. 《农村宅基地管理》李占宇
5. 《浅谈农村宅基地主要问题以及对策研究》曹广源
6. 《浅议闲置土地问题的对策及措施》王健
7. 《从土地行政诉讼案例看土地管理业务现状》王向楠
8. 《关于全面从严治党的若干思考》龚雪

（龚雪）

【集体土地租赁房建设】5月末，市政府下发《关于下达2017年利用集体土地建设租赁住房供地任务的通知》（京政字〔2017〕6号），下达顺义区40公顷集体土地租赁住房建设任务。6月初，分局会同顺义区各镇进行集租房选址，初步选址23个地块，涉及面积145公顷。截止9月末，经过顺义区政府专题会及市规划国土委5次会议审核，通过顺义区9个项目，涉及7个镇，总用地面积40.32公顷，完成选址指标任务。12月末，完成6个项目农转用手续，总面积23.12公顷，完成供地任务；另外3个项目，正在审批中。

（孙保国）

【农村集体建设用地统筹利用试点工作】7月14日，市规划国土委下发《北京市规划和国土资源管理委员会 北京市农村工作委员会关于开展北京市乡镇统筹利用集体产业用地试点工作的通知》（市规划国土发〔2017〕236号），将顺义区高丽营镇纳入统筹试点镇，试点工作计划至2020年12月30日结束。分局以坚持规划先行、加强区域统筹、维护农民利益、确保风险可控为原则，探索农村集体产业用地规划统筹、利用统筹和利益统筹的途径和机制，实现农村集体产业用地依法合规和集约节约利用、农村集体经济产业升级和农民可持续增收，于12月20日完成试点方案编制工作，并上报市规划国土委。形成“可复制、可推广”的试点成果。同时，进一步推广北小营镇列入统筹。

（孙保国）

【不动产网上预约系统】9月4日，“北京市不动产登记网上预约系统”正式启用。预约系统面向自行成交用户、机构用户。可预约业务类型包括：新建房屋买卖（一手房）、存量房屋买卖（二手房，含中介成交/自行成交）、抵押权首次登记（含个人/金融机构）3类业务，其它类型业务实现随到随办。预约系统启用后，共分配号源7597个，预约5177人次，正常受理4673件。

（张文哲）

房屋征收

【概况】2017年是顺义区房屋征收事务中心事业发展具有重要意义、取得长足进步的一年。一年来，中心全面落实党的十八大以来历次中央全会精神和党的十九大会议精神，深入贯彻习近平总书记系列重要讲话精神，认真执行市委、区委历次会议作出的各项决议，牢牢立足港城融合的国际航空中心核心区、创新引领的区域经济提升先行区、城乡协调的首都和谐宜居示范区区域功能定位，始终坚持以党的发展、创新发展、服务发展为引领，齐心协力、奋发进取、实干担当、克难攻坚，全力实现基层党建、征收项目、服务质效“三量齐升”，完成年度各项既定工作目标任务。

单位名称：顺义区房屋征收事务中心

（房屋征收事务中心）

【京沈客专顺义段正线拆迁工作完成】京沈客专顺义段拆迁工作共涉及全长约20.8公里、246户，先后完成集体土地非住宅201户、国有土地非住宅11户和集体土地民宅34户拆迁工作，历时近11个月。其中先期启动的集体土地非住宅拆迁实现30天奖励期98.5%的签约率，34户集体土地民宅拆迁取得15天100%完成的签约率。4月，京沈客专顺义段拆迁工作完成。

（房屋征收事务中心）

【幸福西街棚改项目房屋征收工作完成】中心历时10个多月时间组织完成项目房屋征收补偿方案编制工作，入户调查登记工作，征收补偿方案意见征询、审议和修改工作以及签订征收补偿协议工作。幸福西街棚改项目预签约工作自9月启动，先后取得首日签约率达72.04%、第一奖励期第10天达到85%预签生效比例、累计完成签约666户98.52%的签约率。

（房屋征收事务中心）

【原涤纶厂及维尼纶厂生活区棚改项目】9月，原涤纶厂及维尼纶厂生活区棚改项目房屋征收工作程序启动，9月23日入户调查登记工作基本完成。在区政府房屋征收办组织下，中心会同牛栏山镇政府细致梳理项目补偿方案，经区政府审议批复同意后，于12月初启动方案征询意见工作，并于12月31日完成方案征询意见工作。

（房屋征收事务中心）

【党建示范引领作用凸显】幸福西街棚改项目临时党支部开展“戴党徽、亮身份、作承诺、当先锋、树形象、促征收”主题教育实践活动，提倡做到“四出来”，即把身份亮出来、把声音发出来、把干劲使出来、把工作做出来，并用学习实践成果实现“一熟两带”良好成效，即党员及早熟悉棚改和征收补偿政策，对群众的疑惑能悉数解答，带动亲戚朋友率先支持并签订征收补偿协议、带动普通群众支持政府推行棚改政策。坚持把纪律挺在前面，组织参与项目的党员干部和工作人员层层签订廉洁征收承诺书200余份，并邀请审计全程跟踪入户调查登记。组织幸福西街老党员、老干部以及居民代表座谈会，理清形势、讲明政策、提出要求，引导党员和群众代表做到“一管三带”，即管好自己，带好家庭、带好邻居、带好楼院，努力形成齐心协力当表率、促征收的良好局面。

（房屋征收事务中心）

【棚改征收惠民政策宣传】幸福西街项目入户调查登记前，中心发放500册政策宣传手册向幸福西街居民宣讲征收的目的、意义及相关政策法规，使居民们对征收工作有总体认识。征收期间，通过悬挂宣传标语600幅、条幅105条，张贴海报500余张、展板90块，发放政策宣传节目光盘近700张、政策补偿宣传手册1000份，组织入户宣传讲解4次，最大限度争取全体被征收居民对实施棚改政策的支持和对征收补偿方案的认可。同时，在居民服务接待站设立2个政策答疑站、15个接待窗口全程接待社区居民来访咨询，有效帮助被征收居民解决特殊情况问题。

（房屋征收事务中心）

交　通

【概况】年内，顺义区紧紧围绕支持京津冀协同发展战略、有序疏解非首都功能，大力加强交通运输管理、行政执法与安全检查等各项工作，保持辖区客货运输、机动车维修市场秩序良好、行业安全稳定。公交客运行业累计完成客运量1.462亿人次，其中，境内公交客运完成客运量1.06亿人次，全区109条公交线路（其中境内71条），运营里程3161公里（其中境内2088公里），设置站点1433个，投放公交车1089辆（其中境内706辆），从业人员3143人（含安全员243人）；轨道交通地铁M15号线在顺义区境内设站7座，日均发车384列，日均完成客运量18.06万人次；电动出租200辆，累计载客275.45万人次，总行驶里程1021.95万公里；水运游船288艘，从业人员52人，运送游客13.52万人次，运营收入271.63万元；公共自行车投放2130辆，累计投放总数达10130辆，建设自行车租赁网点285个，其中年内新建63个，市民办卡3.9万张，单车日均骑行4.5次；全区有货物运输经营业户6870家，货运车辆2.33万辆，货运从业人员4.81万人，货物运输行业累计完成货运量4527.89万吨，货物周转量18.56亿吨公里；全区有机动车维修经营业户279家，4S专营店32家，从业人员2837人，行业维修总量51.35万辆次；全程办事大厅共接待咨询3.6万人次，办结行政许可、服务事项2.67万件；小客车摇号办共受理现场办理和来电咨询3.16万件；全年出动执法人员3.29万人次，检查车（船）6.8万辆（船）次，办结各类处罚案件410件，罚款109.12万元。
单位名称：顺义区交通局

（赵瑞冬）

【灶王文化节专线开通】1月20日－22日，北京·顺义张镇灶王文化节在莲花山滑雪场举办期间，开通“地铁俸伯站－莲花山滑雪场”文化节公交专线。专线设地铁俸伯站、南彩车站、杨镇三街、良山、莲花山滑雪场5个站点。

（赵瑞冬）

【营运车辆综检机构政府采购项目签约】2月28日，北京顺交汽车综合性能检测站作为顺义区营运车辆综合性能检测机构政府采购项目中标单位，中标结果公示期满，区交通局与其签订项目合同，合同有效期为3年。

（赵瑞冬）

【后沙峪首条微循环公交开通运营】3月2日，顺57路（铁匠营－杨二营）微循环公交开通运营。线路设铁匠营、地铁后沙峪站、江山赋、空港医院、三山小区、吉祥花园、地铁花梨坎站、杨二营等站点，线路开通加密后沙峪地区公交线网、方便“公交+地铁”换乘接驳。

（赵瑞冬）

【新开通运营线路】3月8日，顺49路公交开通运营。3月25日，顺48路（裕龙客运站－北务客运站）公交开通运营。4月13日，顺56路（地铁俸伯站—汉石桥湿地）旅游公交专线开通运营。配车2辆，运营时间为7:00－17:00，采用整点发车方式运营。7月31日，空港10路（T3航站楼－顺义国际学校）开通运营。12月25日，顺义至平谷新增一条跨区直达公交郊99路（顺义地铁俸伯站—平谷北街客运站）开通运营。线路由两地客运公司联合运营，全程43公里，配车20辆（均为新能源公交车），与地铁M15号线实现接驳换乘。12月26日，空港5路区间（望泉寺小区—首都机场3号航站楼）公交线路开通运营。

（赵瑞冬）

【出租车营运证换发】3月20日－5月31日，区交通局派出执法人员30人次，对辖区824辆出租汽车（含电动出租）外观、内饰、安全消防设施，1330名驾驶员（含电动出租）从业人员仪容仪表、从业资质、运营资格等开展逐户、逐车、逐人进行年度审验。经过信息核实、现场检查、监督整改等环节，提前完成年度营运证件换发工作。

（赵瑞冬）

【有轨电车T2线PPP实施方案通过评审】3月25日，顺义区召开有轨电车T2线PPP（政府与社会资本合作）实施方案评审会。工程、交通、投融资、财务、法律等方面专家到会并对《顺义区现代有轨电车T2线PPP项目实施方案》《顺义区现代有轨电车T2线PPP项目招标文件》《顺义区现代有轨电车T2线PPP项目特许经营协议》进行评审，提出12条修改完善意见，建议按照会议意见修改完善并具备报批条件后，报顺义区人民政府审批。

（赵瑞冬）

【金顺深顺出租公司开展公益活动】3月30日，区交通局组织金顺深顺出租公司开展“扮靓环境雷锋车队行走在潮白河畔”活动。中国雷锋车队队长王凤进、首都的士雷锋车队队长索占胜向金顺深顺出租公司负责人授旗，标志着该公司党员雷锋车队正式加入中国雷锋车队大家庭。授旗结束后，金顺深顺出租公司40余名干部职工来到苏庄潮白河两岸捡拾垃圾，用实际行动践行雷锋精神，为保护顺义的母亲河贡献力量。

（赵瑞冬）

【有轨电车T2线PPP项目资格预审公告发布】3月29日，2017年第八次政府常务会议审议并原则通过区交通局提请的顺义区现代有轨电车T2线PPP项目《实施方案》《招标文件》及《特许经营协议》。4月1日，作为顺义区政府授权的有轨电车T2线PPP项目具体实施机构，区交通局在中国政府采购网、北京市财政局网站政府采购网、顺义区财政局政府采购网三个政府采购平台同时发布顺义区现代有轨电车T2线PPP项目资格预审公告，标志着该项目实施方案招标工作正式启动。

（赵瑞冬）

【清明节交通运输服务保障】清明节期间，境内公交客运企业共投放公交车667辆，发车2.41万班次，累计完成客运量119.06万人次；水运行业共计投放船舶263艘，租赁2495船次，接待游客1.03万人次。

（赵瑞冬）

【空港5路优化调整】5月3日，区交通局整合原空港5路和空港5路区间线路资源，增加配车、缩短发车间隔。调整后的空港5路（T3航站楼－西绛州营）设国门商务区、中航国际、澜西园二区、马坡花园、乔波滑雪场、牛栏山小区、赵全营、北郎中等多个站点，线路服务保障能力得到明显增强。

（赵瑞冬）

【新能源货车安全风险隐患排查】5月3日－5日，区交通局对辖区3家货运企业的55辆新能源货车性能、使用中存在的问题以及企业加强安全管理具体措施等开展专项摸排，排查未发现异常情况，车辆总体技术状况良好。

（赵瑞冬）

【治超专项联合执法夜查】5月8日19:00至次日凌晨2:00，区治超办组织交通、路政、治安、交警、环保、城管等部门执法人员在辖区内木燕路、龙塘路开展重型货车专项联合执法夜查。夜查出动执法车8辆，执法人员36人，依法检查重型货车150余辆，交通、路政查扣超载超限运输车7辆，环保处罚15辆，交警处罚10辆、罚款2000元。

（赵瑞冬）

【一带一路交通运输秩序保障】5月14日－15日峰会期间，要求区内17家危险货物运输企业坚决停驶无通行证车辆，利用GPS等科技手段强化专用车辆行驶情况的监督管控；抽检抽查车龄较长的危险货物运输专用车56辆，发现不合格车7辆，依法注销其道路运输资格；出动执法人员31人次，检查公交车80车次、游船150船次、出租客运企业（含电动出租）和1家旅游客运企业7次，要求出租客运企业要加强繁华商业区、旅游景点周边的服务保障，旅游客运企业要严格落实运营车辆GPS动态监管，坚决杜绝“非法一日游”、超范围经营、超载、疲劳驾驶等违法行为；执法人员加强机动车维修行业执法检查，严查24家维修企业喷烤漆房、举升机等设施设备，未发现违法违规现象；依法查处李桥、马坡等地区机动车配件商店及修理厂20家超范围、占路修车等违规行为；北务、大孙各庄综检站，充分发挥“首都护城河”功能，严查进京重型货车，确保卡口安保工作万无一失。

（赵瑞冬）

【顺1路入选新能源公交示范线路】5月23日，由交通运输部主办、中国交通报社承办“我的公交我的城”重大主题宣传活动“新能源公交示范线路”经验交流会在京举行。顺义区顺1路当选“新能源公交示范线路”。顺1路现配置CNG气电混合动力公交车18部，年行驶里程150万公里，年旅客运输量达615万人次。

（赵瑞冬）

【辖区重型自卸货车监管】6月，区交通局强化辖区自卸货车监管，通过“北京市渣土车运输监控系统”筛查，确认本区49家（共133辆自卸货车）属于未经许可擅自从事渣土运输企业，交通局制成“非法运输渣土车辆台账”并报送至区市政市容管理部门；召开建筑垃圾运输企业（业户）专题会议，发放《顺义区建筑垃圾企业和车辆管理工作告知书》，督促企业办理《建筑垃圾运输企业经营许可》，规范企业经营行为。

（赵瑞冬）

【应急疏散救援实战演练】6月29日,区交通局组织辖区旅游客运行业开展应急疏散救援实战演练。演练现场通过模拟北京银建国旅车牌号为京B14368的运营车辆在行驶中突发自燃后所采取的一系列应急处置措施，体现出企业高度重视安全生产工作，进一步提高从业人员消防安全意识、自救和安全处置突发事件能力。

（赵瑞冬）

【城市学院客运站建成】6月30日，顺义区政府2017年为群众拟办重要实事工程之一的杨镇城市学院客运站投入使用。

（赵瑞冬）

【重载货车专项夜查】7月5日21:00-6日2:00，北务、大孙各庄综合检查站联合北务镇政府相关部门开展联合执法行动，严厉打击夜间大货车偷倒、遗撒垃圾等污染环境的违法违规行为。专项夜查共出动执法人员20余人，执法车7辆，在北务镇镇域内龙塘、木燕等路段，采取流动与定点检查相结合方式，检查重载货车60余辆，运政依法查扣违法违规货车6辆,移交城管处理5辆，环保现场处罚9辆，交警现场处罚5辆；依法查扣运输、偷倒垃圾大货车3辆（经过磅称重，合计非法运输建筑垃圾和生活垃圾70吨）。

（赵瑞冬）

【航海日主题宣传活动启动】7月11日，区交通局海事执法人员走进汉石桥湿地公园开展水上交通安全知识宣传活动。执法人员向游客发放《乘船安全须知》等宣传材料230份。同时，为扩大“航海日”影响力，现场水上救生艇、巡逻艇于9:00统一鸣笛1分钟，以示“航海日”的正式到来。

（赵瑞冬）

【有轨电车T2线工程开工】7月14日，顺义区现代有轨电车T2线暨安宁大街工程开工仪式举行。工程北起友谊医院（顺义院区），终点至首都机场T3航站楼。线路全长19.8公里，共设车站22座，平均站间距893米。在国展站、花梨坎站与地铁M15号线实现接驳换乘。

（赵瑞冬）

【运输行业安全生产大检查工作会】8月4日，区交通局运输行业安全生产大检查工作部署会召开，辖区内16家化危企业和63家重点普通货物运输及客运、水运、出租企业负责人参会。会议部署大检查时间、方式及内容，要求运输企业牢固树立安全生产红线意识，履行行业监管和企业主体责任，全面提升道路运输行业安全防范能力，将安全工作落实到平时，扎实做好安全基础性工作，全面细致排查安全隐患，坚决堵塞安全漏洞，强化安全生产措施落实到位。

（赵瑞冬）

【木林、赵全营执法服务保障点启用】9月4日，木林、赵全营联合执法服务保障点启动运行。公安交管、运政、环保、公路、城管等部门正式入驻站点开展执法工作。两个站点主要负责顺密路、木燕路、昌金路、京密路拉运砂石、渣土车辆超限超载以及“晋煤外运”车辆过境顺义带来的车辆尾气排放超标等违法行为的检查。

（赵瑞冬）

【京津冀交通一卡通互联互通】年内，按照市运输管理局总体部署，结合顺义区地面公交一卡通系统实际情况，本局会同市政交通一卡通有限公司，对境内706辆公交车进行刷卡设备安装及更新工作。共安装车载机1529台、小键盘293台、采集器75部、费率卡225个以及其他附属设施，项目总投资506.96万元，在远郊区率先实现京津冀交通一卡通互联互通。

（赵瑞冬）

【联合夜查治理重型货车】9月11日20:30–次日凌晨4:30，区交通运政、公安交管、环保、路政、城管以及木林镇政府多部门协作，在辖区内龙塘路、木燕路、左堤路等路段，重点检查夜间行驶的重载货车。行动中共出动执法人员60余人、执法车14辆，依法检查重载货车53辆，查扣涉嫌超载超限、非法改装等违法运输行为重型货车9辆。

（赵瑞冬）

【货车治理和限行实施方案发布】9月12日，《顺义区加强货运车辆综合治理专项行动实施方案》和《顺义区货运汽车限行实施方案》正式对外发布，交通运政、公安交管、环保、城管、公路等部门执法联动机制形成，强化24小时执法，严厉打击高污染、高排放货物运输车辆。

（赵瑞冬）

【货运行业十九大安保工作部署会】9月20日，区交通局货运行业十九大安保工作部署会召开。辖区16家危险化学品运输企业和42家普通货物运输企业负责人参会。会议要求行业管理部门要按照“有患必处，除患务尽”的要求，对辖区内易爆危险化学品运输企业和寄递物流企业开展一次拉网式排查，查找行业内存在的安全隐患并落实整改责任；运输企业要加强自检自查，全面、细致排查安全隐患，建立隐患台账，坚决堵塞安全漏洞，进一步强化安全生产措施，完善各项安全管理制度，严格落实企业主体责任，确保安全生产工作万无一失。

（赵瑞冬）

【船舶污染防治宣传活动】9月21日，在北京芦荡乐园发展中心船舶码头，区交通局组织开展水运行业船舶污染防治宣传活动，辖区6家水运游船企业负责人及相关从业人员参加活动。活动中，海事执法人员宣传船舶水污染防治、水上交通安全知识，解释船舶污染有关法律、法规，发放宣传材料60余份。

（赵瑞冬）

【国庆黄金周安保维稳】9月26日，区交通局组织召开出租、旅游、租赁行业“双节”及十九大安保维稳工作部署会，辖区21家企业负责人参会。会议就出租汽车行业重点排查不稳定因素、旅游客运行业严格落实新颁《北京市旅游条例》、汽车租赁行业完备承租人身份、信用及其他数据信息等重点工作进行部署，区交通局与参会企业签订“双节”及十九大期间《安全运营保障责任书》。

（赵瑞冬）

【公共自行车网点建设】9月28日，提前超额完成区政府2017年为群众拟办重要实事工程之一的“新增2000辆公共自行车”任务。全区公共自行车累计投放总数达10130辆，自行车租赁网点285个，其中年内新建63个。

（赵瑞冬）

【国庆中秋交通运输保障】国庆中秋期间，区内两家客运企业共投放公交车685辆、发车5.56万班次，累计完成客运量215.49万人次；6家游船单位投放游船275艘，出租船舶2348船次，运送游客9440人次。

（赵瑞冬）

【首都外围治安查控防线二期建设工程实现提前入驻】10月15日，首都外围治安查控防线二期建设工程入驻仪式在北务综检站举行。副区长、区公安分局局长赵为民出席仪式并宣布顺义区在北京市32个改造工程中率先实现公安、武警正式入驻。

（赵瑞冬）

【公共自行车调整运营时间】10月17日，区交通局协调运营公司将公共自行车运营服务时间由6:00–24:00调整为5:00–次日凌晨1:00。

（赵瑞冬）

【地铁站人物同检启动】10月17日，按照轨道交通“人物同检”工作统一部署，地铁15号线“人物同检”安检措施启动。17日6:00，区委副书记、区长高朋到地铁俸伯站，实地查看“人物同检”安检措施落实及相关服务保障工作开展情况。

（赵瑞冬）

【三区联动夜查大货车】10月23日20：00–24：00，在顺密路、京密路等主要货运通道，顺义、怀柔、密云三区采取联合执法夜查行动，集中治理北京市东北部地区大货车超载超限、尾气排放超标等违法运输行为。行动中，顺义区共出动执法人员84人、执法车20辆，依法检查货车300余辆，查扣涉嫌超载超限运输货车6辆，交警处罚42辆。

（赵瑞冬）

【十九大交通运输服务保障】十九大期间，全员停休，坚持每天例会机制，局领导分别带队检查，共计出动执法人员1085人次、执法车296辆次，检查企业123家，发现并消除隐患61项，清理黑汽修企业7家；依法检查车辆4753辆，处罚违法运输行为770起，罚款金额13.12万元，纠正违章61起，劝返不符合进京条件货车479辆，完成十九大交通运输服务保障任务。

（赵瑞冬）

【客运行业安全生产宣传周】12月4日，区交通局组织开展公交客运行业安全生产知识培训暨《安全生产法》宣传周启动活动。辖区客运公司负责人、安全及运营主管参加。会议全面分析本区安全生产面临的严峻形势，对辖区客运企业安全生产工作进行整体梳理和专题部署，要求客运企业加强日常检查和隐患排查力度，做到“人员培训到位，隐患排查到位，安全措施到位”。

（赵瑞冬）

【**地铁M15号线石门站D口正式启用**】12月30日，在市、区各有关部门的协作和推进下,石门站D口开通启用。

（赵瑞冬）

【**新清能源公交占比超九成**】截至年底，区交通局组织境内公交客运企业累计投资3.1亿元，新增和更新新能源（纯电动、插电式混合动力）和清洁能源（天然气）公交车651辆，占境内公交车总数的92%，位居全市第一。

（赵瑞冬）

【**加快行业新能源货车应用**】年内，区交通局组织区内货运企业淘汰国I、国II排放标准城市配送货车34辆，新增92辆新能源电动货车。

（赵瑞冬）

【**公共候车亭建设**】年内，50座新建公共候车亭投入使用。

（赵瑞冬）

【**智慧交通建设**】年内，结合交通治堵工作实际和智慧城市建设要求，撤销顺14路、顺18路（单侧）、顺28路、顺38路隆华站点（双向）；减少隆华站停靠的公交线路数量；取消原有东大桥公交站，在右堤路北侧、顺平东路东侧分别新建停靠站点，改善东大桥通行状况；升级顺义公交APP，增加实时路况信息发布功能，及时向APP用户发布公交运营信息，提高市民出行效率。

（赵瑞冬）

道路建设

【**概况**】2017年，顺义公路分局深入践行“精细管理、无痕服务”理念，主动融入京津冀协同发展和服务城市副中心战略定位，不断提高公路建设管理能力和养护服务水平。实施顺平路交通综合治理工程，有效缓解顺平路交通拥堵状况。实施李天路、天北路、陈马路、南陈路4项大修工程，提升道路承载能力。深入贯彻落实习近平总书记“四好”农村路要求，实施乡村公路大修工程70公里，完成投资1.47亿元，危桥改造1座，日常维护里程1929.29公里。

单位名称：北京市交通委员会路政局顺义公路分局

（顺义公路分局）

【**南陈路大修工程**】9月30日，南陈路大修工程完工。工程南起顺平路，北止顺沙路，本次大修路段南起顺平路k10+120处，北至顺沙路，道路长约2.58公里，技术等级为二级公路，机动车道两下组织交通，设计时速60公里/小时，本次大修主要施工内容为铣刨旧路面，病害处理，重建路面结构，检查井维修加固，更换路缘石及道路附属工程等。工程于4月12日开工，由北京市交通委员会路政局投资，投资总额1308万元。设计单位为北京市市政专业设计院股份公司，施工单位北京路桥养护中心有限公司，监理单位为北京逸群监理咨询有限公司。

（李龙旺）

【**李天路大修工程**】9月30日，李天路大修工程完工。工程东起樱花园小区（K3+840），西止机场辅路（K8+100），道路长4.26公里，设计等级为二级公路。现有横断面为两幅路形式,中央分隔带宽2.5−7.8米，左半幅路面宽9−10米，右半幅路面宽10.5米，两侧土路肩各宽约3米，路基全宽28−34.3米。本次工程主要施工内容为铣刨旧路，病害处理，重建路面结构，检查井加固维修，完善排水设施，更换路缘石及道路附属工程。工程于4月20日开工，由北京市交通委员会路政局投资，投资总额2079。设计单位为德州市公路勘察设计院，施工单位为中交隧道工程局有限公司，监理单位为北京逸群监理咨询有限公司。

（李龙旺）

【**天北路（顺于路−昌金路）大修工程**】9月30日，天北路（顺于路−昌金路）大修工程完工。天北路位于北京市顺义区内，南起天竺镇，北至北石槽政府大街，全长25.7公里。本次大修起点为顺于路，终点为昌金路，道路全长8.6公里。现况道路为一幅路形式，路基宽18米，路面宽12.米，道路等级为二级公路。道路重要病害为龟裂、沉陷、车辙。工程于2017年4月3日开工，由北京市交通委员会路政局投资，投资总额2796万元。设计单位为北京市市政工程设计研究总院有限公司，施工单位为中冶交通建设集团有限公司，监理单位为山西省交通建设工程监理总公司。

（王三军）

【**陈马路（顺密路−顺平路）大修工程**】10月26日，陈马路（顺密路−顺平路）大修工程完工。工程北起顺密路，南止顺平路，全长11.3公里，道路等级为二级公路。本次大修分三段，第一段起点为顺密路桩号K+000，终点桩号K1+200，第二段起点为顺K2+300，终点桩号K,2+860，第三段起点为K3+860，终点桩号K11+300，本次大修长度为9.2公里，主要施工内容为铣刨旧路，病害处理，加铺路面结构，完善排水设施及附属工程。工程于4月13日开工，由北京市交通委员会路政局投资，投资总额2105万元，设计单位为西安长安大学工程研究院有限公司，施工单位为北京鑫畅路桥建设有限公司，监理单位为北京逸群监理咨询有限公司。

（薛萌）

【新工艺材料尝试】在天北路大修工程中使用泡沫沥青冷再生技术，加大对旧路粒料的循环利用，工程所产生的旧路粒料循环利用达到了100%。在陈马路大修中采用路洁牌不粘轮乳化沥青粘结层，大幅降低施工车辆轮胎对已喷洒成型的粘结层的粘附破坏。

（冯宠）

【路网管理系统外场设施建设】年内新增可变情报板6套、高清视频设备2套。目前共建成路网管理设施274套，普通公路布设密度达到每2.98公里/套，路网运行监测与数据采集能力进一步提高。全年编发提示短信3556条，收集上报雨、雪情72次，接收、传达预警等信息67次；可变情报板发布信息1万余条。

（张孟培）

【路政管理】全年办理行政许可176件，收取补偿费340.73万元。实施行政处罚131件，收取罚款44.47万元；处理赔偿案件92件，收取赔偿费27.02万元；处理一般路政案件1036件。拆除“山寨路牌”和非公标918块。联合属地政府开展检查，对车辆实施24小时不间断检查。累计检测车辆1.3万次，卸载6389.04吨，处罚超限车辆92辆，收取罚款42万

（张颖）

环卫服务

【概况】顺义区城镇环境卫生服务中心为区政府所属正处级全额拨款事业单位，内设机构及基层单位11个，分别为：办公室、业务科、政工科、安全保卫科、财务科、工会、设施科、清洁一队、清洁二队、机械化作业队、镇村生活垃圾清运队。2017年，共有干部职工约1100人，环卫车辆422余辆，主要负责全区85条街道、总面积607.88万平方米的清扫保洁工作、城区69个社区和265个机关企事业单位及全区16个乡镇的生活垃圾清运任务、城区63座公共卫生间的保洁维修工作。全年中心共清运生活垃圾217179.92吨，其中城区8044.85吨，农村136735.07吨；抽运粪便、污水18250吨；清理烟花爆竹残屑30余吨。
单位名称：顺义区城镇环境卫生服务中心

（环卫中心）

【大气污染防治工作】环卫中心认真贯彻落实区2017年大气污染防治工作部署，加大城区及周边重点区域洗地冲刷、喷雾降尘工作力度，充分利用现有环卫机械设备，实行人歇车不歇的运行方式，每天对城区及重点区域主次干道不间断进行喷雾降尘、洗地冲刷，道路全天保持湿润状态，日用水量500余吨。

（环卫中心）

【学习调研丰台环卫道路扬尘治理工作】为进一步做好道路扬尘治理工作，环卫中心班子成员、基层作业部门负责人到丰台环卫进行学习调研。调研内容包括丰台环卫基本概况、业务范围与职责、日常及道路扬尘治理作业的安排与实施、检查考核等方面的做法和经验。环卫中心结合自身实际情况，吸取和借鉴丰台经验，就转变现运行机制、优化管理模式进行深入研究，探索具有区域化特色的环境卫生服务新模式，不断提升专业化作业水平。

（环卫中心）

【“高考”期间环境保障工作】环卫中心多措并举保障高考期间各考点周边环境卫生质量。一是加强重点道路的清洗。每天出动水车8辆、洗地车2辆，利用多种机械保洁车进行联合冲洗保洁作业，做到“路见本色”。二是加强环卫设施维护。考前针对学校周边环境卫生进行集中清理，垃圾桶进行擦洗及维修，喷洒灭蝇除臭药物，并增加学校周边保洁员，随时捡拾白色垃圾、广告传单等废弃物，确保学校周边设施完好、环境干净整洁。三是调整作业时间及模式。调整考点周边道路垃圾收集、冲洗作业时间，并要求所有作业车辆在高考期间进行道路冲洗机扫作业时减少环卫设备噪音。四是加强道路巡查。高考期间，每个考点由各辖区队长专门安排人员进行不间断巡查，确保考场及周边环境卫生在考前、考中、考后始终保持干净整洁，做到即发现，即整改。

（环卫中心）

【夏季蚊蝇消杀】环卫中心从6月初起，对城区500余个果皮箱、62座公厕和17座垃圾中转站开展消杀工作，有效控制蚊蝇滋生，进一步改善环境卫生面貌。一是领导高度重视，部署蚊蝇消杀工作。专门发放消杀药品，组织保洁员集中学习消杀和防护知识，掌握药品器具保管和操作规程等。二是认真做好环卫设施灭蚊蝇消杀工作。以“日常与集中消杀相结合”为准则，配备专门消杀人员，垃圾转运站消杀每天不少于2次，尤其是垃圾收运作业完毕后，及时对垃圾点进行冲刷，确保卫生整洁；公厕每天至少进行2次消杀，并对公厕的墙角、废纸篓、便池等做好消毒工作，做到公厕内无蚊蝇、无异味；城区果皮箱由各路段保洁员进行定时喷药消杀，上、下午各1次。三是认真做好监督检查工作。实行主管领导不定期抽查、业务科每日巡查、管理员不间断检查的三级督察体系，监督检查各部门的消杀保洁情况，对发现的问题及时进行整改落实，并进行跟踪复查。

（环卫中心）

【新接收道路清扫保洁】环卫中心做好新接管的梅沟营规

划路、旺泉北街、前景南街、旺泉南街、石景街、兴泉路6条道路共计105271平方米的清扫保洁工作。一是开展综合整治工作。接收当天，对新接管的道路进行彻底清理，出动清扫车1辆，保洁员10名，共清理垃圾约1.5吨。二是配足清扫力量，确保日常工作到位。按道路等级及面积配备清扫保洁人员，高压清洗车1辆、洒水车2辆、洗地车1辆，制定合理作业方案，实行联合作业，确保清扫保洁工作落到实处。三是加大督查、巡查力度。由各辖区队长对新接管路段进行每日巡查，业务科室定期检查，发现问题，及时整改，确保清扫保洁工作高标准、常态化。

（环卫中心）

【“借雨作业”加大道路清扫保洁】6月下旬以来，环卫中心在做好日常道路清扫保洁的同时，针对持续性降雨，科学调配车辆、人员，加大雨天道路保洁作业力度。一是强化推水作业。采取分组方式，对雨后重点路段道牙进行推水作业，将积水推入就近雨水井口，全力清除道路积尘浮土。二是加强雨中巡回保洁。城区路段各班组调派2名职工捡拾白色污染物，清理雨水口污物，实行不间断巡回保洁，及时排除积水，确保路面畅通。三是“借力”冲洗道路。有效利用降雨契机，中心出动多辆高压冲洗车，巧借雨水对重点道路进行集中冲洗。四是加强安全防范工作。对各岗位职工进行安全知识宣讲，要求树立安全意识，遵守安全作业操作规程。并做好检查、发现、整改、督办四位一体的监管工作，进一步提升作业服务水平。

（环卫中心）

【国庆中秋节期间环境卫生保障工作】一是强化保洁机制，提升洁净度。每天出动洗地车10辆对城区61条道路进行机械清扫作业，水车9辆对城区道路进行冲刷作业。另安排新能源水车4辆对非环卫中心作业范围的左堤路、右堤路、白马路、通顺路等四条道路进行冲刷作业。二是加大垃圾清运力度。针对节日期间垃圾量猛增的特点，进一步优化清运路线，改进清运模式，提高清运效率。全力做到全覆盖、无缝隙、日产日清，对小区内的垃圾桶做到一天清理2次。三是加强城区各公厕日常管理。做好城区公厕的冲刷保洁和消毒除臭工作，确保管理员坚守岗位，保洁不间断，杜绝垃圾乱扔、污水横流现象，保持蹲位整洁,工具放置整齐，水电设施完好。四是严格环卫作业质量督查，落实节日期间领导带班值班制度。做好节日期间安全生产管理和各项业务工作的跟踪考核，确保工作机制有条不紊。

（环卫中心）

【元旦、春节期间环境卫生保障工作】节日期间，共出动作业人员7168人次，出动作业车辆1864车次，用水5398吨，清运城乡生活垃圾4000余吨。

（环卫中心）

【十九大期间空气重污染天气保障工作】环卫中心落实区空气重污染部署会议相关精神。一是强化道路冲刷作业。合理调整作业时间，机械清扫作业时间为凌晨3:30—6:30、上午8:30-11:30、下午1:30—17:00，机械冲刷、喷雾降尘作业时间6:00-19:00。出动洗地车7辆、吸扫车5辆对城区67条道路进行机械清扫作业,同时安排水车12辆开展道路冲刷作业，作业范围包括左堤路、右堤路、白马路、通顺路等。做到易产生扬尘路段机械清扫不低于4次，洒水抑尘不低于8次。二是紧抓人工清扫保洁不放松。出动保洁员350余名进行清扫保洁，增加巡回保洁频次，重点加强白色垃圾捡拾和小广告清除。做到重点区域道路人工清扫不低于4次。三是加强督查和整治力度。强化中心领导、业务部门、辖区队长、管片班长四级网络监督体系,对检查中发现的问题及时汇总并通知作业部门，立行立改。10月19日-22日，环卫中心累计出动道路清扫作业人员1620余人次，作业车辆537车次，检查人员72人次，用水量6755吨。

（环卫中心）

环境保护

【概况】顺义区环保局深入推进环保网格化监管工作，推进“智慧环保”建设，落实“放管服”改革，强化依法行政，严格环评审批，加强环境执法。重点开展大气、水、土壤环境污染治理，污染物总量减排，环境风险防范等环保中心工作，完成《顺义区2013-2017年清洁空气行动计划》各项指标任务，全区环境质量得到改善。

单位名称：顺义区环境保护局

（段云雁）

【环保网格化监管体系】建立区、镇（街）、村（社区）三级网格，印发《顺义区环境监管网格化责任落实方案》（顺大气办发〔2017〕13号）。建设719个空气质量监测小微站，覆盖全区25个镇（街）和531个村（社区），识别出第一批79个、第二批109个PM2.5高值片区。对各镇街实施通报考核制度，帮助属地解决环保问题170余件。建立“日常督查、专项督查、区级督查、一线督查”四位一体督察工作机制，区级督查组检查企业836家，解决环保问题330件，督促属地落实环保责任134次；日常督查共向属地政府发送通报87次，解决环保问题209 件。

（段云雁）

【“智慧环保”】年内，顺义区环保局与中国科学院大学签订合作框架协议，成立“智慧环保”战略专家组；建成投用顺义环保在线、顺义大气污染监管综合指挥平台、微型站监测数据、餐饮油烟在线监测、河流断面在线监控、环保巡查APP、固定式机动车尾气遥感监测7个应用平台，监察执法人员和环保网格员通过环保巡查APP反馈信息7226条，其中存在环境污染问题2869条。

（段云雁）

【压减燃煤】全年改造完成248个村“煤改电”、19个村“煤改气”工程。完成燃煤锅炉清洁能源改造（1蒸吨以上）650蒸吨，拆除各类燃煤小锅炉6443台，全区基本实现“无煤化”。

（段云雁）

【控车减油】通过制定大货车限行措施，有效减少顺义区过境大货车数量。全年淘汰老旧机动车24852辆，接近市级任务的2倍；加强在用车监管，全年检查机动车142.4万辆，处罚3591辆。

（段云雁）

【治污减排】全年完成燃气锅炉低氮改造1032蒸吨、挥发性有机物减排607吨、疏解退出一般性制造业81家、环保技改项目13个、强制性清洁生产审核项目4个，全面完成市级指标任务；建立7161家散乱污企业台账、2739家餐饮油烟管控台账，全部清理整治完成；筛选出的高值片区均整治完毕，共清理整治污染源6335处。

（段云雁）

【清洁降尘】全年累计降尘量为6.1吨/平方公里/月，完成年度8吨/平方公里/月的指标。全面推行绿色文明施工管理模式，将全区900余处工地纳入扬尘管控台账，对裸露地面全面苫盖；划定重点区域，区域内分级分频次加强道路清扫，在试点引入抑尘剂进行喷洒，有效解决冬季道路扬尘问题；开展道路湿化作业，推广“吸、扫、冲、收”道路清扫保洁新工艺作业，切实减少道路积尘。

（段云雁）

【空气重污染应急】9月29日,《顺义区空气重污染应急预案(2017年修订)》以区政府名义印发实施。全年共启动空气重污染应急11次，其中蓝色预警5次、黄色预警3次、橙色预警3次。

（段云雁）

【饮用水源保护】年内，对7个区级、3个镇级集中式饮用水水源地进行年度环境保护状况评估。每季度对第一水源地（西辛北区井）、第二水源地（怡生园南侧井）、第三水源地（北孙各庄）、东府水源地、北小营水源地、相各庄水源地、和谐广场水源地（未启用）7个集中式饮用水水源地的地下水水质进行监测，同时在顺义区环境保护局外网公开水质情况。

（段云雁）

【噪声污染防治】严格环境准入，在噪声敏感建筑集中区域禁止从事产生噪声污染的活动；以“打散治污”等专项行动为契机，狠抓建筑施工、工业生产、娱乐场所等噪声扰民整治；健全完善投诉统一受理、归口管理、限时办结的噪声类信访案件处理机制，全年共接到噪声污染投诉713件，占信访总量的16.74%，投诉案件办结率为100%。

（段云雁）

【土壤环境调查与监测】年内，顺义区490家土壤污染重点行业企业空间位置遥感核实工作完成；全区农用地土壤污染状况详查点位核实工作完成。全区共确定土壤污染重点行业企业33家，划定详查单元26个，核实农用地详查点位216个；5个土壤环境国控基础点位、1个土壤环境国控北京点位和5个土壤环境市控基础点位的采样和送检工作完成。

（段云雁）

【危险废物监管】年内，顺义区环保局严格落实北京市监察总队下发的《2017年固体废物和土壤污染防治守法检查安排》，将危险废物规范管理纳入日常重点监管范围，并对危险废物产生单位开展执法检查，建立“一厂一档”，严厉查处危险废物违法行为。共出动执法人员4216人次，检查2108家次，立案58起，拟处罚金额人民币139万元。

（段云雁）

【辐射环境安全监管】年内，顺义区环保局按照国家推进简政放权、放管结合、优化服务改革工作的有关要求，共审批移动基站项目1项，办理辐射安全许可事项32项，放射源备案5次6枚。建立日常监管长效机制，对全辐射工作单位台帐做到底数清、情况明；定期对放射源和各类射线装置进行严格检查；对闲置废弃源和无证单位及时清查。全区共有辐射安全单位128家，其中涉源单位10家，在用放射源22枚；射线装置118家，其中Ⅱ类射线装置19家,共有射线装置713台；所有放射源和射线装置均处于安全受控状态。对全区放射源单位现场累计检查59家次，射线装置单位检查150家次，撰写现场意见209份。

（段云雁）

【环境监测】顺义区空气自动监测系统监测项目为细颗粒物、可吸入颗粒物、二氧化氮、一氧化碳、臭氧、二氧化硫，手工监测项目为降尘。地表水监测点分别为京密引水渠李家史山、潮白河向阳闸、小中河李天路桥、城北减河小东庄桥、小中河南法信桥、箭杆河李各庄桥、潮白河苏庄桥、潮白河下段京平高速桥南、温榆河后苇沟、金鸡河港西桥东、怀河大坝、无名河张镇与平谷交界处，监测项目为水温、pH、溶解氧、化学需氧量、高锰酸盐指数等共24项，其中京密引水渠和潮白河下段京平高速桥南加测其他项目。对顺义区七个水源防护区进行水质监测，监测项目为pH、高锰酸盐指数、总硬度等共计24项指标，7月份增加色度、嗅、溶解性总固体等指标，目前共计监测39项指标。区域生态补偿监测为48个属地断面，监测项目为化学需氧量、氨氮、总磷三项，监测频次为每月一次。顺义区区域环境噪声按500米×500米等间隔划分，共设监测网格103个，监测面积25.8平方公里。道路交通噪声监测路段30条，累计路长43.3公里。

（段云雁）

【大气污染源监察执法】按照《2017年大气专项检查方案》，开展餐饮行业、木制家具制造业、印刷行业、常年运行锅炉、汽车修理行业、化工行业、汽车及机械制造行业的专项检查，严厉打击超标排放、治理设施不正常运行等环境违法行为。在“一带一路”峰会和“十九大”期间，加大执法力度。全年共出动执法人员6024人次，检查3012家次，立案109起，拟处罚金额331万元。

（段云雁）

【水环境监察执法】年内，顺义区环保局严格落实北京市监察总队下发的《2017年水专项检查工作部署》，以金鸡河、无名河为重点，以205个排污口为抓手，开展水环境执法监察工作。全年开展饮用水源地等重点区域、排入地表企业、垃圾处理单位等各类专项执法检查。共出动执法人员3574人次，检查1787家次，立案40起，拟处罚金额275万元。

（段云雁）

【排污征收】年内，顺义区环保局严格落实排污费征收政策，以施工扬尘、VOCs、5项重金属为重点，共开单人民币5700万元，入账4802万元；落实费改税政策，按照财政部、税务总局、环境保护部《关于全面做好环境保护税法实施准备工作的通知》（财税〔2017〕62号），配合北京市地税局顺义分局完成2016年-2017年排污费征收全程信息化系统污染源基本信息、排污费征收数据的移交工作。

（段云雁）

【规范行政行为】顺义区环保局对北京市“市区共有和区级独有权力事项（不含行政处罚）”进行梳理，形成《顺义区政府部门权力清单（2017年版）》，根据相关职权共梳理权力清单42项，其中行政许可8项、行政强制5项、行政征收1项、行政检查8项、行政确认2项、行政奖励1项、其他17项。

（段云雁）

【环评文件审批审查】全年共审批建设项目114个，包括报告表105个、报告书9个，共完成龙苑路（顺白路-站前北街）道路工程、顺义区大孙各庄镇再生水厂工程、顺义区中医院周边市政配套工程等23个重点民生项目的审批工作；登记表备案3434个。

（段云雁）

【政府信息公开】顺义区环境保护局新政务网站正式上线。修订《北京市顺义区环境保护局信息公开目录》。在政府信息公开专栏共主动公开政府信息173条，全文电子化率达100%。收到政府信息公开申请13件，涉及申请事项13项，全部答复。政府信息公开的行政复议0件，行政诉讼0件。

（段云雁）

【环境信访】年内，办理信访案件共计4263件，申请优秀办理件7件。其中，12369平台2120件、便民电话1044件、局内来电来访1000件、局长信箱38件、北京市信访平台4件、政风行风19件、网上咨询5件、群众来信5件、官方微博1件、有奖举报27件。

（段云雁）

【环境宣传】围绕“6·5”世界环境日，开展环保履职培训、环保网格员知识竞赛、中小学生环保演讲比赛、环保小达人绘画比赛活动、环保健步走、绿色宣讲、旧物换绿植、社区驿站宣讲系列宣传教育活动，其中环保小达人绘画比赛活动吸引近千名小学生参与。在木林、马坡、空港街道等8个镇街开展大气污染防治、生态文明为主题的绿色宣讲，受众人数达千余人次。利用“双微”平台优势，引导公众关注和参与环保，设立“环保政策”“环保科普”“我是党员”“环保娘子军”、环境监管网格体系等专题栏目，宣传环保政策解读知识。全年共发布微信推送1205条，阅读量超17万人次，发布微博825条，阅读量超380万人次。

（段云雁）

【环保督察】中央环保督察反馈的问题，顺义区于5月份制定《顺义区贯彻落实中央环保督察反馈意见整改方案》，梳理出23项整改措施，完成整改20项，其余3项完成时限为2018年及2020年。北京市环保督察反馈的问题，顺义区梳理出18项整改措施，制定《顺义区贯彻落实北京市环保督察反馈意见整改落实工作实施方案》统筹推进各项整改措施的落实。环保部强化督查、巡查共发现问题120处,涉及21家属地和经济功能区，所有问题均整改完毕。

（段云雁）

供电工作

【概况】截至2017年底，供电公司设置11个职能部门、3个业务机构，下设22个班组、19个乡镇供电所，共有全口径用工915人。公司共负责110千伏变电站30座，主变压器63台，容量281.25万千伏安；35千伏变电站10座，主变压器21台，容量23.89万千伏安；110千伏线路63条，长度448.242公里；35千伏线路26条，长度194.501公里；10千伏架空线路259条，长度2852.62公里；10千伏电缆线路1808条，长度1701公里。实现全年安全生产无事故目标，累计安全生产长周期7657天。共完成售电量66.04亿千瓦时，同比增长0.41%。公司同业对标保持第一集团位置，综合和管理对标荣获标杆单位荣誉称号，其中检修管理专业首次获得标杆称号。劳动竞赛获得11面流动红旗。
单位名称：顺义供电公司

（供电公司）

【尼木对口帮扶】2017年尼木帮扶工作计划，全年选派3名干部员工赴尼木公司开展帮扶工作。

（供电公司）

【人力资源】一是优化干部梯队结构，4名中层干部进行岗位调整，2名同志被选派到重点工作岗位进行挂职锻炼，2名同志经过公开竞聘和重点考察，提拔为中层干部。二是推进教育培训与人才开发，做到“三个结合”，结合“17003供电保障”“三大攻坚战”等重点任务开展专项培训600余人次；结合新技术、新要求，开展专题培训17期；结合员工个人职称、技能鉴定等成长需求，开展6期辅导培训，62人实现电力行业特有工种等级提升，40人实现专业技术资格等级提升。三是修订青年员工培养方案，明晰入企15年的培养规划。搭建“电匠茶座”交流平台、建立现场实练培训机制，先后开展6期培养活动，受训200余人次，青年员工覆盖率100%。四是突出竞赛调考工作，1人获得后勤管理人员调考国网公司团体第4名、个人第63名；1人获得安规调考国网公司团体第7名、个人第23名、北京公司个人第1名；1人获得“互联网+”电子渠道运营知识与功能技能竞赛国网公司团体第9名；1人获得变电运检五项通用制度专业调考北京公司第1名。

（供电公司）

【农电工作】对接政府“清洁空气行动计划”，承担258个村、9.9万户“煤改电”改造任务，工作体量居北京市首位。公司组建集安全、进度、质量、服务、宣传、管理功能于一身的“煤改电”会战指挥部。以“智慧工地”系统和“4G单兵”系统为依托，深化现场安全全过程管控。组建“煤改电”工程共产党员突击队，成立“煤改电”临时党支部，党建协同助力“煤改电”攻坚，完成9.9万户“煤改电”改造任务，新增容量65.97万千伏安，户均6.5千瓦。

（供电公司）

【电网规划与建设】促成顺义区政府与北京市电力公司签署《顺义地区“清洁空气计划—电能替代”合作协议》，赢得区政府在政策和资金上的最大力度支持，实现电网建设“零前期”工作模式。利用政府绿色通道和“一会三函”政策，提前取得张镇等5个项目立项核准，平均每项工程节省开工时间约4个月。开展顺丰110千伏输变电工程可研、综保区配网规划编制，完成北务、长林增容、南法信扩建工程可研等前期工作。与三电科能公司合作编制完成《顺义地区10千伏配网接线模型研究》《顺义地区10千伏配电网地理接线图》。与经研院合作，编制《顺义龙湾屯地区供暖方式经济对比分析报告》《顺义龙湾屯地区分布式光伏发电项目方案报告》。2017年，公司全年建设任务23项，任务量是前9年总和，年度投资额是以往每年的3.5倍。公司以“1+4”煤改电配套变电站建设为重点，完成5座“煤改电”配套变电站投产任务，经受住电网负荷同期增长40%的严峻考验。全年共完成7座新建变电站投产任务，新增变电容量89.34万千伏安，新增35千伏及以上线路153.149公里，电网建设规模和速度均创历史最好水平。

（供电公司）

【营销与优质服务】有序建设充电汽车服务网络，全年新建充电站13个，充电桩130个。推进175个老旧小区改造工程，让百姓尽快享受到公司的直接服务。深化业扩“五新”服务理念，全年完成接电容量116.64万千伏安，完成指标值的166.63%，拉动电量增长2.19个百分点。深化推进营销业务融合，建立售前服务、售后服务、技术支持三个中心，实现从专业管理向以客户需求为导向的转变。做好“煤改电”度冬保障，制定差异化管控方案，落实发电车服务等保障措施，确保百姓度冬无忧。借助“一线工作日”平台，将优质服务工作要求传达到到一线员工。着重服务质量与服务过程管控，推广应用现场服务记录仪，规范工作人员服务行为。搭建“煤改电”服务创优平台，实现客户诉求处理过程信息化、自动化。持续推广电力管家提前驻村举措，现场解答百姓问题。深化“互联网+电力营销”服务，线上报装率和高压客户掌上电力（企业版）注册率达到100%。借助互联网相关技术手段，推进自助型营业厅建设，在提升客户体验的同时降低服务风险。

（供电公司）

【安全生产】开展“两排查一整改”、集体企业安全规范管理年等各类安全专项活动，对电网和设备隐患进行“地毯式”排查治理，累计整改问题298项。将智慧工地监控平台与现场巡视结合，累计检查各类工作现场2318个，查纠问题938项。开展电网运行分析，发布度夏风险预警42项、度冬风险预警82项。滚动跟踪地区天气、电网负荷和设备负载变化，按照既定方式实施调整措施86项。针对电网薄弱环节和风险预警，制定应急处置预案326项，组织两级调控及设备运维单位开展联合反事故演练45次。充分发挥配电运营指挥中心“信息监视、指挥研判、综合管控”的综合功能和“煤改电”供电保障指挥部核心作用，部署负荷预测、应急工程实施、设备故障处置、线路解重载等应急工作，应对163.6万千瓦历史最大负荷，较去年同期增长约40%，电网保持安全平稳运行。综合运用人防、技防、物防措施，全面应用生产移动作业终端，加大异常台区和低压台区管理力度，治理配电异常台区455台，低压线路切改、改造30余公里，台区采集覆盖率和采集率超过98%，基本实现配电台区全采集。完成1513台配电自动化终端接入和249条线路建设，公司配电自动化城市区域覆盖率达到91%。配电设备故障率同比下降54.7%。

（供电公司）

【重大活动保电项目】把“十九大”供电保障任务作为首要政治责任，严格落实“五个最”保电要求，依托“十九大”供电保障二级指挥部，利用“智慧工地”系统、4G单兵等可视化手段，实现供电保障智能化管控。创新采用“1+N”延伸服务模式，首次与首都机场动力能源公司联合成立供电保障临时党支部，开展前线联合保障工作，公司实现“四个零”“五个杜绝”保障目标。完成全国“两会”“一带一路”国际高峰论坛等重大保电任务46项、保电天数189天，任务数量和累计天数创历史新高。公司荣获“十九大”贡献单位和“一带一路”贡献单位荣誉称号。

（供电公司）

【科技与信息化】年内，建设信息通信项目2项,分别为信息机房两台30KVAUPS更换项目及14个供电所通信光缆改造项目。开展信息通信系统隐患排查与治理工作，对公司1154台桌面终端、110台网络、62台安全设备的运行状况、现场环境状况进行排查。完成设备一级缺陷处理1项，三级缺陷处理6项，全公司信息通信设备未发生重大停役和安全事件。顺义公司2017年信息通信同业对标四项指标均完成100%。

（供电公司）

【2017年群创项目】年内，共完成群创项目2项。开展专利申报工作，共递交专利申请材料12份，获得实用新型专利授权4项，发明授权4项。组织2018年科技项目储备工作，共征集上报科研需求5项。开展2014-2016年群创项目验收材料归档整理工作，共完成项目归档5项。

（供电公司）

【经营管理】深化“五位一体”应用，编写岗位手册10类，明确工作职责30项、梳理规章制度90项，工作标准68项，考核指标40个，风险因素113个。选取仁和供电所为全能型示范乡镇供电所建设试点，打造“服务全能、素质全能、手段全能、装备全能”的全能型供电所。深化配电运营指挥中心建设，实现电网实时监控、分析、研判，充分发挥“一个大脑”的指挥作用。创新同期线损管理模式及流程，11月份“降损增效”劳动竞赛排名从末位提升至前3名，夺得“红旗单位”称号。完成问题清单梳理工作，梳理整改5项制约公司发展的突出问题。

（供电公司）

【依法维权和法律风险防控】主动维权起诉追缴电费案件3件，挽回经济损失406.88万元。开展公司通用制度落地执行检查，发现并整改问题13项。重点开展“煤改电”过程跟踪审计、集体企业工程管理专项审计，全年共整改完成15项延期审计问题，整改完成率达到98%。开展专业监督检查12次，“八项规定”执行情况检查8次，抽查车辆使用情况510辆次、大额资金使用情况42笔，下发整改意见书10份。集体企业发展能力提高,通过城市及道路照明工程专业承包和输变电工程专业承包资质审核。

（供电公司）

邮　政

【概况】2017年，中国邮政集团公司北京市顺义区分公司(以下简称顺义区分公司）认真贯彻落实党的十八大、十九大精神，紧紧围绕集团公司“一体两翼”发展战略，全面贯彻落实市公司各项工作部署，始终以“争创一流企业，建设一流队伍”为宗旨，通过提士气、建机制、抓队伍、促发展、严管理、强能力、创和谐，广大干部员工呈现出良好的精神状态，各方面工作均取得良好成绩。

单位名称：中国邮政集团公司北京市顺义区分公司

（郭小燕）

【经营指标完成情况】2017年，顺义区分公司累计实现业务收入7766.45万元，完成年计划的100.83%，同比增长800.27万元，同比增速4.72%；成本费用累计支出13601.63万元，完成年计划的102.96%，同比增长1310.59万元，同比增速10.66 %；劳产率累计完成31.3万元，完成年计划的100.29%，同比增幅3.24%；利润总额累计实现　4807.85万元，完成年计划的100.16%。

（郭小燕）

【代理金融专业】年内，通过与政府部门沟通，全员通力营销，开发临河村、夏县营村、幸福西街拆迁项目补偿款5000余万元；以金融知识进万家活动为切入点，将理财知识送进村镇，结合金融季节发展特点，持续做好节日营销活动，通过特色活动，实现樱桃及瓜果采摘款项目近5000万元。

（郭小燕）

【函件专业】年内，函件媒体收入累计完成173万元，其中媒体收入累计完成5.2万元，商品销售累计完成157.8万元。约投挂号业务共计收寄件数17.09万件，实现业务收入106.26万元，一定程度上弥补账单客户收入的缺口；贺卡业务共计实现收入43.58万元，完成全年预算指标的192%；直递广告业务共计投递85万份，实现收入11万元。

（郭小燕）

【集邮专业】年内，与北京兆维电子（集团）有限公司、北京三快科技有限公司（美团外卖）达成合作，为两家单位制作周年纪念邮品，形成收入22.32万元，并制作个性化邮票5000余版，形成收入14.87万元；在紧抓老客户维护工作的同时，联合各网点开展地毯式搜索开发新客户，在票源分配逐年缩减的背景下，完成市集邮业务局下达的企业年册定做量指标共计制作2460册。

（郭小燕）

【举办创维家电内购会】9月16日-18日，顺义区分公司召开创维家电内购会，累计实现销售额218万余元，有效拉动电商分销业务发展。

（郭小燕）

【仓配中心建设有效运行】顺义区分公司在北小营镇租入标准化仓储库房及办公生产用房3000余㎡，成立一个区级快递包裹处理中心，通过持续推进仓配平台建设，电商快包业务量迅猛增长，日均邮寄量达2670件，仓配中心入仓大客户达六家。1-8月电商包裹日均邮寄量为406件，北小营仓配平台成立后电商包裹日均邮寄量上升到2510件，同比增长518%，拉动包裹快递业务增长。

（郭小燕）

【通信生产】年内，顺义区分公司共投递各类给据邮件295.6万件，其中快递包裹252.17万件、约投挂号信23.1万件，全年处理各类投诉查询11324件，未出现用户有理由投诉，和媒体曝光情况。为强化监督检查，共检查网点196人次，确保各环节履职到位；“双十一”高峰期，顺义区公司日均包裹进口量达到1.3万余件，最高峰达到1.6万余件，领导班子及各部室、专业局、支局、支行、投递部全部停休，全员参与到包裹投递当中，确保“双十一”包裹旺季生产井然有序，未出现包裹滚存、积压现象。

（郭小燕）

【交通安全机制管控】落实交通安全责任制，强化“安全员”在交通安全方面责任意识，重大节日期间责任书签订率100%；坚持定期召开交通安全例会，通报分析交通安全工作形势，加强员工安全意识教育，制定各阶段安全措施；规范邮政车辆使用，对科室车辆进行集中管理，重新配发内部准驾证；加强监督检查，每天通过QPS系统加强车辆运行监控，严控违章行为的发生；加大交通违法考核力度，实现管理重心前移，关口前移，加强基层驾驶员的安全意识教育，从源头上扼制违法行为的发生。2017年，顺义区分公司70余辆机动车共计行驶96万余公里，未发生重大安全事故。

（郭小燕）

【安全管理】顺义分公司各项安全工作坚持“以人为本、安全发展”管理理念，严格执行“党政同责，一岗双责，齐抓共管，失职追责”的安全生产责任制度，成立安全工作领导小组，与各级负责人、员工层层签订责任书共计7000余份；定期召开安全生产例会，分析安全工作形势，制定各阶段安全措施，组织员工进行安全教育培训15余场次；开展安全生产、金融安全、消防安全等全面检查活动18次；加强对员工的教育，组织员工开展消防、防抢实战演练等活动，增强员工处理突发事件的能力；升级改造金融技物防设施，切实发挥“科技兴安”的理念；完成金融网点安全评估工作，取得良好的成绩得到公安机关的好评；完成“一带一路”高峰论坛、“十九大”等重要时期的安全保障工作。

（郭小燕）

【基础设施建设】高丽营支行和龙湾屯支行的装修改造工程和自助机具更新工程完成。鉴于原有分拣场地无法满足业务需求，顺义区分公司分别在新顺支局和马坡支行新建两处分拣车间，总面积达350平方米，缓解包裹分拣压力。在所有投递网点安装充电专用电路、增加时控开关并为露天充电场地新建充电车棚11处，解决电动车安全充电问题。投入资金80余万元，先后修缮、改造局所22处，改善局所环境，提高安全防范水平。

（郭小燕）

防震减灾

【概况】顺义区地震局是区政府直属的职能部门，全额拨款事业单位（参照公务员管理），职能是负责区属范围内地震监测预报、震害防御和地震应急救援工作。下设监测预报科、震害防御科、应急救援科和局办公室。编制15人，在编人员15人，其中，处级领导干部4人，科级中层干部4人，主任科员3人，副主任科员2人，科员2人。2017年，地震局加大科技投入，做好监测设备的数字化升级改造，强化监测手段，加密震情会商，提高震情预报的准确性，修订完善应急预案，督促指导各单位各部门开展疏散演练，深入开展多种形式的防灾宣传活动，完成地震安全保障工作任务。

单位名称：顺义区地震局

（高 毅）

【地震监测预报】负责顺义区地震监测预报工作体系建设，组织开展地震次生灾害及其它人工诱发地震的监测和研究工作，负责全区宏微观地震监测、地震分析预报，观测点规划建设与管理、地震会商、地震信息交流、宏微观异常落实，制定顺义区地震监测预报方案并组织实施，负责对强震动观测设备的管理和维护，负责震情和灾情速报网的管理，对擅自向社会散布地震观测意见提出处罚建议，通过撰文及时澄清地震发生后种种谣传，负责震情跟踪的管理。2017年，地震局共完成周会商52期，半年会商2期，季度安全形势报告4次。

（柳茂林）

【区内地震监测台网】年内，全区地震监测台点共有23个。其中，前兆台点3个，分别是板桥、龙湾屯政府安利隆山庄、高丽营断层氢气观测台，其中高丽营断层氢气台为2016年新建台点。测震台点2个，分别是杨镇政府、牛栏山台。强震台点13个，分别是板桥、杨镇政府、高丽营镇政府、南法信政府、赵全营镇政府、李桥政府、李遂政府、北务政府、大孙各庄政府、北小营政府、龙湾屯政府、奥林匹克水上公园、地震局机关。流动测震点5个，分别是奥林匹克水上公园、马坡镇政府、牛栏山镇政府、高丽营镇政府和杨镇一中。宏观观测点2个，分别是前鲁鸭厂、野生动物保护中心。以上台点同时兼职为本区地震速报台网，区内台点全部实现数字化。

（柳茂林）

【地震目录】2017年，本区地域内共发生大小地震22次。分别是：1月5日，M 0.4；1月12日，M 1.3；1月18日，M 0.5；1月19日，M 1.2；2月3日，M 0.2；2月5日，M 1.2；2月11日，M 0.7；3月2日，M 0.2；3月14号，M 0.3；3月21日，M 1.2；4月2日，M 0.2；4月6日，M 0.5；4月26日，M 2.6；7月22日，M 1.6；7月24日，M 1；7月25日，M 0.8；11月8日，M 0.2；11月16日，M 0.6；11月20日，M 0.4；11月26日，M 0.3及M 0.5；12月21日，M 0.9。

（柳茂林）

【示范单位创建】一是与区教委协同推进本区的防震减灾科普示范学校创建活动。根据示范学校创建活动认定要求，由地震局牵头与相关部门组成认定组，考核认定顺义区第八中学为“顺义区防震减灾科普示范学校”。二是地震安全社区创建工作。按照地震安全社区创建要求，西辛社区、西辛第一社区和铁十六局社区被命名为“北京市顺义区地震安全社区”。

（张华春）

【应急救援】推进本区“应急避难场所”建设。参加创建首都文明示范区活动，完成有关应急避难场所材料的上报工作。对仁和公园等绿地、广场进行实地查看，与区园林中心协调，规划设立应急避难场所标识牌等工作。9月份完成对顺义公园、光明文化广场两处Ⅲ类应急避难场所的自查工作。

（张庆）

【防震减灾科普宣传】2017年，防震减灾宣传教育工作，贯彻“以预防为主，防御与救助相结合”的防震减灾工作方针，坚持“因地制宜、因时制宜、经常持久、科学求实”的宣传原则，宣传党和国家有关防震减灾工作的方针政策，全面提高全社会的防震减灾意识和公众的自救互救能力，促进社会公众建立科学的防震减灾意识和观念，为构建和谐顺义提供地震安全保障。通过广电传媒、参观科普教育馆、专题知识讲座、现场应急演练和发放防震减灾宣传材料等多形式的进行防震减灾宣传活动。全年共开展进社区、进村庄宣传40次，参与区内组织的大型宣传活动5次，发放材料5万余份。

（张华春）

北京顺义年鉴 2018

科教文卫体

3月25日，牛栏山一中获评京津冀教育协同发展名师成长工程“名师成长大讲堂研训基地”

4月8日0时，顺义妇儿医院信息系统切换成功

6月7日，《凤秧歌》参加中国教育电视台《传承的力量》栏目摄制（港馨小学 供）

冰雪运动

双丰街道大手牵小手育苗小分队

吉祥幼儿园举办“韵味·吉祥”传统文化大型体验活动，幼儿与家长在传统文化传承人的指导下，参与制作毛猴儿。（张婷婷 摄）

11月2日，牛栏山一中“四育”课程——校本选修课“花卉制作”

顺义区居民在“社区安全体验馆”进行安全防范VR体验

12月16日，第三届冰雪温泉狂欢季

光明街道“二月新春”群众文化活动舞狮表演

国家新闻出版广电总局印刷发行司副巡视员，农家书屋工程处处长，人民出版社，市新闻出版广电局党组成员、副局长，市文化局党组成员、副局长一行到北石槽镇进行实地督导检查

牛栏山一中实施教师境外高端培训计划，加拿大不列颠哥伦比亚大学教授为教师们授课

科 技

科技科普

【**概况**】顺义区科学技术委员会，与顺义区知识产权局合署办公，是负责全区科技工作、知识产权保护和专利工作的区政府部门，4个内设机构分别为：办公室、科技企业科、发展计划科和知识产权管理科。3个科级事业单位分别为：科技馆、生产力促进中心和知识产权管理中心。年内，区科委认真贯彻落实党的十九大精神，牢固树立“四个意识”，持续强化“四个自信”，深入推进“四个全面”，突出服务“四个中心”定位，不断提高“四个服务”能力，坚持稳中求进工作总基调，紧紧围绕区域功能定位，牢牢把握发展这个根本任务，聚焦地区发展的不平衡不充分问题，通过创新驱动，加快推动“创新型产业集群与‘2025’示范区”建设，为建设“港城融合的国际航空中心核心区，创新引领的区域经济提升发展先行区，城乡协调的首都和谐宜居示范区”贡献科技力量。

单位名称：顺义区科学技术委员会

（科委）

【**推进全国科技创新中心建设会召开**】3月18日，顺义区推进全国科技创新中心建设专题会召开。高朋区长主持会议，会议听取并确定区科委关于《顺义区推进科技创新中心建设办公室组建方案》，形成综合协调处和“重大科技计划”“全面创新改革与中关村先行先试”“科技人才”“创新型产业集群与2025示范区”四个专项办（简称“一处四办”）组织结构，并研究部署顺义区创新型产业集群和2025示范区建设及军民融合创新发展等相关工作。

（科委）

【**“科技周”科普示范效应不断彰显**】5月19日，区科委围绕科技周以“科技创新圆梦　建设宜居顺义”为主题，在汉石桥湿地举行“科技周”活动启动仪式。市科委处室负责人，区领导，各镇、街道和企业共计120余人参加。科技周期间，组织有关人员300余人参观市“科技周”主场馆；各镇、街道办事处、市级科普教育基地、市级科普体验厅结合自身工作特点，开展各类科普活动。空港街道举行“科普活动基地”揭牌仪式。旺泉街道、光明街道和双丰街道分别举行科技普及宣传活动。鲜花港开展专类园科普宣讲、植物与自然——花仙子游园、“人人做环保世界更美好”捡拾垃圾活动等。七彩蝶园举办探秘七彩蝶、学习有关蝴蝶和昆虫的科普知识、AR游戏促蝴蝶科普的体验活动。围绕“全国科普日”“青少年科技节”等开展各类活动。

（科委）

【**国家级双创示范基地**】7月，顺义区确定为国家级双创示范基地。国务院办公厅印发《关于建设第二批大众创业万众创新示范基地的实施意见》，顺义区等15家入选。截至年底，全市共有国家级双创基地20个，占全国双创基地总数的六分之一，包括顺义、海淀2个区域示范基地，清华大学、北京大学、中国信息通信研究院、国家工业信息安全发展研究中心、中国科学院计算机技术研究所5个高校和科研院所示范基地，航天科工等13个企业示范基地。

（科委）

【**顺义区软科学研究项目启动**】8月11日，2017年顺义区软科学研究项目启动会召开，14家获批立项的软科学研究项目承担单位参加会议，展示2016年优秀软科学研究项目成果。

（科委）

【**“双创周”活动**】9月14日-21日，顺义区“双创周”活动在区科委举办。活动共分为三大板块，参与人数达17000人次。

（科委）

【**市级科普专项申报**】9月，市科委科宣处处长汤健、副处长龙华东一行调研顺义区科普工作，就申报市级科普基地等事项进行实地座谈。截至年底，顺义区共有8家企业参与2018年度市级科普教育基地申报工作。8家企业通过专家初审，专家答辩待批。2017年，共申报市级科普体验厅2家，中小学科学探索实验室2家。依托第三方科普机构的优势，做好2016年度科普统计调查培训会会务工作。邀请中国科学技术信息研究所副调研员黄东流博士向学员们讲授“全国科普统计数据库管理系统2017版”科普调查软件系统填报操作要领，并完成《2016年度科普统计调查表》和《全国科普统计北京市需补充调查表》的填报，为今后区域科普工作开展提供科学依据。

（科委）

【**“科普进校园”“科普下乡”“科普进社区”成效突出**】“科普进校园活动”分别来到东风小学裕龙校区、北务小学等4所小学，受众学生达到2000人次；利用中小学生暑期，在区科委数字科普体验厅开展两期科普季活动，共吸引小学生600人次参与。组织科普专家来到大孙各庄镇，举办“增强党员环保意识　共建山青绿水家园”主题党课，邀请杨汝荣教授为大家讲解环保科普知识。全镇39个村1800余名党员以电视电话会议形式在各村分会场收听收看；邀请知名营养学专家朱文丽教授在北务镇仓上村、石北三社区举行科普知识培训；邀请区疾控中心的李永进教授在花溪渡社区举办“科普全方位　普及零距离”知识讲座。这些活动共悬挂宣传条幅6条，张贴宣传展板10余块，发放宣传册50余份，发放科普用品300余份。

（科委）

【党建引领科普工作】按照区委“大党建”的统一部署，用“党建引领科普工作”。组织科委部分党员参观“科技周”；协助区直机关工委在数字科普展示馆完成“走前头、做表率”宣讲比赛；与光明街道办事处合作在数字科普展示馆举办“不忘初心跟党走 凝心聚力勇前行”百姓宣讲活动。

（科委）

【高新技术企业】2017年，顺义区新认定高新技术企业134家，重新认定86家，高新技术企业总数目前达到426家。

（科委）

【技术合同交易持续增长】2017年，顺义区累计认定登记技术合同426份，同比增长15%（2016年认定登记技术合同370份），全年技术合同成交额达到16.9亿元，同比增长30%。

（科委）

【软科学研究项目结题评审工作结束】区科委主持召开2016年度顺义区软科学研究项目结题评审会，来自北京市科学技术情报研究所、北京决策咨询中心、区委区政府研究室等市区两级部门的7位专家对16家课题单位进行评审，2016年度顺义区软科学研究项目结题评审工作结束。

（科委）

【共建军民融合创新产业园合作框架协议签署】区委常委、副区长初军威代表区政府与哈尔滨工业大学签署产业园合作框架协议。产业园定位为产业植入和军民融科技成果转化项目的落地平台，是顺义被纳入北京建设全国科技创新中心“三城一区”主平台后，围绕军民融合发展这一国家战略打造的具有深远意义的军民融合产学研示范平台，首批遴选哈工大在军民融合领域最具实力，最有影响力的十个创新平台及十余家企业入驻创新中心。

（科委）

【“百进千”专场对接会】首都科技条件平台顺义工作站“百进千”专场对接暨专项政策发布会举行。由顺义区政府制定的首都科技条件平台顺义工作站配套扶持政策《首都科技条件平台顺义工作站管理办法（试行）》举行发布仪式，该《办法》是顺义区继“1+3”系列科技创新政策后又一项扶持“双创”。来自首都科技条件平台的27家院校、实验基地代表与顺义区科技企业代表160人进行科技成果发布、创新券政策宣讲、科技需求对接、现场交流互动等活动。

（科委）

【首都科技条件平台顺义工作站】2017年，共发展成员单位30家，其中高新技术企业21家；新增科技人才15位；聚集企业科技需求53项，组织召开2次供需对接会，吸引条件平台内的科技成果落在本区1项；参与首都科技条件平台的“百家重点实验室进千家企业”活动，发布典型案例5个，宣传报道信息8条。发放有效创新券服务企业19家，总金额137万元。

（科委）

知识产权

【概况】顺义区科学技术委员会，与顺义区知识产权局合署办公，是负责全区科技工作、知识产权保护和专利工作的区政府部门，4个内设机构分别为：办公室、科技企业科、发展计划科和知识产权管理科。3个科级事业单位分别为：科技馆、生产力促进中心、知识产权管理中心。

单位名称：顺义区知识产权局

（知识产权局）

【专利数据】2017年，顺义区专利申请量为6064件，同比去年的5450件提高11.26%，其中发明专利为1647件，同比去年的1595件提高3.26%，实用新型专利为3646件，外观设计专利为771件，全市申请量排名第8位（全市申请总量185928件），城市发展新区中排在第3位。通过PCT途径申请的专利有40件。从授权情况看，专利授权总量为3637件，同比去年的3778件下降0.37%，其中发明专利授权量为363件，同比去年的336件提高8.04%，实用新型专利授权量为2688件，外观设计专利授权量为586件，全市授权量排名第8位（全市授权总量106948件），城市发展新区中排在第3位。有效发明专利拥有量为1545件，全市排名第10位（全市有效发明总量205320件），每万人发明专利拥有量为13.7件（按112.8万人计算）。

（科委）

【知识产权宣传海报创意大赛】2016年11月–2017年4月，顺义区举办以“尊重智慧、激励创新、保护知识产权”为主题的“知识产权宣传海报创意设计大赛”。赵坤玉设计的“放的再像也打不开”、顺义区第二中学李可心设计的“保护知识产权 拒绝盗版”、顺义区第三中学刘一阳设计的“创新”、顺义区裕龙小学刘亦铭设计的“尊重原创从我做起”分别荣获成人组一等奖、高中组一等奖、初中组一等奖、小学组一等奖。

（科委）

【顺义区获批国家知识产权试点（城市）城区】经北京市知识产权局推荐和国家知识产权局评审，根据《国家知识产权试点、示范城市管理办法》，确定顺义区为国家知识产权试点城市。

（科委）

【专利执法】年内，区知识产权局组织开展专利行政执法检查活动7次，共发现涉嫌违法商品36件，全部立案处理；协助市局开展展会驻会执法7次，调解专利纠纷案件6件。

（科委）

【北京市专利试点企业新增11家】经过北京市知识产权局一年的试点培育，市、区两级知识产权局共同验收合格，北京东方雨虹防水工程有限公司等11家企业成为2017年度北京市专利试点企业。截至年底，全区北京市专利试点企业增至89家。知识产权示范单位10家，国家级知识产权优势企业2家、知识产权示范企业3家。

（科委）

【首都知识产权界徒步大会】4月22日，由国家知识产权局直属机关党委、北京市知识产权局、顺义区人民政府主办，顺义区知识产权局承办的“足迹2017　助力知识产权强国建设”首都知识产权界徒步大会在顺义区奥林匹克水上公园举行。通过“主场徒步走活动、新媒体平台同步推动”，推动首都知识产权宣传周和第十七界世界知识产权日宣传工作。

（科委）

【知识产权服务联盟成立】4月26日，顺义区知识产权服务联盟成立大会召开。在区知识产权局指导下，区文化委员会、区工商分局、临空核心区12330工作站联合顺义区7家从事知识产权服务的企事业单位，共同成立顺义区知识产权服务联盟。

（科委）

【知识产权执法】8月8日，区知识产权局参加市知识产权局在怀柔组织的“十省市专利行政联合执法‘雷霆行动’”，对怀柔区超市、商场、药店等领域进行执法检查。

（科委）

教育

综述

【概况】2017年，顺义区教委辖属教育单位200个，其中，幼儿园100所（教育部门办园54所、集体办园7所、民办园18所、部队办园1所）；小学49所（教育部门办校46所、民办校3所）；九年一贯制学校2所（教育部门办校1所、民办校1所）；十二年一贯制学校7所，均为民办校；中学24所，均为教育部门办；特殊教育学校2所；中等职业学校4所；其他法人单位12个。招生30840人（幼儿园12462人、小学8980人、初中5980人、普通高中3387人、特殊教育24人、中等职业学校7人）；毕业22143人（幼儿园6498人、小学6599人、初中4968人、普通高中3587人、特殊教育3人、中等职业学校488人）；在校生101581人（幼儿园28880人、小学46444人、初中15497人、普通高中10407人、中等职业学校137人、特殊教育学校216人）。教职工总数11852人（幼儿园2911人、小学3664人、初中1723人、九年一贯制学校167人、完全中学499人、高级中学1333人、十二年一贯制学校1423人、特殊教育132人），其中，高级职称1516人，中级职称3749人。北京市特级教师51人、北京市骨干教师102人、北京市学科教学带头人17人。中小学固定资产总值24.5005亿元。驻区高等学校6所，成人学历学校4所，社区学校6所，农村成人教育学校（乡校及村校）445所，乡镇成人学校486所，教育培训机构65个。年内新建小学 1 所，撤并幼儿园1所。

单位名称：顺义区教育委员会

（周君姝　杨海红）

【中小学生走进冰雪主题活动】1月15日，“助力冬奥体验冰雪”顺义区中小学生走进冰雪主题活动在莲花山滑雪场举行。张镇中小陈紫天同学代表学生发言；与会人员观看张镇中小学生代表滑雪展示；沙岭学校、张镇中小300名学生代表参与冰雪体验活动。区教委依托莲花山滑雪场，组织学生参加冰雪初体验活动，引导他们掌握一项冬季冰雪项目。同时，开展冰雪进校园、冰雪趣味运动会等系列活动。

（杨晓东）

【书院式教育干部培训】3月10日－4月24日、10月24日－11月30日，第一和第二期书院式干部培训活动在区教育研究和教师研修中心展开。两期培训活动，先后邀请国内外知名教育专家韦钰院士，市区名校校长、特级教师、优秀专职培训教师12人，作题为《脑科学与基础教育改革》《领导干部的党性修养》《从教学到管理的蜕变》《阳光心态做管理》《中国楹联的教育内蕴》《法治时代的智慧管理》《教育人的音乐修养》等大型讲座12场，培训学员1300人次。

（李君美）

【公开招聘】3月－8月，教委人事科完成公开招聘中小学校编制内教师和公办幼儿园编制外教师工作。215名编制内新教师进入中小学校、205名编制外新教师进入公立幼儿园。

（刘京）

【获评首批“全国中小学校责任督学挂牌督导创新区”】3月20日，国务院教育督导委员会第一批全国中小学校责任督学挂牌督导创新县（市、区）名单公布，顺义区成为全国首批中小学校责任督学挂牌督导创新区。全国有11个省、直辖市、自治区的29个县（市、区）获此殊荣。

（周晓娟）

【空港第二小学成立】4月11日，经区机构编制委员会同意，成立北京市顺义区空港第二小学。此园为教委所属相当正科级公益一类事业单位，占地面积12925.95平方米，规划班额24个班。现有在校生245人，教职工20人。

（赵芳）

【第四中学更名】4月11日，经区机构编制委员会同意，北京市第四中学更名为北京市顺义区第四学校，为九年一贯制学校。

（赵芳）

【首次登上央视少儿频道】4月15日，少年之家科艺美术学员首次登上央视少儿频道《看我七十二变》节目舞台，节目成功晋级。

（杨京）

【京津冀牵手共谋新发展】4月26日，顺义区杨镇第二中学干部教师赴河北，参加邢台市留村中学举办的“京津冀”同课异构教学研讨会。活动由邢台经济开发区教育局主办，来自京、津、冀三地的五所中学分别展示各校课改成果与办学理念。三地五校同课异构课堂观摩活动中，杨镇二中岳鹏程、茹建伟两位老师，携《春酒》《平行四边形的判定》登上讲台。京、津、冀三地校长代表在研讨交流环节分别发言。杨镇二中校长王玉辉在《学校文化与课程建设》主题报告中，从“三品”目标引领，构建整体办学框架；聚焦核心素养，优化“三品”课程体系两方面深度阐述学校办学理念及课程建设。

（张娟）

【联合国儿基会专家考察】5月2日，联合国儿童基金会专家到顺义区考察城市中小学校园营养食育策略研究项目。考察团一行先后到东风小学裕龙校区和牛栏山一中实验学校实地考察，观摩健康驿站、学生食堂、东风小学大课间活动及学生活动视频，了解项目开展相关信息。中国疾控中心营养与食品安全所副所长赵文华就国内外校园营养食育的现况、背景等情况作阐述。区教委副主任高山就顺义区项目计划、方案、过程评价等工作提出更高要求。联合国儿基会总部营养部与亚洲和太平洋区域办事处区域营养主管负责人充分肯定顺义区开展学生、家庭、学校共同参与的“三位一体”项目推进模式，并对肥胖防治与学生营养干预提出建议与展望。

（刘峣）

【二次创业暨西辛小学教育集团教育风采展示会】5月23日–24日，顺义区教育二次创业暨西辛小学教育集团教育风采展示会举行。区教委副主任孟朝晖发表讲话。与会干部教师观看“我和西辛的故事”文化展演，展现学校“顺性成格”的育人内涵：仁、智、和、美，以及学校文化理念。活动共分文化建设、家校共育、选课走班、创新课堂四个专场进行。干部教师观摩西辛小学家校共育专场活动，通过现场体验，展示顺义区教育生态。与会嘉宾和专家就家庭教育展开研讨，比对国内外案例，阐明家风建设、家庭教育对于孩子成长的重要性。参会教师通过“选课”进入分层分类课堂，体验选课走班，就探究小学阶段选课走班模式开展论坛讨论。区教委、区教育研究和教师研修中心相关负责人、顺义教育联盟盟主校领导出席，区内各小学干部教师及兄弟省、市、区教育同仁共500余人参加。

（黄秋凤）

【国家义务教育质量监测】5月25日，顺义区2017年国家义务教育质量监测工作完成。监测内容包括学生科学学习质量、德育状况和课程开设、条件保障等相关影响因素。监测工作涉及12所小学和8所中学的600名四年级和八年级学生以及270名教师。

（吕龙梅）

【北京市非物质文化遗产传承项目《凤秧歌》】6月7日，中国教育电视台《传承的力量》摄制组走进顺义区石园小学教育集团港馨校区，录制入选节目《凤秧歌》，并在国庆节期间播出。顺义区赵全营镇去碑营村“凤秧歌”被确定为北京市非物质文化遗产传承项目之一，港馨小学作为唯一一所传承单位，聘请校外艺术教育专家，创编富有凤秧歌古老元素的现代舞蹈，由4名去碑营村民间老艺人作长期顾问，对师生进行传、帮、带，提高传承特色项目的教学水平和课外活动水平。港馨小学《凤秧歌》团队多次亮相市区艺术节、六一游园会、“五月的鲜花”群众文艺汇演等活动，于2017年1月6日参加北京电视台“非常向上”节目录制。

（高艳玲）

【“全国非遗进校园”】6月15日–16日，顺义区李各庄学校受邀参加在南京师范大学附属中学江宁分校召开的“全国非遗进校园研讨会暨剪纸展活动”。李各庄学校校长张忠《规范中授技传承里育人》一文入选《春花秋实》论文集，并在研讨会上作典型发言；李文卿、王海霞、张迎宾、赵湘蕊4位同学及陈永丽老师的剪纸作品入选《童心花开》全国非遗进校园剪纸精品集。李各庄学校被授予“推进非遗进校园先进学校”荣誉称号。

（赵鹏）

【仁和花园一区幼儿园更名】6月26日，经区机构编制委员会同意，北京市顺义区仁和花园一区幼儿园更名为北京市顺义区仁和花园幼儿园。

（赵芳）

【更名及领导任免】7月7日，“中国共产党北京市顺义区教育研究考试中心委员会”更名为“中国共产党北京市顺义区教育研究和教师研修中心委员会”。根据中共北京市顺义区委组织部《关于北京市顺义区教育研究考试中心党委更名和张海等同志任免职的通知》（顺组干字[2017]36号）精神，原教育研究考试中心党委正式更名；张海任教育研究和教师研修中心党委书记，李树栋任教育研究和教师研修中心纪委书记；李树栋、李广生任教育研究和教师研修中心党委委员。8月15日，“北京市顺义区教育研究考试中心”更名为“北京市顺义区教育研究和教师研修中心”。根据北京市顺义区人民政府《关于北京市顺义区教育研究考试中心更名及张海等同志任免职的通知》（顺政发[2017]40号）精神，教育研究考试中心正式更名；张海任教育研究和教师研修中心主任，李树栋、李广生任教育研究和教师研修中心副主任。

（许立新）

【教委领导专题调研】7月19日，市教委基教二处副处长王雪青一行到北京四中顺义分校开展专题调研。调研主题为北京四中顺义分校被市教委评为市级优质高中校后的建设问题，调研中听取校长张福利就招生政策、初高中衔接、教师队伍建设等发展中的问题和困难以及学校未来发展思路、目标做专题汇报。作为城乡一体化项目受益校，北京四中顺义分校连创佳绩。王雪青同志对学校13年来取得的建设成就给予高度肯定。

（周雪斌）

【“小天使书画院”赴法举办专场展览】8月6日，少年宫小天使书画院师生赴欧洲开展“法中校园艺术节书画院专场展览”交流游学活动。本次活动分为以下几部分：一是专场展览。在巴黎Le Château de la petite Malmaison举行《四季·童心》专场展览。展后，法方相关组织申请并收藏部分参展作品。二是写生、交流。展览期间，书画院学员们在Le Château de la petite Malmaison进行现场风景写生活动、社团交流研习活动。三是参观学习。师生参观卢浮宫、巴黎圣母院、圣马可教堂、萨尔茨城堡等。

（亢青松）

【撤并后沙峪第二幼儿园】8月16日，经区机构编制委员会同意，撤销北京市顺义区后沙峪第二幼儿园，其人员编制、资产、债权债务等划转并入北京市顺义区后沙峪第一幼儿园，由其采取“一园两址”的办园模式进行统一管理。该园位于后沙峪镇清岚花园西区内,占地面积1932平方米，建筑面积1115平方米，撤销前有5个班，教职工15人，在园幼儿180名。

（赵 芳）

【区教育财务管理服务中心成立】8月29日，经区机构编制委员会同意，成立北京市顺义区教育财务管理服务中心。中心加挂北京市顺义区学生资助事务管理服务中心牌子，为教委所属相当正科级公益一类事业单位。主要职责：负责管理范围内中小学财务工作的指导、监督、管理；组织编制管理范围内中小学预决算草案，并组织实施；负责相关统计、汇总、分析工作；负责会计人员的业务培训工作；受区教委委托，负责落实推进各级各类学生自主政策；负责本区学生自主工作管理、政策宣传、资助育人等相关事务性工作。

（赵 芳）

【教师节庆祝大会】9月8日，顺义区2017年教师节庆祝大会在牛栏山一中举行。区委常委、副区长初军威代表区委、区人大、区政府、区政协向在教育战线的广大教育工作者致以亲切的问候和节日的祝贺。大会表彰牛栏山一中等73个先进集体、张春德等30名优秀校（园）长、张宝兰等顺义区十大师德楷模、李冬等685名优秀教育工作者及顺义教育专家系列获奖者。先进集体代表北务中小校长孙海霞、优秀教育工作者代表牛栏山一中教师梁博、师德楷模代表建南幼教集团园长张宝兰分别发言。区政府教育督导室主任张海东作大会致辞。

（于 田）

【教育系统后备人才选拔】9月14日-11月1日，顺义区教育系统开展第四期后备人才选拔笔试、面试、实地考察工作。经初审合格，全区公办中小学、幼儿园、教育直属单位的427名中层干部和教师进入选拔程序。在全面充分考评考生的理论素养、实践能力、人文底蕴、思维和语言表达等综合素质基础上，最终选拔95名学员参加第四期后备人才培训班的学习。

（刘晓英）

【顺义区特殊支持教育中心挂牌运行】10月10日，特殊支持教育中心迁址到顺义区教师研究与教师研修院内并挂牌运行。中心主要职能是负责全区特殊教育领域的教育教学研究、师资培训；对随班就读学校进行教学指导和评价；负责全区随班就读和送教上门教师特殊教育专业培训；为残疾学生家长提供专业咨询；参与检查评估特殊教育资源教室设计、建设、管理等。

（马 英）

【支援沽源送教活动】10月14日，教育研究和教师研修中心副主任李广生带领德育心理研究室四位老师为沽源县300名中小学班主任做业务培训。本次活动举办四场讲座：陶淑莲老师主讲《许自己一个幸福人生》、皮丽芳老师主讲《班集体建设要在班级活动中完成》、单德芳老师主讲《从胜任到优秀》、李立军老师主讲《中小学班主任心理核心素养的培养》。

（单德芳）

【冰雪运动普及推广活动】10月26日，“与冰雪为伴　与快乐同行”北京市中小学生冰雪运动普及推广活动在首都师范大学附属顺义实验小学举行。中国首位花样滑冰世界冠军陈露一行首先参观校园环境，听取校长任志梅介绍校园文化和办学特色。随后，陈露给同学们带来“冬奥小课堂”知识讲座。讲座中，围绕冬奥会的起源、中国首次参加冬奥会的历史、冬奥会的比赛项目等问题展开讲解。讲座后在老师的带领下，同学们动手制作各种卡通形象的冬奥项目泥人作品。市教委有关科室、体卫艺科、学管中心相关负责人及学校师生共计420余人参加。

（刘晶晶）

【民族团结教育现场会】11月22日，北京市顺义区民族团结教育现场会暨顺义区小学民族团结教育培训大会在后沙峪中小举行。与会人员观摩民族特色社团展示、民族团结教育校本教材课、学科融入课和主题班队会；北京市教育学会会长陈宏解读《学校民族教育指导纲要》；后沙峪中小、宣武回民小学、海淀双榆树小学三所学校做民族团结教育经验介绍，展示学校民族团结教育开展措施、现状及成果；区教委副主任孟朝晖做总结。市教委、市民族教育学会副会长、副秘书长出席，区内各小学及其他15区县争创民族团结教育示范校领导、教师参加活动。

（沈浩发）

【首都师范大学附属杨镇实验幼儿园揭牌】12月29日，首都师范大学附属杨镇实验幼儿园揭牌仪式举行。顺义区政府教育督导室主任张海东出席并讲话。杨镇中心幼儿园负责人向与会人员介绍园所基本情况及未来发展愿景。首都师范大学学前教育学院院长王建平和顺义区政府教育督导室主任张海东分别代表首都师范大学和区教委签署战略合作项目协议。区教委、杨镇政府和首都师范大学领导共同为首师大附属杨镇实验幼儿园揭牌。

（段晓宇）

【北京开放大学顺义分校春季招生】年内，北京开放大学顺义分校，计划招生500人，实际招生537人（其中本科七个专业招生250人，专科七个专业招生287人），超额完成计划7.4%，招生数量再次位列北京开放大学各分校之首。

（车利剑）

【将非顺义籍学生纳入校服免费发放范围】2017年，区政府决定将非顺义籍学生纳入校服免费发放范围，使非顺义籍学生享受区政府惠民政策。同时对民办学校的校服工作纳入统一管理，实现全区校服“优质、合体、美观、舒适”的配备目标。全年共采购学生校服13余万套，涉及资金1722万元。

（张 蒙）

学前教育

【概况】2017年，顺义区共有幼儿园100所，其中教育部门办园54所、集体办园7所、民办园18所、部队办园1所；其中北京市示范园9所，其它教育部门办园全部达到北京市一级以上水平。在园幼儿28880人（教育部门办园22312人）；入园幼儿12462人（教育部门办园9268人）；离园幼儿6510人（教育部门办园5134人）；幼儿园教职工总数2911人（教育部门办园1959人），其中，专任教师1564人（教育部门办园1139人）；幼儿教师学历合格率100%，具有本科以上学历教师83.5%，专科学历15.9%。幼儿园有特级教师2人，高级专业技术职称29人；市级骨干教师5名，区级教育专家1名，区级特级教师4名，区级学科带头人12名，区级骨干教师150名，区级园丁新星20名，区级教坛新秀35名，各级各类骨干教师占专任教师总数的20.1%；幼儿园总占地面积459119.25平方米（教育部门办园占地面积337514.15平方米），总建筑面积242051.76平方米（教育部门办园建筑面积174823.81平方米）；全区3-6岁幼儿的入园率为95%，学前三年教育普及率91.91%；撤并幼儿园1所。

（周君姝 杨海红）

【非法幼儿园关停专项行动协调会】3月16日，顺义区非法幼儿园关停专项行动协调会召开。全区未经教委审批的幼儿园229个，在园幼儿13747，其中25个是由工商审批的培训机构或艺术中心，实际招收幼儿1686人；非法园204个，在园幼儿12061名。按照《北京市顺义区人民政府关于印发顺义区“疏解整治促提升”专项行动2017年实施方案的通知》（顺政发〔2017〕16号)文件要求，教委牵头负责统筹制定工作方案、汇总统计信息；各属地单位负责对非法园进行检查、关停。区教工委、教育督导室有关领导，教委相关科室负责人、各镇及街道相关负责人40余人参加。截至年底，顺义区共取缔存在重大安全隐患的未经审批幼儿园169所，规范3所。

（李美麒）

【中国教育学会课题开题现场会】4月20日，《顺义区幼儿园课程建设的现状和推进策略研究》中国教育学会2017年度课题开题现场会在东兴幼儿园举行。课题组负责人详细阐述课题的研究内容、研究方法、研究进度、组织实施及预期成果，阐明开展课题研究的理论意义和实践意义，具体分析顺义区课程建设的现状和挑战。专家组对开题报告作认真地评析，对课题立足顺义区学前教育发展的现实价值和实践价值给予充分的肯定，对于推动顺义区幼儿园课程的内涵发展起到推动作用。北京师范大学教授霍力岩，教委学前科、学前教研室相关领导及区内幼儿园园长代表12人参加。

（李美麒）

【北京教育学会课题开题】10月19日，北京市教育学会“十三五”教育科研滚动课题《顺义区幼儿园课程建设的现状、问题和改进策略研究》开题。课题组核心成员由顺义区教委学前科科员组成，课题致力于建立顺义区幼儿园课程资源平台，构建顺义区幼儿园课程评价体系，形成顺义区幼儿园课程建设改进策略初步方案和课程评价体系建议，旨在推动顺义区幼儿园课程的内涵发展。

（李美麒）

【幼儿园规范办园工作检查】11月30日，区委书记王刚，区委副书记、区长高朋等领导检查幼儿园规范办园工作。先后到后沙峪镇董各庄村幼儿园、空港第一幼儿园，实地检查幼儿园规范办园情况，听取工作汇报。王刚强调，要提高政治站位，切实加强幼儿园的安全管理，既要完善全区幼儿园规划布局，改变学前教育资源长期“紧平衡”运行状况，又要进一步加强师资队伍培养，严把入口关，强化师德教育，提高教师待遇保障水平，加强心理疏导，把爱心贯穿幼儿园管理始终，让孩子在社会各界的关心爱护下安全健康成长。

（刘峣）

【责任督学挂牌督导现场会】12月5日，北京市幼儿园责任督学挂牌督导现场会在顺义区顺和花园幼儿园举行。区委常委、副区长初军威发表讲话。他介绍顺义区高度重视幼儿园挂牌督导工作及扎实推进幼儿园安全工作的举措。顺义区政府教育督导室主任张海东同志宣读顺义区幼儿园责任督学名单，并作《双轮驱动　护航教育发展》发言。属地领导及昌平、怀柔、平谷三区教育督导室相关干部，区教委有关科室、区教育督导室相关负责人共20余人参会。

（周晓娟）

【优秀教师工作坊】12月6日，顺义区幼儿园“优秀教师工作坊”启动仪式在旺泉幼儿园前进园区举行。教师工作坊是顺义区幼儿园梯队建设的重要项目，根据“一会看，二善问，三善悟，四笃行”的战略目标来落实项目的开展，探索以“工作坊”为模式的教师专业发展研修方式，促进幼儿园内涵质量提升的策略，培养一批“有教育理想，有教育情怀”的幼儿园青年教师骨干力量，导师代表、学员代表及园长代表从自身的角色定位出发，制定学习和培训目标，发挥他们承上启下的中坚作用，保障全区幼儿园可持续发展。

（李美麒）

【级类管理】2017年，教委学前科完成幼儿园升级升类共计4所，其中金汉绿港幼儿园为市级示范园；龙湾屯中心幼儿园、裕龙二区幼儿园、仁和花园一区幼儿园为一级二类园。截至目前，全区市级示范园达到9所。

（李美麒）

【促进教师专业发展】年内，顺义区组织开展园长“领导力”培训活动。组织园长参与并完成北师大UDK——“园长专业领导力及新教师专业成长”项目，组织业务园长和村办园负责人进行“卡内基园长卓越领导力国际培训”“村办幼儿园园长管理能力培训”，正式出版《幼儿园园长专业领导力养成—北京市顺义区的行动研究》一书，多种措施不断提升教师专业素养。

（李美麒）

【园所年度考核】年内，教委学前科完成园所年度考核常规工作。学前科于5、6月份组织教研室、部分园长组成考核工作小组，对全区54所公办园、14所村办幼儿园和1所部门办园进行考核，并对课程建设、幼儿自主游戏和园本教研工作进行现场指导。

（李美麒）

基础教育

【概况】2017年，顺义区小学49所（不含一贯制学校小学部），其中教育部门办学46，民办小学3所；另外有9所一贯制学校小学部，1所为教育部门公办一贯制学校小学部，8所为民办一贯制学校小学部。教学班1367个（一贯制学校小学部195个班），其中教育部门公办1156个（教育部门公办一贯制学校小学部23个班）；毕业6599人（教育部门公办6088人），招生8980人（教育部门公办8317人），在校生45686人（教育部门公办41672人）；教职工5254人（教育部门公办3681人），其中，专任教师4070人（教育部门公办3008人）；小学入学率100%，巩固率100%，毕业率100%，及格率100%。小学特级教师4人，小学教师具有高级专业技术职称261人，市级学科带头人8名，市级骨干教师44名，区级名誉教育专家1名，区级教育专家3名，区级特级教师23名，区级学科带头人67名，区级骨干教师382名，区级园丁新星34名，区级教坛新秀46名，各级各类骨干教师占专任教师总数20.3%。顺义区中学33所（其中职高附设班不计入中学数），其中教育部门公办25所（初中18所、完中2所、高中4所、九年一贯制1所），民办8所（九年一贯制学校1所、十二年一贯制学校7所），教学班759个（教育部门公办599个），初中474个（教育部门公办345个）、高中285个（教育部门公办254个）；毕业8550人（教育部门公办6910人），初中4968（教育部门公办3667）人、高中3582人（教育部门公办3243人），招生9367（教育部门公办7659人），初中5980人（教育部门公办4482人）、高中3387人（教育部门公办3177人），在校学生25900人（教育部门公办21316人），初中15497人（教育部门公办11641人）、高中10403人（教育部门公办9675人），在校生中北京市户籍23994人（教育部门公办19476人），初中14662人（教育部门公办10844人）、高中9332人（教育部门公办8632人）；初中入学率100%，巩固率100%，毕业率100%，及格率100%；高中入学率76%，高中毕业合格率82.42%，应届毕业生高考录取率96.69%。学校教职工7067人（教育部门公办4167人），其中，专任教师5022人（教育部门公办3091人），初中2711人（教育部门公办1732人）、高中2311人（教育部门公办1359人）。中学特级教师33人，中学教师具有高级专业技术职称1226人，市级学科带头人9名，市级骨干教师53名，区级名誉教育专家1名，区级教育专家6名，区级特级教师33名，区级学科带头人70名，区级骨干教师387名，区级园丁新星46名，区级教坛新秀35名，各级各类骨干教师占专任教师总数24.7%。全区教育部门公办中小学专任教师学历合格率100%，北京市特级教师49人（小学7人、中学42人），其中在职37人（小学4人、中学33人）；高级专业技术职务教师1487人（小学261人、中学1226人）。学校总占地面积3337707平方米（教育部门公办2654692平方米）。固定资产总值332278万元（教育部门公办157201万元）。

（周君姝 杨海红）

【交通安全第一课宣教活动】2月20日，顺义区中小学生春季开学交通安全第一课宣教活动在高丽营学校举行。活动邀请区交通支队民警宋科学为全区中小学生做“春季开学第一天，交警校园讲安全”主题宣教。活动结合中小学生如何“安全走路、安全骑车、安全乘车”等常识，教育中小学生要时刻牢记交通安全，树立文明交通意识，并通过“小手拉大手”等方式宣传交通安全知识，倡导学生带动家长成为文明交通、和谐交通的宣传者、实践者和守护者。本堂课视频最终上传至区教育视频点播系统，供全区师生随时观看学习。

（辛郝新）

【青年教师基本功大赛】4月–6月，教委小教科开展“临空杯”第二届小学青年教师基本功大赛活动。本次活动共有700余名教师参加，分为两个阶段，第一阶段为教师基本功展示，第二阶段为课堂教学展示，最终有180名青年教师获得一等奖。

（黄秋凤）

【安全教育运动会】5月18日，“安全教育全员运动会暨‘全国校园安全公益宣教行’活动”在杨镇中心小学举行。全校1800名师生、家长参与“生死时速”“溺水救援”等13个安全教育项目。此次活动将安全教育融入不同学科，展示学生们机智应对危险的技能，展现学校系统安全教育的阶段性成果。

（徐 虹）

【中华经典诗文大赛】6月17日，顺义区组织教师学生参加北京市中小学教师“中华经典诗文”诵读比赛和北京市高中生演讲比赛。牛栏山一中王子伊、杨镇一中花绍峰两名学生分获“2017年北京市高中生演讲比赛”一、二等奖；仁和中学陈明英、河南村中小屈建民两名教师获2017年北京市中小学教师“中华经典诗文”诵读比赛二等奖。

（蔡 杰）

【“高参小”班会展示】6月21日，顺义区“高参小”（“高参小”是北京市高校、社会力量参与小学体育美育发展项目的简称）项目班会展示活动在杨镇中心小学举行。会议分班会展示和专家点评两个环节。杨镇中小冯桂英老师现场执教《你是我最好的朋友》，李桥中小肖启荣老师、光明小学张韩璐老师通过网络直播方式，进行《勇敢表达我自己》《我喜欢我自己》班会课展示。班会课结合情感处理、情绪表达方式等主题，引导学生如何与人相处，学会自信、勇敢表达自我及关心帮助朋友的方式，有效提升学生认知水平。北京师范大学心理健康与教育研究所教授吴洪健作现场点评，对《你是我最好的朋友》班会设计点评。她指出，本节课符合学生认知特点，通过绘本、游戏等方式，提高学生的认知兴趣，丰富学生的认知体验。

（张伟光）

【科技研学夏令营】7月16日–21日，顺义区中小学生科技研学夏令营“贵州行”举行。80余名师生共同走进“探索宇宙奥秘数据驱动未来”科技研学夏令营之旅。活动期间，营员们走进天文博物馆，学习太阳系及其他天体知识，学习黑洞、引力波等前沿科学的研究成果；了解射电科学发展；来到世界最大单口径射电望远镜（FAST）中国“天眼”的高山上，了解天文射电望远镜的发展史；参观遵义会议会址，了解遵义会议的历史；到贵阳大数据展示中心体验尖端科技，感受在大数据驱动下生产生活的巨大变化。

（任立春）

【空港二小落成】9月1日，顺义区空港第二小学举行“梦想从这里启航”新校落成暨开学典礼。

（于静淑）

【和波波夫一起运动】10月12日，“和波波夫一起运动”——残奥冠军进校园公益活动在后沙峪中小举行。残奥冠军波波夫带领来自全国各地的14位残障人士走进后沙峪中小与四年级师生展开互动交流。汶川地震幸存者、中国大学生自强之星刘敏为师生讲述她身残志坚、自信自强的成长经历；波波夫分享自己克服病痛残疾，坚持追逐人生梦想，最终成为残奥冠军的故事，并与学生展开问答交流。交流过后，波波夫带领所有残障人士进行训练表演，并邀请同学共同体验假肢奔跑的感觉，体会残障人士奔跑的艰辛与努力。

（刘子龙）

【综合素质评价项目推进会】12月20日，顺义区小学生综合素质评价项目推进暨“农村小学生家长参与学生综合素质评价的实践研究”课题推进会在南法信中心小学举行。与会人员聆听四节研究课。授课教师分别依据各自的学科特点把综评理念带进课堂，引导家长了解孩子的课堂表现，从不同的角度发现孩子的亮点，进行鼓励性、指导性评价。听课结束后由南法信小学的干部教师及家长分享成功做法。北京市教育督导与教育质量评价研究中心副主任杜文平、曹飞老师对课题研究进行点评，并提出今后研究的建议。区教委、教育研究和教师研修中心相关负责人、小学德育干部、南法信小学部分学生家长等共计100余人参加。

（沈浩发 李爱民）

【校园心理剧决赛暨培训活动】12月21日，顺义区第二届"校园心理剧大赛决赛暨培训活动"在东风小学教育集团裕龙校区举行。来自北小营中小《李思聪变形记》、杨镇一中《手机风波》、顺义五中《多了一个你，好幸福》等8个作品入围决赛。赛后，心理专家程忠智对校园剧从创作立意到学生的表演进行点评。

（陈 静）

【中学生古诗文成语大赛】12月26日，顺义区第四届中学生优学派古诗文成语大赛在顺义一中举行。来自牛栏山一中、牛一实验学校、顺义一中、杨镇一中、顺义二中、顺义九中及北京四中顺义分校的7支代表队共21位选手参赛。杨镇一中、牛山一中、顺义一中获得一等奖，全区700余名师生观看比赛。

（刘之海）

【获评北京市语言文字规范化达标建设学校】12月27日，经北京市语委、市教委、教育督导室、市语协、光明日报等专家组考评，顺义三中、后沙峪中小、西辛幼儿园共3所学校获评北京市语言文字规范化达标建设优秀学校；牛栏山一中、东风小学、仁和幼儿园等28所学校获评北京市语言文字规范化达标建设学校。

（蔡 杰）

【第二批文明校园创建活动】年内，教委小教科组织第二批文明校园创建活动。裕达隆小学、牛栏山一小、东风教育集团、石园教育集团、光明小学、北务中小、高丽营学校、双兴教育集团、牛栏山三小、李桥中小、南彩二小共11所学校被评为北京市第二批文明校园。

（沈浩发 李爱民）

民办教育

【概况】2017年，全区共有各级各类民办学校和教育机构100所，民办幼儿园20所，民办小学3所，民办完全学校8所（其中九年一贯制学校1所，十二年一贯制学校4所，十五年一贯制学校3所），民办职业高中4所；培训机构65所，主要培训内容为文化补习、外语、计算机、文体、艺术、汽车驾驶等。2017－2018学年度共培训各级各类人员40852人，固定资产15636万元，教学实习仪器设备资产值达到12460万元，教学用计算机3457台，多媒体教室座位数10709个，占地面积807556平方米，教学行政用房建筑面积296.26万平方米，体育场（馆）13.2万平方米，图书藏量37.44万册。

（王 焱）

【民办教育机构年审】2月－5月，顺义区民办教育机构年检工作完成。年审合格的各级各类学校共85所，其中，中小学11所、职业学校4所、幼儿园18所、各类培训机构56所；学历教育在校生11949人，幼儿教育在园儿童2534人，培训学校在校学生31638人；学历教育和幼儿园专兼职教师2409人，培训学校专兼教师1156人。

（王 焱）

【民办教育工作会暨党建工会联合大会】3月9日，顺义区民办教育工作会暨党建工会联合大会召开。会议表彰26家综合考评先进单位；总结2016年工作，部署2017年工作总体要求和主要任务；布置民办教育机构年检工作及相关注意事项；解读民办教育党建工作方案，着重强调联合党支部进校园活动要求。会议还邀请区总工会权益部部长杨来福作《民办教育工会联合会工资集体协商制度》专题讲座。区教育工会领导出席，区教委有关科室负责人及民办学校、幼儿园和培训机构99家单位的负责人共计200余人参加。

（吕 婷）

【新审批民办学校、幼儿园检查】4月11日，教委民办科走进爱德森双语、红黄蓝城市花园、博雅书院、翊帆幼儿园和新府学外国语学校5家民办教育机构，实地调研五所新审批园、校的建设及运营情况。实地查看四家幼儿园园所环境，深入活动室、起居室、厨房和室外活动场所，观看幼儿活动；查看新府学外国语学校室内体育馆、餐厅、教室和图书馆，听取学校、园所举办者关于办学（园）情况、硬件设施设备、师资力量配备、办学理念及特色情况介绍，同时学校、幼儿园的困难。区教育工会主席王玉英强调：在建校、园初期，要加强管理，注重食品安全、创新发展，注重宣传，打造品牌，推动顺义民办教育事业更好、更快地发展，对于困难，教委协同相关科室在教师培训等方面给与专业指导。

（陈艳清）

【未审批自办校检查】5月11日，工会民办科连同属地政府工作人员分别到李桥青红蓝学校、李桥和平学校、南法信京顺希望学校、仁和镇育英希望学校检查学校日常工作。检查针对学校基本情况、校园周边安全、卫生防控和春季传染病卫生工作和日常师生安全工作。要求校方一是要做好宣传、讲解，强化晨、午检制度，防风、防水、防电，杜绝班车接送孩子，不能开设食堂。二是要配合属地做好北京市疏解整治促提升行动政策讲解，向家长宣传到位，及时下发告知书和致家长一封信，提前做好疏解计划，并在暑假结束前停止办学。

（陈艳清）

【新英才学校校庆九周年演出】5月19日，北京市新英才学校第二届校园戏剧大赛《校园变奏曲》暨九周年校庆演出举行。新英才学子自编自导自演的节目包括幼儿园情景剧《雁南飞》、小学部音乐剧《带着爱飞翔》、AP国际中心寓言音乐剧《过河》、《传奇》等。区教委有关科室负责人、兄弟学校干部、社会各界媒体朋友及学校师生共计1000余人参加。

（邢雪华）

【民办学校党建工作】5月，顺义区四家民办非企业办学成立联合党支部，分别为顺义区新大方职业学校联合党支部、顺义区君诚学校联合党支部、裕龙双语艺术幼儿园联合党支部、丽思嘉洛德幼儿园联合党支部。9月13日，批准成立博雅书院双语幼儿园独立党支部。裕龙双语艺术幼儿园党支部、新大方职业学校党支部被顺义区社工委确定为“两新”社会组织党建工作示范点。现民办学校中，党总支部1个，党支部12个，联合党支部4个，共有党员298人。

（王焱）

【年度考核】11月15日－24日，区教委、区妇幼保健院、区民政局等部门组成考核小组，对全区21所民办幼儿园进行年度考核。考核内容涉及依法办园、财务管理、食堂及安全、教学管理、卫生保健、工会党建六个方面。考核结果表明：各民办园能够坚持依法办园、保障教职工的合法权益，财务管理规范，办园条件逐年改善，教育教学质量有所提高，保教活动丰富多彩，卫生保健符合要求，安全保卫方案详实、设施齐备。

（吕婷）

【办学成果交流展示活动】12月12日，顺义区民办学校办学成果交流展示活动在北京市新府学外国语学校举行。全区15所民办学校全部参加，各校校长就办学思想、教育教学、师资培训、安全管理以及财务制度等方面进行经验交流。区教育工会主席王玉英进行总结发言，她对民办学校扎实工作表示满意，并指出：民办学校要科学规范运行，注重安全工作，强化师德建设，提升教师水平，强化制度，强化检查，依法办学。区教委相关业务科室负责人、民办学校校长及相关负责教师参加活动。

（陈艳清）

【开展民办学校课程、教材使用情况检查】12月，民办科联合课程室、中教科、小教科和教育考试中心到北京市新英才学校、顺义区君诚学校、北京市海嘉学校、顺义区海德京华双语学校、顺义区青苗学校、北京市鼎实学校和北京市新府学外国语学校针对落实国家课程方案、课程标准和教材选用情况进行检查。重点检查以下三方面内容：一是听取学校自查、整改汇报；二是查看教材、课程、招生等相关材料；三是上交整改报告。及时发现和纠正存在的问题，进一步增强政治意识、责任意识、阵地意识、底线意识和首善意识，切实落实教育部、北京市关于课程设置要求，严格教材选用和招生工作，规范中小学教育教学秩序，促进依法管理、规范办学、确保民办学校正确办学方向。

（陈艳清）

特殊教育

【概况】2017年，顺义区共有特殊教育学校2所（教育部门公办1所，其他部门办1所），开设班24个（教育部门公办18个），毕业3人（教育部门公办3人），招生24人（教育部门公办24人），在校生216人（教育部门公办172人），小学152人（教育部门公办108人）；教职工132人（教育部门公办74人），专任教师80人（教育部门公办64人）；残疾儿童入学率100%、巩固率100 %。

（胡金侠 杨海红）

【融合教育培训会】1月12日，顺义区特殊支持教育中心举办的融合教育干部、骨干教师培训会在沿河小学举行。本次培训会的主题为特殊儿童情绪与行为问题管理，由华中师范大学教育学院特殊教育博士李芳主讲，各校主管随班就读工作领导、所有资源教师、各校随班就读骨干教师等100余人参加。

（张欢）

【培智学校课程标准解读培训会】3月3日，顺义区特殊教育学校举行培智学校课程标准解读培训大会，邀请原特教中心主任、特教学院院长许家成来校为全体教师解读《培智学校义务教育课程标准（2016版）》。培训内容主要涉及课程与教学内容的关系、培智课程的属性、融合教育教学等。特教学校领导、教师50余人参加培训。

（武红静）

【“主题教学经验分享”活动】4月1日，顺义区特殊教育学校举行“骨干教师论坛——主题教学经验分享”活动。由校骨干教师殷争主讲，从“教学主题的制定”“教学主题的实施”“教学中的体会”等方面结合课堂实例，介绍开展主题教学的具体做法和收获，并总结实施主题教学的“九大策略”，如：结构化教学策略、视频感知策略、图片沟通策略等，切实提高课堂教学实效。青年教师还结合殷老师的讲座畅谈自己的体会，并介绍自己在工作中开展主题教学的收获。特教学校领导教师50余人参加此次活动。

（武红静）

【课堂教学评优活动】4月18日-5月4日，顺义区特殊教育学校开展第五届“兰馨杯”课堂教学评优活动。学校评价小组共观摩现场课30多节，老师们根据每个学生的特点精心设计教学情境和任务，教学过程体现“情境化、结构化、游戏化、生活化”，游戏、童谣、绘本、多媒体课件等教学手段辅助教学，常规培养、语言训练、能力培养、康复训练蕴含其中，孩子们兴趣浓厚、积极参与，收到良好的课堂效果。

（武红静）

【微课制作总结暨培训会】5月12日，区特殊教育学校举行“2017年特教学校微课制作总结暨培训大会”。会议邀请北京教育学院朝阳分院付明霞老师主讲“把握微课及资源的特点设计制作微课”，付老师先对全校教师制作的微课作品进行点评和说明，同时也提出建议。接着结合实例从“微课及其特点”“微课资源的设计”“微课资源的制作”等三方面具体介绍微课的类型、选题、设计、制作形式、技术指标等，并从制作工具和软件等方面给出具体指导。

（武红静）

【北京边检走进顺义特教开展融合活动】6月19日，北京出入境边防检查总站边检一队第二执勤队走进顺义区特殊教育学校开展融合活动。边检队员和学生一起弹奏乐器、画画、看书，并对学生的表现给予表扬和鼓励；在专用教室，他们看到学校康复器材和设备，初步了解康复原理。

（武红静）

【教师专业化发展培训】7月7日，顺义区特殊教育学校邀请北京健翔学校李文新老师来校讲座，为老师作专业化发展培训。一是理论学习，李老师从“大运动与感知觉活动课程、培智学校康复课标及对现有康复训练课的实施设想、康复在培智学校的意义和认识”等方面介绍培智康复课程建设与发展，帮助老师了解康复课标的内容，理清康复和教育的关系。二是实例观摩，李老师通过播放体育康复、游戏康复等不同课型的教学实例，并结合实例介绍视听刺激、游戏教学、动作训练等康复方法。特教学校领导教师40余人参加培训。

（武红静）

【社会实践活动】9月20日，区特殊教育学校师生家长200人来到怀柔生存岛，开展社会大课堂实践活动。在工艺区，学生们进行扎染、丝网印、石膏翻制、软陶制作、蜡型等各种艺术体验。在农事区，学生们品尝蛋糕、冰淇淋，推石磨，制作标本、插花。在军体区，学生们进行射箭、攀岩等拓展活动。

（武红静）

【师徒创优汇报会】9月22日，区特殊教育学校举行“清风竹韵——讲有温度的故事”师徒创优汇报会。汇报会上，每位徒弟讲述自己在教学工作中发生的真实故事，浸润着老师们的教学理念，体现出教学的温度；徒弟们还从教学管理、阅读专业书籍、参与科研课题等方面对上学期目标达成情况进行总结，并提出本学期的新目标。各位师傅结合徒弟的工作表现进行评价，并对新学期目标进行补充说明。教学副校长王向辉总结师徒一学期的工作情况，并提出新要求，李明伟校长作总结发言。特教学校领导、师徒20余人参加汇报会。

（武红静）

【主题教育活动】9月29日、30日，区特殊教育学校开展“巧手做月饼　感悟浓浓情”主题活动。第一天学生们首先认识制作月饼的原料，又在班主任的带领下，通过“揉、搓、按、包、压、烤”，亲身体验制作月饼的过程，烤好后由学生们自己装盒，带回教室，为后续活动做准备。第二天各班以“庆中秋”为主题召开班会，师生家长看中秋故事、说中秋诗歌、做节日贺卡、品美味月饼、录祝福视频，班会结束后，学生们将亲手制作的月饼带回家给家人品尝，与亲人共度中秋佳节。

（武红静）

【教师作品评比】10月26日，北京市电化教育研究会特殊教育专业委员会第五届年会总结表彰大会召开。顺义区特殊教育学校获得大赛优秀组织奖，全校共有37件作品分获一、二、三等奖。肖承强、杨翠伶老师的教学课件《制作简单表格》获北京市一等奖，并在会上进行优秀作品的展示和交流。

（武红静）

【特教艺术节落幕】11月13日，顺义区2017年特教艺术节落幕。本次艺术节共有40余所中小学师生上交300余份艺术作品，参赛组分别为学生组与教师组，作品种类分为硬笔书法、软笔书法及绘画。由市特教专家评选，在不同组别三类作品中分别评选出一、二、三等奖。木林中小学生高鑫等18人获得软笔书法一、二等奖，石园小学教师张雪等7人获得绘画一等奖。

（马英）

【资源教室评估】12月18日-22日，区特殊支持教育中心开展资源教室评估工作。评估小组对全区中小学已建资源教室及资源中心的28所学校进行评估。评估重点围绕资源教室基础建设、制度与管理、功能发挥、资源教师教育训练课等方面。一是听取学校校长关于资源教室建设与管理的情况介绍。二是实地查看资源教室建设情况，检查资源教师仪器使用情况。三是观摩、测评资源教师教育训练课。四是查阅资料，与资源教师和学生进行座谈。

（马 英）

【才艺展演活动】12月28日，区特殊教育学校“多彩课程绽放童心”第四届太阳花杯才艺展演活动在学校多功能厅举行。校长李明伟介绍学校“拥抱差异，珍视生命”的办学理念，以及“尊重需要，开发潜能，广纳外援，提升内涵，追求卓越”的质量方针。学校以生活课程为核心，开发多元生命课程，构建多元生命课程体系，包括生成课程（学前）、生活课程（学龄）、生态课程（职业）、生长课程（校本）、生机课程（家本）。本次活动通过“生活之乐、生活之品、生活之行、生活之美”四个板块进行展示。通过舞蹈、情景剧、吉他弹唱、亲子器乐演奏、轮滑、小合唱等表演形式展现学校多元生命教育、多彩课程的丰硕成果。区教委、区特殊支持教育中心、区教育宣传中心相关负责人出席，学校干部教师、学生家长共200余人参加。

（武红静）

【庆元旦体验活动】12月29日，区特殊教育学校开展“快乐过新年，幸福享‘年味’”庆元旦体验活动。活动包括两方面内容：一是主题教育活动。以新年为主题，结合学生年龄特点开展多种形式的认知活动和艺术创作活动，了解元旦的来历，给老师、亲友送上诚挚的祝语，制作新年贺卡、布置班级环境，营造浓厚新年氛围。二是实践体验活动。以班级为单位进行包饺子体验，了解北方过年习俗，学习包饺子方法。学校领导、教师、学生及家长100余人参加活动。

（武红静）

教育督导

【概况】2017年，顺义区人民政府教育督导室督政科、督学科、综合科进行督学工作，其中，督导中学25所，小学46所，幼儿园14所；督政科督导室对25个镇、街道进行督政。教育督政有以下几个特点，专项督导，规范管理民办幼儿园办园行为迎市检；迎接北京市教育执法与综合督政检查；持续跟进，继续做好非法幼儿园关停专项行动的督查落实；夯实管理，发挥镇街教育服务职能，优化区域教育环境。督学工作创新模式，组织开展幼儿园全面实施素质教育综合督导；减负督导监测工作更加有实效；落实专项督导，接受市政府教育督导室专项督导检查；深入推进中小学校、幼儿园责任督学挂牌督导工作；自评工作更加务实；“培育和践行社会主义核心价值观教育”“基础教育部分学科教学改进”专项督导更加深入。综合科利用任务驱动，完成北京市教育督导信息管理应用平台及蓝信推广工作；走出顺义，深入重庆、浙江开展督学研修；传经送宝，接待考察交流四次；精心组织，接受市政府教育督导室领导专题督导调研；精挑细选，上报督学典型事例6篇、征文34篇；双审双核,完成督导人员信息采集；积极谋划，筹办北京市幼儿园挂牌督导推进会；回顾总结，《北京教育督导30年》编写完成。区政府教育督导室高标准、高质量地依法履行教育督导室职责，为办好人民满意教育保驾护航。

（区教委）

【市督导室春季开学情况专项督导检查】2月28日，市两委一室检查组到顺义区检查各中小学、幼儿园春季开学情况。检查人员一行先后来到顺义区第九中学、建南幼教集团鲁能园区、首师大附小顺义实验小学。查看顺义第九中学的图书馆、实验室、计算机教室等专用教室开学条件的保障情况；查看建南幼教集团鲁能园区幼儿的寝室、活动室、录播室等的安全情况，了解集团办学情况；观看首师大附小顺义实验小学学生的社团活动，对学校别具一格的开学课程给予充分的肯定。三所学校（幼儿园）的校（园）长介绍办学、办园情况。教委主任刘克祥对春季开学情况进行汇报，区教委、区人民政府教育督导室有关领导参加。

（张凤荣）

【国家教育行政学院督学培训班考察】3月3日，国家教育行政学院督学培训班一行100余人来到顺义区人民政府教育督导室考察。区教工委副书记张海东出席并致欢迎词。考察团观看《双轮驱动 创新督导 利国利民》宣传片，听取顺义区教育督导室工作情况介绍及挂牌督导网络信息系统建设情况，查看责任督学集中办公区、教育督导室办公区。深入木林中小、仁和中学，听取学校情况的介绍，观摩学校音体美等学科教室、实验室、图书馆及校园文化建设等。

（郭子龙）

【幼儿园全面实施素质教育综合督导】4月19日、21日，区教育督导室对6所幼儿园进行全面实施素质教育情况综合督导。督导组通过听取幼儿园全面实施素质教育情况汇报，观看班级半日活动，与教师访谈、家长座谈，察看幼儿园环境、保健室、图书室、食堂、库房等场所，查阅档案资料等，收集幼儿园自主发展、特色形成、队伍建设、保教管理、教科研工作、卫生保健、后勤服务以及家园共育等方面的信息，并对收集到的信息进行系统梳理、分析，对幼儿园全面实施素质教育情况进行全面督导评估。

（张凤荣）

【“全国中小学校责任督学挂牌督导创新县（市、区）”】4月25日，北京市教育督导会议在北京会议中心召开，副市长王宁出席并作重要讲话。会上，区教育督导室主任李卫国代表顺义区接受“全国中小学校责任督学挂牌督导创新县（市、区）”颁奖。

（区教委）

【市督导室调研督导信息应用平台推广工作】4月26日，北京市人民政府教育督导室副主任冯义国来到顺义区人民政府教育督导室，调研北京市教育督导信息管理应用平台及蓝信推广应用工作。区督导室综合科汇报北京市教育督导信息管理应用平台及蓝信推广应用工作的进程，提出推进工作中面临的问题及解决办法。冯主任对顺义区平台推广工作给予肯定，强调平台系统工作的操作流程与规范，对平台推广中的一些问题进行现场办公，要求顺义区总结使用经验，主动与其他区交流分享，并在日常工作中及时反馈建议，共同推进北京市教育督导信息管理应用平台及蓝信建设工作。

（郭子龙）

【专项督导工作部署会】9月27日，顺义区人民政府教育督导室召开“社会主义核心价值观教育、基础教育部分学科教学改进”专项督导工作部署会。会上就“社会主义核心价值观教育、基础教育部分学科教学改进”市、区文件精神进行具体解读；对两项专项督导工作进行部署，对工具使用进行细致说明，对重点工作和环节进行强调。这次督导将深入到12所中小学，主要采取听校长汇报、听课、问卷、座谈、访谈、实地查看、查阅档案等形式开展，要求责任督学要紧紧围绕立德树人、提高教育质量这一根本要求，突出素质教育的主题。顺义区人民政府教育督导室副主任李卫东发表讲话，强调要加强责任区建设，发挥督学责任区的作用，做到两个协同：业务督学和行政督学协同，责任督学和学校评价代表协同，积极探索顺义教育督导新体制、新机制，促进顺义教育的科学、健康发展。全体专、兼职督学共60余人参加会议。

（张凤荣）

【人大代表及主管教育工作干部考察】9月28日，顺义区部分人大代表和各镇、街道主管教育工作副职一行50余人实地考察首师大顺义附小、杨镇一中，听取区教委副主任孟朝晖的教育工作专题汇报。

（郭子龙）

【市督导组检查教育法律法规执行情况】11月20日，北京市人民政府教育督导室督导检查组对顺义区教育法律法规执行情况、推进办学体制机制建设和同级督政情况进行督导检查。检查组由北京市人民政府教育督导室督政处处长张士佐带队。区委常委、副区长初军威同志作《不忘初心 敢担当 依法履职促发展——顺义区扎实推进教育执法情况报告》，从“整体统筹，优先发展”“重点推进，提升品质”“正视不足，砥砺前行”三个方面，介绍近几年顺义区教育发展的战略布局、机制建设、理念举措等情况。检查组一行通过召开座谈会、查阅档案等形式了解顺义区教育执法情况、推进办学体制机制建设和同级督政情况。围绕教育资源设施配备供给、义务教育及学前教育供给和办学体制机制建设、多种办学模式资源供给等主题，与相关委办局领导、中小学校长、幼儿园园长、居民代表以及教委科室人员进行座谈。检查组一行分组到空港一幼、新英才学校幼儿园、顺义一中附小、赵全营中学等单位进行实地考察。

（郭子龙）

【挂牌督导推进会】12月5日，北京市幼儿园责任督学挂牌督导现场会在顺义召开。现场会上，顺义区人民政府教育督导室主任张海东宣读顺义区幼儿园责任督学名单。市教委委员冯洪荣、顺义区人民政府副区长初军威为顺和花园幼儿园挂牌督导公示牌揭牌。与会人员在顺和花园幼儿园园长陈桂华带领下，检查幼儿园办园管理和保育教育情况，肯定幼儿园设施设备及师幼精神面貌。市教委委员冯洪荣主持召开幼儿园责任督学挂牌工作推进会，顺义区政府教育督导室主任张海东作《双轮驱动 护航教育发展》典型发言，介绍顺义区高度重视、健全组织、多措保障、双轮驱动的幼儿园挂牌督导措施。昌平、怀柔、密云、平谷区教育督导室的负责人介绍本区幼儿园责任督学挂牌督学工作进展情况。顺义区新任责任督学代表任丽娟发言，表达自己加强学习，向资深督学请教，努力做一名合格责任督学的承诺。顺和花园幼儿园园长陈桂华发言，表示一定积极配合、主动接受监督指导，不断提高办园品质的决心。顺义区政府副区长初军威在推进会上发言，介绍顺义区高度重视幼儿园挂牌督导工作及扎实推进幼儿园安全工作的举措。市教委委员冯洪荣肯定各区幼儿园挂牌督导工作的举措，提出加强经常性督导，促进幼儿园规范办园；加强管理、治理，促进幼儿园依法办园；加强工作指导，促进办园水平提高和建立挂牌督导长效机制等四项要求。

（王跃文）

区内学校

顺义牛栏山第一中学

【概况】2017年，北京市顺义牛栏山第一中学占地面积181652.31平方米、建筑面积123385平方米，体育场（体育馆）面积共3.53万平方米。图书馆（室）藏书13.17万册，电子图书9万册，订阅杂志、报刊363种。固定资产总值13036.87万元。全年教育经费投入33017.30万元，其中，国家拨款32533.76万元、自筹经费359.87万元。全年学校信息化经费投入117.14万元，拥有计算机1164台，多媒体教室座位5500个，校园网出口总带宽1280Mbps，数字资源量50000GB，"信息技术"课程2课时/周。普通教室69个、专用教室26个、实验室17个。教职工390人，其中，正高级职称1人、高级职称153人、中级职称116人。专任教师304人，包括特级教师11人、北京市骨干教师19人、北京市学科教学带头人4人；本科及本科以上学历315人。开设教学班53个，其中，初中班2个（"1+3"实验班）、高中班51个。毕业610人，其中，初中0人、高中610人；招生784人，其中，初中90人、高中694人；在校生2127人（含"1+3"实验班90人），其中，初中90人、高中2037人，包括寄宿生2003人。高中录取分数线544分（本区），应届高考本科上线率97.74%。
单位名称：北京市顺义牛栏山第一中学

（许 坤）

【名师成长大课堂研训基地称号】3月25日，牛栏山一中获得京津冀教育协同发展名师成长工程"名师成长大讲堂研训基地"称号。该评选是由光明《教育家》杂志社、中国信息协会教育分会、人民教育网联合发起，京津冀地区共有10所学校被授予首批研训基地称号。

（许 坤）

【美育课程成果展示】5月25日，牛栏山一中举办美育课程成果展示活动。此活动旨在通过展示检验教学成果，切实提高学生的审美和人文素养，对区域美育课程的发展起到引领作用。活动分为启动仪式、特色课程展示、专场文艺演出三个环节。分别进行《初识古琴》《电钢琴交响合奏》《扎染艺术》《陶艺》特色课程展示，参观艺术长廊和书画展览，"梦想青春"文艺汇演等活动。顺义区教育委员会相关领导，中央民族大学教授、首都师范大学钢琴系教授、中国歌剧舞剧院青年歌唱家、顺义区各中小学师生和学生家长代表及本校师生1500余人参加。

（许 坤）

【"1+3"培养实验班】7月1日，牛栏山一中"1+3"培养实验班招生，本实验班是由北京市教育委员会批准的专项项目，面向顺义区招收初二年级的京籍学生，录取的学生无需中考，直接升入本校高中，完成初三及高中共计四年的贯通课程的学习，首批招生90人，分两个教学班。

（许 坤）

【生涯发展指导中心】9月1日，牛栏山一中"生涯发展指导中心"成立，中心办公地设在心里教研室，指导师资由心理教师、优秀学科教师及外聘专家组成。通过完善生涯课程设置，整合生涯课程资源，开展生涯规划讲堂，帮助学生将高中学业规划与人生发展规划建立联系，实现自觉、主动的个性化成长。

（许 坤）

【中科院实验课题答辩会】11月2日，牛栏山一中举办"牛栏山一中优秀高中生走进中科院探究性实验课结题答辩会"，中国科学院相关实验室专家、中国科学院京区科学技术协会领导到场听取答辩。此次答辩团队共有六支，由经过科学选拔进入中科院实验室，并得到专家长期指导的17名学生组成。答辩课题为：《相变蓄冷（蓄热）材料的探究》《在高分辨率光谱中寻找弥散星际谱线带DIB》《细胞培养与A型流感病毒滴度测定》《基于卫星遥感数据分析京津冀地区下垫面粗糙特性对风速的影响》《搭建自动化全内反射荧光显微系统并观察细胞器形态》和《浅析Rcn3在内质网应激中的作用》。答辩会上，各课题小组分别就专家提出的问题完成答辩，并获得结题证书。本校自2011年与中科院京西技术协会签订"科技拔尖创新人才早期培养方案合作协议"以来，至今已邀请600余名科学家到校讲学。

（许 坤）

【获市总工会"职工心灵驿站"命名】12月8日，牛栏山一中工会"职工心灵驿站"获北京市总工会2017年度"职工心灵驿站"命名。本校"职工心理驿站"创建于2000年，旨在关注教师心理健康，缓解教师心理压力，加强人文关怀，丰富业余生活，促进教师主动发展与自我成长。

（许 坤）

【教师境外高端培训】牛栏山一中教师境外高端培训计划旨在加强教师队伍建设，推动与境外名校的交流学习，开阔国际视野，研究学习中西方先进教育理念、课程设计、教学策略及教育技术等内容，促进教师专业成长。3月，牛栏山一中分别与美国三立国际集团（Triway International Group）和加拿大不列颠哥伦比亚大学（University of British Columbia）签署合作协议，对培训项目、课程、访问教育机构、文化交流活动、日常生活等做约定。本校15名教师于3月完成赴美国弗吉尼亚大学（University of Virginia）为期15天的交流培训；25名教师于7月完成赴加拿大不列颠哥伦比亚大学为期22天的交流培训。此项培训计划开展三年，将培训名师120名。

（许 坤）

【学生在各级竞赛中获奖】年内，牛栏山一中学生在市级以上各类竞赛中取得优异成绩，其中参加国家级的竞赛项目主要有："第三届国际中学生数学建模挑战赛""第二届全国中学生基础知识与创新能力大赛""第十六届'叶圣陶杯'全国中学生新作文大赛""2017年地理奥林匹克竞赛""第四届全国中学生朗诵大会""中国魅力校园合唱节"等；参加市级的竞赛项目主要有："第二十三届北京市中小学生自然科学知识竞赛决赛""第九届北京市中小学生科学建议奖评选活动”“北京市中小学阳光体育展示活动羽毛球比赛”等，全年共参加市级以上项目竞赛36项，202名学生在国家级、市级竞赛中分获一、二、三等奖，高一（2）班赵梦媛同学获得十佳科学建议奖。

（许坤）

【自律主题教育】牛栏山一中开展“践行《行为规范》，建设自律牛班”的主题教育活动，活动旨在通过贯彻落实中学生日常行为规范——《牛栏山一中新生入学手册》，对学生进行一日常规的教育，使“自觉+德育”教育渗透到学校教育管理和学校生活的方方面面。全校53个教学班根据活动要求分别举办主题班会，利用班级板报、年级展板、校园电子屏、校园广播站进行宣传教育。共开展4次评比，86个班次获得“自律牛班”称号，并发放证书。

（许坤）

【实施“四育”课程】“四育”课程是在原有“德育、健康、基础、拓展、特长”多元化课程的基础上，融入“自觉教育”理念。“四育”课程即自律修养课程、自主探究课程、自强健体课程、自信体验课程。在课程的整合与实施中，结合本校自身特点和传统优势，开发并合理利用校内外多种课程资源，优化课程实施策略，实现科技与人文相统一、传统与创新相统一、课内与课外相统一的开发体系和运行机制，并逐步完善选修课评价方法，先后开发各类课程400余门，每学期开设校本选修课程近120门，实现高一、高二年级学生选课全覆盖。为检验该课程实施效果，于11月4日举办课程展示活动，69节校本培训课程参与展示。

（许坤）

【自主课堂和智慧课堂建设】在自主课堂方面，以实现学生的发展为中心，尊重学生个体差异，满足学生个性化需求，帮助学生实现课堂上的高参与、高认知；同时，充分发挥教师的个性特长、个人风格，让教师在课堂上尽展个人风采、人格魅力，从而实现百家争鸣、百花齐放的课堂盛况。在智慧课堂方面，借助互联网和手持移动终端，为学生提供多种学习资源，鼓励学生构建适合自己的个性化资源库。同时，先后在人文综合、语文、数学、英语、化学、历史、生涯规划等课程中开展IPAD互动教学实践，课堂时空无限拓展，课程资源更加丰富、集约，师生、生生的互动、交流、分享更加便捷，学生的学习更加主动、高效。

（许坤）

顺义区第一中学

【概况】2017年，北京市顺义区第一中学占地面积66000平方米、建筑面积50212平方米，体育场面积22318平方米，体育馆面积4250平方米。图书馆藏书12.1万册，电子图书2800册，订阅杂志、报刊343种。固定资产总值12900万元。全年教育经费投入11634万元，全部由国家拨款。全年学校信息化经费投入391万元，拥有计算机516台，多媒体教室座位87个，校园网出口总带宽1100Mbps，数字资源量12000GB，“信息技术”课程1课时/周。普通教室54个、专用教室11个、实验室13个。教职工292人，其中，正高级职称1人、高级职称117人、中级职称95人。专任教师236人，包括特级教师7人、北京市骨干教师6人、北京市学科教学带头人4人；本科及本科以上学历280人。开设高中教学班45个，高中毕业593人，高中招生544人，高中在校生1772人，包括寄宿生1180人。高中录取分数线524分（本区），应届高考本科上线率94.3%。

单位名称：顺义区第一中学

（李学园）

【社会主义核心价值观教育和中华优秀传统文化教育】开展主题为“慈小善为，情存心头，广而行善，爱满一中”大型义卖活动。组织“唱响班歌　绽放青春”班歌比赛和“红歌传情　礼敬中华”合唱比赛。高一新生进行为期10天的军训和国防教育活动。走进北京国际鲜花港和河北民俗村开展社会大课堂活动。组织学生收看开学第一课、北京市优秀学生访谈展播，观看电影《建军大业》、儿童剧《想飞的孩子》、大型杂技神话剧《哪吒》等。举行成语大赛、诗歌朗诵大会，开展“不学礼、无以立”专题讲座，走进国博、故宫、名人故居等多个系列活动，体验优秀传统文化。

（李学园）

【生态文明主题教育】利用世界环境日、国际宽容日、世界粮食日等时间节点，加强生态文明理念宣传教育，评选“文明之星”，促进学生养成良好的生态文明行为习惯。校运会“1分钟入场式展示”活动，突显“绿色发展 生态文明”主题。坚持垃圾分类回收，全年回收塑料瓶7万多个，废纸700公斤。

（李学园）

【教师队伍培养】连续三年组织干部教师赴华东师大进行系统培训，组织干部教师到大连连海书院集中进行国学素养研修。开展备课组集体备课和学习交流活动，开展教案交流学习和展示活动，开展教师与学生同步考试答题活动，开展骨干教师示范课活动13节次，开展四步互助校本研修活动210节次。召开第二十四届新教师拜师会。8名青年老师上汇报课。在首届“京教杯”青年教师基本功比赛中，周潜英、李恩可、康俊龙、李晓燕4名教师获得北京市一等奖。在2017年顺义区骨干教师评选中，7名教师被评为顺义区特级教师，6名教师被评为学科教学带头人，49名教师分别被评为骨干教师、园丁新星、教坛新秀，2名教师被评为百优班主任。胡安涛荣获北京市紫禁杯优秀班主任一等奖。马玉梅、马会放荣获北京市特级教师称号，张福林晋升为正高级教师。李冬校长荣获“首都精神文明建设奖”。全校教师获得区级以上奖励或发表的科研成果共计293项，其中区级159项、市级85项、国家级43项，在核心期刊发表论文14篇。

（李学园）

【研学旅行和微游学活动】新开发“湖湘红色行”游学线路，体验湖湘文化，感受红色精神。继续开展“西北文化行”“中华文化台湾行”，安排美国东、西海岸的游学课程，体验多元文化。话剧社学生走进首都剧场观看《李白》《罗密欧与朱丽叶》（英文原版）等名剧。开设“中国人的审美与绘画”、昆曲《西厢记》、“月球探秘”“全球变暖气候变迁”等9场名家讲坛。

（李学园）

【学生成绩优异】在数学、物理、化学、生物学科竞赛中，北京市和国家级获奖学生共149人次。在信息和科技竞赛中，获全国一等奖的有8人，获市级以上奖项28人。韵律操队获顺义赛区一等奖。体质健康测试成绩居全区前列，7人次在市级比赛中分获冠亚季军。2017年高考，平均分、及格率、优秀率全区第二；文科一本上线率41%，二本上线率95%，理科一本上线率47%，二本上线率94%；266人考上重点大学，548人考上本科院校，2人考上北京大学；600分以上人数文理共52人。

（李学园）

【文体活动结硕果】参加顺义区文体竞赛活动成绩突出。一是本校舞蹈《花腰花》在顺义区第十六届学生艺术节舞蹈集体项目荣获二等奖。二是4月15日−16日参加顺义区春季田径运动会。18人次取得春季区田径运动会前三名。其中李赫获得高中男子标枪第一名，并且以57.10米的成绩打破顺义区记录，崔浩洋在高中男子110米栏、400米栏两个项目中分别获得第一名，韩鹏飞在高中男子1500米比赛中获得第一名。三是5月6日−7日，参加顺义区第十六届学生艺术节个人项目展演与展示，其中一等奖4名，二等奖5名，三等奖8名。四是顺义一中韵律操队参加北京市第二十届学生艺术节民族韵律操顺义赛区比赛荣获一等奖。

（康俊龙 史凡）

【开设系列校本选修课】3月起，开设系列校本选修课程。一是聘请顺义区民间艺人林凤梅老师、刘桂华老师分别为高二学生进行烙画技艺和泥塑技艺的课程传授，高二学生约80人次参加此次活动。二是高二语文组、编排话剧表演《雷雨》《茶馆》等，高二学生近80人次参加。

（史凡 盖伟）

【名家学者进校园系列活动】3月起，开展“名家学者进校园”系列活动。高级编辑吴学兰老师带来《看时事新闻、知天下大势》，颐和园副园长秦雷讲解《话说颐和园》，中国社会科学院哲学所副研究员刘悦迪讲说《不学礼，无以立》，历史作家、《百家讲坛》主讲人张宏杰老师讲解“乾隆皇帝的得失与成败”，中国科学院天文台研究员黎耕带来“天文学发展历程科普讲座”，中国科学院张金海博士带来“月球探秘”，中国科学院大气物理研究所研究员、博士生导师黄平教授为学生分析“全球变暖是骗局吗”。

（张爱曦）

【“品味高雅艺术”系列活动】3月27日起，组织前往顺义影剧院观看根据老舍作品改编的曲剧。高一年级师生观看曲剧《正红旗下》，高二年级师生600余人观看曲剧《龙须沟》。北方昆曲剧院的艺术家张媛媛、邵峥将昆曲《西厢记》带进校园。高二全体师生和顺义区部分高中语文教师欣赏本次昆曲表演。

（柏瑞雪）

【“以生为本”（SCL）教学法行动学习项目培训】3月30日、31日，北京教育学院协同顺义一中“以学生为本”（SCL）教学法行动学习项目举行为期两天的培训。北京教育学院余新教授、李春艳教授、王永红博士、曹慧博士，以及北京教育学院特聘培训师——英国的课程培训专家Carmel教授对“以学生为本”教学法培训项目学员进行理论和实践培训。申英利老师、陈勇平老师上两节SCL教学法教学研究课。课后，专家和项目学员就这两节课进行研讨。北京教育学院余新教授介绍项目2017年的实施计划，项目组将推动老师们深入进行SCL教学法的实践研究，提高教师的教学设计、课堂教学实施、课后反思和理论提升等能力。

(辛加伟)

【流动美术馆走进顺义一中】4月14日,顺义一中与雅昌艺术中心合作，推出“流动美术馆”项目。本期“流动美术馆”展出高仿真书画复制品《逸趣横生——中国古代花鸟》《近代十大家》共40件作品。中央美术学院教授、中国美术家协会水彩画艺委会办公室主任、中央美术学院城市设计学院人文社科中心主任王其钧教授就“中国人的审美与绘画”给师生们介绍传统艺术文化“天人合一”“师法自然”的玄妙和独特魅力，让学生体会画家在时代的风云变幻中所坚持的人文思想和时代精神。

（史凡）

【2017暑期游学课程】8月起，开展“西北文化行”“湖湘红色行”“中华文化行”以及“美国波士顿夏令营”等系列游学课程。一是“西北文化行”以北京为起点到西安，经由西安奔赴敦煌。途中穿越华北平原、黄河流域，到达“西北大漠”。二是“湖湘红色行”中，同学们登上岳阳楼，到岳麓书院。参观毛主席的故乡韶山、橘子洲头等地。三是“中华文化台湾行”游学课程中，参观台湾故宫博物馆内典藏的历代文物艺术精粹、诚品书局。辅仁

大学的教授带来一堂关于中华优秀传统文化的讲座。四是“美国波士顿夏令营”共21天，学生参观时代广场、自由女神、普林斯顿大学、哈佛大学、麻省理工学院等地。

（张爱曦）

【国家大剧院系列活动】9月起，开展国家大剧院系列活动。此项系列活动由高一、高二年级联合音乐老师，分批次组织学生到国家大剧院观看演出，欣赏音乐会。一是到国家大剧院音乐厅欣赏由中国电影乐团演凑的“梦幻之旅——经典动漫视听音乐会”。演出内容涉及柴科夫斯基的《天鹅湖》选段、圆舞曲、迪斯尼经典动画《阿拉丁》《猫和老鼠》《米老鼠和唐老鸭》等影片的乐曲。二是感受提琴协奏曲《四季》。三是“驰骋的心灵—经典电影作品交响视听音乐会”。四是聆听芭蕾音乐简史，演出内容都是经典的芭蕾舞音乐选段《葛蓓莉娅》《天鹅湖》《胡桃夹子》《火鸟组曲》《红色娘子军》等曲目。五是聆听经典相约十年——民族管弦乐音乐会。中国广播民族乐团的演奏家呈现《庆典序曲》《红楼梦》《桃园三结义》《这一拜》等民族经典曲目。

（刘海辉 柏瑞雪）

【仁和中老年书画社文化艺术之春书画摄影展】9月11日，由顺义一中与顺义仁和中老年书画社合作举办的“仁和中老年书画社文化艺术之春书画摄影展”开展。中国书协、北京美协、顺义书协美协、老干部书画协会等15位书画艺术家的共计66件作品参展，其中书画作品46件、摄影20件。顺义区美协主席魏宗安，顺义一中主任刘海辉，潮白书画院院长王雍在开幕式上致辞。书画家万宝江老师针对展区书画作品给学生们进行耐心讲解。

（史凡）

【微游学系列课程】9月起，开展微游学系列课程。全校师生近900人次参与。课程共分为“走进剧场”“走进博物馆”“走进名人故居”“走进历史名胜”“走进大学”五大模块。在“走进剧场”系列课程中，高一、高二年级语文老师带领学生到首都话剧院观赏话剧《李白》；高一、高二年级组织部分师生观看英国TNT剧院演出的英语原版话剧《罗密欧与朱丽叶》；部分高二学生和教师前往人民大会堂观看话剧《老舍五则》。在“走进博物馆”系列课程中，高二部分班级到国家博物馆进行参观学习。在“走进名人故居”系列课程中，高二年级部分学生和语文老师走进“曹雪芹故居”、南锣鼓巷和鲁迅博物馆、鲁迅故居。在“走进历史名胜”系列课程中，高一70余名师生走进颐和园；高三年级文科班学生参观北京故宫博物院。在“走进大学”系列课程中，高二年级70名师生走进清华大学，进行系列参观和实践活动。

（张爱曦）

【“生态文明教育子课题”研讨会】12月7日，“生态文明教育课题之学校班级生态文明教育主题活动的设计”研讨会召开。各相关领导、老师介绍课题研究进展。总课题负责人李冬校长提出要求：一是德育活动要抓契机出实效。二是增浓课题研究的味道。三是要吃透生态文明教育的内容。各年级主任和骨干班主任及德育处相关老师参加。

（乔柏双 曹绍红）

【2017年科研月系列活动】12月12日，科研月系列活动正式启动。本届科研月的主题是：实施生态文明教育，培养新时代的建设者和接班人。12日，王福成老师做一节《功能高分子材料》的展示课。课后东城区教师研修中心化学正高级教师郑克强评课。12月19日，马红非和周潜英老师分别做《地震及其防治》及《细胞的分化》的展示课。课后，北京教育科学研究院中学地理高级教师李岩梅对马红非老师的课进行点评；北京十一学校生物高级教师乔文军对周潜英老师的课进行点评。

（李勇）

【第二十二届教育科研成果报告会】12月22日，举办第二十二届教育科研成果报告会。报告会首先对2017年顺义一中校内优秀论文获得者、科研先进教师进行表彰与奖励。刘仁、马会放、李俊文三位教师及李冬校长进行科研成果主题汇报。李春艳教授进行点评和指导，张军堂副主任充分肯定顺义一中良好的科研氛围，对学校今后教育科研的方向、课程建设与课堂教学改革等提出建议。顺义区教科室主任赵连顺、友兰中学教师代表、本校全体教师及顺义一中教育联盟的干部教师代表300余人参加报告会。

（李勇）

顺义区杨镇第一中学

【概况】2017年，北京市顺义区杨镇第一中学学校占地面积266800平方米、建筑面积120000平方米，体育场（体育馆）面积38500平方米。图书馆（室）藏书10.7万册，电子图书10万册，订阅杂志、报刊255种。固定资产总值14303.99万元。全年教育经费投入24568.02万元，全部由国家拨款。全年学校信息化经费投入32万元，拥有计算机593台，多媒体教室座位2755个，校园网出口总带宽260Mbps，数字资源量2000GB，“信息技术”课程2课时/周。普通教室79个、专用教室14个、实验室24个。教职工425人，其中，正高级职称0人、高级职称172人、中级职称139人。专任教师291人，包括特级教师3人、北京市骨干教师8人、北京市学科教学带头人2人；本科及本科以上学历408人。开设高中教学班64个，高中在校生2555人，包括寄宿生2323人；招生715人(含新疆内高班245人)，毕业830人。高中录取分数线500分（本区），应届高考本科上线率90.5%。

单位名称：顺义区杨镇第一中学

（李洪峰）

【活动型学科课程主题活动】3月24日，杨镇一中高中政治教研组在行远楼开展“‘以学生为主体’的活动型学科课程构建”主题研究活动。针对李振老师的《政府：国家行政机关》和谢滟檬老师的《文化创新的途径》研究课，各位政治教师从课改理念的渗透、生活逻辑与理论逻辑的融合、选材的真实性、学生活动设计方法与操作、问题的开放性、学科核心素养的培养等方面进行剖析。

（王新生）

【2017仲夏关帝庙会】5月4日，杨镇一中2017仲夏关帝庙会在和乐广场举行。在庙会上，大家销售自制的手工艺品和各种美食。hat trick等社团前来助兴，潮白书画院的老师们为师生现场题字、作画。杨中“和”模拟银行在李振老师的带领下与北京银行合作，成为同学们体验金融行业的实践基地。庙会中大家本着“不信不立，不诚不行”的原则，传承这关帝的“信义”精神。

（金英）

【第六届祝福日活动】5月11日，杨镇一中举行第6个高三祝福日活动。课间操时间，高二学生代表来到高三年级，为高三学子送去提前准备好的祝福卡，为每一位即将参加高考的学子加油祝福。同时高三学子也回赠给学弟学妹们书本、盆栽、字画、水果等礼物。在“高三学子致高二学子一封信”的环节中，高三学子通过一封封书信从生活、学习等方面给予高二学生中肯建议和真诚期望。

（金英）

【执行力小组跨学科交流活动】6月2日，杨镇一中执行力小组跨学科交流活动在综合楼308开展。活动中历史组许连生、唐亦婷和政治组张杰三位老师分享自己的教学经验和成果。在跨学科交流环节，许连生、马万辉、李振三位交流自己在跨学科方面的探索和理念。会上，张春德校长希望两个学科组继续发扬传统，探究实施跨学科学习的操作路径，助力学校教学改革。

（王新生）

【2017届高中毕业典礼】6月20日，2017届高中毕业典礼在杨镇一中报告厅举行。张春德校长代表学校对毕业生表达深深的期待和寄托，杨镇一中校友、凯昆新能源的董事长张继凯先生与毕业生们分享他毕业之后的求学、工作、创业经历。在毕业典礼传承环节上，王金龙副校长宣布2017届“校友联谊会”成立，并聘请原学生会主席贾婧璇担任会长。2017届毕业生将传承的责任寄托在刻有校名、班名的班牌和送给学弟学妹的一封信中，现场授予新高三班级代表。典礼的最后，张春德校长为每一名毕业生颁发毕业证书。校级领导、任课教师为毕业生赠送学校制作的毕业纪念册。

（金英）

【B教学楼等3项工程竣工】B教学楼等3项（顺义区杨镇第一中学教学楼改扩建项目）工程,总建筑面积25299.69平方米，其中地上建筑面积16599.74平方米，地下建筑面积8699.95平方米，建筑高度22.95米。批复总投资11510万元。2016年4月1日开工建设，2017年8月1日竣工。

（孙立东）

【杨镇一中名师工作室成立】9月25日，杨镇一中名师工作室成立大会召开。成立校内名师工作室，旨在打造学校名师、发挥名教师的带动和辐射作用，进而培养中青年骨干教师，进一步提升学校教师队伍质量。叶勇、张卫苹、马万辉等17名教师经过个人申请学校审核最终被批准成立名师工作室。在会议上，王新生副校长宣读学校名师工作室的实施方案。

（王新生）

【2017金秋关帝庙会】10月12日，杨镇一中举行校园金秋关帝庙会。来自联盟校杨镇小学的狮子舞闪亮登场，龙湾屯、金汉绿港、杨镇等幼儿园的老师和孩子们也随之一展风采，初中部的曾庄大鼓响彻校园。除北京砖雕、五花剪纸、京韵大鼓、京剧、扎染等传统项目外，活动增加古代建筑展区，传统手艺人陈玉旺先生就榫卯结构等内容给大家进行现场讲解。本届庙会强调“诚信经营”理念，挖掘关公的“忠义仁勇”文化内涵。每个摊位都经过申请、层层审批后取得杨镇一中关帝庙会营业执照。庙会还设有银行、城管、地税、工商等学生志愿者岗位，学生们在实践中体验各种职业和角色，让庙会市场秩序井然。

（金英）

【江西省干部教师挂职跟岗学习】10月29日，江西省宜春一中黄洲祥等三位教师来杨镇一中进行为期一个月的挂职跟岗学习。这次教学交流活动是北京市教委和江西省教委教育协作交流项目之一，是两地教育思想、教学理念的一次交汇和碰撞。

（王新生）

【第十届班主任节庆祝活动】11月，杨镇一中第十届班主任节活动举办。庆祝活动分为北京国际青年营拓展体验和庆典仪式两部分，主题为“相伴 相勖 相承”。教委副主任张军堂出席庆典仪式并送上祝福。在“相勖”环节，德育处田伟主任对刚成家的班主任苏晓丹老师及其爱人、学生进行访谈。

（金英）

【《典范英语》朗读大赛】12月21日，“北外国际-杨镇第一中学2017年英语朗读大赛”在杨镇一中报告厅举行。活动旨在给高一同学搭建展示英语学习能力和风采的舞台，激发兴趣，利用《典范英语》积累地道语言。比赛分初赛、复赛和决赛三个阶段，以新概念英语选文、诗歌美文、新闻选段和典范英语为朗读材料，并配有相应的音频供同学们跟读和学习。决赛经过抽签、朗读、问答等各项环节，18位选手展现英语素养和风采。5班唐欣婧和12班闫宇梁同学获得一等奖，其余同学分别获得二等奖和三等奖。

（王新生）

文 化

文 化

【**概况**】2017年是“十三五”深化之年，顺义区文化战线紧紧围绕迎接、宣传、贯彻党的十九大这条主线，认真落实区委、区政府的决策部署和工作要求，适应新常态、新形势，坚持以人民为中心的工作导向，围绕全国文化中心建设，牢牢把握顺义发展功能定位，加快推动公共文化建设，大力促进精品艺术创作，着力传承优秀传统文化，增强文化服务能力，建机制、搭平台、树品牌、育人才，大力推动顺义区文化改革发展，扎实做好各项文化工作。
单位名称：顺义区文化委员会

（文化委）

【**公共文化服务体系建设**】顺义区公共文化服务体系基本形成，正在推进区级文化中心工程建设，工程主体建设和外部装修完成，总建筑面积（含地下面积）63386平方米。截至年底，区新影剧院完成装修进度的30%，区新文化馆、区新图书馆、区博物馆完成装修前的准备工作。

（文化委）

【**镇（街）、村（社区）公共文化设施建设**】本区25个镇、街中，北小营镇、赵全营镇、石园街道、旺泉街道等10个镇（街）综合文化中心的建筑面积达到《北京市基层文化设施建设标准》，达标率为40%；526个村社中（414个村，112个社区），建有综合文化室且面积达标有250个，达标率为47.5%。全市领先建立并投入使用潮白书苑24小时自助图书馆，试运营首月接待读者3000余人次。启动图书馆总分馆制建设，建立5个镇街文化中心图书室为总分馆建设试点。

（文化委）

【**探索运营文化精准配送服务模式**】在全区25个镇街建立培训基地，按照各镇街文化需求，采取“点单式”配送，全年共举办各类培训班45期，培训群众1.5万人次。

（文化委）

【**服务全国文化中心建设**】成立由区委书记、区长等区领导牵头的“推进全国文化中心建设工作领导小组”。11月27日，由区文化委牵头召开“文化建设组”和“文化内涵挖掘组”首次工作会，起草《顺义区加快推进公共文化服务体系示范区建设行动计划（2018-2020年）》和《北京市顺义区公共文化服务体系示范区建设运行机制》，并对征求意见稿进行专题研讨，制定基本公共文化服务标准、明确挖掘潮白河文化带沿线文化内涵，保护古迹遗址，挖掘历史价值的工作目标，进一步推动工作落实落细。

（文化委）

【**“结对子、种文化”活动**】坚持以人民为中心的创作导向，开展“结对子、种文化”活动。与专业文艺院团结对帮扶，深入基层、扎根群众，深入挖掘顺义区文化内涵，推动顺义区文艺精品创作，紧扣大事要事，开展主题创作。原创曲剧《箭杆河边的新故事之十不闲传奇》荣获第十五届中国人口文化奖舞台艺术类组委会特别奖、油画《野狼突击队》入选中国人民解放军90周年全国美术作品展，小品《门内门外》获得北京市第28届农民艺术节“乡村大舞台”综合类二等奖、歌曲《美丽顺义》荣获市级原创作品奖、评剧《潮白人家》被列为北京市重点扶持剧目，并参加2017年度北京金秋优秀剧目展演。

（文化委）

【**群众文化品牌活动**】“二月新春”“五月的鲜花”“十月金秋”三大系列群众文化活动保持全年文化活动不断线，成为顺义最具特色、全市公认的群众文化活动品牌。

（文化委）

【**文化惠民活动不断升级**】引进中国歌剧舞剧院、中国木偶剧院、中国评剧院等优秀团队上演舞剧《孔子》、儿童剧《绿野仙踪》、戏曲《湘缘情》、新年音乐会等精品演出200余场，举办合唱、广场舞、摄影等各类文化赛事、开展周末场演出计划、阅读活动、文化讲座、公益电影放映等系列群众文化活动1.8万场次，参与市民达60万人次。延长顺义新华书店营业时间，方便市民的阅读和选购。策划打造“消夏相声艺术节”“贺新春戏曲艺术节”文化活动新品牌。

（文化委）

【**文化培训菜单式服务**】在全区各镇、街道试验性建立文化培训基地。并根据基层群众实际需要，开设相关培训班，截至年底，培训全区基层群众1.5万人次。推动实施文化馆、图书馆总分馆制工作。目前区文化馆、图书馆总分馆制前期调研工作完成，图书馆分馆试点东方太阳城图书阅览室开始运营。

（文化委）

【**京津冀公共文化协同发展**】一是让区域文化“走出去”。与河南西峡举办文化成果展、 文艺晚会，与河北沽源举办摄影作品展，促进地区间文化协同发展。二是将外面文化“请进来”。邀请京津冀花会队伍与顺义区队伍一决高下、举办首届京津冀“湿地之光”优秀摄影作品交流展、邀请区内外非遗手工艺展示交流，促进地区间传统文化交流与提升。

（文化委）

【**文化遗产**】一是遵循文物修缮规律，做好重要历史文化印记再现工程，有序开展开元寺、潮源洞等6处不可移动文物修缮和保护工作。二是面向社会首次开展征集文物工作，共征集文物85件，为推进本区博物馆建设奠定基础。三是文物执法工作取得新进展，立案结案率实现100%，全年对不可移动文物安全巡查70余次，重大安全专项巡查20余次。四是开展非遗文化展示活动，邀请孙氏糕点模具、南法信中国结、火绘葫芦等21项区级和市级非遗手工技艺传承人进行现场展示，让文化遗产“走入”现代生活，推动顺义地区对非物质文化遗产的保护、传承与发展。五是明确挖掘潮白河文化带沿线文化内涵，保护古迹遗址，挖掘历史价值的工作目标。确定7个重点文物遗存镇，论证并通过杨镇押花葫芦、木林镇传统香油制作等6项技艺进入区级非遗保护名录，完成南郎中关帝庙、武各庄关帝庙、北营村朝阳庵等7处文保单位修缮保护及验收工作。

（文化委）

【安全生产】坚持贯彻“安全第一，预防为主”的方针，牢固树立安全责任重于泰山的意识。认真贯彻上级有关安全生产工作的会议及文件精神，在全区文化行业范围内开展各类培训、例会、专项行动等工作。截至12月，举办文化行业会议、培训18次，通过会议、培训、单独指导等形式共培训企业负责人、安全管理人员2200人次；下发各类方案、文件23种4600份，与文化生产经营单位签订责任书4种800份，发放各类宣传海报、警示标识3000余份。

（文化委）

【文化阵地检查】全年举办文化行业会议、培训18次，开展“扫黄打非”、有限空间专项治理、安全生产等各类整治行动，共出动执法人员3000余人次，执法车辆1000余台次，检查各类场所1000家次，录入法制办系统检查记录单766份，立案调查93件，结案88件，罚款15.05万元，屏蔽、删除有害信息4000余条；开展5次文化行业全覆盖检查，共检查各类文化娱乐经营单位948家次；对发现的问题均督促企业完成整改，做到隐患闭环管理。完成“两会”“一带一路”“十九大”等会期间安全保障工作，开展有限空间专项治理，保障顺义区稳定的文化环境。

（文化委）

广电中心

【概况】2017年，顺义广电中心始终围绕中心，服务大局，以栏目、节目服务全区经济社会发展，弘扬正能量，倡导社会主义核心价值观，为区域经济社会发展营造良好的舆论环境。

单位名称：顺义广电中心

（广电中心）

【“党建”工作为统领】中心坚持党对一切工作的领导，以“党建”绩效考核为契机，将党建、意识形态、党风廉政、安全生产等工作统筹协调，根据岗位不同签订个性化责任书，与业务考核同部署同考核。严格落实审签核制度，节目内容从选题确定到节目播出，层层把关，内容多轮审核，重大主题宣传、重大的新闻事件，做到“一把手”亲自审核把关，同时报区委宣传部审核。

（广电中心）

【主流媒体作用彰显】围绕迎接学习宣传贯彻党的十九大开设专栏专版，播发新闻1000余篇（条），播出“砥砺奋进的五年”19集系列专题报道，制作系列短音频《听总书记讲故事》109集。中心全媒体播出（刊登）26位区级领导、45家单位“一把手”和主要领导，畅谈党的十九大精神学习体会，如何贯彻落实十九大精神在顺义落地生根形成生动实践，引起社会的广泛关注与认可。

（广电中心）

【时政专题节目成为品牌栏目】《顺义新闻》在围绕中心服务大局，在保证时政新闻正常播出的前提下，用专题的视角反映区域的重大变化，反映百姓民生的获得感和幸福感，对经济社会发展热点、亮点进行深度系统报道。播出《疏整促》8集系列专题，完成“三大专项”行动系列专题片，制作“疏整促”总结片近10部、《公益动漫短片》10余部，完成《顺义区区级换届工作选举总结片》《区绩效考核专题片》《区“梧桐工程”总结片》《顺义脊梁》等专题片、总结片、宣传片50余部。

（广电中心）

【《顺义时讯》增刊改版】9月，《顺义时讯》由每周1期增至每周2期，每周三、五出刊。强化评论员文章创作，成立评论员文章写作领导小组，建立评论员文章写作长效机制，围绕重点工作，集聚全区力量开展评论员文章撰写工作，刊登文章14篇。主要围绕喜迎党的十九大和学习宣传贯彻党的十九大精神、疏解整治促提升、维护风清气正的政治生态以及落实新版城市总规等展开论述，有效地引导舆论。9月21日，市委书记蔡奇批示：“《顺义时讯》评论员文章有分量”。市委常委、宣传部部长杜飞进也做重要批示。《顺义时讯》评论员文章成为品牌栏目。

（广电中心）

【媒体资源优化整合】充分发挥中心下辖电视、广播、报纸、新媒体合署办公的优势，实现人员统一管理、统一配置，信息共享、资源共享，做到新闻信息内容统一策划、统一采编、集中制作、多渠道发布、全媒体呈现，打造“中央厨房”。从体制机制人员上促进媒体融合，实行“轮岗交流”，多岗位锻炼，建立绩效考核机制，加速全媒体编辑记者培养，为多媒体融合奠定基础。

（广电中心）

【全区微信矩阵建立】牢固树立大宣传的理念，充分发挥主流媒体的引领作用，围绕打造区域全媒体平台，对全区官方微信、网站、微博以及有影响力的媒体进行整合，加强彼此间信息资源的共享和互通，充分发挥各自优势，形成立体全方位宣传。顺广传媒通过建立“微矩阵”方式，将顺义区委、办、局、19个镇、6个街道及企、事业单位各自微信号聚集新平台中，不仅实现“一号全通”的良好功能体验，还为平台新闻、资讯等提供良好的内容素材。

（广电中心）

【新型广播电视移动媒体平台正式投入使用】顺义广电中心新型广播电视移动媒体平台正式投人使用，做到第一时间推送，实现电视、广播、报纸、微信公众号等媒体的融合。“粉丝”人数达20余万，在全市处于领先地位。民生新闻《顺义这112个村“煤改电”工程下月开工，共41086户！》，总阅读量近4.5万人次。举办“我为妈妈献才艺”等活动10余项。

（广电中心）

【高清改造完成】电视台高清改造基本完成、电台数字化网络化改造工程完工，技术水平处于领先水平。高清转播车、广播直播车及移动媒体平台云直播车接车、调试工作有序进行，标志着中心采编播存设备的更新换代工作基本完成，直播车的引进标志着新闻采写回传速度的一个质的飞跃，硬件设备的升级为安全播出提供有效的保障。

（广电中心）

【有限广播实现村村通全覆盖】顺义广播电台目前是全市唯一保留有限广播和无线广播的电台。全天播出17小时，每日直播时长9小时。每个镇均设有广播站，有线广播实现村村通。围绕中心服务大局，节目安排更加突出民生服务性、增强互动性。

（广电中心）

卫生

综 述

【医疗机构】全区医疗机构729家，其中营利性机构298家、非营利机构431家；社会办医疗机构337家。
单位名称：顺义区卫生和计划生育委员会

（卫计委）

【人口】2017年，顺义区常住人口112.8万，户籍人口63.5万人，流动人口41.85万人。全区户籍育龄妇女15.2万人，其中户籍已婚育龄妇女11.4万人。全区流动育龄妇女9.59万人，其中流动已婚育龄妇女6.09万人。

（卫计委）

【生命统计】全年户籍人口出生9423人，政策符合率98.98%。出生人口性别比105。出生率15‰。全年流动人口出生3360人，计划生育率97%，出生人口性别比105。全年户籍人口死亡4409人，死亡率6.98‰。其中男性死亡2481人，死亡率为7.93‰；女性死亡1928人，死亡率为6.05‰。人口自然增长率8.76‰，男性和女性自然增长率分别为8.23‰和9.28‰。因病死亡4234人，占总死亡人数的96.03%。死因顺位前十位依次为心脏病、恶性肿瘤、脑血管病、呼吸系统疾病、损伤和中毒、内分泌营养和代谢疾病、消化系统疾病、神经系统疾病、泌尿生殖系统疾病和传染病，共计4225人，占总死亡数的95.83%。户籍人口期望寿命为80.14岁，其中男性77.82岁、女性82.53岁。

（卫计委）

改革与管理

【折子工程和实事项目】药品阳光采购市政府折子及医养结合等6项区政府折子工作，“百人工程”“千场讲座”及“农村改水”3项区级实事全部按时完成。

（王凤忠）

【国家级慢性病综合防控示范区创建】进一步完善“政府主导、多部门合作、专业机构支撑、全社会参与”的慢性病综合防控工作体系，联合有关部门开展“万步有约职业人群健走大奖赛”“幼儿健康传播行动”，全年完成健康支持性环境建设202个。代表北京市迎接国家技术评估组考评，并被正式授予“国家慢病综合防控示范区”荣誉称号。

（王凤忠）

【爱国卫生运动】深入贯彻落实《北京市控制吸烟条例》，开展大型宣传、培训6场，完成控烟监督检查3656户次，受理控烟投诉举报案件287件，有力巩固全区控烟工作成果。指导天竺综保区、区教委、空港和旺泉街道办事处4家单位创建北京市健康示范单位。以817.7分的全市最高分通过全国爱卫会复审。

（王凤忠）

【医药分开综合改革】顺义区成立医药分开综合改革工作领导小组及13个工作组，以区政府名义制定并印发实施方案，召开全区改革动员部署会，全面排查改革风险隐患。改革内容主要涉及三方面：一是取消药品加成、挂号费、诊疗费，设立医事服务费。二是规范调整部分医疗服务项目的价格，上调护理、中医、传染、儿科、手术、床位等价格，下调CT、核磁等大型设备检查收费价格。三是全面启动实施药品阳光采购。全区239家医疗机构参与本次医药分开综合改革，于4月8日正式实施。

（王凤忠）

【医疗服务改善专项行动】全面推进“加强预约挂号管理、改善门诊医疗服务”等改善医疗服务17项措施。区医院成立郊区首家检查预约中心，区中医院在卫生间增加厕纸、洗手液、置物台和香薰。分时预约在区级医院全面开展并精确到1小时以内。部分机构还建立门诊患者就医签到机制，借助微信、支付宝实现预约挂号、自助缴费，患者看病就医流程进一步简化，就医体验显著改善。通过改革与改善同步实施，顺义区改善医疗服务行动计划获得国家卫计委医政医管局“优秀组织奖”。

（王凤忠）

【区外优质医疗资源引入项目】推动阜外医院、北医三院等优质医疗资源入区，其中北医三院入区协议签订；北京口腔医院顺义医院获区编办批复机构设置；与北京市二龙路医院持续开展全面战略协作，北京中医院、北京儿童医院等不断完善学科建设，推进同质化管理。完成3家社会资本在河东地区设置中医医院的前期审批。

（王凤忠）

【区级医院综合诊疗服务能力增强】以临床重点专科建设为抓手，有效带动区级医院综合服务能力提升。区医院完成三、四级高难度手术近万例，较去年增长25%以上。区中医院肿瘤科获评国家中医重点专科辐射工程首都区域专科。区妇幼保健院在全市妇幼类专科医疗机构DRGs评估中，综合能力位列全市第一。综合公立医疗机构纳入临床路径规范化管理病例数占比由2016年的22.9%提高到33.29%，增幅达11个百分点。

（王凤忠）

【基层医疗卫生服务体系建设不断完善】统筹协调各镇编制，完成全区村级医疗卫生机构和乡村医生岗位设置规划，实施乡村医生转岗、招募和培训等工作。家庭医生签约服务全面推进，组建286个家医服务团队，总体签约率达35.9%，重点人群签约率达92.9%，均完成市级规定要求。统一大医院与社区的药品采购目录，完成2354人次、3453个品规短缺药品登记，累计开具2个月长处方977人次。持续推进社区卫生服务机构处方点评工作，不合理处方率由医改之前的17.6%降至11.7%。

（王凤忠）

【区域中医药服务能力提升】开展《中医药法》学习与宣传，《顺义区中医药振兴发展实施方案》启动落实。中医专家高才达、崔德成获评第三届“首都国医名师”。郁仁存等4名国家级名医及吕培文等3名市级名医的分站（室）落户顺义。顺义区首批名老中医药专家传承项目完成遴选，9名指导老师、18名传承人入岗开展传承工作。社区卫生服务中心（镇卫生院）中医馆建设率实现100%。

（王凤忠）

【医疗卫生质量安全控制管理】依托11个区级医疗质量控制和改进中心，扎实做好专项调研和业务指导。继续开展DRGs医疗服务绩效评价，平均入组率99.4%，略高于全市平均水平。推进优质护理服务深入、持续、健康发展，建立护理质量持续改进的长效机制。全年通过多种途径受理医患纠纷310余起，依托第三方调解机构及司法机构，均得到妥善处理和解决。指导顺义区非公立医疗机构协会，加强对社会办医的行业监管和业务培训。

（王凤忠）

【落实人才分层培养鼓励开展医学科研】组织开展两期卫生计生管理干部培训班，200余人参训。选送7名管理人员参加境外中、短期研修。累计举办各级继续教育项目培训800场，参与率100%、达标率98.55%。启动首批区卫生计生科研专项申报与评选工作，共资助20个培育项目建设。全年发表科研论文800余篇，其中SCI4篇。区中医院正式挂牌为河北北方学院教学医院并启动开展教学合作，完成首批长春中医药大学实习生带教工作。顺义区医院作为首都医科大学教学医院验收挂牌各项工作有序推进。

（王凤忠）

【依托医联体建设】建成以区属四家二级及以上医疗机构为核心，涵盖26家基层医疗卫生单位的4个医联体，实现医联体的区域全覆盖；医联体核心单位共选派60余名专家到基层受援单位出诊、查房、授课2500余次，提供服务3万余人次。区级影像诊断会诊中心覆盖范围扩展至22家卫生院，累计完成远程协助10万余次、出具报告9244例。

（王凤忠）

社区卫生

【基层卫生机构】顺义区有社区卫生服务中心26所，社区卫生服务站（运行）169所，均为政府办机构。有卫生人员1619人，其中全科医生500人、中医医生117人。注册护士479人。全年门诊2380706人次。

（王凤忠）

【家庭医生签约】常住人口家庭医生签约385896人，签约率35.9%。重点人群签约242180人，签约率92.9%。家庭医生上门服务5755人次。完成社区卫生中心(站)标准化建设。组建家医服务团队286个，其中一医一护或一医一助理的团队184个。

（王凤忠）

【对口支援】二、三级医疗机构对口支援社区57人，其中正高8人、副高25人、中级21人、初级3人。全年上转病人6884人次、下转病人48人次。

（王凤忠）

【社区健康档案】建立健康档案（均为电子档案）813791份，占常住人口的72.1%；健康档案使用373178份，使用率45.9%。

（王凤忠）

农村卫生

【村卫生室】有村卫生室178家，全部为村集体办，覆盖率100%。

（王凤忠）

【乡村医生】有乡村医生275人，通过网上理论培训、考试，技能穴位贴敷培训、考试和各镇卫生院临床进修5方面的考核，275名乡村医生全部通过本年度乡村医生岗位培训。

（王凤忠）

医政工作

【医疗卫生队伍】全区执业（助理）医师3772名（包括西医、中医、中西医结合），注册护士3649名。平均每千常驻人口拥有执业（助理）医师3.69名、注册护士3.57名。医护比1:0.97.

（王凤忠）

【床位】实有病床3261张。

（王凤忠）

【诊疗情况】全年总诊疗875.58万人次、出院8.06万人次、手术2.38万人次，比去年分别减少9.87%、增加2.81%、3.03%；平均住院日8.05天，比去年减少0.41天。

（王凤忠）

【对口支援】全区共计接受支援医院支援医师222人、4455天，开展门、急诊诊疗87873人次，完成手术915例，手术示教763例，疑难病会诊408人次，教学查房579次，学术讲座98次，在支援专家指导下建立特色专科6个，送出医护人员13人到支援医院进修。深入与内蒙古巴林左旗、河北沽源、西藏尼木、宁夏盐池开展对口帮扶工作，协同顺义区三级医院到帮扶地区开展实地考察3次，选派23名专家到受援地区进行帮扶指导，专家累计共诊疗450人次，开展手术80例，参与疑难病例讨论和会诊20人次，开展新技术、新项目4例，学术讲座和业务培训共11次，开展教学查房和手术示教25次，建设ICU和口腔科2个特色专科，捐献救护车两辆和移动X线机1台，全年共接收45名医疗骨干来顺义区进修。

（王凤忠）

【血液管理】全年完成血液采集14615单位，其中团体无偿献血1283单位、街头采集11704单位。临床用血7511单位，实现区域采供血平衡。

（王凤忠）

【医疗质量管理】2017年，在对10个质控中心专家名单调整的基础上，新增急诊医疗专业质量控制和改进中心。各质控中心按照区卫计委统一部署，主动指导基层单位加强各项能力建设,扎实做好专项调研和业务指导，2年内完成专项调研、指导活动共16次，组织质控相关学术课程、会议20余次,提高医务人员适宜技术临床应用能力，保障医疗质量和医疗安全。继续通过DRGs、临床路径等方式开展医院评价，DRGs平均入组率99.4%，略高于全市平均水平；二级及以上综合公立医疗机构纳入临床路径规范化管理病例数占比54.59%，完成市级公立医院改革目标。加强区级临床重点专科全过程管理，对47个项目开展中期评审，进一步规范各专科发展方向。继续健全区级临床重点专科建设配套管理制度，逐步提升区级医院的诊疗服务能力和科研教学水平。

（王凤忠）

【医疗安全管理】2017年，顺义区持续推进“平安医院”创建工作和严厉打击涉医违法专项行动，督促各单位进一步落实平安建设举措，有效化解各类医疗安全风险；在保证基层医疗机构医责险和医疗意外险100%承保的基础上，面向全区医疗机构推广医责险和医疗意外险，侧重提高非公立医疗机构的参险意识；全年组织召开3期医疗纠纷处理能力培训班，妥善受理医疗纠纷投诉共计310件。

（王凤忠）

【护理工作管理】2017年，注册护士3649人，医护比例为1：0.97，ICU床位35张。全区共上报不良事件202例，其中管路滑脱29例、用药错误22例、跌倒坠床33例、皮肤压疮52例、意外事件55例、操作并发症11例，整改率100%。

（王凤忠）

【优质护理服务评价】优质护理服务工作在区医院、中医院、妇幼保健院、空港医院所有病房开展。年内，结合基层医疗机构实际情况，区护理质控中心制定符合基层实际的考核标准及方案。6月-9月期间，区卫计委联合区护理质控中心对全区21家一级医疗机构开展护理服务督导检查，专家从护理质量、安全管理、风险防控、基础技术操作等方面进行检查与指导。

（王凤忠）

【5.12护士节专题活动】5月8日–5月12日期间，“展示天使风采，感恩回报社会”系列宣传活动举办。活动包括“医养结合进社区”“急救知识进校园”“疏导减压提效率”三项主题内容。活动期间服务群众2507名，免费测血糖1400余次，测血压1200余次。并对7所中学500余名师生进行急救知识宣讲，在展示顺义区护理队伍精神风貌和职业风范的同时，加强与群众间的沟通，提升社会认同度。

（王凤忠）

【护理培训】2月23日，面向全区护理骨干举办安全输液规范化培训。3月28日，针对一级医疗机构护理管理者开展医院护理服务评价标准解读及护理安全管理知识培训，并对护理不良事件管理做专项培训。7月21日，面向一级及以下医疗机构进行护理质量管理、急救知识和技能、静脉治疗等方面的培训。邀请北大医学部专家为区二级以上医疗机构护士长进行护理质量分析工具的选择与应用的培训。

（王凤忠）

【血透质量管理】12月13日，北京血液净化质量控制和改进中心专家组对顺义区医院、中医院、空港医院进行检查，督导组专家对三家医院血透质量管理提出合理化建议。各医院根据专家的建议，结合实际情况进行整改，规范医疗服务行为，有效防控安全隐患。

（王凤忠）

【基层医院感染管理知识培训】2017年，医院感染质控中心继续与市质控中心工作相对接,邀请市、区级院感专家授课6次，各级各类医疗机构参加培训人员2300余人次，培训内容涉及《医务人员手卫生规范》《基层医疗机构医院感染管理基本要求》及《医疗废物污水管理》等方面，明确管理要求，增强管理重视程度。

（王凤忠）

【医疗废物专项督查】5月，根据《顺义区医疗废物检查标准》，对全区29家医疗机构开展顺义区医疗机构医疗废物专项督查。检查从制度建设、设施设备要求、收集运送暂存、人员防护与培训、转交处置、内部监督检查、资料保存等八个方面进行考核，专家在实地检查中对各单位发现的问题进行反馈，并提出指导意见。

（王凤忠）

【麻醉药品及特殊药品管理】年内，完成区内37家毒麻药品印鉴卡持证单位的印鉴卡换证工作。换证撤销印鉴卡2家，验收新增印鉴卡管理机构1家，变更印鉴卡事项25例，参与销毁过期毒麻药品12次。

（王凤忠）

【合理用药】继续规范抗菌药物使用，组织开展抗菌药物使用培训及资格考试，同时联合医学会、质控中心对区内社会资本举办的医疗机构开展抗菌药物静脉输液活动资格审核专项检查活动，按要求对其人员资质、抗菌药物使用指征等内容进行审查，共审批通过6家单位。继续巩固抗菌药物专项整治活动成果，加强日常抗菌药物使用监测，并配合市级质控中心开展限制性抗菌药物临床监管工作。2017年，二级及以上综合医院平均住院、门诊、急诊患者药物应用比例分别为48.45%、14.35%和25.95%，达到目标要求。

（王凤忠）

【规范处方点评管理】各级医疗机构坚持处方点评制度，严格组织处方点评的实施及结果应用。进一步加强基层中医药规范化管理工作，在原有区级处方点评工作基础上启动顺义区基层医疗机构中药饮片处方点评工作，由10名区级专家负责26家基层医疗机构的中药饮片处方点评工作，全面推进三级点评制度，同时依托区药事质控中心的专业优势，根据各医疗机构日常点评的问题开展针对性调研、培训共计4次。2017年，点评基层西药及中成药处方共计30400张，其中不合理处方12.7%，较2016年的17.04%有明显下降；中药饮片处方共点评处方2400张，不合格处方723张，不合格率30.1%。

（王凤忠）

【院前急救】区120急救分中心合理调整各分站布局，新增1家赵全营镇急救站点正式投入使用，使顺义区院前急救体系建设进一步完善。全年举办突发公共事件应急医学救援演练5次，参与区内120、110、122、119联合应急演练2次，执行院前急救任务出车18309次，其中，各种外伤出车5884次，占总出车比例为32.14%；心血管病出车2084次，占总出车比例为11.38%；急性脑血管病出车3318次，占总出车比例为18.12%；分别占总出车数的前三位（共61.64%）。另外，各种中毒事件出车759人次，占总出车比例的4.15%。精神疾病患者转运90次。

（王凤忠）

【医疗设备采购严格审批】通过严格控制设备购置审批程序，坚持大额采购两级论证原则，促进卫生资源合理配置与建设。全年共受理23家医疗机构、45批次合计134项的采购申请，总计金额10683.547万元，其中超过两级论证限额的项目15项。全年共组织区级论证13次，论证金额共计5419.8万元。

（王凤忠）

【医疗设备采购管理规范化】依据《中华人民共和国招标投标法》《中华人民共和国政府采购法》等有关文件要求，遵循公开、公平、公正和诚实信用的原则，对采购单位提交的立项申请，严格把关及时审核，指导各单位规范化采购医疗设备。2017年，共涉及5项24个医疗设备的招标采购。

（王凤忠）

【应急救援与大型活动医疗保障】区急救中心承担辖区内大型活动保障工作，在二十六届燕京啤酒节、清明节祭扫活动、第三届舞彩浅山登山文化节等大型活动中，安排专门的救护车辆、急救人员承担保障任务，共执行专项医疗急救保障任务178车次。区医院、区急救中心、北小营镇卫生院、马坡镇卫生院、南彩镇卫生院、南彩镇俸伯卫生院共同完成持续15天的2017年第二十六届燕京啤酒节医疗保障工作。

（王凤忠）

【全程办事代理】全年完成医疗机构校验633件，登记注册26件，机构设置审批30件，医疗机构变更177件，医疗机构换证192件，医疗机构注销12件。受理医师执业注册、地点变更及多点执业674件，护士执业注册、延续注册及地点变更申请613件。

（王凤忠）

【创建群众满意卫生院】在全区18个乡镇卫生院开展2016—2017年度群众满意卫生院创建工作，通过组织各卫生院进行院内自查自评，各级专家组复核验收，最终顺义区赵全营镇卫生院、李桥镇卫生院和杨镇沙岭卫生院获得国家级群众满意乡镇卫生院称号。

（王凤忠）

【药品阳光采购】通过北京市药品阳光采购平台采购药品金额11.9亿元，为患者节约费用约9500万元。在社区医疗服务机构足量配齐4类慢性病的105种常用药品，建立短缺药品登记制度，共完成1842人次、2230个品规的短缺药品登记，保障患者用药需求；贯彻落实“2个月长处方”政策，共开具2个月长处方521人次。继续加强用药监管，将阳光采购相关工作纳入年终考核指标，并完成对系统内30家一级及以上医疗机构药品阳光采购监督、指导工作。

（王凤忠）

卫生计生监督

【公共场所卫生监督】全区公共场所1914户，监督1879户，监督覆盖率98.17%，合格率92.51%；抽检742件，合格641件，合格率86.39%；行政处罚307起，警告302起，警告并罚款76起，罚款金额18.4万元；受理公共场所举报投诉案件122起，办结120起。

（王凤忠）

【禁控烟】全年共受理控烟投诉举报案件287件，办结287起，办结率100%；累计监督检查3429户次，不合格单位57户，责令整改单位57户；罚款44起，金额共计31850元，其中，处罚单位7起，罚款金额共计30000元；处罚个人37起，罚款金额1850元。

（王凤忠）

【生活饮用水卫生监督】全年应监督813户，实监督各类供水单位812户，覆盖率99.88%。监督876户次，监督频次1.08。年内接到饮用水投诉162起，办结162起。年内纳入双随机二次供水单位219户，开展双随机监督219户。

（王凤忠）

【行政许可和食品安全标准备案】年内，卫生行政许可答询3875余件，受理980件，办结951件，办结率97.04%，其中公共场所办结552件、新办297件、延续210件、变更35件、补办0件、注销10件；生活饮用水办结383件

（王凤忠）

【放射卫生监督】年内，全区开展放射诊疗活动并取得《放射诊疗许可证》的医疗机构61户，放射工作人员367人，在册并通过检测放射设备159台。年内受理完成放射卫生行政审批共计119件，其中受理新办12件、校验37件、变更13件、卫生审查16件、竣工验收19件，发放《放射工作人员证》22件。

（王凤忠）

【消毒产品监督】抽查辖区所有一级以上医院42家、疾病预防控制机构1家，其他医疗机构155家，对预防接种、消毒隔离制度落实、传染病疫情报告、医疗废物管理及病原微生物实验室生物安全管理等内容进行专项监督检查。出动监督员618人次、271车次，合格189户，不合格9户，合格率95.45%。期间，做出行政处罚9件，其中警告5件、罚款4件，处罚金额1.6万元。

（王凤忠）

【医疗卫生机构监督】对全区医疗机构有效监督1885户次，合格1860户次，合格率98.67%。一般程序处罚案件18起，罚款6.5万元。

（王凤忠）

【血液管理】全区开展血液管理各项监督检查共12户次，合格12户次，合格率100%。

（王凤忠）

【母婴保健】全区开展母婴保健专业监督检查共57户次，合格57户次，合格率100%。

（王凤忠）

【学校卫生监督】全区共有各类学校155所，监督检查155所，监督覆盖率100%，监督频次3.02.

（王凤忠）

【行政处罚】年内，实施行政处罚457件，其中简易程序353件、一般程序104件，罚没款金额为42.285万元。其中控烟处罚44件，罚款金额3.185万元。较2016年同期处罚案件数（232件）增加225件，增加96.98%；罚没款金额（44.635万元）减少2.35万元，减少5.3%。全年行政复议与行政诉讼案件，无涉刑案件移送情况。

（王凤忠）

疾病控制

【传染病防治】全年无甲类传染病报告，共报告乙丙类法定传染病18种5719例，死亡9人；总报告发病率为560.06/10万，总报告死亡率为0.88/10万。结核病管理。全区登记管理肺结核病人323例，其中外地患者129例，占病人登记总数的40%。有221例患者选择在北京胸科医院治疗，占登记患者总数的68%。对298名家庭密切接触成员进行接触者检查，患者家属筛查率达到100%，未检出肺结核患者。性病防治与管理。共报告淋病、梅毒、尖锐湿疣、生殖器疱疹、生殖道沙眼衣原体感染5种性病352例，发病率为34.47/10万，同比上升17.21%，无死亡病例。发病顺位为梅毒170例、尖锐湿疣93例、淋病55例、生殖道沙眼衣原体感染32例、生殖器疱疹2例。法定传染病梅毒报告发病率同比上升43.91%、淋病上升9.88%；其他传染性疾病尖锐湿疣、生殖道沙眼衣原体感染同比分别上升0.98%、38.98%，生殖器疱疹下降88.25%。艾滋病防治与管理。2017年新增现住顺义区93例（71例HIV，22例AIDS），累计现住顺义区404例（含死亡7例，查无此人1例），需随访管理396例，其中285例HIV，111例AIDS。396例在访病例中含顺义区户籍74例，其中HIV44例，AIDS30例；同性传播50例，占67.57%，异性传播23例，占31.08%，不详1例，占1.35%。全区无狂犬病例发生。报告1例人感染H7N9禽流感，死亡1例。共报告手足口病1474例（含重症3例，无死亡病例）。

（王凤忠）

2017年顺义区乙类传染病报告发病情况

顺位	疾病病种	发病数	发病率 1/10万	构成比（%）
1	肺结核	316	30.95	34.50
2	梅毒	170	16.65	18.56
3	痢疾	135	13.22	14.74
4	肝炎	103	10.09	11.24
5	猩红热	89	8.72	9.72
6	淋病	55	5.39	6.00
7	艾滋病	22	2.15	2.40
8	布病	16	1.57	1.75
9	百日咳	5	0.49	0.55
10	麻疹	2	0.2	0.22
11	疟疾	2	0.2	0.22
12	人感染H7N9禽流感	1	0.1	0.11
合计		916	89.70	100

2017年顺义区丙类传染病报告发病情况

顺位	疾病病种	发病数	发病率 1/10万	构成比（%）
1	其它感染性腹泻病	1881	184.21	39.16
2	手足口病	1474	144.35	30.69
3	流行性感冒	1350	132.21	28.11
4	流行性腮腺炎	90	8.81	1.87
5	风疹	4	0.39	0.08
6	急性出血性结膜炎	4	0.39	0.08
合计		4803	470.36	100

【慢病防治】共管理高血压患者65292人，规范管理高血压患者38431人，高血压规范管理率58.9%，血压达标人数32684人，血压控制率50.1%。管理糖尿病患者26599人，规范管理糖尿病患者16161人，糖尿病规范管理率60.8%，血糖达标人数12572人，血糖控制率47.3%。

（王凤忠）

【精神卫生】全区录入北京精神卫生信息管理系统并上传卫生部减去死亡后的精神病患者4418人，严重精神障碍患者在册3079人（其中精神分裂症、持久的妄想性障碍、分裂情感性障碍、双相情感障碍<包括躁狂发作>、癫痫所致精神障碍、精神发育迟滞伴发精神障碍的患者3021人，强制报告的六类外病种患者58人），其他严重精神障碍患者1339人。长期免费服药患者1501人，其中享受老政策免费服药患者572人，新政策累计783人，2017年新增146人。临时免费服药404人次。全年共发放免费药品267万余元。

（王凤忠）

【地方病防治】碘缺乏病监测随机抽取沙岭、杨镇、南彩、仁和及板桥五个地区的居民户家中食盐共定量检测300件，其中学生家中食盐样品200件，碘盐127件，合格碘盐102件，无碘盐73件，合格碘盐食用率为51%；孕妇家中食盐样品100件，碘盐82件，合格碘盐70件，无碘盐18件，合格碘盐食用率为70%，居民户总体合格碘盐食用率为57.3%，不符合国家不低于90%的标准。随机抽取沙岭、杨镇、南彩、仁和及板桥五所中心小学各40人，8-

10岁儿童共200人进行甲状腺B超及采集尿标本和家中食盐工作，甲状腺肿大率为0.5%，尿碘中位数为147.8ug/l；本辖区育龄妇女200人、成年男性200人，尿碘中位数分别为195.6和186.7ug/l，本辖区内孕妇共采集尿标本200人，尿碘中位数为108.8ug/l，仅有孕妇略低于世界卫生组织推荐的碘营养标准（150-249 ug/l）。共监测水井128眼，每眼井采样2件，共采样256件，结果发现有2个乡镇为高碘水源（水碘中位数大于10UG/L）为，分别为后沙峪和大孙各庄。随后，在两个高水碘地区开展以村为单位的普查，其中后沙峪2眼、大孙各庄34眼，共监测水井36眼，采水样72件，水碘含量中位数结果分别为1.25和7.65 UG/L，排除高水碘水源，从检测结果可以确定顺义区水源环境属于低碘地区。对12个乡镇的51眼改水井的使用状况和枯、丰水期水氟含量进行调查，改水井正常使用50眼，超标1眼，正常使用率为98.04%，直接受益人口为6.8万人。水氟含量检测合格率为98.04%。水氟含量在1.2mg/1以上的超标水井1眼，为高丽营一村。枯水期1.58mg/1，丰水期结果为1.51mg/1。10月份完成张镇良善庄村、赵全营镇板桥村、高丽营镇一村3个村8～12岁学龄儿童的氟斑牙患病情况调查工作，共检查200人，患病人14人，患病率为7%。

（王凤忠）

【学校卫生】全区中小学生69618人，实际体检63509人，体检覆盖率为91.22%。中小学生视力不良检出率为60.69%，肥胖检出率为19.60%（中国学生超重肥胖BMI筛查标准），营养不良检出率为7.23%（中国学生营养不良BMI筛查标准）,缺铁性贫血检出率为6.02%，学生恒牙患龋率为17.41%，恒牙龋均为0.31，恒牙龋齿填充率为26.88%。学校无传染病暴发、集体食物中毒事件发生。

（王凤忠）

【计划免疫】全区接种347486人次，基础免疫、加强免疫报告接种率均在99%以上，本市儿童出生1个月内和流动儿童居住2个月内建卡、建证率均在99%以上。顺义区27家规范化接种门诊中，AAA级门诊2家、AA级门诊10家、A级门诊15家。全年报告疑似预防接种异常反应（Adverse Event Following Immunization，简称AEFI）207例，发生率为37.77/10万针次，全年未发生接种差错事故，安全接种率100%。其中一般反应167例，异常反应35例，偶合症5例，心因反应0例，未出现疫苗质量事故和接种事故。流动人口接种。全区共调查集中用工单位364家，应接种麻疹疫苗4667人次，实接种3566人次，接种率为76.41%；应接种流脑疫苗4599人次，实接种3592人次，接种率为78.1%。学龄前流动儿童强化查漏补种工作共调查到学龄前流动儿童25091人，补种/预约331人次，补卡、补证率、各疫苗补种/预约补种率均达到100%。流感疫苗接种。对本市60周岁以上老年人和中小学校在校学生开展流感疫苗接种工作。全区流感疫苗共接种86860人次（接种人数比2016年提高2.11%），其中自费疫苗4341人次；60岁以上老人接种41384人次，接种人数比2016年提高3.02%；学生接种39751人次，接种人数比2016年下降1.20%；其他保障人群共接种1384人次；招标流感疫苗合计接种82519人次，接种人数较2016年提高1.29%。

（王凤忠）

2017年顺义区本市儿童预防接种汇总表

一、疫苗基础免疫情况

疫苗基础免疫		应种人数	受种人数	接种率
乙肝	1	8702	8689	99.85
	2	9446	9446	100.00
	3	11653	11653	100.00
	合计	29801	29788	99.96
脊灰	1	9941	9941	100.00
	2	10226	10226	100.00
	3	10454	10454	100.00
	合计	30621	30621	100.00
百白破	1	9996	9996	100.00
	2	10375	10374	99.99
	3	10549	10549	100.00
	合计	30920	30919	100.00
白破	1	0	0	0.00
	2	0	0	0.00
	3	0	0	0.00
麻风		10959	10959	100.00
A群流脑	1	11354	11354	100.00
	2	11053	11053	100.00
	合计	22407	22407	100.00
乙脑	1岁	10672	10672	100.00
甲肝	1.5岁	7163	7163	100.00

二、疫苗加强免疫情况

疫苗加强免疫		应种人数	受种人数	接种率
乙肝	初一	1992	1992	100.00
脊灰	4岁	7197	7197	100.00
百白破	1.5岁	6446	6446	100.00
白破	6岁	5762	5762	100.00
	初三	–	–	–
	大一	–	–	–
	合计	5762	5762	100.00
麻腮风	1.5岁	7575	7575	100.00
	6岁	5513	5513	100.00
	合计	13088	13088	100.00
麻疹	大一	0	0	0.00
A+C流脑	3岁	9153	9153	100.00
	小四	3465	3465	100.00
	合计	12618	12618	100.00
乙脑	2岁	6219	6219	100.00
甲肝	2岁	6170	6170	100.00

2017年顺义区外来儿童预防接种汇总表

疫苗基础免疫		应种人数	受种人数	接种率	疫苗加强免疫		应种人数	受种人数	接种率
乙肝	1	4298	4291	99.84	乙肝	初一	574	572	99.65
	2	5118	5118	100.00	脊灰	4岁	6139	6139	100.00
	3	8085	8085	100.00	百白破	1.5岁	5366	5365	99.98
	合计	17501	17494	99.96		6岁	4459	4459	100.00
脊灰	1	6549	6549	100.00	白破	初三	0	0	0.00
	2	6643	6643	100.00		大一	0	0	0.00
	3	7355	7355	100.00		合计	4459	4459	100.00
	合计	20547	20547	100.00	麻腮风	1.5岁	6150	6150	100.00
百白破	1	6205	6205	100.00		6岁	4920	4920	100.00
	2	6888	6888	100.00		合计	11070	11070	100.00
	3	7250	7250	100.00	麻疹	大一	1396	1396	100.00
	合计	20343	20343	100.00		3岁	6875	6875	100.00
白破	1	0	0	0.00	A+C流脑	小四	1983	1982	99.95
	2	0	0	0.00		合计	8858	8857	99.99
	3	1	1	100.00	甲肝	2岁	5624	5624	100.00
	合计	1	1	100.00	乙脑	2岁	5749	5749	100.00
麻风		8093	8093	100.00		3剂次	316	316	100.00
A群流脑	1	8329	8328	99.99		4剂次	221	221	100.00
	2	7942	7941	99.99		合计	6286	6286	100.00
	合计	16271	16269	99.99					
乙脑	1岁	6864	6863	99.98					
甲肝	1.5岁	6087	6087	100.00					

【**职业卫生**】对选定的10种重点职业病进行监测，设置监测点28个，监测范围覆盖10种职业病危害因素的所有用人单位和劳动者。共收集465家用人单位相关信息（包括279家用人单位职业病危害因素检测信息和313家用人单位职业健康检查信息）、5064例个案信息及29例职业病病例工伤保险待遇落实情况信息。涉及行业门类11大类，以制造业、批发和零售业为主；所调查10种职业病危害在企业中的分布以噪声危害（334家）最为普遍，其次为苯（169家）、汽油（134家）、电焊烟尘（128家）、锰及其化合物（101家）等；所收集检测数据显示矽尘、噪声、电焊烟尘存在超标现象，其中矽尘岗位超标率为32%，工作场所超标率为21.2%；噪声超标率为13.9%；电焊烟尘工作场所超标率为0.4%。本次监测共掌握接触重点职业病危害因素的劳动者26523人次，其中噪声接触人数最多，其次为苯、电焊烟尘、锰及其化合物、汽油等；掌握辖区重点职业病危害因素相关职业病报告27例，疑似职业病7例，职业禁忌证22例。全年共接报职业病（含疑似）及农药中毒55例，其中确诊34例，疑似职业病9例，农药中毒12例。职业病报告数量总体同比有所下降。确诊职业病同比下降23%，其中尘肺病确诊病例16例，同比下降59%；职业性噪声聋确诊病例2例，同比下降50%；布鲁氏菌病14例，航空病2例。疑似职业病与上一年持平，其中疑似职业性苯中毒2例，疑似职业性噪声聋6例，疑似尘肺病1例。农药中毒12例，10例为非生产性中毒，2例为生产性中毒，同比增长100%。全年访视职业病报告病例34例，职业病报告卡审核55例。放射卫生。对全区81家单位462人进行了个人放射剂量检测和剂量笔更换，共计换发剂量笔1817人次，发现2人剂量超标，超标主要原因与职业性接触无关。

（王凤忠）

【**食品卫生及生活饮用水监测**】对化学污染物及有害因素监测生肉、肝脏、鸡蛋、熟肉制品、谷类、蔬菜、饮料和肉类罐头8类165件样品，检测项目有真菌毒素、农药残留、兽药残留、有机污染物、加工过程产生的有害物质等指标的检测，样品不合格率为3.6%。食品微生物及其致病因子监测双壳贝类、烧烤类即食食品和酱油3类食品120件，完成菌落总数、大肠菌群、金黄色葡萄球菌、沙门氏菌、大肠埃希氏菌计数、单核细胞增生李斯特氏菌、创伤弧菌、副溶血性弧菌、霍乱弧菌、诺如病毒、甲肝病毒的检测，致病菌检出率为20%。对石门市场、永辉超市、国泰宜宾超市等多家市场超市的100件散装熟肉制品进行食品卫生学评价。样品的检测项目为：菌落总数、大肠菌群、单增李斯特菌、沙门氏菌、金黄色葡萄球菌定量及亚硝酸盐。监测结果显示，100件散装熟肉制品，7件样品检出单增李斯特菌，4件样品亚硝酸盐含量超标，1件样品检出沙门氏菌。对本辖区自产及辖区销售的50件白酒进行连续监测，依据GB2757-2012《食品安全国家标准　蒸馏酒及其配制酒》确定检测项目为：甲醇、氰化物（以HCN计）、甜蜜素、糖精钠和安赛蜜，所检样品均未检出。完成北京市疾控中心饮用水监测报表工作，其中市政供水末梢水120件（次/月），二次供水80件（次/季），农村自备井水78件（次/半年）。监测结果显示顺义区水质整体情况良好，个别地区出现二次供水和末梢水菌落总数、浑浊度超标，复测后均合格；农村自备井水存在主要问题是耐热大肠菌群、浑浊度、氨氮超标。

（王凤忠）

【**健康促进**】对社区居民开展健康大课堂专题讲座1730场，直接受众8.5万余人；开展宣传咨询活动320场，直接受众4万余人次。开展区政府为民办实事工程—市民特色健康大课堂活动，邀请北京市三甲医院一线临床专家作为师资，针对机关干部、社区居民等开展大型专题讲座11场，直接受众5000余人。通过开展“健康素养促进行动”“健康北京周”等系列宣传活动，营造全区居民学习健康知识、践行健康行为的良好社会氛围。

（王凤忠）

妇幼保健

【妇女保健】2017年，辖区内本地户籍产妇总数为9856人，活产9941人，孕产妇系统管理率为96.25%；住院分娩9941人，住院分娩率100%；其中剖宫产4332人，剖宫产率43.58%；户籍孕产妇死亡1例；孕产妇建档9852人，规范管理9486人，规范管理率95.4%。

（王凤忠）

【女工保健】宫颈癌筛查74287人，疾病检出率32.32%；确诊宫颈浸润癌3例，其它妇科恶性肿瘤3例，宫颈癌检出率4.04/10万；乳腺筛查81093人，疾病检出率23.83%，乳腺癌35例，乳腺癌检出率43.16/10万。

（王凤忠）

【婚前保健】婚前医学检查432人，婚检率为5.0%，检出疾病56人，疾病检出率12.96%。2017年，发现艾滋病感染的孕产妇1例；发现并上报梅毒感染孕产妇6例，均转诊到地坛医院，进行规范治疗，其婴儿出生时均未发现先天梅毒儿。对感染乙肝病毒的孕产妇所生新生儿乙肝免疫球蛋白接种率100%。

（王凤忠）

【出生缺陷防治】强化叶酸发放数量和随访质量，对相关工作人员进行叶酸预防神经管畸形知识培训，扩展叶酸投放范围，将外来流动人口纳入投药人群，加强外来流动人口的发药管理，督促领药人群按时按规范服药。全年发放叶酸1617人，出生缺陷发生率20.05‰，围产儿神经管畸形发生率为0‰。

（王凤忠）

【儿童保健】2017年，辖区本地户籍新生儿9941人，死亡16例，死亡率1.61‰。全区助产单位共接产13316人(围产儿数)，剖宫产率为41.29%；全区围产儿出生缺陷267例，出生缺陷发生率为20.05‰，其中本地围产儿出生缺陷115例，本地缺陷发生率为12.79‰；高危儿合格管理率88.73%，婴儿死亡24人，婴儿死亡率2.41‰；5岁以下儿童死亡26例，死亡率2.62‰；新生儿疾病筛查13299人，筛查率100.19%，0-6岁儿童54812人，保健管理53694人，保健管理率98.0%。

（王凤忠）

【儿童系统管理】全年管理0-6岁儿童42059人，规范管理率94.87%；开展5岁以下儿童生命监测工作，5岁以下儿童死亡41例，其中婴儿死亡39例。继续在全区范围内开展新生儿PKU、CH、听力筛查、耳聋基因筛查、儿童先心病、先天性髋关节发育不良（DDH）筛查工作。2017年DDH确诊儿童11例，发生率0.3；先天性心脏病确诊57例，发生率1.57‰；由社区发现听力异常儿童0例，均转往相应的诊断医院，由社区进行追访管理。2017年新生儿遗传代谢病筛查标本13299例，活产13274例，筛查率100.19%。新筛病人可疑追访57例，54例复查（PKU：23例、CH：54例），复查率94.74%。确诊11例（CH：7例，PKU：2例）。全年无退卡情况发生。做好新生儿疾病筛查及听力筛查工作，建立听力筛查与耳聋基因筛查联合管理机制，全年筛查新生儿13299人，筛查率100.19%。

（王凤忠）

【死亡评审　生命监测】根据市卫计委《关于加强北京市危重新生儿转会诊工作的通知》要求，依托北京儿童医院托管平台，打造顺义区妇幼保健院和顺义区医院两家危重新生儿转会诊中心，建立顺义区高危新生儿转会诊网络，畅通转会诊绿色通道。加强新生儿窒息复苏培训与考核，提升儿科抢救水平。5岁以下儿童死亡死因顺位分别为：第一位早产低体重，第二位肺炎，第三位先心病。

（王凤忠）

【儿童早期综合发展】依托北京市儿童早期综合发展示范基地，创建国家级儿童早期综合发展示范基地，并通过上报材料审批、集中综合答辩环节。儿童心理行为门诊，开展儿童注意缺陷多动障碍、抽动障碍、情绪障碍、学习困难等干预治疗和催眠心理治疗，使发生心理行为偏离的儿童及时得到纠正。2017年接诊560人次（其中心理治疗62例，抽动障碍173例，注意缺陷多动障碍106例，语言和言语发育障碍143例，发育迟缓90例）。

（王凤忠）

【学前儿童保健工作管理】在全区103所幼儿园开展运动、营养、爱眼、爱牙、爱耳、睡眠、意外伤害和手卫生等卫生保健主题宣传活动，并取得阶段性成果。完成30所幼儿园8643名儿童体检工作，发现心脏杂音7人、早搏3人，扁桃体Ⅱ°以上肿大167人，斜视9人，倒睫45人，隐性斜视41人，均转到妇幼保健院进行后续诊治。

（王凤忠）

【计划生育手术管理】全年计划生育手术10238例，其中本地4840例，外地5398例。宫内节育器放置术1075例，宫内节育器取出术1286例，输卵管结扎术64例，负压吸宫术499例，药物流产1283例，无痛负压吸宫术6301例，手术并发症1例。计划生育手术管理率100%。

（王凤忠）

爱国卫生

【爱国卫生月活动】结合顺义区国家卫生区第3次复审，区爱卫办于2017年4月份组织全区各单位开展第29个爱国卫生月活动，制定并下发《关于开展第29个爱国卫生月活动的通知》，明确各部门工作职责和活动重点，动员全区以属地为单位，开展爱国卫生宣传、群众性环境整治、健康教育、病媒生物防制、控烟宣传等相关工作。活动期间共出动人员17000余人次，出动车辆500余台次，排查、清理沟渠、下水道300余处，清除乱堆乱放700余处，清除垃圾、渣土70余吨，捡拾白色垃圾800余公斤，清除非法小广告3000余处，消灭卫生死角500余处，发放爱国卫生宣传海报1600张、环保购物袋100个。

（王凤忠）

【病媒生物防制】全年共计开展全区范围的统一防制活动4次，分别为春、冬季灭鼠各1次和夏季灭蚊、蝇，范围覆盖全区的19个镇和6个街道办事处，通过公开招标的形式聘请专业消杀公司8家，发放防水蜡块8吨、鼠盒2.61万个、粘鼠板650箱、菊酯杀虫剂8吨、喷雾器200台，总计投入600万元。

（王凤忠）

【公共场所禁控烟】落实《北京市控制吸烟条例》，区爱卫办全面推进全区无烟环境建设。一是开展“5·31世界无烟日”宣传活动。5月31日，区爱卫办联合光明、双丰、仁和、杨镇、后沙峪5家属地，开展控烟主题宣传活动5场，向群众进行控烟宣传，发放控烟宣传折页4000余册，宣传页2000余张，控烟宣传海报2000余张，以及各类控烟小礼品5000余份。二是组织区级控烟培训。6月13日，邀请北京市疾控中心控烟办主任段佳丽，在区卫计委会议室讲授控烟知识，区内44家餐厅饭店、20家写字楼、8家影院网吧的负责人以及重点镇街、职能部门负责人近100人参加。三是召开区级冬季控烟工作部署会。12月8日，在区会议中心召开冬季控烟工作部署会，区教委、交通委、食药监局、烟草专卖局等职能部门及主要镇政府、街道办事处的主管副职参会。四是加大控烟资金投入。2017年，新增区级控烟专项资金10万元，用于印制禁烟标识和控烟宣传品。五是加强监督执法。开展控烟监督检查3656户次，受理控烟投诉举报案件287件，处罚金额较上年增加2.11万元。六是开展首都控烟先进个人、执法标兵评选活动。北京市爱卫会授予顺义区6人“首都控烟管理先进个人”，4人“首都控烟监督执法标兵”称号。

（王凤忠）

【国家卫生区复审】2017年为顺义区国家卫生区的第3次复审年。年初，区爱卫办制定《顺义区国家卫生区第三次复审迎检工作实施方案》（顺政办字〔2017〕11号）以及《顺义区国家卫生区第三次复审迎检任务分解表》。顺义区分别于3月份和4月份，先后通过北京市爱卫会检查组的暗访和明查，并于7月份以817.7分的成绩，通过全国爱卫办暗访组的国家级暗访，顺义区“国家卫生区”光荣称号继续保持。

（王凤忠）

【健康示范单位创建】天竺综保区、教委、空港和旺泉街道办事处4家单位，通过市爱卫会专家组的考核验收，并于12月份被北京市爱卫会命名为“北京市健康示范单位”。

（王凤忠）

计划生育

【落实新政策】全区实行登录“北京市生育登记服务系统”进行生育登记办理和现场登记办理两种方法办理两孩以内的生育服务单。全年共办理一孩生育服务单4382例，二孩生育服务单4087例， 办理北京市再生育确认服务单198例。

（王凤忠）

【计生药具发放】安装122台计划生育药具网络版自助发放机。分布在78个居委会、9个村委会、29个医院及社区卫生服务中心（含5个二级医院）、5个企事业单位。发放药具40565盒，服务育龄群众40565人次，其中男性28885人次，占71.21%；女性11680人次，占28.79%。本市人员领取14456人，占35.64%；外省市26109人次，占64.36。开展免费孕前优生健康检查项目，通过村居委会、民政局婚登科、镇街服务大厅等多种渠道进行广泛宣传，全年目标人群为1800对，实际完成1800对。向新婚夫妇免费发放“婚育健康服务包”4000个。

（王凤忠）

【计生宣传】继续开展以“婚育新风进万家活动”为主线的宣传教育活动。元旦、春节期间共更换宣传橱窗1200多块；开展宣传活动100多次；发放各种卫生计生宣传知识折页20万份；为群众送“福”118598份；举办健康知识讲座315场，受教育人达47250人。围绕“婚育新风进万家”活动在全区开展为新生儿家庭送知识、送温暖活动。设计制作10000个包括保温妈咪包、围嘴、儿童保健服务手册、宣传资料等在内的婚育新风进万家宣传服务包，发放到每一户新生儿家庭手中。

（王凤忠）

【流动人口计生管理】按照市卫生计生委工作要求，落实在流动人口中开展卫生计生关怀关爱专项行动，元旦、春节期间走访慰问流动人口计生家庭200户，在全区25个镇、街组织流动人口已婚育龄妇女健康体检，举办流动人口健康大课堂，10月中旬组织开展流动人口健康促进宣传活动启动仪式，以关怀关爱、健康教育和健康促进为切入点，重点核查流入人口基础信息以及变动情况，了解流动人口的实际需求，开展有针对性的服务管理，普及健康知识和技能，提高流动人口健康意识和健康素养，活动惠及4万余人次。每月汇总全区四家助产医院的流动人口出生情况，并向协作地区进行通报，年内共向区域协作单位反馈出生信息3360条。

（王凤忠）

【计生关怀】年内，顺义区共有奖扶对象7670人，特扶对象788人。区级奖励扶助金额提高到每人每年1200元，伤残（死亡）特别扶助金提高到每人每年2400元。市区两级奖励扶助金发放2024.88万元，特别扶助金624.72万元。继续落实对低保独生子女家庭的专项救助金48万元、独生子女意外伤残或死亡的一次性经济帮助39万元。

（王凤忠）

【特殊群体关爱】重点做特殊群体的帮扶关爱工作，家政、送餐、大病住院护理险三大服务全覆盖。区财政共投入283.68万元通过招标方式为788人特殊家庭人员（失独+伤残）购买服务家政服务（每人每年2400元）、送餐服务（每人每年1200元）和大病住院陪护险全覆盖（每人每年1050元），区镇级投入501万元为7万户家庭入安康保险和男性4癌女性4癌保险，赔付率78%；发放救助金101万元，救助520户特殊家庭；暖心计划进展顺利，2017年北京市计生协通过招标方式与新华人寿保险合作，为顺义区436名失独人员每年人2900元的大病等保险，若一年内没有发生出险，年底一次性将2900元保险金打到失独人员固定的折子上；2017年区级流动人口计生协示范点设在南彩镇曲美家具有限公司，为辖区流动人口做到均等化服务。

（王凤忠）

【关爱女孩行动】在全区开展“关爱女孩行动—扶助女孩成长”活动，充分利用横幅、广播、宣传栏、电子显示屏、短信、微信等多种方式大张旗鼓地宣传“以人为本、关爱女孩、男女平等、生男生女一样好”等科学、文明、进步的新型生育观念；宣传月期间，各镇（街）开展多项帮扶工作，北石槽镇对全镇贫困计生家庭女孩户进行走访慰问，为她们送去爱心书包、电子词典和扶助金800元。赵全营镇为辖区内未满18周岁的全体女孩上一份意外伤害保险，提高女孩家庭的抗风险能力；区里拿出10万元对全区25个镇（街）100户贫困计生女孩户进行扶助，每户给予1000元的扶助金。

（王凤忠）

【心灵家园建设】区、镇投入75万元建立25个心灵家园，依托元旦、春节、重阳节、端午节、中秋节、国庆节、10月的“敬老月”等节假日，定期为失独和伤残家庭组织活动，开展“幸福春天”“幸福牵手”系列活动，建立计生特殊困难家庭（失独+伤残）联系人制度，对特殊困难家庭一对一的精心帮扶。

（王凤忠）

【大病补助】区、镇2级财政出资82.74万元，为全区788名特殊家庭每人入大病住院陪护险1050元，老人住院每人每天补助100元，最多补助9000元。

（王凤忠）

【幸福家庭创建活动】围绕“实现更健康的儿童，更和谐的家庭、更美好的社区”主题开展活动。投入24万元建立12个社区儿童中心，6个街道配合红黄蓝亲子园利用12个社区儿童中心，为辖区参加活动1000名0-3岁儿童提供亲子阅读等活动。

（王凤忠）

【计生基层队伍建设】2017年，全区有区、村、居专干553人，村、居离任专干111人，镇街宣传员6094人，专干年满20年和专干离任后一次性补助共计9人，总共发放资金266.42万元。做到考核奖励资金要专款专用，资金全部发放到位。

（王凤忠）

【计生信息化建设】努力提高全员人口数据库质量。一是举办2期镇、村计生专干全员人口数据库应用培训班，全区600余名镇、村两级计生干部分批接受共计1天的培训。二是坚持进行全员人口数据库信息比对，定期将助产医院的人口出生信息分镇、街反馈到各镇、街计生办，指导计生办在全员人口数据库中逐条核实、补录、充实库内信息。三是完成全市公安户籍人口比对工作，共核对信息16000多条。四是完成全市妇幼出生核实工作，共核对出生3000余条。继续完善顺义区计划生育业务“一证通”系统。2017年10月完成“一证通”升级改造工作，通过身份证识别设备，自动记录信息并自动更新。在信息采集设备中增加与卫生计生相关的政策解读、宣传图册、知识普及，提高全员人口数据库信息采集器的利用率。

（王凤忠）

区内医院

顺义区医院

【概况】2017年，顺义区医院有职工2088人（在编1580人、合同制508人）。其中卫生技术人员1799人（正高级职称62人、副高级职称145人、中级职称595人、初级师660人、初级士203人），其他专业技术85人，管理22人，工勤182人。

单位名称：顺义区医院

（区医院）

【改革与管理】按整体发展规划，逐步完成新建及改扩建等专业功能的医疗设施建设。一是整合建筑资源，优化就诊流程。完成放射科DR室及核磁室、超声科、病理科、皮肤科、五官科、功能检查区、骨密度检测室、碎石室等区域的装修改造，院区绿化及花园建设基本完成。同时，医疗垃圾房和生活垃圾房建设完成并投入使用。二是科研教学楼项目工程。科研楼工程于2月完成结构施工，进入精装修阶段；室内外装修全部完成；机电安装完成98%；大型医疗设备安装完成。

（区医院）

【医疗工作】全年，门、急诊量174万人次，同比下降1.96%；出院38356人次，同比增长9.40%；手术14185例，同比增长9.85%，其中三、四级手术9250例，同比增长25.29%；介入1651例，同比增长16.51%；收治脏器衰竭患者5259人，同比增长26.39%；药占比39.18%，同比下降8.52个百分点，其中医改后药占比为36.05%，同比下降11.32个百分点；门诊预约率27.86%，较去年同比增长4.41%。

（区医院）

【临床路径】全年，实施临床路径管理病种95种，纳入临床路径的病例为14729例，临床路径管理率38.18%。

（区医院）

【预约挂号】全年，门诊预约率27.86%，其中出院复诊预约42.01%、专家预约率40%、取消预约率3.94%、爽约率34.22%，相比2016年预约率增长4.41%、出院复诊预约增长4.82%、专家预约率增长5%。

（区医院）

【新技术、新疗法】医院重点专科和专业组的业务能力不断提升，高难度复杂的手术开展顺利。其中骨外一科关节组手术例数515例，较去年同期增长33.07%，三、四级手术447例，较去年同期增长53.61%；脊柱组手术例数886例，较去年同期增长6.36%，三、四级手术842例，较去年同期增长23.46%。骨外二科运动医学组手术例数792例，较去年同期增长32.44%，三、四级手术650例，较去年同期增长62.50%。普外一科肝胆组手术例数747例，较去年同期增长12.16%，三、四级手术669例，较去年同期增长45.12%。泌尿外科手术例数1077例，较去年同期增长26.11%，三四级手术919例，较去年同期增长34.55%。

（区医院）

【外聘专家指导工作】通过百人工程外聘专家到院指导工作累计1508次，分别来自48家三甲医院，共计188人，其中出诊285次、观摩带教手术282次、查房324次、专题讲座328次、病例讨论289次；通过区级重点、特色专科资金支持外聘医疗专家到院指导工作累计2277次，分别来自42家三甲医院，共计222人，其中出诊605次、观摩带教手术603次、查房566次、专题讲座159次、病例讨论346次。

（区医院）

【药物管理】2017年，医院药品占全年业务收入的39.26%，其中门诊药品占47.56%、住院药品占30.64%。全年住院患者抗菌药物使用率为56.27%，门诊患者抗菌药物使用率为12.43%、急诊抗菌药物使用率为41.34%。

（区医院）

【医院感染管理】全院感染发病率为0.99%，低于北京市平均水平（1.12%），I类手术切口感染率0.1%，环境卫生学监测合格率100%；传染病疫情报告合格率100%，无迟报、无漏报。

（区医院）

【医保工作】全年共结算医保病人9522人次，新农合病人5681人次。

（区医院）

【医疗支援】2017年，选派孙亚兰前往新疆墨玉地区进行支援工作。

（区医院）

【对口支援】全年，共接收对口支援进修人员45人，在提升受援单位科室建设和专业发展的基础上，同时组建专家团队开展“上门帮扶”。

（区医院）

【医疗纠纷处理】各种投诉案件共61起，与去年同期相比基本持平，其中构成医疗纠纷56起，与去年同期相比上升10%。

（区医院）

【护理工作】一是加强学科和体系建设，优化护理服务流程。全年护理新项目结题24项；建立护士人力机动调配库；成立PICC门诊，为出院后置管患者进行导管维护及全院PICC置管工作。二是注重临床实践能力培养及护理情景授课等工作。5·12护士节期间完成急救知识及技能进校园、“医养结合新模式·白衣天使伴你行”进社区等活动。三是全面开展质量改进活动，提高护理服务质量。继续深化“基础护理日/健康宣教日”活动，提高患者生活护理到位率、患者满意度，保证患者安全；全年梳理和新增专科服务品牌、服务举措共计32项。

（区医院）

【科研工作】一是扎实推进教学科研工作，认真做好医学教育工作。举办继续教育讲座。其中，市级继续医学教育项目18项，举办区级继续教育认可项目119次，举办传染病知识师资培训班10次，共计465学时，参加人员21403人次；选派及接收医师骨干进修学习。选派培养骨干医师共9名；医疗、医技人员提高班及高研班培训学习33人次；接收9名“对口支援骨干培养”和10名“北京市全科医师骨干培训”学员进行为期42周的临床轮转实习。二是稳步提升科研实力。科研市级项目2项，呼吸科陈希胜和骨外三科赵民的相关项目研究在首都临床特色应用研究立项，拨款共计56万元。区级项目7项，获得上级拨款共60.9万元。共有33个项目进行结题报告，全部结题完毕。全年共发表论文335篇，其中医疗、医技146篇，护理189篇。在医院指定核心期刊目录杂志上表98篇、中华级杂志上发表论文7篇、SCI收录的期刊上发表3篇。三是深入开展院校合作。加强首医“3+2”学员管理。共培养首都医科大学“3+2”学员39人，经过医院理论与实践的辅导，使学生的助考通过率由去年的25%上升到47%。其他院校学生管理有昌平卫校、海淀卫校、北京卫生职业学院等共50人到院进行护理实习，燕京医学院来院进修学习的教师及学生共计259人。

（区医院）

【信息化建设】完成北京市医药分开综合改革信息系统切换工作及各项监测数据报表梳理工作，切实保障医改的实施；升级门诊药房和门诊医生叫号系统，增加就诊报到功能，进一步改善门诊就诊秩序，完善自助服务体系，患者可在自助机上选择银联卡、微信或支付宝缴费，自助缴费的交易比例达到20%；利用“互联网+”技术及解决方案，进一步延伸自助服务，实现微信端进行预约挂号、检验单查询、推送医疗服务信息等功能，改善患者就医体验；完成内镜中心、肌电图、脑电图、动态心电图等科室的检查预约中心系统上线工作。

（区医院）

【基本建设】科研楼工程于2月完成结构施工，开始进入精装修阶段。室内及外墙装修全部完成；机电安装完成98%；大型医疗设备安装完成，正在进行调试；小市政工程完成50%，其中消防和供暖设备设施安装完成，给水、排水完成85%。

（区医院）

【财务工作】全年完成医疗收入138280万元，比去年同期增长8.57%。财政补助人员经费18475万元，比去年同期减少5.59%。

（区医院）

北京中医医院顺义医院

【概况】2017年，有职工1053人（在编577人、编外476人）。其中卫生专业技术人员879人（正高职称22人、副高职称68人、中级职称223人、初级师360人、初级士115人、未定级91人），其他专业技术人员72人，管理人员15人，工勤人员87人。年底设备总价值6763.14万元（折旧后），其中本年度新购置设备总金额2893.58万元。500万元以上设备共3件。年底房屋总建筑面积18565.09平方米，其中业务用房面积数16122.56平方米。年底设置一级科室64个，其中1月新增科室1个纪检监察办公室，撤销1个医改办公室。

单位名称：北京中医医院顺义医院

（中医院）

【改革与管理】组建医改领导小组，制定实施方案与应急预案；开展分层级培训，实现“横到边，纵到底”全员知晓；加强医改政策宣传，在门诊大厅设立咨询台，增设值班院长席，第一时间处理患者就诊过程中遇到的问题；在医改过渡期实行晨例会制度，每日对医改工作进展、风险点和存在问题及时沟通，制定应对措施；持续监测医院运行情况，调整绩效方案，使医院内部的绩效“指挥棒”与医改政策导向相契合。

（中医院）

【医疗工作】全年门诊1034076人次，急诊62239人次，急诊危重症抢救1208人次，抢救成功率90%。编制床位450张，实有床位数405张。全年出院13299人次，床位周转次数32.84，床位使用率81.44%，平均住院日9.43天。死亡人数118例，病死率 0.95 %。全年住院手术3655例。全年住院孕产妇1268人次，产妇出院1268人次，剖宫产数562人，剖宫产率44.01%，孕产妇死亡数/率1，新生儿1277人，活产1277人，新生儿死亡数人/率0%。

（中医院）

【临床路径】实施临床路径管理的科室：ICU、肾病科、脾胃病科、脑病科、康复科、针灸科、骨伤科、眼科、外科、耳鼻喉、急诊科、妇产科、呼吸科、内分泌科、心血管科、肿瘤科、儿科、男科，病种84，入组病例6079，入经率77.95%，完成率93.5%。

（中医院）

【预约挂号】预约挂号方式分为114电话预约挂号、微信预约挂号、复诊预约挂号，预约挂号373996人次，占门诊总人次的34.21% 。

（中医院）

【新技术、新项目、新疗法】成立医疗技术管理委员会，负责新技术、新项目、“限制临床应用”的准入评审和追踪评价。召开三次会议，评审通过经皮冠状动脉介入治疗(PCI)等新技术、新项目23项。对人工关节置换术按季度进行追访，截止9月底共完成14例关节置换术病历的追访工作，其中1例全髋翻修术后患者发生关节脱位一次，进行及时的处理并报备存档。年内，护理新开展刺络拔罐、雷火灸、中医五行音乐、水罐疗法共4项中医适宜技术，共计实施391人次。

（中医院）

【药物管理】药品占业务收入比例52.29%，包括门诊68.11%及住院35.60%药品占比例情况。抗菌药物使用情况为：门诊抗菌药使用率为15.61%，急诊抗菌药物使用率为25.49%，住院抗菌药物使用率为36.05%。药库专人管理，药品维护及保养由专人负责，合理药物管理。完善医院药事管理委员会及药品采购相关组织机构和管理制度。新制定《医院药品召回管理制度》《医院药品用量动态监测和超常预警制度》《药品盘点制度》。

（中医院）

【医院感染管理】本年度院内感染人次56例，感染率0.45%。院内感染管理的措施及成效：加强信息化管理，做好院感防控，防止院内感染的发生；加强多重耐药菌的管控，将多重耐药菌作为危急值管理，做好相应的防控措施，合理使用抗生素，防止院内感染的发生；加强医院感染管理，加大院感月质控力度，有效预防和控制医院感染的发生。

（中医院）

【医保工作】全年医保出院5210人次，总费用6706.62万元，医保次均费12872元。

（中医院）

【医疗支援】定期安排专家对牛栏山镇社区卫生服务中心医疗工作进行帮扶与指导。实施医联体单位内的双向转诊、远程会诊、远程预约等服务。与新增医联体单位赵全营卫生服务中心签署对口支援协议。为加强京津冀贫困区县基层医疗机构能力建设，组织院内专家先后两次深入到河北省张家口市沽源县中医院就对口帮扶支援工作进行调研和义诊活动。完成与河北沽源县中医院对口扶贫协议签订。接收一名沽源中医院医师来区中医院进修，并对进修学员的生活与工作进行妥善安置。成立中医流动医院，在偏远“医疗覆盖空白村”开展巡诊服务。截止年底，两辆巡诊车共行驶22059公里，完成巡诊任务442次，服务患者1657人次。

（中医院）

【援疆工作】选派主治医师黄希忠参加北京市第九批援疆工作；参加“同心·共筑中国心”活动，选派5名专家深入藏区进行义诊、捐赠等扶贫活动，荣获北京市红十字基金会授予的“邦景梅朵奖”。

（中医院）

【医疗纠纷处理】年内，按照区卫生计生委的工作要求，为752名区中医院医务人员、27名多地点执业医务人员投保医疗责任安全险，共缴保费85.21万元。医疗投诉104例，其中经调解结案102例，选择诉讼2例，年度总赔付金额132.66万元。

（中医院）

【护理工作】有护士380人，注册护士379人，其中合同护士192人；医护比 0.9：1，ICU床位数5张，CCU床位数8张。开展优质护理。优质护理服务病区、门诊覆盖率达100%。病区全面落实责任制整体护理，每名责任护士负责6-8名患者。印制统一一体例的出院患者健康宣教材料向出院患者发放。护理病历书写合格率96%，基础护理合格率97%，特级护理合格率98%、一级护理合格率96%，技术操作合格率95%，急救药品物品完好率100%。无护理差错及事故发生。年内，发生护理不良事件63例、上报63例，上报率100%，整改63例，整改率100%。

（中医院）

【科研工作】年内，独立申报课题99项次，立项课题29项，其中北京市自然科学基金1项，首都特色临床研究1项，北京市医管局市属医院培育计划3项，顺义区科委课题1项，顺义区卫计委课题3项，院级课题20项。获得外来科研拨款合计94.9万元。再研课题共83项，结题课题共31项。

（中医院）

【科技论文】年内，学术论文发表数239篇，其中被SCI收录论文2篇，SCI影响因子最高的是2.71，平均影响因子1.91。

（中医院）

【医学教育】6月21日，河北北方学院教学医院揭牌，7月接收中医专业毕业实习生20人；同年7月，接收长春中医药大学中医专业实习生23人。招收自主联系实习生43人，包括北京卫生职业学院、北京昌平卫校、北京中医药大学东方学院、北京城市学院、天津医科大学、江西中医药大学等院校实习生，涵盖药学、护理、康复、口腔、中医内科专业。所有人员均按照学校下发的实习大纲安排转科实习。本年度录取研究生26人，其中博士研究生7人、硕士研究生19人。脱产学习及院外进修。本年度9名医疗专业人员至上级医院进修，分别至北京大学人民医院、北京中医医院、安贞医院、阜外医院等医院进修，进修科室涵盖骨伤科、外科、心血管科、皮肤科、功能科、麻醉科等科室。9月4日、9月8日，区中医院分别派出ICU护士梁媛、心内科医师杨雪卿、妇产科医师杨纪珂前往意大利锡耶钠大学医院、德国丽帕医院和德国索斯特城市医院进行研修学习，研修时间为3个月。

（中医院）

【教学工作】构建教育教学管理体系。完善二级教研室设置，形成13个一级教研室，25个二级教研室；加强师资队伍培养，取得北京高校教师岗前培训证书的人员共计353人；继与长春中医药大学合作后，医院再次与河北北方学院开展教学合作，成为其教学医院，借力京津冀协同发展，提升教育教学水平；建立经费管理与激励机制，制定并出台《教学经费使用管理办法》《教育教学评优奖励实施方案（试行）》。2017年，获批国家级继续医学教育项目3项，组织培训16场次；市级继续医学教育项目18项，组织培训70场次；区级继续医学教育培训23项，组织培训61场次；全年共培训20504余人次。针灸科、推拿科申报的“火针”和“弹拨阿是穴（肱三头肌肌腱起始点）治疗网球肘”中医适宜技术品牌立项，使医院中医适宜技术树立品牌实现零的突破。

（中医院）

【基建工程】完成口腔CT室、供应室、外科病房、手术室等26项基本建设项目，施工面积约5100㎡；龙湖实训中心5月开工建设；成立新院建设办公室，与院内各科室对接，启动弱电、结构等相关专业深化设计工作，推进新院工程项目。

（中医院）

【医联体建设】北京中医医院顺义区中医医联体成员单位达到8家。召开医联体年度总结会1次，半年总结会1次，季度会2次，月例会8次。医联体内一级机构总收入15104.18万元，同比增长19.14%，总诊疗596286人次，同比增长10.55%。

（中医院）

【医师多点执业】区中医院在外院多点执业医师7人，分别在北京京顺医院、北京市顺义区空港医院、北京杏园金方国医医院、北京太和妇产医院、北京御源堂中医诊所开展多点执业工作；办理外院在区中医院多点执业医师30人。

（中医院）

【信息化建设】本年度信息化建设项目总投入金额323.55万元。

（中医院）

【财务工作】本年度各级财政投入16121.74万元，其中专项拨款项目9万元。业务总收入金额62357.46万元，其中医疗收入25317.91万元；药品收入36970.42万元；其他收入69.13万元。（业务总收入=其中的各项数据相加之和）总支出金额78055.07万元，其中专项拨款支出9万元。当年收支盈亏金额883.77万元。

（中医院）

【征兵高招体检】年内，全区征兵参检人数为621名，其中男兵587名、女兵34名。体检合格应征入伍人员共215名，其中男兵合格222人、女兵合格10人，总合格率为37.7%。顺义区高考体检报名学生3830人，其中男生1826人、女生2004人，体检率为89.52%。检出异常情况：视力不足3422人、色觉异常的98人、心脏杂音6人、超重481人、肥胖654人、听力异常4人。

（中医院）

体 育

体 育

【概况】2017年，顺义体育工作以开展“两学一做”学习教育活动为引领，以融入筹办冬奥会为契机，以统筹群众体育、竞技体育、体育产业全面发展为目标，顺义体育事业在惠民生、服务经济社会发展方面做出贡献，体育事业和体育产业呈现多样化发展。

单位名称：顺义区体育局

（体育局）

【全民健身开创新局面】落实惠民举措增进民生福祉，全区配建50套社区多功能健身器材、建设13片专项活动场地，对30片篮球场地进行提升，对滨河森林公园球类场地进行改扩建。连续八年实施百村万户助农健身工程，体育发展成果惠及240个村、1.8万户农民。全民健身活动蓬勃发展，以第十届全民健身体育节为主题，开展拔河、操舞、象棋等13项区级赛事。以全民健身与冬奥同行系列活动为主题，举办京津冀户外运动嘉年华自行车、轮滑、钓鱼、健身气功、轮滑等11项赛事活动；以打造节庆品牌赛事为主题，举办舞龙舞狮、端午文化节龙舟赛、登山赛等传统体育赛事，全年开展区级及基层赛事活动326项次，吸引区内外30余万群众参与。科学健身方法日益推广，全年培养二、三级指导员800名，在全区52个体质监测站点开展体质测试活动，完成监测人数3000人。科学健身指导队伍日益强盛，全民健身与全民健康深度融合的局面日渐形成。

（体育局）

【群众体育成果丰硕】参加北京市民羽毛球挑战赛、和谐杯乒乓球比赛、拔河比赛、京津冀龙舟挑战赛等市级比赛荣获15枚奖牌；代表北京市参加第六届全国健身操舞大赛、全国拔河新星赛、全国农耕运动会、全国风筝赛，获得2金、2银及7个4-8名的好成绩；在全国第十三届运动会表彰会中，顺义区体育局被国家体育总局授予“2013-2016年度全国群众体育先进单位”称号。

（体育局）

【竞技体育成绩优异】利用体育社会组织、职业体育俱乐部资源，通过政府购买服务、梯队共建、场地保障等方式，促进篮球、乒乓球、羽毛球等项目后备人才培养，全区共注册22个运动大项、1652名运动员，梯队健全、人才项目丰富的业训队伍初步形成。体教两家密切协作，共谋青少年体育发展。全年与教委联合举办中小学生足球、篮球、排球、羽毛球等10余项赛事，共有200余支队伍3000余人参赛，参赛总人数创历年新高，一批希望之星崭露头角。在国内最高级别综合运动会——全国第十三届运动会中，顺义运动员徐菲聆在群众羽毛球项目上获得2金，荣获北京市代表团“最佳运动员”称号，顺义区体育局荣获“体育后备人才贡献单位”的称号。

（体育局）

【冰雪运动快速发展】2017年，顺义区组建11支冰雪运动队，注册运动员480余人。在全国冬季阳光体育大会上获得团体总分第2名，在市青少年锦标赛冰雪项目中取得20余枚奖牌。开展“全民健身迎冬奥，快乐冰雪圆梦想”第三届舞彩顺义冰雪运动欢乐季、“激情滑雪迎冬奥 职工乐享莲花山”等主题活动。在莲花山滑雪场、乔波滑雪馆等7处冰雪场地组织15000名零基础学生，职工、农民、居民免费体验冰雪活动，累计体验人数达到8.2万人。开展冰雪公益体验课、免费发放冰雪公益体验券等一系列群众性冰雪活动。

（体育局）

【体育产业新亮点】5月，顺义区张镇入选全国第一批运动休闲特色小镇试点；体育彩票稳定发展，新增网点8家，累计发展彩票站101家，实现体彩销售1.8亿元。城南体育中心项目建设基本完成，1800平方米室内滑冰场于2017年11月初启冰试运行，各项技术指标达到工程要求，基本具备运行条件。

（体育局）

【政务公开力度空前】全年通过政府网站、政务微博等途径发布体育比赛、培训等信息722条，顺义体育官方微博荣获2017年度全国十大体育微博第二名，位居政务微博北京总榜排行第25名。

（体育局）

【全面推进依法治体】严格规范执法行为，全年办理行政确认608件、行政许可20项，执法检查数量达210次以上，下达限期责令改正通知书7份，约谈体育经营单位负责人6人次；行政处罚2起，行政罚款1.5万元，全年无安全生产事故。

（体育局）

北京顺义年鉴

2018

人民生活

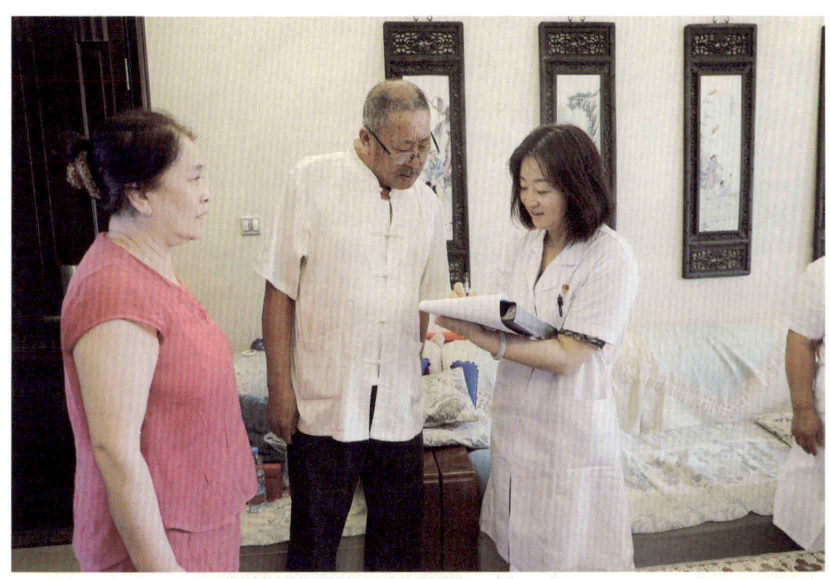

双丰街道成立顺义区首家以退休医务工作者为成员的党员“医点爱”医疗志愿服务队

顺义区生活垃圾处理中心焚烧二期工程全面开工建设

砑出浮雕作品《八仙过海》

10月，顺义区首家智慧菜市场投入使用

4月23日，“游花海，品书香”暨2017北京阅读马拉松顺义区户外阅读主会场活动在北京国际鲜花港举办

北石槽镇广场舞大赛---百人广场舞

民政工作

【概况】2017年，顺义区民政事业紧紧围绕“民政事业社会化、民政服务产业化、民政业务体系化、民政工作信息化”的改革要求，不断完善社会救助体系，加快福利事业发展，加强城乡社区建设，激发社会组织活力，促进军民融合发展，创新社会事务服务，有效推动“社会救助、社会福利、社区建设、社会组织、双拥优抚、社会事务”六大板块的转型升级，进一步破解体制机制障碍，加快民政各项工作改革创新，深入挖掘和释放民政事业发展潜力，切实发挥在民生保障和社会治理中的骨干作用。
单位名称：顺义区民政局

（民政局）

【民政工作会】1月22日，顺义区2017年民政工作会召开，全面总结2016年民政工作，研究部署2017年工作任务。区民政局负责同志作题为《深入贯彻党的十八届六中全会精神　以四化改革推进民政事业创新发展》的工作报告；仁和镇、旺泉街道办事处负责同志作典型发言。会议强调，2017年顺义区民政事业紧紧围绕“社会化、产业化、体系化、信息化”的改革要求，不断完善社会救助体系，加快福利事业发展，加强城乡社区建设，激发社会组织活力，促进军民融合发展，创新社会事务服务，进一步破解体制机制障碍，推动各项民政工作全面改革创新，更好地挖掘和释放民政事业发展潜力，切实发挥民政在民生保障和社会治理中的骨干作用，为全区人民谋取更多福祉。

（蔡　越）

【配备北斗应急报灾终端系统】1月，顺义区为78名救灾工作人员配备北斗应急报灾终端。该终端是市民政局针对救灾、报灾工作需求建设的预警信息发布终端管理系统。在断电、无电话信号、无网络等特殊环境及极端天气的情况下，终端均可及时准确报送灾害信息，确保信息传递的时效性。

（蔡　越）

【因病致贫医疗救助】2月，顺义区加大资金投入力度，提高医疗救助水平。实现救助病种、范围、标准及封顶金额四方面的突破创新。在全市政策基础上，将重大疾病病种救助范围扩大至16种；将因看病支出过大、超出家庭承受能力群体均纳入救助范围；将患特定重大疾病的对象的救助比例在全市基础上提高10%；将患有特定的16种重大疾病的救助封顶金额由8万元提高到20万元。通过北京市居民经济状况核对平台，核查被救助人员房产、车辆等经济状况信息，确保准入精准。采取政府购买服务方式，引入社会力量参与救助工作，开展因病致贫家庭医疗救助药费单据核算、因病致贫家庭救助金额在5000元以上的家庭入户调查工作。2017年共投入资金1434.84万元，较去年增长42.20%，救助因病致贫对象750人，其中救助金超10万元14人、救助金达到封顶金额20万元2人。

（蔡　越）

【新增综合防灾减灾示范社区】2月，顺义区新增4家“综合减灾示范社区”：胜利街道怡馨家园第一社区、光明街道滨河小区第二社区获评“全国综合减灾示范社区”；胜利街道龙府花园社区、光明街道滨河小区第一社区获评“北京市综合减灾示范社区”。至此，全区累计共有21家社区获评“全国综合减灾示范社区”，16家社区获评“北京市综合减灾示范社区”。

（蔡　越）

【“八型社区”建设】顺义区“八型社区”建设工作于2月启动，并在5月、10月分别召开“八型社区”建设工作部署会和推进会。年内，2016年通过第三方评估获评“八型社区”的30家社区将接受复审。2017年共有36家社区申报“八型社区”，围绕“环境整洁、管理规范、服务完善、安全稳定、健康幸福、文明祥和、诚实守信、智能高效”的工作目标，通过开展社区大讲堂、免费体检、关爱老人等200余项为民服务项目，让社区居民受益。

（蔡　越）

【调整低保、低收入保障标准】3月，顺义区再次调整城乡居民最低生活保障标准和城乡低收入家庭认定标准。其中，低保标准从家庭月人均800元调整为900元，截止12月底，惠及城乡低保对象2765户4173人；城乡低收入家庭认定标准从家庭月人均1050元调整为1410元，截止12月底，惠及39户85人。

（蔡　越）

【潮白陵园烧纸场改造升级】3月，潮白陵园投入60余万元，对陵园内的4处烧纸场进行改造升级，每个烧纸厂增加一个过滤除尘设备，采用多翼低噪离心式通风机，将烧纸产生的浓烟进行降尘处理，经处理后，污染物排放量有效降低90%。

（蔡　越）

【首届生态葬共祭活动】4月1日，顺义区首届生态葬共祭活动在区殡仪馆追思广场举行，副区长郑晓博、区民政局等相关部门负责同志、生态葬家属代表等百余人参加。自《顺义区生态葬奖励办法》实施以来，顺义区有36名逝者家属采取生态葬安葬形式。

（蔡　越）

【首次推出“烧纸换鲜花”服务】4月4日－6日，顺义区潮白陵园首次推出“烧纸换鲜花”服务，倡导市民绿色文明祭祀。潮白陵园准备共计5万枝黄、白菊花和康乃馨，供携带烧纸的市民兑换。

（蔡　越）

【清明群众祭扫服务保障工作】2017年清明节期间，顺义区民政局征求公安、工商、城管、消防、交通、卫生等20个部门意见，及时调整清明节群众祭扫安全保障工作方案及应急预案，细化职责分工，明确专人负责；联合公安、城管、交通等部门提前检查重点地区，做好陵园周边环境整治、停车场安排等工作，进一步降低安全风险；对全区112家农村公益性公墓和集体埋葬点的消防设施、环境等进行检查，消除安全隐患。3月25日—4月4日，顺义区共接待祭扫群众30.83万人，同比增长28.2%；机动车4.92万辆，同比减少11.8%。其中，潮白陵园接待祭扫群众9.3万人，机动车1.04万辆；各镇重点祭扫点接待祭扫群众21.53万人，机动车3.88万辆。连续9年实现“安全无事故，服务零投诉”工作目标。

（蔡越）

【社会福利工作】4月，顺义区民政局、财政局、卫计委、残联联合印发《顺义区困境家庭服务对象入住社会福利机构补助实施细则》，顺义区困境百姓入住福利机构将获补助。“困境家庭”是指低保、低收入家庭中年满60周岁的失能老年人和年满80周岁的高龄老年人；“失独”家庭、独生子女重残家庭中的失能老人、年满70周岁的老人。其中，重残独生子女可与老人一起入住养老院。年满16周岁未满60周岁的失业且无稳定收入的残疾人，包括残疾等级为一、二、三级的智力或精神残疾。困境老人每人每月可享受400至1200元不等的市级补助，同时顺义区级财政予以1∶1的资金配比。市、区两级补贴每月最高达2400元，补助资金由区民政局拨付到提供服务的养老院。

（蔡越）

【“防灾减灾日”主题宣传活动】5月12日，顺义区“防灾减灾日”主题宣传活动暨顺义区中小学生防灾减灾教育基地揭牌仪式在汉石桥湿地自然保护区举办。市民政局副局长董明慧、副区长郑晓博为“顺义区中小学生防灾减灾教育基地”揭牌。来自杨镇一中的800余名中学生成为防灾减灾教育基地正式开课的首批学员。在讲解员带领下，学生们来到教育基地的防震、防火、防洪、救护、避险5个宣传区域，进行防灾减灾知识学习与模拟体验。活动现场，区地震局、民防局、消防支队、红十字会等相关单位设置展板30块、发放各类宣传材料8000余份，并于现场召开新闻发布会。

（蔡越）

【贫困家庭学生教育救助工作】6月，区民政局启动贫困家庭大二至大四学生教育救助工作，救助标准和救助范围均高于全市标准，分别按照3600元、2400元、1800元的救助标准给予。其中，低保、低收入家庭中考入高等院校的大一新生，给予全额学费救助（艺术类等专业最高6000元），并给予一次性2000元生活费救助，大二到大四给予3600到1800元的学费救助。享受北京市城乡居民最低生活保障待遇、低收入家庭救助待遇的大二至大四高校在读学生，可向户籍所在地街道办事处或乡镇人民政府社会救助经办机构提出救助申请。2017年，全区共投入教育救助资金44.78万元，惠及131名贫困学生。

（蔡越）

【社会工作者继续教育培训力度加大】6月，顺义区民政局加大社会工作者继续教育培训力度，提高社会工作水平。由区民政局出资9万元，为全区150名社工提供免费市级继续教育培训。开展送教上门，将培训地点设在区社会组织发展服务中心，方便社工就近参加培训。授课老师均为民政部、市民政局、中国青年政治学院等社工方面权威专家，采取理论与实践相结合授课形式，提高社工工作水平。

（蔡越）

【“共产党员献爱心”捐献活动】7月3日，顺义区“共产党员献爱心”捐献活动正式启动。截至7月15日，全区干部职工共捐款11.89万元。

（蔡越）

【安全防汛工作】7月，《顺义区突发事件应急救助预案》出台，与各镇、街道签订《2017年汛期综合保障责任书》，建立24小时值班制度，确保通讯畅通，做好救灾人员、装备、资金和物资的准备工作；集中开展北斗应急报灾演练，全区78名持有北斗应急报灾终端的救灾工作人员连续五天每天发送试报灾信息，提升应急救助能力；加强对养老机构和民政对象安全隐患排查，落实防汛措施，加强应急值守和值班检查；协调驻区部队安排30多辆军用卡车，300人备勤，遇突发情况可及时参与救援。

（蔡越）

【首家社区养老服务驿站增设助医功能】7月，顺义区南彩镇彩丰社区养老服务驿站增设助医功能。京顺老年病医院投资7万余元购置设备设施，建立约30平方米的健康小屋，为社区老人免费提供测量身高体重、心电图、血糖、血压和中医脉诊、康复理疗、针灸推拿、健康咨询等服务。这是全区首家增设助医功能的社区养老服务驿站。

（蔡越）

【七夕高峰日婚姻登记工作】8月28日，中国传统七夕节当日，顺义区民政局提前1小时办公，早上7:15开始发放登记号，并为每对登记新人赠送一支玫瑰花。截至当日下午16:00，共为158对新人办理结婚登记手续。

（蔡越）

【首家儿童福利院主体结构封顶】8月，顺义区首家儿童福利院完成主体结构封顶，进入内部装修阶段。福利院位于马坡镇西马坡村，总占地面积6390平方米，总建筑面积9592.97平方米，其中地上建筑面积7668平方米，地下建筑面积1924.97平方米。

（蔡越）

【低收入村扶贫专项爱心基金建立】9月18日，顺义区扶贫专项捐赠活动暨爱心基金启动仪式举行。区委副书记、区“一助一”工作领导小组组长于庆丰、副区长吴耀新出席并为爱心基金揭牌。活动中，相关单位负责同志介绍全区扶贫工作情况，顺鑫控股集团有限公司、天竺空港经济开发公司、区供销社三家爱心企业代表分别与杨镇下营村、南彩镇小营村、杨镇荆坨村以及慈善协会签署捐赠协议，并为3个受助村捐赠100万元爱心基金用于扶贫工作。

（蔡越）

【彩倖社区养老服务驿站启用】9月19日，由顺义区民政局、南彩镇政府托管的首家以“绿色、健康、养生、饮食”为主题的彩倖社区养老服务驿站正式揭牌启用。作为顺义城区面积最大的社区养老服务驿站，本老年驿站总面积3000平方米，老年餐厅总面积1000平方米，可同时容纳160余人就餐。驿站不仅能为附近社区老年居民提供常规的生活照料、呼叫服务、助餐服务、健康指导、文化娱乐和心理慰藉等多项服务，还可提供老年团餐、老年生日宴会、老年婚宴等个性化餐饮服务项目。驿站还与附近老年医院签有医养合作协议，配有专门的中医理疗室，每周四有巡诊大夫为老人提供免费的中医服务。考虑到老人消化系统功能减弱，老年餐厅特组成膳食研发小组，按照春、夏、秋、冬四个季节进行营养配餐，餐厅可使用“北京通”养老助残卡。

（蔡越）

【烈士公祭活动】9月30日上午9时30分，顺义区第四个国家烈士公祭活动在潮白烈士陵园举行，区领导及各单位一把手以及老战士、军烈属、老党员代表，驻顺部队官兵代表、学生代表等近300人深切缅怀革命先烈，祭奠英灵。

（蔡越）

【首次社会组织人才专场招聘会】10月25日，联合北京社会管理职业学院举办首次服务于社会组织和高校应届毕业生招聘会，为社会组织和优秀人才搭建供需平台，26家社会组织参加。来自顺义区多家协会、社工事务所、养老服务中心、培训教育机构等社会组织提供包括项目策划、行政文员等100多个工作岗位，初步签订招聘意向书98份。

（蔡越）

【老年协会成立】10月27日，2017年“老年节”庆祝大会暨顺义区老年协会成立大会在区社会福利事务管理中心多功能厅举行。市老龄委委员、市老龄办常务副主任、市老龄协会会长王小娥同顺义区人民政府副区长、顺义区老龄委主任郑晓博共同为顺义区老年协会揭牌，并为获得北京市“孝星”代表和顺义区“寿星”颁奖并合影留念，会后到区第一福利院和木林镇，看望休养老人和慈善救助儿童；参观考察南彩镇彩丰小区养老服务驿站。

（蔡越）

【社会工作参与精准救助】11月2日，“三社联动”服务项目暨社会工作参与精准救助启动会召开，将社区建设、社会组织培育和社会人才队伍联动起来，利用专业社会工作方法和实务技巧为居民服务，满足居民多样化需求。2017年，顺义区5个社会工作机构的服务项目申报成功，共投入资金200余万元；服务项目覆盖4个街道10个镇，服务人员5000余人，受益人数上万。

（蔡越）

【村务监督委员会主任培训】11月3日，2017年顺义区村务监督委员会主任培训班举办，来自全区19个镇426个村的村监会主任参加培训。本次培训重点围绕村监会履职过程中的“管人、管财、管事”等关键环节，就村监会如何有效开展工作，发挥村级“小纪委”作用进行系统阐释。市委党校老师就新时期全面从严治党向农村基层延伸、如何有效预防农村地区“小官巨贪”问题等进行讲解。

（蔡越）

【首届相亲节交友活动】11月11日，顺义区首届相亲节活动在顺义奥林匹克水上公园举办，400余名单身青年参加此次相亲节活动。通过现场设置的相亲走廊、心理沙盘区、70与80后怀旧区等活动区域以及趣味游戏、才艺展示、你猜我猜等游戏环节增进青年之间的了解，帮助辖区适龄青年提供交流展示的平台，帮助他们扩大交友圈子，找到合适伴侣。

（蔡越）

【“爱心暖阳”主题社会捐助活动】12月初，顺义区2017年“爱心暖阳”主题社会捐助活动启动，号召机关干部、辖区居民、企事业单位、社会组织等开展捐赠。截止12月20日16时，共接收“爱心暖阳”棉被、衣物10939件。

（蔡越）

【发放物业补贴——全市率先创新救助政策】为本行政区域内名下有楼房且用途为自住的特困供养人员、享受城乡居民最低生活保障和生活困难补助人员以及民政部门管理的精减退职人员按照居住小区收费标准给予物业补贴，每户补贴面积不高于75平方米。全年全区共为19户家庭发放物业补贴19.63万元。政策出台两年以来，共为34户困难家庭发放物业补贴。

（蔡越）

【临时救助】将临时救助原有的每人最低500元的救助标准提高到900元。2017年，顺义区临时救助146人，发放救助金22.75万元。

（蔡越）

【农房家财险投保工作】2017年，顺义区出资102万元补贴10.2万户家庭投保农房家财险。据统计，2013年至2017年，全区累计投保金额492万元，出险金额1272万元，保障农村家庭房屋财产安全。

（蔡越）

【加强灾害信息员队伍管理】2017年，顺义区民政局采取三项措施加强灾害信息员管理。通过出台《灾害信息员管理暂行办法》，明确任职条件、工作职责等内容，进一步健全灾害信息员管理体系和队伍规范性建设；将灾害信息员培训列为常规工作，对全区、镇（街）、村（居）三级1000余名灾害信息员开展集中培训；为全区持证并在岗的镇、村级灾害信息员发放通讯补贴，补贴标准为每人每月100元。

（蔡越）

【为城乡低保、低收入对象免费参保参合】2017年，顺义区为城市低保、城乡特困、低收入对象342人参保城镇居民基本医疗保险，投入资金16.39万元；资助农村低保、低收入对象3760人参加新型农村合作医疗，投入资金

60.16万元。共投入资金76.55万元，惠及群众4102人。

（蔡越）

【首家智能化养老服务驿站投入使用】顺义区首家智能化养老服务驿站在胜利街道胜利社区投入使用，该驿站建筑面积510平方米，总投资148万元。除提供辅助用具租赁、助浴、日间照料、助餐、心理咨询、文化活动等基础服务外，还通过特色智慧大厅实现对辖区内186位高龄独居老人及255位重度伤残人员的家庭安全及人身安全实时监控，可实现火灾自动报警、燃气泄漏报警、紧急情况一键呼叫、防走失系统及视频监控对讲功能。驿站还拥有一支7人组应急救援队伍，配备专用车辆，可24小时提供应急救援服务。

（蔡越）

【为部队办实事】2017年，按照“紧贴官兵需求、突出重点项目、切实保质见效”的原则，会同相关单位和设计公司进行实地调研，最终确定8个为部队办实事项目，安排专项财政预算资金2000万元，并于7月份召开新闻发布会。截至年底，工程基本完工，另有67个项目列入双拥办实事项目库。

（蔡越）

【低保对象投保意外伤害险】低保、特困对象意外伤害保险作为顺义区对困难群体出台的一项惠民政策，自2013年起连续5年免费为低保对象投保，累计投入资金约530万元。顺义区的低保、特困对象在保险期间内，遭受意外伤害的，并因该意外伤害导致身故、残疾或烧伤的，在中华人民共和国境内（不包括港、澳、台地区）的二级或二级以上医院或保险公司认可的医疗机构进行治疗的，保险公司将依照相关约定给付保险金或意外医疗保险金。赔偿限额为：意外死亡伤残的给付10万元，在门诊发生医疗费用的给付1万元。2017年，共出资90.68万元为4534名低保、特困投保。

（蔡越）

【“五型”老年驿站】顺义区打造“助餐型”“助医型”“智能型”“维权型”“文化型”五型老年驿站，提升“社区管家”服务水平。一是优化布点设置，建成10家社区老年食堂，可覆盖4万余名老年人的用餐服务需求。二是整合京顺老年病医院资源，为社区老人免费提供测量血糖、血压、中医脉诊、康复理疗、健康咨询等医疗服务。三是建设特色智慧大厅、配备专业设备，实现火灾自动报警、燃气泄漏报警、防走失及视频监控对讲等功能。四是针对老年人较为关心的遗产纠纷、欺诈防范、再婚等热点问题，通过政府购买服务方式，聘请专业团队开展为老维权讲座，提供“一对一”法律咨询，切实提高老年人的维权意识。五是开设图书室、书画室、健身室、棋牌室、党员活动室等，组织开展文娱活动，为社区居民送去精神食粮和快乐心情。

（蔡越）

【村委会选举工作】年内，顺义区第十届村委会选举工作完成，同步选举产生新一届村务监督委员会。目前，全区共有村务监督委员会成员1321人，其中，党员793人，占60%；村监会主任中，党员358人，占总人数的80%。为进一步加强村务监督委员会建设，提升履职能力和水平，顺义区出台《村务监督委员会工作实施细则》，进一步规范村监会职责、权利、义务。通过村务公开监督检查、大党建任务考核等途径，进一步加强基层民主自治，依法保障人民当家作主的权利。

（蔡越）

【“八型社区”建设评估】顺义区民政局委托第三方对2017年申报的36家社区建设成果进行现场评估，对2016年申报的30家社区进行复核。此次评估复核包括实地查看、问卷调查和工作展示三个部分，同时将居民的满意度和幸福指数作为评估复核的重要因素综合考量。区民政局对评估结果进行综合分析和成果公示，对符合“八型社区”建设标准的社区给予10万元建设经费。

（蔡越）

【规范化捐助站点建设】2017年，顺义区建设规范化捐助站点45个。各规范化捐助站点按照“五个一”规范化设置：有一块民政部统一制式的“社会捐助接收工作站点”牌匾，有一定工作面积（至少10平方米），有一面宣传墙面，有一名专（兼）职工作人员，有一组统一制式的固定捐物箱。规范化捐助站点的建立，本着救助困难群体为主要目标的发展思路，以各镇（街道）民政科和养老院、儿童福利院为支撑点，对本地区困难群体给予捐赠衣物的支持，实现精准救助，同时方便社区居民“随手捐、自愿捐、就近捐”，为百姓参与社会捐助活动提供便利。

（蔡越）

【社区养老服务驿站建设】2017年，顺义区全面推进社区养老服务驿站建设。市、区两级分别投资930万元和660万元，在31个社区各建设1所养老服务驿站，逐渐增设助医功能。由镇、街道统一管理，提供短期照料、助餐服务、健康护理、文化娱乐、精神关怀等10余项服务，努力打造老年人家门口的“服务管家”。为推动社区养老服务驿站建设，顺义区协调资金加大扶持力度，计划“十三五”期间建设69家社区养老服务驿站。截至年底，31家驿站主体工程全部完工，其中22家驿站通过市级评审，在北京民政信息网上对外公示。

（蔡越）

【龙湾屯农村养老驿站试运营】顺义区龙湾屯镇柳庄户村投入33万元对原托老所进行升级建设，委托北京市易来福居家养老服务有限公司进行专业化运营。驿站面积330平方米，分为老年餐厅、老年活动室、理疗室、监测室和日间照料室，为村里65岁以上的老人提供三餐服务，每周组织老人开展手工课、文体活动，同时为村内老人建立健康档案，提供血压、血糖监测等服务，解决柳庄户村独居、高龄老人多，助餐需求迫切，老人精神文化生活不足等需求问题。对村内老人开放后，有16名65岁以上老人在此用餐，40名60岁以上的老人建立健康档案。

（蔡越）

【推进养老助餐服务体系建设】为贯彻落实《北京市居家养老服务条例》，推进养老助餐服务体系建设，顺义区作为北京市开展养老助餐服务体系建设试点之一，落实各项政策，稳步推进养老助餐工作开展。区民政局采取政府主导、专业化运营的形式，将老年餐交由社会组织承接。按照“成熟一个、启动一个”的原则，采用试点先行，逐步推开的方式，构建“集配中心+社区老年食堂+义工助餐、配餐、送餐”的运营模式。截至年底，全区共开设8个老年食堂，分别是仁和花园老年食堂、南彩彩丰老年食堂、宏城花园老年食堂、马坡顺悦家园老年食堂、东兴一区老年食堂、胜利小区老年食堂、马坡一区老年食堂、建南一区老年食堂。

（蔡越）

【退役士兵安置工作】2017年，顺义区共接收安置复退军人244人，其中2016年冬季退役士兵22人，转业士官7人；2016年秋季退役士兵215人，发放各类补助金1800余万元。加大宣传力度，鼓励退役士兵参加市、区两级学历教育，提高就业技能，共为28名退役士兵报销学费19.53万元。春节期间对退役士兵进行全员慰问。举办2场退役士兵专场招聘会，搭建平台促进退役士兵就业，使他们尽快走上工作岗位。

（蔡越）

【优抚对象权益保障工作】2017年，本区有优抚对象4770人，共发放优抚对象各类抚恤补助金3400余万元、减免医疗费406万元。为849名重点优抚对象免费体检，开展8023评残工作。开展优抚对象身份数据核查工作，实现人员精细化、规范化管理。

（蔡越）

【区域界线联检工作】联合河北省三河市民政局对27.074公里长的三河–顺义界线进行检查，重新埋设损坏的京冀线2号界桩，签署《北京市顺义区、河北省三河市平安边界建设协议书》。为确保区级界线走向清晰，界桩完整稳固，实地查看相邻6区共190.25公里长的区级界线，对顺义区牵头管护的昌平、怀柔、密云三个区9个界桩进行加固。召开镇街界线联席会议及专题培训会，明确责任界线、区域划分及责任划分，确保镇街界线完整贯通。

（蔡越）

民族宗教

【概况】顺义区共有满、回、蒙古等45个少数民族，总人口约3.2万，其中具有清真饮食习惯的少数民族6000人。民族村5个，其中回族村3个（后沙峪镇回民营村、牛栏山镇安乐村和高丽营镇七村）；满族村2个（北石槽镇寺上村和天竺镇杨二营村）。清真餐饮副食网点和生产加工企业共100余家。杨镇一中、牛栏山一中和后沙峪中心小学三所学校是北京市民族团结教育示范校。在杨镇一中设有内地新疆班，现有新疆籍学生约900名。中国承认的佛教、道教、伊斯兰教、天主教、基督教5大宗教，除道教外，在顺义区均有宗教活动。登记的宗教活动场所4个（回民营清真寺、高丽营清真寺、牛栏山清真寺和杨镇清真寺）。年内，顺义区各项宗教活动有序，宗教活动场所和谐稳定。

单位名称：顺义区民族宗教事务局

（民族宗教局）

【区民族宗教局工会主席及委员选举】3月14日，根据2016年4月1日，区总工会下发的《关于北京市顺义区民族宗教事务局工会筹备组的批复》（京顺工组〔2016〕15号）（文件同意区民族宗教局成立工会）的精神，区民族宗教局工会第一次会员大会召开，选举产生第一届委员会委员5人、第一届经费审查委员会委员3人、第一届委员会主席和副主席2人、第一届经费审查委员会主任1人。

（民族宗教局）

【区民族宗教工作会】4月20日，区民族宗教局组织召开顺义区民族宗教工作会，副区长郑晓博出席会议并讲话，区民族宗教工作领导小组成员单位副职以及各镇、街道办事处副书记、主管镇长（主任）、负责民族宗教工作科长近100人参加会议。会议传达习近平总书记在全国宗教会上的讲话精神，总结2016年民族宗教工作，对2017年的工作进行布置。

（民族宗教局）

【民族村经济发展工作获表彰】5月31日，北京市少数民族乡村经济工作会议召开，会上为全市少数民族乡村经济发展工作获奖单位颁奖，顺义区获得5个奖项：区政府获得区级政府主体作用发挥二等奖，北石槽镇政府获得乡镇政府主体作用发挥二等奖，寺上村获得少数民族乡村特色发展示范奖，回民营村和安乐村获得少数民族乡村特色发展进步奖。

（民族宗教局）

【“儿童节”“教师节”慰问师生】在“儿童节”和“教师节”前，区民族宗教局领导到开展民族文化教育和体育活动丰富的学校走访慰问，向小学生们致以节日问候，向教职员工表达节日祝福，并赠送价值12万元的慰问品。

（民族宗教局）

【穆斯林群众欢庆“开斋”节】6月26日，穆斯林的传统节日“开斋”节当天，顺义区有近1400名穆斯林群众进寺会礼，庆祝一个月的斋功完成。

（民族宗教局）

【北京市民族健身操舞大赛】6月30日，北京市第十二届民族健身操舞大赛总决赛在地坛体育馆落幕。区民族宗教局组织顺义区社区、民族村和学校共5支队伍近130人参加北京市民族健身操舞大赛，共获得金奖1个、银奖3个、铜奖1个。

（民族宗教局）

【顺义区民族村经济工作会】7月20日，区民族宗教局组织召开2017年民族村经济工作会。区财政局负责同志、民族村所在镇主管领导、民政科长、民族村党支部书记参加会议。会上各民族村书记汇报2017度申请扶持项目情况，区财政局负责同志从把握扶持政策、资金专款专用等方面提出意见和建议。

（民族宗教局）

【穆斯林群众共度“古尔邦节”节】9月1日，穆斯林传统节日“古尔邦节”（又叫“宰牲节”）当天，顺义区有近1000名穆斯林群众进寺参加节日会礼，共宰牛8头、宰羊50只，各寺欢乐祥和、宗教活动安全有序。

（民族宗教局）

【区政协委员调研民族宗教工作】9月21日，顺义区政协民族、宗教界政协委员一行30余人到北石槽镇寺上村（满族村）实地调研，听取区民族宗教局关于顺义区民族宗教工作情况的汇报。座谈中，委员们对区民族宗教局落实党的民族宗教政策，支持民族村经济社会发展取得的成绩和维护宗教活动场所安全稳定所做的工作给予肯定。

（民族宗教局）

【小学绫球比赛】9月28日，区民族宗教局会同区教委聘请北京市高级体育教师对全区近30名小学体育老师开展绫球教练员和绫球裁判员培训，并组织8所学校14支队伍近200名学生参加小学绫球比赛。

（民族宗教局）

【圣诞节安全维稳工作协调会召开】12月20日，顺义区圣诞节安全维稳工作协调会召开，部署节日期间安全维稳工作。区委统战部、区委政法委、区旅游委、区卫计委、区民族宗教局、顺义公安分局国保支队以及25个镇、街道相关领导参加会议。

（民族宗教局）

【圣诞节期间宗教活动场所安全稳定】12月24日–25日，平安夜和圣诞节期间，顺义区参加庆祝活动的信徒达到3000余人次，为确保宗教活动场所安全稳定，主要采取以下四项措施：一是圣诞节前会同属地相关工作人员到规模较大的基督教聚会点、天主教弥撒点调查了解举办圣诞节庆祝活动情况，对场所内的液化气罐、软管、用电电器以及消防设施等进行重点检查，排查安全隐患，向场所负责人提出安全管理要求。二是指导石园北区基督教聚会点健全完善《圣诞节安全工作方案》，要求石园北区基督教聚会点成立安全工作领导小组，有效落实存包制度、安检制度，明确职责分工，责任落实到人。三是组织石园北区基督教聚会点以及联系聚会点召开安全工作会。石园北区基督教聚会点与各联系聚会点签订安全责任书，明确各点安全管理职责。四是协调帮助石园北区基督教聚会点安装硬质隔离带。

（民族宗教局）

人力资源和社会保障

【概况】2017年，全局认真学习贯彻党的十九大精神，在区委、区政府的正确领导下，在市局的大力指导下，紧紧围绕“民生为本、人才优先”的工作主线，主动服务大局，积极务实作为，稳步推进就业、社会保障、人事人才、劳动关系等各项工作，为全区经济社会的转型升级提供坚实保障。

单位名称：顺义区人力资源和社会保障局

（人力社保局）

【就业创业】围绕“疏解和整治”，协同区经信委将疏解企业分流职工纳入重点帮扶范围，建立帮扶台账，开展“一对一”实名制援助，全年妥善安置本区劳动力467人。围绕“促提升”，紧抓“高精尖”产业发展机遇，全年城镇新增就业2.5万人，完成全年指标的148%，城乡劳动力二三产业就业率保持95%以上，城镇登记失业率1.54%；全年扶持创业570人、带动就业2440人，分别完成全年指标的219%和305%；全年开发“银发人员”就业岗位2189个，促进2026名“银发人员”就业。按照“重点群体、重点关注、重点推荐、重点服务”原则，制定《顺义区重点群体就业帮扶方案》，通过精准帮扶促进各类重点群体稳定就业。补齐低收入农户增收致富短板，全年帮扶低收入农户劳动力1789人实现就业，占有劳动能力和就业意愿劳动力的99%。坚持多方位促进高校毕业生就业，全区3107名高校毕业生目前实现就业3075人，就业率98.97%，其中41名困难家庭毕业生全部实现就业。全年通过市级政策安置城乡就业困难人员7892人，其中社区岗位安置3106人，完成全年指标的139%；各类用人单位新招用城乡就业困难人员4786人，完成全年指标的218%。

（人力社保局）

【职业技能培训】组织北京工贸技师学院等12家优质技师学院和培训机构对区内企业职工开展技能培训。企业新型学徒制试点工作完成。新成立北京市陈领农机修理工首席技师工作室，全区有首席技师工作室达11家，北京市郭立芸酿酒师首席技师工作室获得市级财政资金支持。全年培训城乡劳动力1.3万人，超额完成全年1.2万人的指标任务。

（人力社保局）

【公共就业服务】人力资源市场公共服务体系整合取得实质性进展，人力资源公共服务中心通过市局和市编办验收，公共就业服务更加统一规范。“就业援助月”“春风行动”等专项就业服务活动效果明显，“互联网+公共就业服务”模式广泛推广。对口帮扶工作扎实推进，与河北沽源县人社局签订《顺义-沽源人力资源合作框架协议》，形成信息共享、优势互补、融合发展的人力资源长效合作机制，同时帮助平谷、密云区的劳动力实现跨区域转移就业，公共就业的辐射范围更加广泛。全年动态保持企业用工需求档案1805户，完成全年指标的120%；采集空岗信息3.62万条，完成全年指标的117%。

（人力社保局）

【社保改革】城乡居民医疗保险整合稳步推进，实现全体城乡居民持卡就医、实时结算。医保支付方式改革覆盖全区94家定点医疗机构，其中6家实行总额预付，88家实行总量控制。定点医药机构动态协议管理工作落实到位，“能进能出”的动态管理机制逐步形成。跨省异地就医住院费用直接结算工作有序推进，全区能够开展住院业务的定点医疗机构全部实现异地就医住院费用直接结算。

（人力社保局）

【社会保障】全民参保登记计划启动实施，完成全区1.05万名未参保户籍人员摸底调查和入库登记工作。全年职工五险平均参保人数达到52.59万人，同比增长5.33%，其中基本养老、基本医疗、失业、工伤、生育保险参保人数分别为61.3万人、59.54万人、48.69万人、49.97万人、43.44万人。其中，全区95%的在建工程以趸缴方式参加工伤保险，完成市局指标任务的80%。全区城乡居民基本养老保险、城乡居民基本医疗保险当年参保人数分别达到9.35万人、26.81万人，完成征地转非劳动力227人。按照市局部署，增设城乡居民基本养老保险补贴档次，提高缴费上限和补贴额度，完成缴费补贴、基础养老金补贴等全区重要实事任务。落实全市社保待遇联动调整机制，提高6项社保待遇标准，其中先后两次提高城乡居民基本养老保险基础养老金和老年人福利养老金标准，两项待遇目前分别达到670元和585元，继续高于全市标准水平。特困职工一次性医疗救助、城乡居民大病保险工作全面落实，为78名特困职工发放救助金132万元，为1855名城乡居民大病保险“二次报销”1268万余元，有效缓解因病致贫问题。社保稽核力度不断加强，用人单位未足额缴纳社保费用追缴到帐率92.08%，超额完成市局指标任务，受理社保投诉案件303件，追回漏缴社保基金475.56万元，同比增长32.3%。定点医疗机构总额控制监管、医疗费用审核等工作有序开展，基金使用效率不断提高，不合理费用支出得到严格控制。内控监督不断强化，社保经办风险管理自查自评专项行动、城乡居民养老保险内控专项检查完成，业务运行风险得到有效防控。全年社保基金总收入119.95亿元、总支出65.9亿元，其中职工五险基金收入99.42亿元，支出46.12亿元，基金运行安全平稳。

（人力社保局）

【社保经办服务】“五证合一”社保登记工作推进，及时引导企业采用“银行缴费”的方式进行社保缴费。城乡居民医疗保险整合经办任务有条不紊推进，多方位加强新政宣传；完成全区16.2万名新农合参保人员信息采集和13.3万张社保卡发放工作，将116家新农合定点医疗机构纳入北京市基本医疗保险定点医疗机构管理。全年新制社保卡发放17.89万张，出具权益记录10.15万份；办理养老、医疗保险关系转移接续分别达3248人次、2026人次；为1425人进行劳动能力鉴定；整理归档社保业务档案6855卷，医保业务档案3.3万件。

（人力社保局）

【高层次人才引进培养】高层次人才引进更加突出“高精尖缺”导向，全年为高新技术企业、文创企业引进高级人才23人，引进非京生源高校毕业生(含公务员)346人，解决专业技术人才夫妻分居12人，为1302人办理《北京市工作居住证》。聚焦“三城一区”建设，组织52家企业参加“科创中心建设人才引进专项计划”申报工作，申报岗位113个，获批22个。配合区委组织部启动“梧桐工程-干部人才引进计划”，面向“双一流”高校招聘一批优秀应届硕士、博士毕业生。高层次人才载体建设加快推进，全年新增博士后科研工作站5家，是2017年度全市建站最多的地区，年内，全区共有23家博士后科研工作站、3家创新实践基地和12家基地工作站，数量继续保持郊区首位。出台《顺义区博士后（青年英才）科研资金补贴管理实施细则》，加大博士后经费资助力度，全年财政投入200余万元支持博士后工作。作为全市三个试点区之一，北京市外国人就业许可试点工作启动，办理外国人业务达662件。拔尖人才推选工作扎实推进，3人通过“中关村职称直通车”政策评审，全区通过“直通车”政策评审出的正高级职称专家达13人。引智工作扎实推进，2个引智项目获批，获得专项经费资助32万元。

（人力社保局）

【公务员管理】全年录用公务员144人、大学生村官（选调生）45人。职位管理严格规范，科级干部选拔任用监督和轮岗力度不断加强，全年提拔科级干部482人，科级干部轮岗373人。公务员平时考核试点工作向全区推广，同区委组织部联合下发《顺义区公务员平时考核工作实施方案》，大孙各庄镇、工商分局被市局确定为全市基层平时考核示范样板单位。公务员培训工作不断强化，举办初任和任职培训，借助“每月一课”平台，邀请知名专家为公务员授课，在职培训吸引力进一步提高，全年培训公务员5058人次。

（人力社保局）

【事业单位改革】全年公开招聘事业人员465人，评审中小学教师职称963人。军转安置任务如期完成，全年安置营连职及专业技术干部27人，接收自主择业军转干部18名，同时为随军家属提供就业岗位336个。人事考试工作安全有序运行，坚守考试安全红线，全年承接市局下达、区级委托考试19项，服务考生1.89万人、4.22万科次、启用考场680场。

（人力社保局）

【**机关事业单位工资管理**】事业单位绩效工资管理不断加强，根据各单位实有人数、人员结构等情况逐一核定33家主管单位2016年度绩效工资总额执行情况，确保各单位在核定的工资总额内进行分配。工资信息化建设继续推进，完善机关工资管理系统，各项业务实现网上操作；开发建立事业单位工资信息管理系统。

（人力社保局）

【**劳动合同制度**】本区监控企业劳动合同签订率和城镇职工劳动合同续订率分别达到99.73%和95.34%，建会企业集体合同签订率达到80%以上。完成企业薪酬调查、国企工资内外收入监督检查等工作，出台全区物流、汽车制造业、建筑业行业工资指导线及工资指导价位。全区12家企业和4个镇创建区级和谐劳动关系单位。劳务派遣和特殊工时行政许可工作依法依规进行，全年许可劳务派遣企业116户、实行特殊工时制企业370户。

（人力社保局）

【**劳动用工管理**】落实顺义区“疏整促”专项行动，以“规范劳动用工”专项行动为主线，加强劳动监察执法，全年规范用人单位484家，涉及劳动者5.27万人，实现“检查一批、规范一批、提升一批”的目标。针对拖欠农民工工资问题，95%以上的规模以上建筑施工企业劳动用工实名制管理，开展以建筑业、餐饮服务业为重点的专项执法检查，出台《顺义区农民工讨薪突发事件处置工作应急预案》，规范处置流程，加大“一带一路”“十九大”等重点时期欠薪案件排查化解，确保劳动关系和谐稳定。

（人力社保局）

【**劳动关系调处**】针对疏解非首都功能发生的集体争议案件，成立“疏非”类争议处理小组，开通“绿色通道”，做到快立快审快结。认真落实新出台的《劳动人事争议仲裁办案规则》和《劳动人事争议仲裁组织规则》，制定具体适用细则，仲裁案件处理效能进一步提高，全年受理各类争议案件4690件，结案率99.94%，调解率46.19%。全面落实矛盾排查调处、整体联动和应急处置机制，畅通信访渠道，解决群众合理诉求，全年接待处理来访和办理群众来信、电子邮件、便民电话等1399件次。

（人力社保局）

人民生活

城镇居民收入支出情况

【**概况**】2017年，顺义区紧紧跟随全市“稳中求进”的工作总基调，努力推进稳增长、调结构、促改革、惠民生等各项工作，经济实现持续平稳健康发展态势。全区居民人均可支配收入33568元，比去年同期增长9.0%；人均消费支出21371元，比上年同期增长8.4%。按居住地分城镇居民人均可支配收入39736元，同比增长9.0%，增速较前三季度回落0.5个百分点；人均消费支出25928元，同比增长8.9%，增速较前三季度回落1.0个百分点。

（统计局）

【**城镇居民收入稳步增长**】2017年，顺义区城镇居民人均可支配收入39736元，增长3288元，同比增长9.0%，增速与全市持平，位居全市第三位。1.工资性收入稳步增长。人均工资性收入26716元，同比增长5.1%，占可支配收入的67.2%，拉动可支配收入增长3.5个百分点。2.经营净收入小幅增长。人均经营净收入1955元，同比增长3.3%，占可支配收入的4.9%，拉动可支配收入上涨0.2个百分点。物价上涨，经营成本提高，经营净收入增长缓慢。3.财产净收入略有增长。人均财产净收入5061元，同比增长2.7%，占可支配收入的12.8%，拉动可支配收入增长0.4个百分点。4.转移净收入快速增长。人均转移净收入6005元，占可支配收入的15.1%，同比增长42.8%，拉动可支配收入增长4.9个百分点，对可支配收入拉动作用最大。自2005年起，全市离退休人员养老金以及城乡居民福利养老金连续十三年上调，包括煤改清洁能源补贴在内的财政转移支付力度不断加大，居民转移净收入快速增长，成为居民稳定增收的另一有力支撑。

（统计局）

【**居民消费结构日趋优化**】2017年，顺义区城镇居民人均消费支出为25928元，比去年同期增加2118元，同比增长8.9%。从消费的比重来看，居住、食品和交通通信支出位居前三位，占比分别为：27.4%、24.6%、14.4%，其次是教育文化娱乐、医疗保健、生活用品及服务、衣着和其他用品和服务支出，占比分别为：9.4%、8.4%、7.3%、6.5%、2.0%。1.人均生活用品及服务消费1891元，同比增长22.2%。煤改清洁能源工作在顺义区全面推广，居民购买清洁能源取暖器的消费支出较高，人均家用器具消费701元，较去年同期增长57.5%，带动生活用品及服务消费的快速增长。2.人均医疗保健消费2174元，同比增长19.2%。随着医疗保障制度不断完善，百姓看病压力减弱，“有病就医，无病保健”意识不断增强，购买保健器具、滋补保健品等消费水平有所提升，带动医疗保健消费较快增长。3.人均教育文化娱乐支出2442元，同比增长11.5%。近年来，居民对子女的教育以及自身能力提升方面都比较重视，孩子参加各式兴趣班、培训班、辅导班等，在教育方面的投入不断增加。4.人均食品烟酒支出6372元，同比增长5.8%，占消费支出的24.6%，占比比去年同期下降0.7个百分点；人均衣着支出1694元，同比下降3.9%，占消费支出的6.5%，占比比去年同期下降0.9个百分点。

（统计局）

农村居民收入支出情况

【概况】根据顺义区住户收支与生活状况调查资料显示：2017年农村居民人均可支配收入26833元，比去年同期增长8.9%，绝对额比全市高2593元，排名居全市第1位；同比增速比全市高0.2个百分点，与通州区并列全市第4位。人均生活消费支出16396元，比去年同期增长7.6%。

（统计局）

【全年收入水平较高，增长稳定】年内，顺义区农村居民人均可支配收入增长趋势与全市相似，略快于全市。2017年一季度、上半年顺义区农村居民人均可支配收入同比增速分别比全市低0.6个百分点、0.2个百分点，前三季度扭转一季度、上半年低于全市同比增速的趋势，全年高于全市同比增速0.2个百分点。

（统计局）

【四项收入全面增长】1.人均工资性收入平稳增长。2017年，农村居民人均工资性收入18927元，同比增长5.2%，占人均可支配收入比重为70.5%，是农村居民最主要的收入来源。农村居民人均工资性收入的增长对人均可支配收入增长的贡献率为42.8%，拉动人均可支配收入增长3.8个百分点，也是最主要的增收因素。2.人均经营净收入较快增长。人均经营净收入1764元，同比增长16.4%。其中，人均第三产业经营净收入1237元，同比增长11.0%，主要原因是批发和零售业收入增幅较大。人均第二产业经营净收入217元，同比增长5倍，主要原因是建筑业收入增幅较大。人均第一产业经营净收入310元，同比下降15.2%，主要原因是牧业和农业降幅较大。3.人均财产净收入保持快速增长。人均财产净收入2466元，同比增长26.8%，保持快速增长趋势。主要原因：一是随着房屋租赁市场不断上涨的租金，人均出租房屋财产性净收入也快速增长，2017年达到1686元，同比增长51.4%；二是随着土地流转的开展，农村居民转让承包土地经营权租金收入越来越多，人均转让承包土地经营权租金净收入313元，同比增长79.9%。4.人均转移净收入较快增长。人均转移净收入3676元，同比增长15.0%，保持较快增长趋势。主要原因是离退休人员养老金、城乡居民基础养老金、福利养老金水平同期比较有较大幅度的提高。人均转移净收入占人均可支配收入比重为13.7%，是仅次于工资性收入的第二重要收入来源。特别是在人口老年化背景下，该项收入在农村居民收入来源中的重要性逐步提高。

（统计局）

【消费水平较低、消费结构稳定改善】1.消费水平较低。年内，顺义区农村居民人均生活消费支出16396元，同比增长7.6%。绝对额比全市低2414元，排名居全市第8位；同比增速比全市低0.9个百分点，排名居全市第7位。2.恩格尔系数下降。从恩格尔系数同期比较上看，2015年全年、2016年全年、2017年全年，顺义区农村居民恩格尔系数分别是31.2%、30.3%、27.9%，呈现下降趋势，说明收入增长对消费结构改善的积极作用。3.消费结构稳定改善。比较2015年全年、2016年全年、2017年全年顺义区农村居民的生活消费支出构成，八大类生活消费支出占比排位一致，支出结构稳定。其中，交通通信、医疗保健、生活用品及服务占生活消费支出的比重，由2015年的15.1%、9.7%、7.4%增长到2017年的18.6%、11.3%、8.1%，消费结构呈现稳定改善的趋势。4.三大类消费保持增长。2017年，农村居民八大类生活消费支出呈现“三升五降”的变动特点。人均交通通信消费支出3055元，同比增长27.7%，占人均生活消费支出比重为18.6%。主要原因：一是经济条件改善后，人们的出行需求随之增长，交通工具的更新也随之加快。二是通信工具的智能化，产品丰富、物美价廉，使用率与更新率都在提升。人均医疗保健消费支出1850元，同比增长28.3%，占人均生活消费支出比重为11.3%。主要原因：医疗服务水平的提升和医疗保险制度的完善，让人们看得起病、就医用药都更为便捷。人均生活用品及服务消费支出1329元，同比增长25.0%，占人均生活消费支出比重为8.1%。主要原因：随着对居住条件、生活品质要求的逐步提高，人们购买更多、更新的家用器具，购买更多的家庭服务。

（统计局）

平安建设

【概况】顺义区流动人口管理服务中心，是2005年成立的区属正处级事业单位。是区委、区政府加强流动人口与出租房屋服务管理工作的办事机构，行使区流动人口和出租房屋管理委员会办公室的工作职责。2017年8月，北京市顺义区机构编制委员会按照市编办《关于顺义区处级自设机构清理情况的批复》（京编办事〔2015〕52号）要求，经研究决定将流动人口管理服务中心更名调整为北京市顺义区平安建设服务中心，为区委政法委所属相当正科级公益一类事业单位，重新核定事业编制12名，其中相当科级领导职数1正2副。主要职责为：研究制定区平安创建方案、标准及措施等；组织、指导辖区内开展平安创建活动；组织开展平安建设宣传教育活动。协助拟定流动人口和出租房屋管理工作计划，开展相关调研、宣传教育、专项整治等事务性工作；负责流动人口和出租房屋管理方面的其他事务性工作；承担上级部门交办的其他工作任务。单位名称：顺义区平安建设服务中心

（吴彩云）

【“疏整促”三大专项整治】一是推进违法群租房专项整治。以6个街道和10个市级挂账社区为重点，围绕房屋租赁、违法经营、安全隐患、治安混乱和扰民等突出问题开展综合整治，依法取缔、打击违法群租行为，规范房屋租赁市场秩序，有效疏解流动人口。二是推进城乡结合部重点地区整治。重点围绕市区两级8个挂账村的违法建设、无照经营、安全生产、治安秩序、消防隐患等8类问题进行整治。指导基层开展基础信息摸排、三站两室建设和安全隐患排查整治工作，对各类违法出租、违法经营等重点问题开展综合整治，消除隐患，确保城乡结合部地区各类社会秩序明显改善，确保人口规模得到有效控制。三是推进集体土地上出租大院整治工作。对违法建设多、安全隐患大、侵街占道、侵占公共用地和绿地的出租大院进行依法关停拆除。对尚未纳入拆迁规划但存在无序聚居流动人口和存在违法违规排污、安全管理秩序混乱或无证无照生产经营行为的出租大院进行腾空清退。对集中整治后符合建筑结构、治安隐患、生产经营、环境卫生等条件的出租大院进行规范管理。

（吴彩云）

【出租房屋管理】一是严厉打击宅基地各类违法出租。根据《顺义区农村宅基地自建房违法出租专项整治工作方案》要求，自9月开始到年底，按照“拆除一批、取缔一批、整改一批、规范一批”的目标，对农村地区宅基地自建房违法出租开展清理整治行动。依法查处、整改出租房屋的建筑结构、治安、消防隐患，查处各类违法建设出租房屋，严查利用出租房屋从事无照经营、违法经营的行为，对居住人员进行清退。二是开展出租房屋隐患排查整改工作。按照顺义区《关于开展出租房屋安全隐患排查整改的工作方案》要求，对全区的所有出租房屋，尤其是出租公寓、出租大院、群租房的安全隐患排查整改工作进行再部署。全区以首都机场、顺义中心城区及周边地区，城乡结合部地区为重点，围绕宅基地自建房出租用电、用火、煤气中毒、危险物品隐患等容易造成群死群伤的消防隐患问题，突出火灾隐患治理开展排查整治工作。三是开展出租房屋预防煤气中毒工作。根据顺义区“煤改电”“煤改气”的大面积完成的实际情况，重点严查完成改造区域出租房屋住户私自使用燃煤取暖情况，对于没有完成改造的区域，重点摸清燃煤取暖的出租房屋住户，以及没有任何取暖设备的出租房屋住户，建立流动人口预防煤气中毒工作台账，逐门逐户开展检查工作，不留任何隐患苗头。同时，加大宣传力度，不留任何工作死角。

（吴彩云）

【城乡结合部地区环境问题整改工作】组织市政市容、环境办、环保局等部门，推进中央环保督察组关于北京市城乡结合部地区（23个村）环境问题的整改工作。截止12月底，为16个村庄建设污水处理站（厂）解决污水直排问题，其余7家计划施工中；配备垃圾桶1600个、垃圾运输车12辆，完成任务量的100%；解决生活垃圾乱倒、杂物乱堆乱放突出环境问题1578个，完成计划的132.1%；清理整治违法违规“散乱污”企业256个，完成年度计划的的100%；清理存在突出环境问题的“出租大院”34个，完成计划的100%；清理违法违规纪营店铺321个，完成计划的102.2%。

（吴彩云）

【宣传教育活动】结合疏解整治促提升专项行动，创新流动人口出租房屋宣传教育形式。利用LED电子显示屏广泛宣传群租房等法律法规规定，制作群租房整治专题宣传片、集体土地出租大院整治总结片；持续开展常态化宣传活动，全区共开展涉及流动人口出租房屋的宣传教育活动346次，发放《致流动人口的一封信》《出租房屋政策法律法规汇编》等纸质材料25万份，发放自制宣传购物袋、围裙2.2万个，安装群租房投诉举报标牌1.2万个、张贴群租房治理通告3万份。

（吴彩云）

北京顺义年鉴
2018

街道 镇

仁和镇高顺云港新能科技园

5月25日，顺义区市政控股董事长与居民共同参与“市政文化进社区、服务百姓零距离”主题实践活动

4月19日，区政协党组书记、主席以普通党员身份到石园街道五里仓第二社区党总支进行在职党员报到，并实地调研

6月28日，石园街道举办五月的鲜花暨庆祝建党96周年文艺汇演活动

北务镇庄子村成立党员义务巡查车队

李遂镇领导慰问十九大安保志愿者

6月25日，牛栏山镇举办“挑战吧！爸爸”同心向党喜迎十九大活动

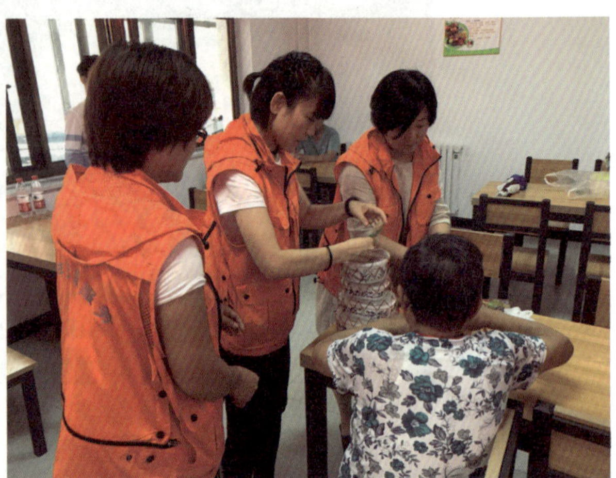

“暖心橙”老年餐桌助餐

小红帽安保志愿者，收听十九大开幕会盛况

10月12日，南彩镇在小营村举办主题为“扬正气、树新风、促发展”廉政书画作品展

街道

光明街道办事处

【**概况**】北京市顺义区光明街道办事处成立于1998年7月（其前身为城关街道办事处），是区政府的派出机构，在辖区内行使政府管理职能。对辖区内的地区性、社会性、群众性工作全面负责；对辖区内城市管理、社区建设、社会治安综合治理、精神文明建设等方面的工作行使组织领导、综合协调、监督检查的行政管理职能。管辖地域范围东至滨河南路，南至顺平快速路，西至光明南北大街，北至减河，占地面积4.12平方公里。下设16个居委会，总户数25789户,常住人口75361人、户籍人口25903人、流动人口11827人。2017年，在区委、区政府正确领导下，贯彻落实各项方针政策，严密部署各项工作，振奋精神，扎实苦干，各项事业都取得较好得发展，并荣获“北京市五四红旗团委”“首都绿化美化花园式社区”“北京市综合减灾示范街道”等荣誉。

单位名称：顺义区光明街道办事处

电话:（010）69442246

（光明街道）

【**“二月新春”群众文化活动**】1月17日，光明街道在裕龙三社区广场举办“欢乐迎新春文化过大年——二月新春”群众文化活动启动仪式，顺义区各级领导干部与来自15个社区的2000余名居民朋友欢聚一堂。演出分为室外和室内两个部分，室外舞龙、舞狮、高跷、小车会民间花会表演吸引大批居民驻足观看。室内是传统手工艺表演，包括剪纸、吹糖人、捏面人、编中国结、串糖葫芦等，开展飞镖、套圈等互动游戏，还有社区书法爱好者现场为居民写春联、送福字。

（光明街道）

【**“双兴东区法治文化乐园建设”**】9月28日，“法惠乐享双兴东　疏解整治促提升”喜迎十九大光明街道法治社区启动仪式在双兴东社区小广场举行。双兴东区建设展现寓教于乐为一体的一区三园：即少儿乐园、青年乐园、老年乐园。少儿乐园结合中国国宝卡通十二生肖贯穿在整个园区内；青年园中，将日常生活常用的法律法规设计成中国石雕宪法书、法律石雕等展现给居民；老年乐园一入园五十六个中国书法“法”字浮雕石墙映入眼帘，其中的排、兵、步（布）、阵、用（守）、方（法）的中国象棋园，打造法在心中，乐在棋中的中国法治特色。

（光明街道）

【**主题拓展活动**】10月31日上午，街道组织开展“新时代新长征同心共筑光明梦”主题拓展活动。街道工委书记、办事处主任带领街居干部重走新时代长征路。此次活动分3天举行，约300人参加。活动分为“挺进湘西”“过草地”和“胜利欢呼”三个环节，通过“穿一次红军服，举一次红军旗，走一段长征路”的形式，让光明街道街居干部重温长征精神，同时，更加深入地学习宣传贯彻十九大精神。

（光明街道）

【**规范制度管理**】深入贯彻落实中央八项规定精神和区委实施意见。从容易产生腐败的“人、财、物”等关键环节入手，从源头上预防腐败。结合街居党风廉政建设面临的新形势和新要求，机关完善并执行《办事处财务管理制度》《办事处固定资产管理办法》《工程项目管理》《办公管理制度》《值班管理制度》《公务接待管理制度》等十几项机关日常管理制度，社区严格执行《社区居委会考核办法》《社区工作者考核办法》和《社区工作者考勤管理办法》三项社区管理制度，进一步严明工作纪律，实现用制度管人。

（光明街道）

【**举办点“靓”光明系列活动**】光明街道工委特举办“同心践行十九大　不忘初心跟党走　追梦前行永光明”主题系列活动。一是点“靓”光明人物线上行，街道工委在11月13日-22日通过街道微信公众平台向公众推送H5链接，引导大家通过学习先锋队伍、风采人物事迹，提高自身思想水平。二是点“靓”光明人物社区行，11月16日、17日，街道工委在裕龙五社区、东兴一社区广场举办线下活动，先锋队伍、风采人物进入社区现身说法，现场向大家宣讲事迹、现场为居民服务。三是印制《点“靓”光明人物选登》一书，现场发放，传递正能量故事。四是举办点“靓”光明之夜主题晚会，表彰先锋队伍和风采人物，凝心聚力，将点“靓”光明主题活动引向深入。

（光明街道）

【**公共服务**】一是落实社会救助政策。发放低保金 44.5万余元，为低保户和低收入家庭、优抚对象报销医药费8.6万余元；为征地超转、优抚、地方退职及遗属等发放各类补助金308万余元；为临时救助人员发放慈善临时救助金2万元。二是基本公共服务顺利开展。为88名60岁以上老年人办理《老年证》，为年满80岁以上老年人6123人次审核并推送老年助残券，为年满80岁以上老年人4096人次审批上报高龄老人津贴；为166名城乡劳动力推荐就业岗位，257人实现就业；办理一孩生育登记163件、二孩生育登记195件，再生育确认7件；工青妇、住房保障等服务工作扎实推进。东兴社区养老驿站5月份正式运营，目前面向老年人开展日间照料、心理慰籍、社区康复、生活娱乐和老年餐桌服务等工作。三是社会组织服务蓬勃发展。审批通过191个活动项目，拨付活动资金93万余元，为居民提供丰富多彩的服务，裕龙三区“星火”志愿护河队事迹在多家媒体均有报道。

（光明街道）

【疏整促专项行动】全年，累计拆除违法建设2576平方米、查处占道经营674起、整治散乱污企业64家、取缔无证经营80户、治理开墙打洞52户、治理违法群租房36户、规范劳动用工企业12家、疏解低端市场（博联小商品市场）1家、关停非法幼儿园2家。

（光明街道）

【大气污染防治】通过网格管理全覆盖辖区65家餐饮企业。重点针对金汉餐饮街的19家餐饮企业，采取“专项日检查+联合执法+第三方专业公司清洗、检测”工作模式，19家餐饮油烟排放均未超标；完成燃煤锅炉改造，实现辖区内无使用燃煤锅炉企业的目标。投入资金8.26万元，加强扬尘深度治理。

（光明街道）

【环境建设】实行日检查、月排名、季通报。年内，共开展月检查工作12次，检查问题1984处。接收市、区两级台账1397处，均完成整改。拆除广告牌匾158块，条幅及广告布59条，电子屏3块，投入资金55万元。拆除裕龙花园、裕龙三区“小菜园”50处，腾退路面700余平米、绿地1500余平米，拆除滨河一区44号楼东侧乒乓球场地乒乓球案子7个，清理杂物3车，腾退绿地400余平方米。

（光明街道）

【河长制】设街道、社区两级河长，16名社区级巡管员，每天至少开展1次巡查；投入资金10.86万元，聘请第三方公司对辖区机关、企事业单位及商铺排污情况进行全面摸排，对存在问题的4家单位进行整治；聘请第三方公司对潮白河流域雨污合流排水口进行治理，通过管线清淤、利用CCTV设备检测渗漏点位，排查出7个直排和15处渗漏的问题，治理完成。

（光明街道）

【社区建设】一是老旧小区改造平稳进行。一期工程3月下旬全面复工，陆续进行路面沥青铺设、绿化补种、安防系统安装等项目工程；二期工程各项手续办理完毕。二是网格化建设卓有成效。出台《光明街道办事处网格化管理实施方案》《光明街道办事处网格化管理督查工作方案》；形成“周督察、月例会”制度；年内197个三级网格员巡查累计达到52614人次，共发现问题9405件（其中涉及环境类问题7653件、违建类问题182件、安全类问题367件、食药类问题24件、环保类问题144件、消防类问题679件、综治类问题361件，及时解决各类问题8957件、问题处理率高达95%）。三是规范化社区建设稳步推进。累计投入资金62万余元，用于裕龙花园等6个社区参加“八型社区”创建工作。此外，绿港家园、裕龙三区、裕龙六区3个社区开展智慧社区升星工作，裕龙北区申请新创建三星级智慧社区，裕龙六区申报掌上居委会智慧社区示范点创建项目，区社会办给予资金支持30万元。

（光明街道）

【安全维稳工作】年内，街道出资100余万元购买微型消防车，微型消防站每月进行一次拉练；开展覆盖式宣传提示，共印制各类宣传品10万余张；为辖区91栋高层安装消防安全警示牌。集中清查行动和三大行动共检查单位2400家次，发现整改隐患1000余处，检查人员1万人次，清理电动自行车2500辆、清理可燃杂物360吨，印制下发整改通知书2000份。在十九大服务保障工作中，街道实行一级超常防控和二级加强防控，在社区内和主要街面设置防控点位107个，动员群防群治力量2814人，对重点人进行稳控；11个社区实行常态化防控；街道出资65余万元为裕龙三区、裕龙五区安装技防设施；处理群众来信来访152件，办理区信访办转办件4件。

（光明街道）

空港街道办事处

【概况】空港街道辖区面积27.38平方公里，常住人口约6.3万，东临北京首都国际机场，西临温榆河畔生态走廊，毗邻朝阳、昌平，地铁、国道贯通，交通便利。空港街道下辖20个社区，38个居住小区，有来自60余个不同国家和地区的常住外籍人士8000多人。新国际展览中心坐落于此，辖区内共有学校21所，其中包括英国学校、德威国际学校、新英才学校、顺义国际学校等多所国际学校，教育资源丰富，公共服务完善；辖区内有中粮祥云小镇、龙湾七街、欧陆广场等7个中高端商圈，涉外商业服务聚集，生活便利，城市业态活力十足，经济投资潜力巨大。街道紧紧围绕建设港城融合的国际航空中心核心区，打造国际空港；紧紧围绕建设创新引领的区域经济提升发展先行区，建设活力街区；紧紧围绕建设城乡协调的首都和谐宜居示范区，共筑幸福社区。

单位名称：顺义区空港街道办事处

（空港街道）

【十九大安全服务保障工作】9月30日起，开始全面进入十九大安全服务保障工作战时状态，成立街道工委书记任组长的空港街道安全服务保障工作领导小组；制定《关于党的十九大维稳安保工作方案》《城市安全运行服务保障大检查工作方案》和10个分系统工作方案、18个分社区工作方案。建立每日召开街道工委（扩大）会进行会商的调度会商机制，严格执行“日检查、日小结、日通报”的检查通报制度，建立八个由副职领导带队的专项检查组，在十九大安全保障服务期间，共开展联合检查17次，开展专项巡查检查215次，检查单位1397家，发现各类问题隐患1853处，立查立改959处，限期整改894处；街道18个社区每日有不少于3800余名治安志愿者上岗，累计5万余人次。

（空港街道）

【区域经济发展】2017年，街道累计引进北京祥瑞投资有限公司等新企业35家，其中注册资金1000万元以上的企业6家，主要涉及投资、文创、能源技术等领域，实现注册资金3亿元，实现财税收入13285万元，同比增长127.9%，实现一般公共预算5207万元，同比增长157%，提前完成全年绩效考核目标进度的257%。辖区内商圈共计接待游客数量120万人次。4月，北京祥瑞投资有限公司计划投资44.3亿元在辖区内建设11万平米的生产研发基地项目，街道引导其完成区级全要素评价。

（空港街道）

【“疏整促”专项行动】以“疏整促”专项行动为契机，提升区域发展质量。组织专项和联合执法1215次，查封誉天下小区违建233处，申请冻结产权登记，拆除丽斯C2等违建1.22万平方米，“留白”“增绿”2万平方米；规范占道经营171余起，取缔无证无照商户138家；整治64户群租房；关停“散乱污”企业62家；引导商户自行整改“开墙打洞”53处；清理整治违法违规排污及生产经营行为117家；检查用工单位204家次，涉及职工4643人；规范非法幼儿园1所，关停6所。

（空港街道）

【清空攻坚战】制定实施《空港街道办事处2017年大气污染治理工作方案》《空港街道2017-2018年秋冬季大气污染综合治理攻坚行动方案》《空港街道办事处关于重大活动期间空气质量保障工作方案》《空港街道关于做好2017年环境保护督察工作方案》《空港街道关于整治餐饮单位油烟污染专项行动工作方案》等一系列方案，形成大气污染防治工作制度化、精细化体系。发挥科技助力作用。严格落实区工作部署，在18个社区安装布设32个PM2.5监测站点。健全巡查记录制度，强化网格精细化管理，每日多次动态监测辖区PM2.5浓度，增强PM2.5防治工作的科学性、主动性、实效性。加强常态巡查管控。按照“一联、五查、三行动”的工作标准，建立健全与天竺镇、后沙峪镇、国土分局土储中心、天竺房地产公司、长青林场等部门环保协商联动模式，加强道路街面全面巡查、施工工地全面检查、散乱污企业全面清理巡查、商圈餐饮企业全面检查、网格化日常巡查，开展“治散煤”“净四气”“降三尘”防治行动。2017年，辖区PM2.5年均浓度64微克/立方米，优良天数226天，比2016年增加28天，重污染日比2016年减少16天。加强环保网格化管理，检查工地700余家次；拆除燃煤小锅炉7台，完成3台降氮锅炉改造工作；完成市、区1721处环境台账治理工作。

（空港街道）

【水污染防治】空港街道严格落实河长制，制定《空港街道河长制方案》，建立领导小组，成立河长办公室，设立社区级河长并指定河道巡线员。按照“一河一策”原则，制定《空港街道办事处龙道河整治措施方案》和《空港街道办事处温榆河整治措施方案》。整治排污口、增加临时污水处理设施各3处，七千尾污水处理站出水达到地表IV类。

（空港街道）

【消防安全隐患清查整治】上账消防安全隐患629处，销账618处；拆除较大安全隐患房屋和设施7.3万平方米；设置高层建筑警示牌56处；清理楼道堆积物50余吨；安装电动自行车充电桩450个；新上账安全生产监管台账企业262家，对441家企业开展风险隐患辨识；将22132个有限空间作业点位纳入监管，30家企业完成安全生产标准化建设。

（空港街道）

【“共享共建共治”】组织130人的专职巡防队日夜巡逻防控，实现110个高清视频探头系统全覆盖；341名党员代表和18支党员先锋队带头担当，社区1393名保安24小时巡逻，1200名志愿者为社区平安共同努力；18个社区全票通过出租房屋、消防安全管理的居规民约，用居规民约打通社区治理最后一公里。

（空港街道）

【创建工作】誉天下、裕祥花园、天竺新新家园、香蜜湾、天竺花园5个社区新创建“八型社区”，万科、莫奈、吉祥、中粮、蓝星等5个社区通过复核。与第三方签订“一区一品”项目委托协议，对18个社区“一区一品”建设进行前期设计和指导，中期督促跟踪，后期整改评估。在中央宣传部、中央文明办主办的第五届全国文明单位评选中空港街道办事处荣获全国文明单位称号。万科社区组织党员广泛开展志愿服务活动，在全国宣传推选学雷锋志愿服务“四个100”先进典型活动中被评为最美志愿服务社区，城花舞蹈队荣获“非遗·中国”2017全国民族文艺汇演金奖。莫奈花园社区创建全国“百县千乡万村无邪教创建示范社区”。天房第二社区荣获“全国社区侨务工作示范单位”。裕祥花园社区荣获首都“优秀社工团队”。吉祥花园社区“娃娃总理”荣获首都未成年人思想道德建设创新案例，完成北京市“城乡结合部社区治理创新试点”创建工作（北京市三家、顺义区唯一一家试点社区）。

（空港街道）

【为老助残服务】开展老年人全程代办服务工作，办理老年优待证65张，发放高龄津贴11.8万元，发放居家养老服务补贴30万元。推行“孝行空港”项目，投入近35万元实施“弘扬汉学孝道 打造敬老空港”“养老学堂进空港”“空港邻里一家人”等活动，全年开展活动26场。安装邻里报警装置90余套。委托社会组织易来福与独居老人结对子实行日见面制度。投入70万元购置10000余个燃气软管、烟感、燃气报警器，发放至辖区所有60岁以上老人家中。完成万科托老所升级改造。健全居民健康档案，创建市健康示范单位。

（空港街道）

【网格化管理全覆盖】制定《北京市顺义区空港街道办事处辖区网格化划分方案（试行）》，结合空港街道与综合保税区、区公路局、后沙峪镇、天竺镇、临空经济核心区管委会、长青林场、温榆河管理段、北京市地铁运营有限公司四分公司等单位现状管理情况，进一步明确各单位管理范围，将辖区划分为5个片区（空港街道片区、后沙峪镇片区、天竺镇片区、临空经济核心区管委会片区、综保区管委会片区）、21片区域，即21个二级网格。

（空港街道）

【两个新社区成立】空港街道新成立首航社区和嘉园社区两个社区，2017年空港街道下辖20个社区，38个居住小区。

（空港街道）

【天房职能移交】空港街道会同区社会办、天竺镇政府和北京大龙控股有限公司就原天房管委会社会职能移交问题进行沟通和讨论，拟定明确承接区域四至和社会管理职能的方案。承接天房社会管理职能划转，推进全行政区域27.38平方公里统筹管理。

（空港街道）

【“智慧空港”——街社一体化平台】空港街道推进“智慧空港”建设，街社一体化平台上线运行。主要建设内容包括：基层党建系统、综合执法系统、便民服务系统、网格管理系统、辖区风险地图系统、视频指挥调度系统、大数据分析系统、OA系统升级改造、街道和社区信息系统融合。

（空港街道）

【安全体验馆】空港街道裕祥花园社区安全体验馆将安全知识与多种创新科技相结合，集知识性、直观性、趣味性、互动性、操作性于一体。其中包括：主题宣教区、3D游戏区、VR体验区、风险警示区、自助阅读区等，居民通过游戏互动的形式了解居家安全知识和突发事件应急处置常识，提高安全防范意识。

（空港街道）

【第四届中央别墅区mini马拉松比赛】4月16日，空港街道办事处、天房第二社区居委会与鲁能 北京钓鱼台美高梅、顺义七号院、格拉斯小镇、优山美地D区项目以及莱蒙湖、名都园、欧陆苑、裕京花园、龙湾别墅等中央别墅区会所联合举办“空港街道鲁能优山美地第四届中央别墅区mini马拉松比赛”。9点18分，选手们正式起跑，比赛设立成人7.9km和儿童1.9km两个项目，共有480余人报名参加mini马拉松，其中有300余名来自美国、英国、俄罗斯等10多个国家及地区外国友人。

（空港街道）

【三山新新家园老旧小区治理一期工程验收】5月22日，空港街道联合全过程管理单位、设计单位、施工单位、监理单位对2016年三山老旧小区改造工程项目进行验收。验收评议会听取各单位对工程完成情况的汇报。在现场对社区内改造后的排水、外墙粉刷、路面、弱电、监控系统、门禁、绿化等工程质量进行查验评定。空港街道三山老旧小区改造涉及30栋居民楼181个单元门2172户，涉及改造项目13项。整个项目实施过程实现零事故，工程在全区率先通过验收。

（空港街道）

【“粽子飘香艾草芳，欢声笑语迎端阳”活动】5月25日，顺义区空港街道天房第二社区、吉祥花园社区、裕京花园物业管理处与紫神象苑餐厅共同举办主题为“粽子飘香艾草芳，欢声笑语迎端阳”的包粽子活动，10余名中国朋友及30余外国友人参与。

（空港街道）

【空港街道科普活动基地揭牌】5月27日，空港街道科普活动基地揭牌仪式暨航空科普庆六一活动在中粮祥云小镇飞行家太空体验馆举行。区科协主席鲍晓芹、区科委副处级调研员孙彦海等一行5位领导和空港小学54名市、区级三好学生共同参与此次揭牌仪式。飞行家北京太空体验馆总建筑面积2850㎡，投资5000余万元，是集体验、休闲、娱乐、赛事、科普、培训于一体的综合体验场馆，场馆拥有北京目前唯一的一家室内跳伞体验馆。体验馆规模集成：航天航空科普基地、航空运动培训基地、航空文化娱乐基地。空港街道飞行家科普活动基地挂牌后，将利用自身的资源优势，每年针对辖区内居民及青少年开展4次航空科学普及活动，以室内跳伞为基础，以知识科普、模拟体验为内容，形成科普、体验、培训、赛事一站式服务。

（空港街道）

【“6·5世界环境日”宣传教育活动】近日，顺义区空港街道组织辖区内18家社区居委会开展以“绿水青山就是金山银山”为主题的“6·5世界环境日”宣传教育活动。裕祥花园社区“趣味运动学环保”、三山新新家园社区“条幅签名表决心”、天一社区“向污染宣战，从行动开始”环保主题宣传、天竺新新家园社区“爱护环境共参与”志愿服务等活动各具特色。180余名环保志愿者向过往群众发放《6·5世界环境日倡议书》《节能减排倡议书》《环保知识手册》等宣传材料380余份，宣传品便携式环保购物袋1500个，可降解糯米垃圾袋500余个，环保宣传伞200把；清理园区卫生死角50处，建筑垃圾10车次，废旧自行车100余辆，清理道路周边垃圾5吨。

（空港街道）

胜利街道办事处

【概况】胜利街道办事处位于顺义城区中心地带，辖区范围东起光明街，西达京承铁路，南到顺平路，北至减河，辖区总面积3平方公里。辖区内有居住小区13个，设19个社区居委会，共约2万户，总人口近6万人。顺义区委、区政府就坐落在辖区内，还有区教委、区检察院、区财政局、仁和地区办事处等一批重要的行政事业单位。云集顺义鑫海韵通商场、国泰广场、顺义隆华商场、新世界百货商场、五里仓家具城、物美超市等大型商场和市场，以及金百万、权金城、金兆福等大型餐饮业，同时还聚集着中国工商银行、中国建设银行、中国农业银行、太平洋保险公司等几十家大中型企业。胜利街道辖区内有东风小学西校区、建南幼儿园、义宾幼儿园、幸福幼儿园等一批重点学校。顺义区医院、顺义区中医院在辖区内。辖区内交通有"三竖"：光明大街、新顺大街、站前北街；"三横"：站前街、府前街、中山街纵贯东西南北。

单位名称：顺义区胜利街道办事处

（胜利街道）

【环境秩序整体规范】针对辖区商圈周边、重点街路等区域继续推行日巡查机制，年初开始增设专人值守，坚持夜间巡查执法，全年查抄流动商贩476家涉及1132人、集中治理占道经营违法摊位480个，消除环境秩序问题5300余处。首环办和区级环境问题销账1379余件，核实处理监管通知单、违建告知书及政府便民电话工作交办单问题344件，问题复查整改率达到100%。

（胜利街道）

【服务项目推新创优】投资148万元建成全区首家智能养老助残服务驿站，通过特色智慧大厅实时监控、应急救援队、"小帮手"电子服务器等有效破解老年人、残疾人居家安全问题。

（胜利街道）

【公共服务保障】加强基层社会救助经办服务能力，严格落实就业、失业登记制度，逐步推进就业管理和服务精细化，保证充分就业社区动态保持和城乡居民养老保险、"一老一小大病医保"等参保，续保率实现100%，持续做好对低保、低收入、困难群众的救助工作，争取资金，落实老年人、残疾人、在职职工、流动人口等各类群体社会福利保障政策，全面抓好"两孩"、非京籍适龄儿童入学、保障性住房、计划生育、"一助一"等各项工作，推进龙府社区健康步道建设，推动公共卫生服务均等化。

（胜利街道）

【消夏餐饮监察】5月7日晚，胜利街道办事处城建环保督查科会同胜利城管执法队对辖区中心重点区域的消夏餐饮摊位进行联合执法。通过巡查发现存在6家消夏餐饮摊位，并逐一下发整改告知书，限期内自行整改。

（胜利街道）

【生态环境治理】响应市、区环保工作精神，针对空气、声、光等环境污染全面开展专项治理工作。充分发挥25名保安和152名环保网格员作用，采取常态巡查、夜间检查、不定时突击等措施监管辖区内商业街等所有重点街、路、区域。认真落实河长制和大气污染防治责任，整改餐饮油烟排放问题企业146家、安装油烟在线监控设备41台，建立监测子站8个、拆除露天烧烤炉8个、整改燃煤锅炉5个，拆除违规户外广告牌匾、标识115处、电子屏87块、清理小区内装修垃圾682车、无主大件物419件。

（胜利街道）

【辖区民生】全面落实"两孩"、非京籍适龄儿童入学、保障性住房、"一助一"帮扶等各项社会福利、保障政策。受理保障性住房申请48人、"一老一小"办理673人次、申请精神障碍病人看护补贴金48户、96156受理居民求助220多件，新建会及百人以上企业实现工会组建率100%。常态化开展劳动监察，多举措推动地区就业，实现就业人数379人，完成率110%。认真落实"三农普"、年度人口抽样调查以及社区工作者社会保险基数、住房公积金基数调整工作，财务管理制度进一步完善，确保各项资金专款专用。妇联、残联换届选举工作完成。

（胜利街道）

【安全生产大检查】7月1日-10月31日，胜利街道在全辖区开展安全生产大检查工作。胜利街道安全科与19个社区及群防群治力量联动，共计出动检查人员6542人次，检查企业3294家次，发现安全隐患1855处，整改完毕1845处，整改率99.5%。悬挂条幅316条，张贴海报及温馨提示28400张，逐户发放《安全告知书》20000份，网站、微信平台推送安全防控信息1100条，小区显示屏滚动播出安全提示700条，向社区居民发放安全宣传画、宣传手袋等宣传品25000份。组织居民进行安全知识讲座189次，消防演练95次，参与人数16000人次；组织有限空间作业、高层建筑消防安全等安全生产专项理论及实操培训17次，培训人数700人次。

（胜利街道）

【"疏整促"】纵深推进"疏解整治促提升"专项行动，其中整治无证无照经营134户、销账19个群租房、取缔私办园1所，重点处置"开墙打洞"92家、辖区内违法建筑完成拆除面积3441平方米，10项任务均在7月底提前全额、超额完成。并凝练"三劝导"即政策劝导、亲情劝导、执法劝导和"五步法"即摸排、上账、告知、整改、执法的典型经验，使各项工作效率同比提高。

（胜利街道）

【非公企业授牌活动】11月9日下午，胜利街道工委、非公企业联合会以“打铁还需自身硬，身正影正言行正”为主题，开展“亮身份、亮形象、亮承诺”党员商户授牌活动。六家商户负责人面对党旗庄严宣誓，作出“六不六带头”的承诺，即：不违约失信、不制假售假、不欺行霸市、不偷税漏税、不群访集访、不损害雇工及其他经营者权益；带头拥护党的领导、带头诚信守法经营、带头构建和谐劳动关系、带头搞好经营、带头履行社会会责任、带头发挥先锋模范作用。

（胜利街道）

【“儿童之家”示范点】12月15日，胜利街道龙府花园社区“慧童空间”荣获北京市首批市级“儿童之家”示范点。胜利街道龙府花园“儿童之家”室内面积93平米、室外面积1000平米，拥有3000余册儿童书籍以及多媒体学习设备、互动教学游戏设备等，并拥有大学生志愿者、退休教师、热心家长等社会力量组成的“妈妈团”为辖区儿童提供学习游戏、心理支持、临时照料、生活技能和品德行为指导等综合服务，每周活动时间达42小时。

（胜利街道）

【老旧小区改造二期工程】胜利街道老旧小区改造二期项目共涉及胜利街道12个社区202栋楼，包括楼梯间粉刷、自行车车棚改造、雨污管道改造、居民楼防水等改造项目，总投资金额为：1.8亿。项目于2017年5月8日正式启动，10月进场施工。截止年底，部分楼梯间粉刷、部分自行车棚改造、部分楼顶防水等改造项目完成。

（胜利街道）

石园街道办事处

【概况】石园街道办事处下辖15个社区(目前轻汽社区已拆迁)，共有居民楼321栋，总户数27327户，户籍人口28747人，常住人口69742人；街道工委下设党总支9个，党支部40个，其中:机关党支部1个，社区党支部15个，老干部党支部9个，两新组织党支部15个(包括9个社区非公企业联合党支部、石园街道社区社会组织联合会党支部、鸿城大厦楼宇党支部、三农研究会党支部、80后义工社党支部、金诚立信造价咨询有限公司党支部、金诚立信社会组织财税服务中心党支部)，共有党员2250名。石园街道区域内集党政办公、工业基地、为老服务、生活休闲于一体,既有顺义区民政局、药品监督管理分局、老干部局、劳动社会保障局等行政事业单位；还有燕京啤酒集团、现代汽车生产基地等大型企业；更聚集着餐饮娱乐、银行、邮局、社区卫生服务中心、中小学幼儿园、大型商市场、公园等一大批配套服务机构；新建成的顺义文化中心、体育中心也坐落于此。

单位名称：顺义区石园街道办事处

（石园街道）

【北京市安全社区】年初，石园街道获“北京市安全社区”荣誉称号。自2014年5月石园街道通过市级安全社区建设备案，启动“安全社区建设工作”以来，精心设置“100%明厨亮灶”、小微企业社区共建等13个创建项目。

（石园街道）

【寻找“首都最美家庭”活动】3月，石园街道“首都最美家庭”活动启动，倡导“夫妻和睦、尊老爱幼、科学教子、勤俭节约、邻里互助”，通过开设专栏、举办座谈会、发放倡议书等方式，最终54个家庭获得“区级家庭荣誉”。港一社区“曹会军家庭”、石园南区“李永芝家庭”、燕京社区“王荣家庭”被评为2017年首都“最美家庭”。

（石园街道）

【“疏解整治促提升”专项工作】4月19日，石园街道“疏解整治促提升”专项工作阶段总结部署会召开。会上，对疏解整治促提升行动进行阶段性总结，并安排部署下一阶段工作；成立七个专项整治小组：分别为人口调控和群租房治理组，拆除违法建设组，无证无照、开墙打洞、小散乱污、环保治理组，环境整治和创卫复审组，地下空间整治和规范劳动用工组，非法幼儿园整治组，宣传组；各专项小组细化任务，明确职责，查摆问题，积极解决，确保专项行动任务完成。

（石园街道）

【讲好故事，唱响主旋律】组建石园街道“践行价值观永远跟党走”百姓宣讲团和“好家风”诵读团，共宣讲、巡讲8场，弘扬社区典型人物的典型事迹，培育正能量。征集“廉洁家书”并选出10封优秀家书在微信平台展示，加强家庭勤俭、诚信、清廉等中华民族传统美德建设。

（石园街道）

【安全教育展厅揭牌】6月20日，石园街道安全教育展厅正式揭牌，面向社会免费开放。作为石园街道将环境“乱点”改造为服务“亮点”的典型，展厅原址为非法出租房，经过整治，改造为集体验、自学、培训于一体的安全教育展厅。展厅面积400平方米，设置公共安全、交通安全、消防安全等12个功能展区，配备电子触屏系统、消防知识竞赛答题系统、灭火体验系统、紧急呼救系统、烟道逃生模拟系统等互动体验设施。同时采取案例分析、知识墙、温馨提示贴等多种方式，传播安全教育知识，深化居民安全意识，增强自救互救技能，避免或减少意外伤害的发生。截止年底，共接待社会单位参观体验1320人次。

（石园街道）

【“失能老人入户服务”项目启动】6月29日，石园街道“失能老人入户服务”项目启动会召开。项目由区社区服务总中心购买，投资150余万元，服务对象为石园辖区230余位失能老人，服务项目包括京顺医院“助医”、飞宇社区“助洁”、颐来福“助浴”、仁和养老护理照料中心“精神慰藉”入户服务。针对4家服务商的服务事项、服务人群，区社区服务中心与石园街道详细对接，各社区针对服务事宜与老人及时沟通，并做好服务质量的反馈与监督工作，确保失能老人在此服务项目中真正获益。

（石园街道）

【“开墙打洞”整治专项行动】一是狠抓排查、完善台账。在工作前期，对辖区内的所有楼房的一层住户、临街的平房、半地下室等展开拉网式排查，同时建立辖区监管台账，做到情况清，底数明。二是狠抓走访、宣传到位。由14个社区居委会作为监管网格，对辖区内存在“开墙打洞”行为的居民逐一走访，发放致房东朋友的一封信等，并在公共场所张贴通告、公告，把取缔“无证无照”、整治“开墙打洞”的相关指示精神及政策法规及时进行宣教。三是狠抓联动、全面部署。依据执法主体职责，协调工商、食药、城管、卫生等相关执法部门，召开联席会议，共同制定整治计划，有序推进专项整治行动。四是狠抓执法、疏堵并举。在前期告知宣传、劝导自拆、自堵的基础上，加大执法力度，成立街道“开墙打洞”治理工作指挥部，按照违法违规行为的轻重，逐个开展联合执法专项整治，疏堵并举。到6月底，85户开墙打洞整治完毕，超额完成全年任务。

（石园街道）

【有限空间安全生产大检查】石园街道开展有限空间安全生产大检查，重点检查在建工程、物业公司、工业企业中深基坑、人工挖扩孔桩、地下管井、釜罐维修、各种管线工程、防水工程等易造成有毒有害、易燃易爆物质积聚或氧含量不足的有限空间。街居两级共出动检查组26组、检查人员84人次，检查相关单位244家，发现并立即整改隐患24处。同时，教育引导企业负责人落实和强化安全生产主体责任，采取有力有效措施加快薄弱环节整改，加强对一线员工的安全宣教培训，有效遏制事故的发生。

（石园街道）

【汛前隐患排查工作】一是第一时间启动石园街道防汛应急预案，各应急小组立即行动，排查易积水隐患点位，对排水井、雨水管、地下车库进行清理，确保排水畅通。二是实行昼夜值班制度，设置防汛信息员，确保汛期信息畅通；加强宣传，在社区单元门张贴汛期温馨提示，利用微信公众号及时向居民宣传汛情信息，确保居民群众生命财产安全。三是联合石园城管执法队检查辖区3处施工工地雨水管道排水情况，并要求工地做好土方苫盖工作，避免扬尘造成大气污染。此次排查行动共出动人员300余人，车辆20辆，排查易积水隐患点位150余处，防汛沙袋、雨衣、雨鞋、扫帚、抽水泵、铁锹、铁钩子、手电等防汛物资准备充足。

（石园街道）

【全民健身体育节】9月22日，石园街道“全民健身惠民生，同心共筑中国梦”全民健身秋季趣味运动会暨石园街道全民健身体育节开幕。运动会设立阳光战车、超级组合接力、勇往直前、协力竞走、共赴前程、毛毛虫、跳大绳7个项目，辖区居民、街居干部300余人参加。全民健身体育节设立乒乓球、羽毛球、棋牌类等多项益于居民健身项目，同时开展过敏体质监测、科学健身讲座等多项活动。

（石园街道）

【APP研发落实环保整改】为完善石园辖区环境保护工作监管机制，建立发现问题及时整改的长效机制，实现环境保护问题闭环式管理，石园街道建立智慧网格APP并正式上线试运营。9月24日，石园街道组织辖区网格员进行网格平台终端操作培训。

（石园街道）

【仓二社区“OK”家社区驿站建成】9月，为实现“为民、利民、便民”的服务宗旨，打造“便捷、宜居、智慧”的生活环境，顺义区社教中心、《北京青年报》、五里仓二社区携手打造居民教育新模式，建设完成“OK”家社区驿站。驿站占地110平方米，内容包括亲子、国学讲堂、社区直播、产品体验、居家等多个便民服务项目。

（石园街道）

【“十月金秋”书画摄影作品展】10月13日，为期一周的“十月金秋”群众书画摄影作品展在石园北三社区活动室落下帷幕。本次展览共征集书法、美术、摄影作品140余幅，展出作品110幅，并特意开辟儿童板块。顺义区书法家协会、中国国际书画院画家与辖区书画爱好者们进行创作交流。

（石园街道）

【“爱心积分银行”平台全辖区运行】“爱心银行积分系统”是石园街道探索志愿服务长效机制研发的志愿服务积分综合管理平台，2016年7月在石园东区、西区率先启动。2017年4月，爱心积分银行“志愿服务积分系统”推广培训会召开，向全辖区居委会推广使用。志愿者通过关注“幸福石园爱心共筑”微信号，注册扫码认领岗位，开展志愿服务，进行相应的积分储蓄，积分可兑换由“爱心商家”提供的服务与礼品。年内，系统注册义工681人，开展活动209次，兑换金额累计达到120915元。

（石园街道）

【“违法违规排污及生产经营行为”清理整治专项行动】2017年，共组织城管、食药、工商、环保等部门开展专项联合执法90余次，发放告知书200余份，悬挂条幅230余条，组织环保相关宣传活动14场，入户走访告知200

余户。取缔关停使用煤炉（碳烤炉）商户11家，查抄煤炉烤炉20余个，对1家有违法行为的餐饮商户进行立案；责令安装油烟净化系统21家，责令清洗油烟净化系统80余家，责令碳改电、碳改气商户共10家，汽修行业责令整改3家，清理关停散乱污商户87家。10月，石园街道“泛亚嘉联餐饮娱乐一条街”被授予北京市首批阳光餐饮示范街称号。

（石园街道）

【“三大行动”取得成效】街道部署安全隐患大排查、大清理、大整治专项行动。按照辖区“四至”范围将辖区重新划分网格，在原有15个社区的网格基础上，划分出8个社会面网格，实行“15+8”属地新型网格精细化管理。截止年底，共摸排彩钢板建筑246处，存在隐患153处，整改销账129处，销账率84%；摸排“三合一”场所147处，存在隐患147处，整改销账112处，销账率76%；摸排高风险密集居住场所11处，存在隐患11处，整改销账8处，销账率73%；摸排鳏寡孤独1341户，更换电气线路17户，更换取暖设备5户。

（石园街道）

【社会保障】共申请合格保障房126户、市场租房补贴2户、公租补贴18户、家庭复核269户。辖区城镇新增就业332人，完成全年指标（320人）的103.75%；城乡劳动力二三产业就业率达96%以上；为企业建立用人需求档案41户，完成全年指标（40户）的102.5%；采集空岗信息933个，完成全年指标（900个）的103.67%。5月，石园石北三社区被认定为“第四批国家级充分就业社区”。

（石园街道）

【为老助餐服务体系日益完善】石园街道整合多方资源，创新工作机制，探索构建“1个配餐中心+1个老年餐桌+6个社区助餐点+多个义工上门送餐”的“1+1+6+X”为老助餐服务体系。通过委托颐福源居家养老服务中心具体运作管理，依托社区居家养老服务驿站，每周制定出营养配餐的固定菜谱。老年人通过服务站或电话预定餐品，由配餐中心集中加工制作，专车统一配送到服务站，志愿者再具体负责订餐、分餐、送餐上门。据统计，2017年服务居民16万余人次，服务老年等弱势群体9万余人次，送餐3.5万人次。

（石园街道）

双丰街道办事处

【概况】双丰街道办事处成立于2007年10月，位于顺义新城马坡组团核心区，区域原为“都市里的乡村”马坡镇，辖区面积29.49平方公里。根据职能定位，区委双丰街道工委、区双丰街道办设置7个内设机构，行政编制28名，调整成立3个相当正科级事业单位，核定事业编制共40名。双丰街道下辖马坡花园一区、二区、富力湾、泰和宜园、新马家园、顺悦家园、顺兴家园、香悦西区、鲁能润园、金宝北区、香悦东区、花溪渡、鲁能溪园、中晟馨苑、北辰花园15个社区居委会（筹备组），共有住户24278户、常住人口41669人，流动人口8966人，户籍人口5090人，辖区共涉及外籍人口56人。

单位名称：顺义区双丰街道办事处

（肖怡乐）

【拓展社区宣传栏“阵地”】投资98万余元，为社区加装宣传栏180块，增加宣传面积1500余平方米。年内，发布政务公开信息209条，双丰视野微信公众号发表微信573条，其中原创240条。

（肖怡乐）

【志愿服务队管理规范化】通过社区招聘方式组建推行街道级“暖心橙”综合志愿服务队，投资10.9万元为志愿者购置夏季马甲1520件，统一志愿服务品牌形象；投资21.94万元为1097名志愿者购买保额为50万元的保险；“大手牵小手”育苗志愿服务活动做精做细，由原来的30人扩充至40人，为每名队员配备羽绒服、手套、马甲及定制徽章。

（肖怡乐）

【社区服务项目快速推进】推进96156公益服务、社区老年驿站、老年餐桌等服务项目。一是启动运行“易来福”养老驿站，做好日常管理并面向辖区15个社区开展为老服务。二是2017年年初顺悦家园社区老年食堂开业迎宾，马坡花园一区老年餐桌项目完成场地装修并于7月14日正式对外营业，2家老年食堂面积约150平方米，可辐射服务7个社区近6000户居民家庭。截至年底，为8911人次提供服务。

（肖怡乐）

【舆情正面引导】在花溪渡自来水异味情况处置过程中，街道充分发挥新媒体平台的宣传、监督、引导作用，“小区自来水突发异味 双丰‘暖心橙’配合送水入户”的工作信息发布当天，阅读量达到1523人，《北京晨报》也对街居应急处置工作进行正面报道。在开发商违规砍伐树木等情况处置过程中，街道牵头、协调各有关部门，主动为居民搭建与开发商双向沟通平台，协助化解问题矛盾。在区委宣传部监督指导下，街居日常舆情信息关注较及时，能够第一时间掌握舆情信息、按工作机制及时处置。

（肖怡乐）

【安全投入加大夯实安全生产基础】投入22.4万元为辖区60岁及以上老人家庭发放独立烟感报警器2800个；投入49.6万元为15个社区安装电动车充电桩20个；投入59.1万元，为街道15个微型消防站配齐装备及消防车。针对辖区高层楼宇多的特点，对辖区12个社区的208栋高层楼宇、473个单元、7949层、9046处消火栓和13个泵房消防设施运行情况逐一建立台账。

（肖怡乐）

旺泉街道办事处

【概况】旺泉街道地处顺义中心城区西南部，下辖社区居委会12个，铁十六局社区居委会、西辛第一社区居委会、西辛社区居委会、西辛北区社区居委会、宏城花园社区居委会、前进花园社区居委会、牡丹苑社区居委会、望泉家园社区居委会、梅兰家园社区居委会、澜西园二区社区居委会、澜西园三区社区居委会、澜西园四区社区居委会。辖区交通便利，有近20条公交线路从辖区经过；顺沙路、顺于路、顺平快速路、顺白路穿境而过，距离机场T3航站楼10分钟车程；还有六环快速路、地铁M15号轨道交通。旺泉街道曾被评为国际安全社区、北京市健康示范单位、北京市安全生产先进单位、北京市敬老爱老为老服务先进单位、首都民政系统行风建设示范单位、充分就业示范街道、北京市五四红旗团委、北京市三八红旗集体、北京市区机关档案工作测评市级优秀单位、首都环境建设样板单位等荣誉称号。

单位名称：顺义区旺泉街道办事处

（旺泉街道）

【辖区企业开展专项演练】1月6日，隆华奥特莱斯举行消防专项演练，300余名员工参与演练活动，科目包括内部消防报告、外部火灾报警、微型消防站紧急救援、人员疏散、火灾扑灭、现场恢复等内容。经过此次演练，有效提高员工应急逃生能力，提升微型消防站队员扑灭初期火灾的能力，增强企业疏散应急逃生及火灾预防的能力。

（旺泉街道）

【冬季防火宣传】1月4日—10日，旺泉街道面向辖区内9个社区、27家重点单位集中开展主题为“创建消防安全社区”的冬季防火宣传活动。活动期间，旺泉街道结合辖区实际，分别制作“让我们携手共创消防安全社区”“消防安全三提示”两种防火宣传海报，张贴在社区微型消防站、宣传栏、重点单位消防中控室等人员密集场所。

（旺泉街道）

【黑车黑摩的整治清理】1月9日，旺泉街道综治办联合区交通支队、胜利派出所、城管旺泉分队、街道城建科，发动辖区交通秩序劝导员，对西辛北区公交车站周边黑车、黑摩的进行全面清理整治。整治行动中，整治小组对西辛北区公交车站周边黑车黑摩的占路揽客和无照游商占路经营的违法行为进行集中整治，共出动执法车辆3辆、执法人员14人，街道工作人员4人，居委会工作人员及交通志愿者23人，共计清理黑车7辆，清除无照游商3个。

（旺泉街道）

【安全生产大检查】1月22日，旺泉街道办事处主任带队，街道安全科、综治办、城建科、胜利派出所、食药所、城管等职能部门共同开展春节前安全生产大检查。针对中石化顺义油库、居然之家顺义店、隆华奥特莱斯、十六局市场等重点企业进行全面检查。要求各企业做好春节期间用电用气安全，加强对员工的安全教育培训，做好烟花爆竹的看护和应急处置工作，做好春节期间的应急值守工作，加大日常隐患自查自改工作，并采取有效措施应对客流高峰期的安全工作。

（旺泉街道）

【二月新春】2月28日，旺泉街道2017年“二月新春”群众文艺汇演暨团拜会在旺泉街道多功能厅拉开帷幕。活动吸引9个社区及辖区重点企业的近400名群众参加。文艺汇演共十三个节目，包括水鼓表演、印度舞、女声独唱、模特表演、京东大鼓、健身操舞、器乐合奏、音乐快板、民族舞、大合唱等，近200余名演员参与演出。

（旺泉街道）

【保安全　查隐患】3月1日下午，街道预防煤气中毒小组对辖区取暖户进行逐一排查，严格按照工作要求落实“一敲、二拨、三清、四封”的工作法对取暖户和取暖炉具进行检查。经查旺泉辖区现有取暖户8户，均按照工作要求张贴安全提示、安装一氧化碳报警器。

（旺泉街道）

【环保工作联合执法检查】3月7日，街道环保督察科联合综治办、安全科对辖区社会餐饮企业进行联合执法检查，拉开旺泉街道“环保工作检查月”的序幕。在为期一个月的时间里，街道每天派出联合检查组，对辖区涉及燃煤单位及排放油烟、污水、粉尘的企业进行拉网式的检查，督促企业减少污染物排放。

（旺泉街道）

【食品安全培训会】3月9日上午，由旺泉街道食药所组织开展的2017年度餐饮单位食品安全培训会在旺泉街道办事处三层多功能厅召开。会上，区食药监局餐饮科的张颖围绕餐饮食品安全操作规范及新修订的《食品安全法》要求，对餐饮服务人员卫生、工作场所的管理，食品原料的采购、贮存、加工处理等过程控制环节及食品添加剂的使用和相关法条进行讲解。食药所的执法人员结合日常监管中常见的问题及具体案例，对餐饮单位进行培训指导，重点提示餐饮单位做到证照上墙、索证索票制度落实到位、严把原材料采购关等内容。

（旺泉街道）

【群租房治理】3月15日下午，旺泉街道群租房治理工作小组对前进花园社区排查的6处群租房进行查处。一是现场约谈承租人，围绕安全隐患、治安混乱和扰民等突出问题对承租企业的负责人进行约谈。二是实地群租房确认，与承租方的企业负责人对群租、安全隐患和扰民问题进行现场实地确认，并责令其进行限时整改。三是开展联合执法，按照北京市出租房屋要求进行群租整改，并对承租方进行现场的批评教育。

（旺泉街道）

【食品检查】3月17日，针对央视“3.15”晚会所曝光的部分进口食品问题，旺泉食药所执法人员对辖区内的食品经营单位的进口食品进行检查，重点检查进口的儿童食品。通过检查，未发现从日本核辐射地区进口的食品，个别经营者未能提供相应的进口食品检验检疫证明，责令其限期整改，并要求经营者完善进销货制度、记录，严禁购进、销售存疑问题食品。

（旺泉街道）

【综治中心规范化建设试点验收】3月29日，首都综治办检查组到街道对综治中心规范化建设试点工作进行集中验收，街道工委书记、街道主管副职和宏城花园居委会主任陪同并随行汇报。检查组实地查看街道、社区综治中心规范化建设工作，强调加强基层综治中心规范化建设对于构建立体化社会治安防控体系、深化平安北京建设、维护首都社会和谐稳定具有重要意义，要按照“试点先行、分步实施、逐步推进、全面推开”的工作思路，最大限度发挥综治中心社会治安防控作用。

（旺泉街道）

【橙色预警应对】4月5日，针对北京市空气重污染橙色预警，旺泉街道环保督查科、顺义环保局、旺泉城管分队进行燃煤及加工行业专项检查。环保巡查一行人员先后对大鸭梨及周边餐饮企业、卡摩利洗车、金祥顺达不锈钢进行仔细查看。此次检查采取不打招呼、开具整改单的方式，对4家涉及炭火烧烤、2家违规排污、1家违规生产加工的企业告知问题，当场查封燃煤锅炉等相关设施并要求限期整改。

（旺泉街道）

【铁腕拆除2000平米违建】4月10日上午，旺泉街道工委书记黄学英带队，街道安全科、综治办、旺泉城管分队等多部门联动，铁腕拆除违建，京顺中医堂院内1750.075平方米违法建筑进行拆除，并在一周之内拆除完毕。

（旺泉街道）

【劳动监察业务培训】4月20日，旺泉街道社保所开展劳动监察业务培训会，街道相关领导、社保所工作人员及各社区劳动保障协管员等20余人参加。由区人力社保局劳动监察科的工作人员详细讲解2017年劳动监察各项指标及基础知识，并与参会人员进行交流。

（旺泉街道）

【突击夜查】4月19日晚，旺泉街道办事处主任于宝鑫带队，联合顺义区城市管理监察大队、城管旺泉执法队和旺泉街道环保督查科，对辖区内占道经营、违规使用燃煤、露天烧烤等行为进行突击检查。在一个小时内，共排查龙腾跃、舌尖上的火锅等4家商户，当场勒令舌尖上的火锅店整改，并扣查4个占道经营小商贩的制作和运输工具。

（旺泉街道）

【安全生产】5月10日，旺泉街道主管安全生产副主任陈丽燕同安全科工作人员，先后来到中石化顺义油库、顺煤加油站、燕兴宏达三家涉危企业进行检查。分别检查3家企业的物防、技防设备巡查记录，24小时值班记录，应急演练培训记录。询问企业开展生产经营场所及周边的安全巡查情况。经查发现，企业检查培训记录齐全，对场所周边的杨柳絮采取喷洒措施，对枯枝落叶做全面的清扫，对不符合要求的彩钢板进行更换，及时消除安全隐患。

（旺泉街道）

【科普体验厅正式揭牌】5月24日上午，梅兰家园社区科普体验厅正式揭牌。本次揭牌仪式作为旺泉街道科技周的重要活动之一，吸引来自旺泉各社区的百余名居民参加。科普体验厅建筑面积108平方米，分为关爱生命展区、健康生长展区、乐享生活展区、科普书吧四个区域，内设16套实体展品。

（旺泉街道）

【“不忘初心爱满旺泉”主题宣讲】6月30日，为纪念中国共产党建党96周年，深入推进“两学一做”学习教育常态化制度化开展，弘扬正能量，传承“红色精神”，旺泉街道工委举办“不忘初心　爱满旺泉”庆七一主题宣讲活动，旺泉街道工委班子成员、机关党支部全体党员、区域化党建成员单位及各基层党组织党员代表近200人参加活动。由老干部、社区工作者组成的宣讲团围绕爱党、爱国、爱岗、爱家的主题，通过“身边人讲身边事、身边人讲自己事、身边人教身边人”的形式向大家传递“正能量”，引导大家树立正确的价值观、人生观。

（旺泉街道）

【街道擂台展示社工风采】7月14日，旺泉街道进行公开选拔社区“两委”主要负责人竞聘演讲，共有29名符合条件的同志参加本次竞聘演讲。街道工委班子成员、科室负责人担任评委，各社区党组织书记、专职副书记、居委会副主任列席参会。此次竞聘演讲，分演讲和现场提问两个环节。

（旺泉街道）

【环保联合大检查】9月1日上午，由街道工委书记黄学英、办事处主任于宝鑫带队，相关副职参加，街道环保办、安全科、信息科、城管旺泉执法队共20余人组成联合执法检查组，对辖区内商户占道经营、道路垃圾乱堆乱放等现象进行突击检查。此次执法行动重点检查西辛北社区和宏城花园社区，共发现问题21处，其中商户占道经营8家、杂物乱堆乱放10处。检查组当场查抄蒸箱、桶装水、水果等占道的物品。执法检查组一行人还来到减河流经旺泉街道辖区段一京承铁路桥与草桥之间南岸的污水口进行现场巡查。

（旺泉街道）

【国际安全社区】9月21下午，旺泉街道国际安全社区认证评审末次会议召开，国际安全社区认证中心总干事谷尔邦先生在会上宣布：旺泉街道符合国际安全社区的指标，通过国际安全社区现场认证评审，同意推荐旺泉街道成为国际安全社区网络成员。

（旺泉街道）

【“我服务　你健康”知识竞赛】9月26日下午，旺泉街道联合旺泉社区卫生服务中心在街道三层多功能厅开展“《国家基本公共卫生》我服务 你健康”主题知识竞赛。区卫计委副主任陈豪，区疾控中心副主任李长青，旺泉街道主管副职王振刚等领导和100余名观众观看本场比赛。本次参赛共有10支代表队，分别来自街道机关和9个社区。竞赛分为现场答题和心肺复苏现场实际操作等两部分。现场答题分个人必答题、小组必答题、小组抢答题，内容包括“三减三健”、重点人群健康管理和健康人群建档签约、心肺复苏等方面。最终旺泉街道代表队获得本场比赛的第一名。

（旺泉街道）

【今天你等灯了吗】11月1日，旺泉街道团工委带领青年志愿者，在辖区内自觉认领重点路口，开展“礼在北京让出文明--市民爱心斑马线专项行动”。早7:30分，志愿者们站在路口陪过路行人一起等红灯，提醒行人及接送孩子的家长遵守交通规则，对不文明过马路行为进行劝导。

（旺泉街道）

【消防安全夜查再升级】11月17日、18日，旺泉街道办事处主任于宝鑫带队，街道安全科、综治办、信息科、城管、食药所等工作人员组成夜查小组开展夜查行动，重点检查瑞利特阀门、卡摩力汽车美容、货场北门、大源鼎丰商贸公司、日升建材城南门周边等地点和单位，对龙盛众望早餐有限公司1号店进行回头看。检查过程中发现问题集中在违规使用泡沫彩钢板，违规使用麻花线、灭火器未定期年检。其中使用燃煤炉1处，现场整改完成；其他问题，检查人员开具限期整改通知单，要求企业限期整改完毕。

（旺泉街道）

【城乡手拉手】11月22日，旺泉街道与受助村木林镇长林庄村党支部开展“一助一”联合党日活动。长林庄村党支部一行7人首先来到宏城花园社区文化驿站参观“不忘初心牢记使命”十九大主题展览，随后参观社区图书馆、五园两阵地和“儒林百步廊”等地。最后大家又来到社区党代表工作室进行座谈，交流支部开展工作的经验做法，就今后的党建交流、社区建设、文化交流等方面达成一致意见，并签署友好合作协议。

（旺泉街道）

【“旺泉力量”身边榜样点赞礼】12月12日，在旺泉街道成立十周年之际，旺泉街道举办“2017‘旺泉力量’身边榜样点赞礼”活动。叶致涛、王秀兰、李霞、康澍、唐细忠、刘国梁、方惜、王春香8位旺泉街道“身边榜样”走上舞台中央，接受旺泉辖区百姓的致敬与祝福。

（旺泉街道）

镇

北石槽镇

【概况】北石槽镇位于顺义区西北部，是顺义、怀柔与昌平三区的交界处。镇域面积32平方公里，下辖16个行政村，常住人口1.4万人，京密引水渠东西横贯全境9.2公里。2017年属地财税收入2.65亿元，同比增长27.6%；一般公共预算收入5409万元，同比增长46.7%；农民人均可支配现金收入23378元，同比增长12%。

单位名称：顺义区北石槽镇人民政府

（北石槽镇）

【基础设施改造】北石槽镇基础设施改造工程彻底完工。项目投资1585万元，改造范围包括镇域11个村庄。建设内容主要包括绿化种植工程、土建工程、排水工程、照明工程、墙面粉刷等。

（北石槽镇）

【环境建设】北石槽镇超额完成2016年工业污染企业调整退出指标。共关停退出企业5家，较年初目标超额退出2家，共节约能耗量1339.4吨标准煤。

（北石槽镇）

【重点企业】北京世桥生物制药有限公司通过英国MHRA对小容量注射剂和口服固体制剂车间的GMP检查，成为北京首个同时通过欧盟对注射剂和口服制剂

GMP双认证的企业。

（北石槽镇）

【养殖业退出】2016年12月5日禁养区以及重点河道周边养殖业退出工作启动。共涉及养殖户78户，3个养殖小区，分别是武各庄村6户、二张营村20户、东辛庄村52户，畜禽迁移共17755头，地上物占地面积共246783.33平方米，地上物拆除建筑面积共47979平方米。2017年12月15日由区农委、区动监局、区财政局、区环保局、区水务局、区拆违办等单位组成的验收组到本镇进行核查验收，养殖业清退主体任务完成。

（北石槽镇）

【废弃矿山生态治理】北石槽镇废弃采石场治理工程完工。工程是北京市废弃矿山生态环境修复治理项目之一，包括地形整治、绿化及后期养护。工程总投资898.28万元，治理面积199200平方米，前期对废弃开采平台、边坡、采坑、废石堆等进行地形整治工程，然后进行绿化，蓄水池、隔离栏、石笼墙、联络线等配套工程同期施工。其中，平整土地50540平方米，修建石笼墙745.5立方米，植树25216株，植草41120平方米。

（北石槽镇）

【大气污染环境治理】北石槽镇为整治大气污染问题，采取三项措施压减燃煤污染。一是村书记为散煤治理工作第一责任人，各村网格员负责本村散煤治理工作。二是以低于劣质燃煤价格的优惠价格推广优质燃煤，更换燃煤7500余吨、炉具1700余台。三是包村副职和包村科长组成专项督查组，监督各村及企业，严禁劣质燃煤在本辖区运输、存储、销售和使用。

（北石槽镇）

【陕京四线沿线拆迁】9月，北石槽镇启动陕京四线输气管道工程沿线拆迁工作完工。陕京四线工程北石槽段主线5.2公里，支线6.2公里，沿线拆迁共涉及35户，包括5个村31自然户、中关村产业园2家绿化企业（北京德信致和农业发展有限公司和北京森禾花卉园艺有限公司）以及北石槽镇政府、顺义区园林绿化局林木绿地养护中心所涉及的2块养护地块。

（北石槽镇）

【水资源保护】北石槽镇3项措施保护水资源环境。一是全面推行河长制。制定《北石槽镇落实河湖生态环境管理“河长制”的实施方案》等制度，明确责任，充分发挥属地主动性。二是加大监管力度。强化企业排污、农户减排监管，实行限期销账制。同时，加强污水处理站管理，定期检测水质，确保退水入河水质达标。截至目前，共治理排污口24处。三是落实养殖业退出工作。禁养区畜禽清退工作全面完成，关闭养殖小区3处，涉及养殖户79户，清退畜禽17932头（只）。

（北石槽镇）

【农田整改】北石槽镇永久基本农田整改工作完成。划定问题图斑26宗，涉及9个村，基本农田面积825.38亩，全部整改完毕。

（北石槽镇）

【护坡建设】北石槽镇2017年启动浅山生态治理项目。项目位于下西市、良善庄村浅山段，总投资1029.31万元，建设内容包括：铺设护坡3965.32平方米、注浆1900.8立方米、挡土墙1079.26立方米、波形钢板护栏恢复182米。年底完工。

（北石槽镇）

【政务服务】北石槽镇政务服务站全面投入使用。自2016年11月开始，北石槽镇大力推进三级政务服务体系建设，投资50余万元，建设内容包括：镇级综合服务大厅配置电子吊牌、电子屏、触摸屏等；16个村级服务站进行统一改造，粉刷墙壁、安装新的接待台，配置部分办公设备；镇、村服务站统一设计制作一次性告知单、桌牌、胸牌、工作时间牌、制度上墙板、资料索取架、防撞条等。

（北石槽镇）

【一事一议工程】北石槽镇2017年村级公益事业一事一议工程完工。工程包括下西市村村庄排水工程，西赵各庄村、营尔村村庄排水和路面修复工程。其中，西赵各庄村涉及混凝土道修复2440.9平方米，PE波纹管铺设2312米，清挖淤泥35.04立方以及挖土方1572.16立方米；营尔村涉及南大街西段沥青路面恢复，长度185米，宽4米，南大街东段暗沟排水，长度196米，管径为1.5米；下西市村涉及雨水改造及环境提升，排水管道全长950米。

（北石槽镇）

【再生水厂配套工程】北石槽镇再生水厂及市政配套工程竣工。项目位于寺上村，京密引水渠北侧，占地3735平方米，总投资4251.02万元，采用BOT模式，主要收集处理镇中心区生活污水，日处理能力1500立方米。配套工程涉及污水管线6299米、中水管线6268米、外部配套设施等工程，同步完成建设。11月底，再生水厂初步运营。

（北石槽镇）

【低收入农户帮扶工作】北石槽镇“一户一策”助低收入户脱低。一是印发《低收入农户结对帮扶手册》，内容包括低收入农户家庭情况、帮扶责任人、帮扶计划、计划“脱低时间”、走访及帮扶记录等项。二是与北京峰盈新顺扶贫基地合作，以高于市场价10%收购低收入农户自种的农产品。三是由帮扶责任人推荐，到扶贫基地以及村级公益岗就业，任职巡逻员、公厕管理员、护林员等。全镇48户低收入农户中，有46户实现“脱低”，脱低率达96%。

（北石槽镇）

【就业保障】本镇城镇新增就业人数767人，完成全年指标207.86%；城乡新增就业人数332人，完成全年工作的128.68%；实现二三产业就业率97.26%；建立企业服务档案数53份，完成全年指标103.9%；采集岗位信息数1446个，完成全年任务的131.45%；就业困难人员摸查率100%，实现50名有就业意愿的就业困难人员100%就业；推荐城乡劳动力培训416人，完成指标284的146.48%；规范用工企业15家，完成全年指标300%；日常巡查记录221次，按照施工企业规范用工要求，将全镇在建工程列入“实名制”管理范围内，监督其劳动订立、发放工资情况，并建立专项台账。

（北石槽镇）

【食药安全保障】镇食药所共计检查食品药品监管主体224家。一般程序立案7件、罚没款共计7.8万余元。立案数较2016年同期增长57%；受理投诉举报17件、同比增长68%，按期办结率、及时反馈率、合理诉求解决率、办理契合度、总体满意度100%，立案率94%、餐饮、流通、生产环节食品快速监测、抽检样本173个、检出不合格样本3个，保健品、化妆品8个，同比增长100%，高血压、心脑血管、抗生素、中药饮片类送检药品样本13个。降糖、减肥类药品快筛检验样本20个，未发现不合格样本；平台受理流通、餐饮许可75件；同比持平。进一步落实操作规范和人员管理。

（北石槽镇）

【社会保障】深入落实医疗保障、养老保险等社会保障政策，全年城乡居民医疗保险参保人数6400人，参保率90%以上，报销5.06万人次，报销金额686万元；城乡居民养老保险缴费6307人。全年发放各类救助金、慰问金、补贴、奖励金、保险共计1144万元，惠及2100余户。全年办理低保手续家庭9户，特困家庭危房翻建2户，为14名经济困难独居老人进行适老化改造，为民政对象发放一卡通153张。

（北石槽镇）

【疏解整治促提升】拆除违法建筑7.79万平方米，新生违建实现“零增长”，整治占道经营行为52件，清理取缔无证无照经营21户，疏解一般性制造业3家，清理违法违规排污及生产经营行为41起，规范劳动用工专项行动15家，关停非法幼儿园4家。

（北石槽镇）

【社会环境安全保障】加强法律援助和人民调解工作，完善农村社会矛盾排查化解工作体系，调解成功率达到99%。全年为230名农民工追回拖欠工资418.74万元。全面落实安全生产监管责任，检查企业1487家次，发现各类安全隐患1019处，消除隐患962处，整改率94.4%；完成58家企业彩钢板建筑“清零”，更换面积4.3万平方米。全镇2017年安全生产无事故，安全生产检查队规范化建设被评为突出贡献奖。完善治安防控体系，加大群防群治力度，整合治安巡防志愿者队伍1439人。完成全国“两会”“一带一路”峰会及“十九大”期间的安全保障工作。

（北石槽镇）

【公共服务保障】完善村级医疗卫生服务网底和组织体系，加快推进重点医疗卫生基础设施和“空白村”医疗卫生机构建设，实现区域医疗资源总量持续增长和布局优化。寺上、下西市2家养老驿站建设基本完工。新建2座足球场、完善4座篮球场、新增2套体育健身器材、惠及二张营等6个村。下西市文化活动中心通过验收。全年举办文体活动10余场，丰富群众业余生活。

（北石槽镇）

北务镇

【概况】北务镇位于北京市东北部，顺义区东南部，首都机场东侧。下辖15个行政村，镇域面积32平方公里，耕地面积0.3万公顷。镇内地势平坦，有龙塘路、木燕路等道路穿境而过，京平高速公路在北务设有出口。镇中距首都机场17千米、京哈公路10千米、六环15千米、天津新港100千米，主要公交线路有顺18路、顺29路，923路。2017年，北务镇立足“大党建”格局，将党的建设和镇核心职能与重点工作相结合，做到党的建设和地区社会经济发展“两手抓、两手促”，镇域各项事业均保持稳健发展的良好态势。2017年属地财税收入73382万元，同比增长10%。一般公共预算收入完成12694万元，同比增长1.5%，一般公共预算支出完成25349.38万元，同比增长71.85%

单位名称：顺义区北务镇人民政府

（北务镇）

【“北务杯”风筝比赛暨京津冀风筝邀请赛】4月25日，北务镇在奥林匹克水上公园举办顺义区第十届全民健身体育节“北务杯”风筝比赛暨京津冀风筝邀请赛。共有来自京津冀6支参赛队和全区17支参赛队100余名运动员参加。比赛分为硬翅类、软翅类、板子类、立体类、自制风筝5个竞赛项目和运动风筝、打斗风筝2个表演项目。北务镇队员在硬翅类、自制类2个项目中荣获一等奖。

（北务镇）

【基层党员干部轮训班】8月21日–25日，北务镇组织全镇22名基层党支部书记、41名村“两委”干部、24名科室负责人、17名党员发展对象开展集中轮训，学习理论知识及业务知识，提升自身素质，打造一支党性高、善治理、守规矩的基层队伍。

（北务镇）

【党支部规范化建设】9月–12月，北务镇严格落实基层党支部规范化建设，着力构建和完善“B+T+X”工作体系，以“一规一册一本一表一网”为主要内容，创新采用“六规六建”工作模式，引领带动各基层支部夯实基本建设、基本制度、基本队伍、基本活动和基本保障，推进组织生活严肃化、组织建设规范化、党员活动经常化，全面加强基层党组织阵地建设。

（北务镇）

【重拳整治“三违”行为】按照“削减存量、控制增量”的原则，制定《北务镇联合执法常态化工作方案》，完善领导带队夜查制度。全年依法拆除违法建设43宗，拆除房屋、硬化地面共计6.6万余平方米。切实推进基本农田问题整改，核实梳理各类地块806块，累计清理腾退3.6万平方米，完成撂荒地整治9宗，清理基本农田120余亩，拆除大棚房297户，全镇用地秩序进一步规范。取缔无证无照经营59户，违法经营行为得到有效遏制。

（北务镇）

【加大疏解清退力度】疏解清退汇祥印务、兴润达塑胶2家一般性制造企业，争取奖励资金600余万元，清理“散乱污”企业140家，清退养殖场5家。对全镇人口密集租住场所进行排查整治，“三合一”场所得到有效清理，健全出租房屋台账，对7处密集租住场所实现规范化管理，取缔私办幼儿园1个，并妥善分流在园儿童。在北务村、珠宝屯村建设2个集中农贸小市场，镇中心区和木燕路占道经营现象得到扭转。

（北务镇）

【清洁空气行动计划】北务镇安装区级监测子站17个，覆盖全镇15个村以及各类重点区域，镇村两级党员干部安装环保巡查手机APP，动态掌握子站监测数据，并建立分析机制。开展“散煤治理”专项行动，回收村内农户燃煤4750吨、炉具5242个，封堵吊炕3705个并全部完成水褥子替换工作。实施燃煤锅炉“清零”行动，累计拆除各类燃煤锅炉251台，处置企业劣质燃煤900余吨。出资98万元对农业生产领域的育苗用电进行补贴，基本实现全镇“无煤化”。对镇内2家砂石料加工企业实行“两断三清”，17宗扬尘上账地块实现100%苫盖。全镇31家主要餐饮经营单位和集体食堂全部安装油烟净化装置。聘请第三方环保专业公司，采用空气溯源雷达检测、空气质量检测车和PM2.5质谱源解析等技术，分析全镇大气污染成因，有针对性地开展环保工作。

（北务镇）

【水环境综合整治】设置河长制工作办公室，并完善配套制度，全面落实“三查、三清、三治、三管”工作任务。开展水管员培训，确保河湖保护管理工作落实。对顺三排水和海子沟等主要河道沿线的29处排污口进行集中整治并完成封堵。完成村级污水处理站移交工作，由区水务局整体推进工程建设，区市政控股集团投资的日处理量200立方米的临时污水处理站建成并投入使用，有效填补再生水厂投用前的污水处理空白，为实现“河长治、水长清”奠定基础。

（北务镇）

【涉农环保】持续推进瓜菜废弃物循环处理工作，联合奥格尼克公司提升收集处理利用率，有效避免废弃物长期堆放产生的污染问题，全年累计清运瓜菜废弃物2200车次，约1.07万吨，全部实现循环再利用。持续加大秸秆禁烧工作力度，全镇秸秆禁烧率连续多年保持100%。

（北务镇）

【结构调整】2017年，完成属地财税收入7.3亿元，同比增长10%，完成一般公共预算收入1.3亿元，同比增长1.5%，经济形势稳中有进、总体向好。全镇二三产业总收入完成17亿元，单位地区生产总值能耗下降3.66%。优质企业招商引资力度不断加大，全年引进公司51家，注册资金超9亿元。

（北务镇）

【重点工程】推进镇中心区升级改造，完成土地置换、方案编制和项目公司注册工作，开发资质认证有序推进。郭家务村实现天然气稳定供气，镇中心区天然气管网铺设工程完成设计和测绘工作，调压站建设和管网铺设工程有序推进。安装新能源汽车公共充电桩7个，北务消防站建设工程开工建设，镇域公共服务水平持续提升。

（北务镇）

【社会保障】扎实推进精准帮扶，制定《低收入户帮扶增收工作方案》，建立“一户一策帮扶名册”，对全镇143个低收入户开展“一对一”精准帮扶工作，实现72%的低收入户脱低目标。出资80余万元为全镇农村居民购买“全家福”保险，增强群众遭遇意外变故的抵抗能力，构建多层次社会保障体系。加大老年事业投入力度，扩大“重阳节”慰问覆盖面，提升慰问标准，全镇各项民生事业呈现新局面。

（北务镇）

【教育卫生事业】加大为教育办实事力度，累计投入159万元开展教育助学工作，推进校园建设，提高教师节慰问标准。开展慢病示范区建设，开展各类健康教育讲座36场，建设3个健康知识一条街，设立11个慢病管理小组，覆盖率达73%。进一步完善新型农村合作医疗服务保障工作，全镇累计报销109万元，二次报销139万元，发放大病补偿近30万元，农村居民医疗保障水平不断提升。

（北务镇）

【文化体育】加强文化阵地建设，投入659万元，完成7个村的文体活动中心升级改造工程。“迎新年、贺新春”舞龙大赛持续开展，并被评为北京市优秀群众品牌文化活动；组织农民龙狮舞表演队赴台湾参加文化交流活动，受到《人民日报》关注并报道。代表市农协赴广东阳江参加全国农民风筝大赛，荣获4项全国一等奖。组织优秀文艺表演团队为农村群众免费演出38场，放映电影736场。

（北务镇）

【就业工作】实现农村劳动力转移就业112人，城乡二三产业就业率达到95%以上，新开发就业岗位500余个，累计发放稳定就业奖励13.9万元，全镇就业形势良好。不断推进工资集体协商制度规范化，将每年5月作为工资集体协商月，制定工资集体协商规范化模板，并对重点企业进行约谈，切实将工资集体协商制度落到实处。不断加大劳动监察力度，全年解决拖欠工资案件13起，涉及金额超180万元，镇内用工秩序进一步规范。

（北务镇）

【社会管理秩序优化】推进“雪亮工程”建设，投资1300余万元，在全镇126个点位安装243个监控探头，5个水库移民村监控工程全部完工，实现区、镇、村监控系统三级联网，构建多层次网格化工作格局。强化 “共同治理、全面联防”的群防群治格局，完成“一带一路”国际合作高峰论坛、党的十九大安全服务保障工作任务。成功创建“首都文明镇”并有8个村荣获“首都文明村”荣誉称号。

（北务镇）

【农业发展】为全镇15个村建立土地承包台账，土地确权工作有序推进。推进农业网站建设，与农业科技服务工程相结合，逐步实现农业信息化、销售智能化。申请菜田补贴资金387万余元，完成7000亩有机肥项目申报工作，进一步降低农田化肥使用量。累计清运1.07万吨瓜菜废弃物，实现循环再利用。综合采用空气源、地源热泵和太阳能供热等方式，完成12家农业企业15万平方米的“煤改清洁能源”工程，推进农业生产可持续发展。农产品质量安全站获评全区第一，创建首批北京都市型现代农业示范镇。

（北务镇）

【公共安全管理】北务镇建立联防联控工作体系，加强疫情监测预警，取缔活禽交易市场6个。加强对食品、药品安全的属地监管，食品药品抽检抽查率始终保持98%以上，完成“食品安全示范街区”创建工作。全年累计接待群众来访156批次、285人，未发生重大违规上访事件。以便民电话解答为突破口，及时解决群众反映的突出问题，全年受理1608件，在“三率两度”考核中居全区前列，全镇社会综合秩序和谐稳定。

（北务镇）

【安全生产】健全泡沫彩钢板建筑、仓储物流企业、“三合一”场所、出租房屋、鳏寡孤独群体以及高危行业6本台账。全面排查有限空间9405个，全部喷涂警示标识，上双锁管理重点区域139处。开展“安责险”推广工作，完成10家企业的投保工作。大力推进北务消防站建设，完成77座地下消火栓和3个消防水鹤建设，预增设34处消防水井。累计拆除存在消防安全隐患的泡沫彩钢板建筑10万余平方米。在人员集中居住区域建设电动车集中充电设施，杜绝违规充电。清退5家废品收购站，1处露天液化天然气违规灌装点，为187户困难家庭更换燃气灶具，安装安全辅助设备和独立式感烟火灾报警器，确保全镇安全生产形势平稳可控。

（北务镇）

北小营镇

【概况】在党的十九大精神和习近平新时代中国特色社会主义思想的指引下，在区委、区政府的正确领导下，北小营镇党委、镇政府带领全镇人民牢牢把握“智能新能源新城、生态宜居北小营”的发展定位，加快调结构、疏功能、治环境、补短板，实现疏功能与促提升的统筹推进，全镇经济社会保持平稳健康发展。2017年，完成属地财税收入6.8亿元，同比增长0.5%；完成一般公共预算收入1.64亿元，同比增长2.2%。农民人均劳动所得达到23084元，同比增长10%，较好地完成区委、区政府交办的各项任务，新一届政府实现良好开局。

单位名称：顺义区北小营镇人民政府

（张乃迪）

【疏整促专项行动】年内，专项执法行动组共开展联合执法247次，出动人数3600余人次，拆除违法建设16.5万平方米。清理整治市级“散乱污”企业144家。整治、取缔无证无照经营163家。规范违法违规生产经营行为138家。完成3家群租房、1处出租大院整治。疏解退出一般制造业企业4家。规范劳动用工单位43家。关停、规范非法幼儿园10所。整治占道经营行为67起。工业区以外的生产经营企业不足20家。砂石盗采、非法砂石筛分、大棚房3项历史性顽疾实现“清零”。通过司法途径收回砂坑集体土地158.3亩。在优化提升上集中发力。探索疏解腾退空间的后续利用，统筹开展“留白增绿”、建设公共服务设施。新增5000余平方米道路绿化，仇家店村、北府村针对腾退土地种植农作物8公顷。拆除2700余平方米违法建设，建成健身公园。榆林村2处共900余平方米的休闲广场投入使用。

（张乃迪）

【重拳治理大气污染】全镇17个村、8998户“煤改清洁能源”工程全部完工，安装设备10973台，新增变压器172台，建立镇级煤改清洁能源售后服务中心，镇内符合条件的家庭基本实现“煤改清洁能源”全覆盖。120余家餐饮单位加装油烟净化设施。利用石墨烯炕板替代传统烧炕取暖方式，9263铺吊炕完成改造。加大扬尘管控力度，累计苫盖裸露地面138万余平方米。拆除燃煤锅炉232台，回收燃煤6652吨，全镇范围内经营性燃煤锅炉实现“清零”。全年PM2.5平均浓度同比下降20.5%。完成中央、北京市环保督察工作。

（张乃迪）

【水环境治理】全面推行“河长制”，成立北小营镇“箭杆河畔党员护河队”，完成水污染源追根溯源，排查、治理排污口100处。统筹实施“8+2”污水管网工程、后鲁小区黑臭水体工程。完成小东河3400米河道治理工程，加装3处临时污水处理设备，实现日处理能力2000吨。按照区级部署，禁养区划定范围内、重点河道周边18家养殖场全部清退。

（张乃迪）

【村域环境质量不断改善】镇新增190辆新型电动三轮垃圾车，垃圾入户收集实现镇域全覆盖。开展环境秩序综合整治32次，完成4054处环境问题整改。结合防汛减灾工程，疏挖重点排水隐患部位5090米。

（张乃迪）

【大幅拓展绿色空间】新增平原造林8.6公顷，完成村庄绿化美化16.42公顷，种植各类绿植乔木1.2万余株，全镇绿化面积2.6万余亩，绿化率达40.7%，成功创建首都森林城镇。仇家店村获得顺义区绿色村庄，3家企业获得顺义区花园式单位。

（张乃迪）

【城乡承载力持续提升】启动前鲁、榆林、东乌鸡村试点规划编制工作。完成108户农宅新建翻建工程。3个村通过美丽乡村验收。再生水厂市政配套设施、东府220KV变电站等重点项目正在稳步推进。配合实施通怀路道路工程。成立12人交通协警队伍，开展学校等重点路段交通秩序维护。着力打造社区“一刻钟服务圈”。配合做好“智慧顺义”建设，实现城乡管理服务科学化、精细化。

（张乃迪）

【社会治理更加精细】新购置13辆微型消防车，实现微型消防站村（居）全覆盖。完成3个村消防水源建设工程，全镇火情初期扑救能力明显提升。北小营镇消防队获得全市消防大比武政府组团体总分第一名。建立“三合一”“多合一”、高风险密集场所等5项安全消防隐患台账。开展各类安全专项整治行动10余次，累计检查生产经营单位、重点场所5327处，排查、整改隐患6342处。完成后鲁各庄村小区车棚改造，规范飞线充电行为330余户。启动“天眼”项目。573个监控探头实现与公安系统联网对接。新增实管员36名，强化流动人口服务管理。统一配备网格巡查移动终端设备，利用手机APP等方式，实现社会治理实时监控、动态监管。

（张乃迪）

【社会保障】提升就业服务，城乡劳动力二三产业就业率达95.1%。255户村民通过公租房审批。落实全民参保计划，完成城乡居民养老保险8481人次。录入新农合参合信息1.2万余人，总报销金额达2115万余元。全镇农村合作医疗并入城乡居民基本医疗保险系统。

（张乃迪）

【精准帮扶】向1578名民政对象发放救助金917万余元，为低保、优抚、老年人、伤残军人等弱势群体办理“民政一卡通”276张。为260名残疾人提供康复服务。加快推进精准脱低，制定低收入农户“一户一策”帮扶计划，缴纳家财保险、人身意外保险340户，拨付一次性救助资金、组织开展帮扶慰问共4.8万元，为183户低收入户免费安装煤改电设备末端，组织镇域企业捐赠帮扶资金10万元，全年实现216户、447名低收入农户脱低。

（张乃迪）

【公共服务设施不断完善】规范化建设镇级政务服务中心、19个村（居）级政务服务站，编制便民服务手册。第二幼儿园正式开园，新增学位360个，有效解决前鲁各庄、后鲁各庄等8个村幼儿“入园难”问题。镇敬老院通过北京市民政局服务质量达标验收。创建食品药品监督管理示范所和北京市首批食品安全示范街。更新健身路径4条，改建篮球场地1个，各村（居）健身场所、健康教育活动室和宣传栏覆盖率达到100%。

（张乃迪）

【群众文化活动】开展广场舞大赛、“永远跟党走　共筑中国梦”读书演讲比赛、“喜迎十九大颂歌献给党，观优秀影片唱经典歌曲”歌唱比赛、书法美术摄影展览、“迎接党的十九大　共圆小康中国梦”公益电影放映、“新时代　新征程”党的十九大精神主题宣传等多项文化活动100余场，吸引观众3万人次。

（张乃迪）

【智能新能源项目建设】7月31日，总投资57亿元的桑德集团新能源项目正式落户北小营镇，开展桑顿新能源动力电池与梯次利用产业化项目。围绕桑德集团新能源项目，北京桑梓顺德股权投资管理有限公司、北京澜石股权投资管理有限公司等上下游企业也落户本镇。12月21日，总投资42亿元的物华新能源动力电池正极材料项目签约北小营镇。主要涉及高性能锂离子动力电池正极材料研发与生产。年内，北小营镇25平方公里开放道路无人驾驶示范应用项目启动规划设计，本镇智能新能源产业集群效应逐步显现。

（张乃迪）

【村史馆落成迎客】5月25日、8月31日，北小营镇北府村、前鲁各庄村村史馆分别正式对外开放。北府村史馆座落于村委会院内，占地面积300平方米，布展面积292平方米。村史馆分为序厅、历史篇、传说篇、民俗篇、展望篇等五个部分。整体以北府村发展史实为依据，以历史变迁为主线，全面挖掘村里深厚的历史文化底蕴和淳厚的乡风民俗，歌颂本村村民的勤劳智慧，彰显村风民风和厚重的历史文化。前鲁各庄村村史馆座落于村委会院内，占地面积198平方米，布展面积192平方米，整体成徽派建筑特色。村史馆共分为序厅、历史回顾、前鲁新貌、未来展望等四个部分。

（张乃迪）

【**市领导调研**】8月4日，市委常委、统战部部长齐静到北小营镇调研河长制工作和黑臭水体治理工作。齐静一行实地查看本镇河长制工作情况及黑臭水体治理进展情况，详细了解黑臭水体治理的技术工艺。11月2日，市纪委常委、市监委委员杨玉香带领市纪委党风政风监督室一行人对本镇前鲁各庄村和东乌鸡村进行实地走访，参观前鲁各庄村村史馆和东乌鸡村国学讲堂，详细询问基层党风廉政建设工作现状和存在的难点问题。随后听取镇党委书记、纪委书记对学习宣传贯彻党的十九大精神、基层党风廉政建设和反腐败工作开展情况的汇报。

（张乃迪）

【**首届水稻收割节开镰**】11月12日，北小营镇前鲁各庄村首届“汉风古韵两千载，北方水稻第一田”水稻收割节开幕。收割节吸引1000余人参与体验传统农耕文化，活动分为农耕风情体验区、稻米文化体验区和秋收文艺展演区。在农耕风情体验区，百姓可以参与葫芦烫画制作、米画制作、儿童餐创意饭团制作、老北京毛猴制作、中国结制作、创意软陶等。在稻米文化体验区，有稻草粮仓展示、水稻知识展示、农机展示脱粒体验、草编体验、收割体验等。

（张乃迪）

大孙各庄镇

【**概况**】大孙各庄镇位于顺义区东南部，距顺义新城约20公里，西南距北京市区东直门50公里，西连北务镇，北靠张镇，东依平谷区马坊镇，南接河北省三河市高楼镇。大孙各庄镇总面积74.3平方公里，辖区东西长12公里，南北宽9.5公里，其中农业用地5113公顷，工业用地1270.7公顷，下辖39个行政村，户籍人口2.3万，镇政府驻地在大孙各庄村。2017年，大孙各庄镇坚持以生态环境为立镇之本，坚持稳中求进总基调，统筹推进稳增长、惠民生、防风险各项工作，在扎实做好服务保障党的十九大、“一带一路”峰会、精准脱贫、大气污染防治等工作方面取得扎实进展，民生事业逐渐完善，经济社会持续健康发展。2017年，本镇实现农民人均现金收入2.05万元，年均增长10%；属地财税收入20590万元，同比增加3610万元，同比增长21.3%；一般公共财政预算收入4586万元，同比增加418万元，同比增长10%。

单位名称：顺义区大孙各庄镇人民政府

（大孙各庄镇）

【**“大党建”格局构建**】镇领导班子从完善组织体系、明确职责分工、健全体制机制入手，深入调研思考，制定本镇构建“大党建”工作格局的“全过程链”文件体系，主要内容为“1+3+14”，即“制定1个清单、明确3项内容、出台14个文件”。

（大孙各庄镇）

【**党风廉政建设**】签订廉政责任书、承诺书138份，确保工作层层压实。镇领导班子集体决议重大决策72项；对新提任的9名科级干部和5名村书记，坚持任前廉政法规测试、集体廉政谈话，防止“带病提拔”。聚焦重点领域，着力加大对党建责任落实、疏整促、精准扶贫、煤改电工程等重大任务的镇级督查和执纪问责力度。

（大孙各庄镇）

【**“三资”监管**】全面推进“三资管理”，实行“账款双托管”。完善农村会计委托代理制度，聘用6名有专业资质的财务专员，建立起“统一记账、统一制度、统一审核、统一公开、统一建档”的管理模式，依托“1+6”农村“三资”监管科学制度体系，规范操作程序，有效控制开支；维护村民的民主权利，改善农村社会治理；确保村集体资金使用规范安全，降低资金资产经营风险；促进农村基层党风廉政建设，密切党群干群关系。2017年，累计完成农村产权交易项目22个，交易总金额8039万元。本镇是北京市首个搭建四级网络平台的乡镇，大段资产处置为本区首例通过公开竞价的方式对农村集体资产进行处置的产权交易项目。

（大孙各庄镇）

【**“三务公开”**】开展“美丽智慧乡村信息服务平台”建设，作为北京市两家试点单位之一、顺义区唯一试点单位，“三务公开”（即公开财务、党务、村务）在10个试点村正式运行，实现百姓足不出户即可通过有线电视点播镇村快报、党务公开、村务公开等10个模块38个子栏目信息。

（大孙各庄镇）

【**土地资源管理**】确立镇域土地“连片整合、集中发展”的理念，保留成块、连片的镇级建设用地28公顷；通过镇村合力、集聚资源，整理24宗村级零散闲置用地29.3公顷。同时，本镇二三产业基地现有土地100公顷，先期投资8300余万元，完成一期约66.7公顷，土地内的“七通一平”和地上物拆除腾退工作。工业配套设施进一步完善。

完成再生水厂立项定桩等手续，完成110KVA变电站选址，土地性质调整工作进行中。

（大孙各庄镇）

【基础设施建设】后岭上等28个村70户农宅新建翻建工作完成。木孙路三期工程（大孙各庄段）进展顺利。投资400余万元，故塘路等3条公路4.36公里大修工程完成，府前街路面翻新1500平方米完成。加快推进尹家府中心小学室内外工程建设，960个学位提升本镇以及河东地区的教育资源服务能力和水平。

（大孙各庄镇）

【村域环境提升】以改善人居环境为重点，推进美丽乡村建设。投资50余万元，完成顺平南线沿线东华山等6个村破旧竹篱笆更换；清理赵家峪等矿山周边渣土、各类垃圾3000余方，完成整改面积1.8公顷，填埋土方9000余方，覆盖防尘网6000余平方米；通过门前三包、以奖代补等方式，引导、鼓励各村开展环境整治行动，实现村容村貌提档升级。

（大孙各庄镇）

【生态建设】本镇今年“五边”（宅边、村边、渠边、田边、路边）绿化工程取得新成效。以一村一品为基础，统一设计、因地制宜，选择适宜村庄挖潜增绿，改善村民生产、生活环境。2017年，对20个村庄进行绿化美化，栽植各类树木3万余株。大孙各庄镇被评为“北京市环境优美镇”，38个村先后被评为市级生态村。

（大孙各庄镇）

【大气污染防治】全面推进大气污染防治，充分发挥45个PM2.5监测子站作用，实时监测空气质量。2017年PM2.5为67微克/立方米，污染数值大幅降低。高标准落实清空计划，累计收购散煤2000余吨，拆除22台企业的大型锅炉、491台经营性单位的燃煤炉具。全镇10351个吊炕100%完成拆除和封堵工作，“煤改电”工作完成。

（大孙各庄镇）

【水环境治理】从严落实“河长制”，推动治水长效化。对镇域内金鸡河等7条河流，设立镇级河长2名、副河长7名、村级河长37名、巡管员74名，封堵小段牛场等6个排污口，与区市政控股有限责任公司签订战略合作协议，全面加强污水和黑臭水体治理，确保断面水质达标。2017年，累计投入1600余万元，完成鲍丘河治理工程、雨洪利用工程、西华山坑塘生态治理项目、北边沟治理工程，修葺护坡2.56万平方米、修建绿化道路7230平方米，浆砌护坡2.43万平方米，清淤、绿化2万平方米。

（大孙各庄镇）

【社会保障】一是精准帮扶工作扎实有序。2017年，低收入农户帮扶工作领导小组成立，通过制定帮扶方案，明确处级干部、包村干部、村两委干部任务，建立“一户一策”档案，动态监测、按月统计，为本镇各类低收入人群提供专项帮扶资金450余万元，截止年底实现低收入农户脱贫287户，占总户数的95%。二是社会保障工作多措并举。坚持社会保障全覆盖、保基本、可持续的方针，探索新型社会保障机制。加强镇卫生院软硬件建设，不断提高医疗卫生服务水平。按照《顺义区矽肺病患者医疗救助方案》，最大限度开展救助。全面推进三级政务服务体系建设，一站式服务地区百姓。加强分类管理，支出近500万元，对弱势群体、高龄老人、独生子女等实施慰问、救助。城乡居民养老保险、一老一小保险等政策落实到位，受益群众逾万人。三是促进就业工作再创新高。开展就业培训、就业指导等多种服务，提升劳动力就业能力，全年开展培训班4期，完成培训243人，举办大型招聘会2次，实现就业121人；开通微信、微博服务平台，提供全面、准确就业信息。全镇二三产业就业1.1万余人，就业率达到96.7%。

（大孙各庄镇）

【抓防控保平安】一是排隐消隐工作日益规范。按照镇领导包片、机关干部包村、村两委成员包户的原则，镇主要领导带队，对人员聚集场所、三合一场所、群租房等开展专项检查，责成各村开展地毯式隐患排查；对161户鳏寡孤独户开展定期入户排查，切实做到底数清、情况明，排查全覆盖、无遗漏。为有效降低火灾事故的发生，遏制“小火亡人”事件，对67家鳏寡孤独户老化线路进行更换，并加装漏电保护器；整治行动中，共检查30余次，检查企业204家，发现隐患289条，消除隐患147条，其余隐患责成专人跟踪复查。二是安全设施建设日益完备。按照“每村有水车、村村建水鹤”的原则，累计投入900余万元，购置消防水车和巡逻车79辆、新建消防水鹤34个、消防水池6座、消防栓44个，维修保养现有消防栓55个，完善人员装备，辖区消防安全应急处置能力不断增强。三是社会整体环境日益和谐。推进综治平安建设，化解社会矛盾纠纷，做好社区矫正和刑释解教相关工作，全年共排查矛盾纠纷294件，与去年相比降低16.7%，成功化解294件，化解率达100%。

（大孙各庄镇）

【农业转型升级持续推进】依托镇二三产业基地闲置土地，打造出800余亩油菜花、油葵花等花海景观。通过报纸、电台、微博、微信等渠道开展“全媒体”宣传，累计吸引游客8万余人。依托花海景观，打造薛庄村三星级民俗旅游村，6户民俗户正式对外接待，博特园景观园区获得北京市十大景观之一，初步实现农业、文化景观和旅游资源互联互动。

（大孙各庄镇）

【抓地域特色文化促进发展新活力】依托生态农业嘉年华、薛庄木雕文化艺术节等一批有影响力的特色活动，营造浓郁的文化氛围。扎实开展精神文明创建，强化文体人才队伍建设，不断满足群众日益增长的文化娱乐需求。推动群众性文艺活动的开展，促进全镇文化事业的繁荣与发展。目前发展前岭上太平鼓舞队、大段村腰鼓队等各类文体健身队伍23支，吸纳2000余人参与其中。全年开展村级文化专项培训45次，举办二月新春等系列文化活动7次，丰富全镇百姓的生活，促进全镇文化事业蓬勃发展。

（大孙各庄镇）

高丽营镇

【**概况**】高丽营镇是《北京城市总体规划》《顺义新城规划》确定的重点镇，位于顺义西部，处于临空经济区和温榆河绿色生态走廊的延展区域。镇域面积61.1平方公里，下辖25个村和1个居委会。高丽营镇围绕区域经济发展新的增长极、新型城镇化建设的重要引擎、科技创新和文化创意特色城镇、社会协同共治的典范四个功能定位，抓好推动转型升级、改善生态环境、优化民生保障、维护和谐稳定等各项工作落实。2017年属地财税收入12亿元，同比增长10%；公共财政收入3亿元，同比增长13%。

单位名称：顺义区高丽营镇人民政府

（高丽营镇）

【**综合治理**】推进“疏解整治促提升”专项行动，12项任务提前一个季度超额完成。深入开展社会矛盾排查化解工作，坚持以政治安全为根本，高标准完成“一带一路”高峰论坛、“十九大”等重大国事活动的服务保障。深入推进城乡结合部重点地区整治，西马各庄村和水坡村软硬件环境切实提升。严厉打击“违法用地、违法建设”，国家土地督察、国土卫片和基本农田问题整改到位，促进城镇空间清朗有序。

（高丽营镇）

【**夏县营棚改**】顺应以城乡融合发展为主体形态的城镇发展趋势，新型城镇化建设不断加快，夏县营村棚改仅用32小时实现民宅100%签约，创造棚改“加速度”。

（高丽营镇）

【**城镇建设**】京沈客专站点沿线征地拆迁工作完成，高丽营镇纳入北京市集体建设用地统筹利用试点，张喜庄、四村纳入北京市集体土地租赁住房试点并加快推进，群众住房条件持续改善。滨河公园、中心区集中供热等项目基本建成，副中心区路网及配套设施、金马工业区基础设施改造提升等项目开工建设。完成土地承包经营权确权登记工作。以环境综合整治为突破口，加大美丽乡村建设力度，实现村级基础设施和景观提升。

（高丽营镇）

【**安全监管**】深化“维护首都安全稳定是第一政治责任”认识，深刻汲取安全事故教训，开展“地毯式”安全隐患大排查大清理大整治，聚焦人员密集场所、有限空间、在建施工工地等重点行业、重要部位，不断强化安全隐患消除，促进安全形势总体平稳有序。推进消防基础设施建设，村级消防水车全部配置到位，推进企业参与“一企一标准，一岗一清单”编制试点，隐患排查治理主体责任有效落实。以让百姓享受更高标准的食品药品安全保障为目标，扎实开展食药安全综合整治，全力保障人民群众食品药品安全，创建“北京市食品安全示范街”。

（高丽营镇）

【**大气治理**】建立散乱污企业、燃煤锅炉、餐饮油烟、扬尘污染4本台账和“网格长、网格员、网格、污染源”四统一网格监管体系，安装62处小微站全时段、全覆盖监测各类污染行为，落实精细化管控和重污染天气应急举措，大气污染治理卓有成效。倒排工期、昼夜奋战，15个村完成煤改清洁能源，清洁空气行动按计划完成。

（高丽营镇）

【**水环境治理**】4条区级、9条镇级和27条村级河道的河长全面确定，清理和保护职责全面落实。强化截污治污，十三支污水管线、一村污水处理站和万万树污水处理站基本建成，小散排污口治理全部完成，水体污染源头减少。

（高丽营镇）

【**民生保障**】健全就业服务体系，全过程参与就业指导、技能培训、岗位对接、维权帮扶，城乡居民收入与经济发展保持同步。搭建广覆盖、多层次的全民社会保障网络，城乡居民养老保险和失业人员再就业保险应保尽保，完成城乡居民基本医疗保险改革，进一步解决群众后顾之忧。精准对接低收入户，126户低收入户全部“脱低”。深入关注贫困人口、残疾人、老年人等特殊群体，扶老、助残、救孤、济困等社会福利和慈善事业不断加深，努力保证小康路上“一个也不掉队”。教育资源配置日渐优化，第五幼儿园主体基本建成，辐射满足周边适龄儿童入园需求。计生、卫生事业蓬勃发展，两家镇级卫生院提级改造完工，群众就医环境大幅提高。大力开展广场舞大赛、全民健身活动，满足群众多样化体育需求。

（高丽营镇）

【**产业建设**】严格执行全要素评价和负面清单管理，清退不符合首都功能定位的产业，不断拓展筑巢引凤的新空间。坚持转方式、调结构，金路易转型研发、顺诚彩印转型云计算等项目提速建设，首开医养、北控高端商务等项目积极谋划，区域经济结构愈发高端化。深入开展区域协同共建，与西峡、巴林左旗、尼木等地区对口帮扶工作有序推进，区域协作共同体加快形成。

（高丽营镇）

【意识形态】坚持党管意识形态不动摇，严格落实意识形态工作责任制，以正确的舆论为导向，以迎接学习宣传贯彻党的十九大精神为主线，强化“丽营风采”“丽营动态”、政府网站与“人文高丽营”微信公众号等媒体深度融合。完善文化阵地建设，村级文化活动中心、图书室、数字电影放映厅等成为农民群众的精神文明家园。突出“品牌活动”特色，举办顺义区第二届樱桃音乐文化节，群众精神文化生活和城镇文化内涵实现双提升。践行社会主义核心价值观，以人物宣传、文艺演出等形式表彰10名“丽营好人”，开展特色家庭、和谐家庭、普法宣传等主题活动，全民文明素质不断提高。创评妇女之家、巾帼建功，深化“妇女培训基地”建设，妇女事业再添活力。

（高丽营镇）

后沙峪镇

【概况】后沙峪镇位于顺义区西南部，东临首都国际机场，南接朝阳区，西壤昌平区，镇域总面积42.6平方公里，下辖16个行政村(其中11个村拆迁)，4个社区居委会，是首都国际航空中心核心区的重要组成部分。2017年，后沙峪镇政府主动应对宏观经济整体下行压力不断加大、结构性减税、人口资源环境矛盾日益凸显等问题挑战，落实首都城市战略定位和推进转型升级的发展要求，着力推动区域治理和科学发展，着力解决群众关心关注的突出问题，着力转变施政方式、规范行政行为，努力在解决实际问题上取得扎实成效，全镇经济社会保持平稳健康发展的良好态势。完成属地财税收入18亿元；完成公共财政预算收入2.87亿元；农民人均可支配收入26794元，增长9%，较好地完成镇十七届人大一次会议确定的各项任务。

单位名称：顺义区后沙峪镇人民政府

（周瑞波）

【眼科大数据联合实验室揭牌】4月19日，眼科大数据联合实验室顺义示范基地揭牌典礼在空港医院隆重举行。中国科学技术信息研究所党委书记赵志耘，北京同仁医院眼科主任魏文斌，顺义区区委常委、副区长初军威，顺义区卫生和计划生育委员会主任董杰昌共同为示范基地揭牌。

（崔 月）

【食品安全示范区创建】6月3日，后沙峪镇工作推进会在中国残疾人训练基地多功能厅召开，区食品药品安全委员会办公室主任、后沙峪镇相关工作人员、全镇餐饮单位负责人共计200余人参加会议。大会对全镇食品安全示范区创建、餐饮单位安全生产等工作进行部署，对餐厨垃圾和废气油脂处理等工作提出具体要求。截至年底，共查封食品制造黑窝点5家，取缔非法经营商户300余家，责令整改500余家。

（于晓峰）

【社区建设招贤纳士“三步走”】10月14日，后沙峪社区党建招贤纳士推行“三步走”。“纳贤才”，地区党委明确要求应聘者必须是本科以上党员并划定年龄范围广纳贤才，面向全社会公开选聘社区工作者。“走出去”，首批选派6名社区骨干力量到胜利街道、旺泉街道中的优秀社区交流学习。“请进来”，聘请旺泉街道宏城花园社区党总支书记、居委会主任李霞到江山赋社区党支部担任党支部第一书记。同时，要求第一书记与社区党支部一起结合社区实际，制订短、中、长期工作方案。

（崔 月）

【疏解整治促提升】制定《后沙峪镇“疏解整治促提升”专项行动工作方案》及12个专项行动方案，建立联合执法常态机制，在“控增”“减存”上狠下功夫，8大项、12小项工作任务全部超额完成全年指标。累计拆除违法建设31万平方米，其中包括拆除京承高速西泗上桥北单体最大的阳光板房屋及5层建筑17万平方米。完成国土卫片、基本农田、生态用地、撂荒整治164宗，腾退土地32.2公顷。整治出租大院88个，清退理想公寓、吉祥公寓、双裕东区市场公寓等共计房间9832间，清退率100%。

（周瑞波）

【大气污染防治】以燃煤炉具整治行动为契机，共拆除燃煤炉具551台，查抄经营性小煤炉、烧烤炉1000余台。区、镇、村三级环保网格管理步入正轨，污染源头实现有效监管。农村减煤换煤行动深入开展，全年配送优质燃煤16829吨、液化气3467罐。“煤改清洁能源”工程全面启动，西田各庄村“煤改气”实现通气供暖，西白辛庄村“煤改电”设备安装、调试顺利推进。扬尘治理力度持续加大，砂石苫盖、洒水降尘、施工遗撒实现常态化管理，镇村道路洒水降尘效果明显。应对空气重污染预警，严格执行各项减排措施，PM2.5年均浓度达到2013年以来最低，空气质量达到近年最好水平。

（周瑞波）

【水环境治理】新建污水处理站3座并完成移交，治理整改小散排污口41处。罗马湖水体综合治理工程取得立项批复。《后沙峪镇进一步全面推进河长制工作方案》制定，以河长制为核心的管水治水长效机制建立，龙道河黑臭水体治理取得阶段性成果。

（周瑞波）

【城乡环境质量提升】完成环境类市级台账12处、区级台账1876处。开展“一带一路”峰会沿线环境整治五大工程，修补、粉刷机场北线两侧房屋及围墙破损外立面1万余平方米，安装隔音墙1676延米。垃圾综合治理进一步强化，清理、转运和消纳规范标准真正落地，日保洁清扫面积超过40万平方米，年累计清理雨水篦子740个、小广告3万条、垃圾渣土29万立方米，整修路边沟1万延米。在偏僻路段设立水泥路障100余块，有效防止垃圾偷倒现象。董各庄村、铁匠营村和西田各庄村排水沟改造工程实施，彻底解决常年积水、淤泥脏臭等问题。

（周瑞波）

【招商引资】 全年共引进企业32家，总注册资金达40.8亿元。其中，注册资金500万元以上企业16家。

（周瑞波）

【重点项目】 中航信产业园一期项目生产区竣工验收，金盛顺鑫国门一号空港商业综合体和博润城市15号（中国）科技创新中心研发及中试厂房主体结构封顶，建筑面积2万平方米的沃尔玛山姆店项目招商进展顺利。美驰低碳建筑科技产业园、联东U谷、金隅大成后沙峪地块等在建项目加速推进，中德智能制造产业基地、信息科技创新产业生产基地等筹建项目正在抓紧办理前期手续。

（周瑞波）

【市政设施进一步改善】 安宁大街开工建设，裕庆路、裕丰路市政管线工程启动，雨污水、电力、天然气管线的完成，解决周边地块市政配套问题。敷设裕安路、裕华路、火寺路中水管道3800米、绿化浇灌管道10200米，铺设火寺路西侧、裕华路、十中路北段人行步道13万平方米，安装路灯28盏。完成观林阁小区消防栓防冻改造和小区绿化改造工程。实施村级道路修缮工程，在董各庄和古城村修建停车场，村庄基础设施进一步完善，村民出行更加方便快捷。

（周瑞波）

【城市承载能力增强】 深入落实京津冀协同发展战略，承接非首都功能疏解，友谊医院顺义院区开工建设，北师大附中顺义分校地上物拆除基本完成。有轨电车T2线（后沙峪段）开工建设。加快推进拆迁安置工作，西泗上村棚改民宅拆迁全面完成，西白辛庄村回迁安置房进入验收阶段，后沙峪村回迁安置房主体完成，电力施工进行中。马头庄村非宅拆迁问题彻底解决，回迁安置房建设即将启动。

（周瑞波）

【社会保障】 继续落实镇级保险补贴政策，提高劳动力就业主动性，城镇新增就业、城乡劳动力就业和城乡就业困难人员就业人数均提前超额完成全年指标，二三产业就业率达97%以上，连续多年获评“北京市充分就业示范镇”和“顺义区充分就业示范镇”。做好社会救助、优抚、老龄、慈善和残疾人等工作，累计发放各类救助资金380万元。完成2016年和2017年区、镇两级报销和二次报销工作，投入资金1286万元，惠及群众4.7万人次。根据《后沙峪镇人民政府关于“爱心基金”使用办法（试行）》，对恶性肿瘤患者家庭出现暂时生活困难给予慈善救助，2个家庭从中受益。投入260万元改造清岚东区道路，为少数民族群众创造更加整洁优美的生活环境。

（周瑞波）

【社会事业】 教育投入力度进一步加大，投资328万元，为中、小、幼学校增添教学设备，支持联合办学，美化校园环境，发放大专及以上新生考学奖励84万元。教育教学质量进一步提升，北京四中顺义分校被认定为优质高中校。医疗卫生服务进一步完善，古城UCC社区卫生服务站功能升级，镇村两级医疗和就诊条件切实改善，慢病健康知识得到全面关注和普及，受教育人数达到4000人次。

（周瑞波）

【平安和谐局面更加稳固】 深刻汲取安全事故教训，全面治理有限空间等重点领域、机场周边等重点区域和人员密集场所等重点部位，开展安全隐患大排查大清理大整治，促进地区安全形势总体平稳。统筹做好城市安全运行保障，妥善应对H7N9禽流感事件，平稳度过主汛期。认真倾听群众呼声，加大信访调解力度，矛盾纠纷化解率稳步提升。强化社会治安防控，完成党的十九大、“一带一路”国际合作高峰论坛等重大活动服务保障任务。

（周瑞波）

李桥镇

【概况】 李桥镇位于顺义南端，东依潮白河，南接北京行政副中心，西邻首都国际机场，北接顺义区仁和镇，镇域总面积75.18平方公里，下辖31个行政村和3个居委会。2017年完成属地财税收入20.71亿元，公共财政预算收入1.6亿元，人均劳动所得2.6万元。获得北京市2017年疏解整治促提升先进单位称号。

单位名称：顺义区李桥镇人民政府

（李桥镇）

【基层党支部换届】 1月，14家非公经济党支部、2家机关党支部完成换届选举工作，选举产生新一届党支部班子成员。

（杨玉杰）

【党员实践活动】 3月26日，李桥镇在全镇31个村和2个社区开展“疏解整治促提升　李桥镇党员当先锋”主题实践活动。

（杨玉杰）

【**流动人口管理**】3月，实现镇域范围内手机信号流动人口动态监测全覆盖。

（杨研佳）

【**防灾减灾气象示范社区**】3月，樱花园、馨港庄园、苏活三个社区开展创建气象示范社区工作。

（吕爱超）

【**基层党建**】4月1日，李桥镇全镇党建工作大会召开。重点部署《李桥镇2017年组织工作要点》《李桥镇2017年宣传工作要点》《李桥镇纪检监察工作要点》。签订《李桥镇党建工作责任书》《李桥镇党风廉政建设责任书》《李桥镇意识形态工作责任书》。部署“李桥镇双述双评一承诺”工作。召开“两学一做”专题民主生活会。

（杨玉杰）

【**文化生活**】4月，李桥镇首座大型文化活动广场建成，占地面积1.1万平方米。

（董大伟）

【**医疗保险**】4月，新农合并入城乡居民基本医疗保险工作。

（张 娈）

【**“散乱污”治理方式得到推广**】5月4日，人民网对李桥镇“散乱污”企业治理情况以及工作成果进行推广报道。

（董晋孜）

【**就业服务**】 6月2日，开展首都机场专场招聘会，共计30家用人单位参会，超过800名应聘者到场。

（张 娈）

【**基层党建**】6月28日，纪念建党96周年表彰大会召开，表彰10个先进基层党组织和58名优秀共产党员。7月1日，全镇1710户党员挂牌亮身份；对全镇2321名党员信息进行确认。9月1日，区委组织部部长禹学垠到南庄头村和北京德威公司调研基层组织工作。9月5日，顺义区委组织部组织科、党管科、调研科到李桥镇南庄头村、英各庄村调研基层党建工作。9月29日，李桥镇党委在基层55个党支部中开展《李桥镇党支部规范化建设动员部署会》。9月26日李桥镇在全镇31个村和2个社区开展“党建引领河长制 李桥党员我先行”主题实践活动。

（杨玉杰）

【**建设微型消防站**】6月，北河、王家场等7个村，配发4吨消防水车共计8辆；南半壁店村、李桥垃圾转运站配发10吨消防水车，及配套装备器材，共计投入163万元。

（田 迎）

【**建立环保三级网格化管理机制**】8月31日，北京卫视对李桥镇环保网格化体制机制进行报道。

（董晋孜）

【**清洁空气行动计划工程**】8月，顺义区首个煤改清洁能源服务中心成立，在全区推广“李桥镇模式”，并代表北京市迎接大连市农委的调研。

（吕爱超）

【**安装独立式感烟火灾探测报警器**】8月，34个村（居）常住户独立式感烟火灾探测报警器安装完成，实现100%安装全覆盖。

（田 迎）

李桥镇环保网格图

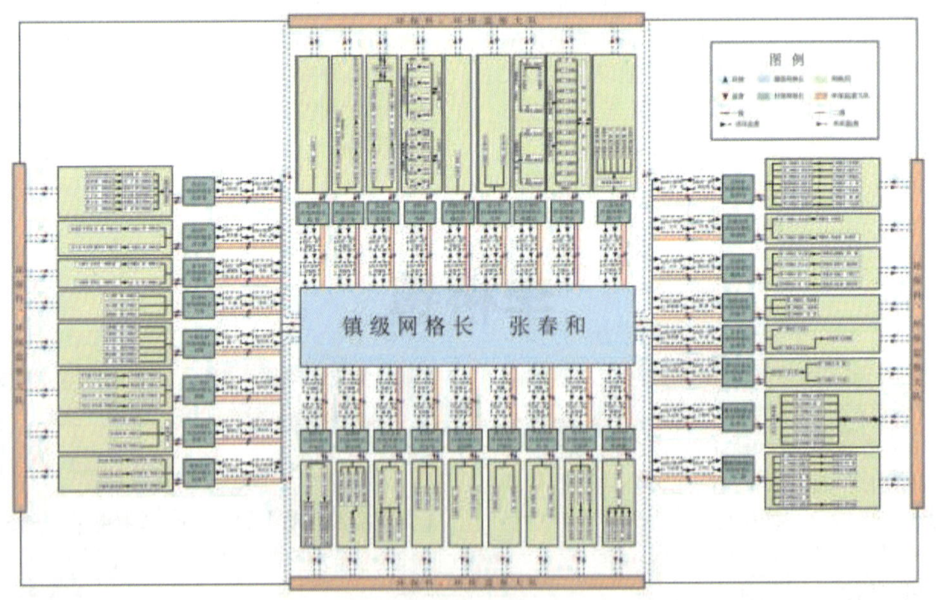

李桥镇采用三级网格化管理：一级网格为镇级网格，镇长为网格长；二级网格为村（居）级网格，各村（居）委会书记为网格长；三级网格为各村（居）委会结合实际，进行划分的网格片区。全镇共划分1个一级网格，34个二级网格（具体为31个行政村和3个社区），123个三级网格片区，由234名网格员负责日常巡查。

【文物】8月，临清村村民马桂琴自家翻建房时发现一块明朝时期石碑，石碑为“李淑人杨氏墓表”，村民无偿将石碑捐献顺义区文物所。

（董大伟）

【村庄整体环境提升】投资1000余万完成南庄头村环境整治工程。

（吕爱超）

【消防水池水鹤修建】9月，共计投入320.30万元为王家场、沿河、南庄头、后桥、北河、李家桥6个村修建消防水池水鹤。

（田迎）

【幸福晚年驿站建设启动】11月，位于吴庄村的本镇第一个村级养老服务驿站建立，占地370平方米。

（鲍静）

【新农村建设】2017年，完成近2万户，27个村煤改电工程和李桥、后桥、南半壁店三个电量饱和村庄煤改气工程。农业领域煤改清洁能源工作改造面积5万余平米，农业生产实现无煤化。

（吕爱超）

【清退草坪地】2017年底，收回土地405万平方米，全部实现土地复耕。

（吕爱超）

【平原造林】2017年，平原造林21.78万平方米，涉及南半壁店、西大坨及临清等6个造林村。截至年底，李桥镇累计完成平原造林工程669.36万平方米。

（西健）

【环境综合整治】对举报非法倾倒垃圾渣土行为人员进行奖励共30例，发放奖励金总计2.7万元；推行垃圾分类入户收集；全年共计完成区级各类环境台账2259个，市级台账78个，销账率100%；1月、9月、12月，在迎接市首环办环境综合检查中，取得良好的成绩。全年镇级投资达1527万元。

（崔秋红）

【“散乱污”企业治理】完成清理整治散乱污经营主体2054家，共协助11家生产加工企业，申报一般制造业退出工作。

（董晋孜）

李遂镇

【概况】李遂镇位于顺义中部偏南。辖区总面积40.22平方公里，下辖16个行政村，常住人口2.5万，2017年完成属地财税收入2.89亿元，同比降幅4.2%；实现一般公共预算收入6735万元，同比降幅7.6%。
单位名称：顺义区李遂镇人民政府

（李遂镇）

【重大产业项目】引进税收千万元以上企业6家、百万元以上企业14家，加大优质税源接引，上半年引进北京建工集团的房地产开发公司一家，注册资金1亿元。

（李遂镇）

【市政基础设施】累计完成乡村公路路面修缮2800平方米。5条总长6.4公里的乡村公路建设全面进场施工。李遂、柳各庄、赵庄等11个村进行老旧蔬菜大棚改造，改造面积500余亩，涉及农户150余户。完成存量污水处理和再生水利用设施运行监测在线设备安装，加强工业区、正亿实业园、东营鸭场排污口治理。东营110千伏安输变电站建设完工，具备运行条件。累计总投资1070万元，完成箭杆河西导渗沟、法庭路至箭杆河排水、箭杆河后营段护坡工程的农业综合开发项目建设。完成镇文体活动中心竣工验收和决算，并投入使用。

（李遂镇）

【安全维稳】全镇各行业领域累计消除安全隐患5582项，未发生安全生产事故。督促辖区企业按要求更换易燃泡沫彩钢板64处，共计7.6万平方米。建成太平辛庄村、赵庄村消防水池2座、消防水鹤2座，有效提高本地区火灾应急救援保障能力。为镇养老院、幼儿园、小学等公益建筑和属地行政村民宅免费配发独立式感烟火灾探测报警器7580个，基本实现全覆盖。完成淘汰不合格燃气灶具、安装燃气安全辅助设备和独立式感烟火灾探测报警器221户。开展全民消防安全大培训活动，累计培训4600人次。通过网站、微信、微博等渠道推送安全信息163条，张贴公益海报2000余张，发放宣传材料16000余份。

（李遂镇）

【疏解整治促提升专项行动】全镇涉及的市级专项台账5大项、7小项任务完成6项，完成进度的85%。在拆违控违方面，严控新增、力拆既有。共拆除违建15.19万平方米，完成市级专项台账任务的101.3%；2016年度卫片新增违法用地和永久基本农田违法建设治理工作全部完成。在违法经营整治方面，累计整治占道经营挂账点位63处、取缔无证无照经营72户。在“散乱污”治理和一般制造业疏解方面，共清理整治“散乱污”企业和商户238家；疏解一般制造业2家，100%完成台账任务。

（李遂镇）

【大气污染防治行动】1月-12月，PM2.5累计浓度为68微克/立方米，月均浓度值达标月份4个月，较一季度月均浓度下降30.48%。加强环保监管机制建设，成立镇环保督查科，建立“散乱污、燃煤锅炉、餐饮油烟、扬尘管控”4本台账和镇村环保网格监管体系，镇村环保监管队伍达到56人，其中经由环保网格员发现处置问题25件次。深入落实清空计划，共完成社会单位燃煤锅炉改造6蒸吨，拆除燃煤小锅炉159台，取缔砂石企业8家；完成社会餐饮企业和单位食堂油烟净化改造154家，完成进度100%。

（李遂镇）

【水环境治理】强化截污治污，58处入河排污口全部完成封堵，清退箭杆河流域内养殖小区1处12户，杜绝污水直排入河。完成日处理4000吨的再生水厂和日处理50吨的东营污水处理站建设，由区水务局牵头推进配套管网建设工程。河长制工作全面启动，镇村河长名单及分工正式确定。环境建设与整治同步推进。

（李遂镇）

【新农村建设】完成6个村农村土地确权登记颁证工作。完成低收入农户建档立卡273家、616人，精准扶贫落实到位。一事一议排水沟工程累计总投资294.7万元。完成柳各庄村701户、1916.5吨优质燃煤的订购和配送工作。完成2017年度全镇农房抗震节能改造新建翻建45户的资料审核、上报工作、数据核实和实地验收工作。赵庄村获评2017-2018年度北京最美的乡村称号。

（李遂镇）

【粮食、蔬菜作物补贴工作】一是全镇小麦受补面积4304666.67平方米，受补农户301户，补贴金额116万元。二是玉米补贴。全镇玉米受补面积5871333.33平方米，受补农户677户，补贴金额85万元。三是蔬菜补贴。全镇蔬菜受补面积2062666.67平方米，其中设施蔬菜1262666.66平方米，露地蔬菜800000平方米，受补菜农526户，补贴金额116万元。

（李遂镇）

【健康小镇建设】投资100万元，加大对镇卫生院设备设施改造。鼓励镇卫生院聘请同仁医院、天坛医院的知名专家，让全镇人民享受到更多优质医疗服务。依托14支家庭医生团队平台，精心组织知识宣讲、公益宣传、健康体检等形式多样、内容精彩的活动，努力提升全镇人民的健康水平。全力做好新型农村合作医疗与城镇职工医疗保险并轨对接工作，让农民享有更高更便捷的医疗服务保障。

（李遂镇）

【弱势群体帮扶】全年医疗救助生活困难群众185人次，金额32.6万元；帮助9名生活困难群众办理低保。适应老龄服务需求，新建1个A类养老驿站；加强优抚工作，慰问193户老兵及伤残退伍军人和优抚对象等。残疾人生活补贴和看护人员补贴，分别提高到900元和300元。深入开展就业招聘、就业培训、创业扶持等工作。

（李遂镇）

【就业服务】累计提供就业岗位信息151个，实现城乡劳动力就业124人，城乡劳动力二三产业就业率保持在94%以上。强化劳动监察，规范企业劳动用工10家、5名职工补签劳动合同，化解劳资纠纷5起、追讨工资14万元，职工权益得到有力保障。

（李遂镇）

【公共服务】新农合医疗累计报销920余万元。发放救助及优抚款物200余万元，低保标准由800元提高到900元。共投入200余万元，完成镇卫生院和5个社区站的煤改清洁能源改造，3500人享受到健康体检、“两癌”筛查等服务，完成国家慢病综合防控示范区创建任务。争取体育局支持，为崇国庄、沟北、前营、葛代子4个村建设多功能健身场地。

（李遂镇）

【基础教育】创新教育模式，完成李遂慕课大学建设，通过微信公众号的网络课程及现场授课等形式，为群众提供开放、自由、灵活的学习途径。目前慕课固定学员达320人。规范教育秩序，依法取缔未经审批非法幼儿园3家，213名学前儿童分批次转入中心园和村办园。规范和提升葛代子村办园办学水平，一方面有效缓解当地适龄儿童入园压力，另一方面为北部几个村儿童就近入学创造条件。坚决依法打击非法办园，通过联合执法清退3家非法办园机构，疏散儿童180人。加快社区教育发展，与区社区教育联合举办李遂慕课大学，9月3日开学典礼，在《北京日报》、新华网、千龙网、中国经济网、搜狐等主流媒体报道和转载。

（李遂镇）

【“煤改电”】2017年，完成“煤改电”村12个，共5618户：其中2016年追加村2个，524户；2017年完成村10个，5094户。利用赵庄村老村委会房屋建立“煤改电”企业售后服务中心，方便镇域群众咨询、维修。全镇“煤改电”工作与各村回收炉具、燃煤工作同步进行，截至年底，共回收取暖炉具5316余台，各类燃煤2754吨。

（李遂镇）

【对口援助工作】2017年，本镇与河北省沽源县长梁乡大石砬村签订《对口帮扶协议》，制定帮扶计划及措施，从资金、技术、教育、就业等多角度开展精准扶贫。实施“支部共建+精准扶贫”专项行动。安排本镇典型柳各庄村党支部与大石砬村党支部进行对接，帮助其党支部加强制度建设。

（李遂镇）

【文体工作】一是全力争创北京市体育特色镇。镇党委宣传委员郭颖代表本镇在市体育局向专家评审团做汇报，在全市20个创建单位中排名第五。二是让群众面对面感受好政策。安排星火工程演出、电影放映等工作，全年共安排演出56场，农村数字电影放映795场，完成率116%。三是广泛开展全民健身活动。组织500名群众到莲花山滑雪场参加第三届舞彩顺义冰雪运动欢乐季公益体验课活动。携手“立方康评”为镇域200名群众进行健康测评和体质监测，建立健康档案。举办“李遂镇第三届农民健身操舞大赛”“喜迎十九大，健康新李遂”系列活动之象棋、拔河、跳绳联赛；“我的中国梦 健康新李遂”全民健身运动会。四是组队参加区级各项体育赛事。包括顺义区“后沙峪杯”春季长跑比赛、“牛栏山杯”龙舟大赛、“北务杯”风筝比赛等赛事。在“李桥杯”健身操舞比赛中，两支队伍获得最佳表演奖；在“赵全营杯”拔河比赛中，获全区第六名；在全民健身体育节羽毛球比赛中，获得镇街组第三名；在北京市民体质促进项目挑战赛中，在北区分站赛95支队伍中夺得三等奖。

（李遂镇）

龙湾屯镇

【概况】年内，龙湾屯镇经济社会实现持续平稳健康发展。完成属地财税收入13690万元；完成一般公共预算收入3700万元；农村居民人均收入达到1.94万元。本年度龙湾屯镇入选第二批全国特色小镇。

单位名称：顺义区龙湾屯镇人民政府

（龙湾屯镇）

【疏解整治促提升】年内，共拆除违法建设2.91万平方米，疏解一般制造业企业7家，关停再生资源回收站点3个，取缔砂石厂3家，治理“散乱污”企业111家，整治无证无照经营21家、占道经营25家，规范劳动用工单位11家。全面落实属地责任11宗、1.01万平方米国家土地督察和国土卫片问题整改到位。

（龙湾屯镇）

【产业结构】第三次农业普查完成，开展土地承包经营权确权登记，11个村确权颁证面积2018.67万平方米；累计投资1899万元实施樱桃幽谷等基础设施建设项目；设置农产品质量安全检测站并挂牌，获得农产品质量安全监管示范乡镇称号。搭建“美著乡村游”电商平台，欧菲堡酒庄、北京葫芦艺术庄园等商户入驻；鼓励民俗旅游提档升级，发放专项奖励资金500余万元；举办“游舞彩浅山·赏樱桃幽谷”徒步大会、新农人龙湾屯宣言以及第三届国际山地长跑中国定向公开赛等活动，拓宽群众增收致富渠道。全年累计接待游客达到80万人次，实现旅游总收入2400万元。

（龙湾屯镇）

【招商引资】完成招商引资注册企业126家，注册资金总额13.9亿元。其中，500万以上规模企业26家，1000万元以上企业31家，亿元以上企业2家。

（龙湾屯镇）

【环境保护建设】全面落实“清洁空气”行动计划，全年PM2.5平均浓度控制在54微克/立方米，位列全区第一。环保网格化管理覆盖全镇，187名网格员有效监管污染源头，14个小微子站精准识别高值点位，整治污染片区14个。完成13个村6084户“煤改电”，拆除燃煤小锅炉167台、收缴散煤3000余吨、封堵吊炕4511铺、签订禁烧承诺书3940份，全镇范围基本实现“无煤化”。实施扬尘管控措施，综合运用道路洒水、裸露地面苫盖、过境重型柴油车监管等多种手段，降尘量控制在6吨/月·平方公里。

（龙湾屯镇）

【社会保障】全年城镇新增就业1099人，帮扶城乡就业困难人员就业497人，城乡劳动力二三产业就业率超过96%。社会保障体系不断健全，低保标准由800元提升到900元。落实全民参保登记计划，城乡居民养老保险参保4108人，城镇居民医疗保险参保7638人。投资300万元完成镇养老院改造提升，柳庄户村养老驿站投入使用。群众住房条件持续改善，申报2017年度农宅新建翻建75户，完成困难家庭危房改造5户，受理公租房审核事项131户。低收入帮扶63户共147人收入达标，脱低率达到90%。

（龙湾屯镇）

【基础设施】推进美丽乡村建设，南坞、小北坞入选北京市第二批美丽乡村；柳庄户、焦庄户被确定为顺义区农村地区村庄规划编制试点。能源建设推进，小北坞、柳庄户2个村成为全区分布式光伏发电试点，安装电动车充电桩12个，新增变压器122个。配合水务局推进再生水厂建设工作完成拔地定桩；完成2485米农村道路大修工程，实施丁甲庄村旧路改造和排水沟翻建，铺设史中坞村田间水泥路，农村居民出行条件得到改善。

（龙湾屯镇）

【公共服务】坚持教育优先发展，实施龙湾屯中心小学新建项目，开展教育机构安全隐患排查，取缔未经审批幼儿园1家。镇卫生院启动中医诊区建设，全镇各村更换健康教育宣传橱窗78块，开展健康知识讲座52次。完成柳庄户村文体中心改造以及龙湾屯镇文化广场建设项目，举办“走进焦庄户”“不忘初心跟党走”等各类特色文艺演出、主题宣讲等活动58次。

（龙湾屯镇）

【综治维稳】强化社会治安防控，完成龙湾屯、张中坞等8个村安防监控系统建设，通过柳庄户村级综治中心规范化建设试点验收。全面开展安全隐患大排查大清理大整治，喷涂有限空间标识1692处，拆除泡沫彩钢板6.9万平方米，排查出租房屋260户，整治“三合一、多合一”场所26处。受理信访事项36件、便民电话1876件，按期办结率100%，调解各类纠纷375件。完成党的十九大、“一带一路”国际合作高峰论坛等重大活动服务保障任务，辖区未发生重大有影响案事件。

（龙湾屯镇）

【作风建设】学习贯彻党的十九大精神，推进“两学一做”学习教育常态化、制度化。落实“一岗双责”，查找廉政风险点，开展“为官不为”“为官乱为”等专项治理，查处侵害群众利益的不正之风和腐败问题。全年完成初核5件，立案2件，其中2人给予党纪处分；查办政风行风共21件，办结率100%，

（龙湾屯镇）

马坡镇

【概况】马坡镇地处顺义新城核心区，顺义区行政中心北侧。镇域面积35.1平方公里。下辖21个行政村（已拆迁8个村），全镇常住人口3.7万，其中户籍人口2.3万。马坡镇以“建设新城，发展马坡，加快推进城乡一体化”为主题，以“强镇富民”为目标，坚持新城、新农村建设双轮驱动，锐意进取，扎实工作，保持地区经济社会持续健康发展的良好态势。2017年，全镇完成属地财税收入13.14亿元，同比增加3546万元，同比增长2.8%；一般公共预算收入2.77亿元，同比增加3461万元，同比增长14.3%；全镇农民人均所得2.76万元，同比增加0.23万元，同比增长9.2%。

单位名称：顺义区马坡镇人民政府

（马坡镇）

【产业结构优化升级】2017年，以改善和优化投资环境为重点，转型升级为突破口，推进镇域企业向“高精尖”发展，加快地区产业结构优化升级，形成现代服务业全面发展的产业格局。年内，全镇共有国家高新技术企业27家，北京市技术中心企业3家，中国驰名商标企业1家，北京市著名商标企业2家。

（马坡镇）

【招商选资有序推进】2017年，引进北京华林特装车有限公司、北京金宝天阶商业管理有限公司等符合新城规划的高端、新兴、环保、低耗企业。其中，北京华林特装车有限公司注册资本1亿元。

（马坡镇）

【重点产业发展】年内，全镇纳税100万元以上企业76家，共完成属地财税收入10.52亿元，占全镇属地财税收入的80%，主要涉及房地产业、高端制造业、总部型企业、服务业等4大产业。

（马坡镇）

【高标准园区服务水平不断提高】基础设施建设逐渐完善，聚源工业开发中心完成蓄水池及中水管线改造，并委托专业公司进行运行管理。重点项目跟踪服务加快完备，园区内有在建项目7个，总投资约19亿元，总建筑面积约40万平方米。其中，北京正丰凯环保科技有限公司创业基地建设初见成效，吸引17家企业入驻，实现投资约4.5亿元，带动就业100余人。北京尚唐世纪文化投资有限公司新型玩具及AR虚拟现实玩具书项目相关工程手续办理。

（马坡镇）

【“新城”建设】佳和宜园小区维修改造一期工程完工，共完成51栋居民楼屋顶防水及坡屋顶改造，安装及更换摄像头367个，小区绿化面积达4万平方米，种植各类乔木1200余株，摊铺沥青路面500平方米，小区环境质量得到显著提升。西丰乐村棚户区改造前期手续办理工作展开，项目村址总用地面积约108.5公顷，涉及188宗宅基地及34宗集体非住宅拆迁，项目总投资45亿元，前期摸底调查及矛盾排查工作完成，报市区相关部门审批。修建马坡卫生院免费临时停车场，增设车位210个。

（马坡镇）

【美丽乡村建设】2017年，共有16户（其中庙卷15户、衙门村1户）居民申请农宅新建翻建。截至年底，庙卷开工的8户农宅主体结构完工。“煤改电”“煤改气”工作有序开展。全镇12个村农户及公共服务设施全部完成“煤改清洁能源”工程，全镇实现100%“无煤化”。“美丽乡村规划”试点基础设施不断完善。石家营千米长廊提升改造工程铺设排水管线1073米，安装雨水篦子78座，新铺沥青路面8571平方米，铺装步行道2760平方米，绘制手绘墙1300平方米。

（马坡镇）

【环保专项网格监管机制建立】2017年，马坡镇着手谋划建立环保专项网格监管机制。全年建立环境监管网格67个，实现“横向到边，纵向到底”的环境监管网格化管理。

（马坡镇）

【生活环境日益优化】千亩健身步道森林公园正式开园，开展规范个体工商户经营行为的户外广告牌匾标准化建设。实施村级垃圾分类收集房项目，11座垃圾房的主体施工、室内装修工作完工。新建马卷村小公园一座并改造老旧排水沟；在姚店村开展环境整治并改造老旧下水管道；为衙门村购置转载机、小型渣土运输车，用于村内环境治理。完成对衙门村、马卷等村的18万余方建筑垃圾渣土集中清运消纳处理。对村域垃圾桶进行检查维修、清洁擦拭，维修垃圾桶825个、更换423个。

（马坡镇）

【安全环境提升】9月，马坡镇一次性通过国际安全社区现场认证，成为全市首家“乡镇型国际安全社区”。与企业、各村（居）委会签订安全生产、消防责任书共196份。全镇101家生产经营单位参加标准化创建工作，完成

签约、评审共71家。农村消防水源建设深入推进，完成58个消火栓升级改造。

（马坡镇）

【拆除违法建设专项行动】共查处22宗违法建设，拆除违法建设面积8.29万平方米。全镇查处无证无照经营商户286余家，完成500余家小散乱污企业的清理工作。

（马坡镇）

【就业服务质量持续提升】落实“一企一卡”预约服务和新、续建项目就业服务专员负责制度，对辖区内重点企业进行跟踪服务。创新就业培训模式，完成创业指标培训1期，培训人员20人、实现创业15人、带动就业60人；开办家政服务、中式面点、保育员等各类培训班5期，培训423人，完成指标的106.3%。2017年，全镇共有劳动力9503人，就业人口9351人，就业率达98.4%。

（马坡镇）

【社保体系不断完善】落实城乡居民养老保险、新型农村合作医疗、“一老一小”“无业居民”医疗保险及最低生活保障制度等惠民政策。全镇5810人参加新农合，全年累计报销门诊2.6万人次191.08万元。全年共有487人参加“一老一小、无业居民”大病医疗保险，并办理社保卡。共有2895人参加城乡居民养老保险，在社保所领取城乡居民养老金1000余人。

（马坡镇）

木林镇

【概况】木林镇党委政府团结带领全镇人民，认真贯彻党的十八大和十八届三中、四中、五中、六中全会及习近平总书记系列重要讲话，特别是两次视察北京重要讲话精神，认真学习党的十九大精神，贯彻落实新发展理念，坚持以提质增效为中心，坚持宏观政策要稳、产业政策要准、微观政策要活、改革政策要实、社会政策要托底的决策思路，为全面做好稳增长、促改革、调结构、惠民生、防风险各项工作，促进镇域经济平稳健康发展和社会和谐稳定做出大量卓有成效的工作，完成各项目标任务。2017年，全镇完成属地财税收入4.12亿元，同比增收6782万元，同比增长19.7%，增速排名全区第7；完成一般公共预算收入9780万元，同比增收2080万元，同比增长27%，增速排名全区第3。对照年度重点工作绩效目标，一般公共预算收入全年要求达到8582万元，完成113.96%，超额完成年度任务指标。新引进注册项目32家，注册资金1.27亿元，其中千万元以上项目4家，发展后劲持续增强。

单位名称：顺义区木林镇人民政府

（木林镇）

【重点项目扎实开展】贾茶路道路改造工程完成立项手续办理工作；木孙路道路工程评估报告审批中等待下一步进场动拆；通怀路项目评估基本完成；浅山百草湖项目开展可研编制；镇卫生院、敬老院改扩建项目立项工作稳步推进；舞彩浅山郊野公园一期项目陆续进场施工；全区首个集体土地租赁住房项目在本镇试点运行，取得规划条件批复。开展空港木林高端制造业基地开发，基地一期174658平方米用地开发项目进入前期审批阶段，二期、三期开发有序推进。

（赵建礼）

【“疏整促”全力攻坚】以推进疏解整治促提升专项行动为契机，成立木林镇综合执法指挥中心，安全科、环保科、城管执法队、工商所、食药所等带有执法和监管职能的科室部门为成员单位，聘请第三方公司参与配合，形成日夜不间断联合执法常态化机制，全年共开展联合执法检查500余次，出动检查人员10000余人次。清理整治完成区级挂账“散乱污”企业293家；工商所查处问题企业27家，共处罚款15万元；镇食药所切实做好辖区“四品一械”监督检查工作，共处罚款14.09万元；加快淘汰落后产能，疏解一般制造业企业3家，对镇域内16家再生资源回收企业及站点完成整改。严厉打击违法用地、违法建设、违法经营等行为，坚持“削减存量、控制增量”原则，年内完成违法占地、违法建设销账面积22.13万平方米，完成年度任务指标的184%。加强与区有关职能部门和司法机关的沟通协调，对盗采加工囤积砂石行为保持“零容忍”的态度和高压态势，镇域内所有砂石料场、非法搅拌站均已关停，解除镇域砂石料厂、非法搅拌站、构件厂合同27宗，收回土地67.6万平方米；收回砂坑18个，收回土地60万余平方米。梳理镇级集体资产合同，盘活集体资产，腾退产业闲置土地，统筹利用好集体建设用地，推进工业产业发展。

（赵建礼）

【大气污染防控】木林镇成立环保监察科，明确环保工作职责和人员分工，完善网格化管理机制；制定完善《木林镇空气重污染预警期间应急预案》，把清空计划各项措施落到实处；深入推进“煤改清洁能源”工作，完成23个村10418户“煤改电”设备正常供热，并完成12家农业企业煤改清洁能源设备安装工作；镇财政投入290余万元购买11000余条水暖毯用于奖励农户封堵吊炕工作，目前全镇吊炕全部封堵完毕；开展全镇燃煤锅炉“清零”工作，查没拆除企业、商户燃煤锅炉556台；开展散煤治理工作，关停无照销售煤炭经营场所8家，从农户累计回收、处置劣质散煤15000余吨；辖区75家餐饮企业均完成安装油烟处理设备。投资1500万元建成木林联合执法检查站，区交通局、区交通支队、区环保局、区城管执法监察局等部门联合开展工作，重点查处扬尘严重、超载超限的高排放重型柴油车，成立4个月共检查货运车辆8754辆，其中违法运输车辆2274辆，共处罚款60余万元，严格管控过境车辆，周边空气质量得到有效改善。通过综合施策，2017年，木林镇PM2.5年平均浓度达到区级要求。

（张征、陈勇）

【水环境治理深入开展】推行镇、村两级河长制工作机制，制定《木林镇河长制工作方案》和《河长制工作制度和考核办法》，成立由镇党委书记和镇长任总河长的工作领导小组，进一步加强河湖管理保护工作，做到日常管理"四查六无八禁止"，促进河长治、水长清，完成区河长制验收工作。开展综合治理，完成陀头庙、蒋各庄村农村饮水健康行动项目，完成7个养殖场（小区）退出，完成小东河、箭杆河、蔡家河等水环境断面水质治理，共完成94处小散排污口整治。

（殷洪波）

【林业养护】427万平方米平原造林的管护移交工作完成，1600万平方米平原造林养护工作完成，绿色生态景观进一步呈现。森林防火工作有序推进，落实各项防火措施，木林镇连续17年无森林火灾，被评为区级森林防火先进单位。发放平原造林资金、五河十路平原生态林绿化占地补偿、山区生态林资金、山区护林员工资共计7000余万元。

（王永明）

【村居环境明显改善】集中开展环境整治监督检查工作，消除镇村环境盲点、盲区，实施道路改造、绿化美化工程。组织开展各类环境整治行动60次，处理市、区两级环境台账1916个，完成率100%。推进农村垃圾管理规范化运营，实现垃圾分类收运、科学处理、集中消纳。为贾山、安辛庄、荣各庄等9个村进行美丽乡村建设申报工作，为陈各庄、马坊、西沿头3个村争取村级公益事业一事一议财政奖补项目，获得奖补资金390余万元用于村级公益事业建设，农村人居环境进一步改善。

（潘海龙、王继国）

【农业健康发展】完成26个村的农村土地经营权确权登记颁证工作。完成"三夏三秋"小麦和玉米的收种任务。为加强设施农业监管，采取签订责任书、张贴警示标语等措施。完成王泮庄、贾山、蒋各庄村农业高效节水灌溉试点工程，荣各庄、前王各庄、陈家坨、西沿头村农田水利运行维护项目，东沿头、茶棚等13个村的水利设施安全隐患消除工程，全力改善全镇农业生产条件。

（殷洪波）

【浅山设施建设】完成鞑子沟文化创意主题公园项目，木林浅山景区品质整体提升。为贾山、茶棚、安辛庄村争取旅游业发展奖励资金180万元用于星级民俗村旅游环境提升改造。完善大地花海项目运营，春秋两季分别种植油菜花和向日葵，花期吸引大量游客游玩，成为木林镇浅山旅游的一张新名片。

（赵建礼）

【浅山品牌效应】依托浅山资源禀赋和优势特色，举办顺义区第三届舞彩浅山旅游登山文化节等大型活动。全年累计举办各类登山活动30余次，浅山年均游客超过20万人次，十一黄金周期间日接待游客达3000余人次。借助浅山活动和休闲农业双势发力，推动融合观光体验、农产品采摘于一体的旅游产业成长，助推浅山综合发展不断提升。推进木林舞彩浅山旅游专业合作社筹备工作，吸纳社员200余户，筹集资金70余万元。

（赵建礼）

【便民工程】157户"新建翻建"工程全面进入施工阶段，进一步优化农宅抗震节能与房屋保暖性能，农村居民生活条件持续改善。新建茶棚村老年活动中心、东沿头村养老服务驿站，规范贾山村村级老年餐桌，养老服务日趋完善。投资130万元完成东沿头、长林庄、孝德等7个村的公益性墓地改扩建工作。投资469.53万元完成马坊南环路等4条乡村公路大修工程；完成89条公路的全面养护工作，有效改善村民出行环境。建立"煤改电"售后服务中心，配备专业维修人员和车辆，做好"煤改电"设备后续保障管护工作。深入推进"煤改清洁能源"工作，完成23个村10418户家庭的正常供热，封堵吊炕并奖励发放水暖毯1万余条，全面完成总体预计任务。对各村太阳能浴室和公厕进行日常检修和定期考核，确保公共设施正常运行。

（孙晓红、陈勇）

【劳动就业】认真落实各项就业政策，全方位、多渠道为镇域剩余劳动力寻找就业机会，建立就业供求信息登记制度，与镇域及周边乡镇企业联合搭建就业平台，及时提供就业服务。2017年，完成城镇新增就业1745人，完成城乡劳动力就业1176人，完成城乡就业困难人员就业715人，均超额完成全年任务指标。扎实做好城乡劳动力培训，参训人员劳动力技能有效提升。

（常小青）

【社会保障】完善机制开展民政精准救助工作，设立木林镇应急救助专项基金，动态管理救助对象，共救助5619户次、8365人次，医疗救助、教育救助、住房救助、灾害救助等11项专项救助全部覆盖，年内共发放救助金1157.7万元。做好为老服务工作，入户排查全镇独居老人安全隐患，为165名独居老人送去水暖毯。关注残疾人和困难残疾家庭，加大帮扶力度，残疾人基本生活得到有效保障。镇政府投入33.4万元，为全镇低保户、低收入户、失独家庭，每户补贴1000元购买空气源取暖设备。全力做好低收入户帮扶工作，充分用足各项帮扶政策，实施党员干部与低收入户"一对一"精准帮扶，并出台普惠式新农合大病医疗费用补偿工作方案，2017年镇财政补贴295.88万元给予全镇1465名大病及住院人员医疗补偿。按年家庭人均可支配收入11160元为基本标准，本镇低收入农户由466户、1045人降至34户、97人，脱低率达到92.6%。

（王继国、孙晓红）

【公共事业】教育事业全面开展，落实校园周边安全保卫和校车安全工作，确保辖区内师生人身安全；关停非法幼儿园4所，学前教育环境进一步净化；为134名木林籍新入学大学生发放奖学金25.7万元。计生优质服务再上新台阶，落实各项计划生育扶助政策，加强出生人口监测，完成妇女病普查和两癌筛查工作。2017年新农合参合人数18397人，实现参合全覆盖，个人缴费294.35万元，报销14.5万人次，报销金额2521.38万元。住房保障服务进一步完善，保障性住房通过人数107人，领取公租房补贴61人，申请市场租房补贴1人，解决群众住房困难问题。加强基层民兵组织建设，11名优秀青年光荣入伍。

（古艳玲、李海波）

【文化阵地基础夯实】各村文化大院、农村书屋、电影放映室、室外健身器材覆盖率达到100%。做好公益性电影放映工作，全年累计放映公益电影1199场次；完成“星火工程”文艺下乡演出70场次；开展“二月新春”“五月的鲜花”“十月金秋”主题系列活动，组织开展拔河比赛、篮球比赛、演讲比赛、象棋比赛等文体赛事，文体活动异彩纷呈。推进妇女之家建设，开展家庭创建活动，培育良好家风。加强工会、妇联、共青团等群团组织建设，群团组织影响力不断提升。

（张迎春）

【腾笼换鸟优结构】空港木林高端制造业基地开发有序开展，全年引进注册项目32家，疏解一般制造业企业3家，清理整治违法违规排污及生产经营企业27家，产业结构逐步优化。

（赵建礼）

南彩镇

【概况】“十三五”时期，南彩镇牢固树立“四个意识”，紧跟全区“港城融合的国际航空中心核心区、创新引领的区域经济提升先行区、城乡协调的首都和谐宜居示范区”的功能定位，根据自身实际，依托功能定位，确立“一轴两带三区”的城镇空间发展格局，努力将南彩镇建设成为“和谐创新的先行乡镇，绿色发展的河东新区”。南彩镇共有高新技术企业有21家，市级技术中心1个，北京市著名商标3件(曼特门业、鑫双河、曲美家居)、中国驰名商标1件(曲美家居)。4家企业上市，其中曲美家居、长久物流在上交所挂牌上市，丰荣航空、鸿途信达在新三板挂牌上市。2017年，全镇二三产业实现总收入105.8亿元、利润9.3亿元。属地税收完成8.66亿元，地方财政收入完成1.95亿元，农村居民人均收入2.1万元。单位名称：顺义区南彩镇人民政府

（南彩镇）

【财政执行情况】2017年，本镇实现预算收入35574万元，其中1、一般公共预算收入：2017年镇财政收入完成19472万元；2、补助收入：定额补助4505万元；一般性转移支付：1498万元；营改增补助收入：-1609万元；区追加专项补贴9565万元；3、调入预算稳定调节基金：609万元；4、上年结余：1534万元。

（苏红利）

【村庄环境】以“疏解整治促提升”专项活动为契机，开展村庄环境建设整治工作，其中前疃村主街、后疃村公园、前俸伯、后俸伯市场无照商户等问题得到明显改善。年内，全镇各村共清理乱堆乱放15000余处、消除脏乱死角3000余处、清理铲除拾边地5000余平米，硬化地面12000余平方米，新增停车位160余个，新增绿化面积5万余平方米。同时，后疃村、九王庄村、前薛村村内小公园改造及新建健身步道近2万平米。

（苏红利）

【土地确权】全镇农村土地承包经营权确权登记颁证涉及到21个村、土地2649.9公顷，其中确权土地1605.6公顷，确立土地1044.3公顷。确权颁证的6025户20902人。只登记不颁证的914户1659人。

（苏红利）

【低收入户工作扎实推进】全镇共有低收入农户222户、550人，分布在7个村。小营村为低收入村，全村共有低收入农户182户、458人，占全村农户的54%。全镇222个低收入户全部建档录入数据库，一户一档、一户一册，随时更新。截至年底，全镇超出低收入标准的并且签订自愿退出申请的205户、508人，脱低率达到92.3%。

（苏红利）

【教育投入】南彩一小、一幼项目是北京市教委三年行动计划的重点项目。南彩第一幼儿园总投资2947.2万元，全部由上级财政投资，占地面积5255平方米，建筑面积4217.69平方米，目前项目主体完成，正在建设内部结构；南彩第一小学总投资9065.51万元，全部由上级财政投资，占地面积27562平方米，建筑面积为19735平方米，其中地下2150平方米，前期手续办理完毕，项目全面开工，主体结构完成。

（苏红利）

【招商引资】1月-12月，共引进企业118家。注册资金1000万元以上的29家。长久集运物流有限公司、北京中聚源企业管理有限公司、北京建龙地产开发有限公司等亿元以上企业4家；500万元以上1000万元以下企业31家。从

企业注册类型来分，实体类企业50家，楼宇类企业68家。

（苏红利）

【劳动就业】年内，完成城乡劳动力就业754人，完成全年任务的147%；城镇失业人员培训62人，完成全年任务的129%；完成桥头、前后疃、前后俸伯等5个村2009年左堤路、白马路征地转非安置工作。在就业工作中，道仙庄村被顺义区就业和社会保障领导小组授予“顺义区充分就业示范村称号”。同时推进特殊人群就业，年初为812名就业年龄段残疾人填写《残疾人就业状况调查登记表》并录入数据采集填报系统，组织25名有就业需求的残疾人参加区镇级专场招聘会，同时依托辖区内12家福利企业和工业区企业及残疾人灵活就业，目前有400余名残疾人就业。

（苏红利）

【新农合】2017年，本镇参合人员17817人，门诊报销11.5万人次，报销金额579.8万元；住院报销1297人次，报销金额1132.1万元；门诊特殊病90人次，报销金额50.1万元。共计报销1762万元。

（苏红利）

【综合农业开发】2017年，农业综合开发项目总投入约1038万元，对前薛各庄、于辛庄、太平庄、大兴庄、水屯、东江头、小营村周边田间道路进行整修，疏挖砌石排水沟3287米、绿化植树590株、新建道路566米、新建桥涵3座。

（苏红利）

【惠民工程】一是水库移民中央结余资金——望渠便民市场项目，投资50.86万元，修建250平方米钢架结构市场，方便村民购买蔬菜等生活用品。二是东江头公园一期建设工程，项目总投资4899.3万元，占地规模32公顷；三是水库移民中央结余资金——望渠村休闲公园景观治理项目，工程投资540.14万元，占地规模23公顷；四是2017年煤改电（气）工程，25个村12400余户“煤改电（气）”工程完成；五是连村路灯需求量统计及申报工作，为东江头、河北村、双营、洼里、于辛庄、九王庄、坞里7个村7020米连村路安装路灯共计180盏。

（苏红利）

【惠民政策落实】一是2017年北京市农业支持保护补贴（小麦、玉米）数据统计工作完成，共涉及20个村、农户489户。二是2017年度水库移民核定工作完成，涉及人口380人，上级补贴共计224200元。三是争取移民接收村扶持资金共计32.1万元，计划用于2018年养老补助项目。四是争取移民接收村升学人员补助8.6万元，涉及升学人员49名。

（苏红利）

【“河长制”】镇域内潮白河、箭杆河、江南渠、六眼涵沟等4条河建立镇、村两级河长体系，全镇26名巡河员全部到岗到位，定期进行巡查、考核，做到守河有责，守河担责，守河尽责，全面负责辖区内水环境问题，并与26个村签订河流管理目标责任书。铺设河长公示牌29块。

（苏红利）

【科技创新】本镇有高新技术企业21家。茂华工场和彩园顺达工业开发中心获批顺义区“双创基地”称号。北京六合宁远科技有限公司向区经信委申报的“新药研发一体化服务平台建设项目”，获得顺义区促进产业结构调整和中小企业发展资金400万元。与区科委生产力促进中心签订“首都科技条件平台顺义工作站”合作共建协议。

（苏红利）

【环境保护】以“疏解整治促提升”“北京市清空计划”为指导，制定《顺义区南彩镇人民政府2017年环境保护工作计划》《南彩镇环境保护集中整治工作方案》等重要文件，针对空气重污染天气的应对处置，确定47家企业在重污染天气期间的限停产要求。针对冬季污染的特点，制定《南彩镇冬季环境污染深化治理工作方案》，确定冬季污染治理的方向和措施。同时开展“五小企业”专项整治工作，共清理整治“五小企业”118家，全部验收完毕。聘请第三方“中科环保公司”，建立本镇PM2.5监控系统、手机APP平台和38个监测子站，覆盖全镇范围，每日、每周、每月进行数据分析，查找污染点及污染源，做到精准治理，精准打击污染问题。

（苏红利）

【养老服务】2017年，本镇完成“彩丰社区、河北村、后薛村”1个养老驿站、2个幸福晚年驿站的建设，总投资245.4万元（其中彩丰小区养老驿站为110.46万元、河北村幸福晚年驿站为66.32万元、后薛各庄村幸福晚年驿站为68.62万元），驿站中老年餐桌、图书室、健身房、棋牌室、舞蹈房部分配套设施对外开放。

（苏红利）

【公共文化服务】一是东江头、道仙庄、小营体育公园建设完工；争取区级支持，申报9片专项体育场地建设项目。二是申请区级资金475万元用于后疃村文化中心升级改造。三是河北村图书室改造升级，并获得区图书馆1万册图书支持，目前已投入使用。

（苏红利）

【党建工作】组织全镇2300多名党员收听、收看党的十九大盛况，全面开展学习宣传贯彻“四大行动”。组织机关党员干部集体学习24次，分级分类组织党员学习800余次，发放学习资料4000余册，通过媒介推送学习文章300余篇。开展庆祝建党96周年系列活动，提出“党员村村建队、事事有岗”等工作要求，出台以党员立身为旗为主题的党员亮身份、承诺践诺等系列规定，全镇26个村1600余户农村党员户全部挂牌。严格执行“三会一课”等基本制度，编辑印发《南彩镇村级工作指导手册》《南彩镇关于做好基层党支部规范化建设的指导意见》等文件细化标准和措施，全镇19个基层党支部对党员活动场所进行提级改造，实现规范性和特色性的统一。

（苏红利）

【换届选举】9月，南彩镇残疾人联合会第四次换届选举工作完成，投票选出新一届主席团成员9人。主席团第一次会议选举产生南彩镇残联主席、副主席和理事长，推选出席顺义区残联第四次代表大会的代表及主席团成员。

（苏红利）

【健康服务】采取户外宣传、讲座、游园活动等多种形式，多次开展镇级健康教育活动，主题包括控制吸烟、青少年心理健康、三减三健等内容，全年累计在各村居开展健康教育讲座140余场。同时完成106对育龄夫妇孕前检查登记和随访工作；完成育龄群众长效措施体检1000人，两癌筛查3400人余人次。

（苏红利）

南法信镇

【概况】南法信镇位于首都临空经济高端产业功能区的核心区，镇域总面积20.6平方公里，下辖16个行政村，其中整建制村9个、拆迁村7个、7个村完成回迁。全镇总人口44185人，其中户籍人口16770人，流动人口27415人。2017年，实现地区总产值243.7亿元，同比增长17.1%；总收入257.6亿元，同比增长15.2%；利润总额18.9亿元，同比增长21.9%；属地财税收入40.94亿元，同比增长80.8%；一般公共预算收入2.59亿元，同比增长6.7%。全镇共引进注册项目922个，其中注册资金500万以上项目391个，总注册资金68.64亿元；有顺捷大厦、宏远·航城广场等建成楼宇项目14个，总建筑面积100万平方米，入驻企业1462家；道桥总部基地项目、恒峰市政研发车间等在建项目14个，总投资107亿元，总建筑面积140万平方米，为产业发展提供有力承载空间。

单位名称：顺义区南法信镇人民政府

（南法信镇）

【残疾人联欢活动】1月10日，南法信镇社区青年汇“回顾2016 畅想2017”残疾人联欢活动在北法信村残疾人温馨家园举办。

（南法信）

【花卉大赛】2月8日，南法信镇南卷村30名村民组成代表队参加第十五届“赵全营杯”民间花会大赛暨京津冀三地民间花会闹元宵展演活动，演绎传统小车会。

（南法信）

【庆“三八”活动】3月3日–7日，南法信镇开展系列活动庆祝“三八”妇女节。镇妇联举办花艺培训活动，机关女干部、各村妇代会主任共计70余人参加此次培训。邀请专业老师，采用ppt教学等形式，为大家介绍多肉植物的种植与养护；南法信镇社会组织联合会联合卸甲营妇联组织开展以“万步之约徒步大会”为主题的村民健步走活动，200余名村民参加活动；南法信镇社区青年汇携手华英园居委会开展“头花和银饰品”手工制作活动，30余名女性朋友参加活动。

（南法信）

【疏解整治镇域环境】3月，多部门开展联合执法行动4次，共出动执法人员80余人、执法车辆10台，对镇域内华英园社区、东海洪村、三家店村等城乡结合部重点地区开展逐街道、逐店面的地毯式清理整治工作。共下达《限期责令整改通知书》20份，依法登记暂扣保存电瓶车10辆、清理拆除违规广告牌匾、条幅45条，纠正流动商贩20余家。

（南法信）

【“春风行动”招聘会】3月17日，南法信镇社保所在北法信村礼堂举办2017年“春风行动”暨南法信镇招聘会。本次招聘会共有鹏程食品、天竺空港物业等22家用人单位参加，提供行政、统计员、会计、会务、司机、保洁员等各种岗位近200个，300余名求职者到场、其中有100余人在现场就与企业达成初步录用意向。

（南法信）

【非法劳务市场整治】3月，南法信镇5项措施并举，整治非法劳务市场。一是建立联合执法长效机制。自专项整治工作开展以为，每日清晨五点由镇主要领导带队，联合公安、城管、工商、综治办等多部门开展联合执法行动，并聘请专职保安人员100人参与到每日的执法行动中。年内，共开展联合执法34次，出动执法人员3400余人，执法车辆300余辆，累计疏散非法务工人员10000余人次，疏解常住本地区外来务工人口2000余人。二是建立社区警务工作站。在顺沙路西海洪至东海洪路段建立村级警务工作站，并配备社区民警2名，社区保安人员10名，保证对非法劳务市场的日常巡逻监管。三是设置隔离桩。在非机动车道两侧隔离带铺设1200米硬质隔离护栏，有效拦截非法运营车辆，达到车不入村，人不聚集的目的。四是安装15套高清探头。在顺沙路海洪段全长3公里道路上，共安装15套高清电子抓拍监控设备，有效治理车辆乱停乱放、占道停车问题。五是创新村级管理模式。为东海洪村、西海洪村、北法信村共配备保安60余名，通过综合整治、联合执法等方式，实现由传统的村级管理向物业专项管理模式的转变，保障村内和谐有序的生活环境。

（南法信）

【经营性燃煤锅炉歼灭战】4月15日，南法信镇紧急整治推进会召开，要求全体班子成员、包村干部、村党支部书记、村第一书记、公安、城管等全员停休，充分利用周六、日两天打好经营性燃煤锅炉歼灭战。4月15日、16日，南法信镇采取书记、镇长包片，包村干部包村，村书记现场做工作等措施，共组织6支队伍近300人连续奋战，在拆除台账内燃煤锅炉的基础上，同步进行再摸排、再建账、再整治，确保无一遗漏。经统计，双休日两天就拆除燃煤锅炉166台。截至4月19日，镇9个未拆迁村共拆除经营性燃煤锅炉396台，全部拆除完毕。

（南法信）

【镇域重点区域突击夜查】4月18日晚18时许，南法信镇对镇域内重点区域进行突击夜查。采取多部门联动方式，对焦各庄、北法信、三家店、西海洪、西杜兰等5个村市场无证无照重点聚集区域内开展"地毯式"排查，累计检查46户经营性场所，并于19日开展联合执法。年内，南法信镇取缔无证无照企业30家（含新增3家），对13家无证无照商户依法查抄非法经营用具，镇域内挂帐无证无照经营商户全部被取缔。

（南法信）

【家庭表彰会】5月5日，南法信镇2017年度家庭创建工作表彰大会召开。表彰先进家庭366户。三家店村、华英园社区等8个单位在创建活动中表现突出，被评为"和谐家庭标兵、和谐家庭、特色家庭"创建工作先进单位。

（南法信）

【法律讲座】5月26日，南法信镇在西杜兰村举办"法律援助 助残维权"送法主题活动。邀请北京盛堂律师事务所律师盛乃龙进行"庭院式"残障"以案释法"法律讲座。法律援助中心为残联工作人员和残疾人、现场群众发放残疾人知识手册100余本，法律援助常识问答200余份，接待咨询群众10人次。

（南法信）

【无证照经营清理整治】6月16日,本镇清理整治镇域内无证无照等非法经营行为。集中对北法信与西海洪两条商业聚集街进行联合执法。出动执法人员70人，车辆17台，共计取缔无证无照经营户42家，其中台账上37家。年内，本镇无证无照经营台账共计72家，完成整治67家，完成率94%。

（南法信）

【党员干部当好防汛主力军】6月22日晚，全镇党员领导干部、第一书记、包村干部、村党支部书记、村"两委"干部集体停休，下村检查防汛准备情况，全天24小时值守巡查，按照"六查二报一处置"对各村防汛工作进行排查，查排水沟渠是否通畅、查村内低洼点、查村危旧房屋户、查孤寡老人、查历年曾发生汛情处、查村双管单位干部应急值守情况，及时报隐患点、报结果情况，发现问题及时处置。截至6月23日，共出动2000余人次，300余车次，并设立灾害隐患警示牌。

（南法信）

【"五月的鲜花"群众文艺】6月26日，南法信镇举办"我的中国梦　欢乐新顺义"2017年汇演。各村居民及镇域企业人员参与表演，共汇集三句半、舞蹈、二重唱、双簧、合唱、魔术等15个节目。

（南法信）

【最美乡村验收】7月20日，市农委及区农委检查组一行三人对南法信镇2016年美丽乡村建设申报村——东杜兰村进行实地检查验收。检查组听取村党支部书记郭华汇报该村美丽乡村建设情况，以及村庄未来发展计划和规划。实地查看村庄煤改清洁能源、"煤改气"和节能保温等情况，重点查看村庄绿化美化、环境整治、垃圾处理情况，以及公厕、太阳能浴室、路灯的使用维护情况。

（南法信）

【环境排查】9月21日、22日，经济发展办与环保监察科带领第三方公司对镇域内57家工业企业进行环保检测，主要检查其生产车间内的颗粒物及VOCs排放是否超标以及其他相关环境问题。此次检查中，有17家企业自行停产，5家企业存在超标排放，执法队员当场告知企业负责人不能直排，要求其安装相应的处理设备。

（南法信）

【违建房拆除】12月16日，南法信镇十里堡村彩钢结构违法建设拆除。此次拆除行动涉及违法建设共有彩钢库房31处，总建筑面积17604平方米，截止到12月15日晚24时本处违法建设所有人未在规定期限内自行拆除。12月16日，南法信镇依据相关规定，报经顺义区人民政府批准后对该处违法建设予以依法拆除。

（南法信）

牛栏山镇

【概况】牛栏山镇是顺义新城中心区三大组团之一，总面积31.4平方公里。下辖20个行政村，5个社区居委会，户籍人口3.01万人。年内本镇实现地区生产总值262.5亿元，同比增长9%；一般公共预算收入3.3亿元，同比增长11.4%；农民人均所得24974元，同比增长10.1%。2017年，在党的十九大精神和习近平总书记两次视察北京重要讲话精神的指引下，牛栏山镇着力构建新常态下"大党建"工作格局，调结构、强民生、优生态、保稳定。实现党建工作与经济发展互动双赢。年内获得首都环境建设样板单位、北京市农广教育先进工作站、北京市规范化建设突出贡献奖、北京市安全生产检查队"最具影响力"微信公众号等荣誉称号。

单位名称：顺义区牛栏山镇人民政府

（奚冬梅）

【产业转型】牛栏山镇转变发展方式，优化产业结构，一产、二产、三产产值比例1：5：4。加快培育新的税收增长点，北京国舜锂离子电池项目进场施工。盘活东方奥博、牵手闲置低效土地约90.5亩，引进蓝厅（北京）信息科技有限公司和图灵云未来（北京）数据科技有限公司2家高精尖企业。加大落后产业淘汰力度，疏解一般制造业及调整退出工业污染企业5家。江河创建、国药集团2家企业荣获国家高新技术企业认定。

（奚冬梅）

【疏解整治促提升】开展“疏解整治促提升”专项行动，整治各类“散乱污”企业342家，完成17个村、近6000户“煤改电”工程，建设镇级煤改电售后服务中心，完成经营性单位“煤改气”120蒸吨和小区管理处、北京好实沃生物技术有限公司锅炉低氮改造，拆除经营性单位及种养殖地燃煤锅炉686台，全镇基本实现“无煤化”。推进环保网格精细化管理，将镇域划分为25个责任区、132个小片区。加强污染源清理和污染防控，安装21个PM2.5监测子站。

（奚冬梅）

【生态环境】推进落实河长制工作,整治河道21.6公里，完成沿河29个排污口治理工程。投资2263万元，采用“载体固化微生物+曝气+生物坝”的处理工艺，解决小中河牛栏山段黑臭水体，完成29家涉河用水单位排污调查，通过自建设施、集中处理、安装在线监测等措施严防污水直排河道。坚持控源截流，完成区级 6 家规模养殖场（户）清退工作，保护周边水源地。

（奚冬梅）

【重点工程】市政重点工程有序建设。牛栏山集中供热中心项目完成锅炉房和配建的主体建设工作、兰家营再生水厂主体工程完成。牛山三路、站前北街延长线、禾美西街等工程继续推进。改善老旧小区居住环境，康乐小区、水泥厂家属院基础设施、绿化水平得到提升。整治下坡屯片区 8 条道路。棚户区改造有序展开，原涤纶厂及维尼纶厂生活区棚改项目完成房屋征收补偿方案征询意见，镇中心区棚户区改造土地开发项目被列入北京市棚改计划。

（奚冬梅）

【美丽乡村建设】《村级重大项目年度储备管理办法》出台，实施金牛村、官志卷村等一批环境提升工程。对工业区周边4个村进行统一粉刷。完成2条共计1.4公里乡村公路大修工程和10个村1.6万平方米农村街坊路改造工程。以购买第三方服务的形式，对约280公顷农村果树枝条废弃物进行治理。2017年，新增相各庄、后晏子、史家口3个美丽乡村。截至年底，全镇共有9个自然村获评“美丽乡村”称号。

（奚冬梅）

【民生保障】举办春风行动、民营企业专场招聘会，促进转移就业。开展免费技能培训班，提升就业人员素质。全年新增就业833人，实现二、三产业就业率98%。统一城乡居民医保，发放医保卡4875张、临时卡440张。全面落实老年人优待服务政策，提高无保障老年人补贴标准，年发放总额达159万元。依托龙王头村现有村级托老所资源，试运行牛栏山镇首家幸福晚年驿站。做好低收入户监测和帮扶工作，实现83%以上的低收入户脱低。完成9个村土地确权登记颁证公示及入户签字工作。

（奚冬梅）

【教育事业】提升相各庄和芦正卷2所村办幼儿园软硬件条件，实施煤改电和整体教学环境改造工程。规范幼儿园办学行为，依法关停未经审批幼儿园19家。继续实施高考奖励政策，129名考入大学的应届高中毕业生共获奖励45万元。

（奚冬梅）

【党建工作】一是出台《关于进一步加强牛栏山地区党建工作的意见》，创建“党建直通车”“她时代”创想空间等党建品牌。二是推进“两学一做”学习教育常态化制度化，成立维尼纶棚改项目临时党支部，开展“拆迁畅谈、共商大计”等活动。打造“党建药方强筋骨”基层党建品牌。推动136家“两新”组织党建工作从“有形覆盖”到“有效覆盖”。三是每月开展“党员展风采”志愿活动。25个村居党员户全部挂牌亮身份，795名农村党员参加设岗定责，在职党员回社区活动开展130次，党员干部承诺践诺1864人次，401个“党群1+1”工作组解决实际问题176件。

（闫岩）

【文化建设】公共文化体育服务能力不断提升，冠名举办顺义区第十届全民健身体育节暨第七届“牛栏山杯”龙舟大赛、顺义区第二届“牛栏山杯”群众广场舞大赛等活动。投资250万元完善文体场地设施建设，改造芦正卷村、范各庄村灯光篮球场、禾丰村篮球馆。金牛山公园、17街区文体活动广场正式开放，累计接待游客102万人次。10个村文明家风主题文化墙彩绘工程完成，打造特色文化长廊。“挑战吧！爸爸”“家风诵读”等特色主题活动开展。

（奚冬梅）

【安全监管】强化食品药品安全监管，按照“五到位”原则，基本实现重点品种食品药品全覆盖。消防基础设施实现提升，6个消防水池和1座取水码头建设完成，满足镇、村、社区应急水源需求。率先在全区建设9个充电车棚，可满足 598 辆电动车同时充电。开展安全生产大检查、消防安全隐患大排查大清理大整治专项行动，有限空间作业、“三合一”等隐患得到有效整治，出租大院（公寓）全面规范治理，全镇管辖居民社区车辆进出识别系统全覆盖。促进全镇安全形势总体平稳有序。

（奚冬梅）

仁和镇

【概况】仁和镇位于顺义新城中心区的主城区组团，与首都国际机场零距离对接，101国道、六环路、地铁M15号线、京平（谷）快速路和京承铁路穿境而过，镇域面积54平方公里，辖23个行政村、1个社区，户籍人口4.6万人，流动人口2.5万人。2017年实现属地财税收入35.6亿元，同比增长70.3%；实现一般公共预算收入5.7亿元，同比增长33.6%；农民人均劳动所得同比增长10%。
单位名称：顺义区仁和镇人民政府

（仁和镇）

【项目建设】2017年，引进企业85家，其中注册资金1000万元以上的18家。大力推动创新发展，着力完善营商环境，高顺产业园、联东U谷等项目的孵化器作用成效明显，高顺产业园引进包括凯菲克、科荣达、红杉空港等66家高新技术企业入驻，联东U谷引进3家科创企业入驻。

（仁和镇）

【镇属企业发展】坚持规范管理和扶持引导并重，以股权、人事权、财权为抓手，不断提升镇属企业规范化水平。实施资产资源重组，拓展储备项目，企业资源利用效率和综合实力不断提升，中北华宇荣获全区首个建筑企业特级资质，镇属企业成为全镇经济的重要支柱。

（仁和镇）

【拆迁回迁】临河棚改拆迁签约工作在16天内100%完成，创造顺义拆迁历史上的“临河速度”。主动承接人口疏解，东城区保障房项目实现奠基开工。小左各庄回迁房建设基本完工，望泉寺村回迁房建设加快推进，沙坨村回迁房取得立项手续，平各庄村一期回迁房主体完工，B地块非住宅拆迁工作基本完成。

（仁和镇）

【重点工程】立足服务全区发展大局，加快推动城市重大功能性项目建设。北京儿童医院顺义妇儿医院（仁和第一医院）建设手续加快办理，仁和便民服务中心、梅沟营养老院等一批基础设施项目建设完成。配合相关部门，减河北路东延、机场东路南环立交、区劳动大厦市政配套附属工程等项目完成，城市功能日臻完善。

（仁和镇）

【生态环境】完善环保制度建设，全年制定出台环保文件共8个，网格化管理作用充分体现。贯彻落实清洁空气行动计划，镇域PM2.5平均浓度同比大幅下降。压减燃煤力度空前，全面完成窑坡村181户村民“煤改电”、米各庄村377户村民“煤改气”工程，完成属地356台经营性燃煤锅炉清理拆除工作。中央环保督察反馈79项问题全部整改完成。

（仁和镇）

【民生保障】2017年，新开发就业岗位1684个，实现就业2051人，超额完成全年指标，荣获顺义区充分就业示范镇称号。农民人均所得达到26365元，同比增长10%，群众获得感不断提升。全年累计投入1.92亿元用于环境美化、食药安全、社保民政、科教文卫等基础民生项目，让发展成果更多更好惠及群众。妥善推进化解石各庄村转非安置遗留问题，累计完成六批265人符合标准人员安置补贴发放工作，能取得联系人员安置问题全部解决。按照“规范、整合、扩面、提标”的思路，重新规范整合惠民政策，新增覆盖对象近1000人。

（仁和镇）

【社会事业】坚持“文化强镇”的发展目标，基层文体团队蓬勃发展，荣获国家、市、区文体奖项25项。深入开展践行社会主义核心价值观活动，举办第二届“仁和榜样”道德模范评选活动，充分发挥先进典型的示范效应，营造崇德向善的良好氛围。

（仁和镇）

【疏解整治促提升】2017年，依法取缔无证无照商户730户，整治“散乱污”企业619个，拆除违法建设46.9万平方米，取缔非法幼儿园11个，整治关停集体土地出租大院75处5427间、疏解流动人口1万余人，彻底整治河南村非法劳务市场。

（仁和镇）

【社会治理】镇、村两级干部完成全国两会、“一带一路”高峰论坛、党的十九大等重大活动服务保障任务。切实加强群防群治工作，启动等级防控9次，历时83天，发动力量14.2万余人次。严格落实“村财镇管”，《仁和镇关于加强镇级财政财务管理的实施办法》《仁和镇村级财务管理制度》出台实施，镇、村两级财务工作规范化水平显著提升。深化农村集体“三资”管理，完成各村固定资产、银行账户、经济合同、债权债务的清查整治工作。加大信访问题化解力度，全镇信访总量较2013年大幅下降超过95%，群众满意度不断提高。

（仁和镇）

【意识形态】认真落实意识形态工作责任制，制定出台《仁和镇意识形态工作方案》，与各村、企业签订意识形态责任书，持续加强舆论引导和阵地管理，牢牢掌握意识形态工作的领导权、话语权。获得“全国扫黄打非进基层示范点”荣誉，社会氛围更加和谐稳定。

（仁和镇）

【党建工作】深入落实党建主体责任，紧紧围绕“四个主体、三个注重”的党建工作思路，构建大党建工作格局，全面加强党的领导和党的建设，支持人大、政府依法依规履行职能，在引领推动经济社会发展、保障实施棚改拆迁重点工作、推动解决重大历史遗留问题等方面取得显著成效。推进党支部规范化建设，做细做实党组织书记党建述职评议工作，切实发挥支部主体作用。建立健全慰问老党员、激励优秀党员、帮扶困难党员等制度，激发党员主体意识。

（仁和镇）

天竺镇

【概况】天竺镇现有10个行政村，其中4个自然村、6个拆迁村，另有3个社区居委会。户籍人口14189人，其中农业人口2422人、非农业人口11767人，流动人口19697人，常住人口33886人。2017年，践行创新、协调、绿色、开放、共享发展理念，紧抓京津冀协同发展重大机遇，全力以赴疏功能、稳增长、调结构、促改革、惠民生，坚持统筹推进，全镇经济社会实现持续平稳健康发展。全镇实现生产总值50.07亿元，同比减少0.31%；实现属地财税收入33.58亿元，同比增长53%，位居全区第三；完成地方财政预算收入5.05亿元，同比增长22.5%，位居全区第二；农民人均现金收入23846.46元，同比增长8.68%。

单位名称：顺义区天竺镇人民政府

（天竺镇）

【经济发展】2017年，引进航空、金融、文创等各类企业172家，注册资金33亿元；SKY创园空间正式运营，为双创企业搭建发展平台；万科商业综合体和空港一号主体封顶；首届银企对接会举办，36家重点企业、24家金融机构参加活动，形成“银企”有效对接、共同发展的良好格局。

（天竺镇）

【疏解整治促提升专项行动】“疏整促”专项行动期间，先后对二十里堡村空港华伟物流公司违建、薛大人庄村综合环境秩序、111家出租公寓及大院、楼台村环境秩序、317家隐患严重仓储物流企业关进行拆除、整治、关停查封，累计出动1万人次、作业车辆800车次，拆除广告牌匾382块、棚子90个、烟囱60根，检查商户430家，取缔无证照经营及小散乱污企业1534家，拆除私搭乱建348宗13.5万平方米，消除环境脏乱死角156处，关停非法幼儿园8所，消除隐患近3000个，1800宗区级环境台账全部清除，市区两级下达的指标任务均提前超额完成。同时，完成天竺村2户拆迁剩余户的司法腾退工作。薛大人庄整村式专整治经验在全市推广。

（天竺镇）

【环境保护】强化环境保护“党政同责、一岗双责”、党建督导、环保网格、联合执法、社会监督等机制建设，夯实大气污染防控日常工作基础。成立26名专职和166名兼职环保网格员队伍。全镇共拆除经营性燃煤锅炉113个，实施锅炉清洁能源改造53蒸吨，安装PM2.5小微监测站9个，28家餐饮企业安装油烟在线监测设备35套，完成国家和市级环保督察组的检查考核。妥善处理“牛奶河”事件，新建二线沟和花马沟临时污水处理设施2座，全面实施河长制，在全区率先开发上线河道巡查APP。

（天竺镇）

【环境治理】提高城乡环境水平，大修天柱东路、府前二街等道路达3.5万平方米。修缮景观围墙3000米，天柱东路1750米罗红艺术景观长廊投入使用。府前二街街心公园、机场高速公路杨林出口、天竺公园景观提升项目等升级改造工程竣工并投入使用。改善村域环境，粉刷墙面、更新雨搭、建设文化墙、铺设污水管线、改造村民活动中心、安装饮用水消毒设备等环境提升项目，新建停车位600余个，新增绿地3万平方米，安装路灯507盏，建设公共厕所8座。

（天竺镇）

【消防安全】注重消防基础设施建设，增加和修缮消防水鹤6座、消防水池4个；在南竺园社区和二十里堡村建成8处电动车集中充电棚，配备240余组充电桩；完成薛大人庄村、蓝天社区和大鹏物流微型消防站建设，全镇微型消防站达到10家；实施29项安全社区建设促进项目，完成市级安全社区建设验收评审和市级安全生产督察组的检查考核；实施三级标准化创建11家；完成楼台村城乡结合部重点整治村整治任务；在小王辛庄村集中开展全镇消防大练兵演练，主要演练“人员救治、应急疏散和火灾扑救”等项目。

（天竺镇）

【智慧天竺】实现全镇公共区域无线网络全覆盖。建成智慧行政办公系统，将工作规范化、程序化和制度化，细化分解各项工作，再造流程，形成上下互动、左右联动、内外协调、优质高效的链状系统，“智慧天竺”建设走在全区前列。智慧天竺企业服务平台上线运营，可为全镇企业提供政策解读申报、企业展示、招商资源、代办服务、数据分析等线上服务；“智慧党建”平台上线运行，开发“党风廉政”版块；设立“财政项目管理”模块，实现项目审批流程和财政支出依预算、留痕迹、可追溯；建成“城市网格化管理平台”，全天候、无死角实时监控全镇环境，实现网格化管理监督模式；研发上线“河道巡查系统”，提高河长制管理水平。在第二届全国政务服务论坛暨政务服务国际博览会上，天竺镇荣获中国“互联网+政务服务”创新奖。

(天竺镇)

【综治维稳】各类安保力量群防共治、日夜巡查，确保属地及机场周边地区“不冒一缕烟、不着一把火”，完成十九大、“一带一路”高峰论坛等重大活动服务保障任务。开展大排查大清理大整治专项行动，围绕有限空间作业、宅基地出租房屋安全、三合一及人员密集场所、冬季预防煤气中毒等重点领域，强化联合执法常态化，开展“地毯式”安全隐患排查清理整治。年内获“首都综治工作先进集体”荣誉称号。

（天竺镇）

【基层党建】与区委党校建立长期合作关系，累计开展党员轮训和各类专题培训24期，党员干部受训1932人次；建立党建调研督查机制，与北京社科院合作，成立20个镇级党建督导组；组织全镇39个党支部、1228名党员参观“砥砺奋进的五年”大型成就展；“国门天竺”微信公众号全年编发230条，单条点击率最高达2.6万人次。

（天竺镇）

【民生保障】新出台和完善征兵奖励、精准救助、全家福保险、安责险、新农合、困难扶助、优抚、残疾人8项惠民政策。天竺村公墓升级改造完成，设施设备齐全，低碳、环保。引进小酸枣“惠民早餐”，为周边群众提供24小时餐饮服务。

（天竺镇）

【社区建设】投入1500余万元，完成蓝天社区“八型社区”创建，为南竺园和希望家园安装门禁系统439套，为天裕昕园安装体育器材48件，社区建设水平不断提升。投资1000余万元，用于改善文教体卫软硬件条件。

（天竺镇）

【劳动就业】举办3场大型招聘会，参会单位85家，全年实现就业1100人。全年劳动力技能培训379人，完成全年指标169.96%。城镇新增就业人数1084人，完成130.76%。

（天竺镇）

【行政区划】7月11日，天竺地区党委、镇政府与大龙控股有限公司就薛大人庄、花梨坎两村交接工作召开推进会（2006年，天竺镇薛大人庄村拆迁，翠竹新村归天竺房地产开发公司管辖；2009年，天竺镇花梨坎村拆迁，划归天竺房地产开发公司管辖）。会上宣读两村社会管理职能交接工作方案，交换意见，表示共同解决历史遗留问题。至此，薛大人庄、花梨坎两个村重归天竺镇管辖。

（天竺镇）

【档案室创优】总投资55万元用于库房改造升级，经过测评，天竺镇档案管理工作达到市级优秀标准，获得“市级优秀单位”授牌。

（天竺镇）

【青年创新创业大赛启动】9月21日，由顺义区委组织部、区宣传部、区发改委、区经信委、区科委、区人保局、团区委、天竺镇联合主办的2017年“天竺杯”顺义区第二届青年创新创业大赛启动仪式在罗红摄影艺术馆举行。主办单位、各街镇相关领导、直属团组织团书记、青年创业者代表近200人参加活动。

（天竺镇）

【松·美术馆落成】9月27日，由华谊兄弟创始人兼董事长王中军创办的松·美术馆正式向公众开馆。松·美术馆位于天竺镇格拉斯路，总占地面积22000余平方米，共12个展厅，展览面积约2200平方米。

（天竺镇）

杨　镇

【概况】杨镇位于北京市顺义区潮白河以东，是顺义东部九镇中心，是北京市42个重点发展小城镇、顺义新城规划的重点镇之一。自古便是华北地区商品集散地，素有“一京、二卫、三通州、第四京东大杨各庄”的美誉。镇域面积96平方公里，下辖42个行政村和4个居委会；顺平路、白马路、木燕路纵贯杨镇区域。2017年，杨镇聚焦顺义区“港城融合的国际航空中心核心区、创新引领的区域经济提升发展先行区、城乡协调的首都和谐宜居示范区”功能定位，充分立足杨镇河东中心镇职能定位，全力完成非首都核心区功能疏解任务，全力做好棚户区改造、与北京城市学院协同发展、“疏解整治促提升”专项行动、环境治理与保护等中心工作，经济、政治、文化、社会、生态文明各项工作呈现稳中有进的良好态势。

单位名称：顺义区杨镇人民政府

（虞天娇）

【“疏解整治促提升”专项行动】杨镇紧紧围绕“控总量、降密度、强管理”的目标，制定“疏整促”工作实施方案，全面实施网格化管理，社会秩序明显好转。共组织联合执法60余次，出动2000余人；依法拆除违法建设25.8万平方米，恢复耕地50.1公顷，依法拆除大棚房383栋；彻底清除非法占地经营砂石料厂9宗、搅拌站5宗，非法占地经营大型商品车物流车停车场3宗，整治矿山企业1宗；整治无证无照商户172家，清理占道经营商户500家；退出疏解一般制造业3家，清理整治违法违规排污及生产经营行为380家；整治群租房6处，清退租户100余户；整治出租大院4个；疏解京东商品批发中心旧货市场商户55个，拆除临时地上建筑及房屋2.7万平方米；规范劳动用工企业10家；关停、整顿非法幼儿园7家，整改13家。

（虞天娇）

【生态环境治理】杨镇全面实施三级网格化管理，设立45个环保网格单位、培训环保网格长46人、环保网格员179人；环保督查科正式成立，下设环保巡查队，确保巡查整治无死角。全年共计整改散乱污企业380家；关停清退重污染企业4家，关停、疏解外迁高耗能企业3家，养殖业退出4家；拆除燃煤锅炉432台；完成18家企业共计100蒸吨锅炉煤改气项目；督促215家餐饮企业完成油烟净化器安装；回收农民燃煤3708吨，炉具1万余台；处理扬尘问题200余起，苫盖裸露地面44万平方米，绿化10万平方米。除镇中心区棚改6个村外，煤改电工程全部完成；彻底清除非法占地经营砂石料厂9宗、搅拌站5宗、非法占地经营大型商品车物流车停车场3宗，恢复耕地40公顷，拆除违法建设8000余平方米；整治矿山企业1宗；成立镇"河长制"工作领导小组，出台方案并建立健全镇、村两级河长组织体系和监督考核等管理制度，金鸡河、冉家河临时性污水处理设施安装调试，确保2018年水质达标。

（虞天娇）

【杨镇曾庄大鼓荣获民间花会大赛第三名】2月8日，杨镇曾庄大鼓参加顺义区第十五届"赵全营杯"民间花会大赛暨京津冀三地民间花会闹元宵展演活动，并最终以9.75分（总分10分）的得分，荣获第三名。大赛共吸引京津冀三地23支花会、900余名群众演员参加，内容涵盖舞龙、舞狮、抖空竹、高跷、秧歌、跑旱船、中幡、小车会等10余种类型。

（虞天娇）

【微信公众号"灵韵杨镇"开通】4月14日，杨镇微信公众号"灵韵杨镇"正式开通并刊登第一期内容。

（虞天娇）

【读书会暨"红色家园"开园启动】4月16日，刘爱琴、周秉德、任远芳等老一辈无产阶级革命家的子女来到杨镇，参加"不忘初心担道义，绿化祖国为子孙——读书会暨'红色家园'"开园启动活动。读书会上，三位老一辈无产阶级革命家分别以父辈少年立志等事例，勉励少先队员要不忘初心、读书立志，并向同学们赠送《我的父亲刘少奇》《我的伯父周恩来》等书籍。读书会结束后，三位老前辈与大家一起种植红豆杉树，学生们把和她们一起种植的树林称"爱琴林""秉德林""远芳林"。

（虞天娇）

【区人大副主任到杨镇调研】6月8日,区人大副主任赵殿江一行到杨镇调研北京城市学院"校镇融合"发展情况，听取镇长陈向东的工作汇报，重点对接和交流棚户区改造、产业发展、招商引资等领域的融合情况。赵殿江同志提出四点要求：1.杨镇全力推进河东中心镇建设在区政府以及相关部门达成共识，要坚定信心，要有责任感和事业心。2.加强宣传，统一思想，形成合力。3.招商引资形成机制，利用资源，腾笼换鸟，与城市学院对接，在科技、金融、商业等方面有选择的加大招商推介力度。4.棚改项目要加快推进，城市规划、城市建设要高标准、高起点，同时，保持杨镇文化古镇特色。

（虞天娇）

【"引智帮扶"校镇融合发展新模式】6月10日，杨镇第一届荆垞村麒麟西瓜文化节开幕。顺义区与北京城市学院、京东集团就引智帮扶工作进行座谈，在农产品销售领域达成合作意向，北京城市学院发挥学院资源优势，为荆垞村提供科学种植等方面的智力与技术支持；京东商城提供时令蔬菜瓜果的电商销售及销售渠道拓展等。此项合作，实现校、企与低收入村的直接对接，杨镇在校镇融合发展中也迈出坚实一步，正式开启"引智帮扶"校镇融合发展新模式。

（虞天娇）

【庆祝中国共产党成立96周年表彰大会】6月28日，杨镇举行庆祝中国共产党成立96周年表彰大会暨"五月的鲜花"文艺汇演。镇党委、政府领导班子成员、镇党委所属63个基层党组织班子成员、受表彰的优秀基层党组织负责人、优秀党务工作者、优秀共产党员、镇机关干部、大学生村官等共500余名党员参会。会议在隆重的国歌声中开幕，杨镇地区党委委员、人大主席李琮明同志宣读表彰决定，对33个先进基层党组织、37名优秀党务工作者和131名优秀党员进行表彰。杨镇地区党委书记赵志勇同志以《强化党建引领，推动区域发展，科学推进基层党建工作再上新台阶》为题给全体党员上党课。随后，举行《颂歌献给党，喜迎十九大》文艺演出，节目由杨镇地区百姓自编自演，内容突出红色主题。

（虞天娇）

【百姓宣讲诵读活动】9月19日，"同心共筑中国梦 初心不变杨镇人"杨镇2017年百姓宣讲诵读活动开讲，共计130名来自各村居的观众前来现场观看。本次活动共有15名宣讲员参加，其中11名来自"初心不变杨镇人"百姓宣讲团队，宣讲的内容紧紧围绕"初心不变杨镇人"这个主题，从"跟党走的初心、作为一名中共党员的初心、全心全意为人民群众服务的初心"入手，用朴素易懂的语言向现场观众讲述他们身边那些初心不变杨镇人的感人事迹，起发现场观众的强烈共鸣。

（虞天娇）

赵全营镇

【概况】2017年，面对严峻复杂的工作形势和繁重的工作任务，镇政府紧紧依靠和团结全镇广大干部群众，按照镇党委提出的"打造新三板创业创新小镇"的工作思路，全力以赴抓改革、强创新，稳增长、促转型，治环境、惠民生，全镇经济社会实现持续快速健康发展的良好态势。完成地区生产总值224亿元，同比增长20%；固定资产投资2.2亿元，同比增长12%；实现属地税收13.8亿元，同比增长31.5%；公共财政预算收入2.1亿元，基本与上年持平；农民人均可支配收入2.4万元，同比增长10%；超额完成镇人大年初确定的各项任务指标，为推动全镇高起点大发展奠定强劲动力支撑。

单位名称：顺义区赵全营镇人民政府

（赵全营镇）

【新三板加速器】新三板加速器自授牌以来，吸引350余家企业在本镇注册纳税，推动17家企业挂牌新三板，9家企业完成股份制改革，排队上板企业13家，储备“准三板”企业23家，2017年实现新增税收6100万元，形成以“加速器”为核心辐射带动周边的“1+X”资源整合模式。举办“‘寻找鲨鱼苗’——首届新三板品牌峰会”“新三板品牌嘉年华”活动，全面展示、成功推介新三板产业加速器项目。

（赵全营镇）

【**招商引智**】2017年，全镇新引进注册资金100万元以上项目392个，注册资金500万元以上项目25个，注册资金累计达36亿元。推动和仁科技（一期）、力达康、林科院、唐艺亮霸（二期）的地块规划建设；完成力达康、怡和中源、连山管控3家实投企业的迁址注册。

（赵全营镇）

【**环境保护**】推进大气污染防控，在全镇25个村、工业区、PM2.5高值点位等重点监测区域，安装36个PM2.5小微站。加强露天焚烧及烧烤、施工工地扬尘管控，PM2.5平均浓度居全区第3，被首都环境建设委员会评为“首都环境整治样板镇”。推进清洁能源改造，全镇共拆除燃煤锅炉1110台，1蒸吨以上燃煤锅炉全部清除；20个“煤改电”村共安装8741台取暖设备并全部验收合格，安装率127%；在落实市区相关政策的基础上，制定叠加政策，镇政府每户再补贴5000度电。

（赵全营镇）

【**生态建设**】落实河长制，高规格配备河长，其中镇级河长7名，村级河长30名。扎实开展镇域四条河流水质治理工作，新建4座污水处理站，安装4套在线监测设备，斥资180余万元聘请专业公司进行河道治理，牤牛河、方氏渠、小中河区级考核均达90分以上。抢抓全市平原造林的重大契机，累计造林面积达378公顷；推进绿化美化建设，人均绿地面积达16.9平方米。

（赵全营镇）

【**城乡环境品质提升**】完成市、区两级环境整治任务。50处市级环境台账、1821处区级台账全部整改完毕。实施街面秩序整治专项行动。重点整治昌金路、南陈路沿线，累计拆除LED电子屏幕147块、违规广告牌匾245块。强化农村垃圾管理。以东、西绛州营村为试点，着力推进垃圾分类回收工作，实现村级垃圾收集、清运、处理一体化。投资837.9万元完成西水泉等七个村村庄粉刷工程；投资500余万元，完成东绛洲营村等5个村的环境建设工程。

（赵全营镇）

【**城市承载能力不断增强**】重点工程建设加快推进。110千伏变电站、污水处理站、自来水厂、7条公交专线、天然气等基础设施全面建成，兆丰工业开发中心基础设施提升项目、赵全营镇文化体育活动中心建设项目、昌金路市政配套燃气工程全面完工。城市功能日臻完善。北医三院顺义院区项目通过区人代会审议，《合作框架协议》起草完成。

（赵全营镇）

【**美丽乡村建设**】在着力打造“中国有个北郎中”基础上，高效推动其他村的发展，建设区域化连片的美丽乡村。聘请第三方设计公司对解放村进行规划设计；忻州营村建成顺忻、街忻、怡忻和京承汇4个公园，打造“花园村庄”；深入挖掘西水泉村“家和熙水”文化、东西绛州营村“根祖绛州”文化、北郎中村“郎中文化”，为地区群众打造宜居宜业的文化氛围。东水泉、忻州营、解放村、北郎中4个村先后获评北京市美丽乡村，东绛洲营村获评北京市环境建设样板村。

（赵全营镇）

【**疏解整治促提升**】通过“疏整促”专项行动，疏解一般制造业7家,取缔无证无照经营商户98户，拆除违法建设12.8万平方米，取缔群租房2处，规范出租大院5处，清理小低散劣企业31家，清理再生资源回收站点11个，清退流动人口431人，人口总数稳中有降。结合“疏整促”和区政府统一部署的“高层建筑消防安全”“夏季电气火灾综合治理”“秋冬季消防安全大检查”等专项行动，紧盯有限空间、人员密集场所、出租大院等重点部位，开展“轮候式”执法，在全镇范围内进行“地毯式”排查。全年累计更换泡沫彩钢板32万平方米，检查涉及有限空间作业企业206家，施工工地108次。组织开展安全生产大检查及“回头看”，消除2800余个安全隐患。

（赵全营镇）

【**社会保障**】全年城镇新增就业1366人，城乡劳动力新增就业996人，二三产业就业率为95.5%，新增城乡困难人员就业577人。劳动关系和谐指数位居全市第一，2017年获评北京市规范用工先进单位。规范出台《参合人员大病医疗救助政策试行办法》，投入98.2万元为全镇161名群众发放医疗二次报销福利，两年来共为489名患大病人员报销药费352万元，切实解决群众看病难的问题。新建社区居家养老服务照料中心47家。创建省级示范残疾人社区康复站2家。健全社会救助服务保障体系，发放“春风行动”等帮扶资金3780万元。

（赵全营镇）

【**精准扶贫**】投入54.92万元开展低收入农户增收工程，对全镇62户共计134名低收入农户分门别类地建立档案，出台精准扶贫政策。为低收入农户免费安装“煤改电”优质取暖设备，对部分丧失劳动能力的，优先安排公益岗位；对完全丧失劳动能力的，给予资金帮扶。制定《中低收入家庭大病帮扶办法》，对全镇特困人员予以特殊救助。在对全镇70岁以上老人每人每年2400元、80岁以上3200元、90岁以上6000元进行生活补贴的基础上，针对低收入农户家庭中老人给予更多帮助。年内，62户年人均可支配收入全部达标，脱低率达到百分之百。

（赵全营镇）

【**“问需于民”**】为全镇每位群众免费购买大病、意外伤害商业保险；全年投入18.7万元用于学生公交补贴，投入24万元对83名高考优秀学子进行奖励。举办“五月的鲜花”大型文艺汇演、“赵全营杯”花会比赛与拔河比赛，全年共放映电影1010场，不断丰富群众文化生活。深入开展“寻找最美赵全营人”活动，评选出24位“最美赵全营人”和4支“最美赵全营团队”。扎实做好武装部工作，完成2017年征兵任务。加强社会综合治理，保持无越级群体访、无个体非正常访的良好态势，保证辖区和谐稳定。

（赵全营镇）

张 镇

【概况】张镇总面积53.45平方公里，下辖29个行政村，2个社区，常住人口22669人，户籍人口23603人。2017年，张镇围绕打造全域旅游示范镇的发展战略目标，全力推进疏整促专项行动，产业结构更加优化，生态文明建设稳步开展，全镇经济社会保持平稳健康发展的良好态势。全年实现属地财税收入10653万元；实现一般公共财政预算收入2834万元；农户人均所得2.1万元。

单位名称：顺义区张镇人民政府

（翟瑞冬）

【灶王文化节】1月20日，首届北京顺义张镇灶王文化节在张镇莲花山滑雪场开幕。本届文化节以“顺义过大年，灶福满京城”为主题，设有祭灶仪式表演、民间花会表演、“非遗民俗文化互动街”、特色美食等内容。本次活动由中共北京市顺义区委宣传部、北京市顺义区旅游发展委员会主办，北京市顺义区文化委员会、北京市顺义区张镇人民政府协办。

（翟瑞冬）

【传染病防控】3月13日，张镇公共卫生大会召开，部署春季传染病预防工作，并发放宣传资料。镇卫生院对全镇1300余名0-6岁儿童逐一筛查，对68名儿童进行疫苗补种，对100余名外来务工人员进行疫苗接种，学龄前儿童查漏补种及脊灰等疫苗接种工作全部达到指标要求。分别对729名儿童及1500名60岁以上老人进行流感疫苗接种。

（翟瑞冬）

【消防安全】4月27日，顺义区缺水地区消防水源建设现场会在张镇召开，在市公安消防局、顺义消防支队的支持、指导下，驻马庄、刘辛庄、后苏桥3个村建设依托蓄水池的消防水鹤供水系统，实现应急水源储备，保障火灾扑救的水源供应。全镇建设微型消防站31个，配备人员192人；投资130余万元购置多功能巡逻车31辆；安装烟感火灾探测报警器10517个，实现镇域内全覆盖。

（翟瑞冬）

【北京城市学院与张镇签订战略合作协议】7月19日，北京城市学院与张镇传统文化挖掘与保护战略合作签约暨教学实践基地挂牌仪式在顺义区张镇举行。北京城市学院分别与张镇党委副书记、镇长张涛，北京良山景泰蓝工艺有限公司总经理胡玉江签署《北京城市学院与张镇传统文化挖掘与保护战略合作协议》和《北京城市学院工艺美术系教学基地战略合作协议》。此次签约是北京城市学院和张镇人民政府共同探索人才培养与传统文化发展的新途径，意在通过不同途径培养具有高校学历的能设计、懂工艺的工艺美术人才。

（翟瑞冬）

【安全生产工作】10月24日，副区长郑晓博带队到张镇检查安全生产工作。检查组一行分别检查北京安期生技术有限公司鑫茂矿山机械制造分公司和北京北电科林电子有限公司顺义区分公司，重点检查有限空间风险辨识、用电安全、气瓶安全管理、作业人员安全培训、劳动防护用品、应急演练和管理制度等方面的落实情况。

（翟瑞冬）

【基层党建】年内，出台党建督导、督查、责任追究、干部考核管理等16项制度，形成大党建闭环工作机制。严格落实村级双百分考核指标体系，细化“五位一体”抓党建职责体系，组织成立5个督导检查组，梳理细化23项重点任务清单，对村、社区进行督导检查；全年共拨付党建经费475万元，用于支持31个村（居）党群活动场所建设，聘请第三方专业机构对各党组织申报党建经费项目进行全过程审核监管；开展疏解整治促提升共产党员“知行践诺”主题活动，全镇共开展主题党日活动419次，参与党员10688人次；镇内987户党员户、919户村民代表户全部挂牌亮身份。

（翟瑞冬）

【医疗卫生】年内，浅山香邑社区卫生服务站成为顺义区首个A类社区卫生服务站，营业面积350平方米，拥有各类门诊诊疗器械，满足辖区居民的健康服务需求。区医院东院区综合病房正式投入使用，实现与区医院门诊及相关检查一体化联动。邀请市级三甲医院专家开展义诊活动2次，受惠群众达到300余人次。为全镇1300名60岁老人免费开展专项体检。

（翟瑞冬）

【重点项目】年内，完成浅山区环境综合治理及基础设施提升工程，实现赵湘路集中连片整治和张各庄、赵各庄集市基础设施提升改造。完成张镇110千伏变电站工程，保障张镇及周边地区68个村近2万户村民煤改电用电需求。完成木孙路民宅拆迁任务，51户村民喜迁新居。完成张镇BOT再生水厂市政配套工程、中心区基础设施提升改造工程的前期手续办理。

（翟瑞冬）

【环保工作】年内，完成24个村、7593户的煤改电工作，建立镇级煤改清洁能源售后服务中心，全镇基本实现“无煤化”。对镇域主要干道、村级道路进行机械化洒水、降尘作业，整治28家砂石料厂。完成永强家园锅炉房煤改气工程，拆除34吨燃煤锅炉，新增5台6蒸吨燃气锅炉，供暖面积达到31万平方米。加大环保督查力度，建立镇、村两级环保网格化管理体系，实时关注监测数据。

（翟瑞冬）

【落实河长制】一是制定方案，细化分工。镇党政领导亲自抓河道治理工作，采取分级管理，完善台账，详实治理。二是加强河道清淤、清理工作。日出动120余人、4台机械、施工量达500余立方米。三是加大周边环境整治力度。保洁人员早晚2次集中清理河道两侧垃圾，日清理量达4吨。四是通过张镇2000吨污水处理站及小散排污口治理，为无名河截流污水、补充再生水。污水处理站日处理污水能力达到1200吨，铺设排污管线795米，安装污水收集罐10个，无名河85处小散排污口治理工作完成。

（翟瑞冬）

【民生建设】年内，为338人申请发放90.5万元的社会救助金；为2460人申请发放各类津贴549.13万元。完成驻马庄村幸福晚年驿站场所环境和设备设施升级改造，镇级养老院被列入市级基层办公养老机构改造计划。实现以本地劳动力替代为目的的新增就业人数20人，银发人员就业80人，绿色就业100人，全年农村劳动力技能等级培训人数528人，城镇失业人员培训39人。

（翟瑞冬）

【运动休闲特色小镇】年内，张镇获得全国第一批运动休闲特色小镇称号。是全国首批96个运动休闲特色小镇试点之一，是顺义区唯一入选镇。国家体育总局将对纳入试点的小镇，一次性给予经费资助，用于建设完善运动休闲设施，组织开展群众身边的体育健身赛事和活动，还将提供体育设施标准化设计样式，配置各类赛事资源。

（翟瑞冬）

【精准扶贫】一是物资帮扶。针对部分因病、残和年老体弱而劳动能力有限的低收入农户，以现金、物资扶持为主，开展低保户、困难党员户等走访慰问活动，为考取大专以上院校的低收入户考生发放一次性奖励。二是政策帮扶。为低保家庭申请医疗、教育等救助政策扶持，镇级设立低收入扶贫专项资金，用于低收入农户帮扶。三是就业帮扶。为低收入户劳动力推荐培训科目，提高求职能力。建立专项帮扶台账，定期提供大型劳务派遣公司、居家养老、社区保洁项目的服务类等公司招聘信息，提高低收入农户就业率。四是文化扶贫。通过送精品演出、组建文化队伍、发放音乐播放器等形式，丰富低收入户精神生活。

（翟瑞冬）

【文化教育】张镇中学成为市级春雨计划种子学校，小学荣获市级首批文明校园，中心幼儿园获得贯彻办学指南优秀园所。开展非遗整理工作，完成12首张镇民歌录制，找到“刘氏风筝”传承人。

（张镇）

【就业服务与社会保障】年内，城镇新增就业人数750人，完成全年指标的139%；城乡劳动力就业人数479人，完成全年指标的126%；城乡就业困难人员就业人数279人，完成全年指标的147%；以本地劳动力替代为目的的新增就业人数20人；绿色就业人数100人；农村劳动力技能等级培训人数528人，完成全年指标的112%。建立一对一求职人员服务档案数30份，动态保持建立企业用人需求档案数51份。

（翟瑞冬）

【农业重点项目】无名河清淤治理工程完成；无名河、金鸡河黑臭水体治理工程；新建2座污水循环净化站，采用光伏式小型污水处理装置治理小散排污口；委托北京科净源水处理公司，对无名河、金鸡河污水进行处理，日处理污水6200吨。完成张各庄祖代种猪场、侯庄养殖小区清退，拆除房屋61656平方米，清理牲畜13463头。2012年、2015年平原造林养护交接，移交面积289.2公顷；对2016年98公顷平原造林进行竣工验收。完成港西、李家洼子、白辛庄市区两级绿色村庄申报，并获得上级部门验收；完成麻林山、雁户庄、后王会、赵各庄133公顷土壤深松项目；对聂庄、贾洼子等8个村17.8公顷竹木大棚进行改造，19个村98.6公顷菜田补贴工作完成。

（张镇）

【张镇油鸡获国际金奖】张镇绿嘟嘟农庄以林下低密度散养的方式养殖的油鸡，在英国伦敦举行的全球“农场动物福利奖”颁奖礼上获“福利养殖金蛋奖”和“福利养殖金鸡奖”。

（翟瑞冬）

【文化广场建设】年内，新增8块村级文化活动广场LED显示屏。工程总投资327万元，涉及虫王庙、厂门口、贾家洼子、李家洼子、朱庄等8个村，统一规格为6*4米、P6高清彩屏，投入试运营。投资433万元在朱庄、柏树庄、张各庄、北营、厂门口5个村新建文化广场，硬化平整土地8000平方米，其中3个村配备活动室。全镇村级文化活动广场共计达40块7.9万平方米，实现村民“三分钟健身圈”。

（翟瑞冬）

【冰雪实践基地落户张镇】年内，首都体育学院将“冰雪运动、人才培养实践基地”落户张镇莲花山滑雪场，长期合作项目正式启动。莲花山滑雪场全程参与大学生雪上运动项目课程培训，提供滑雪技术指导和完备的滑雪条件，为首都体育学院储备冬奥会人才、推广冰雪运动项目和冰雪运动教学提供场地，本雪季服务780余人次。

（翟瑞冬）

人 物

组织机构负责人名单

一、区委机关

（一）中国共产党北京市顺义区委员会

书　记　王　刚
副书记　高　朋
　　　　于庆丰
常　委　宋建明（3月任）
　　　　初军威
　　　　张　良
　　　　肖承继
　　　　霍光峰
　　　　禹学垠
　　　　贺亚兰（女）
　　　　张晓峰

（二）中国共产党北京市顺义区纪律检查委员会（北京市顺义区监察委员会）

书　记　张　良
副书记　李　衍（12月免）
　　　　史卫东（12月任）
　　　　王文荣（女）
　　　　邱兆锐
常　委　王　卿（女，7月免）
　　　　芦　超
　　　　赵前程
　　　　张瑞英（女，9月免）
　　　　王海涛
　　　　戴昌明（4月免）
　　　　张海涛（8月任）
　　　　李德亮（11月任）
主　任　张　良（4月任）
副主任　李　衍（4月任）
　　　　（7月免）
　　　　史卫东（12月任）
　　　　土文荣（女，4月任）
　　　　邱兆锐（4月任）
委　员　芦　超（4月任）
　　　　王海涛（4月任）
　　　　张海涛（8月任）
　　　　杨立平（4月任）
　　　　张　霞（4月任）
巡察办主任　张瑞英（女，9月任）

（三）区委工作部门

办公室主任　肖承继（12月免）
　　　　李　衍（12月任）
常务副主任（正处级）
　　　　王　颀（12月免）
组织部部长　禹学垠
常务副部长（正处级）
　　　　张友生
宣传部部长　贺亚兰（女）
常务副部长（正处级）
　　　　张建国（3月免）
　　　　黄海厚（3月任）
精神文明建设委员会办公室
　　　　主任　田庆江（12月免）
　　　　皮志杰（女，12月任）
网信办（互联网信息办）主任
　　　　张　晖（12月任）
政法委书记　张晓峰
常务副书记（正处级）
　　　　姜　蒙（11月任）
统战部部长　肖承继

常务副部长（正处级）

王振林

研究室主任 张小军

社会管理综合治理委员会办公室

主任 姜 蒙

流动人口和出租房屋管理委员会办公室

主任 姜 蒙（11月任）

维护稳定工作领导小组办公室

主任 张 峰

防范和处理邪教问题领导小组办公室主任

（政府防范和处理邪教问题办公室主任） 李剑文

直属机关工作委员会书记

肖承继（12月免）

李 衍（12月任）

常务副书记（正处级）

赵金明

台湾工作办公室主任（政府台湾事务办公室主任）

皮志杰（女）

保密委员会办公室主任（保密局局长）

王 頎（12月免）

李 衍（12月任）

老干部局局长

赵庆江

社会工作委员会书记（社会建设工作办公室主任）

王学武（12月免）

马朝龙（12月任）

机构编制委员会办公室主任

贾文禹

二、人大机关

北京市顺义区人大常委会

主 任 车克欣（女）

副主任 吴建国

盛德利

赵殿江

丁文强

白丽洁（女，不驻会）

办公室主任 田法德

研究室主任 郭旭东（女，12月免）

田晓丹（女，12月任）

代表联络室主任

杨卫民（女）

教科文卫体办公室

主任 高学通

农村办公室

主任 孙书林

城建环保办公室

主任 洪 全

财政经济办公室（预算审查办公室）

主任 周振涛（12月任

法制办公室（备案审查办公室）

主任 吕海燕（女）

信访接待室

主任 李赛楠（女）

三、政府机构

（一）顺义区人民政府

区 长 高 朋

副区长 霍光峰

初军威

赵为民

李向英（女）

吴耀新

张爱冬（12月免）

郑晓博

（二）区政府工作部门

办公室主任 王 颖

政务信息化办公室（在区政府办挂牌子）主任 王 颖

政府外事侨务办公室主任 欧阳华洲（9月免）

梁志刚（9月任）

政府对外联络办公室（在政府外事侨务办加挂牌子）

主任 欧阳华洲（9月免）

梁志刚（9月任）

突发公共事件应急委员会办公室（副处级）
主任（应急指挥中心主任） 李光明（12月免）
李正义（12月任）
监察局局长 李　衍（8月任）
发展和改革委员会主任 于长雷（1月任）
临空经济办公室（在区发展和改革委员会挂牌子）
主任 胡　杰（4月免）
柳亚辉（7月任）
教育委员会主任 刘克祥（12月免）
武　捷（12月任）
政府教育督导室（在区教委挂牌子）
主任 李卫国（7月免）
张海东（7月任）
科学技术委员会党组书记 范玉岭
主任 金泰希（女，朝鲜族）
知识产权局（在区科学技术委员会挂牌子）局长
金泰希（女，朝鲜族）
民政局局长 聂燕山
民族宗教事务局局长 赵金荣（女）
政府法制办公室主任 王英华
财政局局长 范学智
人力资源和社会保障局局长 张尚强
住房和城乡建设委员会主任 赵洪涛
政府住房保障和改革办公室（在区住建委挂牌子）
主任 赵洪涛
市政市容管理委员会主任 赵振英（12月免）
城市管理委员会主任 赵振英（12月任）
城乡环境建设委员会办公室
主任 宋　鹏（12月免）
城乡环境建设委员会办公室（在区城管委挂牌子）
主任 赵振英（12月任）
交通局局长 郭崇峰
农村工作委员会主任 刘振河
农业局局长 刘振河
动物卫生监督管理局局长 赵桂清（女）
商务委员会主任 袁日晨
粮食局（在区商务委员会挂牌子）局长
袁日晨
文化委员会主任 马朝龙（12月免）
田庆江（12月任）
卫生和计划生育委员会主任 董杰昌
审计局局长 范士永
环境保护局局长 张乙铭（女，土家族）
统计局局长 岳彩华（女）
水务局局长 王　江
经济和信息化委员会主任 胡小兵
司法局党组书记 管学文（8月免）
董国林（8月任）
局长 管学文
旅游发展委员会主任 申志红（女）
体育局局长 李　成
园林绿化局局长 李长勇
绿化委员会办公室（在区园林绿化局挂牌子）主任
李长勇
安全生产监督管理局局长 单增友
信访办公室主任 李子腾（3月免）
王　辉（3月任）
民防局局长 张文生
政府国有资产监督管理委员会党委书记
刘庆顺
主任 耿　超（挂职）
金融服务办公室主任 周继武
城市管理综合行政执法监察局党委书记
韩　静
局长 宋　鹏
政务服务中心筹备办公室（临时机构）主任
张东民（7月免）
政务服务管理办公室主任 王　卿（女，7月任）
北京临空经济核心区管委会
主任 张爱冬（4月免）
初军威（4月任）
工委副书记、副主任（正处级） 马　强（9月任）
北京顺义绿色生态产业功能区管理委员会
（推进浅山区建设办公室）主任 秦拥军

中关村科技园区顺义园管理委员会

（科技创新产业功能区管委会）

主任 初军威（4月任）

工委副书记、副主任 张友生（3月免）

张建国（3月任）

高世清

办公室主任 李宝东

政策法规处处长 张廷军

规划建设处处长 赵志齐

经贸发展处处长 陶黎黎（女，12月免）

王兆宇（女，12月任）

保障处处长 赵习文

信息处处长 王永宝

党群工作处筹备组负责人 王少兵

四、政协机关

政协北京市顺义区委员会

主 席 周颖博

副主席 闫志广

单成刚

郭振江

刘 静（女，不驻会）

金泰希（女，不驻会）

杨凤辉（不驻会）

秘书长 张希德

办公室主任 李宏伟（女，12月免）

王学武（12月任）

专委会工作一室主任 王俊忠（12月免）

单晓梅（12月任）

专委会工作二室主任 刘 峰

专委会工作三室主任 徐晓武

专委会工作四室主任 李国印

专委会工作五室主任 张存忠

专委会工作六室主任 王海荣（女）

研究室主任 解长春

五、综保区机关

北京天竺综合保税区管理委员会

主 任 高 朋

副主任 庄 杰

李燕凌（女）

杭金亮

兼职委员 宋建明（3月免）

宋京雁

杨 杰

六、群众团体

总工会主席 李国新

共青团顺义区委员会书记 梁志刚

妇女联合会主席 王新兵（女）

残疾人联合会理事长 王晓东

工商业联合会主席 王庆国

党组书记、常务副主席 单晓梅（女，12月免）

王 颀（12月任）

红十字会会长 李向英（女）

党组书记、常务副会长 张立新（女）

文学艺术界联合会主席 袁树旺

科学技术协会主席 鲍晓芹（女）

慈善协会会长 郑晓博（12月任）

常务副会长（正处级） 李玉峰

七、政法军事

北京市公安局顺义分局局长赵为民

政委 沈仲岳（3月任）

检察院检察长 张 豫

法院院长 李旭辉

武装部部长 王子利

政委 陈卫明（11月免）

陈 新（11月任）

八、镇、街道办事处

（一）街道办事处

光明街道 工委书记 郭树文（7月免）
姜惠琴（女，7月任）
办事处主任 姜惠琴（女，7月免）
陈志勇（8月任）
胜利街道 工委书记 贾崇彪（12月免）
张　洁（女，12月任）
办事处主任 王洪涛
石园街道 工委书记 徐志国
办事处主任 衣　晶（女）
旺泉街道 工委书记 黄学英（女）
办事处主任 于宝鑫
双丰街道 工委书记 赵靖宇
办事处主任 乔　龙
空港街道 工委书记 柳亚辉（7月免）
李　莉（女，7月任）
办事处主任 李　莉（女，7月免）
张　敬（7月任）

（二）镇（地区）

仁和镇（地区办事处）
党委书记 刘　洋
镇长（主任） 杨文仲（7月免）
李光明（12月任）
马坡镇（地区办事处）
党委书记 武　捷（12月免）
贾　睿（12月任）
镇长（主任） 贾　睿
牛栏山镇（地区办事处）
党委书记 郝蔚泉
镇长（主任） 陈　红（7月免）
王永生（8月任）
赵全营镇
党委书记 李在东
镇长 李志刚
高丽营镇
党委书记 王海松
镇长 王彦利（女，12月免）
王秀刚（12月任）
北石槽镇
党委书记 王鉴远
镇长 胡小刚
南法信镇（地区办事处）
党委书记 黄永志
镇长（主任） 王　民
后沙峪镇（地区办事处）
党委书记 史卫东（12月免）
冯江全（12月任）
镇长（主任） 冯江全（12月免）
李　强（12月任）
天竺镇（地区办事处）
党委书记 王　江（3月免）
李子腾（3月任）
镇长（主任） 杨登科
李桥镇
党委书记 黄海鹏
镇长 张春和
南彩镇
党委书记 赵海波
镇长 刘海丰
杨镇（地区办事处）
党委书记 赵志勇
镇长（主任） 陈向东
张镇
党委书记 刘晨光
镇长 张　涛
北小营镇
党委书记 马　强（9月免）
欧阳华洲（9月任）
镇长 孙海江
木林镇
党委书记 李　健（7月免）
李　刚（7月任）
镇长 李　浩
龙湾屯镇
党委书记 闫　岩（女）

镇长 张 伟

李遂镇

党委书记 朱新生

镇长 李 黎

北务镇

党委书记 李 刚（7月免）

陈 红（7月任）

镇 长 马占磊

大孙各庄镇

党委书记 马卫国

镇长 王秀刚（12月免）

陶黎黎（女，12月任）

九、事业单位

区委党校

校长 于庆丰

党委书记 闫连恒（12月免）

常务副校长 闫连恒

行政学院

院长 霍光峰

常务副院长 闫连恒

档案局局长（档案馆馆长、党史区志办公室主任）

梁 军

农村合作经济经营管理站

站长 焦庆海

地震局 局长 田福贵

投资服务中心主任 （未任，政务中心筹备办代管）

汉石桥湿地自然保护区管理办公室

主任 牛玉江

机关事务管理服务中心主任 韩立稳（6月任）

政府招待所

所长 蒲朝夕（女，苗族，6月任）

长青林场

党组书记 张海泉

场长 李瑞军

市场经营管理中心 主任 申志勇

房屋征收事务中心 主任 张香东

北京天竺保税区综合服务中心

主任 陈 光（6月任）

投资促进局

党组书记 李晓军（女）

局长 杨凤辉

新城建设管理委员会办公室

主任 杜井龙

北京空港建设管理服务中心

主任 魏 伟

政府驻海南办事处 主任 于泉海

广播电视中心 主任 宋 森

园林服务中心 主任 王振军

种植业服务中心 主任 史长生

农机服务中心 主任 屈宝成（11月免）

冉京山（11月任）

城镇环境卫生服务中心

主任 单增友（3月免）

王华雄（3月任）

教育研究考试中心 主任 张 海（7月免）

教育研究和教师研修中心

主任 张 海（7月任）

牛栏山第一中学 校长 张华礼

总部企业高管人员服务中心

主任 张忠伟（3月免）

总部企业和临空经济高端人才服务中心

主任 张忠伟（3月任）

张忠伟（9月免）

董敬红（女，9月任）

信息中心主任（副处级） 韩瑞军

住房保障事务中心

主任（副处级） 张存江

社会福利事务管理中心

主任（副处级） 李 静（女）

城市管理指挥中心

主任（副处级） 彭荣强（12月任）

社区教育中心

主任（副处级） 李建军

卫生监督所所长（副处级）侯 宁（7月免）
卫生和计划生育监督所
所长（副处级） 侯 宁（7月任）
疾病预防控制中心
主任（副处级） 李印东
区医院院长（副处级） 王 飞
中医院党委书记（副处级）魏 青
妇幼保健院党委
书记（副处级） 张树海
人才服务中心
主任（副处级） 郭有斌
劳动服务管理中心
主任（副处级） 梁 勇
社会保险事业管理中心
主任（副处级） 解锡海
劳动人事争议仲裁院
院长（副处级） 李 栋
物价检查所所长（副处级）王玉红（女，12月任）
新农村建设服务中心
主任（副处级） 刘 琪

十、企业单位

北京燕京啤酒集团公司
党委书记、董事长郭振江（3月免）
赵晓东（3月任）
经理 赵晓东（3月免）
北京顺义市政控股有限责任公司
党委书记、董事长李守义
经理 任建军（2月免）
杨学文（5月任）
建筑板块筹备组组长 张殿友（3月免）
北京市顺建工程有限公司
党委书记、董事长张殿友（3月任）
经理 郭舫军（3月任）
北京市顺义区供销合作社
党委书记、主任 李 奇
北京市顺义区商业企业整合筹备组
组长 方建华
北京国泰中百商业有限公司
经理 刘树忠（11月退休）
北京鑫海韵通百货有限公司
党委书记、经理 张福海
北京顺鑫控股集团有限公司
党委书记、董事长王 泽
经理 李颖林（5月任）
顺义区国有资本经营管理中心
党委书记、经理 赵柏青
北京顺义金融控股有限责任公司
董事长 赵柏青
经理 董文利
北京综合保税区开发管理有限公司
党委书记、董事长杨文科
经理 杨继军（5月任）
北京天竺空港经济开发公司
党委书记、董事长卞云鹏
经理 石振东
北京顺义生态旅游集团有限公司
党委书记、董事长张其中（2月免）
任建军（2月任）
经理 王 振（8月任）
北京顺义科技创新集团有限公司
党委书记、董事长赵洪峰
经理 蒙连胜
北京大龙控股有限公司
党委书记、董事长马云虎
经理 杨祥方
北京顺义建设投资服务有限公司
党委书记、董事长刘福海
经理 姚仕松
北京市燕顺保障性住房投资有限公司
经理 李文江
北京顺义新城地产开发有限公司
党委书记、董事长宋学农（3月免）

经理　纪品良（3月免）

北京顺义新城发展有限公司

党委书记、董事长　宋学农（3月任）

经理　纪品良（3月任）

十一、双管单位

北京市国土资源局顺义分局

党组书记　孟庆秋

局长　张守旺

北京市顺义区食品药品监督管理局

局长　陈福刚

北京市规划委员会顺义分局

局长　杨卫东

北京市路政局顺义公路分局

党委书记　赵兴利

局长　赵兴利（6月免）

李泽钧（8月任）

北京市顺义区国家税务局

局长　胡永进

北京市顺义区地方税务局

局长　郑　鹏

北京市顺义区质量技术监督局

局长　茹立新（女）

北京市工商行政管理局顺义分局

局长　杨　鸣

国家统计局顺义调查队队长　孙洪博

北京市顺义区经济社会调查队

队长　石凤银（女，4月任）

北京市顺义区烟草专卖局

局长　张秀武（10月免）

刘向宇（10月任）

北京市共青林场党委

书记　张海泉

场长　律　江

北京市顺义区气象局局长　韩晓峰

北京市顺义区邮政局局长　李　勇

北京农业生态工程试验基地

党委书记　胡荣海

主任　张　涛

十二、临时机构

新国际展览中心项目领导小组办公室

主任　李晓勇（8月任）

创新型产业集群和“2025”示范区领导小组办公室

主任　兰雄景（12月任）

“实施乡村振兴战略推进美丽乡村建设”工作领导小组办公室主任　李　岩（12月任）

樱花园置换工作领导小组办公室

主任　魏　伟

统计表

2017年顺义区国民经济和社会发展主要指标统计表

项　目	计量单位	2017年	2016年	2017年为2016年%
基本情况				
土地面积	平方公里	1019.89	1019.89	100.0
街道办事处	个	6	6	100.0
建制镇	个	19	19	100.0
村民委员会	个	426	426	100.0
社区居委会	个	127	127	100.0
总户数	户	274369	272316	100.8
农业户	户	104289	104749	99.6
户籍总人口	人	635415	627365	101.3
农业人口	人	250505	251727	99.5
非农业人口	人	384910	375638	102.5
常住人口	万人	112.8	107.5	104.9
地区生产总值	万元	17158727	15916029	107.8
第一产业	万元	183980	199531	92.2
第二产业	万元	6427047	6580033	97.7
第三产业	万元	10547700	9136465	115.4
地区生产总值构成	%			
第一产业	%	1.1	1.3	82.5
第二产业	%	37.5	41.3	90.7

项 目	计量单位	2017年	2016年	2017年为2016年%
第三产业	%	61.5	57.4	107.1
农业				
农林牧渔业总产值(现价)	万元	483405.8	534110.6	90.5
主要农副产品产量				
粮食	万吨	6.1	8.3	73.5
夏粮	万吨	2.3	3.1	74.2
秋粮	万吨	3.8	5.2	73.1
蔬菜	万吨	25.9	25.9	100.0
干鲜果	万吨	5.0	5.4	92.6
出栏猪	万头	63.5	76.3	83.2
出栏牛	万头	2.1	1.9	110.5
出栏羊	万只	7.8	8.5	91.8
出栏鸡	万只	215.8	159.7	135.1
出栏鸭	万只	127.1	141.5	89.8
鲜蛋	吨	6876.3	8688.3	79.1
#鸡蛋	吨	6865.9	8687.9	79.0
鲜鱼	吨	7164.0	6868.3	104.3
牛奶	吨	45386.6	55183.5	82.2
工业（规模以上）				
工业总产值	万元	21840999.7	31363622.8	69.6
工业主营业务收入	万元	22991633.8	32238483.8	71.3
工业利润总额	万元	1255800.0	1177420.7	106.7

项　目	计量单位	2017年	2016年	2017年为2016年%
外经.外贸				
三资企业签约项目	个	37	52	71.2
合同外资额	万美元	15735.3	287914.9	5.5
实际利用外资额	万美元	97209.5	69305.5	140.3
注册资本	万美元	30645.5	215290.0	14.2
投资总额	万美元	40778.0	415245.1	9.8
固定资产投资				
全社会固定资产投资	万元	5162485	4849835.0	106.4
#房地产开发投资	万元	2103433	2687850.0	78.3
批发零售.住宿餐饮				
社会消费品零售额	万元	4742256.8	4429877.1	107.1
网点数	个	17846	17170	103.9
从业人员	人	89858	105927	84.8
财政.金融				
财政总收入	万元	7868290	6369864	123.5
地方财政收入	万元	3508792	2093826	167.6
#一般公共财政预算收入	万元	1488802	1378615	108.0
地方财政支出	万元	3380510	3065116	110.3
#一般公共财政预算支出	万元	2431006	2390927	101.7
各项税收	万元	5557546	5489368	101.2
地税	万元	1507448	1757893	85.8

项　目	计量单位	2017年	2016年	2017年为2016年%
国税	万元	4050098	3731475	108.5
各项存款余额	万元	18708713	17968882	104.1
#城乡居民储蓄余额	万元	8290668	7654083	108.3
各项贷款余额	万元	10365059	9122856	113.6
劳动工资				
年末从业人员人数	人	471885	466389	101.2
第一产业	人	3421	3967	86.2
第二产业	人	170388	176038	96.8
第三产业	人	298076	286384	104.1
全年工资总额	万元	5490069.3	4994658.4	109.9
第一产业	万元	19125.2	21287.6	89.8
第二产业	万元	1682683.9	1621584.8	103.8
第三产业	万元	3788260.2	3351786.0	113.0
教育				
学校数				
普通中学	个	33	32	103.1
职业中学	个	6	5	120.0
小学	个	49	48	102.1
在校学生数				
普通中学	人	25904	26117	99.2
职业中学	人	137	727	18.8
小学	人	46444	44518	104.3

项 目	计量单位	2017年	2016年	2017年为2016年%
毕业生数				
普通中学	人	8555	5112	167.4
职业中学	人	488	399	122.3
小学	人	6599	5928	111.3
文化体育				
文化馆.站	个	26	26	100.0
公共图书馆	个	1	1	100.0
公共图书馆藏书	万册	101	95	106.3
电影放映单位	个	5	5	100.0
农村放映单位	个	416	416	100.0
区级以上重点文物保护单位	个	3	3	100.0
卫生				
医疗卫生机构数	个	702	685	102.5
#医院及卫生院	个	218	217	100.5
医疗卫生机构实有床位数	张	3573	3660	97.6
#医院及卫生院实有床位数	张	3279	3270	100.3
卫生技术人员	人	8317	7947	104.7
#执业（助理）医师	人	3420	3315	103.2
每千人口拥有执业（助理）医师数	人	3.0	3.1	96.8
每千人口拥有医院及卫生院床位数	张	2.9	3.0	96.7
人民生活（抽样调查资料）				
城镇居民人均可支配收入	元	39736	36448	109.0

项　目	计量单位	2017年	2016年	2017年为2016年%
城镇居民人均生活消费支出	元	25928	23810	108.9
农村居民人均可支配收入	元	26833	24649	108.9
农村居民人均生活消费支出	元	16396	15245	107.6
城市建设与环境				
全区公路总里程	公里	2955.8	2947.4	100.3
天然气管道供应	万户	22.8	20.6	110.7
天然气供应量	万立方米	52003.1	45703.3	113.8
林木绿化率	%	37.02	36.60	101.1
城区生活污水集中处理率	%	98.8	98.7	100.1
能源消耗				
能源消费总量	万吨标煤	1265.1	1197.7	105.6
全区用电总量	万千瓦时	660480.0	657783.0	100.4
第一产业	万千瓦时	30355.3	29933.0	101.4
第二产业	万千瓦时	257918.8	285196.2	90.4
工业	万千瓦时	242938.6	269431.9	90.2
建筑业	万千瓦时	14980.1	15764.3	95.0
第三产业	万千瓦时	240987.6	223206.1	108.0
城乡居民生活用电	万千瓦时	131217.9	119447.8	109.9

说明：1.地区生产总值增速为现价增速，2017年不变价增速为6.3%；

2.每千人口拥有执业（助理）医师数和拥有医院及卫生院床位数，人口按常住人口计算；

3.2016年规模以上工业总产值、主营业务收入和利润总额是市统计局确认反馈后的最终数据，以此为准。

附 录

中共顺义区委文件目录

中共顺义区委文件目录

序号	文件标题	发文字号
1	中共北京市顺义区委关于中国共产党北京市第十二次代表大会代表选举工作的通知	京顺发〔2017〕1号
2	中共北京市顺义区委北京市顺义区人民政府关于印发顺义区国有林场改革实施方案的通知	京顺发〔2017〕2号
3	中共北京市顺义区委关于撤销北京市顺义区新城建设管理委员会党委成立北京市顺义区新城建设管理委员会办公室党组的通知	京顺发〔2017〕3号
4	中共北京市顺义区委关于撤销北京顺义绿色生态产业功能区管委会党组的通知	京顺发〔2017〕4号
5	中共北京市顺义区委北京市顺义区人民政府关于严厉打击违法用地违法建设和违法经营行为的实施意见	京顺发〔2017〕5号
6	中共北京市顺义区委关于2017年政法工作的意见	京顺发〔2017〕6号
7	中共北京市顺义区委关于成立北京市顺义区深化监察体制 改革试点工作小组的通知	京顺发〔2017〕7号
8	中共北京市顺义区委关于印发北京市顺义区深化监察体制 改革试点实施方案的通知	京顺发〔2017〕8号
9	中共北京市顺义区委关于开展党建责任制落实情况专项检查工作的通知	京顺发〔2017〕9号
10	中共北京市顺义区委北京市顺义区人民政府关于印发《顺义区新型智慧城市建设暨智慧顺义优化顶层设计实施方案》的通知	京顺发〔2017〕10号
11	中共北京市顺义区委北京市顺义区人民政府关于印发顺义区“十三五”依法治区建设规划(2016-2020年)的通知	京顺发〔2017〕11号
12	中共北京市顺义区委关于于庆丰、宋建明、禹学垠同志工作分工的通知	京顺发〔2017〕12号
13	中共北京市顺义区委印发《关于加强和改进新形势下党校工作的实施意见》的通知	京顺发〔2017〕13号
14	中共北京市顺义区委北京市顺义区人民政府关于深化顺义区区属国有企业负责人薪酬制度改革的意见	京顺发〔2017〕14号
15	中共北京市顺义区委印发《关于建设顺义区党建工作指标体系的实施意见（试行）》的通知	京顺发〔2017〕15号

序号	文件标题	发文字号
16	中共北京市顺义区委关于五届区委常委会委员分工调整的通知	京顺发〔2017〕16号
17	中共北京市顺义区委关于印发《中国共产党北京市顺义区委员会工作规则》的通知	京顺发〔2017〕17号
18	中共北京市顺义区委关于印发《中国共产党北京市顺义区第五届委员会常务委员会工作规则》的通知	京顺发〔2017〕18号
19	中共北京市顺义区委关于学习宣传贯彻党的十九大精神的意见	京顺发〔2017〕19号
20	中共北京市顺义区委北京市顺义区人民政府关于成立顺义区推进全国文化中心建设领导小组的通知	京顺发〔2017〕20号
21	中共北京市顺义区委关于成立区总部企业和临空经济高端人才服务中心党组的通知	京顺发〔2017〕21号
22	中共北京市顺义区委印发《中共北京市顺义区委关于加强和改进保密工作的实施意见》的通知	京顺发〔2017〕22号
23	中共北京市顺义区委印发《中共北京市顺义区委关于维护党中央集中统一领导的规定》的通知	京顺发〔2017〕23号

中共顺义区委办公室文件目录

序号	文件标题	发文字号
1	中共北京市顺义区委办公室关于调整区委议事协调机构和临时机构组成人员名单的通知	京顺办发〔2017〕1号
2	中共北京市顺义区委办公室关于充分发挥中共北京市顺义区纪律检查委员会委员作用的意见（试行）	京顺办发〔2017〕2号
3	中共北京市顺义区委办公室关于顺义区委防范和处理邪教问题领导小组2017年工作意见	京顺办发〔2017〕3号
4	中共北京市顺义区委办公室关于印发《顺义区村干部待遇保障办法（试行）》的通知	京顺办发〔2017〕4号
5	中共北京市顺义区委办公室北京市顺义区人民政府办公室关于印发顺义区应急事件（情况）处置和信息报送办法的通知	京顺办发〔2017〕5号
6	中共北京市顺义区委办公室关于印发中共北京市顺义区委党建工作督导办法的通知	京顺办发〔2017〕6号
7	中共北京市顺义区委办公室关于印发顺义区党建工作专项督查办法的通知	京顺办发〔2017〕7号
8	中共北京市顺义区委办公室关于印发顺义区党建工作责任追究办法（试行）的通知	京顺办发〔2017〕8号
9	中共北京市顺义区委办公室北京市顺义区人民政府办公室关于印发顺义区安全生产责任追究办法（试行）的通知	京顺办发〔2017〕9号
10	中共北京市顺义区委办公室关于印发中共北京市顺义区委党的建设领导小组2017年工作要点的通知	京顺办发〔2017〕10号
11	中共北京市顺义区委办公室关于印发《2017年顺义区党风廉政建设责任制检查考核工作方案》的通知	京顺办发〔2017〕11号
12	中共北京市顺义区委办公室关于印发《顺义区党建创新案例库建设办法》的通知	京顺办发〔2017〕12号
13	中共北京市顺义区委办公室北京市顺义区人民政府办公室关于2016年度改进工作作风密切联系群众“1+X”制度体系落实情况的通报	京顺办发〔2017〕13号
14	中共北京市顺义区委办公室关于调整顺义区委党建工作领导小组组成人员的通知	京顺办发〔2017〕14号
15	中共北京市顺义区委办公室印发《关于加强关心关爱对口支援、挂职干部的实施办法（试行）》的通知	京顺办发〔2017〕15号
16	中共北京市顺义区委办公室北京市顺义区人民政府办公室关于印发《顺义区关于推进前进村、太平村回迁工作实施方案》的通知	京顺办发〔2017〕16号
17	中共北京市顺义区委办公室关于印发《顺义区2017年“一助一”工作要点》的通知	京顺办发〔2017〕17号
18	中共北京市顺义区委办公室印发《关于贯彻落实北京市第十二次党代会精神的实施意见》的通知	京顺办发〔2017〕18号
19	中共北京市顺义区委办公室关于印发《中共北京市顺义区委党建工 作指标任务绩效考评办法（试行）》的通知	京顺办发〔2017〕19号

20	中共北京市顺义区委办公室关于印发《中共北京市顺义区委党建工作考核结果应用暂行办法》的通知	京顺办发〔2017〕20号
21	中共北京市顺义区委办公室印发《关于进一步加强区纪委区监委派驻机构统一管理的意见》的通知	京顺办发〔2017〕21号
22	中共北京市顺义区委办公室印发《中国共产党北京市顺义区委员会关于开展巡察工作的实施意见》的通知	京顺办发〔2017〕22号
23	中共北京市顺义区委办公室北京市顺义区人民政府办公室关于印发《顺义区党风政务监督员管理办法（试行）》的通知	京顺办发〔2017〕23号
24	中共北京市顺义区委办公室关于印发《顺义区党政机关、人大、政协、天竺综保区管委会向纪检监察机关移送涉嫌违纪违法问题线索的暂行办法》和《顺义区关于在查办党员和公职人员涉嫌违法犯罪案件中加强协作配合的实施办法（试行）》的通知	京顺办发〔2017〕24号
25	中共北京市顺义区委办公室关于印发《顺义区关于推进低收入农户增收及低收入村发展工作的实施方案》的通知	京顺办发〔2017〕25号
26	中共北京市顺义区委办公室关于印发《顺义区进一步全面推进河长制工作方案》的通知	京顺办发〔2017〕26号
27	中共北京市顺义区委办公室印发《关于推进“两学一做”学习教育常态化制度化的实施方案》的通知	京顺办发〔2017〕27号
28	中共北京市顺义区委办公室关于印发《北京天竺房地产开发区管委会承担社会管理职能移交空港街道办事处和天竺镇政府方案》的通知	京顺办发〔2017〕28号
29	中共北京市顺义区委办公室关于印发《顺义区迎接市级环境保护督察工作方案》的通知	京顺办发〔2017〕29号
30	中共北京市顺义区委办公室关于印发北京市第三环境保护督察组督察顺义区工作动员会上领导讲话的通知	京顺办发〔2017〕30号
31	中共北京市顺义区委办公室印发《中共北京市顺义区第五届委员会关于实施巡察全覆盖五年规划的意见》的通知	京顺办发〔2017〕31号
32	中共北京市顺义区委办公室关于印发《被巡察党组织配合区委巡察工作规定》的通知	京顺办发〔2017〕32号
33	中共北京市顺义区委办公室北京市顺义区人民政府办公室印发《关于调整顺义区城市管理体制推进执法重心下移的工作实施方案》的通知	京顺办发〔2017〕33号
34	中共北京市顺义区委办公室北京市顺义区人民政府办公室关于印发《关于印发顺义区迎接市级安全生产督察工作方案》的通知	京顺办发〔2017〕34号
35	中共北京市顺义区委办公室关于印发《顺义区电子政务内网建设工作实施方案》的通知	京顺办发〔2017〕35号
36	中共北京市顺义区委办公室北京市顺义区人民政府办公室关于印发《顺义区党的“十九大”安全服务保障督查工作方案》的通知	京顺办发〔2017〕36号
37	中共北京市顺义区委办公室北京市顺义区人民政府办公室印发《关于全面从严治党突出问题开展专项整治的实施意见》的通知	京顺办发〔2017〕37号

顺义区人民政府文件目录

顺义区人民政府文件目录

文件号	文件标题
顺政发[2017]1号	北京市顺义区人民政府关于印发政府工作报告的通知
顺政发[2017]2号	北京市顺义区人民政府关于促进顺义区旅游业发展的实施意见
顺政发[2017]3号	北京市顺义区人民政府关于加强顺义区政府性债务管理的实施意见
顺政发[2017]4号	北京市顺义区人民政府关于印发顺义区2017年重点工程安排计划的通知
顺政发[2017]5号	北京市顺义区人民政府关于印发区政府各部门和各镇（街道）绩效管理考核办法的通知
顺政发[2017]6号	北京市顺义区人民政府关于霍光峰等同志任免职的通知
顺政发[2017]7号	北京市顺义区人民政府关于史长生等同志任免职的通知
顺政发[2017]8号	北京市顺义区人民政府关于王晓东等同志任免职的通知
顺政发[2017]9号	北京市顺义区人民政府关于印发2017年区政府工作报告重点工作分工方案的通知
顺政发[2017]10号	北京市顺义区人民政府关于赵振英等同志任免职的通知
顺政发[2017]11号	北京市顺义区人民政府关于印发《顺义区全民健身实施计划（2016—2020年）》的通知
顺政发[2017]12号	北京市顺义区人民政府关于落实粮食安全区长责任制的实施意见
顺政发[2017]13号	北京市顺义区人民政府关于棚户区改造和环境整治工作的实施意见
顺政发[2017]14号	北京市顺义区人民政府关于侯华西等同志试用期满任职的通知
顺政发[2017]15号	北京市顺义区人民政府关于印发顺义区集体土地上住宅房屋拆迁补偿与安置指导意见的通知
顺政发[2017]17号	北京市顺义区人民政府关于印发顺义区突发事件总体应急预案（2016年修订）的通知
顺政发[2017]18号	北京市顺义区人民政府关于任建军等同志任免职的通知
顺政发[2017]19号	北京市顺义区人民政府关于印发顺义区2017年为群众拟办重要实事的通知
顺政发[2017]20号	北京市顺义区人民政府关于印发顺义区土壤污染防治工作方案的通知

文件号	文件标题
顺政发[2017]21号	北京市顺义区人民政府北京天竺综合保税区管理委员会关于印发顺义区落实“三互”支持口岸工作促进外贸发展工作方案的通知
顺政发[2017]22号	北京市顺义区人民政府关于印发顺义区医药分开综合改革实施方案的通知
顺政发[2017]23号	北京市顺义区人民政府关于印发顺义区国家慢性病综合防控示范区建设工作实施方案的通知
顺政发[2017]24号	北京市顺义区人民政府关于顺义区加快促进新能源汽车推广应用的实施意见
顺政发[2017]25号	北京市顺义区人民政府关于张忠伟等同志任免职的通知
顺政发[2017]26号	北京市顺义区人民政府关于印发顺义区“十三五”环境保护与生态建设规划的通知
顺政发[2017]27号	北京市顺义区人民政府关于张建国等同志任免职的通知
顺政发[2017]28号	北京市顺义区人民政府关于成立北京市顺建工程有限公司及张殿友同志任免职的通知
顺政发[2017]29号	北京市顺义区人民政府关于初军威等同志任免职的通知
顺政发[2017]30号	北京市顺义区人民政府关于印发首都科技条件平台顺义工作站管理办法（试行）的通知
顺政发[2017]31号	北京市顺义区人民政府关于杨志明等同志任免职的通知
顺政发[2017]32号	北京市顺义区人民政府关于李敬等同志试用期满任职的通知
顺政发[2017]33号	北京市顺义区人民政府关于王辉等同志任免职的通知
顺政发[2017]34号	北京市顺义区人民政府关于印发《顺义区国有企业投资监督管理办法》的通知
顺政发[2017]35号	北京市顺义区人民政府关于加快分布式光伏发电推广应用的实施意见
顺政发[2017]36号	北京市顺义区人民政府关于加强顺义区代征城市绿化用地建设管理工作的实施意见
顺政发[2017]37号	北京市顺义区人民政府关于进一步加快重点镇建设的实施意见
顺政发[2017]38号	北京市顺义区人民政府关于印发《顺义区促进入区企业发展扶持办法》的通知
顺政发[2017]39号	北京市顺义区人民政府关于张海东等同志任免职的通知
顺政发[2017]40号	北京市顺义区人民政府关于北京市顺义区教育研究考试中心更名及张海等同志任免职的通知

文件号	文 件 标 题
顺政发[2017]41号	北京市顺义区人民政府关于北京市顺义区卫生监督所更名及侯宁同志任免职的通知
顺政发[2017]42号	北京市顺义区人民政府关于刘哲同志试用期满任职的通知
顺政发[2017]43号	北京市顺义区人民政府关于柳亚辉等同志任免职的通知
顺政发[2017]44号	北京市顺义区人民政府关于成立北京市顺义区政务服务管理办公室及王卿同志任职的通知
顺政发[2017]45号	北京市顺义区人民政府关于印发顺义区人民政府工作规则的通知
顺政发[2017]46号	北京市顺义区人民政府关于印发顺义区镇财政财务管理考核实施办法的通知
顺政发[2017]47号	北京市顺义区人民政府关于印发顺义区国家新型城镇化综合试点实施方案（2017−2020年）的通知
顺政发[2017]48号	北京市顺义区人民政府关于印发顺义区加强货运车辆综合治理专项行动实施方案的通知
顺政发[2017]49号	北京市顺义区人民政府关于印发《关于深化改革推进顺义区建设北京市服务业扩大开放综合试点示范区工作方案》的通知
顺政发[2017]50号	北京市顺义区人民政府关于印发《顺义区“十三五”时期老龄事业发展规划》的通知
顺政发[2017]51号	北京市顺义区人民政府关于印发顺义区空气重污染应急预案（2017年修订）的通知
顺政发[2017]52号	北京市顺义区人民政府关于持续深入开展安全生产大检查工作的通知
顺政发[2017]53号	北京市顺义区人民政府关于印发顺义区医疗卫生服务水平提升三年行动计划（2018−2020年）的通知
顺政发[2017]54号	北京市顺义区人民政府关于陈志勇等同志任免职的通知
顺政发[2017]55号	北京市顺义区人民政府关于李衍同志免职的通知
顺政发[2017]56号	北京市顺义区人民政府关于马强等同志任免职的通知
顺政发[2017]57号	北京市顺义区人民政府关于林学慧等同志试用期满正式任职的通知
顺政发[2017]58号	北京市顺义区人民政府关于梁志刚等同志任免职的通知
顺政发[2017]59号	北京市顺义区人民政府关于乔海河等同志任免职的通知
顺政发[2017]60号	北京市顺义区人民政府关于印发顺义区节能专项资金管理使用暂行办法的通知

顺义区人民政府办公室文件目录

文件号	文件标题
顺政办发[2017]1号	北京市顺义区人民政府办公室关于建立顺义区中小学校舍安全保障长效机制的意见
顺政办发[2017]2号	北京市顺义区人民政府办公室关于加强定向安置房建设和使用管理工作的实施意见
顺政办发[2017]3号	北京市顺义区人民政府办公室关于印发2017年全区经济社会发展指标及任务分工的通知
顺政办发[2017]4号	北京市顺义区人民政府办公室关于印发顺义区清洁空气行动计划2017年工作措施的通知
顺政办发[2017]5号	北京市顺义区人民政府办公室关于印发2017年一般公共预算收入任务分工的通知
顺政办发[2017]6号	北京市顺义区人民政府办公室关于印发《顺义区“十三五”教育人才队伍建设行动计划》的通知
顺政办发[2017]7号	北京市顺义区人民政府办公室关于落实《北京市税收征收保障办法》的意见
顺政办发[2017]8号	北京市顺义区人民政府办公室关于印发顺义区安全生产工作考核办法的通知
顺政办发[2017]9号	北京市顺义区人民政府办公室关于印发《2017年顺义区缓解交通拥堵行动计划》的通知
顺政办发[2017]10号	北京市顺义区人民政府办公室转发区教委关于2017年非本市户籍适龄儿童在顺义区接受义务教育证明证件材料审核实施细则的通知
顺政办发[2017]11号	北京市顺义区人民政府办公室关于建立顺义区困难群众基本生活保障工作联席会议制度的通知
顺政办发[2017]12号	北京市顺义区人民政府办公室关于印发顺义区经济功能区绩效管理考评办法（试行）的通知
顺政办发[2017]14号	北京市顺义区人民政府办公室关于印发《顺义区污水处理和再生水利用设施运营管理暂行办法》的通知
顺政办发[2017]15号	北京市顺义区人民政府办公室关于成立顺义区行业协会商会与行政机关脱钩联合工作组的通知
顺政办发[2017]16号	北京市顺义区人民政府办公室关于印发《顺义区土壤污染防治工作方案2017年重点任务分解》的通知

文 件 号	文 件 标 题
顺政办发[2017]17号	北京市顺义区人民政府办公室关于建立顺义区对口支援和区域合作工作联席会议制度的通知
顺政办发[2017]18号	北京市顺义区人民政府办公室关于印发《顺义区2017年政务公开工作要点》的通知
顺政办发[2017]19号	北京市顺义区人民政府办公室关于印发《顺义区农民工讨薪突发事件处置工作应急预案》的通知
顺政办发[2017]20号	北京市顺义区人民政府办公室关于加快发展顺义区装配式建筑的实施意见
顺政办发[2017]21号	北京市顺义区人民政府办公室关于印发顺义区危险化学品安全综合治理三年行动计划（2017年6月-2020年5月）的通知
顺政办发[2017]22号	北京市顺义区人民政府办公室关于印发顺义区重点产业和功能区发展三年行动计划编制工作方案的通知
顺政办发[2017]23号	北京市顺义区人民政府办公室关于印发顺义区一般性制造业企业疏解退出奖励暂行办法的通知
顺政办发[2017]24号	北京市顺义区人民政府办公室关于印发顺义区特色小镇培育建设实施方案的通知
顺政办发[2017]25号	北京市顺义区人民政府办公室关于印发《顺义区贯彻质量发展纲要实施意见2017年行动计划》的通知
顺政办发[2017]26号	北京市顺义区人民政府办公室关于印发顺义区全民科学素质行动计划纲要实施方案（2016—2020年）的通知
顺政办发[2017]27号	北京市顺义区人民政府办公室关于印发《顺义区 2017-2018 年秋冬季大气污染综合治理攻坚行动方案》的通知
顺政办发[2017]28号	北京市顺义区人民政府办公室关于印发顺义区扬尘精细化治理工作方案的通知
顺政办发[2017]29号	北京市顺义区人民政府办公室关于印发顺义区农村宅基地自建房违法出租整治工作方案的通知
顺政办发[2017]30号	北京市顺义区人民政府办公室关于印发顺义区农村宅基地上违法建设专项整治工作方案的通知
顺政办发[2017]31号	北京市顺义区人民政府办公室关于印发顺义区优化营商环境服务企业工作方案的通知
顺政办发[2017]32号	北京市顺义区人民政府办公室关于印发顺义区加强政务服务体系建设实施方案的通知
顺政办发[2017]33号	北京市顺义区人民政府办公室关于印发《顺义区推进“阳光餐饮”工程实施方案》的通知

社区居民委员会名录

光明街道办事处

名称	联系电话	名称	联系电话
东兴第一社区居民委员会	69442119	裕龙花园社区居民委员会	81485380
东兴第二社区居民委员会	89403141	裕龙三区社区居民委员会	69420105
东兴第三社区居民委员会	81493785	裕龙四区社区居民委员会	61490061
幸福东区社区居民委员会	69448561	裕龙五区社区居民委员会	89408057
双兴东区社区居民委员会	69421796	裕龙六区社区居民委员会	89497679
金汉绿港社区居民委员会	89420696	滨河小区第一社区居民委员	89493673
绿港家园社区居民委员会	81487795	滨河小区第二社区居民委员会	69463926
双拥社区居民委员会	66380279	裕龙北区社区居民委员会	89479620

空港街道办事处

名称	联系电话	名称	联系电话
万科城市花园社区居民委员会	80493677	天房第二社区居民委员会	80477117
裕祥花园社区居民委员会	80494639	双龙源社区居民委员会	80474871
莫奈花园社区居民委员会	80410282	莲竹花园社区居民委员会	52136033
三山新新家园社区居民委员会	80424127	天竺花园社区居民委员会	84166539
香蜜湾社区居民委员会	80478055	翠竹新村第一社区居民委员会	84167572
蓝星花园社区居民委员会	80470152	翠竹新村第二社区居民委员会	84167852
吉祥花园社区居民委员会	80470340	天竺新新家园社区居民委员会	84165192
中粮祥云社区居民委员会	80479768	誉天下社区居民委员会	64577252
天房第一社区居民委员会	80477119	满庭芳嘉园社区居民委员会	80411030
首航社区居民委员会	18515518197	嘉园社区居民委员会	18515518071

胜利街道办事处

名称	联系电话	名称	联系电话
建新北区第一社区居民委员会	69422437	前进社区居民委员会	69423441
建新北区第二社区居民委员会	69424278	太平社区居民委员会	69421730
建新北区第三社区居民委员会	69447615	幸福西街社区居民委员会	69424163
建新南区第一社区居民委员会	69441328	怡馨家园第一社区居民委员会	81490355
建新南区第二社区居民委员会	69422257	怡馨家园第二社区居民委员会	81490986
双兴南区社区居民委员会	69423702	义宾南社区居民委员会	81493064
胜利社区居民委员会	69422524	义宾北社区居民委员会	69422312

名称	联系电话	名称	联系电话
义宾街社区居民委员会	69424515	红杉一品社区居民委员会	61490786
龙府花园社区居民委员会	69438433	华玺瀚榜社区居民委员会	56862066
永欣嘉园社区居民委员会	81487224		

石园街道办事处

名 称	联系电话	名 称	联系电话
石园东区社区居民委员会	89447283	石园东苑社区居民委员会	89442147
石园西区社区居民委员会	89441202	港馨一社区居民委员会	89449310
石园南区社区居民委员会	89443151	港馨二区社区居民委员会	89453519
石园北区第一社区居民委员会	81496697	轻汽集团社区居民委员会	89486930
石园北区第二社区居民委员会	89443998	燕京社区居民委员会	89496860
石园北区第三社区居民委员会	89446819	仁和花园一社区居民委员会	89457258
五里仓第一社区居民委员会	69447164	仁和花园二社区居民委员会	89456530
五里仓第二社区居民委员会	81493575		

双丰街道办事处

名 称	联系电话	名 称	联系电话
马坡花园第一社区居委会	69402335	香悦四季东区社区居民委员会	69403350
马坡花园第二社区居委会	69405086	顺兴社区居民委员会	60498296
富力湾社区居委会	60419223	鲁能润园社区居民委员会	69403320
泰和宜园第一社区居委会	57056833	花溪渡社区居民委员会	60419631
新马家园社区居委会	89436500	北辰花园社区居民委员会	69420012
顺悦家园社区居委会	61446595	鲁能溪园社区居民委员会	69400072
金宝花园社区居民委员会	69403380	中晟馨苑社区居民委员会	89430576
香悦四季西区社区居民委员会	61446098		

旺泉街道办事处

名 称	联系电话	名 称	联系电话
西辛社区居民委员会	69468141	牡丹苑社区居民委员会	60416837
西辛第一社区居民委员会	81495731	望泉家园社区居民委员会	60416903
西辛北社区居民委员会	81490017	梅兰家园社区居民委员会	50935800
铁十六局社区居民委员会	69440361	澜西园二区社区居民委员会	69481350
宏城花园社区居民委员会	69439360	澜西园三区社区居民委员会	69481370
前进花园社区居民委员会	89433560	澜西园四区社区居民委员会	69488310

村民委员会名录

北小营镇

名　称	联系电话	名　称	联系电话
北小营村民委员会	60483651	后鲁各庄村民委员会	60483654
上辇村民委员会	60483652	仇家店村民委员会	60483667
北府村民委员会	60483166	西府村民委员会	60489240
东乌鸡村民委员会	60483617	东府村民委员会	60489700
西乌鸡村民委员会	60483810	小胡营村民委员会	69416973
榆林村民委员会	60482711	大胡营村民委员会	69416975
后礼务村民委员会	60483735	牛富屯村民委员会	60480296
前礼务村民委员会	60486662	永利社区居民委员会	60486916
马辛庄村民委员会	60489640	水色时光花园社区居民委员会	60453950
前鲁各庄村民委员会	60483657		

北石槽镇

名　称	联系电话	名　称	联系电话
西赵各庄村民委员会	60422020	良善庄村民委员会	60422352
西范各庄村民委员会	60422108	北石槽村民委员会	60422519
南石槽村民委员会	60422287	东辛庄村民委员会	60421596
东石槽村民委员会	60422105	武各庄村民委员会	60422501
寺上村民委员会	60422655	中滩营村民委员会	60425240
刘各庄村民委员会	60422507	二张营村民委员会	60422391
大柳树营村民委员会	60422392	营尔村民委员会	53071899
下西市村民委员会	60422531	李家史山村民委员会	60422117

北务镇

名　称	联系电话	名　称	联系电话
北务村民委员会	61421072	郭家务村民委员会	61421967
仓上村民委员会	61423007	林上村民委员会	61421224
陈辛庄村民委员会	61421248	马庄村民委员会	61421947
道口村民委员会	61421262	南辛庄户村民委员会	61421940
东地村民委员会	61424066	王各庄村民委员会	61421932

小珠宝村民委员会	61422234	珠宝屯村民委员会	61423035
闫家渠村民委员会	61421506	庄子村民委员会	61421261
于地村民委员会	61422759		

大孙各庄镇

名 称	联系电话	名 称	联系电话
大孙各庄村民委员会	61432194	薛庄村民委员会	61432145
客家庄村民委员会	61432148	前岭上村民委员会	61432146
西辛庄村民委员会	61432141	后岭上村民委员会	61432164
户耳山村民委员会	61432143	东华山村民委员会	61472820
宗家店村民委员会	61432142	西华山村民委员会	61472950
柴家林村民委员会	61432149	大段村民委员会	61472917
顾家庄村民委员会	61432184	小段村民委员会	61472914
田各庄村民委员会	61432538	谢辛庄村民委员会	61472927
小故现村民委员会	61432174	赵家峪村民委员会	61472932
吴雄寺村民委员会	61432074	湘王庄村民委员会	61472904
小宋各庄村民委员会	61432104	四福庄村民委员会	61472919
小塘村民委员会	61430523	后陆马庄村民委员会	61472934
南聂庄村民委员会	61432084	前陆马庄村民委员会	61472930
王户庄村民委员会	61432124	西尹家府村民委员会	61472925
龙庭侯村民委员会	61432114	东尹家府村民委员会	61471237
老公庄村民委员会	61433054	大崔各庄村民委员会	61472921
大坝洼庄村民委员会	61432134	大石各庄村民委员会	61432876
小坝洼庄村民委员会	61456658	大田庄村民委员会	61472849
大塘村民委员会	61432144	大洛泡村民委员会	61472846
佟辛庄村民委员会	61433599		

高丽营镇

名 称	联系电话	名 称	联系电话
一村村民委员会	69455643	南王路村民委员会	69455734
二村村民委员会	69455244	北王路村民委员会	69455794
三村村民委员会	69455634	西王路村民委员会	69455843
四村村民委员会	69455924	唐自头村民委员会	69455884
五村村民委员会	69455664	于庄村民委员会	69455742
六村村民委员会	69454356	张喜庄村民委员会	69491445
七村村民委员会	69455642	东马各庄村民委员会	69493946
八村村民委员会	69455640	西马各庄村民委员会	69491477

名称	联系电话	名称	联系电话
水坡村民委员会	69491472	夏县营村民委员会	69491473
羊房村民委员会	69491478	河津营村民委员会	69491479
前渠河村民委员会	69491435	南郎中村民委员会	69491474
后渠河村民委员会	69491476	文化营村民委员会	69491193
闫家营村民委员会	69491475		

后沙峪镇

名 称	联系电话	名 称	联系电话
西泗上村村民委员会	69457069	东庄村村民委员会	80495108
古城村村民委员会	80496381	火神营村村民委员会	80496753
罗各庄村村民委员会	80496770	铁匠营村村民委员会	80492567
西田各庄村村民委员会	80485440	回民营村村民委员会	80496349
燕王庄村村民委员会	80496759	枯柳树村村民委员会	80499949
西白辛庄村村民委员会	80493957	董各庄村村民委员会	80496704
吉祥庄村村民委员会	80482780	双裕西区居民委员会	80488624
马头庄村村民委员会	80496508	香花畦居民委员会	80421294
后沙峪村民委员会	80499974	江山赋居民委员会	80425770
前沙浴村村民委员会	80496760	双裕东区居民委员会	80421331

李桥镇

名 称	联系电话	名 称	联系电话
李家桥村村民委员会	81473143	史庄村村民委员会	69481147
后桥村村民委员会	81472647	吴庄村村民委员会	69488155
庄子营村村民委员会	81473913	永青村村民委员会	69486079
头二营村村民委员会	89428868	郭庄村村民委员会	69486073
三四营村村民委员会	89426511	南河村村民委员会	69485772
洼子村村民委员会	81466361	北桃园村村民委员会	69486025
南半壁店村民委员会	81463251	南桃园村村民委员会	69486081
英各庄村村民委员会	81478296	安里村村民委员会	69486007
张辛村村民委员会	89427188	苏庄村村民委员会	69486026
临清村村民委员会	89427969	官庄村村民委员会	69486010
西大坨村村民委员会	69489427	堡子村民委员会	69485980
西树行村村民委员会	69481618	沮沟村村民委员会	69486085
北河村村民委员会	69485993	北庄头村村民委员会	69486180
沙浮村村民委员会	69489948	南庄头村村民委员会	69486057
王家场村村民委员会	69486015	馨港庄园社区居民委员会	81478136
沿河村村民委员会	69486327	樱花园社区居民委员会	81463766
芦各庄村村民委员会	69485978		

李遂镇

名称	联系电话	名称	联系电话
宣庄户村村民委员会	89481827	东营村村民委员会	89481813
魏辛庄村村民委员会	89481816	李庄村村民委员会	89481097
后营村村民委员会	89481821	崇国庄村村民委员会	89481373
前营村村民委员会	89481377	陈庄村村民委员会	69436839
葛代子村村民委员会	89481773	赵庄村村民委员会	69436820
沟北村村民委员会	89481370	太平辛庄村村民委员会	89481815
柳各庄村村民委员会	89481817	牌楼村村民委员会	89481823
李遂村村民委员会	89481088		
西营村村民委员会	89485058		

龙湾屯镇

名称	联系电话	名称	联系电话
山里辛庄村民委员会	60461392	焦庄户村村民委员会	60461250
七连庄村村民委员会	60461318	龙湾屯村村民委员会	60461278
柳庄户村村民委员会	60465999	唐洞村村民委员会	60461298
南坞村村民委员会	60463339	树行村村民委员会	60465650
史中坞村村民委员会	60461610	大北坞村村民委员会	60461277
张中坞村村民委员会	60462683	小北坞村村民委员会	60461260
丁甲庄村村民委员会	60463453		

马坡镇

名称	联系电话	名称	联系电话
西丰乐村村民委员会	69401179	庙卷村村民委员会	69409465
秦武姚村村民委员会	69409819	衙门村村民委员会	69409908
向前村村民委员会	69409710	泥河村村民委员会	69401072
白各庄村村民委员会	69409307	石家营村村民委员会	69409915
荆卷村村民委员会	69409397	毛家营村村民委员会	69409726
良正卷村民委员会	69409138	姚店村村民委员会	69409722
佳和宜园第一社区居民委员会	57903415	马卷村村民委员会	69409659
佳和宜园第二社区居民委员会	57903495		

木林镇

名称	联系电话	名称	联系电话
木林村村民委员会	60456190	蒋各庄村村民委员会	60456121
陈各庄村村民委员会	60456377	魏家店村村民委员会	60457189

名 称	联系电话	名 称	联系电话
东沿头村村民委员会	60456253	马坊村村民委员会	60448401
西沿头村村民委员会	60451099	上园子村村民委员会	60448153
长林庄村村民委员会	60449256	大林村村民委员会	60449193
孝德村村民委员会	60458084	陈家陀村村民委员会	60492690
唐指山村村民委员会	60456334	李各庄村村民委员会	60492705
贾山村村民委员会	60456139	业兴庄村村民委员会	60492696
茶棚村村民委员会	60456123	陀头庙村村民委员会	60492703
安辛庄村村民委员会	60456092	荣各庄村村民委员会	60492706
王泮庄村村民委员会	60456013	前王各庄村村民委员会	60492702
大韩庄村村民委员会	60448379	后王各庄村村民委员会	60492691
小韩庄村村民委员会	60448350	潘家坟村村民委员会	60492720

牛栏山镇

名 称	联系电话	名 称	联系电话
北孙各庄村村民委员会	69411181	张家庄村村民委员会	89411601
龙王头村村民委员会	69414002	下坡屯村村民委员会	69414064
富各庄村村民委员会	69411799	史家口村村民委员会	69411752
芦正卷村村民委员会	69414074	禾丰村村民委员会	69411194
北军营村村民委员会	69412679	先进村村民委员会	69411444
相各庄村民委员会	60416156	安乐村村民委员会	69411081
官志卷村村民委员会	69418228	金牛村村民委员会	60411220
范各庄村村民委员会	89411083	第一社区居民委员会	69416158
后晏子村村民委员会	69418353	香醍漫步社区居民委员会	60428921
前晏子村村民委员会	69417989	香醍溪岸社区居民委员会	60428459
兰家营村村民委员会	69411373	好望山社区居民委员会	60428335
姚各庄村村民委员会	69411708	安纳湖社区居民委员会	60428663
半壁店村村民委员会	69419010		

南彩镇

名 称	联系电话	名 称	联系电话
前俸伯村村民委员会	89470255	大兴庄村村民委员会	89460420
河北村村民委员会	89477714	洼里村村民委员会	89469297
后俸伯村村民委员会	89477230	太平庄村村民委员会	89469263
坞里村村民委员会	89469257	桥头村村民委员会	89421069
东江头村村民委员会	89469296	杜刘庄村村民委员会	89477236
水屯村村民委员会	89469265	西江头村村民委员会	89469294
黄家场村村民委员会	89421620	望渠村村民委员会	89469234

名 称	联系电话	名 称	联系电话
后薛各庄村村民委员会	89469273	小营村村民委员会	89469065
于辛庄村村民委员会	89468572	道仙庄村村民委员会	89469278
南彩村村民委员会	89469015	北彩村村民委员会	89421634
九王庄村村民委员会	89469044	柳行村村民委员会	89421651
前薛各庄村村民委员会	89469246	前郝家疃村村民委员会	89477243
双营村村民委员会	89469293	后郝家疃村村民委员会	89479330

南法信镇

名 称	联系电话	名 称	联系电话
南卷村村民委员会	69474545	刘家河村村民委员会	69473551
三家店村村民委员会	69473663	南法信村村民委员会	69472483
西海洪村村民委员会	69472488	马家营村村民委员会	69472557
东海洪村村民委员会	52130992	卸甲营村村民委员会	69475128
东杜兰村村民委员会	69472534	哨马营村村民委员会	89425329
西杜兰村村民委员会	69473776	冯家营村村民委员会	69473605
北法信村村民委员会	69478657	十里堡村村民委员会	89457293
大江洼村村民委员会	69473300	华英园社区居民委员会	89425100
焦各庄村村民委员会	69473030		

天竺镇

名 称	联系电话	名 称	联系电话
天竺村村民委员会	64567559	小王辛庄村村民委员会	64575547
楼台村村民委员会	64585758	薛大人庄村村民委员会	645576860
岗山村村民委员会	80477708	花梨坎村村民委员会	80490795
龙山村村民委员会	52151030	希望家园社区居民委员会	64580533
桃山村村民委员会	80498222	南竺园社区居民委员会	64567998
杨二营村村民委员会	52133600	蓝天社区居民委员会	64585072
二十里堡村村民委员会	52131101		

仁和镇

名 称	联系电话	名 称	联系电话
石门村村民委员会	69448156	庄头村村民委员会	69443015
望泉寺村村民委员会	69448355	平各庄村村民委员会	89498581
梅沟营村村民委员会	69421966	杜各庄村村民委员会	69448929
复兴村村民委员会	69422040	吴家营村村民委员会	89496051
前进村村民委员会	69421887	塔河村村民委员会	60496172

名 称	联系电话	名 称	联系电话
陶家坟村村民委员会	89407014	石各庄村村民委员会	89446208
临河村村民委员会	89494682	胡各庄村村民委员会	89452430
沙井村村民委员会	69475516	米各庄村村民委员会	89407387
军营村村民委员会	69448335	杨家营村村民委员会	89401016
沙坨村村民委员会	69472947	河南村村民委员会	89498995
北兴村村民委员会	69441925	窑坡村村民委员会	89407062
太平村村民委员会	69421610		

杨镇

名 称	联系电话	名 称	联系电话
一街村村民委员会	61451249	辛庄子村村民委员会	61412910
二街村村民委员会	61451367	高各庄村村民委员会	61412842
三街村村民委员会	61451377	王辛庄村村民委员会	61412905
张家务村村民委员会	61451641	沙子营村村民委员会	61413758
齐家务村村民委员会	61451634	松各庄村村民委员会	61412854
杜庄村村民委员会	61456101	李辛庄村村民委员会	61412830
二郎庙村村民委员会	61453358	沙岭村村民委员会	61444026
东庄户村村民委员会	61455731	于庄村村民委员会	61444776
老庄户村村民委员会	61450848	徐庄村村民委员会	61442354
沟东村村民委员会	61451437	西庞村村民委员会	61441836
东町村村民委员会	61451660	东庞村村民委员会	61442454
红寺村村民委员会	61451307	大三渠村村民委员会	61442474
下坡村村民委员会	61453996	良庄村村民委员会	61444459
下营村村民委员会	61451154	白塔村村民委员会	61442216
汉石桥村村民委员会	61452077	曾庄村村民委员会	61442422
安乐庄村村民委员会	61451915	周庄村村民委员会	61443298
荆坨村村民委员会	61412914	大曹庄村村民委员会	61443314
井上村村民委员会	61412846	别庄村村民委员会	61442404
侉子营村村民委员会	61412901	破罗口村村民委员会	61442518
田家营村村民委员会	61412859	辛庄户村村民委员会	61452455
小店村村民委员会	61412904	焦各庄村村民委员会	61441330

赵全营镇

名 称	联系电话	名 称	联系电话
西小营村村民委员会	89422719	赵全营村村民委员会	60432672
北郎中村村民委员会	60431797	小高丽营村村民委员会	60431159

名 称	联系电话
去碑营村村民委员会	60432662
豹房村村民委员会	60431138
陈各庄村村民委员会	60433500
小官庄村村民委员会	60431592
大官庄村村民委员会	60435396
马家堡村村民委员会	60431941
白庙村村民委员会	60432410
忻州营村村民委员会	60431150
前桑园村村民委员会	60432402
后桑园村村民委员会	60432401
红铜营村村民委员会	60435337

名 称	联系电话
板桥村村民委员会	60443992
西绛营村村民委员会	60442125
东绛营村村民委员会	60442175
稷山营村村民委员会	89422783
东水泉村村民委员会	60442178
西水泉村村民委员会	60442132
联庄村村民委员会	60442139
河庄村村民委员会	60442181
解放村村民委员会	60442103
燕华营村村民委员会	60442129

张 镇

名 称	联系电话
张各庄村村民委员会	61480695
小曹庄村村民委员会	61442038
柏树庄村村民委员会	61443108
驻马庄村村民委员会	61443689
白辛庄村村民委员会	61491223
赵各庄村村民委员会	61491319
侯庄村村民委员会	61493183
行宫村村民委员会	61493792
前王会村村民委员会	61493897
后王会村村民委员会	61491306
前苏桥村村民委员会	61491327
后苏桥村村民委员会	61491687
王庄村村民委员会	61493562
朱庄村村民委员会	61492518
聂庄村村民委员会	61492788
良山村村民委员会	61480697
小三渠村村民委员会	61480705

名 称	联系电话
麻林山村民委员会	61480706
李洼子村村民委员会	61480707
贾洼子村村民委员会	61480709
吕布屯村村民委员会	61489814
港西村村民委员会	61489045
雁户庄村村民委员会	61481815
大故现村村民委员会	61480715
刘辛庄村村民委员会	61480719
厂门口村村民委员会	61480701
虫王庙村村民委员会	61483077
北营村村民委员会	61480703
西营村村民委员会	61482872
永强社区居民委员会	61483329
浅山社区居民委员会	61434225

顺义区旅游企业名录

类别	序号	名　称	地　址	电　话	星级 质量等级
星级饭店16家（五星1家、四星7家、三星7家、二星1家）	1	瑞麟湾温泉度假酒店	顺义区南彩镇顺平铺路39号	89468899	五星级
	2	国都大酒店	首都机场小天竺路	64565588（总机）	四星级
	3	中盛国际会议中心	顺义区李隧镇西	89485588（总机）	四星级
	4	春晖园温泉度假酒店	顺义区高丽营镇于庄村西侧	69454433（总机）	四星级
	5	金宝花园酒店	顺义区马坡顺安北路	69406060	四星级
	6	嘉宾国际	顺义区仁和镇东方太阳城社区	89431700	四星级
	7	京林大厦	首都机场生活区南平东里乙1号	64572626（总机）	四星级
	8	丰荣君华酒店	首都机场国门商务区李天路27号	81463366（总机）	四星级
	9	顺义宾馆	顺义城区府前中街3号	69444815	三星级
	10	东航大酒店	天竺镇小天竺路1号	64575588（总机）	三星级
	11	望潮苑民俗度假村	北京市顺义区河南村村东	89491980	三星级
	12	安利隆生态农业旅游山庄	顺义区龙湾屯镇山里辛庄村东石门	60463603	三星级
	13	东竹园宾馆	顺义区顺平东路3号	69448440（总机）	三星级
	14	豪雅商务宾馆	顺义区天竺镇府前二街1号	64533388	三星级
星级饭店16家（五星1家、四星7家、三星7家、二星1家）	15	金航线国际大酒店	顺义区四纬路8号	52139999	三星级
	16	裕龙花园大酒店	顺义区裕龙花园2区甲9号	69445678	二星级

<table>
<tr><th rowspan="2">类别</th><th rowspan="2">序号</th><th rowspan="2">名　　称</th><th rowspan="2">地　　址</th><th rowspan="2">电　话</th><th>星级</th></tr>
<tr><th>质量等级</th></tr>
<tr><td rowspan="12">A级景区9家（4A2家、3A7家）
非A景区3家</td><td>17</td><td>奥林匹克水上公园</td><td>顺义区白马路19号</td><td>69405821</td><td>AAAA级</td></tr>
<tr><td>18</td><td>国际鲜花港</td><td>顺义区杨镇红寺村北1000米</td><td>61417100</td><td>AAAA级</td></tr>
<tr><td>19</td><td>顺鑫绿色度假村</td><td>顺义区李隧镇西</td><td>89485588（总机）</td><td>AAA级</td></tr>
<tr><td>20</td><td>焦庄户地道战遗址纪念馆</td><td>龙湾屯镇焦庄户村内</td><td>60461906</td><td>AAA级</td></tr>
<tr><td>21</td><td>汉石桥湿地景区</td><td>北京市顺义区杨镇</td><td>61456099</td><td>AAA级</td></tr>
<tr><td>22</td><td>七彩蝶园</td><td>顺义区高丽营镇南郎中村白马路北侧（火寺路口）</td><td>89422400</td><td>AAA级</td></tr>
<tr><td>23</td><td>河北村民俗体验园</td><td>南彩镇河北村</td><td>60418580</td><td>AAA级</td></tr>
<tr><td>24</td><td>汉风耕读苑</td><td>顺义区白马路三高科技农业试验示范区内</td><td>60480250</td><td>AAA级</td></tr>
<tr><td>25</td><td>意大利农场</td><td>顺义区马坡镇白各庄村委会南300米</td><td>69409408</td><td>AAA级</td></tr>
<tr><td>26</td><td>舞彩浅山国家登山步道</td><td>龙湾屯镇（浅山办）</td><td>60466366</td><td>非A景区</td></tr>
<tr><td>27</td><td>乔波室内滑雪馆</td><td>顺义区顺安路</td><td>69419999</td><td>非A景区</td></tr>
<tr><td>28</td><td>莲花山滑雪场</td><td>顺义区张镇良山</td><td>61488111</td><td>非A景区</td></tr>
<tr><td rowspan="4">旅行社56家（独立社29，分社3，门市部24）</td><td>29</td><td>北京星空国际旅行社有限公司</td><td>北京市顺义区李桥镇四纬路3号</td><td>64590022</td><td>旅行社</td></tr>
<tr><td>30</td><td>银建国际旅行社有限公司</td><td>北京市顺义区后沙峪地区火沙路后沙峪地段28号</td><td>69457127
69457634</td><td>旅行社</td></tr>
<tr><td>31</td><td>北京中航信旅行社有限公司</td><td>北京市顺义区后沙峪镇马头庄村北侧中国航信高科技产业园区内</td><td>18310163010</td><td>旅行社</td></tr>
<tr><td>32</td><td>易旅同行(北京)国际旅行社有限公司</td><td>北京市顺义区南法信镇机场北街8号院2幢E616室</td><td>69450517</td><td>旅行社</td></tr>
</table>

类别	序号	名称	地址	电话	星级 质量等级
旅行社56家（独立社29，分社3，门市部24）	33	北京春畅旅行社有限责任公司	北京市顺义区拥军路2号	69445677	旅行社
	34	北京阳光假日国际旅行社有限公司	北京市顺义区站前东街商业2号楼316室	81498700 81499700	旅行社
	35	北京春晖旅行社	北京市顺义区仁和地区拥军路2号	89448059 69443107	旅行社
	36	北京北旅假日国际旅行社有限公司	北京市顺义区府前西街12号	81498801	旅行社
	37	北京华信旅行社有限公司	北京市顺义区仓上小区33号楼底商	89496181	旅行社
	38	北京鑫源旅行社有限公司	北京市顺义区马坡镇香悦四季小区商业楼12号1门501	69462040	旅行社
	39	北京顺天鑫旅行社有限责任公司	北京市顺义区李遂镇西侧绿色度假村内27幢一层	89485191 89485679	旅行社
	40	北京钰鑫假日国际旅行社有限公司	北京市顺义区仁和地区宏城花园6号楼一单元502室	61459280	旅行社
	41	北京新洲旅行社有限公司	北京市顺义区新顺北大街16号林吉东风商厦2层	89430654	旅行社
	42	易道（北京）国际旅行社有限公司	北京市顺义区天柱路28号1号楼10层10-A	53215888	旅行社
	43	北京捷登旅游有限公司	北京市顺义区天竺镇小王辛庄南路10号302室	87952141 87954243	旅行社
	44	北京德吉梅朵国际旅行社有限公司	北京市顺义区杨镇地区二街村农场路62号16室	81728257	旅行社
旅行社56（独立社29，分社3，门市部24）	45	北京尚途国际旅行社股份有限公司	北京市顺义区赵全营镇兆丰产业基地园盈路7号	4000552066	旅行社
	46	北京易捷假期国际旅行社有限责任公司	北京市顺义区南法信顺畅大道1号H-206	53238388	旅行社
	47	中翼国际旅行社(北京)有限公司	北京市顺义区李桥镇国门商务区1幢701	61495555	旅行社
	48	北京财源帝国际旅行社有限公司	北京市顺义区南法信旭辉空港中心D座1609	69450483	旅行社

类别	序号	名　称	地　址	电　话	星级 质量等级
旅行社56（独立社29，分社3，门市部24）	49	北京众恒旅游股份有限公司	北京市顺义区后沙峪镇绿地起航国际4号楼411	89440013	旅行社
	50	北京热土乡情国际旅行社有限公司	北京市顺义区李遂镇牌楼村潮华路17号	89484465	旅行社
	51	北京天益游国际旅行社有限公司	北京市顺义区李桥镇新港庄园2区23号楼5门102	81475231 81475516	旅行社
	52	北京千语千寻旅行社有限公司	北京市顺义区北石槽镇西赵各庄村富康北路8号	58221008	旅行社
	53	五环国际旅行社（北京）有限公司	北京市顺义区空港街道裕丰路16号院9号楼6层604	64462178	旅行社
	54	北青（北京）国际旅行社有限公司	北京市顺义区仁和镇石园西区甲7号楼一单元101	53632134 53313983	旅行社
	55	好易行（北京）旅行社有限公司	北京市顺义区天竺地区小天竺路一号院1号楼1层102室	81466028	旅行社
	56	北京天天假日旅游有限公司	北京市顺义区李桥镇机场东路6号院10号楼1层111	89407814	旅行社
	57	北京圣地之约国际旅行社有限公司	北京市顺义区临河北大街21号鹭峰国际1号楼2单位1510	51280380	旅行社
	58	天马国际旅行社有限责任公司北京顺义分社	北京市顺义区裕龙花园六区南门	89497800 89497652	分社
	59	中国铁道旅行社北京顺义分社	北京市顺义区新顺南大街9号	69448699	分社
	60	中国职工国际旅行社总社后沙峪分社	北京顺义区后沙峪镇古城路1号中家鑫园酒店主楼一层西侧	80496699	分社
旅行社56（独立社29，分社3，门市部24）	61	北京神舟国际旅行社集团有限公司顺义门市部	北京市顺义区拥军路2号	69421682	门市部
	62	北京大唐国际旅行社有限公司顺义营业部	北京市顺义区南法信镇华英园9号5016室。（金汉四区11-31层）	69462462 69462434	门市部

类别	序号	名　称	地　址	电　话	星级 质量等级
旅行社56（独立社29，分社3，门市部24）	63	易游天下国际旅行社（北京）有限公司顺义门市部	北京市顺义区宏城花园21号楼1单元102室	56051665	门市部
	64	北京市首都旅行社有限公司空港营业部	北京市顺义区天竺镇二十里堡村天柱东路1号	64503351	门市部
	65	中国康辉旅行社集团有限责任公司北京顺义门市部	北京市顺义区顺义宾馆B座	56139125 56139126	门市部
	66	北京永利国际旅行社有限公司顺义营业部	北京市顺义区仁和镇石园西区1号楼3单元102	89457816	门市部
	67	中商国际旅行社有限公司北京顺义营业部	北京市顺义区南法信镇顺畅大道14号院1号楼3单元118室	50934028	门市部
	68	北京永利国际旅行社有限公司顺义大街营业部	北京市顺义区仁和镇新顺南大街隆化购物中心3层	84748113	门市部
	69	环境国际旅行社有限公司北京顺义后沙峪营业部	北京市顺义区后沙峪镇裕安路18号院2号楼203室	80476782	门市部
	70	北京凯撒国际旅行社有限责任公司顺义新顺街门市部	北京市顺义区仁和镇新顺南大街8号院1幢3层F3-38（华联商厦三层）	61490661	门市部
	71	北京市中西国际旅行社有限公司顺义营业部	北京市顺义区仁和地区双兴南区京客隆店内	56228915	门市部
	72	众信旅游集团股份有限公司北京后沙峪营业部	北京市顺义区后沙峪镇裕庆路20号院8号楼1层102室	64489696	门市部
	73	北京携程国际旅行社有限公司新顺南大街门市部	北京市顺义区仁和镇怡馨家园13号楼215	69447231	门市部

类别	序号	名　称	地　址	电　话	星级 质量等级
旅行社56（独立社29，分社3，门市部24）	74	北京首钢国际旅游有限公司顺义门市部	北京市顺义区仁和镇站前街8号院永欣家园北门底商	57130113	门市部
	75	北京永利国际旅行社有限公司天竺营业部	北京市顺义区空港街道水木兰亭花园1号楼地下一层	84748140	门市部
	76	盈科美辰国际旅行社有限公司北京顺义仁和营业部	北京市顺义区仁和镇前景路2号院7号楼1层112	61493189	门市部
	77	中青环球（北京）国际旅行社有限公司顺义营业部	北京市顺义区杨镇顺鑫朗郡3号楼3单元101	64157610	门市部
	78	北京森林国际旅行社顺义门市部	北京市顺义区仁和镇石园南大街18号院3号楼6层605室	89465620	门市部
	79	北京春畅旅行社有限责任公司马坡门市部	北京市顺义区马坡镇香悦四季西区底商11号	81495116	门市部
	80	海外国际旅行集团有限公司赛七途营业部	北京市顺义区南法信镇金关北二街3号院2号楼9层917	59807917	门市部
	81	北青（北京）国际旅行社有限公司顺义第二营业部	北京市顺义区仁和镇新顺南大街11号1幢1层	53319022	门市部
	82	北青（北京）国际旅行社有限公司第四分社	北京市顺义区仁和镇前进花园石门苑甲13号楼1层104室	53632134	门市部
	83	北青（北京）国际旅行社有限公司顺义第五营业部	北京市顺义区仁和镇裕龙花园四区24号楼1层24-11室	53632134	门市部
	84	北青（北京）国际旅行社有限公司便民街分社	北京市顺义区仁和镇胜利小区19号楼1层四单元101室	53632134	门市部

类别	序号	名　称	地　址	电　话	星级 质量等级
星级民俗旅游村20个（五星2个，三星18个）	85	柳庄户民俗旅游村	龙湾屯镇柳庄户村	60461100	五星级
	86	石家营民俗旅游村	马坡镇石家营村	69409915	五星级
	87	田家营民俗旅游村	杨镇田家营村	61451810	三星级
星级民俗旅游村20个（五星2个，三星18个）	88	沙子营民俗旅游村	杨镇沙子营村	61451810	三星级
	89	北郎中民俗旅游村	赵全营镇北郎中村	60435920	三星级
	90	焦庄户民俗旅游村	龙湾屯镇焦庄户村	60461100	三星级
	91	大北坞民俗旅游村	龙湾屯镇大北坞村	60461277	三星级
	92	七连庄民俗旅游村	龙湾屯镇七连庄村	60461318	三星级
	93	安辛庄民俗旅游村	木林镇安辛庄村	60456092	三星级
	94	贾山民俗旅游村	木林镇贾山村	60456139	三星级
	95	茶棚民俗旅游村	木林镇茶棚村	60456123	三星级
	96	河北村民俗旅游村	南彩镇河北村	89477690	三星级
	97	前鲁各庄民俗旅游村	北小营镇前鲁各庄村	60483657	三星级
	98	北府民俗旅游村	北小营镇北府村	60483166	三星级
	99	薛庄民俗旅游村	大村各庄镇薛庄村	61432145	三星级
	100	南石槽民俗旅游村	北石槽镇南石槽村	60424263	三星级
	101	山里辛庄民俗旅游村	龙湾屯镇山里辛庄村	13716701531	三星级
	102	唐指山民俗旅游村	木林镇唐指山村	18301084325	三星级
	103	赵各庄民俗旅游村	张镇赵各庄村	13581712136	三星级
	104	寺上民俗旅游村	北石槽镇寺上村	13683128066	三星级

类别	序号	名 称	地 址	电 话	星级质量等级
星级民俗旅游户74户（五星4个，四星28个，三星40个，二星2个	105	尺木无山	顺义区杨镇地区沙子营村村委会西北侧1000米（果园内西北侧）	61451300	五星级
	106	开心庄园	顺义区杨镇地区沙子营村委会1000米	61412772	五星级
	107	贵彬苑农家院	顺义区杨镇田家营村环村东路66号	61411929	五星级
	108	巧嫂餐饮有限公司	顺义区北小营镇仇家店村村委会东侧1000米	69419898	五星级
	109	田家营小吃店	顺义区杨镇地区田家营村环村路73号	61411258	四星级
	110	绿墅缘小吃店	顺义区杨镇地区田家营村环村北街4号	61412340	四星级
	111	自家田地小吃店	顺义区杨镇地区田家营村环村东路58号	89433866	四星级
	112	王凤兰农家院	顺义区龙湾屯镇焦庄户村大胡同22号	60461205	四星级
	113	龙湾屯镇岳瑞武民俗旅游户	顺义区龙湾屯史中坞北横街2号	13701158227	四星级
	114	永林桂花香农家院餐厅	顺义区龙湾屯镇焦庄户村焦庄街70号	13120147076	四星级
	115	尚岩红农家院餐厅	顺义区龙湾屯镇焦庄户村新民路42号	60461813	四星级
	116	龙湾屯镇焦荣庆民俗旅游户	顺义区龙湾屯镇焦庄户村焦庄街74号	18611039590	四星级
	117	龙湾屯镇寇焕英农家院餐厅	顺义区龙湾屯镇焦庄户村新民街133号	13716038802	四星级
	118	龙湾屯镇焦春芹农家院餐厅	顺义区龙湾屯镇焦庄户村西四条19号	13716669407	四星级
	119	田淑兰农家院餐厅	顺义区龙湾屯镇焦庄户村焦庄街86号	13436827724	四星级
	120	龙湾屯镇于美霞农家院餐厅	顺义区龙湾屯镇焦庄户村委会西300米	13501301032	四星级
	121	桂清农家院餐厅	顺义区龙湾屯镇焦庄户村焦庄街28号	13718855290	四星级

类别	序号	名称	地址	电话	星级 质量等级
星级民俗旅游户74户（五星4个，四星28个，三星40个，二星2个	122	北石槽镇刘志强民俗旅游户	顺义区北石槽镇南石槽村幸福北街4号	18510386960	四星级
	123	北石槽镇彭凤侠民俗旅游户	顺义区北石槽镇南石槽村南斜街37号	13716880287	四星级
	124	北石槽镇李凤荣民俗旅游户	顺义区北石槽镇南石槽村光明胡同6号	15811244268	四星级
	125	北石槽镇高云东民俗旅游户	顺义区北石槽镇南石槽村幸福北街11号	15601059527	四星级
	126	北石槽镇徐美媛民俗旅游户	顺义区北石槽镇南石槽村西南街25号内1号	13021019630	四星级
	127	寺上餐饮管理有限公司	顺义区北石槽镇寺上村农贸市场	13693388033	四星级
	128	北石槽镇梁飞民俗旅游户	顺义区北石槽镇下西市村南高下路西9号	13716229543	四星级
	129	保华农家院	顺义区北石槽镇南石槽村场院街8号	13716251455	四星级
	130	桂香农家院	顺义区北石槽镇南石槽村南斜街6号	13716927746	四星级
	131	秀海农家院	顺义区北石槽镇南石槽村兴旺胡同3号内1号	13439739992	四星级
	132	张淑伶民俗旅游户	顺义区北石槽镇寺上村西大街23号	13436845658	四星级
	133	张桂芹民俗旅游户	顺义区北石槽镇寺上村西大街四条27号	18600428701	四星级
	134	杨秉金民俗旅游户	顺义区北石槽镇寺上村北大街四巷2号	13701387015	四星级
	135	刘春静民俗旅游户	顺义区龙湾屯镇柳庄户村北大街6号	13466577834	四星级
	136	张雨霞民俗旅游户	顺义区龙湾屯镇柳庄户村东三条2号	13716187085	四星级
	137	进财农家院	顺义区杨镇田家营村环村北街27号	13681092392	三星级
	138	张春英农家院	顺义区焦庄户村焦庄街4号	13716949046	三星级

类别	序号	名　称	地　址	电　话	星级 质量等级
星级民俗旅游户74户（五星4个，四星28个，三星40个，二星2个	139	韩秀华农家院	顺义区焦庄户东条2号	13716811754	三星级
	140	焦秀云农家院	焦庄户村抗战纪念林西（近抗战纪念馆）	13718551073	三星级
	141	金权顺农家院餐厅	顺义区龙湾屯镇七连庄村后大街62号	13161917518	三星级
	142	冬暖农家院餐厅	顺义区龙湾屯镇七连庄村中学路3号	15910258500	三星级
	143	兆芹农家院餐厅	顺义区龙湾屯镇焦庄户村西一条24号	13436809038	三星级
	144	龙湾屯镇陈玉萍农家院餐厅	顺义区龙湾屯镇焦庄户村焦庄街92号	13522691350	三星级
	145	龙湾屯镇孔玉静农家院餐厅	顺义区龙湾屯镇焦庄户村新民路32号	13269050728	三星级
	146	朱敬红农家院餐厅	顺义区龙湾屯镇焦庄户村新民路113号	13716593690	三星级
	147	绿野飘香农家院餐厅	顺义区龙湾屯镇七连庄村小前街1号	13716811779	三星级
	148	家鑫农家院餐厅	顺义区龙湾屯镇七连庄村后大街74号	13716187015	三星级
	149	龙湾屯镇马九会农家院餐厅	顺义区龙湾屯镇焦庄户村西四条45号	13436859595	三星级
	150	龙湾屯镇彭海艳农家院餐厅	顺义区龙湾屯镇焦庄户村新民街51号	13693077861	三星级
	151	龙湾屯镇关凤华农家院餐厅	顺义区龙湾屯镇焦庄户村新民路108号	15611350709	三星级
	152	龙湾屯镇韩淑明农家院餐厅	顺义区龙湾屯镇焦庄户村焦庄户街17号	13716966003	三星级
	153	龙湾屯镇刘伟农家院餐厅	顺义区龙湾屯镇焦庄户村焦庄街88号	13520680530	三星级
	154	龙湾屯镇杨玉荣农家院餐厅	顺义区龙湾屯镇焦庄户村北小巷20号	13716086264	三星级
	155	龙湾屯镇韩秀华农家院餐厅	顺义区龙湾屯镇焦庄户村大胡同4号	13716811754	三星级

类别	序号	名　称	地　址	电　话	星级 质量等级
星级民俗旅游户74户（五星4个，四星28个，三星40个，二星2个	156	立荣农家院餐厅	顺义区龙湾屯镇焦庄户村大胡同34号	15010024388	三星级
	157	龙湾屯镇高玉芝农家院餐厅	顺义区龙湾屯镇焦庄户村新民路123号	13716610602	三星级
	158	北石槽镇李印梅民俗旅游户	顺义区北石槽镇南石槽村春意胡同9号内2号	18701116108	三星级
	159	北石槽镇曹洪伶民俗旅游户	顺义区北石槽镇南石槽村幸福北街15号	13716229329	三星级
	160	金府四季餐饮有限公司	顺义区南彩镇河北村东路9号	13718647925	三星级
	161	顺香府餐饮有限公司	顺义区南彩镇河北村村委会东北1000米	13716600866	三星级
	162	冉云氽花鲢饭庄	顺义区南彩镇河北村东路2号	13716087789	三星级
	163	苟冬明饭庄	顺义区南彩镇河北村老顺平路甲3号	13601056041	三星级
	164	南彩镇李昌军小吃店	顺义区南彩镇河北村双河果园	13910445660	三星级
	165	稻香来餐厅	顺义区李遂镇李遂村东来顺胡同15号	15910394658	三星级
	166	陈国红民俗户	顺义区马坡镇石家营村光明大街27号	13716433134	三星级
	167	胡国安民俗户	顺义区马坡镇石家营村光明大街14号	13436957608	三星级
	168	李文孝民俗户	顺义区马坡镇石家营村小街二条3号	13641250426	三星级
	169	胡贵先民俗户	顺义区马坡镇石家营村平安路二巷1号内1号	13716606523	三星级
	170	焦文敬民俗旅游户	北京市顺义区龙湾屯镇焦庄户村中五巷1号	13716274240	三星级
	171	张洪财民俗旅游户	北京市顺义区北石槽镇寺上村鱼池路22号	60424698	三星级

类别	序号	名　称	地　址	电　话	星级 质量等级
星级民俗旅游户74户（五星4个，四星28个，三星40个，二星2个	172	张秀敏民俗旅游户	北京市顺义区北石槽镇寺上村西大街一条3号	13693264685	三星级
	173	李素银民俗旅游户	北京市顺义区北石槽镇寺上村鱼池路临28号	13716480665	三星级
	174	郑志祥民俗旅游户	北京市顺义区北石槽镇寺上村中大街79号	13701001347	三星级
	175	冯悦琴民俗旅游户	北京市顺义区北石槽镇寺上村西大街38号	15910465605	三星级
	176	闫学珍民俗旅游户	北京市顺义区北石槽镇寺上村中大街91号	18310321260	三星级
	177	沐丰园农家院	顺义区杨镇田家营村立新胡同9号	13681045586	二星级
	178	双亮农家院	顺义区龙湾屯镇焦庄户村新民路59号	15810266841	二星级
乡村旅游特色业态44家	179	清心居农庄有限公司（意大利农庄）	顺义区马坡镇白各庄村委会南300米	69409408	国际驿站
	180	罗红摄影艺术馆	北京市顺义区天竺镇首都机场路89号	13681368601	国际驿站
	181	卓爱房车小镇	顺义区杨镇北京国际鲜花港南路9号北京国际鲜花港办公区105室	13466703803	国际驿站
	182	安利隆生态农业发展有限公司	顺义区龙湾屯镇山里辛庄村东	18611408986	休闲农庄
	183	静心园垂钓有限责任公司	顺义区北石槽镇南石槽村	60423670	休闲农庄
	184	阿做生态农庄	顺义区南彩镇后俸伯村西彩俸工业区路北	13901396141	休闲农庄
	185	食为先生态农业园	北京市顺义区北石槽镇刘各庄村四街29号	13601128188	休闲农庄
	186	九洑地	北京市顺义区高丽营镇火寺路南郎中段49号	13381021108	休闲农庄
	187	浅山农庄	北京市顺义区张镇大街26号	13520006516	休闲农庄
	188	绿嘟嘟农庄	北京市顺义区张镇雁户庄村文明街一号	15175602715	休闲农庄

类别	序号	名称	地址	电话	星级
					质量等级
乡村旅游特色业态44家	189	峰盈新顺餐饮管理有限公司	顺义区北石槽镇良善庄村村委会南500米	13910722736	乡村酒店
	190	乾轩樱桃采摘园	顺义区北务镇马庄村	13901113631	采摘篱园
	191	晓旭生态林业发展有限公司	顺义区北务镇北务村郭北路2号	61423006 13911386263	采摘篱园
	192	高天顺蔬果产销专业合作社	顺义区北务镇小珠宝村东500米	13501125995	采摘篱园
	193	余地农庄有限公司	顺义区北务镇于地村西侧木燕辅路6号	13718909716	采摘篱园
	194	三分地农业科技有限公司	顺义区北务镇林上村进村路8号	57799306 18618148030	采摘篱园
	195	圣华伟泰农业科技开发有限公司	顺义区北务镇庄子村	13811576729	采摘篱园
	196	欧菲堡酒庄有限公司	顺义区龙湾屯镇柳庄户村	13146919999	采摘篱园
	197	双河果园	顺义区南彩镇河北村	13910402791	采摘篱园
	198	燕赵采摘园	顺义区北石槽镇西赵各庄村南600米	13552973334	采摘篱园
	199	绿之杰园林绿化有限公司	顺义区北石槽镇南石槽村桥南200米	13910523654	采摘篱园
	200	顺丽鑫生态观光农业园有限责任公司	顺义区高丽营镇水源九厂路1号	69453090	采摘篱园
	201	当益生态农业科技有限公司	顺义区张镇赵各庄村商业街4号	13801276938	采摘篱园
	202	晏农源农业科技有限公司	顺义区牛栏山镇晏子路2号	15210912566	采摘篱园
	203	绿富田园农业发展有限公司	顺义区木林镇顺焦路木林段75号	15810501259	采摘篱园
	204	吉祥八宝葫芦手工艺品产销专业合作社	顺义区龙湾屯镇柳庄户村	13716669708	采摘篱园
	205	吉祥苑采摘园	顺义区杨镇张家务村	18618122215	采摘篱园

类别	序号	名　称	地　址	电　话	星级 质量等级
乡村旅游特色业态44家	206	彩虹庄园农业科技有限公司	顺义区顺平主路 彩虹桥东2公里	13321120595	采摘篱园
	207	喜邦生态农业有限公司	顺义区北小营镇榆林村西	18518639358	采摘篱园
	208	裕和歆业有机农业有限公司	顺义区高丽营镇羊房村临28号	13699180979	采摘篱园
	209	水云天采摘园	顺义区木林镇贾山村	15810501259	采摘篱园
	210	七彩佳合花卉有限公司	顺义区北石槽镇东石槽村	51665266	采摘篱园
	211	诚食（北京）农业科技有限公司	顺义区龙湾屯镇柳庄户村	13810956036	采摘篱园
	212	兴农鼎力生态园	北京市顺义区赵全营镇前桑园村村东500米	13810332692	采摘篱园
	213	盛顺缘呼吸庄园	北京市顺义区北务镇郭北路8号	18600070999	采摘篱园
	214	绿奥蔬菜合作社	北京市顺义区大孙各庄镇四福庄村四服通大街485号	13520920223	采摘篱园
	215	鑫泰丰农庄	北京市顺义区仁和地区米各庄村	13641384021	采摘篱园
	216	世外苑	北京市顺义区李桥镇南庄头村委会东侧1000米	13511003141	采摘篱园
	217	康鑫源	北京市顺义区北务镇于地村村委会西800米	13901222592	采摘篱园
	218	浅山居	北京市顺义区张镇大街24号	15901455779	采摘篱园
	219	雷子山生态农业有限公司	北京市顺义区龙湾屯镇七连庄村	13716448865	采摘篱园
	220	杰海农业	北京市顺义区北务镇林上村向阳街8号	13911788248	采摘篱园
	221	嘉博文农业	北京市顺义区北务镇龙塘路3号	18910580730	采摘篱园
	222	蜗牛慢时光农场	北京市顺义区杨镇荆坨村中心街30号内1号	18600327875	采摘篱园

类别	序号	名　称	地　址	电　话	星级 质量等级
工业旅游示范点7家	223	燕京啤酒厂	顺义区双河路九号	894955888	国家级
	224	顺鑫鹏程食品分公司	顺义区南法信地区顺沙路南侧	69474053	国家级
	225	顺鑫牵手有限责任公司	顺义区牛栏山工业区	69410081	国家级
	226	顺鑫牛栏山酒厂	顺义区牛栏山镇	69412531	国家级
	227	汇源饮料食品集团有限公司	顺义区北小营镇汇源路	60483388	国家级
	228	北京现代汽车有限公司	顺义区顺通路18号	89490088	国家级
	229	爱慕股份有限公司（爱慕时尚工厂）	顺义区马坡镇聚源工业区聚源西路18号	53220123	区级

顺义区法律服务所

序号	名 称	地 址	联系电话
1	顺义区杨镇第二法律服务所	杨镇府政府街三号	13311289554
2	顺义区北务镇法律服务所	北务镇政府街1号	13641164936
3	顺义区光明街道法律服务所	顺义区光明东街小东庄340号公路局西侧	13381080386

顺义区律师事务所

序号	律所名称	地址	电话
1	北京市青天律师事务所	顺义区北京市顺义区马坡镇复兴四街3号金蝶软件园A座7层706室	010–81483264；69449549（内勤）
2	北京市扶正律师事务所	顺义区府前东街9号鲁班大厦7层707–708房间	010–69432033 010–69441887
3	北京市顺新律师事务所	顺义区光明南街	010–69441913
4	北京市狄克律师事务所	顺义区双兴南区22栋11单元102室	010–81492373
5	北京市律港律师事务所	顺义区裕龙花园六区29号楼1–101	010–81496318
6	北京扬智勇律师事务所	顺义区空港B区双裕大街后沙峪火神营双裕小区8号楼2门301	010–52361101 571369378 13021229667
7	北京市玖典律师事务所	顺义区府前东街东兴路9号	010–52137927
8	北京智勇律师事务所	顺义区 府前街	010–89492751––809
9	北京卞志忠律师事务所	顺义区新顺北大街路西影剧院10幢102室	13910601028
10	北京市致知律师事务所	顺义区仓上街8号（顺义区工商局院内）	010–89453862
11	北京刘明哲律师事务所	顺义区胜利小区物美超市北	010–69462821
12	北京朗泰律师事务所	顺义区光明北街甲1号403、404室	010–69446092
13	北京道盛律师事务所	顺义区新顺南大街8号院 2幢9层1单元906室	010–81487767
14	北京盛堂律师事务所	顺义区石园南大街18号院3号楼3层302	010–89453888
15	北京顺东律师事务所	顺义区毓秀园南园B—19号	13901142701 89498839

序号	律所名称	地址	电话
16	北京冉午宁律师事务所	顺义区顺安路33号院16号楼207室	13910418143
17	北京朗空律师事务所	顺义区仓上小区37号楼4层1单元402	13810083380
18	北京陆源律师事务所	北京市顺义区仓上小区乙33-2-102	13810606891
19	北京首润律师事务所	顺义区仓上街2号AMB大厦B区6层601	13701376786
20	北京盛友律师事务所	顺义区顺安路33号院16号楼3层302	13911770695
21	北京格竹律师事务所	顺义区府前东街2号顺建大厦六层614室	13910383601
22	北京盈方律师事务所	顺义区顺畅大道14号院3号楼3单元517号	13910021202
23	北京扬轩律师事务所	顺义区新顺南大街8号院2幢3单元1007室	13701066092
24	北京顺林律师事务所	顺义区府前东街2号1号楼顺建大厦1106室	13911223335
25	北京顺腾律师事务所	顺义区新顺南大街8号院2幢1单元506	15810596995
26	北京昶盛律师事务所	顺义区赵全营镇兆丰产业基地园盈路16号二幢二层212室	15811224011
27	北京双法律师事务所	顺义区南法信镇金穗路2号院3号楼207室	13381016388
28	北京科英律师事务所	北京市顺义区裕庆路20号院2号楼311室	13911669255
29	北京天初律师事务所	北京市顺义区金关北二街3号院1号楼3层301	15901151271
30	北京瑞克丽尔律师事务所	北京市顺义区焦各庄街2号院3号楼6层3单元603	13910160357
31	北京允能律师事务所	北京市顺义区天竺空港工业区B区6#办公楼3层310	13691568068
32	北京允宏律师事务所	北京市顺义区金关北二街3号院2号楼4层423	13601246697
33	北京润松律师事务所	北京市顺义区金关北二街3号院3号楼10层1008室	13391771700
34	北京景铄律师事务所	北京市顺义区裕龙花园六区37号楼一单元101	18600181518
35	湖北广众(北京)律师事务所	顺义区南法信镇十里堡村北D座商业办公楼3层309	18132075913

顺义区公证处

名称	地址	电话
北京市龙诚公证处	北京市顺义区光明南街18号	69441820

顺义区教育机构名录

一、幼儿园

学校名称	学校地址	办公电话
龙湾屯镇丁甲庄村幼儿园	北京市顺义区龙湾屯镇丁甲庄村	60463227
高丽营镇张喜庄村幼儿园	北京市顺义区高丽营镇张喜庄村北环村路南侧	69492195
河北村幼儿园	北京市南彩镇河北村大院东	81460246
李桥镇王家场村幼儿园	北京市顺义区李桥镇王家场村文明大街17号	15601052676
裕龙双语艺术幼儿园	北京市顺义区裕龙花园三区甲19号	41600648
李桥镇后桥村幼儿园	北京市顺义区李桥镇后桥村新明斜街9号	15010397151
牛栏山镇龙王头村幼儿园	北京市顺义区牛栏山镇龙王头村	61427235
李桥镇北河村幼儿园	北京市顺义区李桥镇北河村	13716607511
顺和花园幼儿园	北京市顺义区仁和镇顺和花园一区7号楼	89419951
杨镇三街村幼儿园	北京市顺义区杨镇三街村路段153号	61459722
艾德双语幼儿园	北京市顺义区天竺空港工业A区天纬五街蓝庭苑6号楼	80427630
港馨东区幼儿园	北京市顺义区港馨东区17号楼	89457897
澜西园四区幼儿园	北京市顺义区澜西园四区4号楼	60496218
马坡第二幼儿园	北京市顺义区马坡镇马卷村西侧	69407480
建南幼儿园	北京市顺义区胜利街道办事处建新南区第二社区居委会	52945217
裕龙幼儿园	北京市顺义区裕龙四区13号	89406136
西辛幼儿园	北京市顺义区西辛南区西辛幼儿园	61408620
馨港幼儿园	北京市顺义区李桥镇馨港庄园二区2号	81477269
温莎双语幼儿园	北京市顺义区首都机场路89号	64560020
杨镇中心幼儿园	北京市顺义区杨镇地区一街村府右街4号	61419144
仁和中心幼儿园	北京市顺义区石园南区4号楼北侧	89446064
义宾幼儿园	北京市顺义区义宾南区甲10号楼	69422956
采风幼儿园	北京市顺义区南彩镇前俸伯村	89477510
港馨幼儿园	北京市顺义区石园街道办事处港馨家园西区院内	89448913
北小营中心幼儿园	北京市顺义区北小营镇北小营村委会	60483603

学校名称	学校地址	办公电话
金汉绿港幼儿园	北京市顺义区金汉绿港三区	60417288
怡馨幼儿园	北京市顺义区怡馨家园27号楼	69421015
南法信中心幼儿园	北京市顺义区南法信政府北顺余西路3号	69473313
石园幼儿园	北京市顺义区石园西区20号	89444844
滨河幼儿园	北京市顺义区滨河小区14号楼前	69426048
泛美幼儿园	北京市顺义区南关平各庄	89497758
后沙峪第一幼儿园	北京市顺义区后沙峪镇政府东侧双裕街31号	61438058
牛栏山第一幼儿园	北京市顺义区牛栏山镇龙湖香醍漫步三区号	60439589
北务中心幼儿园	北京市顺义区北务镇政府街4号	61421717
长颈鹿幼儿园	北京市顺义区仁和镇集汇大街毓秀园别墅区南园A区−25号	81482222
红黄蓝城市花园幼儿园	北京市顺义区后沙峪天竺空港B区万科城市花园梅花园	80414412
赵全营中心幼儿园	北京市顺义区赵全营镇牛板路乙123号	60431157
南彩第二幼儿园	北京市顺义区南彩镇政府东侧	89477876
天竺中心幼儿园	北京市顺义区天竺镇薛前一街20号	64568509
幸福幼儿园	北京市顺义区幸福西街六号	69423143
尹家府中心幼儿园	北京市顺义区大孙各庄镇四福通大街82号	61474200
南彩第一幼儿园	北京市顺义区南彩镇南彩中大街九号	89469256
马坡第一幼儿园	北京市顺义区马坡镇政府西侧	69401653
木林中心幼儿园	北京市顺义区顺焦路木林段83号	60459100
李桥中心幼儿园	北京市顺义区李桥镇沿河村任李路沿河段17号	69485882
木林镇大韩庄幼儿园	北京市顺义区木林镇大韩庄村东路98号	60467830
双兴幼儿园	北京市顺义区双兴南区26号楼东双兴幼儿园	81491161−612
中国人民解放军66055部队幼儿园	北京市顺义区拥军路5号	81492550
北石槽中心幼儿园	北京市顺义区北石槽镇府前西街12号	60422127
伊顿幼儿园	北京市顺义区后沙峪镇阿凯笛亚庄园43号楼	80472983
木林镇王泮庄幼儿园	北京市顺义区木林镇王泮庄中街53号	60456013
龙湾屯中心幼儿园	北京市顺义区龙湾屯镇政府前街路南东侧4号	60461747
张镇中心幼儿园	北京市顺义区张镇浅山香邑二区林秀西路1号院15号楼	61483868

学校名称	学校地址	办公电话
李遂中心幼儿园	北京市顺义区李遂镇政府街南孙路李遂段5号	89481707
嘉德蒙台梭利双语幼儿园	北京市顺义区仁和地区办事处河南村村委会	89452591
宏城幼儿园	北京市顺义区旺泉街道办事处石门村委会	89423320
高丽营第一幼儿园	北京市顺义区高丽营镇张喜庄村拓新区14号	69492195
高丽营第二幼儿园	北京市顺义区高丽营镇四村村委会	69455943
汇佳东方幼儿园	北京市顺义区东方太阳城万晴园54号	89431740
建北幼儿园	北京市顺义区建新北区37号	69442746
石园北区幼儿园	北京市顺义区石园北区20号楼南	69443353
牛栏山镇芦正卷村幼儿园	北京市顺义区牛栏山镇芦正卷村	69411989
赵全营镇去碑营村幼儿园	北京市顺义区赵全营镇去碑营村幼儿园	60438029
龙湾屯镇山里辛庄村幼儿园	北京市顺义区龙湾屯镇山里辛庄村委会	60463227
后沙峪镇董各庄村幼儿园	北京市顺义区后沙峪董各庄村后街13号	80478590
赵全营镇西小营村幼儿园	北京市顺义区赵全营镇西小营村富康街60号	60409885
赵全营镇解放村幼儿园	北京市顺义区赵全营镇解放村	60432871
丽思嘉洛德双语幼儿园	北京市顺义区天竺镇府前一街58号水木兰亭花园2号商业楼	58101258
金翼德懿双语幼儿园	北京市顺义区天竺丽苑路6号美林别墅会所	64509713
启明七号幼儿园	北京市顺义区顺兴街7号院37号楼1至3层101	60428517
吉祥幼儿园	北京市顺义区空港B区吉祥花园小区13号楼	60401940
杨镇第三幼儿园	北京市顺义区杨镇双阳东区13号楼	61419380
马坡第三幼儿园	北京市顺义区马坡佳和宜园29号楼	57620103
澜西园二区幼儿园	北京市顺义区仁和镇澜西园二区住宅小区	60496355
高丽营第三幼儿园	北京市顺义区新于庄园小区17号楼	69451968
牛栏山第二幼儿园	北京市顺义区牛栏山镇下坡屯家园三区甲6号	61427684
空港第一幼儿园	北京市顺义区三山新新家园1区15号楼	61468902
南彩镇后俸伯幼儿园	后俸伯吉祥路北一巷	60400296
睿德双语幼儿园	北京市顺义区后沙峪镇天北路名都园8208栋	80474372
仁和花园幼儿园	北京市顺义区仁和花园一区22号楼	61496758
旺泉幼儿园	北京市顺义区贯通东路西侧	81493699

学校名称	学校地址	办公电话
南彩镇小营村幼儿园	北京市顺义区南彩镇小营村幼儿园	8946 9065
后沙峪第二幼儿园	北京市顺义后沙峪镇清岚花园西区物业旁	80496148
北小营镇大胡营村幼儿园	北京市顺义区北小营镇大胡营村	60428761
香悦四季幼儿园	北京市顺义区马坡镇乾安路3号院（二区）17号	52808933
李桥镇头二营村幼儿园	北京市顺义区李桥镇头二营村	61497481
南彩镇前俸伯村幼儿园	北京市顺义区南彩镇前俸伯幼儿园	69408089
木林镇贾山村幼儿园	北京市顺义区木林镇贾山村	60493720
培德书院幼儿园	北京市顺义区后沙峪镇罗中路甲一号	80476088
裕龙二区幼儿园	北京市顺义区裕龙花园二区4号楼	61490046
李桥镇李桥村幼儿园	北京市顺义区李桥镇李家桥村委会	89410289
木林镇马坊村幼儿园	北京市顺义区木林镇马坊村	60448401
赵全营镇燕华营村幼儿园	北京市顺义区赵全营镇燕华营村委会	60426820
北小营第二幼儿园	北京市顺义区北小营镇仇家店村环村西路2号	60482724
东兴幼儿园	北京市顺义区光明北街东侧	81460560
张镇驻马庄村幼儿园	北京市顺义区张镇驻马庄幼儿园	61454660
葛代子村幼儿园	北京市顺义区李遂镇葛代子村葛幼路1号	89447720
双丰第一幼儿园	北京市顺义区顺兴街11号院12号楼	61409251
艾德森双语幼儿园	北京市顺义区马坡聚源工业园区富华科技创业园（白马路马坡段65号）	69408232
艾德双语幼儿园	北京市顺义区天竺空港工业A区天纬五街蓝庭苑6号楼	80427630
翊帆幼儿园	北京市顺义区后沙峪镇西白辛庄榆阳路5号	86468371
博雅书院双语幼儿园	北京市顺义区后沙峪西白辛庄嘉浩别墅3025	57029328
北京市海嘉双语学校	北京市顺义区后沙峪裕民大街5号11楼	80410390
君诚学校	北京市顺义区后沙峪镇火沙路古城段15号	80490701
北京市新英才学校	北京市顺义区天竺镇安华街9号	80463005

二、小学

学校名称	学校地址	办公电话
首都师范大学附属顺义实验小学	北京市顺义区双丰街道顺兴街11号院21号楼	69443014

学校名称	学校地址	办公电话
赵全营中心小学校	北京市顺义区赵全营镇牛板路赵全营段92号	60431160
张镇中心小学校	北京市顺义区张镇张孙张各庄村西	61480604
裕龙小学	顺义区拥军路1号	81493065
裕达隆小学	北京市顺义区天竺空港工业A区天柱西路28号	80489121
杨镇中心小学校	北京市顺义区杨镇环镇东路12号	61451244
沿河中心小学校	北京市顺义区李桥镇任李路115号	69486021
小店中心小学校	北京市顺义区杨镇地区辛庄子村小学路4号	61412824
西辛小学	北京市顺义区旺泉街道办事处西辛社区居委会	69461147
天竺第一小学	北京市顺义区天竺地区府右街7号	6454338
天竺第二小学	北京市顺义区天竺镇翠竹新村31号楼	84166224
双兴小学	北京市顺义区光明北街22号	81493907
石园小学	北京市顺义区石园北区石园小学	69425729
沙岭学校	北京市顺义区杨镇沙岭村西青年路5号	61443818
仁和中心小学	北京市顺义区旺泉街道办事处望泉寺村委会	69447725
牛栏山第一小学	北京市顺义区牛栏山地区办事处牛栏山第一社区居委会	69411083-8036
牛栏山第三小学	北京市顺义区牛栏山镇龙湖香堤漫步庄园3区16号楼	60428973
牛栏山第二小学	北京市顺义区牛栏山镇下坡屯家园三区甲十号	61427791
南法信中心小学校	北京市顺义区南法信地区办事处西海洪村委会	69473552
南彩第一小学	北京市顺义区南彩镇南彩村东	89469285
南彩第二小学	北京市顺义区顺平路俸伯段4号	010-89477267
木林中心小学校	北京市顺义区木林镇木林村东	60456039-8004
明德小学	北京市顺义区木林镇马坊村中心街5号	60448505
马坡中心小学校	北京市顺义区马坡镇政府西侧	69402868
马坡第二小学	北京市顺义区马坡镇马卷村	69409805-610
龙湾屯中心小学校	北京市顺义区龙湾屯中心小学府南路8号	60461289
李遂中心小学校	北京市顺义区李遂镇南孙路李遂段17号	89484220
李桥中心小学校	北京市顺义区李桥镇馨港庄园38号	81478405
李各庄学校	北京市顺义区木林镇李各庄村育才路1号	60493367

学校名称	学校地址	办公电话
空港小学	北京市顺义区空港B区三山新新家园南侧	80477519
空港第二小学	北京市顺义区空港地区天裕昕园西区	80460160
建新小学	北京市顺义区建新小学38号楼	69433973
后沙峪中心小学校	北京市顺义区后沙峪镇御马教练场内	80416782
河南村中心小学校	北京市顺义区仁和地区河南村幸福路3号	89492187-8015
光明小学	北京市顺义区金汉绿港三区	69422329
高丽营学校	北京市顺义区高丽营镇四村南	69455654
高丽营第二小学	北京市顺义区高丽营镇张喜庄村拓新区13号	69491856
港馨小学	北京市顺义区石园街道办事处港馨家园第一社区居委会	89449872
东风小学	北京市顺义区光明南街拥军路9号	69445326
第一中学附属小学	北京市顺义区旺泉街道办事处军营村委会	60496230
大孙各庄中心小学校	北京市顺义区大孙各庄镇大孙各庄村委会	61432073
仇家店中心小学校	北京市顺义区北小营镇仇家店村环村北路25号	60483729
仓上小学	北京市顺义区石原街道办事处五里仓第二社区居委会	69441134
北小营中心小学校	北京市顺义区北小营镇北小营村平安路47号	60483734
北务中心小学校	北京市顺义区北务镇商业街17号	61424311
北石槽中心小学校	北京市顺义区北石槽镇府前街11号	60425615-8005
板桥中心小学校	北京市顺义区赵全营镇板桥村牛板路段1号	60442174
北京市新英才学校	北京市顺义区安华街九号	80413968
北京市新府学外国语学校	北京市顺义区京顺路99号	89420199
新京华实验学校	北京市顺义区后沙峪安富街9号	61460176
青苗学校	北京市顺义区丽苑街15号	64560618
南彩实验学校	北京市顺义区南彩镇柳行村东	60418001
李桥半壁店学校	北京市顺义区李桥镇半壁店村东一街65号	81466388
君诚学校	北京市顺义区后沙峪镇火沙路古城段15号	80490701
博华外国语学校	北京市顺义区京顺路99号	69403302
牛栏山一中实验学校	北京市顺义区双丰街道办事处肖家坡村委会	81480932
北京市海嘉双语学校	北京市顺义区后沙峪裕民大街1号9#、10#、11#、12#	80410390

学校名称	学校地址	办公电话
北京市鼎石学校	北京市顺义区后沙峪镇安富街11号	80496008

三、初中

学校名称	学校地址	办公电话
天竺中学	北京市顺义区天竺镇府前一街29号	80467213-8018
南法信中学	北京市顺义区南法信镇西海洪村	69476574
第三中学	北京市顺义区府前东街27号	69422509
李桥中学	北京市顺义区李桥镇李桥村北	81473876
杨镇第二中学	北京市顺义区杨镇三街西	010-61451155
北务中学	北京市顺义区北务镇商业街15号	61421946
第十一中学	北京市顺义区顺平路俸伯段2号	89477257
张镇中学	北京市顺义区张各庄村西	61480765
第八中学	北京市顺义区光明北街18号	69429480
沿河中学	北京市顺义区李桥镇平沿路北河段137号	69480315
高丽营学校	北京市顺义区高丽营镇四村南	69455654
第十五中学	北京市顺义区马坡地区泰和宜园第一社区临3号	010-57056628
牛山第二中学	北京市顺义区牛栏山镇府前街26号	69412537
仁和中学	北京市顺义区胜利街道办事处建新北区第一社区居委会	89493698
赵全营中学	北京市顺义区牛板路赵全营段129	60431128
第五中学	北京市顺义区石园西区	89441490
第十三中学	北京市顺义区北小营镇府西路1号	60499118
第四中学 （体育运动学校）	顺义区光明南街二号	61409188
第十二中学	北京市顺义区南彩镇南彩村东	89469285
北京市第四中学顺义分校 （北京市顺义区第十中学）	北京市顺义区后沙峪镇双裕街45号	80416138
第二中学	北京市顺义区旺泉街道办事处前进花园社区居委会	69421643
新京华实验学校	北京市顺义区后沙峪安富街9号	61460176
北京市海嘉双语学校	北京市顺义区后沙峪裕民大街1号9#、10#、11#、12#	80410390

学校名称	学校地址	办公电话
北京市鼎石学校	北京市顺义区后沙峪镇安富街11号	80496008
青苗学校	北京市顺义区丽苑街15号	64560618
君诚学校	北京市顺义区后沙峪镇火沙路古城段15号	80490701
北京市牛栏山一中实验学校	北京市顺义区双丰街道办事处肖家坡村委会	81480932
北京市新英才学校	北京市顺义区安华街九号	80413968
北京市新府学外国语学校	北京市顺义区京顺路99号	89420199

四、高中

学校名称	学校地址	办公电话
北京市第四中学顺义分校（北京市顺义区第十中学）	北京市顺义区后沙峪镇双裕街45号	80416138
北京市顺义牛栏山第一中学	北京市顺义区牛栏山镇育才大街1号	69411142
杨镇第一中学	北京市顺义区杨镇地区三街村仿古商业街43号	61451055
北京市顺义区第二中学	北京市顺义区旺泉街道办事处前进花园社区居委会	69421643
北京市顺义区第一中学	北京市顺义区双河大街15号	69444448
北京市顺义区第九中学	北京市顺义区仁和镇河南村北	89498802
北京市海嘉双语学校	北京市顺义区后沙峪裕民大街1号9#、10#、11#、12#	80410390
北京市鼎石学校	北京市顺义区后沙峪镇安富街11号	80496008
北京市顺义区青苗学校	北京市顺义区丽苑街15号	64560618
北京市顺义区君诚学校	北京市顺义区后沙峪镇火沙路古城段15号	80490701
北京市牛栏山一中实验学校	北京市顺义区双丰街道办事处肖家坡村委会	81480932
北京市新英才学校	北京市顺义区安华街九号	80413968
北京市新府学外国语学校	北京市顺义区京顺路99号	89420199

五、民办培训机构、职业学校、教育机构

1.民办培训机构

培训机构名称	地址	电话
爱嘉励儿童双语培训学校	顺义区裕龙花园三区7号楼6、7号楼	80466026
百华文化培训学校	北京市顺义区杨镇双阳南区办公楼	13520169301
本先教育培训学校	顺义区站前东街2号商业楼123甲	69428207
北京博识培训中心	北京市顺义区府前东街6号	69433320
博文鸿智文化艺术培训学校	北京市顺义区西辛南区16楼4号	69460687
朝阳英语培训学校	北京市顺义区石园北区68楼4门402号	69463856
酬勤文化培训中心	北京市顺义区杨镇燕雄大厦	13371685988
春蕾文化艺术培训学校	北京市顺义区石园东区居委会院内	89498534
东方金子塔儿童潜能培训学校	北京市顺义区农机公司院内	81674163
东方太阳城文体培训学校	北京市顺义区东方太阳城中心会所	89431700
东方英才培训学校	顺义区北小营镇前礼务村建业路37号	60488078
方村文化培训学校	北京市顺义区杨镇	61458869
海澄文化培训学校	北京市顺义区幸福东区丁19号202室	69426723
惠邦外国语培训学校	顺义区高丽营镇高泗路20号	69451810
金诚立信培训学校	顺义区新顺南大街39号	13910848680
津桥培训中心	北京市顺义区赵全营镇河庄村北	60441289
精灵花雨文化艺术培训中心	北京市顺义区幸福西街甲1-2号	69463345
九方教育培训学校	顺义区府前东街金汉绿港二区12号楼301室	69476852
九日外国语培训学校	北京市顺义区西辛南区甲62楼2层	81498943
巨人金色湖畔培训学校	北京启迪巨人教育科技有限公司	13801000111
君诚领科培训学校	顺义区后沙峪镇火沙路古城段19号	13691299961
科华培训学校	顺义区南法信大街118号院天博中心C座301室	81481215
蓝天空港职业文化培训学校	北京市顺义区张喜庄村商业街西区90号	69493872
绿港培训学校	北京市顺义区站前东街商业2号楼318	69468518
明星文化艺术培训学校	顺义区绿家园一区9号楼2层215	89484999
启航信息化培训学校	北京市顺义区北小营镇永利小区商业楼	60488111

培训机构名称	地址	电话
启明星文化培训学校	北京市顺义区区双兴南区12-1-102；12-2-402	89408397
启智文化艺术中心	北京市顺义区怡园公园管理外南楼	81494168
求实外语培训学校	北京市顺义区站前东街商业楼2栋409室	69433605
群星乒乓球培训学校	顺义区后沙峪镇峪民路1号	80482538
数圣财会培训学校	顺义区府前东街2号1 号楼	69433669
顺发实用技术培训学校	北京市顺义区新顺大街电影院院内	69425003
童馨诚文化培训学校	北京市顺义区后沙峪段17号	62075288
维拉文化教育培训学校	顺义区绿港家园一区9号楼2层218室	69443263
伟宁文化艺术培训中心	北京市顺义区双兴东区10楼5号	69467266
现代电脑培训学校	北京市顺义区光明南街（文化馆内）	69447255
心语语言培训学校	北京市顺义区龙湾屯镇中心街	13621346179
兴华职业技术培训学校	北京市顺义区南彩后俸伯村北	81499014
燕雄建筑职工教育培训学校	顺义区顺平路北侧杨镇三街段大厦	61455890
杨名教育培训部	北京市顺义区杨镇三街	61451055
益民培训学校	顺义区拥军路5号	69421055
英才培训学校	顺义区空港开发区A区莲竺小区甲6号楼	69420766
优邦培训学校	顺义区大龙城东供热办公楼2层	81493342
育林外语培训学校	北京市顺义区石园北区68号楼四门202室	69446117
捷创网苑计算机培训学校	顺义区怡馨家园商业步行街37楼5门	
育圣源培训学校	北京市顺义区中山北路太平小区	69466352
智慧城市建设培训学校	顺义区李桥镇半壁店村北京住总产业化基地院内	67129883
旺泉培训学校	顺义区府前西街成人学校院内	60416659
中建教育培训学校	顺义区顺通路38号	89407065
北京恒通汽车摩托车驾驶培训学校	北京市顺义区后沙峪镇西泗上村	13601149399
北京市安立汽车驾驶学校	北京市顺义区后沙峪镇西泗上村	69454563
北京市京城汽车驾驶技工学校	北京市顺义区后沙峪镇政府北侧玉马教练场	80416389

培训机构名称	地址	电话
北京市京顺汽车驾驶学校	北京市顺义区后沙峪镇泗上村西	69454692
北京顺交通达汽车驾驶员培训中心	顺义县南法信政府西	69447733
北京顺一汽车驾驶员培训学校	北京市顺义区农机局院内	69444415
北京市顺义区飞天汽车驾驶学校	北京市顺义区天竺镇府前西街	80416379
北京市顺义区交通培训学校	北京市顺义区南法信京顺检测场院内	69478911
顺义区农机汽车驾校	顺义区南彩镇后俸伯村	80416125
北京市顺义区平安驾驶学校	北京市顺义区顺平路南侧	69472690
北京时星宇汽车驾驶学校	北京市顺义区后沙峪泗上村	80416126
北京市五环汽车摩托车驾驶员培训学校	北京市顺义区后沙峪泗上村	84913806
思洋文化艺术培训学	北京市顺义区宏城花园19号楼-01-02	
博雅书院培训学校	顺义区后沙峪西白辛庄榆阳路5号A3025幢	57029328
勤力富昌外语培训学校	顺义区北务镇	
育人成才培训学校	北京市顺义区木林镇木林村	60451588

2.职业学校

学校名称	地址	联系电话
北京市广播电视中等专业学校顺义分校	顺义区府前西街南侧	69421270
北京开放大学顺义分校	顺义区府前西街南侧	81484548

3.教育机构

单位名称	地址	联系电话
顺义区少年宫	顺义区府前东街	69436835
顺义区退休教师服务在中心	顺义区光明南街	69443059

单位名称	地址	联系电话
顺义区中小学卫生保健所	顺义区幸福西街	81493237
顺义区教育资产管理服务中心	顺义区仁和镇庄头村南	69433295
顺义区教育研究和教师研修中心	顺义区裕龙三街1号	69443837
顺义区社区教育中心	顺义区贯通路	69443449
顺义区教育宣传中心	顺义区裕龙三街1号	69430929
顺义区学生活动管理中心	顺义区裕龙三街1号	69431976
顺义区评价中心	顺义区裕龙三街1号	69431081
顺义区特殊支持教育中心	顺义区裕龙三街1号	81487566
顺义区考试中心	顺义区裕龙三街1号	81490749
顺义区教育财务管理服务中心	顺义区建新西街1号	69422308
顺义区少年之家	顺义区光明南街建新北区15号	81495686-802
北京市顺义区特殊教育学校	顺义区仁和镇河南村西	69423095

六、驻顺高校

高校名称	学校地址	联系电话
北京工业大学耿丹学院	顺义区牛栏山镇牛富路牛山段3号	60411788
中央美术学院城市设计学院	顺义区后沙峪裕民大街1号	80410801
首都医科大学燕京医学院	顺义大东路 4 号	69443147
北京国家会计学院	顺义天竺开发区	64505101

顺义区卫生计生单位机构名录

单 位	单位电话	地 址
区医院	69444548/69423220	北京市顺义区光明南街3号
中医院	69469671/69465025	北京市顺义区站前东街5号
妇保院	89449208/89449002	北京市顺义区顺康路1号
结防所	69443478	北京市顺义区府前东街大东路
传染病院	61491609	北京市顺义区张镇侯庄村
监督所	69439356/81494422	北京市顺义区卫生局卫生监督所
疾控中心	69420876/69443268	北京市顺义区光明南街1号
器修所	69421653	北京市顺义区府前中街8号
改水办	69441897/69428009	北京市顺义区幸福东区19#-1-201
卫 校	89470940	北京市顺义区潮白河大桥东卫生学校
输血站	89470804	北京市顺义潮白河东
人才中心	89453181	北京市顺义区顺康路1号
信息中心	89453307	北京市顺义区顺康路1号
社管中心	89452030	顺义区仓上街2号AMB大厦A座318
区二院	61458894（执行院长）	北京市顺义区杨镇环镇东街临2号
区三院 北 务	52135333 61421715-8015	北京市顺义区牛栏山镇 北京市顺义区北务镇政府东侧
大孙各庄	61432117	北京市顺义区大孙各庄镇府前东街4号
李 遂	89481582	北京市顺义区李遂镇
精神病医院	61455997	北京市顺义区杨镇小学东
空港医院	80496842（执行院长）	北京市顺义区后沙峪镇

单 位	单位电话	地 址
天 竺	64566232	北京市顺义区天竺镇府前街27号
高丽营	69456699	北京市顺义区高丽营镇
沙 岭	61444966	北京市顺义区杨镇沙岭
张喜庄	69491442	北京市顺义区高丽营镇张喜庄村南
李 桥	69485961	北京市顺义区李桥镇沿河村西
木 林	60457195	北京市顺义区木林镇村西
张 镇	61480647	北京市顺义区张镇大街5号
仁 和 南法信	89442940 69478565	北京市顺义区石园南区东侧 北京市顺义区南法信镇顺榆路9号
马 坡	69404194	北京市顺义区马坡镇政府北侧
板 桥	60441203	北京市顺义区赵全营镇板桥村
北石槽	60422508	北京市顺义区北石槽镇北石槽村
赵全营	60431136	北京市顺义区赵全营镇中板路119号
俸 伯	89477261—8019	北京市顺义区南彩镇俸伯村东
南 彩	89469280	北京市顺义区南彩镇
龙湾屯	60462200	北京市顺义区龙湾屯镇
北小营	60483645	北京市顺义区北小营镇
小 店	61412835	北京市顺义区杨镇小店村
城区社区	69448469	北京市顺义区胜利街办事处建新南街
望泉社区	61426001	北京市顺义区望泉街道梅香街10号院
顺义区卫生计生宣传教育中心	89445631	北京市顺义区潮白河大桥东顺平辅路0号
顺义区卫生计生健康发展中心	89452521	北京市顺义区潮白河大桥东顺平辅路0号

顺义区养老机构名单

序号	单位名称	单位地址	联系电话
1	北京市顺义区社区服务总中心	顺义区石园北区东侧	81485200
2	北京市顺义区牛栏山镇敬老院	顺义区牛栏山镇府前街32号	69414269
3	北京市顺义区高丽营镇敬老院	顺义区高丽营镇高泗路四村段28号	69455927
4	北京市顺义区北小营镇敬老院	顺义区北小营镇政府南侧	60483680
5	北京市顺义区赵全营镇敬老院	顺义区赵全营镇牛板路96号	60434146
6	北京市顺义区李遂镇敬老院	顺义区李遂镇牌楼村	89481705
7	北京市顺义区北务镇敬老院	顺义区北务镇政府南500米	61423743
8	北京市顺义区杨镇敬老院	杨镇政府北侧一街村8号	61451077
9	北京市顺义区大孙各庄镇敬老院	顺义区大孙各庄镇四福庄村	61471314
10	北京市顺义区南彩镇敬老院	顺义区南彩镇南彩村南	89469247
11	北京市顺义区李桥镇敬老院	顺义区李桥镇平沿路北河段262号	69485896
12	北京市顺义区木林镇敬老院	顺义区木林镇木林村	60456037
13	北京市顺义区张镇敬老院	顺义区张镇良山村	61488816
14	北京市顺义区龙湾屯镇敬老院	顺义区龙湾屯镇龙湾屯村东	60467660
15	北京市顺义区喜洋洋老年休养所	顺义区杨镇安乐庄村	61451120
16	北京市顺义区兴业老年康乐园	顺义区天竺镇杨二营路30号	80498752
17	北京市顺义区龚平生态养生园	顺义区木林镇府前街71号	60451688
18	北京市顺义区仁达养老院	顺义区杨镇于庄散一号	61442958

国税纳税前100名企业名单

序号	纳税人名称	注册地址	电话
1	北京现代汽车有限公司(汇总)	北京市顺义区林河工业开发区顺通路18号	89490155
2	中国国际航空股份有限公司	北京市顺义区空港工业区天柱路28号蓝天大厦	61462186
3	中国民生银行股份有限公司信用卡中心	北京市顺义区马坡地区顺安路68号	63628888
4	北京首都国际机场股份有限公司	北京市顺义区北京空港物流园区绿生路 2 号	64545627
5	北京顺鑫农业股份有限公司牛栏山酒厂	北京市顺义区牛栏山镇（牛山地区办事处东侧）	15901182283
6	北京现代摩比斯汽车零部件有限公司	北京市顺义区双河路 5 9 号	89448860
7	Sino Asset Property Limited	北京市顺义区天竺镇	
8	中国航空油料有限责任公司	北京市顺义区天竺空港工业区A区天柱路28号蓝天大厦6层	59890257
9	华夏基金管理有限公司	北京市顺义区天竺空港工业区A区	88066603
10	中国民航信息网络股份有限公司	北京市顺义区后沙峪镇裕民大街7号	84099934
11	北京现代摩比斯汽车配件有限公司	北京市顺义区顺通路21号3幢1层101	84539111
12	国航进出口有限公司	北京市顺义区首都机场国航基地四号	64599942
13	北京燕京啤酒股份有限公司	北京市顺义区双河路9号	89495588-6481
14	默克雪兰诺有限公司	北京市顺义区保汇一街7幢(天竺综合保税区F06库04-06号)	59072688
15	北京顺义新城建设开发有限公司	北京市顺义区马坡镇向阳西街 6 号	89048097
16	北京宝苑房地产开发有限公司	北京市顺义区天竺镇	85185108-1603
17	北京汽车集团有限公司越野车分公司	北京市顺义区赵全营镇兆丰产业基地同心路 1 号	61449202
18	北京丽来房地产开发有限公司	北京市顺义区天竺镇	67081182
19	北京首都航空有限公司	北京市顺义区后沙峪镇吉祥工业区5-1号	69615011
20	北京康捷空国际货运代理有限公司	北京市顺义区顺平路南法信段9号院2幢	64579779-257

序号	纳税人名称	注册地址	电话
21	北京富华房地产开发有限公司	北京市顺义区天竺镇	67081182
22	联邦快递（中国）有限公司	北京市顺义区首都机场航空货运基地快件中心1号库27至37轴及27至37轴夹层	64685599-3026
23	北京牛栏山鑫鑫贸易有限公司	北京市顺义区牛山地区下坡村西	13911795363
24	北京市顺义烟草公司	北京市顺义区中山南大街路东	69438820
25	北京康仁堂药业有限公司	北京市顺义区牛栏山镇牛汇街5号	17316193606
26	中国民用航空华北地区空中交通管理局	北京市朝阳区首都机场航安路	64596322
27	北京ABB四方电力系统有限公司	北京市顺义区天竺空港工业区 B 区安祥大街甲 3 号	80475588
28	北京韩美药品有限公司	北京市顺义区天竺空港工业区A区天柱西路10号	80429898
29	北京广厦富城置业有限公司	北京市顺义区空港街道天柱东路33号院一区5号楼2层203	66518008
30	日上免税行（中国）有限公司	北京市顺义区首都国际机场航安路机场商贸公司四楼	64542889
31	北京顺丰速运有限公司	北京市顺义区南法信地区物流园六街10号1幢等6幢	69470503
32	北京恒昌利通投资管理有限公司	北京市顺义区李桥镇顺通路李家桥段7号	13911661992
33	中国航空油料集团公司	北京市顺义区天竺空港工业区A区天柱路28号	59890048
34	翰昂汽车零部件（北京）有限公司	北京市顺义区南彩镇彩园工业区彩祥西路6号	13701154582
35	北京汽车股份有限公司北京分公司	北京市顺义区赵全营镇兆丰产业基地东盈路19号	61485168
36	北京仁和日升房地产有限公司	北京市顺义区仁和地区顺平西路2号29号楼	89486580
37	北京傲阳物业管理有限公司	北京市顺义区丽高花园丽高会所一层101室	64509952
38	北京首都机场商贸有限公司	北京市顺义区北京空港物流园区	64556084
39	北京安道拓汽车部件有限公司	北京市顺义区林河工业开发区林河南大街路南	13901396017
40	中国航空油料有限责任公司北京分公司	北京市顺义区北京首都国际机场中国航空油料华北公司办公楼(首都机场内)	64567830
41	威乐（中国）水泵系统有限公司	北京市顺义区空港工业区C区兆丰一街	52347689
42	北京汽车城投资管理有限公司	北京市顺义区顺通路西侧	89495175

序号	纳税人名称	注册地址	电话
43	北京东方雨虹防水技术股份有限公司	北京市顺义区顺平路沙岭段甲2号	13691181102
44	北京新世界华美房地产开发有限公司	北京市顺义区高丽营镇金马工业园区16号	67088989
45	北京燕京啤酒股份有限公司一分公司	北京市顺义区向阳西街6号	13811514653
46	中石油昆仑燃气有限公司	北京市顺义区仁和地区军杜路68号	84836062
47	中国国际货运航空有限公司	北京市顺义区天竺空港工业区A区	61465576
48	北京路桥瑞通养护中心有限公司	北京市顺义区北务工业区	88463825
49	北京汇源食品饮料有限公司北京销售中心	北京市顺义区北小营镇府前街北侧(北京汇源食品饮料有限公司)	60483388
50	SMC（北京）制造有限公司	北京市顺义区竺园一街7号（天竺综合保税区）	80480101-35241
51	北京飞机维修工程有限公司	北京市顺义区首都国际机场	64594860
52	北京市文化科技融资租赁股份有限公司	北京市顺义区金航中路1号院2号楼711室(天竺综合保税区-031)	62060606
53	中航油进出口有限责任公司	北京市顺义区天竺空港工业区A区蓝天大厦	59890767
54	中航鑫港担保有限公司	北京市顺义区北京空港物流基地物流园8街1号	64564265
55	北京航空食品有限公司	北京市顺义区南法信府前街47号	64562383
56	中加基金管理有限公司	北京市顺义区仁和镇顺泽大街65号317室	63620242
57	首都机场集团财务有限公司	北京市顺义区首都机场四纬路9号B区三层66室	64557404
58	北京李尔岱摩斯汽车系统有限公司	北京市顺义区仁和镇河南村村委会南500米	89491121-6107
59	延锋海纳川汽车饰件系统有限公司	北京市顺义区林河工业开发区顺通路55号	89407766-7326
60	中粮地产投资（北京）有限公司	北京市顺义区空港街道安泰大街9号院5号楼2层201-204室	85005980
61	北京汽车股份有限公司	北京市顺义区双河大街99号院1幢五层101内A5-061	87664009
62	北京黄记煌餐饮管理有限责任公司	北京市顺义区仁和镇林河大街24号院8幢109室	60254268 60295630

序号	纳税人名称	注册地址	电话
63	朗姿股份有限公司	北京市顺义区马坡镇白马路63号	80493042
64	中国平安财产保险股份有限公司北京市顺义支公司	北京市顺义区双兴北区甲3号楼	13501067368
65	北京利康国际仓储有限公司	北京市顺义区顺平路南法信段9号院2幢	64579779
66	中国核工业二三建设有限公司	北京市顺义区顺康路58号院1幢	57968880
67	迈恩德（北京）电子有限公司	北京市顺义区天竺空港工业区A区	80420207
68	北京万科东方置业有限公司	北京市顺义区高丽营镇金马园二街95号	13611338
69	北京曲美馨家商业有限公司	北京市顺义区南彩镇彩园工业小区	89479009-8861
70	北京平和精工汽车部件有限公司	北京市顺义区南彩镇二三产业基地 1 号	89475001
71	北京中卓时代消防装备科技有限公司	北京市顺义区马坡镇聚源中路 1 8 号	13701280355
72	北京旺晟房地产开发有限公司	北京市顺义区赵全营镇牛板路板桥段43号	67881777-6150
73	北京汇源食品饮料有限公司	北京市顺义区北小营镇	60483388-8255
74	北京长乐房地产开发有限公司	北京市顺义区天竺镇	8518666-1603
75	北京国门金桥置业有限公司	北京市顺义区国门商务区机场东路2号	60497552
76	北京艾莱发喜食品有限公司	北京市顺义区金马工业区	69497500
77	中国航空传媒有限责任公司	北京市顺义区南法信镇顺畅大道1号B-0311室	64720562
78	北京首都机场广告有限公司	北京市顺义区北京空港物流园区	64557732
79	中国工商银行股份有限公司北京顺义支行	北京市顺义区顺通路西侧（石园西路）	69443932
80	中国航空器材集团有限公司	北京市顺义区空港工业区天柱路乙8号	13501137338
81	国药集团融资租赁有限公司	北京市顺义区金航中路1号院2号楼202室(天竺综合保税区)	50931393
82	北京金盛顺鑫置业投资有限公司	北京市顺义区安平街3号	80476017
83	华龙置业房地产开发有限公司	北京市顺义区高丽营镇拓新区 4 5 号	64614692

序号	纳税人名称	注册地址	电话
84	泰雷兹航空电子（北京）有限公司	北京市顺义区天竺空港经济开发区A区天柱路20号1号楼3层	61464611
85	北京首都机场动力能源有限公司	北京市顺义区天竺镇府右街 6 号	15001082866
86	凯菲克汽车系统（北京）有限公司	北京市顺义区仁和镇林河南大街9号院27号楼1层	64606505
87	中恒国际租赁有限公司	北京市顺义区北小营宏大工业开发中心A区6号	67519143
88	中航复合材料有限责任公司	北京市顺义区顺通路25号	58355039
89	北京新丰泰博奥商贸有限责任公司	北京市顺义区仁和镇顺通路25号5幢302室	13911902697
90	北京金地惠远房地产开发有限公司	北京市顺义区后沙峪镇安富街 6 号	59158600
91	北京富饶房地产开发有限公司	北京市顺义区南彩镇彩园工业小区内	13701189601
92	北京顺义银座村镇银行股份有限公司	北京市顺义区西辛南区乙 6 2 号楼一至二层	010-61408266
93	北京城建北方建设有限责任公司	北京市顺义区牛栏山镇牛板路2号	13611149992
94	北京大昌庆镇汽车部件有限公司	北京市顺义区杨镇人民政府东侧600米	61450990-220
95	曲美家居集团股份有限公司	北京市顺义区南彩镇彩祥东路11号	13901125946
96	金刚化工（北京）有限公司	北京市顺义区顺通路51号	89498181
97	敦豪物流（北京）有限公司	北京市顺义区南法信镇顺畅大道15号5幢102	67811614
98	莱姆电子（中国）有限公司	北京市顺义区林河工业开发区林河大街28号	89455288
99	中铁物总国际招标有限公司	北京市顺义区北京空港物流基地物流园八街1号二层B2-079	51898503
100	积水医疗科技（中国）有限公司	北京市顺义区天竺空港工业区A区天柱路17号	62692662-133

地税纳税前100名企业名单

序号	纳税人名称	注册地址	注册地联系电话
1	北京现代汽车有限公司北京分公司	北京市顺义区仁和镇顺通路18号4幢	89490088
2	中国国际航空股份有限公司	北京市顺义区空港工业区天柱路28号蓝天大厦	80489503
3	中国民生银行股份有限公司信用卡中心	北京市顺义区马坡地区顺安路68号	63628888
4	北京建升房地产开发有限公司	北京市顺义区仁和地区石门村东侧	69462855
5	北京通瑞万华置业有限公司	北京市顺义区牛栏山镇顺安路8号	84664506
6	北京现代汽车有限公司	北京市顺义区林河工业开发区顺通路18号	89490155
7	中国国际航空股份有限公司	北京市顺义区空港工业区天柱路28号蓝天大厦	80489503
8	华夏基金管理有限公司	北京市顺义区天竺空港工业区A区	88066688
9	北京牛栏山鑫鑫贸易有限公司	北京市顺义区牛山地区下坡村西	69411204
10	北京首都航空有限公司	北京市顺义区后沙峪镇吉祥工业区5-1号	010-69615011
11	北京宝苑房地产开发有限公司	北京市顺义区天竺镇	84248000
12	北京现代汽车有限公司销售分公司	北京市顺义区仁和镇顺通路18号9幢	89490088
13	北京集顺工程咨询有限公司	北京市顺义区牛栏山镇府前街9号-41	010-84661717
14	北京首都国际机场股份有限公司	北京市顺义区北京空港物流园区绿生路2号	64507364
15	北京仁和燕都房地产开发有限公司	北京市顺义区仁和镇顺通路25号5幢	63220759
16	北京汽车股份有限公司	北京市顺义区顺通路25号5幢	010-56635614
17	北京市大龙房地产开发有限公司	北京市顺义区府前东街甲2号416室	69446339
18	北京首都国际机场股份有限公司	北京市顺义区北京空港物流园区绿生路2号	64507364
19	北京燕京啤酒股份有限公司	北京市顺义区双河路9号	89495588-6481
20	北京顺义新城建设开发有限公司	北京市顺义区马坡镇向阳西街6号	89048097

序号	纳税人名称	注册地址	注册地 联系电话
21	北京天竺万科房地产开发有限公司	北京市顺义区天竺镇翠竹新村20号楼B101-3	13911826921
22	北京中航油置业有限公司	北京市顺义区国门商务区机场东路2号	50941166-8006
23	北京顺鑫农业股份有限公司牛栏山酒厂	北京市顺义区牛栏山镇(牛山地区办事处东侧)	69411219
24	中国新华航空集团有限公司	北京市顺义区天竺镇府前一街16号	57817639
25	航港发展有限公司	北京市顺义区保汇一街8幢1层(01)101A	010-89413888
26	北京汽车集团有限公司	北京市顺义区双河大街99号	56636673
27	北京金龙永辉置业有限公司	北京市顺义区顺通路25号5幢311室(科技创新功能区)	59158616
28	中国国际货运航空有限公司	北京市顺义区天竺空港工业区A区	61465061
29	北京富华房地产开发有限公司	北京市顺义区天竺镇	010-59153693
30	北京汽车集团产业投资有限公司	北京市顺义区赵全营镇兆丰产业基地东盈路19号	18301053545
31	北京现代摩比斯汽车零部件有限公司	北京市顺义区双河路59号	89448860
32	默克雪兰诺有限公司	北京市顺义区保汇一街7幢(天竺综合保税区F06库04-06号)	59072519
33	北京金地惠远房地产开发有限公司	北京市顺义区后沙峪镇安富街6号	59158600
34	北京万科东方置业有限公司	北京市顺义区高丽营镇金马园二街95号	85873666
35	北京达成光远置业有限公司	北京市顺义区南法信镇南法信大街118号院天博中心C座8层3804-68室	85171117
36	北京众成就数字传媒股份有限公司	北京市顺义区顺通路25号5幢	58209013
37	北京贵佳茂置业有限公司	北京市顺义区赵全营镇兆丰产业基地东盈路19号	60440291
38	北京飞机维修工程有限公司	北京市顺义区首都国际机场	87495116
39	首都机场集团公司	北京市顺义区天竺空港工业区A区天柱路28号楼	64535543
40	北京春晖园文化娱乐有限责任公司	北京市顺义区高丽营镇于庄	69454433

序号	纳税人名称	注册地址	注册地联系电话
41	北京首开中晟置业有限责任公司	北京市顺义区向阳西路北侧(马坡农工商联合总公司)	87105821
42	中国南方航空股份有限公司北京分公司	北京市顺义区空港工业B区裕华路27号2号楼	64546140
43	北京中投创展置业有限公司	北京市顺义区天竺镇裕翔路88号2幢3层	56765111-8043
44	中国民用航空华北地区空中交通管理局	北京市朝阳区首都机场航安路	64596322
45	中国民航信息网络股份有限公司	北京市顺义区后沙峪镇裕民大街7号	84099934
46	北京长久物流股份有限公司	北京市顺义区南彩镇彩祥东路3号	010-57355999
47	北京东君房地产开发有限公司	北京市顺义区高丽营镇中心区南侧高丽营小区1栋	84407008
48	北京新世界华美房地产开发有限公司	北京市顺义区高丽营镇金马工业园区16号	69451261
49	北京空港科技园区股份有限公司	北京市顺义区天竺空港工业区A区	80489277
50	北京汽车股份有限公司北京分公司	北京市顺义区赵全营镇兆丰产业基地东盈路19号	61485188
51	北京恒昌利通投资管理有限公司	北京市顺义区李桥镇顺通路李家桥段7号	13911661992
52	北京天智盈置业有限公司	北京市顺义区牛栏山镇府前街9号-15	60440259
53	北京市星石投资管理有限公司	北京市顺义区仁和地区顺通路25号5幢403	65636296
54	北京汽车集团有限公司越野车分公司	北京市顺义区赵全营镇兆丰产业基地同心路1号	61449202
55	北京路桥瑞通养护中心有限公司	北京市顺义区北务工业区	88463825
56	空中客车（中国）企业管理服务有限公司	北京市顺义区天竺空港工业园区5号华欧航空支援中心1003-1008房间	010-80475283
57	北京碧水源房地产开发有限公司	北京市顺义区温榆庄园一区7号楼2层202室	89048169
58	北京顺义国际学校	北京市顺义区安华街10号	13911392412
59	北京市顺义区国有资本经营管理中心	北京市顺义区大东路6号	69448596
60	北京金源时代房地产开发有限公司	北京市顺义区高丽营镇顺沙路13号	64614692
61	北京宝洁技术有限公司	北京市顺义区天竺空港经济开发区B区裕安路35号	010-80452288
62	北京金盛顺鑫置业投资有限公司	北京市顺义区安平街3号	010-80476100

序号	纳税人名称	注册地址	注册地联系电话
63	北京新恒基创业房地产开发有限责任公司	北京市顺义区天竺地区府佑街3号	64527199
64	北京东方雨虹防水技术股份有限公司	北京市顺义区顺平路沙岭段甲2号	13691181102
65	曲美家居集团股份有限公司	北京市顺义区南彩镇彩祥东路11号	89478380
66	北京万科企业有限公司	天竺空港工业开发区B区北京万科城市花园梅花园4号楼	85873666
67	北京牛栏山房地产开发有限责任公司	北京市顺义区牛山地区办事处北侧	89412651
68	首都公务机有限公司	北京市顺义区北京空港物流基地物流8街1号	64557312
69	北京鑫浩投资中心	北京市顺义区顺通路西侧仓上小区商业服务楼2号	69440116
70	北京韩美药品有限公司	北京市顺义区天竺空港工业区A区天柱西路10号	80429898
71	北京旺晟房地产开发有限公司	北京市顺义区赵全营镇牛板路板桥段43号	67881777-6150
72	北京建升房地产开发有限公司	北京市顺义区仁和地区石门村东侧	69462855
73	中粮地产投资（北京）有限公司	北京市顺义区空港街道安泰大街9号院5号楼2层201-204室	61460818
74	北京广厦富城置业有限公司	北京市顺义区空港街道天柱东路33号院一区5号楼2层203	64568955
75	平安财富理财管理有限公司北京分公司	北京市顺义区仁和镇怡馨家园29号楼2层212	13911686946
76	北京北辰当代置业有限公司	北京市顺义区仁和镇顺通路38号3-30013	84407008
77	北京索爱普天移动通信有限公司	北京市顺义区天竺空港工业区A区天柱西路	80481188-203
78	北京市顺义区医院	北京市顺义区光明南街3号	69426858
79	北京综合保税区开发管理有限公司	北京市顺义区竺园路8号(天竺综合保税区)	80483607
80	北京东泽房地产投资有限公司	北京市顺义区林河经济开发区双河大街18号1幢509	59682929
81	北京飞机维修工程有限公司	北京市顺义区首都国际机场	87495116
82	北京顺义燃气有限责任公司	北京市顺义区仁和地区燕京街36号院3幢-1至7层101	89498069

序号	纳税人名称	注册地址	注册地联系电话
83	北京京辰房地产开发有限公司	北京市顺义区博特花园088号	13263497389
84	北京顺丰速运有限公司	北京市顺义区南法信地区物流园六街10号1幢等6幢	010-69470913
85	北京现代摩比斯汽车配件有限公司	北京市顺义区顺通路21号3幢1层101	84539111
86	北京市鼎石学校	北京市顺义区后沙峪镇安富街10号	80496008
87	君康人寿保险股份有限公司	北京市顺义区华英园9号	89413217
88	中国航空油料有限责任公司北京分公司	北京市顺义区北京首都国际机场中国航空油料华北公司办公楼(首都机场内)	64567830
89	中铁房地产集团北京浩达置业有限公司	北京市顺义区林河经济开发区双河大街18号1幢513室	13801161709
90	北京泰福恒投资发展有限公司	北京市顺义区李桥镇顺通路李桥段60号-16	87615081
91	北京市顺义烟草公司	北京市顺义区中山南大街路东	69438820
92	北京农村商业银行股份有限公司顺义支行	北京市顺义区新顺南大街15号	69444575
93	北京中视电传传媒广告股份有限公司	北京市顺义区杨镇地区二街村农场路62号	010-58207336
94	北京市桃李食品有限公司	北京市顺义区牛栏山镇腾仁路20号	60428990
95	平安财富理财管理有限公司北京分公司	北京市顺义区仁和镇怡馨家园29号楼2层212	13911686946
96	北京市开源易通仓储有限公司	北京市顺义区南法信晨光建材城东侧	69450186
97	北京航空食品有限公司	北京市顺义区南法信府前街47号	56936000
98	联邦快递（中国）有限公司	北京市顺义区首都机场航空货运基地快件中心1号库27至37轴及27至37轴夹层	64685599-3033
99	北京宝苑房地产开发有限公司	北京市顺义区天竺镇	84248000
100	北京江河源控股有限公司	北京市顺义区牛山地区牛山环岛西侧500米	60411166-8863

顺义区邮政分公司网点通讯地址

序号	所属网点名称	地址	电话
1	中国邮政集团公司北京市顺义区新顺邮政支局	新顺南大街路西	69423832
2	中国邮政集团公司北京市顺义区石园邮政支局	石园南区	89446007
3	中国邮政集团公司北京市顺义区北小营邮政支局	北小营政府南侧	60482274
4	中国邮政集团公司北京市顺义区牛栏山邮政支局	牛山地区办事处南侧	69411084
5	中国邮政集团公司北京市顺义区杨各庄邮政支局	杨镇政府南侧	61455708
6	中国邮政集团公司北京市顺义区后沙峪邮政支局	后沙峪地区政府南	80496198
7	中国邮政集团公司北京市顺义区半壁店邮政支局	李桥镇半壁店樱花园小区1号	81461589
8	中国邮政集团公司北京市顺义区天竺邮政支局	天竺地区办事处东侧路北	80462044
9	中国邮政集团公司北京市顺义区裕龙邮政所	仁和地区裕龙花园四区25号楼25-07号	89400063
10	中国邮政集团公司北京市顺义区仓上邮政所	五里仓环岛南200米路西	69448408
11	中国邮政集团公司北京市顺义区龙湾屯邮政所	龙湾屯政府南面	60461850
12	中国邮政集团公司北京市顺义区北石槽邮政所	北石槽镇政府西侧	60422400
13	中国邮政集团公司北京市顺义区大孙各庄邮政所	大孙各庄镇政府东侧	61431855
14	中国邮政集团公司北京市顺义区张各庄邮政所	张镇政府南	61480336
15	中国邮政集团公司北京市顺义区西辛邮政所	西辛北区6号楼东侧	69424768
16	中国邮政集团公司北京市顺义区李家桥邮政所	李桥镇政府北侧路西	81472643

序号	所属网点名称	地址	电话
17	中国邮政集团公司北京市顺义区木林邮政所	木林政府南侧	60456294
18	中国邮政集团公司北京市顺义区滨河邮政所	滨河小区（居委会院内）	89496679
19	中国邮政集团公司北京市顺义区板桥邮政所	赵全营镇板桥村	60442004
20	中国邮政集团公司北京市顺义区俸伯邮政所	南彩镇俸伯路口	89470953
21	中国邮政集团公司北京市顺义区尹家府邮政所	大孙各庄镇尹家府村西	61472170
22	中国邮政集团公司北京市顺义区沙岭邮政所	杨镇沙岭村北	61442931
23	中国邮政集团公司北京市顺义区南法信邮政所	南法信乡政府东侧	69478710
24	中国邮政集团公司北京市顺义区北街邮政所	中山北街西路	69442785
25	中国邮政集团公司北京市顺义区北务邮政所	北务镇政府西侧	61422976
26	中国邮政集团公司北京市顺义区沿河邮政所	李桥镇沿河村南	69487008
27	中国邮政集团公司北京市顺义区李遂邮政所	李遂镇政府东侧	89483901
28	中国邮政集团公司北京市顺义区南关邮政所	建新南区路北	69424312
29	中国邮政集团公司北京市顺义区宏城邮政所	仁和地区宏城花园16号楼二单元101	89435001
30	中国邮政集团公司北京市顺义区马坡邮政所	马坡镇马坡村	69402349
31	中国邮政集团公司北京市顺义区张喜庄邮政所	张喜庄村东	69491082
32	中国邮政集团公司北京市顺义区高丽营邮政所	高丽营政府南侧	69454104

顺义区供电所联系方式及地址

序号	部门名称	电话	地址
1	北石槽供电所	63674983	顺义区北石槽镇寺上村西
2	北务供电所	63674969	顺义区北务镇北面
3	北小营供电所	60483713转601/602	顺义区北小营镇西乌鸡村南
4	南法信供电所	63674903	顺义区南法信镇府前街刘家河
5	大孙各庄供电所	63674962	顺义区大孙各庄镇府前东街
6	高丽营供电所	69491422	顺义区高丽营镇政府东侧
7	后沙峪供电所	80496397	顺义区后沙峪镇裕安路3号
8	李桥供电所	63674946	顺义区李桥镇沿河村西
9	李遂供电所	63674902	顺义区李遂镇开发区
10	龙湾屯供电所	63674947	顺义区龙湾屯村南
11	木林供电所	63674984	顺义区木林镇东沿头村北
12	马坡供电所	63674861	顺义区马坡镇政府后面
13	牛栏山供电所	69411072	顺义区牛栏山镇牛富路
14	仁和供电所	89406398	顺义区南二环米各庄村北
15	杨镇供电所	61458931转601/602	顺义区杨镇工业区西侧沙岭北侧
16	张镇供电所	63674862	顺义区张镇村西、侯庄村南
17	赵全营供电所	63674979	顺义区赵全营镇政府西侧
18	南彩供电所	63674881	顺义区南彩村南
19	天竺供电所	63674871	顺义区天竺镇王辛庄南路6号

勘误

广电中心

【概况】2016年，顺义广电中心始终围绕中心，服务大局，以栏目、节目服务全区经济社会发展，弘扬正能量，倡导社会主义核心价值观，为区域经济、社会发展营造良好的舆论环境。

单位名称：顺义广电中心

（广电中心）

【强化党媒属性 服务区域发展】顺义电视台、顺义人民广播电台、顺义时讯报社、顺广传媒微信平台4家媒体高度重视媒体意识形态工作，建立严格的审查制度，确保意识形态的正确性；重要时政新闻做到“一把手”亲自审核把关。深刻学习领会习近平总书记在党的新闻舆论工作座谈会上的讲话精神，始终坚持党性原则，牢记48字的职责和使命，以顺义人、顺义事、顺义情为报道的主要内容和方向，深入挖掘顺义元素，凝练顺义精神，探寻顺义文化，根植顺义大地，情系顺义百姓，助力顺义发展，始终坚持唱响主旋律、弘扬正能量。

（广电中心）

【突出主题开展宣传】围绕十八届六中全会开设“学习宣传贯彻十八届六中全会精神”专栏，全面开展系列报道。围绕“十二五”收官、“十三五”开局、区第五次党代会、区两会等开展深入报道。《顺义新闻》中开设“辉煌十二五 发展关键词”“百姓眼中的十二五”等专栏，总结“十二五”的成就；并推出“实干十三五 转型升级谈发展”“实干十三五 开局之年再出发”专栏展现开局之年本区各单位的发展思路和具体做法；专题部连续推出《辉煌十二五》《展望十三五 迈进新生活》《开局十三五 迈进新生活》三档专题栏目，服务于区委、政府中心工作。《顺义时讯》策划采编《顺义区国民经济和社会发展第十三个五年规划纲要解读》，分7次对《纲要》重点内容进行摘要解读。

（广电中心）

【围绕重要节点开展主题宣传】围绕“消隐拆违打非百日专项行动”“清洁空气 共同行动”“转型升级”“村（居）规民约”“减煤换煤”“清洁空气 共同行动”“文明红绿灯”“营改增”等活动进行全方位、立体化的集中宣传报道。在“三八”“五一”“七一”等重要节日，对“优秀党支部（党员）”“最美劳模”“优秀教师”等评选活动进行专题展示，通过对这些优秀人物的事迹展播，弘扬正能量，弘扬社会主义核心价值观，以榜样的力量引领社会新风尚。

（广电中心）

【“一把手”访谈系列报道】分别在《开局十三五 迈进新生活》栏目、《开局“十三五”，落实新规划》专版或专栏中，诚邀21家单位“一把手”走进演播室，19个镇、6个街道、3个功能区主要领导，围绕本区“建设绿色国际港、打造航空中心核心区、共筑和谐宜居新家园”的奋斗目标，结合各单位工作领域，畅谈“十三五”及开局之年的重点工作和目标任务。配合纪检监察部门，做好廉政宣传工作。与区纪委合作，启动“绿港清风廉政网”访谈节目。邀请国资委等6家单位党政“一把手”做客本栏目，畅谈对反腐工作的思想认识及决心、举措，为全区反腐工作营造良好舆论氛围。

（广电中心）

【廉政宣传营造风清气正大环境】四大媒体将区纪检监察部门召开的重要会议、开展的相关活动以及区党风廉政建设工作的新做法和新成效作为宣传重点，推出专题、专栏、专版进行广泛宣传。利用地下通道灯箱广告、电视台黄金广告位集中展播廉政公益内容、廉政公益广告、发布顺义区首届“廉洁小卫士”书画作品。在宣传工作中体现出“二保证一创新”即宣传载体有保证、宣传时间有保证、宣传手段有创新。

（广电中心）

【推出红色经典】电台发挥自身优势，打造品牌栏目《大家帮助大家》《越聊越开心》。为纪念中国工农红军长征胜利80周年制作120集长篇小说《长征》。凸显顺义特色，打造“公益心、顺义情”顺义广播公益品牌。

（广电中心）

【新媒体发展】顺广传媒综合媒体平台（包括顺广传媒微信公众平台、顺广传媒手机APP、顺广传媒网站）经过一年多的探索尝试，先后组织开展“我为妈妈献才艺”等多项线上线下活动。截至年底，拥有“粉丝”20余万人。

（广电中心）

【各领域总结片、活动承接】完成顺义宣传片《行进顺义》《顺义脊梁》等40余部反映本区经济社会发展、城乡发展状态以及人民生活变化的宣传片、纪录片、总结片。完成2016年新春团拜会、第六届道德模范颁奖典礼。

（广电中心）

【硬件设备升级改造，强化技术保障】2016年，全面实施中心全媒体高清新闻网、主干平台、媒资存储项目建设。对现有的标清采访、拍摄、制作、媒资存储以及部分演播室设备进行更换升级，全部更新为高清设备。电台网络数字化升级工程完成机房配套设施改造，完成直播系统改造、完善机房技防系统提高安全防范能力。

（广电中心）

【电台第四届听众节】举办“成人礼—致敬我们的十八岁”第四届听众节，现场500位听众和顺义广播的主持人们一起回顾顺义广播电台走过的18年历程并展望未来。

（广电中心）

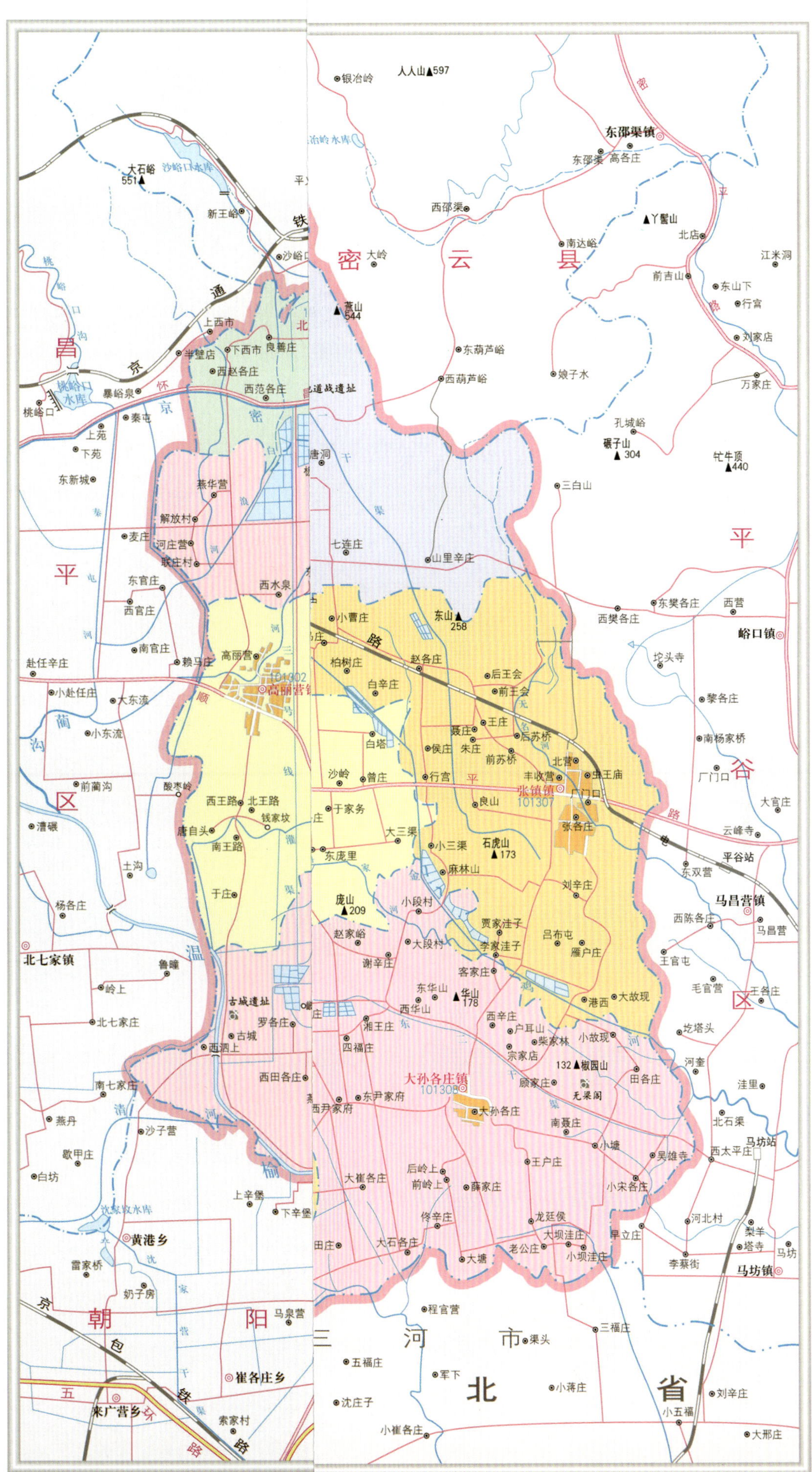

密云县
昌平区
平谷区
朝阳区
三河市
北省
东邵渠镇
峪口镇
马昌营镇
马坊镇
北七家镇
黄港乡
崔各庄乡
来广营乡
高丽营镇
101302
张镇镇
101307
大孙各庄镇
101308
人人山▲597
银冶岭
大石峪
551▲
沙峪口水库
新王峪
沙峪口
桃峪口水库
桃峪口
暴峪泉
上西市
下西市
良善庄
半壁店
西赵各庄
西范各庄
秦屯
上苑
下苑
东新城
燕华营
解放村
麦庄
河庄营
联庄村
东官庄
西官庄
南官庄
赖马庄
赴任辛庄
小赴任庄
大东流
小东流
前蔺沟
酸枣岭
漕碾
土沟
杨各庄
鲁疃
岭上
北七家庄
南七家庄
燕丹
沙子营
歇甲庄
白坊
上辛堡
下辛堡
沈家坟水库
雷家桥
奶子房
马泉营
索家村
西水泉
高丽营
西王路
北王路
钱家坟
唐自头
南王路
于庄
古城遗址
罗各庄
古城
西泗上
西田各庄
东邵渠
高各庄
西邵渠
丫髻山
北店
南达峪
大岭
莲山
544
江米洞
前吉山
东山下
行宫
刘家店
东葫芦峪
西葫芦峪
娘子水
万家庄
孔城峪
碾子山
▲304
屹牛顶
▲440
三白山
唐洞
七连庄
山里辛庄
东樊各庄
西营
西樊各庄
小曹庄
东山▲
258
柏树庄
赵各庄
后王会
前王会
白辛庄
坨头寺
黎各庄
王庄
聂庄
后苏桥
南杨家桥
侯庄
朱庄
前苏桥
白塔
北营
厂门口
沙岭
曾庄
行宫
丰收营
虫王庙
良山
于家务
大三渠
小三渠
石虎山
▲173
张各庄
大官庄
云峰寺
东庞里
麻林山
平谷站
东双营
刘辛庄
庞山
▲209
小段村
西陈各庄
马昌营
贾家洼子
赵家峪
大段村
吕布屯
李家洼子
雁户庄
王官屯
谢辛庄
客家庄
毛官营
王各庄
东华山
华山
▲178
西华山
港西
大故现
西辛庄
户耳山
湘王庄
坨塔头
柴家林
小故现
四福庄
宗家庄
132▲椒园山
河奎
田各庄
顾家庄
无梁阁
洼里
东尹家府
西尹家府
大孙各庄
南聂庄
北石渠
小塘
马坊站
西太平庄
吴雄寺
王户庄
后岭上
前岭上
大崔各庄
薛家庄
小宋各庄
河北村
佟辛庄
龙廷侯
大坝洼庄
早立庄
梨羊
塔寺
大石各庄
田庄
大塘
老公庄
小坝洼庄
李蔡街
马坊
程官营
三福庄
渠头
五福庄
军下
小蒋庄
刘辛庄
沈庄子
小五福
小崔各庄
大邢庄